本书出版得到以下项目资助

· 厦门大学本科教材资助项目（2021）
· 福建省哲学社会科学规划马工程重点项目
　（NO.FJ2018MGCA032，2018—2021）

中国企业国际化的理论与实践

THE CHINESE FIRMS' GLOBALIZATION
THEORY AND PRACTICE

陈福添 编著

厦门大学出版社 国家一级出版社
XIAMEN UNIVERSITY PRESS 全国百佳图书出版单位

图书在版编目(CIP)数据

中国企业国际化的理论与实践/陈福添编著.—厦门:厦门大学出版社,2021.9
ISBN 978-7-5615-8303-6

Ⅰ.①中⋯　Ⅱ.①陈⋯　Ⅲ.①企业管理—国际化—研究—中国　Ⅳ.①F279.23

中国版本图书馆 CIP 数据核字(2021)第 137562 号

出 版 人	郑文礼
责任编辑	江珏玙

出版发行 厦门大学出版社

社　　址	厦门市软件园二期望海路 39 号
邮政编码	361008
总　　机	0592-2181111　0592-2181406(传真)
营销中心	0592-2184458　0592-2181365
网　　址	http://www.xmupress.com
邮　　箱	xmup@xmupress.com
印　　刷	厦门集大印刷有限公司

开本	787 mm×1 092 mm　1/16
印张	29.5
插页	2
字数	632 千字
版次	2021 年 9 月第 1 版
印次	2021 年 9 月第 1 次印刷
定价	78.00 元

本书如有印装质量问题请直接寄承印厂调换

厦门大学出版社
微信二维码

厦门大学出版社
微博二维码

序　言

本书以习近平新时代中国特色社会主义思想为指导,遵循人类命运共同体理念,聚焦于企业国际化的理论和实践。理论上,密切跟踪对外直接投资研究前沿,所阐述观点主要源于 AMJ、AMR、JIBS、SMJ、ASQ 和 JWB 以及《经济研究》和《管理世界》等国内外顶尖期刊研究文献,并对其加以继承和发展。实践上,立足新时代背景、新发展格局和中国企业国际化实践,密切关注 UNCTAD 和 MOFCOM 等权威机构发布的政策和报告,以期能够归纳、总结和提出适合新时代中国企业国际化的理论观点和实践指南。本书在每个知识点的结尾部分,附录了该领域发表在经典期刊的部分最新文献的标题及其摘要,以便读者更好地理解文献意涵。因版权归属问题,感兴趣读者可以通过图书馆等渠道获取并研读附录文献内容。本书还重点引用了部分公司的管理实践资料,以辅助解说课程的相关理论知识。

本书与其他同类书籍相比,具有以下五个特色。

第一,注重哲学对于商学的指导作用。在新商科发展规划中,需要始终坚持以习近平新时代中国特色社会主义思想作为指导思想,积极倡导马克思主义的中国化、时代化和大众化,遵循共建人类命运共同体发展理念,不忘初心,牢记使命,在"一带一路"建设中始终坚持正确的价值导向;需要适应新时代科学技术突飞猛进的发展潮流,在 5G、人工智能、区块链、高端芯片等高科技领域实现自主创新,跨入基础研究世界前沿行列;需要在组织管理体系和组织制度规范上下足功夫,实现治理体系和治理能力现代化,让组织管理更好地服务于科技发展,更好地服务于人类社会;需要积极探索科学与艺术的跨界融合,给科学技术插上人文情怀的翅膀,让科学技术更具人类温情;需要积极探索哲学、科学与艺术的融合发展,将"以人民为中心"和"为中国人民谋幸福、为中华民族谋复兴、为世界人民谋大同"的发展初心,融于科技发展实践当中,让科技发展遵循正确的价值导向,满足人类的幸福追求。

第二,坚持中国实践问题导向。本书所讨论观点和所阐述知识均面向新时代背景下中国企业国际化所面临的实践问题。立足于全球 FDI 发展历史、现状和前景,以及中国企业国际化的发展历程和当前实务,从宏观、中观和微观多层面把握中国企业国际化所面临的实践问题。

第三,把握学科理论研究前沿。在坚持实践问题导向的基础上,密切关注学科理论研究前沿,将学科理论前沿融于管理实践当中。本课程具有开放性和动态性的特征,不断吸纳学科领域的最新研究成果,以期能够站在客观理性的视角去分析企业国际化及其管理的现象。

第四,坚持过程视角而非职能视角。本书不是对具体管理职能进行国际化拓展,而是基于国际化过程视角,探讨企业在国际化进程中所面临的独特情景以及独特的问题、概念、理论和框架,比如国际化动因考察、投资区位选择、国际化路径选择、进入模式选择、外来者劣势与组织合法性、国家政治干预与国际化实践、海外反腐败法、海外企业投资权限以及国际化风险管理等,并结合管理实践对这些关键概念和理论进行解说。

第五,服务精品课程建设。本书被立项为厦门大学本科教材,用于"国际企业管理"(厦门大学一流本科课程)的教学活动,同时用于中国大学MOOC"国际企业管理"线上课程教学,以满足课程教学需要。课程已经录制完成40节内容讲解视频,以及相关的案例教学视频,完成了配套的课堂授课PPT、课程讲义、复习试题、模拟试卷和案例分析等相关学习资料。本书将结合课程体系,进行前沿理论追踪和案例实践分析。

本书分为五个模块。模块一是课程导论,主要阐述全球FDI和中国OFDI的总体概况、国际商务理论进展概况以及跨国管理的定义、动因和意识。模块二是环境分析,主要阐述环境分析综合模型、文化差异与跨文化管理以及环境压力的冲突和对策。模块三是战略制定,主要阐述如何发展跨国战略、扩张模式选择、投资区位选择和进入模式选择。模块四是组织管理,主要阐述如何构建跨国组织、如何进行跨边界的知识管理以及如何发展跨国战略执行力。模块五是研究专题,主要阐述国际化风险、同国籍集群与经营业绩研究、跨国投资合法性研究、跨国投资腐败行为研究和跨国投资管理权限研究等。本书在附录中补充阐述了如何将马克思主义哲学思想融于商学课堂教学、陈嘉庚先生全球创业实践分析和国际企业管理课堂讨论案例目录等,希望借此提高理论运用于实践分析的能力。本书适合用于高等院校研究生学术研讨和本科生教学实践,也适合国际商务业界人士阅读,帮助把握国际商务理论前沿,了解国际商务实践经验,从而提高企业国际化成效。未来,我们将继续立足习近平新时代中国特色社会主义思想,分析探索中国企业国际化实践,归纳总结中国企业国际化理论。

衷心感谢我的同仁多年来对我的支持和帮助。感谢我的研究生秦怡同学协助完成本书习题编写工作。

鉴于编写时间和作者水平有限,书中存在不当之处,恳请读者不吝指正,以便再版时得以修正和提高。

陈福添

2021 年夏于厦门大学

目　录

第 1 章
全球 FDI 和中国 OFDI 的概况

第 1 节　全球 FDI 概况

学习导航

目前,中国企业国际化面临严峻压力。2020 年,世界经济受到新冠肺炎疫情的严重影响,中国企业还面临着来自东道国政府的严重压制。例如,美国对华为公司的技术封锁,对字节跳动旗下 TikTok 美国业务的极限施压。本节首先分析新冠肺炎疫情对全球 FDI 的影响情况,其次分析针对疫情的政策措施,最后分析"后疫情"时代全球生产体系的战略转型。

通过本节学习,希望同学们对于全球 FDI 有整体认识,从而更好地把握全球投资环境。

一、新冠肺炎疫情对全球 FDI 的影响情况

1.UNCTAD 对全球 FDI 的预测

从 1991 年至今,《世界投资报告》已连续颁布三十年,其中不乏针对跨国公司的专题报告[①]。《世界投资报告》通过监测全球和区域 FDI 趋势以及记录国家和国际的投资政策的发展情况,来支持全球投资决策。《2020 世界投资报告》对新冠肺炎疫情

[①]　资料来源:联合国贸易与发展会议(UNCTAD)官方网站(https://unctad.org/publications)。UNCTAD 公开出版多份全球贸易和投资等领域的统计年鉴,是把握全球经济发展态势的重要官方权威机构。请同学们课后登录该网站进行资料检索和阅读。

及其影响进行评估。联合国秘书长安东尼奥·古特雷斯在《2020 世界投资报告》中指出,受新冠肺炎疫情影响,全球 FDI 将面临严重压力。由于出口导向和与商品挂钩的投资受到严重影响,流入发展中国家资金将受到特别严重的打击。这场危机是十年来国际生产结构转型的催化剂,也是提高可持续性发展的重要机会。这取决于能否利用新的工业革命,以及能否克服日益增长的经济民族主义。合作至关重要,可持续发展取决于全球政策气候。古特雷斯倡议,无论是政府还是企业,都需要关注《世界投资报告》。这是关注全球经济与社会发展的重要内容。

UNCTAD 统计预测,新冠肺炎疫情将导致 2020 年和 2021 年全球 FDI 流入严重下降。2019 年全球 FDI 流量达到 1.5 万亿美元。受到新冠肺炎疫情影响,全球 FDI 将会呈现"U 形"轨迹,2020 年严重下滑到 1.1 万亿美元,2021 年将可能继续下滑到 1 万亿美元。这是自 2005 年之后,预计将首次下滑到 1 万亿美元以下。2022 年全球 FDI 有望回升,但将远低于 2019 年水平。之后,全球 FDI 可能进入稳定发展阶段,但仍然低于 2009 年全球金融危机前的发展水平。在绿地投资和跨国并购方面,2020 年与 2019 年相比,无论是年度平均还是月份平均,绿地投资和跨国并购都明显下滑。在亚洲发展中国家/经济体的 OFDI 情况方面,根据 UNCTAD 的统计数据,2018 年OFDI 方面,中国、中国香港地区、韩国、新加坡和阿拉伯联合酋长国位列亚洲前五。

2. 后疫情时代全球 FDI 关键变化

根据 UNCTAD 统计数据,新冠肺炎疫情严重影响全球 FDI 水平,对全球经济的供给、需求和政策产生全方位的影响,并且前景存在不确定性。绿地投资规模大幅下降,2020 年第 1 季度下降水平达到 50%。国际投资协定取得进展,2019 年新增协议22 项,累计达到 3 284 项。当前,全球出现三大技术发展趋势,分别是人工智能、供应链数字化和添加剂制造(例如 3D 打印技术等)。新技术采用结果如何,取决于全球贸易和投资的政策环境以及对可持续性发展的关注,包括对污染物排放的限制,制定环境、社会与治理标准、产品和生产过程市场化体制以及供应链弹性措施等。技术和政策对于国际生产的影响是多方面的,有四种重要影响路径,包括价值链重塑、多元化、地区化和复制化。国际生产体系将从全球价值链治理上升为关注可持续发展目标[①]。这是未来全球投资发展的重要导向,是每个企业必须重点考察的战略性问题。全球5 000 多家跨国公司当中有 70% 企业报告了性别话题,高度重视男女平等问题。全球跨国公司开始重视采取行动计划以投资于可持续发展目标。可以看到,中国政府提出的"创新、协调、绿色、开放、共享"的新发展理念,将引领全球可持续发展趋势。中国政府最近提出的构建新发展格局,必将对中国经济与社会乃至全球经济与社会产生重要影响。

---

① 请阅读 UNCTAD 颁布的《SDG Investment Trends Monitor》(2020),https://unctad.org/system/files/official-document/diaemisc2020d3_en.pdf。

学者观点[1]

毕马威中国首席经济学家康勇研究认为,新冠肺炎疫情在全球的蔓延对世界经济形成重大冲击,对外商直接投资(FDI)也将产生显著影响。康勇将中国大陆作为东道国市场,来研究来华外资企业的投资机会和投资行为。由于近年来全球化进程放慢,即便在疫情发生之前,全球 FDI 流量已经连续 4 年下滑。但在此背景下,中国外商投资依然保持了稳定增长,占全球 FDI 的份额也上升至 10% 左右。随着中国疫情基本得到控制,并在全球率先开始复工复产的进程,外商对中国投资的情况较 2 月份疫情高峰时有明显改善。作为世界第二大经济体和最大发展中国家,中国不断优化的营商环境及其对于全球 FDI 的影响作用,值得全球各大经济体学习和借鉴。

跨境投资虽然会受到疫情等短期因素的影响,但其更加关注投资目的地的市场环境和长期发展前景。中国宏观经济发展的前景和韧性、持续改善的营商环境和不断扩大的对外开放以及完整的上下游产业链和优质的要素资源,仍然对外资具有多重吸引力。中国依然是外商重要的投资目的地之一。未来中国的外商投资有四个值得关注的特点:第一,在中国,为中国;第二,加强知识产权保护,吸引更多高科技投资;第三,绿色产业潜力巨大;第四,医疗健康产业有望获得更快发展。

新冠肺炎疫情可能成为大萧条以来世界经济面临的最大挑战,它不仅给短期经济带来冲击,也可能给中长期世界政治、经济、科技、贸易、投资等格局带来深远影响。我们认为,重塑高度分工的全球产业链无疑是一个复杂的工程。这也是每一个企业需要根据自身发展战略、市场空间、成本收益等进行权衡的经济问题。靠近产品市场、降低生产成本、完善的上下游产业链才是企业投资决定的根本考虑因素。以中国市场为例,随着中国人口结构的变化以及劳动力成本的上升,一些劳动密集型产业向具有成本优势的地区流动是经济发展规律。过去几十年,中国成功地融入世界经济大潮,也是产业链从美国、日本、韩国等发达国家和地区逐渐向中国转移的结果。在这样的背景下,一方面,我们要看到中国巨大的市场、完整高效的产业链是我国吸引外资的底气所在;另一方面,我们也要对未来的风险和挑战有清醒的认识,加大对外开放,加速转型升级。只要中国保持稳定发展的势头,就一定能对外商直接投资保持强劲的吸引力。

---

[1] 资料来源:节选自康勇(毕马威中国首席经济学家):新冠肺炎疫情对外商直接投资的影响,https://home.kpmg/cn/zh/home/social/2020/04/covid-19-influence-on-foreign-investment.html。

二、新冠肺炎疫情影响全球 FDI 的传导机制以及针对疫情的政策措施

1.新冠肺炎疫情影响全球 FDI 的传导机制

传导机制包括直接影响、短期影响、中期影响和长期影响。在直接影响方面,会导致 FDI 陷入僵局,由于站点关闭以及跨境业务并购和新项目启动的放缓,正在进行的项目会发生执行速度放缓的现象。在短期影响方面,会影响到再投资利润率收紧。再投资是 FDI 的重要组成部分,占全球 FDI 约 50% 的份额。在中期影响方面,会导致跨国并购减少。在长期影响方面,会导致放弃新的投资决策,影响到公司供应链弹性和自主性,进而影响到撤资、重组和转移。

2.针对疫情的投资便利化措施和投资政策措施

针对新冠肺炎疫情影响,UNCTAD 给出了四条重要的投资便利化措施,分别是加快审批程序、采用线上办公工具和电子条例、降低费用以及自动更新许可证。针对疫情的主要投资政策变化方面,UNCTAD 分析了四种趋势,分别是巩固国家安全相关投资政策、提高国家招商引资竞争力、行政审批过程中更多采用在线和数字工具,以及加速国际投资协议的改革进程。

3.中国优化营商环境政策举措

国务院于 2019 年 10 月 23 日颁布了《优化营商环境条例》,自 2020 年 1 月 1 日起实施①。《优化营商环境条例》总则指出,营商环境是指企业等市场主体在市场经济活动中所涉及的体制机制性因素和条件。国家持续深化简政放权、放管结合、优化服务改革,最大限度减少政府对市场资源的直接配置,最大限度减少政府对市场活动的直接干预,加强和规范事中事后监管,着力提升政务服务能力和水平,切实降低制度性交易成本,更大激发市场活力和社会创造力,增强发展动力。

《优化营商环境条例》指出,优化营商环境坚持市场化、法治化、国际化原则,以市场主体需求为导向,以深刻转变政府职能为核心,创新体制机制、强化协同联动、完善法治保障,对标国际先进水平,为各类市场主体投资兴业营造稳定、公平、透明、可预期的良好环境。国家加快建立统一开放、竞争有序的现代市场体系,依法促进各类生产要素自由流动,保障各类市场主体公平参与市场竞争。国家鼓励、支持、引导非公有制经济发展,激发非公有制经济活力和创造力。国家进一步扩大对外开放,积极促进外商投资,平等对待内资企业、外商投资企业等各类市场主体。

---

① 资料来源:中华人民共和国国务院令(第 722 号);《优化营商环境条例》已经 2019 年 10 月 8 日国务院第 66 次常务会议通过,现予公布,自 2020 年 1 月 1 日起施行。(http://www.gov.cn/zhengce/content/2019-10/23/content_5443963.htm)。

《优化营商环境条例》指出,国家建立和完善以市场主体和社会公众满意度为导向的营商环境评价体系,发挥营商环境评价对优化营商环境的引领和督促作用。开展营商环境评价,不得影响各地区、各部门正常工作,不得影响市场主体正常生产经营活动或者增加市场主体负担。任何单位不得利用营商环境评价谋取利益。市场主体应当遵守法律法规,恪守社会公德和商业道德,诚实守信、公平竞争,履行安全、质量、劳动者权益保护、消费者权益保护等方面的法定义务,在国际经贸活动中遵循国际通行规则。可以看到,中国政府倡导的优化营商环境的治理政策,将日益凸显其时代性、前瞻性和重要性。

三、后疫情时代国际生产情况

1.跨国化指数

跨国化指数(transnationality index,简称 TNI)反映跨国公司海外经营活动的强度,是衡量海外业务在公司整体业务中的地位的重要指标。跨国化指数是指,海外资产与总资产的比值、海外销售额与总销售额的比值、海外雇员与总雇员的比值,三个比值的平均值。联合国贸易与发展委员会(UNCTAD)每年要对全球 100 家最大跨国公司进行国外总资产与跨国化指数排序。根据 UNCTAD 的统计数据,1990 年至今,跨国化指数虽然存在多次波动,但整体水平是上升的。

2020 年 8 月 28 日,中国企业联合会、中国企业家协会发布了 2020 中国 100 大跨国公司榜单及分析报告。报告显示,2020 中国跨国公司 100 大海外资产总额为104 526 亿元、海外营业收入为 73 307 亿元,分别比上年提高 9.87%和 15.49%。2020中国跨国公司 100 强中,民营公司 27 家,国有及国有控股公司 73 家,说明当前大企业国际化的主力军仍然是国有及国有控股公司,腾讯和华为挺进了前十强。2020 中国跨国公司 100 大的平均跨国指数为 16.10%,比上年提高 0.14 个百分点,比 2011 中国跨国公司 100 大的平均跨国指数提高 3.86 个百分点。2020 中国跨国公司 100 大跨国化指数,中国石油天然气集团有限公司、中国石油化工集团有限公司、中国海洋石油集团有限公司、华为投资控股有限公司、联想控股股份有限公司、腾讯控股有限公司、中国兵器工业集团有限公司、浙江吉利控股集团有限公司、中国交通建设集团公司、复星国际有限公司位列前 10 位,民营企业占到一半。后疫情时代跨国化指数发展情况如何? 会不会出现重大转折点? 我们不仅要拭目以待,更要未雨绸缪[1]。

2.国际生产情况

根据 UNCTAD 规定,国际生产包含三个维度,分别是价值链的长度和碎片化、价

---

[1]　资料来源:《2020 中国 100 大跨国公司榜单:腾讯、华为挺进前十强》,详见《21 世纪经济报道》,转引自 IT 专家网:http://www.ctocio.com.cn/kanxinwen/qydt/2020/0928/40576.html。

值链的地区分布以及价值链的治理和内部化。价值链的长度和碎片化包含价值链的步骤和距离两个指标。价值链的地区分布包含集中度和贡献速度两个指标。价值链的治理和内部化包括 FDI 相对密度和非股权模式密度两个指标。以上是对国际生产所涉及的重要概念的简要解释(具体计算方法可以参阅《2020 世界投资报告》)。

面对新冠肺炎疫情带来的挑战和机遇,国际生产转型有哪些路径可以选择?UNCTAD 提出了四条转型路径,分别是价值链的重塑、多样化、区域化和复制化。(1)价值链重塑。重塑将会缩短价值链,降低价值链分散度,提高附加值地域集中度。这将影响全球价值链密集型高科技产业。其影响轨迹有:撤资活动上升,外国直接投资减少对投资效率的追求。对一些经济体而言,这意味着需要再工业化;而对另外经济体而言,这意味着需要应对过早的去工业化。对发展中国家而言,进入全球价值链并沿着其原有发展模式进行升级将变得更加困难。(2)价值链多样化。多样化将扩大经济活动分布范围,将主要影响服务业和全球价值链密集型制造业。该影响轨迹将为经济体和企业加入全球价值链提供更多机会,但对供应链数字化的依赖将导致全球价值链管理更加松散、重平台和轻资产,在东道国获取价值将变得更加困难。参与全球价值链需要高质量硬件和软件数字基础设施。(3)价值链区域化。区域化将缩短供应链实际长度,但不会降低其分散度。附加值地域分布将更广。这将影响区域加工业、部分全球价值链密集型产业甚至第一产业。这将意味着投资从在全球追求效率转向在区域寻求市场,从垂直的全球价值链细分市场转向更广泛的工业基础和产业集群。区域经济合作、产业政策和投资促进将成为建立区域价值链不可或缺的因素。(4)生产复制化。生产复制化将缩短价值链,重组生产环节,导致生产活动地域分布更广,附加值更加集中。生产复制化适用于"轴辐式"行业和区域加工业,意味着从投资于大规模工业活动(强调规模性)转向投资于分布式制造(强调灵活性),后者依赖于精益的物理基础设施和高质量的数字基础设施。本地制造基地和生产性服务成为吸引全球价值链的先决条件,但价值捕获和技术传播无法保证。

3.未来国际生产趋势和投资建议

未来国际生产面临三大趋势,分别是新产业革命、治理政策变革和可持续发展。新产业革命表现在机器人和人工智能、供应链数字化和添加剂制造业。在治理政策变革方面,将出现更加严格的监管措施,贸易和投资保护主义有所抬头,但经济合作日趋加强。在可持续发展方面,将强化可持续发展政策和监管、产品和投资方面的市场化改革以及对全球供应链的影响等。在未来投资方面,UNCTAD 给出了三条建议:一是,整合卓越的环境、社会和治理实践,以确保正面的投资影响;二是,采取更系统的方法将可持续发展目标纳入国家投资政策框架和国际投资协定制度,将投资促进纳入可持续发展战略;三是,变革全球商业生态,使得全球商业生态朝着可持续发展目标发展,共建人类命运共同体。

4.逆全球化现象

逆全球化(de-globalization)将对企业国际化的战略、结构和行为产生重要影响，要求企业更加重视政策因素对其国际化实践的影响作用，Witt(2019)从自由主义(liberalism)和现实主义(realism)两个视角对此加以阐述。在自由主义视野下，全球经济倡导经济联系的自由化(patchwork of economic linkages)；在现实主义视野下，全球经济强调主要国家间经济集团的出现(emergence of economic blocs around major countries)。Witt(2019)指出，政治战略、全球价值链和国别情景是重要的研究话题。有关逆全球化现象的理论探讨，大家可以进一步参阅 Witt(2019)的研究文章。

企业实践　　　　　　　　　　　　　　　　　　　　　　美的：重新出发

发布时间:2020 年 12 月 31 日

在内外部环境巨变的大背景下，美的集团于岁末年初之际重新规划整体业务架构，同时相应升级战略主轴，重新出发，拥抱未来。

业务架构调整。美的集团的整体业务架构从消费电器、暖通空调、机器人与自动化系统、创新业务四大板块更迭为全新的五大业务板块：智能家居事业群、机电事业群、暖通与楼宇事业部、机器人与自动化事业部和数字化创新业务。(1)智能家居事业群。作为智慧家电、智慧家居及周边相关产业和生态链的经营主体，承担面向 C 端用户的智能化场景搭建，用户运营和数据价值发掘，致力于成为为 C 端用户提供最佳体验的全屋智能家居及服务的高科技公司。(2)机电事业群。专业化研发、生产、销售压缩机、电机、芯片、工控、散热组件等高精密核心部件产品，拥有 GMCC 美芝、Welling 威灵、MR 美仁、TOSHIBA 东芝、HICONICS 合康、SUNYE 日业、DORNA 东菱和 SERVOTRONIX 高创等多个品牌，产品广泛应用于家用电器、3C 产品、新能源汽车和工业自动化等领域。(3)暖通与楼宇事业部。作为着力于成为掌握关键核心科技及制造能力的领先型工业企业，致力于为楼宇及公共设施提供能源、暖通、电梯、控制等产品及全套解决方案和服务提供商，并积极探索新的商业模式和类型。(4)机器人及自动化事业部。主要围绕未来工厂相关领域，包括工业机器人、物流自动化系统及传输系统解决方案，医疗、娱乐、新消费领域解决方案等。(5)数字化创新业务。美的集团在商业模式变革中孵化的新型业务，包括为企业数字化转型提供软件服务、无人零售解决方案和生产性服务等。

战略主轴变革。美的 2011 年确立"产品领先、效率驱动、全球运营"三个战略主轴，近十年来取得了明显进展，但数字互联网时代对产品和服务提出了更高要求，美的决定将战略主轴全新升级为：科技领先、用户直达、数智驱动、全球突破，重新打造新时代的美的。把眼光放远，路才会更长。创立 50 余载以来，美的历经种种艰难险阻，始终坚持将科技突破与创新求变植根于成长基因。面对当下不确定的年代，美的无惧挑战,再一次进行自我颠覆与创变,重新出发!

资料来源:美的公司官方网站。

思考题:请分析美的公司业务架构重组和战略主轴变革。

补充阅读

1.阅读《2020 世界投资报告》。

2.登录 UNCTAD 网站,点击链接 UNCTADSTAT,了解全球经济与贸易方面的统计数据,包括世界对外直接投资数据。

3.Witt M. A. De-globalization:Theories,predictions,and opportunities for international business research[J]. Journal of International Business Studies,2019,50(7):1053-1077.

思考题

1.请阐述新冠肺炎疫情影响全球 FDI 的传导机制。

2.请阐述跨国化指数(TNI)的内涵和变化趋势。

3.请阐述针对疫情的主要投资便利化措施和主要投资政策趋势。

4.请阐述国际生产的维度、指标、内涵和变化趋势。

5.请阐述国际生产转型的四大路径:重组、多元化、地区化和复制化。

6.请阐述未来国际生产的主要趋势。

7.请阐述新工业革命及其对全球价值链的影响作用。

第2节 中国企业境外投资发展历程回顾

学习导航

以史为鉴,可知兴替。1984 年以来,中国企业境外投资发展历程主要包括尝试阶段(1984—1992 年)、起步阶段(1992—2001 年)、发展阶段(2001—2012 年)和提高阶段(2012 年至今)。特别地,我们将简要阐述《境外投资管理办法》和"一带一路"发展倡议,最后学习十九大报告中关于改革开放的内容节选,以更好理解中国未来投资促进与监管政策。

通过本节学习,希望同学们对于中国企业国际化发展历程有系统认识,特别是中国政府的各项政策规定及其对中国企业国际化的影响作用,从而更好地把握中国企业境外投资现状和趋势。

中国早期"走出去"企业主要是国有企业,民营企业在 2003 年之后才得到快速发展。早期中国企业的跨国经营,主要是在国家和省级政府的严格监管和行政许可下得以进行的。1992 年邓小平"南方讲话"加速了中国企业国际化发展的步伐,2001 年中国加入 WTO 并提出"走出去"发展战略,进一步放松了中国企业国际化经营管制,在外汇、财政和行政等各个方面给予便利和支持,推动了中国企业国际化发展进程。Luo,Xue 和 Han(2010)基于政治经济学理论视角分析了新兴市场政府对外向对外直接投资的政策影响,系统阐述了中国政府在中国企业"走出去"发展战略问题上所采取的各种政策措施,包括主管部门变迁史、政策三部曲和关键的规制政策演变,以及当前的促进措施和监管措施,为我们系统了解中国政府的政策导向提供了翔实的文献资料。

中国国家商务部于 2003 年开始发布《中国对外直接投资统计公报》,而可查的中国企业对外直接投资数据可以追溯到 1982 年,由联合国贸易与发展会议(UNCTAD)统计发布。就中国而言,中国企业境外投资历经了四个不同的发展阶段,每一阶段的政策导向和投资情况各有所不同。

一、尝试阶段(1984—1992 年)

在这个阶段,邓小平同志提出的"开放政策"为中国经济复苏打开了曙光之门。中国企业境外直接投资对于中国经济复苏的重要性引起了学术界的关注和讨论,也引起了政策制定者的关注,关注焦点在于中国企业对外直接投资与社会意识形态是否相悖,以及对外直接投资对于国内投资和经济发展的影响等。遗憾的是,中国企业缺乏在海外市场进行运作的熟练经验,所以境外直接投资自由化浪潮并未获得社会关注。

本阶段中国企业境外直接投资政策的主要目的在于取得并累积外汇,只有取得出口许可的企业才有权保留一定份额的外汇盈余。外汇管制限制了中国企业境外直接投资规模和范围,国家外汇管理局通过外汇管制政策对中国企业境外直接投资施加宏观层面和微观层面的影响作用。国家外汇管理局评价海外投资的资金来源以及外汇风险,并且要求对外投资企业保留 5% 的境外直接投资额,作为特别账户基金留在国家外汇管理局。国家外汇管理局对于中国企业境外投资有着非常严格的管制措施,所有的对外直接投资项目都必须经过国家计划委员会或者国务院的审批。中国境外直接投资项目价值最高不能超过 1 千万美元,所有海外利润都必须返回到国内。以上各种政策管制严重制约了中国境外直接投资的规模和范围,因而境外直接投资发展速度极为缓慢。根据 Cai(1999)的统计分析,1979 年中国对外直接投资从几近零起点开始发展,到 1985 年达到了 6 亿美元,到 1991 达到了 9 亿美元,在 1992 年飞速发展到了 40 亿美元。1979—1993 年,大概 2/3 的中国境外直接投资发生在亚洲地区,包括 61% 投资于中国香港和中国澳门;其后分别是北美地区(15%)、澳洲地区(8%)、中东地区(5%)、非洲地区(2%)、拉美地区(2%)和西欧地区(2%)。

二、起步阶段(1992—2001 年)

1992 年,邓小平先生的南方谈话,回答了"姓资还是姓社"的问题,提出并逐步建立和发展社会主义市场经济体制。国家政府对国有企业采取"抓大放小"的政策导向,进行国有企业改革,逐步放松企业管制。国家政府一方面逐步放宽管制来发展中国境外直接投资,另一方面又担心国有资产流失。在 1997 年亚洲金融危机背景下,国家加大对境外直接投资的管制措施,严格审批各项境外投资项目。在 1998—2002 年间,在国务院总理朱镕基的主政下,国有企业改革围绕"抓大放小"的政策导向,加大对大型国有企业的监管力度,同时放宽对中小企业的行政监管使之转向市场监管。这就形成了一批特大型国有企业,比如中国海洋石油总公司和中国五矿集团等。这些由国家垄断的大型国有企业成为中国境外直接投资主要成员,占有中国境外直接投资总额的主要部分。1995 年之后,中国政府对于外汇管制政策从"先赚取后使用"(earn-to-use)转向"直接购买并使用"(buy-to-use),中国企业可以直接从国家外汇管理局购买外汇并对外投资,而不管其是否已经赚取外汇。在该阶段,国家计划委员会(简称为国家计委)提出了强化海外投资政策监管的相关意见,要求中国企业境外直接投资必须使用海外技术、海外资源和海外市场,要求有国有资产参与的境外投资和投资总额超过 100 万美元的境外投资必须征得国家计划委员会的批准,投资总额超过 3 000 万美元的境外投资必须征得国务院的批准,中国境外直接投资企业有义务向国家相关部分提供可行性研究报告。另外,国家开始重视并鼓励中小企业对外投资。

三、发展阶段(2001—2012 年)

2000 年中国政府正式开始实施"走出去"发展战略并进行相关政策制定,为中国企业境外投资创造了良好的制度环境。之后,国家和各级部门先后出台了各种政策来鼓励中国企业境外投资,中国政府在对外直接投资问题上实现了职能转变,从干预转向引导,从控制转向服务,提高了市场机制对中国企业境外投资的配置作用,逐步实现了服务于中国企业境外投资的职能转变。在此背景下,中国出现了多起重要的跨国并购和绿地投资等跨国投资行为,例如 2004 年联想对 IBM PC 业务的收购,2004 年 TCL 对法国汤姆逊电子的收购和 1999 年海尔在美国设立生产中心等,2005 年中海油对美国优尼科石油公司收购的失败,以及中海油对加拿大尼克森石油公司的成功收购和三一重工对美国奥巴马总统的起诉等。2006 年,中国开始探索在海外建立经济和贸易合作区,其目的在于避免关税壁垒以扩大出口、在全球市场建立和发展中国企业和中国品牌、释放中国外汇储备进而在东道国提供就业机会来促进东道国经济发展和改善双边关系。建立海外经济和贸易合作区的主导思想在于其有利于中国企业以集群方式走向国际,提高其整体抵抗外来者劣势的风险。在选址问题上,中国政府综合考虑了双边关系、政治稳定性和比较优势,这些东道国包括韩国、俄罗斯、哈萨克斯坦、尼日利亚和巴基斯坦等(Cheng and Ma, 2010 NBER)。例如,中国于 2006 年 10 月在俄罗斯成立了 Ussrriysk 经济与贸易合作区,主要负责木材、纺织和物流业务;中国于 2006 年 9 月在巴基斯坦成立了"Haier-Ruba 经济贸易合作区",主要生产消费类电子产品;总部设在巴基斯坦拉哈尔市的 Ruba 集团是集家电生产、国际贸易、房地产开发、钢铁冶炼、经济特区经营和管理、教育培训以及发电等多种经营于一体的巴基斯坦民营企业集团,是巴基斯坦境内首家设立和经营经济特区的私营企业。

2001 年中国实施"走出去"发展战略和加入 WTO 以来,中国政府各个部门陆续出台了各项措施来引导和规范中国企业境外投资,颁发部门包括国家外汇管理局、国有资产监督和管理委员会、国家商务部和国家统计局等,以下是这些年来这些机构颁布的与中国企业境外投资相关的部分重要政策法规。

2003 年,国家外汇管理局出台了《国家外汇管理局关于简化境外投资外汇资金来源审查有关问题的通知》。该通知指出,为贯彻实施"走出去"发展战略,落实《国务院关于取消第一批行政审批项目的决定》(国发〔2002〕24 号)的有关精神,做好取消境外投资外汇风险审查和汇回利润保证金两项行政审批的后续监管工作,国家外汇管理局决定简化境外投资外汇资金来源审查手续。

2004 年 11 月 1 日起,商务部启用"中华人民共和国境外投资批准证书"(以下简称"批准证书")①。通知指出,批准证书是国内企业境外投资业经国家对外投资主管部门最终核准的书面凭证,由商务部统一印制。为推进境外投资便利化,商务部实行批准证书网上发放,地方商务主管部门可向本地方企业代发批准证书。批准证书网上发放的具体办法另行通知。国内企业凭批准证书办理外汇、银行、海关、外事等境外投资相关事宜。批准证书中有关事项发生变更时,企业应及时向原核准机关办理变更手续,并持原批准证书换领新的批准证书。

2005 年 5 月 1 日,为及时了解我国企业境外并购情况,向企业境外并购提供及时有效的政府服务,商务部和国家外汇管理局制定了《企业境外并购事项前期报告制度》,要求企业在确定境外并购意向后,须及时向商务部及地方省级商务主管部门和国家外汇管理局及地方省级外汇管理部门报告。国务院国有资产管理委员会管理的企业直接向商务部和国家外汇管理局报告;其他企业向地方省级商务主管部门和外汇管理部门报告,地方省级商务主管部门和外汇管理部门分别向商务部和国家外汇管理局转报。2005 年 9 月 1 日,为支持企业参与国际经济技术合作和竞争,促进投资便利化,解决境外投资企业融资难问题,根据《境内机构对外担保管理办法》及其实施细则,国家外汇管理局进一步简化对外汇指定银行为我国境内机构在境外注册的全

---

① 资料来源:商务部,http://www.mofcom.gov.cn/aarticle/b/g/200411/20041100301793.html。

资附属企业和参股企业提供融资性对外担保的管理手续。2005 年 9 月 14 日,商务部发布《境外中资企业(机构)报到登记制度》①。

2006 年 7 月 1 日,为适应对外经济发展的需要,完善鼓励境外投资的配套政策,便利境内投资者开展跨国经营,国家外汇管理局调整了部分境外投资外汇管理政策;指出境内投资者到境外投资所需外汇,可使用自有外汇、人民币购汇及国内外汇贷款;国家外汇管理局不再对各分局(外汇管理部)核定境外投资购汇额度。

2011 年 1 月 1 日,为准确、及时、全面地反映我国对外直接投资的实际情况,科学、有效地组织全国对外直接投资统计工作,充分发挥统计咨询、监督作用,国家商务部、国家统计局和国家外汇管理局依照《中华人民共和国统计法》及其实施细则,制定并实施了《对外直接投资统计制度》;指出对外直接投机的基本任务是通过统计调查、统计分析和提供统计资料,全面、准确、及时地反映我国对外直接投资的全貌,为国家分析境外投资发展趋势、监测宏观运行、制定促进导向政策和实施监督管理,以及建立我国资本项目预警机制提供依据。2011 年 7 月 1 日,由国务院国有资产监督管理委员会颁布的《中央企业境外国有资产监督管理暂行办法》和《中央企业境外国有产权管理暂行办法》正式实施,其目的是加强国务院国有资产监督管理委员会履行出资人职责的企业(中央企业)境外国有资产监督管理,规范境外企业经营行为,维护境外国有资产权益,防止国有资产流失。

2012 年 5 月 1 日,《中央企业境外投资监督管理暂行办法》正式出台,其目的是加强国务院国有资产监督管理委员会(国资委)履行出资人职责的企业(中央企业)境外投资监督管理,促进中央企业开展国际化经营,引导和规范中央企业境外投资活动。《境外投资监管办法》要求中央企业应当根据企业国际化经营战略需要,制定境外投资规划,建立健全企业境外投资管理制度,提高决策质量和风险防范水平,组织开展定期审计,加强境外投资管理机构和人才队伍建设,加强对各级子企业境外投资活动的监督和指导;要求中央企业各级子企业依法建立健全境外投资管理制度,严格遵守中央企业境外投资管理规定,加强境外投资决策和实施的管理。《境外投资监管办法》的出台,是国资委依法履行出资人职责、完善国有资产保值增值责任体系的一项重要举措,对于推动中央企业认真落实做强做优、培育具有国际竞争力的世界一流企业的目标要求,加快实施国际化经营战略,具有重要意义。《境外投资监管办法》与2011 年发布的《中央企业境外国有资产监督管理暂行办法》(国资委令第 26 号)和《中央企业境外国有产权管理暂行办法》(国资委令第 27 号)共同构成了国资委对中央企业境外国有资产监督管理制度体系。《境外投资监管办法》主要内容包括如下:定义境外投资概念,明确《境外投资监管办法》适用范围;明确国资委、中央企业对境外投资监管的职责;提出境外投资活动应当遵守原则;要求中央企业建立健全境外投资管理制度;规定中央企业境外投资计划报送制度;明确主业境外投资项目备案和非主业

---

① 资料来源:商务部,http://www.mofcom.gov.cn/article/b/bf/200509/20050900464066.shtml。

境外投资项目审核的程序和内容;对提高境外投资决策质量和加强境外投资风险防范提出要求。

四、提高阶段(2012 年至今)

党的十八大以来,中国企业境外投资取得长足发展,各项监管措施也得到不断完善与发展。党的十八大报告(2012)指出,要加快走出去步伐,增强企业国际化经营能力,培育一批具有世界水平的跨国公司,要统筹双边、多边、区域次区域开放合作,加快实施自由贸易区战略,推动同周边国家互联互通;提高抵御国际经济风险能力。

2013 年 9 月,习近平总书记在对哈萨克斯坦进行国事访问时,于纳扎尔巴耶夫大学发表演讲,首次提出"丝绸之路经济带"的概念,强调"为了使各国经济联系更加紧密、相互合作更加深入、发展空间更加广阔,我们可以用创新的合作模式,共同建设'丝绸之路经济带',以点带面,从线到片,逐步形成区域大合作"。同年 10 月,习总书记在印度尼西亚国会发表演讲时,又进一步提出"中国愿同东盟国家加强海上合作,使用好中国政府设立的中国—东盟海上合作基金,发展好海洋合作伙伴关系,共同建设 21 世纪'海上丝绸之路'"。由此,形成了"一带一路"倡议。"一带一路"是中国与世界沟通的重要平台,也是中国企业走出去的重要平台。

2014 年 9 月 6 日,商务部发布《境外投资管理办法》[①](商务部令 2014 年第 3 号),于 2014 年 10 月 6 日起施行。其目的是促进和规范境外投资,提高境外投资便利化水平。该办法所称境外投资,是指在中华人民共和国境内依法设立的企业(以下简称企业)通过新设、并购及其他方式在境外拥有非金融企业或取得既有非金融企业所有权、控制权、经营管理权及其他权益的行为。《境外投资管理办法》第六条规定,商务部和省级商务主管部门按照企业境外投资的不同情形,分别实行备案和核准管理。企业境外投资涉及敏感国家和地区、敏感行业的,实行核准管理。企业其他情形的境外投资,实行备案管理。第七条规定,实行核准管理的国家是指与中华人民共和国未建交的国家、受联合国制裁的国家。必要时,商务部可另行公布其他实行核准管理的国家和地区的名单。实行核准管理的行业是指涉及出口中华人民共和国限制出口的产品和技术的行业、影响一国(地区)以上利益的行业。第九条规定,对属于备案情形的境外投资,中央企业报商务部备案;地方企业报所在地省级商务主管部门备案。

党的十九大报告(2017)指出,要以"一带一路"建设为重点,坚持引进来和走出去并重,遵循共商共建共享原则,加强创新能力开放合作,形成陆海内外联动、东西双向互济的开放格局;要创新对外投资方式,促进国际产能合作,形成面向全球的贸易、投融资、生产、服务网络,加快培育国际经济合作和竞争新优势。通过"一带一路"建设、

---

①　详见:商务部令 2014 年第 3 号《境外投资管理办法》,http://www.mofcom.gov.cn/article/b/c/201409/20140900723361.shtml。

对外经济合作,我国产业布局不断优化,产品、人才、技术、标准和文化大踏步"走出去",国家海外利益稳步拓展,同时实实在在地促进了合作国经济社会发展,从而实现互利共赢、包容共享。

2017年10月31日,根据《国务院关于印发社会信用体系建设规划纲要(2014—2020年)的通知》(国发〔2014〕21号)和《国务院关于建立完善守信联合激励和失信联合惩戒制度加快推进社会诚信建设的指导意见》(国发〔2016〕33号),为加强对外经济合作领域信用体系建设,规范对外经济合作秩序,提高对外经济合作领域参与者的诚信意识,营造良好的对外经济合作大环境,发改委和商务部等28部门联合发布了《关于加强对外经济合作领域信用体系建设的指导意见》①。

2017年12月26日,中华人民共和国国家发展和改革委员会令第11号,公布《企业境外投资管理办法》,自2018年3月1日起实施。②

2018年12月18日,习近平总书记在庆祝改革开放40周年大会上的讲话中指出,我们要支持开放、透明、包容、非歧视性的多边贸易体制,促进贸易投资自由化便利化,推动经济全球化朝着更加开放、包容、普惠、平衡、共赢的方向发展。我们要以共建"一带一路"为重点,同各方一道打造国际合作新平台,为世界共同发展增添新动力。

2020年3月9日,商务部办公厅印发《关于完善境外投资备案(核准)无纸化管理的通知》(以下简称《通知》),以贯彻落实习近平总书记重要讲话精神和党中央、国务院决策部署,统筹推进疫情防控和境外投资发展,提高境外投资便利化水平,切实减轻企业负担,努力把疫情对境外投资发展的影响降到最低。《通知》明确,自通知发布之日起,企业在办理境外投资备案(核准)手续时,原则上不再报送纸质材料。同时设置2个月过渡期,在此期间企业办理备案(核准)申请时,可选择线上无纸化报送或线下纸质材料报送。

通过今天的学习,我们对中国企业国际化的发展历程,特别是国家和各部委相关政策,有了初步认识。请同学们课后认真复习今天所讲内容,对中国企业境外投资发展历程有较为全面和深刻的认识和理解,准确把握中国企业国际化未来发展趋势。

思考题

1.阐述中国企业国际化不同发展阶段的主要特点。

2.了解《境外投资管理办法》(2014年)的主要内容。

3.了解中国提出"一带一路"发展倡议的历史背景和成效。

4.了解《十九大报告》关于改革开放的内容节选。

---

① 详见:发改委和商务部等28部门《关于加强对外经济合作领域信用体系建设的指导意见》,http://hzs.mofcom.gov.cn/article/zcfb/b/201801/20180102693269.shtml。

② 资料来源:中华人民共和国国家发展和改革委员会令第11号,公布《企业境外投资管理办法》,http://www.mofcom.gov.cn/article/b/g/201803/20180302719303.shtml。

第 3 节　中国企业境外投资发展现状分析

学习导航

本节主要阐述中国企业境外直接投资（OFDI）监管机构和发展现状。首先，阐述中国 OFDI 监管机构。然后，分析中国 OFDI 总体情况、流量与存量的分类构成情况及其在全球不同国家/经济体的分布情况。最后，介绍中国对外直接投资部分知名企业名单。

通过本节学习，希望同学们对于中国企业 OFDI 情况有更加直观的认识。

一、中国企业境外投资主管机构介绍

1.国务院

国务院在规划中国中长期对外直接投资发展蓝图方面充当制度规划和领导角色。为了避免过分干预，国务院没有直接参与具体的政策发起，而是处理更为基础性的政策问题，比如主要的政策变化和规制调整，以制定和实施中国中长期对外直接投资发展蓝图。国务院是中国对外直接投资发展蓝图设计者和政策制定者，从宏观上引导中国企业在新的全球化背景下大力实施"走出去"发展战略，从而提高企业自身在全球市场的竞争地位。

2.中国人民银行

中国人民银行作为中国央行，其对中国企业对外直接投资的影响作用主要是通过货币政策和外汇政策来实现的。例如，人民币贬值促进中国企业加大对外直接投资力度，人为降低外汇储备金率使得更多外汇能够在中国外汇市场上流动，从而使得更多企业能够参与对外直接投资，对外直接投资规模也因此得以提高。

3.国家外汇管理局

国家外汇管理局在中国人民银行的监督和管理下，主要负责外汇的流进和流出，在外汇管理方面承担如下职能：向国务院报告支付平衡表，审视外汇政策，监督外汇流进和外汇流出，以及管理中国外汇储备。国家外汇管理局直接参与了中国对外直接投资的审批流程和年度报备，并与国家统计局和国家外汇管理局每年度联合颁布上个年度《中国企业对外直接投资统计公报》。

4.国家商务部

国家商务部是促进和管理中国企业境外直接投资的核心机构,负责起草对外直接投资政策和规制以及批准非金融部门的大规模对外直接投资项目;代表中国政府在世界贸易组织或者其他国际机构进行双边或多边投资与贸易谈判;确保中国经济和贸易法与国际条约和协定相一致;协调中国对外援助政策和相关资助与贷款计划。国家商务部负责中国企业境外直接投资的年度数据采集、投资机会发布、投资风险评估和投资报告发布等。

5.国家发展和改革委员会(简称国家发改委)

国家发改委受命于国务院,负责制定、实施和监督中国经济和产业政策,发布国家产业支持政策。对于一些大型投资项目,包括涉外并购项目或其他涉外投资项目等,都必须取得国家发改委审批通过后方可执行。

6.国有资产监督和管理委员会(简称国资委)

国资委是由国务院于 2003 年设立的主要政府机构,其主要职责在于管理非金融类国有资产,对于大型非金融类国有企业的境外直接投资拥有管理职责和权力。在央企频现海外亏损的情况下,于 2011 年颁布了《中央企业境外国有资产监督管理暂行办法》和《中央企业境外国有产权管理暂行办法》,标示着国资委着手对央企境外资产的监督和管理。两办法于 2011 年 7 月 1 日正式执行。《境外资产监管办法》明确要求,国资委要组织开展中央企业境外国有资产产权登记、资产统计、清产核资、资产评估和绩效评价等基础管理工作;首度明确将境外企业纳入中央企业业绩考核和绩效评价范围,定期组织开展境外企业抽查审计。中央企业应明确外派人员岗位职责、工作纪律、工资薪酬等;要求境外企业注册地相关法律规定须以个人名义持有的,应当统一由中央企业依据有关规定决定或者批准,依法办理委托出资等保全国有产权的法律手续,并以书面形式报告国资委。国资委公布了境外企业出现七大情形就将追究有关责任人责任,这七大情景包括违规出借银行账户、越权或违规进行投资、调度和使用资金、处置资产,内控防范存在严重缺陷,有账外业务和账外资产,通过不正当交易转移利润,挪用或者截留应缴收益,未按本规定及时报告重大事项等。

二、2019 年中国对外直接投资流量和存量的分类构成情况

1.对外直接投资分为金融类和非金融类

对于金融类企业而言,在流量方面,2019 年流量为 199.5 亿美元,同比下降8.1%,比重达 14.6%;在存量方面,2019 年年末达 2 545.3 亿美元,比重达 11.6%。对于非金

融类企业而言,在流量方面,2019 年流量为 1 169.6 亿美元,同比下降 3.6%,比重达85.4%;在存量方面,累计金额达19 443.5 亿美元,比重达 88.4%。其中,金融类指境内投资者直接投向境外金融企业的投资,非金融类指境内投资者直接投向境外非金融企业的投资。

2.中国在发达国家或地区的 OFDI 存量情况

2019 年年末,中国在发达经济体的直接投资存量为 2 494.6 亿美元。其中,欧盟为 939.1 亿美元,占发达经济体投资存量的 37.6%;美国为 778 亿美元,占 31.2%;澳大利亚为 380.7 亿美元,占 15.3%。此外,还有加拿大、百慕大群岛、瑞士、日本、以色列、新西兰、挪威等等。2019 年年末中国境外直接投资存量分布情况,排名前 20 位的国家或地区,分别是中国香港、开曼群岛、英属维尔京群岛、美国、新加坡、澳大利亚、荷兰、英国、印度尼西亚、德国、加拿大、卢森堡、俄罗斯联邦、中国澳门、瑞典、百慕大群岛、老挝、马来西亚、阿拉伯联合酋长国和哈萨克斯坦。2019 年年末,中国境外直接投资存量排名前 20 位国家和地区,总共占有 20 308.7 亿美元,比重达到 92.4%。其中,在中国香港的投资存量达12 753.6亿美元,比重占有 58%。由此可见,中国香港地区对于中国境内企业国际化具有重要作用。

3.中国对外直接投资流量分布情况

根据商务部统计数据,2019 年中国境外直接投资流量分布,排名前 20 位的国家或地区,包括中国香港、英属维尔京群岛、新加坡、荷兰、美国,接下来是印度尼西亚、澳大利亚、瑞典、越南、德国、泰国、阿拉伯联合酋长国、老挝、马来西亚、英国、刚果(金)、伊拉克、巴西、哈萨克斯坦、柬埔寨,总金额达 1 312.6 亿美元,占中国境外直接投资总额的 95.8%。其中,对于中国香港地区的 OFDI 流量达到 905.5 亿美元,占中国 OFDI 总额的 66.1%。由此也可以看出,香港作为中国企业国际化的桥头堡,发挥了极其重要的作用。

4.中国与全球主要国家或地区的 OFDI 的存量对比情况

世界投资报告显示,美国仍然位居第 1 位,达到 77 217 亿美元。荷兰位居第二位,达到 25 653 亿美元。中国位居第三位,达到 21 989 亿美元,中国香港地区达到17 940 亿美元。如果中国内地和中国香港合计,则总额远远超过荷兰。其他处于前列的国家或地区是英国、日本、德国、加拿大、法国、瑞士、新加坡、英属维尔京群岛、韩国、俄罗斯联邦。

5.中国与全球主要国家或地区的 OFDI 的流量对比情况

世界投资报告显示,2019 年全球外国直接投资流出流量1.31 万亿美元,年末存量 34.57 万亿美元。以此为基数,2019 年中国对外直接投资分别占全球当年流量和存量的 10.4％和 6.4％,流量所占比重较 2018 年下降了 3.7 个百分点,存量所占比重保持不变,流量位列全球国家(地区)排名的第 2 位,存量位列第 3 位。

6.中国企业对外投资并购目的地情况

2019 年中国企业对外投资并购分布在全球 68 个国家或地区(较上年增加 5 个),实际交易总额 342.8 亿美元,同比下降 53.8％。从实际并购金额来看,芬兰、德国、英属维尔京群岛、法国、巴西、中国香港、开曼群岛、英国、秘鲁和新加坡位列前 10 位。

7.中国企业对外直接投资并购行业构成

根据 2019 年《中国对外直接投资统计公报》,中国对外直接投资涉及制造业、信息传输/软件和信息技术服务业、电力/热力/燃气及水的生产和供应业等 18 个行业大类。从并购金额来看,制造业 142.7 亿美元,位居首位,涉及 179 个项目;信息传输/软件和信息技术服务业 72.5 亿美元,位居次席,涉及 49 个项目;电力/热力/燃气及水的生产和供应业 45.4 亿美元,居第三位,涉及 31 个项目。了解这些行业分布情况,有助于我们更好地了解中国企业境外投资的产业属性情况。

8.全国各地对外直接投资对比情况

中央企业和单位对外非金融类直接投资流量 272.1 亿美元,同比增长 18％,地方企业对外非金融类直接投资流量 897.4 亿美元,同比下降 8.7％,占全国非金融类流量的 76.7％,较上年下降 4.3 个百分点。其中,东部地区 715.6 亿美元,同比下降 5.6％,占地方投资流量的 79.7％;西部地区 78.1 亿美元,同比下降 22.4％,占 8.7％;中部地区 91.1 亿美元,同比下降 10.2％;占 10.2％。东北三省 12.6 亿美元,同比下降43.8％,占 1.4％;广东、上海、山东、浙江、北京、江苏、天津、福建、河南、海南位居地方对外直接投资流量前 10 位,合计 723.8 亿美元,占地方对外直接投资流量的 80.7％。

9.中国企业境外投资中境内投资者注册类型分布情况

2006—2019 年间,中国国有企业和非国有企业存量占比不断发生变化。整体趋势是,非国有企业占比不断上升但有所波动,在 2017 年超过国有企业,达到 50.9％,2018 年继续超越,达到 52％,2019 年占比有所下降,为 49.9％。

10.中国非金融类跨国公司 100 强情况

按 2018 年年末对外直接投资存量排序,包括中国移动、中国石油、中国联通、中国海油、招商局、中国石化、中国化工、华润集团、中国远洋、中国铝业和中国中信等,大部分都是中字号开头的国有企业。海航集团排名第 24 位,华为技术排名第 28 位,巨人网络排名第 39 位,紫光集团排名第 61 位,三一重工排名第 64 位,紫金矿业排名第 66 位,中兴通讯排名第 80 位,万科排名第 83 位,万向集团排名第 88 位,以及锦江集团排名第 100 位。大家可以继续关注自己所感兴趣的中国企业的国际化情况。

三、中国对外直接投资总体情况

查询 2019 年年末全球对外直接投资存量上万亿美元的国家或地区,可以看到美国、荷兰、中国、英国、日本、中国香港、德国、加拿大、法国、瑞士和新加坡位列前 11 位,FDI 存量都超过了 10 000 亿美元。其中,美国为 77 217 亿美元,占全球 FDI 存量的 22.3%。前 11 个国家或地区 FDI 共占全球 FDI 的 74%。可以说,全球 FDI 主要集中于上面 11 个国家或地区。中国和中国香港位列第三位和第六位,总和能够排到全球第二位。[①]

2019 年,中国对外直接投资净额(流量)为 1 369.1 亿美元,同比下降 4.3%。截至 2019 年年底,中国约 2.75 万家境内投资者在境外共设立对外直接投资企业(境外企业)4.4 万家,分布在 188 个国家(地区),年末境外企业资产总额达 7.2 万亿美元。对外直接投资累计净额(存量)达 21 988.8 亿美元。其中:对外直接投资企业是指,境内投资者直接拥有或者控制 10% 或以上股权、投票权或其他等价利益的境外企业。

最后,我们来了解最新情况。根据国家商务部和国家外汇管理局最新统计数据,2019 年,我国对外全行业直接投资 8 079.5 亿元人民币,同比下降 6%(折合 1 171.2 亿美元,同比下降 9.8%)。其中,我国境内投资者共对全球 167 个国家和地区的 6 535 家境外企业进行了非金融类直接投资,累计投资 7 629.7 亿元人民币,同比下降 4.3%(折合 1 106 亿美元,同比下降 8.2%)。另据商务部、外汇局统计,2020 年我国对外全行业直接投资 9 169.7 亿元人民币,同比增长 3.3%(折合 1 329.4 亿美元,同比增长 3.3%)。其中,我国境内投资者共对全球 172 个国家和地区的 6 790 家境外企业进行了非金融类直接投资,累计投资 7 597.7 亿元人民币,同比下降 0.4%(折合 1 101.5 亿美元,同比下降 0.4%)。[②]

中国企业联合会、中国企业家协会发布了"2020 中国 100 大跨国公司榜单",榜单以各大企业海外资产金额为依据,经专家审定评选出 100 强跨国公司。其中中国石油天然气集团以 9 296.91 亿元的海外资产蝉联榜首,中信集团和中国石油化工集团位居榜单第二名和第三名。回顾中国企业全球化,1995 年,进入世界 500 强的只有 1 家(中粮集团),2019 年,有 129 家,首次超过美国的 121 家。但是 2018 年全球最大 100 家企业的跨国指数平均为 66%,中国企业为 15%,差距还非常大。按照 2019 年 Interbrand 品牌排名,进入前 100 强的只有一家,就是华为。可以说,中国企业全球

[①] 数据来源:中国对外直接投资数据来源于《2019 年中国对外直接投资统计公报》,其他国家(地区)数据来源于联合国贸易与发展会议《2020 年世界投资报告》。

[②] 中华人民共和国商务部统计数据(http://www.mofcom.gov.cn/article/tongjiziliao/dgzz/202101/20210103033289.shtml)。

化,从无到有,从有到大,大而不强,品牌薄弱,任重道远。①

2020年9月28日,中国企业联合会、中国企业家协会发布了"2020中国100大跨国公司榜单"及分析报告。报告显示,2020中国跨国公司100大海外资产总额为104 526亿元、海外营业收入为73 307亿元,分别比上年提高9.87%、15.49%。2020中国100大跨国公司中,民营公司27家,国有及国有控股公司73家,腾讯、华为挺进前十强。在地域分布上,2020中国跨国公司百强中,北京一地独占42%,广东占11%,上海、山东各占9%,浙江占7%。

"2020中国100大跨国公司"海外资产总额为104 526亿元、海外营业收入为73 307亿元,分别比上年提高9.87%、15.49%;海外员工总数为1 310 300人,比上年下降5.87%;入围门槛为海外资产120.22亿元,比上年提高21.64亿元;平均跨国指数为16.10%,比上年提高0.14个百分点,比2011中国跨国公司100大的平均跨国指数提高3.86个百分点;海外资产占比、海外营业收入占比、海外员工占比分别为16.80%、21.27%、10.23%,与2011中国跨国公司100大相比海外资产占比、海外营业收入占比、海外员工占比分别提高了2.07、3.93、5.56个百分点。

根据2020中国跨国公司100大跨国化指数,中国石油天然气集团有限公司、中国石油化工集团有限公司、中国海洋石油集团有限公司、华为投资控股有限公司、联想控股股份有限公司、腾讯控股有限公司、中国兵器工业集团有限公司、浙江吉利控股集团有限公司、中国交通建设集团公司、复星国际有限公司位列前10位,民营企业已占到了一半。2020中国跨国公司100大中,民营公司27家,国有及国有控股公司73家,说明当前大企业国际化的主力军仍然是国有及国有控股公司。这100大跨国企业当中,包括中国远洋海运集团有限公司、腾讯控股有限公司、华为投资控股有限公司、联想控股有限公司、浙江吉利控股集团有限公司、美的集团股份有限公司、海尔集团公司、绿地控股集团有限公司、TCL集团股份有限公司、海信集团有限公司、三一集团有限公司、中兴通讯股份有限公司、万向集团公司等公司,我们将在课程中引用这些公司的国际化实践资料。

思考题

1.请关注华为、联想和海尔等中国企业的国际化实践。

2.请阐述中国企业在全球各国家或地区的投资分布情况。

管理视野

中国美国商会(AmCham China): https://www.amchamchina.org/

商会介绍:中国美国商会是在民政部登记的外国商会,是一家非营利、非政府组

---

① 资料来源:陈攀峰,《华为全球化之路》,书享界(微信公众号),2020-06-06。

织。商会会员超过 3300 人,代表着 900 家在华运营的外资企业。商会在整个中国地区的使命是,通过为会员提供政策咨询、信息共享、会员联谊,以及商务支持服务,协助美国企业取得在华业务的成功。中国美国商会是唯一获得官方认证的、代表美国在中国大陆企业的商会。商会在北京、天津、大连、沈阳和武汉分别设有办公室。同时,商会 50 多个工作组,每年举办超过 250 场涉及各种行业且形式多样的会员活动。

中国美国商会总部联系信息:

地址:北京市朝阳区工体北路甲 2 号盈科中心 4 号门 3 层

邮编:100027

电话:(8610)8519-0800　　　传真:(8610)8519-0899

邮箱:amcham@amchamchina.org

网址:www.amchamchina.org

美国中国总商会:https://www.cgccusa.org/zh/

外文名:Chinese chamber of commerce in U.S.A

商会介绍:美国中国商会是在中国外经贸部、美国商务部及美中贸易全国委员会支持下,于 1996 年 1 月 24 日在纽约注册成立的大型非营利组织,是中国在海外最大也是在美国最具有影响力的商会组织之一。美国中国商会作为在美国最具代表性的商会组织,在中美贸易中发挥了重要的组织、协调、促进、服务作用。

建设宗旨:商会以促进中美贸易、协助国内各省市政府、企业来美招商、提供商务咨询、为会员服务为宗旨。介绍客户,举办各类专题讲座,使会员熟悉美国法规,掌握市场动态,抓住投资及贸易商机,为会员获取商务工作签证提供指导与帮助。在协助中国各省市开拓海外市场和招商引资方面不仅起到桥梁作用,而且提供一系列相关的指导和服务。

企业实践

2020 年《财富》世界 500 强排行榜中的中国企业

2019 年,世界 500 强的营业收入达到 33.3 万亿美元,创下历史新高。排行榜最引人注目的无疑是中国企业的数量第一次超过了美国,实现了历史性的跨越。世界 500 强排行榜上中国企业地位的提升,反映了改革开放以来,中国企业规模的不断壮大以及大企业数量的不断增加。企业发展壮大的结果是中国整体经济的规模不断发展壮大。

1995 年,《财富》杂志第一次发布"世界 500 强"排行榜时,世界贸易组织刚刚建立。中国刚刚开始深化改革,扩大开放。那时只有四家中国企业进入这个排行榜。2001 年,中国加入世界贸易组织,当年进入排行榜的中国企业为 12 家,以后逐年迅速增加。自 2008 年以来,中国企业在排行榜中的数量加快发展,先是超过了德国、法国和英国,后来超越了日本。在 2020 年的排行榜中,中国企业成为进入《财富》世界 500

强排行榜最多的企业群体。自从1995年《财富》世界500强排行榜发布以来,还没有任何一个别的国家或地区在排行榜中的企业数量增加如此迅速。

改革开放以来,特别是2001年加入世贸组织、融入经济全球化以来,中国企业国际化发展取得了历史性进步。现在,中国企业来到了一个新的起点。从2020年《财富》世界500强排行榜中,我们看到上榜的中国企业虽然数量增加规模扩大,但是还需要增强盈利能力、全球竞争力以及合规竞争力。中国企业应该继续向世界500强里的全球型公司学习,与它们合作,同它们竞争,从而发展为硬实力和软实力皆强大的世界一流企业。

从国际化程度看企业需要提升全球竞争力。1992年,全球市场形成,经济全球化新阶段到来。各国企业纷纷推进全球化战略。传统跨国公司逐步转型为全球型公司。全球型公司吸纳全球各地最佳资源加以整合,把价值链延伸到全球,从而构建全球价值链。这是全球型公司形成超强的全球竞争力的真正秘诀。世界一流企业往往都拥有或者主导一条全球价值链/产业链,而进入《财富》世界500强排行榜的中国企业,很少有企业能够构建、拥有和主导这么一条全球价值链。在国家继续扩大开放的背景下,中国企业显然应该积极抓住全球产业链重构过程带来的挑战和机遇,积极融入全球产业链,在融入全球产业链的过程中提升全球竞争力。

资料来源:王志乐,中国大陆《财富》世界500强数量首次超过美国,但盈利水平与美国差距巨大,见《财富中国网》,2020年08月10日,http://www.fortunechina.com/fortune500/c/2020-08/10/content_372140.htm。

思考题:未来中国企业国际化发展需要重视哪些问题?

企业实践

万向海外

万向海外负责万向国际市场体系的建设与相关品牌的创立和管理。以万向美国公司为核心,致力于构建涵盖欧美两大洲的万向汽车零部件市场网络,先后在美国、英国、墨西哥、委内瑞拉、巴西、加拿大等国设立分公司。同时,通过自身优势积极寻求在海外的投资机会,依托自身国际运作经验及信息资源,为万向其他产业进入国际市场提供支持。目前,万向海外已从单一的产品销售扩大到国际资源配置,在海外10个国家拥有22家海外公司,构建涵盖60多个国家和地区的国际营销网络。

万向美国是万向集团公司的全资子公司,成立于1993年。建立美国公司是为了在北美、南美和欧洲建立并拓展卓越的为汽车以及其他工业客户服务的能力。目前万向美国已完成了对超过十家美国企业的收购,并将继续向多元化发展,与更多的美国知名企业合资合作,并建立领先水平的研发中心。万向美国公司一直致力于以下几个方面的发展:(1)建立设施以更好地为北美、南美和欧洲的客户服务;(2)通过并购,扩展美国万向的销售、研发和市场;(3)通过与美国知名企业合资合作提升企业发展;(四)进入金融、高科技领域,加强全球化企业定位。万向美国将为建立中国企业正直诚实的信誉和树立中国公司在美国的良好形象而不懈努力。

资料来源:万向集团公司官方网站。

思考题:阐述万向集团公司的国际化实践。

补充阅读

1.国家商务部,《2019 年度中国对外直接投资统计公报》。

http://www.mofcom.gov.cn/article/tongjiziliao/dgzz/202009/20200903001523.shtml

2.国家商务部,《2019 年度中国对外投资发展报告》。

http://www.mofcom.gov.cn/article/i/jyjl/k/202006/20200602973606.shtml

3.《管理世界》等期刊刊发的中国企业国际化管理实践案例。

4.关注一到两家中国企业境外投资情况,了解其具体的国际化历程、战略决策、组织管理和人力资源管理等实践活动,更好地学习和掌握本课程内容,并将其运用于指导中国企业国际化管理实践。

5.胡润说《2020 胡润世界 500 强》,视频解说。

https://www.hurun.net/zh-CN/Media/Detail? num=7IULITN8XVIG

作业与测试

一、单选题

1.UNCTAD 的统计数据显示,当前全球出现三大技术发展趋势,下列哪一项不是三大发展趋势之一?(　　　　)

　　A.人工智能　　　　　　　　　　B.供应链数字化

　　C.数据货币化　　　　　　　　　D.添加剂制造(例如 3D 打印技术等)

2.关于后新冠肺炎疫情时代全球 FDI 关键变化趋势,下列说法不正确的是(　　　　)。

　　A.新冠肺炎疫情严重影响全球 FDI 水平,对全球经济的供给、需求和政策产生全方位的影响,并且前景存在不确定性。

　　B.绿地投资规模有小幅上升趋势。

　　C.国际生产体系将从全球价值链治理上升为关注可持续发展目标。

　　D.全球跨国公司开始重视采取行动计划以投资于可持续发展目标。

3.关于后新冠肺炎疫情时代全球 FDI 关键变化趋势,通过分析 UNCTAD 的统计数据,下列说法不正确的是(　　　　)。

　　A.根据 UNCTAD 统计预测,在跨国并购方面,2020 年与 2019 年相比,无论是年度平均还是月份平均,跨国并购将呈现出一定程度的回升现象。

  B.今年是《世界投资报告》发布第 30 周年,历年世界投资报告不乏以跨国公司为主题。

  C.全球 5000 多家跨国公司当中有 70％企业报告了性别话题,高度重视男女平等问题。

  D.根据 UNCTAD 统计预测,新冠肺炎疫情将导致 2020 年和 2021 年全球 FDI 流入严重下降。

  4.新冠肺炎疫情影响全球 FDI 的传导机制包括直接影响、短期影响、中期影响和长期影响。"会导致 FDI 陷入僵局,由于站点关闭以及跨境业务并购和新项目启动的放缓,正在进行的项目会发生执行速度放缓的现象"是新冠肺炎疫情对于全球 FDI 的哪一种影响?( )

  A.直接影响   B.短期影响   C.中期影响   D.长期影响

  5.新冠肺炎疫情影响全球 FDI 的传导机制包括直接影响、短期影响、中期影响和长期影响。"会导致放弃新的投资决策,影响到公司供应链弹性和自主性,进而影响到撤资、重组和转移"是新冠肺炎疫情对于全球 FDI 的哪一种影响?( )

  A.直接影响   B.短期影响   C.中期影响   D.长期影响

  6.境外企业按设立方式的分类不包括以下哪一项?( )

  A.子公司   B.联营公司   C.国内办事处   D.分支机构

  7.境外企业是指境内投资者直接拥有或控制( )以上投票权(对公司型企业)或其他等价利益的境外组织。

  A.25％   B.20％   C.15％   D.10％

  8.在中国企业境外投资发展的第一个阶段(尝试阶段),中国境外直接投资政策的主要目的是( )。

  A.在于取得并累积外汇   B.使用海外资源和海外市场

  C.实现互利共赢   D.引进学习海外技术

  9.在中国企业境外投资发展的第一个阶段(尝试阶段),国家外汇管理局评价海外投资的资金来源以及外汇风险,并且要求对外投资企业保留( )的境外直接投资额作为特别账户基金留在国家外汇管理局。

  A.20％   B.15％   C.10％   D.5％

  10.《十九大报告》指出,要推动形成全面开放新格局,需要拓展对外贸易,培育贸易新业态,推进贸易强国建设。下列哪一项不是有利于形成这一局面的措施?( )

  A.实行高水平的贸易和投资自由化、便利化政策

  B.全面实行准入前国民待遇加负面清单管理制度

  C.适度提高市场准入门槛,扩大服务业对外开放

  D.保护外商投资合法权益

  11.根据商务部统计数据,2018 年中国对外直接投资流量分布中对于( )的

OFDI 流量达到 868.7 亿美元,占中国 OFDI 总额的 60.7％。由此也可以看出,其对中国内地企业国际化发挥了极其重要的作用。

  A.新加坡　　　　　B.美国　　　　　C.韩国　　　　　D.中国香港地区

  12.2018 年我国地方对外直接投资流量前 10 位的省市不包括(　　　)。

  A.海南省　　　　　B.重庆市　　　　　C.天津市　　　　　D.山东省

  13.面对新冠肺炎疫情带来的挑战和机遇,UNCTAD 提出价值链的重塑将会对全球(　　　)价值链带来重要影响,带来撤资行为和效率导向的变化。

  A.密集型高科技产业　　　　　　B.密集型劳动力产业

  C.密集型资本产业　　　　　　　D.各个产业

  14.面对新冠肺炎疫情带来的挑战和机遇,根据 UNCTAD 所提出的地区化转型路径,下列哪一项不是未来区域价值链发展不可或缺的重要因素?(　　　)

  A.投资促进　　　　B.区域合作　　　　C.产业政策　　　　D.文化交流

二、多选题

  1.针对新冠肺炎疫情影响,UNCTAD 给出了哪些重要的投资便利化措施?(　　　)

  A.加快审批程序　　　　　　　　B.采用线上办公工具和电子条例

  C.降低费用　　　　　　　　　　D.自动更新许可证

  2.在针对疫情的主要投资政策变化方面,UNCTAD 分析了哪些趋势?(　　　)

  A.巩固国家安全相关投资政策

  B.提高国家招商引资竞争力

  C.行政审批过程中更多采用在线和数字工具

  D.加速国际投资协议的改革进程

  3.根据 UNCTAD 规定,国际生产包含哪几个维度?(　　　)

  A.价值链的长度和碎片化维度　　B.价值链的步骤和距离

  C.价值链的地区分布　　　　　　D.价值链的治理和内部化

  4.国际生产包含三个维度中,价值链的长度和碎片化包含哪几个指标?(　　　)

  A.集中度　　　　　　　　　　　B.价值链的步骤

  C.距离　　　　　　　　　　　　D.贡献速度

  5.国际生产包含三个维度中,价值链的治理和内部化包含哪几个指标?(　　　)

  A.集中度　　　　　　　　　　　B.FDI 相对密度

  C.贡献速度　　　　　　　　　　D.非股权模式密度

  6.“一带一路”是“丝绸之路经济带”和“21 世纪海上丝绸之路”的简称。“一带一路”建设秉承哪些原则?(　　　)

  A.共进　　　　　B.共商　　　　　C.共建　　　　　D.共享

  7.《十九大报告》提出,优化区域开放布局,加大西部开放力度。赋予自由贸易试验区更大改革自主权,探索建设自由贸易港。创新对外投资方式,促进国际产能合作,形成面向全球的(　　　)网络,加快培育国际经济合作和竞争新优势。

  A.贸易   B.投融资   C.生产   D.服务

  8.2018年中国企业对外直接投资并购十大目的地(按并购金额)包括以下哪些国家(地区)?(　　　)

  A.巴西   B.新加坡

  C.中国香港地区   D.马来西亚

三、判断题

  1.后疫情时代,可以看到,中国政府提出的"创新、融合、绿色、开放、共享"的新发展理念,将引领全球可持续发展趋势。(　　　)

  2.在国际生产的未来投资方面,其中一条建议是采取更系统的方法,将可持续发展目标纳入国家投资政策框架和国际投资协定制度,将投资促进纳入可持续发展战略。(　　　)

  3."一带一路"旨在借用古代丝绸之路的历史符号,高举和平发展的旗帜,积极发展与沿线国家的经济合作伙伴关系,共同打造政治互信、经济融合、文化包容的利益共同体、命运共同体和责任共同体。(　　　)

  4.《十九大报告》中提到,拓展对外贸易,培育贸易新业态新模式,推进贸易强国建设。实行高水平的贸易和投资自由化便利化政策,全面实行准入前国民待遇加负面清单管理制度,大幅度放宽市场准入,扩大服务业对外开放,保护外商投资合法权益。凡是在我国境内注册的企业,都要一视同仁、平等对待。(　　　)

  5.1995年之后,中国政府对于外汇管制政策从"先赚取后使用"(earn-to-use)转向"直接购买并使用"(buy-to-use),中国企业可以在已经赚取外汇的前提下直接从国家外汇管理局购买外汇并对外投资。(　　　)

  6.根据UNCTAD统计预测,在绿地投资和跨国并购方面,2020年与2019年相比,无论是年度平均还是月份平均,绿地投资和跨国并购都呈现出明显下滑现象。(　　　)

  7.根据UNCTAD的统计数据,1990年至今,跨国化指数虽然存在多次波动,但整体水平是下降的。(　　　)

  8.中国对外直接投资存量和流量分布中,香港均排名首位。由此也可以看出,香港作为中国企业国际化的桥头堡,发挥了极其重要的作用。(　　　)

四、名词解释

  1.跨国化指数

  2.对外直接投资

  3.跨国并购

  4.境外企业

  5.跨国公司

五、简答题

1.简要分析未来国际生产趋势和投资建议。

2.面对新冠肺炎疫情带来的挑战和机遇,国际生产转型有哪些路径可以选择?

3.简述并分析中国企业境外投资政策发展历程。

4.简述针对疫情的主要投资便利化措施和主要投资政策趋势。

第2章
国际商务理论研究进展回顾

第1节　国际商务研究范畴界定

学习导航

本节主要讨论四个问题，分别是国际商务研究对象、国际商务研究期刊、国际商务研究主题和国际商务研究趋势。

通过本节学习，希望同学们对于国际商务研究涉及哪些概念和主题有初步的认识，能够掌握国际商务经典期刊文献查询，为研究报告和论文撰写奠定基础。

一、国际商务研究对象

明确学科研究对象对于正确认识和把握该学科研究动态，具有十分重要的作用。虽然国际商务研究历史悠久，但是深入探索其研究对象则是在《国际商务研究杂志》(JIBS)创刊之际(1970年)。Wright(1970)在 JIBS 创刊上，发表了题为《国际商务研究趋势》一文，系统回顾了国际商务研究的重要趋势。该项研究是在 20 世纪 60 年代福特基金会(Ford Foundation)的资助下完成的，旨在建立起国际商务研究领域，其首要工作是"准备一份近来和当前国际商务研究清单以及未来研究建议"①。

在有关国际商务研究定义的问题上，Wright(1970)指出，国际商务研究必须满足

---

① 原文如下：It also proposed that an International Business Research Institute be established and that one of its first efforts be to "prepare an inventory of recent and current research in international business and recommendations for further research". 参见 Wright Richard W. Trends in international business research[J].Journal of international business studies,1(1):109-123,1970.

如下两个限定性条件。第一,它必须关注企业层面的商业活动,该商业活动必须跨越国别界限或者处在企业母国之外的其他地区。第二,它必须关注该企业的业务活动与东道国环境之间的关系。基于德尔菲技术(Delphi technique),Wright(1970)分析得出德尔菲过程第一回合和第二回合的分析结果,指出了未来国际商务研究的建议领域[①]。Wright(1970)基于德尔菲法的研究发现,强调了国际商务关注的是跨国企业的跨国业务活动,这与之后联合国贸易与发展会议(UNCTAD,1973/1984)对于跨国公司的定义相互吻合。

Wright 和 Ricks(1994)在《国际商务研究:24 年以后》一文中,总结了 24 年以来国际商务研究的变化,得出如下研究发现:第一,国际商务学会(AIB,Academy of International Business)成员从 1968 年的 237 名上升到当年的 2 500 名,充分展示了学术界对于国际商务日益增加的研究关注;第二,国际商务研究涉及的范围和多样性也得到长足发展;第三,学者们来源国更加多元化,欧洲地区学者和亚洲地区学者开始加入之前由美国学者和加拿大学者所主导的国际商务研究领域;第四,国际商务研究正在出现一些新兴的研究导向,包括国际信息系统、国际联盟和合并、国际创业和业务绿色化等。

在《管理有多国际化?》一文中,Werner 和 Brouthers(2002)指出,随着国际商务的不断发展,管理类学术期刊也跟着国际化。基于对 1976—1980 年和 1996—2000 年19 份管理杂志所发表的国际研究的数量和类型进行的统计分析,发现国际商务研究包括两类,分别是跨国公司研究和比较研究,并发现许多管理类杂志在该研究期间都提高了国际内容的刊发比例,但也有一些期刊有着相反倾向。具体而言,跨国公司研究涉及国际化进程研究、进入模式选择研究、海外子公司管理研究、母子公司关系研究以及外派人员管理研究;比较研究涉及不同文化情景或者不同国家情景下的比较管理实践。在对顶尖管理杂志进行界定的基础上,选取 1976—1980 年和 1996—2000年两个时间段,对该时间段内发表在主流管理期刊和其他主流职能期刊(会计、财务、营销和管理信息系统)的研究文献进行统计分析,发现上述主流管理期刊越加重视国际商务问题,但是主流职能期刊则没有越加重视国际商务问题,除了管理信息系统类期刊以外。

本书认为,国际商务研究具有特定研究对象、理论基础、研究构念和分析框架等,它不是简单地将传统公司职能战略进行国际化延伸(比如从市场营销到国际市场营销,从战略管理到国际战略管理,从人力资源管理到国际人力资源管理等),而是有其自己的研究对象、理论基础、研究构念和分析框架等,并被运用于探讨企业在全球环境中独特的商业模式和运营策略。Bartlett、Ghoshal 和 Beamish(2008)在其经典力作《跨国管理——教程、案例和阅读材料》一书中指出,20 世纪 70 年代和 80 年代,国际

[①] 有关第一回合和第二回合的具体分析结果,可以查阅原文详细阅读。特别地,第二回合中得到的未来研究领域包括国际商务企业的战略和目标、国际企业组织及其有效性、国际企业面临的政治和经济环境、国际商务管理的跨文化关系问题、国际商务管理绩效以及国际商务信息转移等方面。

管理研究的一个新视角初现端倪,它更加重视跨国公司和管理行为,而不是全球经济力量和跨国机构。公司成为主要的分析单位,管理决策成为主要的变量,这些研究为应对跨国运营管理挑战,带来并提供崭新思路。基于此,本书将基于过程视角,分专题分析中国企业境外投资所涉及的相关构念、理论基础和分析框架,分析跨国公司动机与绩效、国际化进程和投资区位选择、进入模式和合法性问题、投资权限问题和腐败压力应对策略等问题,从而为中国企业国际化提供决策支持。

二、国际商务研究期刊

Chandy 和 Williams(1994)在《期刊和学者对国际商务研究的影响——基于对JIBS 文献的引文分析》一文中,采用引文分析法考察了期刊和学者对于国际商务研究的影响,研究发现管理学、经济学、市场学和财务学对于国际商务研究有着重要作用。基于 Chandy 和 Williams(1994),Buckley(2002)、Buckley 和 Ghauri(2004)和 Peng(2004)等人的研究观点,Griffith、Cavusgil 和 Xu(2008)在《国际商务研究中正在出现的新兴主题》一文中,采用引文分析法对六大主流的国际商务学术期刊——《国际商务研期刊》(JIBS)、《国际管理评论》(MIR)、《世界商务杂志》(JWB)、《国际营销评论》(IMR)、《国际营销杂志》(JIM)和《国际商务评论》(IBR)进行了分析,以明确近来哪些研究贡献推动了国际商务研究进程;采用文本分析法和德尔菲法,分析文献中哪些研究主题能够预示国际商务未来研究趋势。

基于学科属性,不同学术期刊在刊发内容上侧重点不同,从而使得我们有必要分析国际商务领域哪些期刊是最为公认的重要期刊。DuBois 和 Reeb(2000)在《国际商务研究期刊排序》一文中,基于引文分析法和调查研究法,对 30 份国际商务期刊的相对质量进行了评估和排序,认为该排序有助于学术界从客观上更好地理解哪份"国际商务出版物"最能引导国际商务研究。在他们的研究中,排名前三的国际商务领域的期刊有 JIBS、MIR、JWB 等。Inkpen(2001)在《对国际商务研究期刊排序的注解》一文中,对 DuBois 和 Reeb(2000)的关于国际商务研究期刊排序的研究观点加以反驳,认为他们忽视了国际商务研究的本质话题,并从三个方面对此加以详细阐述。作为对Inkpen(2001)研究观点的回应,DuBois 和 Reeb(2001)在《回应国际商务期刊排序》一文中,也分别从三个方面阐述了其研究观点。Inkpen(2001),DuBois 和 Reeb(2001),DuBois 和 Reeb(2000)之间的对话,可以从如下三个方面加以分析。

第一,国际商务跨学科性。Inkpen(2001)认为,国际商务具有跨学科性,讨论国际商务是否具有研究合法性(legitimate field of research)缺乏针对性。对此,DuBois 和 Reeb(2001)予以反驳,认为 DuBois 和 Reeb(2000)的研究并没有讨论国际商务研究合法性,而实际上是事先假定国际商务研究具有合法性。Inkpen(2001)认为,诸如JIBS 之类的研究杂志应该关注国际商务问题的前沿性研究,而不管其作者的具体研究领域,国际商务研究论文不应该只发表在国际商务期刊上;不应该将诸如 JIBS 之类的国际商务杂志与其他杂志区分开来；由于国际商务具有跨学科性质，仅仅关注国际商务研究杂志将不利于识别来自其他管理杂志上发表的高质量的国际商务研究论文，也不利于国际商务研究在其他领域的传播与发展。对此，DuBois 和 Reeb（2001）予以反驳，认为 DuBois 和 Reeb（2000）并没有强调国际商务研究论文只能发表在国际商务期刊上，相反强调了发表在其他主流期刊上的国际商务研究论文的重要性。总而言之，DuBois 和 Reeb（2001）认为，Inkpen（2001）对于 DuBois 和 Reeb（2000）研究观点的反驳立不住脚，或者可以说是 Inkpen（2001）误解了 DuBois 和 Reeb（2000）的研究观点。DuBois 和 Reeb（2001）总结到，期刊排序并非旨在提出建设性建议，而是仅仅为评价国际商务期刊提供评价依据。

第二，国际商务研究质量。Inkpen（2001）认为，DuBois 和 Reeb（2000）实际上关注的是研究热点而非研究质量，并且主流期刊实际上仅仅发表了少量的国际商务研究论文（Morrison and Inkpen，1991）。对此，DuBois 和 Reeb（2001）认为，DuBois 和 Reeb（2000）是为了发现期刊间的品质差异，并非先验性假定期刊品质差异。本书认为，虽然期刊引用率能够反映出期刊质量，但是就某个具体研究领域而言，期刊质量并不能够代表某个学科的发展水平，不能代表其所发表个别文章的研究贡献。从期刊质量（期刊主流性）来判定国际商务论文质量并不是最佳选择，应该从论文的理论贡献或实践意义角度来评判论文质量。

第三，国际商务领域发展。DuBois 和 Reeb（2000）认为，被认为是高品质的国际商务期刊发展缓慢，使得国际商务作为合法性研究领域发展缓慢。Inkpen（2001）对此加以反驳，认为 DuBois 和 Reeb（2000）的观点具有误导性，研究者认为自己属于哪个研究领域（例如，国际商务领域、财务领域和营销领域等）并不重要，重要在于学术界是否在从事国际商务问题研究以及出版高品质的研究成果。Inkpen（2001）认为，在过去的十多年里，国际商务研究取得重要进展，主流职能期刊发表了很多关于国际商务领域问题的专业文献；认为 JIBS 应该将其竞争对手定位为全球最佳的职能期刊（functional journal），而非其他国际商务期刊；认为对国际商务期刊进行排序作用有限，排序研究无法识别出国际商务研究的核心问题。对此，DuBois 和 Reeb（2001）认为，他们同意 Inkpen（2001）的研究观点，认为国际商务研究学者应该重视发表高质量著作；但同时认为，Inkpen（2001）所隐含的关于"国际商务研究正日益向管理类期刊扩散以及我们可以忽视国际商务期刊"的观点存在问题；认为国际商务并非各种职能总和，除了 JIBS 之外的高品质的国际商务期刊对于国际商务研究发展具有重要意义。

通过分析 DuBois 和 Reeb（2000），Inkpen（2001），DuBois 和 Reeb（2001）的研究观点，可以发现，Inkpen（2001）夸大甚至误解了 DuBois 和 Reeb（2000）的研究观点，但是其评价存在一定合理性；DuBois 和 Reeb（2001）对于 Inkpen（2001）的反驳也存在一定合理性，但实际上也部分否定了 DuBois 和 Reeb（2000）提出的研究观点。综合三篇文献的研究观点，结合国际商务研究的本质特征，本书认为，国际商务研究作为一门研究分支有其合理性，应该注重学科融合而非独树旗帜，应该重视前沿问题研究而非学科属性,应该重视实际贡献而非仅仅期刊知名度。本书推荐如下学术期刊,作为国际商务研究重要期刊,包括《国际商务研究杂志》(JIBS, *Journal of International Business studies*)、《世界商务杂志》(JWB, *Journal of World Business*)、《管理科学季刊》(ASQ, *Administrative Science Quarterly*)、《管理学术评论》(AMR, *Academy of Management Review*)、《管理学术杂志》(AMJ, *Academy of Management Journal*)、《战略管理杂志》(SMJ, *Strategic Management Journal*)、《哈佛商业评论》(HBR, *Harvard Business Review*)、《金融学期刊》(JF, *Journal of Finance*)、《金融经济学期刊》(JFE, *Journal of Financial Economics*)、《营销期刊》(JM, *Journal of Marketing*)、《经济研究》、《管理世界》和《中国工业经济》等。

三、国际商务研究主题和研究趋势

自 1970 年 JIBS 创刊至 2020 年,经过五十多年的发展,国际商务研究是否已经成熟? 抑或走到了尽头? 让我们来回顾下学者讨论情况。在《国际商务研究议程是否走到了尽头?》一文中,Buckley(2002)识别了三个关键研究领域,分别是对外直接投资、跨国公司和业务全球化,并在文章最后考察了未来研究议程。作者认为,之前国际商务研究之所以取得丰硕成果,得益于其核心研究问题;但是这些核心问题已经不复存在,从而预示着国际商务研究将会面临减速趋势。在 Buckley(2002)看来,国际商务研究不仅从其他学科引入了研究概念和研究范式,而且也为其他学科研究提供研究概念和研究范式;国际商务研究应该重新找回核心问题,这些问题可能涉及国别进入顺序、个体文化背景、国际化实证测量指标和全球资本主义挑战。Buckley 和 Ghauri(2004)在《全球化、经济地理和跨国公司战略》一文中认为,全球化分析聚焦于经济地理,能够成为跨国研究的核心问题。Buckley 和 Lessard(2005)在《重拾国际商务研究前沿》一文中指出,国际商务学者使用多种理论框架和采用实证分析方法对不同分析层次问题进行分析,最为重要的分析层次包括管理者个体、企业、产业和环境层面。在该文中,Buckley 和 Lessard(2005)从学科领域和分析层次两个维度勾勒出国际商务研究领域,其中学科领域涉及经济学、政治学、社会学和社会心理学等,分析层次涉及管理者、产业组织和宏观环境等。

引文分析法有助于客观测量学术界对于某类主题的研究兴趣,从而有助于洞察当前研究主题。基于 Dubois 和 Reeb(2000)的研究成果,Griffith、Cavusgil 和 Xu(2008)对 1996—2006 年间发表在上述六大杂志的文章进行了 SSCI 引文分析,并根据引用情况对这些文章进行排序,重点考察引用率超过 20 次的 112 篇文章(其总引用率占期刊总引用率 40%),然后由接受过定性研究方法培训的两名人员根据"文献所属领域(根据 JIBS 划分方法)、子主题、理论基础、研究情景、实证性/概念性以及文献综述与否"对文献进行编码,对于认定差异进行了讨论分析,最后由独立研究人员对两位人员的编码结果进行分析整合,形成了本文引文分析结果并为后续德尔菲法分析奠定基础。在六大期刊中引用率排名前 15 位的研究文献中,引用率最低为 49 次,涉及主题包括区位选择(Dunning,1998)、知识流动(Lyles,Salk,1996)、出口发展过程(Leonidou,Katsikes,1996)、文化一致性(Newman,Nollen,1996)、国别文化和经济意识对管理者工作价值观的影响(Ralston,Holt,Terpsta et al.,1997)等。基于引文分析法,Griffith、Cavusgil 和 Xu(2008)归纳了 1996—2006 年间引用率最高文献的研究主题,分别是财务学(主要是比较制度和国际商务)、营销/消费者行为和供应链(关系营销、渠道管理、联盟、市场导向和消费者行为)、商业动态和战略(进入模式、出口、国际化进程、知识管理、合资企业、子公司管理和公司治理等)、组织和管理、文化冲突域认知(文化距离、跨文化研究方法、文化对进入模式的影响、文化对国际合资的影响、文化对一般管理问题的影响以及文化对业绩的影响等)、经济与国际政治经济、创业和新创企业、战略性人力资源管理和工业关系以及技术和创新等。

　　根据 Kuhn(1970)的研究观点,要想成为一门研究学科,国际商务必须采纳某种研究范式,国际商务形成研究范式的前提是能够识别出其重大研究问题。基于 Buckley(2002)和 Buckley 和 Ghauri(2004)的研究观点,Peng(2004)在《识别国际商务研究中的重大问题》一文中,认为国际商务研究需要围绕核心问题。该核心问题应该是"什么决定了跨国公司的成功或者失败?",认为该核心问题符合了 McKinley、Mone 和 Moon(1999)在《组织理论中学派的成因及其发展》一文中所提出的"连续性、新奇性和范围性"(continuity,novelty and scope)的标准要求;批判了 Buckley 和 Casson (2002)在《跨国企业的未来》一书中提出的"学术重商主义"(scholarly mercantilism)的研究观点,认为国际商务作为一个独特领域能够通过其比较优势贡献于其他学科,从而取得长足发展。

　　引文分析法有助于洞察当前研究情况,但对于未来研究议程则识别能力不足,这就需要采用德尔菲法来加以弥补。德尔菲法有助于学者之间进行互动来共同确定某一话题未来的发展主题、发展导向和发展预测。借鉴 Czinkota 和 Ronkainen(2005)在《下个十年国际商务与贸易——基于德尔菲法的研究报告》一文中对德尔菲研究方法的采用,Griffith、Cavusgil 和 Xu(2008)亦采用德尔菲法来识别国际商务未来研究主题。在该项调查研究中,德尔菲研究参与者是根据其对于国际商务研究的贡献程度来确定的。德尔菲法共分为两个阶段进行,第一阶段首先根据学者们之前的研究成果形成初步的研究主题,然后由专家对此进行打分,并将专家们认为值得增补的新主题纳入主题库;第二阶段是在第一阶段的基础上首先告知其上回的个人打分与整体打分之间的差异,然后由其在新的主题表中对新形成的主题表进行分类,将其分为三个档次,并请他们从主要主题中提出三个具体的研究问题,以及推荐一些国际商务领域的书籍、专论和其他出版物。基于德尔菲法,Griffith、Cavusgil 和 Xu(2008)总结出国际商务领域未来的研究主题和研究问题,如表 1-1 所示。这些研究主题及其具体的研究问题,能够为我们正确把握国际商务研究范畴,提供可资借鉴的重要讯息。

表 1-1　Griffith、Cavusgil 和 Xu(2008)基于德尔菲法的分析结果

主题(themes)		研究问题(research questions)
		第一分类
国际企业的管理和绩效问题	跨国市场细分和外国市场机会评估	跨国市场细分的实质如何？ 我们该如何识别和确认他们？ 这些是否优于国内市场细分？
	国家分析(e.g.国家风险的评估和管理)	
	增值活动的全球配置	我们该如何衡量全球化的企业价值链？ 企业通过增值活动的全球化配置而取得的效能程度有多大？ 增值活动的世界规模协调对企业绩效的影响有哪些？
	国外市场进入模式(e.g.出口、FDI、离岸生产、许可证、特许经营)	哪些行为因素影响企业在关于进入模式方面的管理决定？ 发展中国家在发达经济体的 FDI 的先行条件和结果是什么？ 离岸经营在多大程度上成为一个新的组织力量？
	合作投资/联盟(包括股权投资和基于项目的联盟)	企业该如何衡量合作投资的成功？ 怎样才能促进学习？ 在国际商业伙伴关系中，信任和承诺的绩效结果是什么？ 有哪些纵向证据可以用来证明网络和联盟的成功？
	知识管理和转移	知识转移对绩效有哪些影响？ 跨国公司该怎样将有价值的知识从组织的一部分转移到另一部分？ 什么是适当的知识转移"微观基础"？
	产品开发与创新	全球产品开发成功的决定因素有哪些？ 新产品在全球市场中的角色是什么？
	全球品牌	对国际公司来说，诸如品牌这种无形资产的价值有多大？ 如何实现全球品牌在当地的效益？ 中小企业该如何在国际市场中管理品牌？
	国际业务中的相关资产	研究者如何最佳捕获诸如跨国关系中的关系资产这类的无形资产？ 在国际业务中，企业应如何与供应商还有顾客建立关系资本？ 信任和承诺的角色是什么？为了确保信任而制定的战略需要根据不同的文化而改变吗？
	供应链管理与采购	企业该如何设计全球供应链？ 在供应链中，第三方服务提供商的角色是什么？
	国际业务中的人力资源管理	企业如何有效配置全球组织中的人员以及如何对他们的绩效进行衡量？ 企业如何有效地管理驻海外人员/外籍人员？
	管理、战略和结构	成功的跨国企业中，管理者、战略和结构的相对重要性是什么？ 在全球经济中，最佳的企业规模和结构是什么？ 跨国企业应如何建立强大的核心价值观？这个价值观在不同的地区间可以共享吗？

续表

主题（themes）		研究问题（research questions）
企业国际化进程	企业和产业的国际化	我们怎样才能最好地描述企业的国际演变？ 企业国际扩张中的经验在不同产业有哪些不同？ 调节国际化进程的环境因素有哪些？
	天生国际化公司和国际企业家	在国际业务中，是什么让年轻的初创企业成功？ 什么因素决定了一个天生全球公司的演变进程？
	中小企业在国际化中的经验	在走向国际化的进程中，中小企业采取的雇佣政策有哪些独特的地方？ 他们是如何成功？
	国际企业的管理导向	诸如全球化思维和全球化文化这类因素对国际业务的成功有什么影响？
	中介组织与混合组织形式的出现	未来全球业务的体系架构是什么？
	组织过程的商品化	
	新技术的整合	新信息、通信和制造技术对国际业务的影响有哪些？
对跨国公司的关注	解释跨国公司的存在、战略和组织	如何运用一般理论来解释国际业务活动的角色？
	公司的多国性和绩效	国际扩张/多样化的回报有哪些？ 怎样才能最好地衡量他们？ 哪些调节因素能够影响企业多国性带来的回报？
	区域和全球跨国公司	区域跨国公司和全球跨国公司之间有哪些差别？ 我们可以检测到的绩效结果有哪些？ 价值链活动时如何在各种不同的地理区域中进行管理的？
	跨国公司的整合机制	允许最大协调的常见的流程有哪些？ 整合机制（例如全球团队、全球接触中心、全球人才库和全球产品开发）的角色是什么？
	全球账户管理	公司如何最好地对他们与全球（关键）账户的关系进行管理？ 为了成功地为全球客户服务，哪些技能和能力是必需的？
	网络和信息技术对跨国公司的贡献	互联网和内部网这些工具作为一种传播媒介，在多大程度上为跨国公司提供虚拟交流？
经济全球化	全球化的先行条件、过程和结果	
	全球化的实证测量	
	贸易、FDI和离岸趋势	
	贸易协定、区域和工会	
	非政府机构在国际业务中的影响	

续表

主题（themes）		研究问题（research questions）
新兴市场	新兴市场的运作	新兴市场的运作如何影响企业的成功？ 新兴市场在何种程度上对现存的知识带来挑战？ 全球外包在何种程度上为企业国际化提供机会？
	新兴企业	在新兴企业的国际化中,已被观察到的差异有哪些？ 新兴市场中的企业的全球品牌战略与那些发达经济体的企业有哪些不同？ 新兴市场的企业如何成功影响全球产业结构？ 全球外包在多大程度上为新兴市场走向国际化提供机会？

第二分类

主题（themes）		研究问题（research questions）
跨国公司：附属子公司的问题	集中化管理和分散管理	跨国企业的结构和形式如何影响他们的绩效？
	跨国企业活动在子公司中的协调	
	最佳实践的实施；普适过程	
	全球团队的效益	总部如何有效解决当地对全球协调的抵抗？ 跨国公司如何将附属子公司的技术和能力整合成为全球战略资产？ 有哪些因素能够调节子公司在决策制定中的角色？
文化影响/全球顾客/消费问题	客户需求聚合	有哪些证据可以证明全球客户偏好的聚合？ 在不同的经济发展水平的国家,聚合速度有何不同？
	唯物主义的价值观	
	文化和国际业务	国家文化能够解释国际业务的现象吗？或者说这只能解释剩余方差？
	消费的地区差异	经济区域一体化是如何影响消费者行为的？
	创新的扩散；产品生命周期	在跨国采用新产品中,可以采取哪些模式？
企业社会责任/跨国企业公民行为	跨国企业在社会、当地利益相关者、技术溢出等的影响	
	对多个利益相关者的价值创造	跨国公司如何平衡各利益相关者与业务目标的利益？ 管理者应如何权衡伦理价值与业务目标之间的关系？
国际业务中的伦理问题	伦理实践中的国际商务差异问题	

续表

主题（themes）		研究问题（research questions）
国家政策问题	全球化的意外结果	
	全球贫困	
	环境问题（e.g.污染、气候变化）	
	工资、雇佣和生活标准的影响	我们该如何衡量全球化在国家层面的影响？
方法论问题	国际市场中的全球产业、全球公司、全球战略、公司绩效等关键概念的更好的操作化	
	IB 研究中的分析单位	对照企业层面，我们怎样才能最好地捕获在网络或联盟层面的绩效？
	国际研究设计（e.g.国家选择、样本选择、数据搜寻）	定性研究该怎样有效地应用于 IB 研究中？
	用于实证测试 IB 理论的严谨的方法论	我们该如何增加 IB 研究的信度？我们该如何通过组织文化和其他变量来解释国家文化部分的影响？
第三分类		
国际业务的法律问题	跨境合作的伙伴关系	企业如何在基于契约的合作和关系合作之间权衡？隐性契约和显性契约的绩效差异有哪些？
	国际合作伙伴的冲突解决	企业如何应对新兴市场正式的法律制度的缺失现象？
	知识产权的维护	
	国际业务中的安全和风险问题	
	雇佣、信息、数据等的安全性问题	
	企业应对风险（e.g.恐怖主义、国家风险）	
	估计全球业务中的恐怖主义的有害影响	跨国公司在他们所在的地区安全中扮演哪些角色？应该如何应对长期供应链风险？

资料来源：David A Griffith，Salih Tamer Cavusgil and Shichun Xu. Emerging themes in international business research[J]. Journal of International Business Studies，2008，39：1220-1235.

通过本节的学习，我们初步了解国际商务研究的对象、期刊、主题和趋势。这将有助于同学们在今后学习中围绕国际化主题进行资料的检索、阅读和写作。请同学们课后复习如下几项内容：第一，了解国际商务学会（AIB）的情况；第二，了解国际商务的研究对象；第三，关注至少一家国际商务期刊，并阅读其专业文献。

补充阅读

1.David A Griffith, Salih Tamer Cavusgil and Shichun Xu. Emerging themes in international business research[J]. Journal of International Business Studies, 2008, 39: 1220-1235.

2.Wright R. Trends in international business research[J]. Journal of International Business Studies, 1970, 1: 109-123.

3.Wright R. and Ricks D. Trends in international business research: twenty-five years later[J]. Journal of International Business Studies, 1994, 25: 698-701.

思考题

1.请阐述国际商务研究的主要对象。

2.请列举国际商务研究的主要期刊。

3.请阐述国际商务研究的研究趋势。

第2节 国际商务研究理论基础

学习导航

本节探讨主题是:国际商务研究理论基础。这些经典理论包括,产品生命周期理论、垄断优势理论、内部化优势理论、国际化进程理论、国际生产折中理论、全球整合与当地响应分析框架(简称IR框架)、网络治理理论、制度理论和习近平新时代中国特色社会主义思想及其在国际商务学中的运用。

通过本节学习,希望同学们对于国际商务研究领域各种理论有系统性认识,从而为以后独立分析国际商务实践奠定基础。

一、国际商务研究的早期理论演进

自亚丹·斯密提出绝对优势理论和大卫·李嘉图提出比较优势理论以来,国际商务研究历经诸多理论发展,涉及 Vernon(1966)产品生命周期理论、Hymer(1976)的垄断优势理论、Buckley 和 Casson(1976)的内部化优势理论、Johanson 和 Vahlne(1977)的国际化进程理论、Dunning(1980)的国际生产折中理论、Prahalad 和 Doz

(1987)的 I-R 分析框架、企业间网络治理理论(van Alstyne,1997)、企业资源和能力理论(Barney,1991；Teece,1997)等。

1.产品生命周期理论

产品生命周期是美国哈佛大学教授雷蒙德·弗农(Raymond Vernon)1966 年在其《产品周期中的国际投资与国际贸易》一文中提出的。它是指一种新产品从开始进入市场到被市场淘汰的整个过程。产品生命周期理论认为,产品要经历开发、引进、成长、成熟、衰退的阶段。该周期在技术水平不同的国家里,发生的时间和过程是不一样的,存在一个较大的差距和时差。正是这一时差,表现为不同国家在技术上的差距,反映了同一产品在不同国家市场上的竞争地位的差异,从而决定了国际贸易和国际投资的变化。虽然产品生命周期理论描述了战后几十年大部分跨国公司的国际化现象,但是正如弗农教授所指出的,到了 20 世纪 80 年代,这一理论的说服力正在开始减小,难以解释发展中国家对发达国家的反向投资现象。随着国际经营环境日益错综复杂,一些公司开始为促进其国际性经营活动而探索出更加丰富的基本理论。

2.垄断优势理论

垄断优势理论又称为所有权优势理论或企业特定优势理论,是最早研究对外直接投资的独立理论,是由对外直接投资理论的先驱,美国麻省理工学院教授海默于1960 年在他的博士论文中首先提出的,由麻省理工学院金德博格在 20 世纪 70 年代对海默提出的垄断优势进行补充和发展后形成的企业对外直接投资理论,认为应该从垄断优势角度来考察对外直接投资。垄断优势理论认为,跨国公司进行直接投资的动机源自市场缺陷,不同国家的企业常常彼此竞争,市场缺陷意味着有些公司居于垄断或寡占地位,这些公司有可能通过同时拥有并控制多家企业而牟利；此外,同一产业中不同企业的经营能力各不相同,当企业拥有生产某种产品的优势时,就会想方设法充分发挥其垄断优势。垄断优势使得跨国公司能够克服其外来者劣势,回答了跨国公司海外分支机构为什么能够与当地企业进行有效竞争,并能长期生存和发展下去。海默认为,一个企业之所以能够对外直接投资,是因为它有比东道国同类企业有利的垄断优势,从而在国外进行生产可以赚取更多利润。垄断优势论理论以国际直接投资为对象,开拓了国际直接投资研究视野,使国际直接投资理论成为独立学科。这一理论不仅解释了跨国公司为了在更大范围内发挥垄断优势而进行的横向投资行为,而且也解释了跨国公司为了维护垄断地位而将部分价值链环节(尤其劳动密集型加工环节)转移到国外生产的纵向投资行为,推动了对外直接投资理论的发展。

垄断优势理论的主要贡献在于,他虽然与产品生命周期存在着一定程度的一致性,比如强调将部分价值环节转移到海外进行纵向分工,但是相对于产品生命周期而言有着重要突破,亦即将研究焦点从流通领域转入生产领域,摆脱了新古典贸易理论的思想束缚,为对外直接投资理论开辟了新的研究空间,也使得研究能够从产业层面转向企业层面。但是该理论也存在一定局限性,亦即无法解释不具有技术等垄断优势的发展中国家为什么也日益增多地向发达国家进行直接投资。

3.内部化理论

Buckley 和 Casson(1976)在《跨国企业的未来》一书中对于跨国企业所进行的内部化经济分析,成为国际商务领域的标志性研究文献,与后续的交易费用理论一脉相承。Buckley 和 Casson(1976)认为,企业国际化遵循通用理论,包括"内部化优势"和"整体成本最优"两个原则。内部化理论试图回答为什么和在怎样的情况下,对外直接投资比出口产品和转让许可证更为有利。该理论强调企业通过内部组织体系以较低成本在内部转移其优势的能力,并把这种能力当作企业对外直接投资的基础前提。在市场不完全的情况下,企业为了谋求整体利润最大化,倾向于将中间产品、特别是知识产品在企业内部转让,以内部市场来代替外部市场。Rugman 和 Verbeke(2003)对 Buckley 和 Casson(1976)及其后来者的研究观点进行了评析,拓展了该理论的研究视野。Buckley 和 Casson(1976)研究认为,管理跨国界的内部市场存在交易费用,他们将这种交易费用称为沟通成本,并分析了三种不同类型的沟通成本,分别是与传统的外部市场相比而言更高的会计和控制信息需求成本、经常性费用特别是跨国公司体系内每一内部市场都需要配备其自身沟通系统时以及核对来自本土(子公司)管理者所提供讯息的准确性时所需的成本。他们还认为地区距离和环境差异(比如主流语言、社会和经济条件等)将会导致沟通成本提高,信息的编码者和解码者将会面临各种频繁出现的误解,这就要求持续不断地核对,从而导致沟通成本增加。

Rugman 和 Verbeke(2003)研究认为,Buckley 和 Casson(1976)对于沟通成本的研究观点能够轻而易举地运用于战略管理当中,认为跨国企业对于其内部跨越国界的价值增值活动的资源配置依赖于企业独特优势和国家独特优势的利用上。企业独特优势不仅仅局限于传统中间产品和产成品的知识产权属性,而且也包括交易优势,也就是有能力构建最有效的内部沟通和控制机制,将其收益和成本纳入考虑范畴。也就是说,企业独特优势是一种知识集合,包括无形资产、学习能力和与外在行为者之间的特有关系等。在此情况下,国际特定优势对于不同企业而言具有不同内涵,依赖于特定企业是否有能力将其与自身特定优势结合起来并有效利用该国家的特定优势。企业特定优势和国家特定优势就其减少沟通成本从而提供内部化收益而言,具有极其重要的作用。Rugman 和 Verbeke(2003)对于 Buckley 和 Casson(1976)的评析明确了交易费用理论与企业独特优势之间的相通性,从而为国际商务理论之间的融合架起了桥梁。Buckley、Clegg、Cross 等(2007)进而认为,发展中经济体的跨国公司面临着母国资本市场无效性,需要特别关注外部市场无效性进而发挥内部化优势;而区位优势则需要考察三种投资动机,分别是市场拓展、效率提升和资源获取(包括战略性资产获取)。就中国企业境外投资而言,市场拓展和资源获取是较为可取的投资动机,而效率提升则在当前中国经济背景下则难以解释中国企业境外投资。

4.国际化进程理论

Johanson and Vahlne(1977)从地区距离(geographic distance)和心理距离(psychic distance)出发,提出了企业国际化渐进过程模型(Incremental stages process),也就是通常所称的乌普萨拉国际化模型(Uppsala Internationalization Model)。该模型将企业进入海外市场的过程视为一种学习过程。公司开始在外国市场进行最初的资源投入,并且通过这种投资来获取当地的市场知识,包括关于顾客、竞争者和政府管制情况等的知识。在这些市场知识的基础上,公司就有能力来评估它当前的经营活动、市场投资的范围以及增加投资可以带来的机会。然后,它会在当地投资建立生产制造厂等,进行一系列的资源投资,从而形成更多的市场知识。通过这样几次的投资循环,公司就能够开发出进入当地市场所必需的知识和能力,从而成为进入该国外市场的有效竞争者。该模型能够用于解释中国香港、韩国、印度、阿根廷、巴西和马来西亚等国家或地区的企业国际化。国际化进程理论有助于解释企业绿地投资等渐进式发展,但是无法解释企业如何通过跨国并购等实现跨越式国际化发展。

5.国际生产折中理论

Dunning(1977)在《走向国际生产折中理论——实证检验》一文中,以分布在 7 个国家的 14 个制造业的美国海外企业为样本,系统阐述了国际生产折中理论的主要特征,并试图评价所有权优势和区位优势在解释产业模式和海外销售地区分布的重要性。研究认为,企业需要具有某种所有权优势以抵消服务于不熟悉或者偏远环境市场而产生的额外成本。企业存在的功能在于通过生产过程将有价值的资源投入转化为价值更大的产品产出,这种投入包括两种类型。一是区位资源投入,这种投入对于所有企业而言都是存在的,它不仅包括李嘉图的要素禀赋,而且还包括商业环境和法律环境等,例如市场结构、政府立法与管制政策等,从而构成区位特定优势。二是企业资源投入,这种投入具有企业异质性,不同企业在技术能力和组织能力等方面上具有特定优势,包括受到法律保护的专利、产权、品牌和商标等,以及其他具有排他性的稀缺性资源,从而构成企业所有权优势。此外,企业将其所有权优势或者区位优势进行内部化,构成了企业国际化生产折中理论的第三个重要因素。

国际生产折中理论的核心是所有权特定优势、内部化特定优势和区位特定优势。所有权特定优势包括两个方面,分别是独占无形资产所产生的优势和企业规模经济所产生的优势。内部化特定优势是指跨国公司运用所有权特定优势以节约或消除交易成本的能力,其根源在于外部市场失效。区位特定优势是东道国拥有的区位优势,企业只能适应和利用这项优势,包括东道国不可移动的要素禀赋所产生的优势和东道国政治经济制度等形成的有利条件和良好的基础设施等。根据邓宁的国际生产折中理论,企业必须同时兼备所有权优势、内部化优势和区位优势才能从事海外直接投资活动。其中,所有权优势是企业进行国际投资的基本前提,如果企业具备了内部化优势和区位优势而无所有权优势,国际投资将无法成功。此外,如果企业只有所有权优势和内部化优势而不具备区位优势,企业将缺乏有利的海外投资场所,只能在国内利用其有关优势并通过出口等方式来满足当地市场。如果企业只有所有权优势和区位优势,则说明企业拥有的所有权优势在内部难以得到有效利用,只能通过许可等方式将其转让给外国企业。

邓宁的国际生产折中理论整合了国际商务研究的不同理论视角,能够较好地解释企业国际化的不同模式选择;克服了传统对外投资理论只注重资本流动的研究不足,将直接投资、国际贸易和区位选择等综合起来加以考虑,比较全面和综合地发展了国际投资理论。但是,我们也需看到,邓宁的研究理论建立在发达国家生产性企业国际直接投资实践基础之上,对于服务型跨国公司国际投资实践特别是诸如中国等发展中国家企业国际投资实践的解释力,还有待于深入研究。

6.I-R 分析框架

I-R 分析框架亦即全球一体化——国家响应性分析框架,是由普拉哈拉德和多茨教授于 1987 年提出的,用于分析企业国际化战略的一种分析框架。其纵轴表示全球一体化行为的潜在利益,这种利益更多地被解释为规模经济和范围经济所带来的成本降低。其横轴表示国家响应性收益,这种收益来源于国与国之间在产品、战略以及经营活动方式等方面的不同,主要被解释为针对不同国家在市场需求、工业结构、分销系统和政府法规等方面的不同而设计的更为有效的差异化策略所带来的更大收入。I-R 框架可以用来理解整个产业在一体化和响应性方面利益的不同,也可以用来识别和描述跨国公司在同一产业竞争中所采用的战略方法的不同。行业特征不能单独决定企业战略选择,处于同一行业的企业,可能基于 I-R 分析框架,采取不同的战略选择。例如,在汽车制造业,菲亚特长期奉行一种典型的多国战略,在西班牙、前南斯拉夫、波兰和其他一些国家,菲亚特公司借助于合资企业的合资伙伴和东道国政府的支持,帮助东道国建立起政府扶植的汽车制造工业。而丰田公司通过集中于日本的全球规模制造工厂,开发并制造产品来获得成功。

7.企业间网络治理理论

企业间网络治理理论源于学术界对企业间网络组织的重视。van Alstyne(1997)对网络组织、科层组织和市场组织进行了详尽的比较分析,指出网络组织在同时追求效率和柔性的情景下绩效较好,并将网络组织定义为一种联合专用资产,强调了联合制裁和共同目标的重要性;Jarillo(1988)将网络组织定义为在不同但相关的营利组织中进行有目的的长期安排,以使得企业能够在其中取得持续竞争优势;国内学者杨瑞龙、冯健(2003)将网络组织定义为,由两个或者两个以上独立的企业通过正式契约和隐含契约,所构成的互相依赖和共担风险的长期合作的组织模式。

网络组织研究表明,网络组织具有显著的协同效应。但是,网络组织并非天然具备产生协同效应的能力,要发挥网络组织的协同效应,就必须加强网络组织治理。Jones、Hesterly 和 Borgatti(1997)从交换条件(包括需求不确定性、任务复杂性、人力资产专用性和交易频率)和社会机制(包括限制性进入、宏文化、联合制裁和声誉)角度出发,研究了网络治理的一般理论;认为这些交换条件促使企业嵌入于交易之中,而这种结构性嵌入又使得企业能够通过社会机制来协调和监督其交换;当这些交换条件都存在时,网络组织在适应、协调和监督交换方面比科层组织和市场组织更加具有优势。

网络组织是个相对松散的组织形式,它不是简单的委托代理关系,不具有明确的契约关系。因此,网络组织必须通过有效治理来增进信任、防范道德风险和搭便车等机会主义行为,从而促进网络组织各个结点之间形成资源整合和能力互动。对网络组织内成员互动合作的关系进行治理,将是整个企业间网络组织健康生存与发展的基础。作为一种异质性企业间全球价值网络,跨国公司具备网络治理的特征,因此我们可以借鉴网络治理理论,以提高跨国公司治理水平。

跨国公司不仅是一种经济学意义上的企业间网络,还是一种社会学意义上的网络,因此其研究就可以借鉴社会网络分析理论。社会网络分析在国外得到相当重视,但是国内研究相对较少。社会网络分析具有如下几个特点:一是,行动者及其行动是相互依赖的,而不是独立的和自主的单位;二是,行动者之间的关系是资源传递或者流动的渠道;三是,网络结构环境可以为个体行动提供机会,也可能限制其行动;四是,网络模型把社会结构和经济结构等概念化为各个行动者之间的关系模型。作为一种异质性企业间全球价值网络,跨国公司治理与社会网络治理有着不谋而合的共性。跨国公司治理研究可以借鉴社会网络分析理论,研究跨国公司与其他社会组织之间的关系,以及跨国公司内部各异质性企业之间的关系,充分发挥各业务单位之间的能力协同效应,以提高全球价值网络的整体竞争优势。网络范式下,企业追求的不再是企业间纯粹的竞争关系和交易关系以及企业内纯粹的科层关系,而是追求企业间的合作竞争和网络关系,强调通过在全球范围内进行资源的有机配置来提升企业竞争力。Martinez 和 Jarillo(1989)对 MNC 合作机制进行了分析,发现合作是 MNC 协调子公司发展的重要机制。Jarillo 和 Martinez(1990)提出了活跃型子公司概念,这种子公司具有全球整合和当地响应特征。Roth 和 Morrison(1992)提出了分散化集权(decentralized centralization)概念,即全球化战略需要总部给予子公司在全球范围内管理某特定产品的权限,并对各子公司活动进行协调,以实现资源的全球整合与配置。Malnight(1996)研究了 MNC 从分权模式向网络模式的演化,认为随着产业全球化的发展,在全球范围内配置资源是 MNC 的演变趋势。Tallman 和 Fladmore-Lindquist(2002)研究了基于能力的全球化战略,发现多数产业的企业都在搭建全球资源整合网络。

以上这些学者的研究表明,网络范式越发成为当前和未来企业竞争的重要模式。

网络范式将跨国公司子公司视为跨国公司全球价值网络的节点,它不仅强调子公司资源能力的重要性,而且更加强调子公司与其他子公司之间以及子公司与总部之间的资源协同的重要性。它强调在全球范围内对跨国公司关系资源进行有机整合,通过联盟、合作与外包等方式与其他企业建立网络关系,充分发挥企业间的资源协同效应,以此提升企业运作柔性和竞争优势。

8.企业资源和能力理论

Wernerfelt(1984)在《企业资源学说》一文中提出的观点,成为企业资源理论的里程碑。Peng(2001)指出,自从 Wernerfelt(1984)和 Barney(1991)提出资源基础论(RBV)以来,RBV 日益成为战略管理和国际商务的重要理论基础。Peng(2001)对运用 RBV 研究国际商务的文献进行梳理,指出 RBV 在国际商务研究中的现状和扩散原因,以及资源基础理论在国际商务研究中的重要地位。资源基础论针对战略结构学派的不足,从企业内部探讨竞争优势的来源。其中心论点是,企业竞争优势的源泉是企业所控制的战略性资源。Wernerfelt(1984)认为,资源和产品是企业不可或缺的两个方面。早期的战略管理研究较多关注企业的产品属性和市场属性,而较少关注企业的资源属性。企业资源是指特定时期企业暂时拥有的有形资产和无形资产,包括品牌、内部知识和技术、技能员工、贸易联系、机器、有效率的程序和资本等。企业的最优成长有赖于企业在利用现有资源和开发新资源之间取得平衡。Wernerfelt(1984)还在将企业视为资源集合的基础上,从资源角度解释了顾客忠诚、生产经营、技术领先和兼并与收购等企业特征和行为,并提出了资源位势壁垒概念。

资源基础论以资源异质性和不完全流动性作为前提假设。Rumelt(1984)强调了隔绝机制在企业获取竞争优势中的重要性,认为企业通过信息不对称、业绩差异原因模糊性、购买者转换成本、企业声誉资产和专有资产的规模经济等机制,来保护其优势不被模仿,从而维持其竞争优势。Barney(1986)则认为,如果战略资源在所有相互竞争的企业中均匀分布而且高度流动的话,企业就不可能获得持续的竞争优势。某些企业之所以能在产品市场上获得竞争优势,就是因为它们能够利用不完全竞争的战略要素市场,获得低价高产出的战略资源。Dierickx 和 Cool(1989)认为,真正带来竞争优势的资产(资源)是不可交易的资产,也就是不可能从公开市场上获得的资产,这类资产包括诸如质量、声誉、企业特定的人力资本、代理商忠诚和研究开发能力等。Barney(1991)还研究了持续竞争优势的资源基础,认为企业资源如果要带来持续的竞争优势,就必须具备四个条件,分别是有价值的、稀缺的、不能完全模仿的和不可替代的。

资源基础论与战略结构学派有着很大差异,它强调的是要素市场而不是产品市场,分析对象是企业内部资源而不是产业结构,分析单元是资源基础而不是产业要素。以 Wernerfelt(1984)和 Barney(1991)等为代表的资源基础论,对于企业竞争优势来源的研究有着重大的贡献。但是,它也存在不足之处,主要局限性在于将价值视为外生变量、分析方法具有静态性和存在同义重复现象等问题。

　　Selznick(1957)在描述企业领导能力时，首次提出了独特能力概念。Penrose(1959)将其精力集中于单个企业内生成长过程的研究，她认为在分析企业内生成长过程中，要特别重视知识积累和企业可能性边界扩张之间的内在联系。她还认为，企业是一个生产性资源的集合体，企业内部存在着通过知识积累以拓展生产领域的机制，而且这种知识积累是一种内部化的结果。Chandler(1962)通过大量案例研究，提出了"战略—结构—绩效"的分析框架，强调了组织协调和企业家能力的重要性。Richardson(1972)提出企业间协调的知识基础理论，认为企业的合作和关系成为一种非常重要的产业组织方式，而合作性协调的基本内涵是协调企业各方能力。Prahalad和 Hamel(1990)在比较分析日本的 NEC 公司和美国的 GTE 公司之后发现，两个公司的业绩差异源于前者拥有了核心能力，即组织中积累性知识，特别是关于如何协调不同的生产技能和有机结合多种技术流的学识；并强调企业应该保护核心竞争能力，而不是依赖于上下游业务伙伴。一个企业的长期竞争力来自这样一种能力，即以比竞争者更低的成本和更快的速度开发具有差异性的创新产品。企业是一个能力体系或能力集合，企业能力最终决定企业竞争优势与经营绩效；而在过度竞争环境中，企业持久竞争优势源泉是企业核心能力。

　　但是，核心能力存在能力刚性的问题。基于核心能力所具有的刚性局限性，动态能力理论集中探讨企业组织能力的演进与竞争优势之间的核心关系，并把组织能力看成是企业竞争优势的根本源泉。其具有里程碑意义的研究文献，是 Teece、Pisano和 Shuen(1997)发表的《动态能力与战略管理》一文。在此，所谓动态，是指技术和市场不断变化的情景；而动态能力是指企业组织长期形成的学习、适应、变化和变革的能力，包括组织惯例、技能和互补资产。根据动态能力理论，企业的竞争优势源于与众不同的组织过程(process，如组织对于资源的协调和捆绑过程)，并且受到企业独特资产位势(position，如难以交易的知识资产和互补性资产)和演化路径(evolution paths)的影响。由于以组织惯例、技能和互补性资产为基础的能力，包含了许多特定的隐性知识，所以特定企业的组织能力是难以复制并被模仿的。但是，组织过程管理及其发展竞争优势的潜在性，都是由企业独特资产位势和演化路径所决定的，因此动态能力是建立起来的用于开发能力的能力，它不仅使企业创造新产品和新流程，而且使之对市场变化作出反应。动态能力在一定程度上克服了核心能力的局限性，强调动态能力是开发能力的能力，解决了资源基础论中的静态分析等问题，但是仍然无法解决难以检验等不足。Eisenhardt 和 Martin(2000)提出了"独特流程"动态能力概念，认为独特流程是由可鉴别且由特定惯例所组成的，管理者可以通过这一流程来组合其不同技能以形成产品和服务。

　　动态能力理论秉承了熊彼特的创造性毁灭的思想，强调在充满不确定性的动态环境中，嵌入于环境当中的动态能力是构建企业持续性竞争优势的保证，这对于企业如何应对环境挑战具有重要指导作用。动态能力理论试图解决的最为核心的问题是，当企业所处环境不断变化时，企业如何更新资源位势以保持与环境的一致性。根据动态能力理论观点,企业必须不断地以新的位势源泉,去替代前期所确定的竞争优势源泉,进而促进企业动态成长。然而,要做到这一点,企业就必须借助用以调整和整合企业内部活动和外部活动的各种资源和技巧。但是,资源的形成是在一个复杂的路径依赖过程中发展的,动态能力理论的支持者对此作出了探讨,但是没有完全解释和预测其演化路径。动态能力理论要取得进一步发展,就需要进行组织学习研究,这就推动了知识基础理论的发展。

资源依赖理论认为,没有任何一个组织是自给自足的,所有组织都必须为了生存而与其环境进行交换。获取资源的需求产生了组织对外部环境的依赖,资源的稀缺性和重要性则决定了组织依赖性的本质和范围。Pfeffer 和 Salancik(1978)认为,一个组织对另一个组织的依赖程度取决于三个决定性因素:资源对于组织生存的重要性,组织内部或外部一个特定群体获得或处理资源的程度,以及替代性资源的可获取程度。组织对外部环境所依赖的资源包括人员、资金、社会合法性、顾客、技术和物资投入等。资源依赖理论的一个重要特点是,它认为依赖可以是相互的。当一个组织的依赖性大于另外一个组织时,权力就变得不平等。组织能够采取许多策略来处理它们之间的相互依赖关系,这些策略包括合并、购并、合资和其他联盟形式,以及通过连锁董事会等机制来委派公司代表人员加入其他公司的决策部门。跨国公司的价值网络属性,决定了我们可以将资源依赖理论作为跨国公司治理研究的理论基础。将资源依赖理论运用于跨国公司治理机制之中,就是要求跨国公司设计一套基于资源依赖的治理机制,从而使公司治理从刻意监督转向自组织形式,使得治理各方能够主动在资源相互依赖的基础上,采取有利于各方利益的行为。因此,基于资源依赖理论所建立起来的治理机制,能够促进企业之间的互利合作与长远发展,从而真正发挥公司治理的长效性。

总而言之,在复杂的社会环境里,跨国公司选择战略时应该考虑平衡国际扩张和一系列经济因素之间的复杂关系。这些因素包括产业结构和竞争压力产生的经济需求,进入国际市场的社会和文化因素,以及母国和东道国政府的各种政策等。为了获得可持续发展的竞争优势,跨国公司必须发展梯级的竞争优势——全球规模效率、多国灵活性,以及在全球范围基础上进行创新和运用知识的能力。虽然各种竞争优势关注的战略目标不同,但是跨国公司面临的挑战是如何同时获得这些竞争优势。早期的跨国公司从科层范式出发将子公司定位为总部的附属企业,并通过资源、财务、人员和规则等方式实现对子公司的协调与控制。随着全球化浪潮和网络组织的发展,企业战略逻辑发生了根本性变革,企业追求的不再是企业间纯粹的交易关系或者企业内纯粹的科层关系,而是追求企业间合作竞争和网络关系,强调通过全球资源整合来提升持续竞争优势。在这种战略逻辑变革的推动下,跨国公司子公司定位逐渐从科层范式向网络范式发展。网络范式强调在全球范围内建立价值网络,提高子公司之间以及子公司与总部之间的协同效应。Baik 等(2013)采用 1990—2007 年美国外商机构投资者数据,考察外商机构投资者在美国股票市场上是否面临外来者劣势

(LOF)。研究发现,与国内机构投资者相比,外国机构投资者更喜欢低信息不对称股票,这种偏好在来自高 LOF 国家的外来机构投资者中更加强烈。跨国公司成功进入东道国市场,需要具备三个条件:第一,东道国需要提供一定的特殊优惠政策条件以及区位优势,以便足够吸引跨国公司来进行投资;第二,跨国公司必须具备一定的战略能力亦即特定所有权优势以抵消其不熟悉东道国环境的外来者劣势;第三,公司还必须具备相应的组织能力亦即内部化优势以便从内部战略组织中得到比通过诸如契约或者许可证等外在市场更好的投资回报。

二、制度理论与国际商务

国际化背景下,企业战略的推动因素以及企业成败的决定因素,是国际商务研究面临的基础性问题。对于这些基础问题,以往文献主要是基于产业视角和资源视角来进行研究的。产业视角认为,企业在产业内的竞争地位决定了企业战略及其经营业绩。资源视角认为,企业异质性决定了企业战略及其经营业绩。然而,以往基于产业视角或者资源视角的战略研究,主要是基于美国情景;但是国际商务面临的是来自不同国家或地区的制度环境,这就决定了必须考虑到制度环境对于企业战略及其业绩的影响。发达国家之间尚且存在制度差异,新兴经济体与发达国家相比更是如此。越来越多的研究学者开始关注新兴经济体,认为正式制度和非正式制度深刻影响到新兴经济体企业的战略和绩效。特别地,中国作为发展中国家有其特殊性,其企业在国际化进程中面临着与发达国家企业所面临的不同的环境等制度问题。这就要求我们慎用传统企业国际投资理论,转而考虑从制度理论角度分析制度差异对其国际化的影响机理。

1.制度内涵与变迁

到底什么是制度? North(1990)将制度定义为"用于规范人们行为的人为设计的约束",Scott(1995)将制度定义为"确保社会行为稳定且有意义的各种管制性的、规范性的和认知性的结构和活动"。制度可以被分为正式制度和非正式制度,从政治(腐败和透明度)、法律(经济自由化和政治体制)和社会(伦理准则和创业态度)等方面来影响社会交易。在《制度理论和制度变革:研究专刊导论》一文中,Dacin、Goodstein 和 Scott(2002)对该期文献进行了整体性介绍,分析了制度变革的源泉、反响和过程,以及制度变革的新的发展导向。该期文献对于系统认识制度理论及其变革,特别是制度变革的未来发展导向,具有重要的理论意义。

新制度主义在社会科学领域的兴起始于 20 世纪 70 年代,而它运用于国际商务和战略研究则更为新近(Oliver,1997;Peng and Heath,1996)。虽然所有经济体都或多或少存在着转型特征,然而新兴经济体更加明显,原因在于新兴经济体"在游戏的正式规则和非正式规则方面有着更加基础性的和广泛性的变革",或者被称为"制度转型"(Peng,2003)。基于制度视角来研究国际商务,得到了学术界的重视。在 2000 年出版的《管理学术期刊》(AMJ)专刊中,有 7 篇文章谈到了新兴经济体的战略研究问题,制度视角被 Hoskisson、Eden、Lau 等(2000)认为是研究新兴经济的三大最有影响力的理论之一。在 2005 年出版的《管理研究杂志》(JMS)专刊中,有 7 篇文章关注制度研究。这两期专刊涉及的国际商务和战略管理的研究问题包括业务群组、私有化、海外投资战略、新兴经济体本土化战略和新兴经济体企业海外扩张国际化战略等。

2.制度与 OLI 范式

Dunning 和 Lundan(2008)在《制度与跨国企业的 OLI 范式》一文中指出,制度有助于我们更好地理解当代跨国企业的不同形态,并考察了如何将制度因素整合进 OLI 范式的三个要素当中。Dunning 和 Lundan(2008)指出,以往国际商务研究都是基于资产导向的,这些资产是由跨国企业所拥有和利用。跨国公司作为时代经济发展的载体,随着知识经济和网络关系在商业经济中的重要性日益凸显而发生改变,企业边界日益从重视物理边界转为重视制度边界和合约边界。在此背景下,只有具有独特技巧和能力的企业活动才被内部化到企业内部。Dunning 和 Lundan(2008)分析了正式制度和非正式制度对于 OLI 范式构成要素的影响作用。网络型跨国公司被视为价值增值活动系统,其结构是由生产管理成本、市场交易成本和制度联系所共同决定的。制度分为两个层面,分别是宏观层面和微观层面。宏观层面制度包括一国的政治、经济、社会和文化制度,特别是针对 FDI 或者 OFDI 的各项政策激励与约束制度;微观层面制度包括企业合法性构建与维护、企业行贿等腐败行为以及跨国公司内部治理机制等。

3.文化差异与国际商务

在国际商务学研究领域,文化差异是极其重要的研究问题;文化是制度安排的子分支,是强化正式制度的非正式制度的组成部分(Peng,Wang,Jiang,2008)。在《东亚企业复兴——来自华裔社区的经验证据》一文中,Bruton、Ahlstrom 和 Wan(2003)研究发现,华裔文化帮助东亚企业取得商业成功,而且对于东亚企业的衰退和复兴有着重要影响;两权合一的治理结构和生意人之间的人际关系的重要性使得之前基于美国的研究经验在东亚企业中难以得到支持。基于 Leung、Bhagat、Buchan 等(2005)的研究观点,Peng、Wang 和 Jiang(2008)从"反倾销进入壁垒、印度实践、中国实践和新兴经济体中的公司治理"四个方面阐述了新兴经济体中的国际商务战略。本书将重点阐述其对中国实践的研究认识。在对中国经济强劲发展的研究进程中,学者们认为中国文化中的"关系网络"(人际网络)作为一种非正式制度,有效弥补了正式制度的缺陷和不足。虽然战略选择受到正式制度和非正式制度的共同影响,但是在正式制度比较薄弱的环境里,非正式制度成为推动企业战略制定和业绩提升的重要因素

(Peng,Heath,1996)。虽然人们认为中国情境下关系网络强化趋势受到中国文化的影响,但是研究表明,阿根廷、智利、捷克、匈牙利、印度、波兰、俄罗斯和韩国等国家在其制度转型过程中,同样出现了关系网络不断强化的趋势。

Peng(2003)在《制度转型与战略选择》一文中指出,"有着不同的文化传统和转型轨迹的国家范围如此之广,表明基于网络的战略并非仅仅是由国别文化所推动,而是由共同的制度特征所推动,特别是缺乏正式的市场制度"。在新兴经济体中,不仅本土企业热衷于网络关系,海外企业也热衷于培育企业间关系网络,这从诸多国际战略联盟的跨国实践中可以知晓(Hitt,Dacin,Levitas et al.,2000)。Peng 和 Zhou(2005)在《亚洲地区网络战略和制度转型是如何演化的?》一文中指出,追踪考察宏观社会层面国际间的网络和关系的长期演化进程有助于理解制度因素在诸如中国等新兴经济体中是如何推动战略选择。如果战略选择是由国别文化所推动,由于国别文化变迁过程相对漫长,企业对人际间关系网络的依赖性在市场化改革进程中倾向于保持稳定;如果战略选择是由制度发展所推动,由于市场偏好制度在不断加强,我们将会发现人际间网络重要性将逐渐减弱(Peng,Wang,Jiang,2008)。

Buckley、Clegg、Cross 等(2007)研究认为,有必要考察新兴经济体(特别是中国)的跨国公司是否遵循通用理论,抑或在通用理论基础上考虑特殊理论作为补充解释;并从资本市场完善性(capital market imperfections)、所有权优势(ownership advantages)和制度因素(institutional factors)三个角度来考察中国企业境外投资的特殊理论解释。

在资本市场完善性方面,资本市场不完善性意味着新兴经济体企业能够长期获得低于市场利率的金融资本,从而转化为企业所有权优势(Buckley,2004)。由政府资助的预算软约束使得中国企业倾向于采取并购方式进入东道国市场(Warner,Hong,Xu,2004);由于缺乏私有产权、对相关的技术风险、商业风险和政治风险的乐观估计以及无畏失败,导致中国企业境外并购往往出价过高(Ma and Andrews-Speed,2006)。资本市场的不完善性,推动了中国跨国公司采取自然资源获取型的境外投资(natural resource seeking FDI)和战略性资产获取型的境外投资(strategic asset seeking FDI)。

在所有权优势方面,新兴经济体公司拥有所有权优势,这将有助于它们克服相对于东道国企业而言的外来劣势,从而更好地进行跨国投资。特别地,关系资产被认为是一种重要资源,它以网络技能形态显示出来;如果中国企业所在东道国或地区具有华裔文化背景,那么将有助于中国企业获得独特的竞争优势。

在制度因素方面,由于企业的战略制定在很大程度上受到母国制度环境的影响,包括规则制度、认知制度和规范制度等形式。母国对跨国公司的激励政策(比如行业准入、融资成本和补贴政策)等将有助于企业抵御外来者劣势,从而更好地取得国际化成功。而制度政策是把双刃剑,企业在享有政府各项激励政策的同时也将受制于政府的各种约束。就中国情景而言,中国企业的国际化经营在很大程度上与政府政策密切相关。20世纪末执行的国有企业改革,采取了抓大放小的改革政策,结果形成了一批掌控国家经济命脉的特大型国有企业。这些国有企业在国家"走出去"发展政策的指引下大举跨出国际化发展步伐,但也面临国有资产流失等诸多问题。中国政府借鉴韩国、新加坡和马来西亚的做法,通过行政干预和政策扶持来有意建立起一批跨国公司,而不是通过市场机制来培育起跨国公司。这些由政府建立起来的跨国公司,在国际化进程中身背多项任务,包括通过并购方式获取东道国的产权技术和战略性资产和能力(包括品牌、分销渠道和海外资本市场运作等),以及开拓市场和分散化经营业务以改善其全球竞争优势。中国政策对中国OFDI的影响作用可以通过关键的政策变化和中国OFDI总额或其分布的变化情况来判定。

4.具体制度类型与国际商务

在《制度与美国风投企业国际化》一文中,Guler 和 Guillen(2010)以 1990—2002 年投资在全球 95 个国家的 216 家美国风投企业为研究样本,考察了东道国制度环境对风投企业国际化的影响。研究显示,美国风投企业倾向于投资于在技术、法律、金融和政治制度方面鼓励创新、保护投资者权益、促进出口和确保管制稳定性的东道国。研究同时发现,企业获得越多的国际经验,就越加能够克服来自这些制度的限制约束。在《东道国政策与跨国公司管理控制——来自中国的经验证据》一文中,Chen、Paol 和 Park(2010)从结果、过程和社会三个角度,分析了在华合资企业的管理控制问题。与之前文献关注合资企业内部条件而忽视外部制度环境不同,Chen、Paol 和 Park(2010)基于中国情景和在华跨国公司的经验证据,从所有权限制、政府激励、国有参股规定等角度,分析东道国政策对在华跨国公司合资企业中合作伙伴选择的影响作用。

第一,所有权限制。所有权限制不仅影响到合作初期的资产结构,而且对合资企业后续战略制定产生重要影响。在合资企业中,东道国政府对跨国公司的持续不断的监督,使得跨国公司缺乏自由裁量权,缺乏谈判自由度。由于本土合作伙伴得到东道国政府支持,跨国公司需要借助本土合作伙伴来减少潜在的政策风险。虽然跨国公司能够为东道国提供稀缺资源,比如技术和管理经验等,但是在政策解读和风险规避上需要本土合作伙伴的支持。在这种情况下,跨国公司难以采用结果控制和过程控制的管理控制方法,因为这两种控制手段主要是基于正式的组织制度,较为适用于东道国政府和本土合作伙伴。所有权限制确保合资企业中本土合作伙伴参与正式控制,从而减少了跨国公司的战略侵蚀和业务干涉。相比较而言,社会控制更多倾向于无形化和内涵化,从而难以被东道国政府所监督。在正式控制机制有效运行的情况下,本土合作伙伴较少借助社会控制来进行管理,使得社会控制游离于东道国政府的监督。

第二,政府激励。世界各国政府都倾向于采取各种激励措施来吸引外资流向以支持其重点产业发展。如果跨国公司所投资的产业与东道国政府所鼓励发展的重点产业相吻合,它们就容易获得来自东道国政府的政策支持。其对更关键资源的贡献不仅有助于合资企业产生盈余而且有助于其获得东道国政府担保。在这种情况下,跨国公司与东道国政府之间的谈判协商就将有助于跨国公司发展。为此,跨国公司倾向于向东道国提供诸如营销和研发等独特知识。这些独特知识嵌入于组织过程,这就要求跨国公司注重过程投入,从而能够对运作过程有更多的管理控制。与此同时,知识转移需要人员参与,从而提高了社会控制的重要性。因此,跨国公司在获得政府激励的情况下,对合资企业将更加倾向于采取过程控制和社会控制。

第三,国有参股要求。大多数国家特别是发展中国家,都重视采用国有参股的政策规定来对引进外资进行管理控制。国有参股使得东道国政府能够对合资企业实施直接控制,使得合资企业行为能够符合东道国政府政策意图。国有参股削弱了跨国公司行为自由度,削弱了其与东道国政府之间的谈判筹码,从而削弱了其结果控制能力,这是因为国有参与方对于政治和社会的关注使得其与跨国公司的经营目标存在分歧。与此同时,国有企业内在的组织惰性和变革抵制使得跨国公司难以采取社会控制。因此,合资企业中国有参股要求削弱了跨国公司采取产出控制和社会控制的倾向性。

Rodriguez 等(2006)在《跨国公司三种视角——政治、腐败和社会责任》一文中指出,国际商务与社会之间存在着复杂的各种关系。但是,与国际商务其他主题相比,有关政治、腐败和社会责任的研究还处于萌芽状态,还没有形成相应的研究框架、测量方法和理论基础。基于此,四位作者分析了三种研究视角之间的潜在关系,并探索了理论研究和实证研究的议程。本书主要阐述其政治和腐败视角。

第一,政治和跨国公司。商业与政府之间的互动关系,一直以来是国际商务的重要研究视角。跨国公司与东道国政府之间演绎着一场场爱恨情仇的商业故事。由于跨国公司受到来自主权的多方面影响,政治视角成为国际商务研究的必要领域(Sundaram,Black,1992)。然而,尽管人们认可政府对于跨国公司的重要性,但是这方面的研究文献还是非常有限(Rodriguez et al.,2006)。政治对于跨国公司的重要性在于,它通过政策激励或者政策约束来影响资源配置,从而左右跨国公司发展。跨国公司有动机对母国和东道国之间的政府关系施加影响,其目的是保护其海外投资,特别是考虑到盈余返还、移民法、贸易法和投资法等方面所面临的各种威胁。如果理论无法将跨国公司的政治行为纳入其范畴,那么这样的理论仅仅是国别理论而非跨国理论。任何跨国公司理论如果没有理解和解释政府作用,其有效性将会存在问题。以往研究侧重于关注跨国公司与东道国政府的进入谈判。Boddewyn 和 Brewer(1994)推动了学术界对于跨国公司政治战略的全面研究,而不再仅仅局限于进入谈判。

虽然大部分研究文献将政治环境划归为风险因素,但是 Boddewyn 和 Brewer(1994)认为政治环境也能够成为经营机会,该观点促使当前诸多研究开始关注跨国公司采取什么战略来影响其在母国和东道国的经营机会。Shaffer(1995)以及Hillman、Keim 和 Schuler(2004)对于该领域研究文献给予了系统评述。但是,有关跨国战略或者制度差异如何影响到商业—政府关系的研究,则是非常重要却关注不足的研究问题。例如,Hillman 和 Keim(1995)模型化研究了制度差异如何影响公共政策效果和企业竞争地位。Blumentritt(2003)考察了跨国公司子公司讨价还价能力如何影响其政治战略选择。这些学者在关注制度差异是如何影响到商业—政府之间的互动关系。此外,研究政治战略的制度适应性则是一个重要研究话题。例如,虽然较多文献研究了美国和欧洲地区的跨国公司政治战略,但是这些政治战略是否具有制度背景依赖性,或者是否在全球不同国家具有同样适用性,更是值得研究的。特别地,作为全球最大的发展中国家,中国经济持续保持强劲发展势头,并且在对外直接投资中起着越加重要的影响作用。如何从理论上正确解释中国企业境外直接投资的投资动机、区位选择和商业模式等,是学术界和实业界所共同面临的研究课题。这方面研究需要超脱以后欧美国家企业国际化经营的理论解释,立足中国独特的市场环境和制度情景。

第二,腐败和跨国公司。随着跨国公司日益进入发展中国家和转型经济体,腐败成为国际商务研究的重要议题,当前,越来越多社会学者开始对此问题加以关注,并回答或试图回答诸如"什么是腐败"等基础性腐败问题。腐败通常被认为"滥用职权以谋取私利,亦即以权谋私"(misuse of public power for private gain),但是更普遍的定义则是用权威(authority)来替代公权(public power)以囊括秘密产生于私有团体间的腐败。基于腐败视角的国际商务学者们通常会采用多种理论框架,包括产业经济学、资源依赖理论和制度理论,有关腐败的研究文献也大多源于社会科学领域。学者们倾向于借鉴不同领域的腐败研究成果,将其用于国际商务研究,并侧重于研究政府腐败和与经济开放直接相关的各种话题。

学者们早期关注的是腐败如何抑制成长(Mauro,1995)和对外直接投资(Wei,2000;Habit,Zurawicki,2002),并提出腐败什么时候产生影响以及什么时候影响投资流动(Henisz,2000)。有些文献侧重于研究腐败前因,例如人均 GDP、规制壁垒和文化特性等(Husted,1999;Roberston,Watson,2004)。研究认为,政府对新市场的进入管制,无论是国内政府还是东道国政府,都将导致更高程度的贿赂和腐败交易(Djankov 等,2002)。有些文献则侧重于研究腐败后果,包括企业对待腐败的处理方案和管理层对于腐败行为的反应态度等。例如,Campos、Lien 和 Pradhan(1999)以及Wei(2000)研究发现,索贿易变性将会减缓整体投资水平。Rodriguez 等(2006)认为,企业如何应对公权腐败是极其重要和难以逃避的研究问题。

虽然企业会积极采取措施来应对腐败问题,但是问题并非如此简单。Smarzynska 和 Wei(2000)研究发现,东欧国家的高腐败水平使得跨国公司倾向于采取合资方式进入这些国家。Doh 等(2003)分析了腐败影响企业的各种途径,并为置身于腐败环境当中的管理者们提出了各种解决方案。Rodriguez、Uhlenbruck 和Eden(2005)引入二维度法来分析腐败环境差异及其解决方案。Uhlenbruck 等(2006)基于发展中经济体电信项目的实际数据,考察了腐败对于进入战略的影响,发现企业在面对高程度和高恣意性的腐败环境时,倾向于采取短期管理合约和合资方式。总之,对于企业该采取什么战略来应对腐败环境或者影响腐败环境,是未来研究的重要议题之一。

制度基础观不仅在学术界得到重视,而且也得到企业实践所证实。例如,改革开放之初,跨国公司在中国市场进入模式选择方面倾向于采取合资方式;随着中国市场化经济体制改革的不断深入与发展,独资化倾向日益明显,甚至之前的合资企业也逐渐转为独资化(Child,Tse,2001)。Puck、Holtbrugge 和 Mohr(2009)基于交易费用经济学理论和制度理论两种视角,采用问卷调查的数据收集方法,考察了跨国公司在华子公司从合资企业(IJVs)转变为全资企业(WFOEs)的影响因素。该项研究对于中国企业国际化进程及其管理,具有极其重要的借鉴意义。此外,现有公司治理主要是基于美国和英国的实践经验而提出来的,委托代理理论是其主要的理论解释。但是,在诸如中国等新兴经济体当中,公司除了面临来自两权分离带来的委托代理问题以外,还面临着更为严重的大股东和小股东的关系问题,而这些是需要基于新兴经济体独特情景进行理论创新的。

三、跨国公司独特性与制度理论应用

在制度视角方面,跨国公司与本土公司到底存在多大差异？制度主义在跨国公司中的运用如何？Kostova、Roth 和 Dacin(2008)在《跨国公司研究中的制度理论——批判与新方向》一文中,系统阐述了其对新制度主义(neo institutionalism)在跨国公司研究中的运用现状及其局限性,并在此基础上提出了其研究观点,认为当前有关跨国公司研究的制度视角没有充分考虑到跨国公司情景独特性,认为把握住跨国公司独特性将有助于在该领域发展出更强有力的理论构建。新制度主义认为,组织存活依赖于其与环境的耦合程度,因此组织必须屈服于外在环境压力,以便获得组织合法性从而提高其生存概率。跨国公司在外在环境和内在环境方面皆具有独特性,跨国公司与本土企业的差异不仅是程度上的,而且是实质上的(Westney,Zaheer,2001)。

在《管理多元化跨国公司——寻找新视角》一文中,Doz 和 Prahalad(1991)指出,跨国公司独特性质在于其多维度性和异质性(multidimensionality and heterogeneity)。跨国公司议论焦点在于其跨边界性质,这反映在其多样化的、非单一的、分散的和可能冲突的外部环境,以及其复杂的内部环境,该内部环境充斥着空间距离、文化距离、组织距离、语言障碍、成员间权力争夺以及潜在的利益争夺和价值冲突等。

在《日益过时的谈判模型——跨国公司与发展中东道国国家的关系》一文中,Ramamuri(2001)研究认为传统的跨国公司与发展中东道国之间的谈判模型日益过时,当前这种关系正在朝向双层(two-tier)和多参与方(multi-party)的方向发展。第一层关系发生在东道国政府与母国政府之间,其关系是通过双边或者多边制度而形成。该层次关系为 FDI 界定了宏观规则,从而影响到第二层次的微观谈判,源于第一层次谈判的 FDI 自由化程度因不同的东道国—母国关系以及产业差异而存在差异。该项

研究对于深入认识东道国政府与母国政府之间的关系,以及跨国公司与东道国政府、母国政府和产业层面的竞争关系,具有重要的理论和实践意义。

在《美国跨国公司海外子公司高绩效工作系统——基于制度角度的模型》一文中,Lawyer 等(2011)基于制度视角考察了分布在亚欧非 14 个国家的美国跨国公司的 217 个子公司的高绩效工作系统(HPWSs)的实施情况,重点关注东道国制度因素以及母国公司影响力和控制力对子公司高绩效工作系统实施情况的影响。研究表明,该文提出的研究模型在高绩效工作系统对员工影响的解释力强于对经理影响的解释力,同时也发现东道国经济发展速度与子公司高绩效工作系统实施之间呈正相关关系。

Kostova、Roth 和 Dacin(2008)总结了以前关于制度理论在跨国公司情景中运用的研究文献,针对新制度经济学在组织领地(organizational field)、同构性(isomorphism)、去耦化和礼节性(decoupling and ceremoniality)和合法性(legitimacy)的研究观点,基于跨国公司独特性质角度出发,从组织领地、同构化、礼仪性和去耦化以及合法性等四个角度,提出了有待后续讨论的研究观点。有关前人关于制度理论在跨国公司情景中的运用的研究文献的总结,如表 2-2 所示。

表 2-2　制度理论在跨国公司情境下的运用总结

主题描述	堪称典范的参考文献	主要的制度理念
制度概要/制度距离 国家制度概要的概念包含规制性、认知性和规范性三维度 国家制度维度依具体实践或者问题而异(例如,质量管理、创业活动) 制度距离被定义为两个国家的制度概要(规制性、认知性和规范性)在一个特定的问题上的不同点或相似点	Busenitz、Gomez 和 Spencer(2000),Eden 和 Miller(2004),Kostova(1997,1999),Kostova 和 Roth(2002),Kostova 和 Zaheer(1999),Xu 和 Shenkar(2002)	大多数国家的制度安排都是特定的,它们随着社会经济环境边界的发展而发展,并逐渐形成社会互动 制度和制度环境由三个"支柱"组成:规制、认知和规范 制度安排定义了组织的社会环境,并塑造了组织行为
制度转变/转型经济 大范围制度改革定义了转型经济 转型制度环境具有以下特征: 制度剧变 制度包袱 制度缺陷 腐败和"政府俘获" 转型过程的不同阶段 转型制度环境要求特定类型的策略,并且会导致特定的企业行为(例如贿赂)	Hoskisson 等(2000),Newman(2000),Peng(2000,2002,2003),Roth 和 Kostova(2003b),Whitley 和 Czaban(1998),Wright 等(2005)	制度系统的改变和转型是一个过程,遵循新的制度安排在不同程度的成熟和稳定而形成的明显的阶段特征 个体和组织的经济行为由制度所确定: 由于制度的持久性和惯性,制度模式从以前的系统开始持续被观察 当新的制度尚未完全发展,组织模式的扩散是可能被观察的

续表

主题描述	堪称典范的参考文献	主要的制度理念
国家制度系统 比较资本主义和经济活动 业务系统的国家(制度)起源 不同形式的业务系统的制度特征和比较企业特征(例如,所有权模式、国家协调、对正式制度的信任、占主导地位的企业类型、成长模式) 解决 MNC 公司治理问题的比较资本主义方法 国家制度系统中 MNC 嵌入性/分离的程度	Casper 和 Whitley(2004),Hill(1995),Morgan,(2003),Morgan 和 Whitley(2003),Orru,Biggart 和 Hamilton(1991),Quack,Morgan 和 Whitley(2000),Quack、O'Reilly 和 Hildebrandt(1995),Whitley(1999,2000,2003)	(国家)制度环境在塑造业务系统中的决定性 业务系统和组织特征在制度环境(国家)中的相似性(即同构性)
对 MNCs 的制度约束 制度环境决定最有效的 MNC 战略和结构: 在国际扩张中的进入模式决策 在国际联盟中的合作伙伴选择 国家创业活动偏好 企业战略选择(例如,多样化)	Child 和 Tsai(2005),Dacin、Oliver 和 Roy(in press),Davis、Desai 和 Francis(2000),Flier、Van den Bosch 和 Volberda(2003),Henisz 和 Delios(2001),Hitt 等(2004),Kogut、Walker 和 Anand(2002),Lu(2002),Yiu 和 Makino(2002)	(国家)制度环境通过同构的制度压力在塑造组织实践和结构方面的决定论 (国家)制度环境可以在多大程度上支持特定形式的经济活动(e.g.创业),取决于所建立的监管、认知和规范的制度安排
组织实践和结构在将 MNC 各单位间及国家边界间的扩散、采纳和制度化 MNC 实践和结构在不同国家的差异的制度解释 跨边界扩散、传播和组织实践的收敛/发散的制度解释 组织实践在国家边界中转移的制度约束;边界"渗透" MNC 子单元"勾画"他们的实践和结构而导致的多重和复杂的制度环境 从 MNCs 和 MNC 子单元内部组织环境及其多个外部环境,处理他们之间冲突的制度压力;管理者的角色(有限的能动性) MNCs 间的关系情境、制度转移过程的情境角色,以及在企业内部中组织实践的扩散	Eden、Dacin 和 Wan(2001),Gooderham、Nordhaug 和 Ringdal(1999),Guler、Guillen 和 Macpherson(2002),Kogut(1991),Kostova(1999),Kostova 和 Roth(2002)	国家制度环境在塑造组织实践和结构的过程中的决定性,这个过程是通过强制性的、拟实施的、规范的机制而强行实施同构的。 国家制度环境可能或多或少地支持某些组织实践的特定形式 当一个特定的实践变得完全制度化,这就假定了一个"理所当然"的地位;发达制度环境(包括外部和内部)具有明确的企业行动的预期 由外来者或"外围/边际"组织带来的新兴实践是成功的;其他企业开始模仿它们,由它们的逐渐增长的合法性所激励;因此,组织行动的新模式开始共享,并逐渐制度化

续表

主题描述	堪称典范的参考文献	主要的制度理念
MNCs、MNCs 子单元和东道国制度环境 MNCs 在东道国的外来者劣势： 外来者劣势的来源和决定因素 外来者劣势随着时间变化的动态性 克服外来者劣势的策略 外来者劣势的结果 外来者劣势的测量 MNC 的合法性： MNC 合法性的本质和特殊性 MNCs 和 MNC 子单元合法性的因素 MNCs 制度环境/行动者合法性的多重性和复杂性 MNC 子单元的外部/内部合法性 东道国和 MNCs 之间的依赖性和动态性	Kostova 和 Zaheer(1999)，Lawrence、Hardy 和 Phillips(2002)，Levy 和 Egan（2003），Mezias（2002），Miller 和 Richards(2002)，Zaheer（1995），Zaheer 和 Mosakowski(1997)	(国家)制度环境授予组织的合法性是基于组织遵守制度的需求 制度需求是在一个组织域（种类）的边界内建立的；组织可能是多个组织域的一部分 合法性是必要的，对组织生存十分重要 合法性的取得是通过在一个特定环境（域）中采纳制度化的实践和结构而成为同构的结果

资料来源：Kostova T，Roth K，Dacin M T. Institutional theory in the study of multinational corporations：a critique and new directions[J]. Academy of Management Review，2008，3(4)：994-1006.

第一，组织领地。新制度主义认为，组织在其领地中发挥作用，不同形式的组织行为产生并制度化，组织生存与发展存在制度压力，组织合法性是被动给予的。而 Kostova、Roth 和 Dacin(2008) 则认为，传统组织领地概念不适用于跨国公司。跨国公司子公司面临着多元的、分散的、嵌入性的甚至冲突的制度环境，这些制度环境伴随着空间距离、文化距离、语言距离和组织壁垒等，阻碍了组织间有效互动，而组织间互动是形成组织领地的最为基本的前提条件。

第二，同构化。新制度主义认为，组织存在同构化现象，这是由于在特定组织领域采纳和扩散被视为标准的商业模式、商业实践和商业结构的后果。而 Kostova、Roth 和 Dacin(2008 AMR)认为，由于同构化仅发生在组织领地内部，而跨国公司不存在传统意义上的组织领地，因此跨国公司当中同构化现象有限。特别地，跨国公司由于通常会受到来自投资目的地社区的欢迎，因此将较少面临来自投资目的地的同构化压力。如果确实存在某种同构化压力，那这种同构化压力更多的是表现在规制层面和法律层面，而非认知层面和社会规范层面。此外，投资目的地的制度环境在同构化跨国公司方面可能存在能力不足的现象。投资目的地难以明确标明跨国公司属于哪个组织领域范畴，因而难以对其施加同构化压力。投资目的地也可能缺乏跨国公司所拥有的稀缺资源，这将使得跨国公司在讨价还价过程中占上风。这就使得跨国公司只要在法律许可范围内从事经营活动，就能够避免来自东道国的同构化压力。本书认为，Kostova、Roth 和 Dacin(2008)的研究观点适合于解释发达国家具有强势全球竞争力的跨国公司,但是对于来自发展中经济体的跨国公司而言其有效性尚需验证,其原因在于发展中经济体跨国公司议价能力较为弱小,不同于发达国家跨国公司,难以逃避来自东道国政府和投资目的地的同构化压力。

第三,礼节性和去耦化。新制度主义认为,组织存在礼节性和去耦化的行为;也就是,组织在面临同构化压力时,表面上表现出遵从制度化结构和实践(institutionalized structures and practices)的姿态,但实际上通过采用不同的结构和实践(different structures and practices)将自己与外在环境区分开来,这些不同的结构和实践在他们看来能够带来更好的经济绩效。支持礼节性和去耦化的组织行为的学者观点强调,礼节性和去耦化的组织行为是跨国公司协调所面临的来自不同合法化参与者的相互冲突的模式时的唯一选择。因此,跨国公司子公司所采用的唯一的运作模式需要得到诸多参与者的支持和接受,这些不同参与者认为跨国公司子公司从属于不同的组织领地并期望它能够采纳不同的制度标准。在这种情况下,跨国公司无法超脱去耦性和礼节性的组织行为。这种支持跨国公司采纳去耦化和礼节性的组织行为的观点,其隐含的前提假设是跨国公司必须顺应多元、不同的制度环境的同构化压力。但Kostova、Roth 和 Dacin(2008)认为,跨国公司由于面临较低层次的同构化压力,因此没有必要采取这种礼节性和去耦化的组织行为。去耦化意味着组织采取礼节性行为来证明自己遵从制度化规则,而实际上却采取自己认为更为有效的经济行为。去耦化行为在同构化压力缺失的情况下是不必要的,跨国公司将会根据具体情境采纳不同的结构和实践,这些结构和实践与跨国公司海外业务所处的东道国环境存在差异。由于跨国公司的特殊性,其结构和实践的多样性得以存在,而不必屈服于东道国环境对其同构化的要求。而就跨国公司内部体系而言,由于跨国公司内部制度化实践是透明的,跨国公司或其构成实体如果从事去耦化行为,将会引起跨国公司内部成员的激烈反对,从而使得去耦化行为失去合法性。

第四,合法性。合法性意味着组织行为被外界环境所接收和同意,是组织得以生存的重要特质。新制度主义认为,组织合法性主要是通过其同构化实践来取得、维持和重构;组织在取得合法性的同构化过程中,将会逐渐与其组织领地的其他组织相似化。然而,跨国公司在取得合法化的过程中将变得更加差异化而非同质化。跨国公司由于其所处环境的多元性和复杂性、其组织内部的复杂性和多样性以及合法化过程的模糊性,它们在取得和保持合法性的过程中将会面临诸多困难(Kostova,Zaheer,1999)。跨国公司的独特情景不仅没有否认合法性的重要性,而且由于其内在的外来者劣势,更加应该重视合法性的构建、维持和重构,以期为不同的合法性参与者所接纳和认同。但是,跨国公司面临的独特情景使得其在诉求合法化的过程中,与传统新制度主义观点存在机制差异。跨国公司由于其特殊性,在中观层面(meso level)很难通过同构化来取得合法性(Kostova,Roth,Dacin,2008)。跨国公司很难在规制性、规范性和认知性方面与外在环境保持同构性,需要探索其独特的合法化机制。由于跨国公司需要面对来自多个参与方的合法化诉求,因此其合法化过程应该是与每一参与方进行协商以取得其支持。借助于协商这种互动、沟通和交换的政治过程,跨国公司能够实现其社会结构化的合法性诉求,在这一过程中象征性映像构建极其重要。

综上所述,跨国公司由于其独特性质,不仅需要考察制度环境对其影响,而且应该考察制度对其影响的特殊机理。由于跨国公司嵌入于多维度的制度环境,与多方参与者存在互动,因此需要考察多维度制度环境对其行为的影响机制。此外,跨国公司与外在环境之间的互动关系是动态的、自由裁量的、象征性的和前摄性的,跨国公司不仅需要适应于外在环境,更可以通过其特殊地位来对外在环境施加影响,从而选择甚至改变已有环境使之更加适应自身发展。然而,我们也应该看到,跨国公司与母国政府和东道国政府之间存在着多角度的博弈关系,特别是跨国公司与东道国政府之间经常演绎着一场"爱恨情仇"的商业故事。对于中国这样的发展中经济体,基于制度角度来认识和把握跨国公司发展极其重要。

通过本节学习,同学们了解了国际商务领域的诸多经典理论。这些理论都有其提出的历史背景、解释力和局限性。希望同学们能够深刻理解和识别不同理论的解释场景,将其创造性地运用于指导中国企业国际化实践。特别地,大家需要深入思考,如何将习近平新时代中国特色社会主义思想运用于指导中国企业国际化实践。

补充阅读

1.党的《十九大报告》

2.习近平谈《治国理政》(第一卷)

3.习近平谈《治国理政》(第二卷)

4.习近平谈《治国理政》(第三卷)

5.Kostova T,Roth K,Dacin M T. Institutional theory in the study of multinational corporations:a critique and new directions[J]. Academy of Management Review,2008,33(4):994-1006.

思考题

1.请阐述产品生命周期理论的主要内容。

2.请阐述垄断优势理论的主要内容。

3.请阐述内部化优势理论的主要内容。

4.请阐述国际化进程理论的主要内容。

5.请阐述国际生产折中理论的主要内容。

6.请阐述全球整合与当地响应分析框架(简称 IR 框架)的主要内容。

7.请阐述习近平新时代中国特色社会主义思想在企业国际化经营管理中的指导作用。

第 3 节　国际商务研究方法介绍

学习导航

　　定性研究(特别是案例研究)是国际商务研究的重要方法,对于揭示典型企业国际化实践,从而归纳、提炼和创新国际化理论,具有重要作用。本节将阐述如下几个重要话题,包括国际商务中的定性研究传统、定性研究与定量研究的互补、情景导向的定性研究、定性研究者应该具备的能力以及卓越的定性研究评价的标准。

　　通过本节学习,希望同学们能够初步了解国际商务中的定性研究方法(特别是案例研究),能够对诸如华为技术公司、字节跳动公司、海尔公司、联想公司、美的公司等企业国际化经营实践有着初步认识,并能够分析自己所在企业或者所关注企业的国际化实践。

一、定性研究方法在国际商务研究中的运用

　　定性研究方法在国际商务研究中的运用由来已久,Johanson 和 Vahlne(1977)等经典文献都采用了定性研究方法来建构起理论观点。根据 JIBS 编辑部的政策声明,国际商务在所涉及范围上具有多学科性,在内容和方法论上具有跨学科性。这就使得定性研究方法在国际商务研究中特别重要。Brikinshaw、Brannen 和 Tung(2011)在定性研究方法专刊的序言中写道,为了理解正在出现的和正在演化的现象复杂性,以及国际商务调查中诸多问题的独特情景,在缺乏有效理论的情况下采用大样本实证研究方法并不可取,采用注重探索性研究、比较案例研究和详细描述的演绎理论构建的定性研究方法将更加有效。

　　在《国际商务的定性研究》一文中,Doz(2011)阐述了定性研究在国际商务中采用不足的原因,然后阐述了定性研究在诸如理论构建等领域的重要作用,在此基础上阐述了高水平定性研究及其评价标准,并在文章最后阐述了能够采用定性研究的诸多领域。定性研究能够弥补定量研究的内在不足,有助于管理理论构建。国际商务早期理论的提出得益于定性研究方法的采用,定性研究有助于打开组织过程这一黑箱。虽然纯粹扎根理论难以实现,但是定性研究所掌握的原始数据越加丰富,就越能够超过已有理论的束缚,从而更加有可能构建新的理论。

　　科学解释和特殊情景是任何研究所必须权衡的两个问题,而这在国际商务领域显得尤为重要。情景化倡导者认为要改变已有学术共识存在难度(Tsui,2004),已有占优理论迫使我们过分重视普适性研究(generalizability),而对情景化研究

(contextual sensitivity)关注不足。对于情景化研究的建议包括中等程度的情景化研究（例如 Whetten 强调的增加情景因素作为调节变量）和更加彻底的情景化研究（例如 Tsui 强调的探索非西方的方法论工具）。学术界正在出现共识，即情景导向的定性研究能够为情景化研究提供解决方案。

作为发展中国家，中国与西方发达国家存在诸多差异，这就决定了其在实施"走出去"和"走进去"发展战略时，需要充分考察其独特情景。中国企业境外投资的特殊性，决定了学者们在研究中国企业境外投资问题时，不能照搬西方的理论基础和研究假说来验证中国企业跨国实践，而是需要基于定性方法进行原始数据采集，在此基础上建构出适合于解释中国情景的理论假说。由于定性研究方法与定量研究方法相比具有更好的理论建构功能，因此定性研究方法对于研究中国企业境外投资问题至关重要。JIBS(2011)在其第 42 卷第 5 期刊发了国际商务定性研究方法专刊，发表了国际商务研究领域采用定性研究方法的经典文献和有关定性研究方法在国际商务研究中的运用的评论性文章。该期文献对于我们深入认识国际商务定性研究方法有着重要作用。

二、卓越的定性研究的评价标准

在《国际商务的定性研究》一文中，Doz(2011)指出卓越的管理类定性研究需要研究者具备三种能力。第一，多学科背景和对集体行动富有深度和洞察力的解释能力。这就要求国际商务领域定性研究者不仅掌握丰富的一手数据，而且还需要具备组织领域的多学科分析能力，这些学科涉及组织理论、组织行为、社会学和战略管理等。第二，在高水平田野研究中受过深度培训和富有经验。第三，具有严谨的、深度的方法论基础，定性研究及其所要揭示的理论内涵应该是扣人心弦的、富有吸引力的和具有说服力的。基于案例的理论构建存在如下发展阶梯，从最为基础性的"有关管理者行为的丰足数据"，历经"好的故事""严谨的分类和定义""概念图""框架和模型"直到"理论构建"。

Doz(2011)从研究对象、田野关系、研究方法和结果展示等四个方面，归纳出好的定性研究的评价标准。

第一，研究对象。定性研究在阅读文献时不能仅局限于管理领域，并且在与管理者的沟通、讨论和寻求田野洞察力时保持好奇心；应该关注由经理人提出来的实践问题，对其问题和话题进行抽象化以提炼出适合于学术研究和理论构建的研究问题；应该关注管理者谜题难局，挑战克服实证研究的局限性，超过传统已知的解决方案；解开矛盾谜题，关注理论矛盾问题和缺乏理论化的实践领域。

第二，田野调查。好的定性研究应该借助于所研究领地的领导支持，但同时应该保持其自主性，在争取研究支持时应该将研究局限于与经理人所面临问题相关的问题上来；尊重经理人并保持高度的耐心，避免学术傲慢主义；拥有健康的批判精神，强调真理追求和理论不可知态度;对人的本性特征有着清晰明确的假定认识。

第三,研究方法。好的定性研究应该借助于厚实的描述性案例研究,该案例研究应该基于访谈、人种志研究和历史研究;在案例研究内部采用比较法以及采用跨案例研究方法;与自己和在理论之间进行多理论对话;将研究聚焦于最扣人心弦的研究层次;在构建理论时保持经过专业训练的想象力;谨慎对待无知论思想,谨慎面对理论主导自己而非自己主导理论的研究风险。

第四,结果展示。展示案例研究发现过程而非讲授告诫案例研究发现,提供案例研究过程及其证据使得读者能够重复其学习历程;将理论发现建构于其自身而非事实本身,研究数据仅仅是理论构建的奠基石但非理论建构承重墙;谨记好的理论应该是能够说服专家读者,因而应该具有审美吸引力和直觉取悦感。

三、基于案例研究的理论构建类型

国际商务研究领域和社会科学研究领域的案例研究大多聚焦于数据采集和数据分析的方法论上,Welch 等(2011)另辟蹊径,考察了国际商务领域如何从案例研究中构建理论,其目的在于考察案例研究者是如何建构理论和未来国际商务研究该如何利用案例研究来建构理论。通过对发表在 JIBS、AMJ 和 JMS 期刊上的案例研究文献进行定性内容分析,Welch 等(2011)基于因果解释力度(emphasis on causal explanation)和情景化力度(emphasis on contextualisation)两个维度,将以案例为基础的理论构建方法划分为四种类型,分别是归纳型理论构建(inductive theory-building,低因果解释—低情景化)、自然实验(natural experiment,高因果解释—低情景化)、解释性意义建构(interpretive sense-making,低因果解释—高情景化)和情景化解释(contextualised explanation,高因果解释—高情景化);并认为归纳型理论建构存在诸多局限性,提倡采用另外三种理论建构方法。有关四种不同理论建构方法的比较分析如表2-3 所示。

表 2-3 以案例研究为基础的理论建构方法的比较分析

分析维度	归纳型理论建构	自然实验	解释性意义建构	情景化解释
哲学导向	实证主义	实证主义(证伪)	解释性/建构主义	关键性现实主义
研究过程	为了取得普适性理论的客观性研究	为了寻找缘由的客观性研究	为了取得某种解释意义的主观性研究	为了寻找缘由的主观性研究
案例研究结果	以可验证假设方式进行理论解释	以因果关系链的方式进行解释	理解参与者的主观体验	以因果关系的方式进行解释
案例研究侧重点	介绍性	内在效度	详细描述	因果关系解释
对普适性的态度	普适性到样本群体	普适性到理论构建	特殊性/非普适性	情景化/有限普适性

续表

分析维度	归纳型理论建构	自然实验	解释性意义建构	情景化解释
因果关系本质	规则性模型：在事件之间架起联系纽带（弱因果关系）	明确因果关系（强因果关系）	过于简单化和决定性的概念	明确因果关系及其情景条件（强因果关系）
情景所扮演的角色	情景描述	从案例情景中分离出因果关系	情景描述以帮助理解理论构建	将情景整合于理论构建当中
主要倡导者	Eisenhardt	Yin	Stake	Ragin/Bhaskar

资料来源：Welch C，Piekkarr R，Plakoyiannaki E，et al. Theorizing from case studies：towards a pluralist future for international business research[J]. Journal of International Business Studies，2011，42：740-762.

Cuertvo-Cazurra、Caligiuri、Anderson 等（2013）在期刊社论中阐述了如何使得学术论文与实践保持一致。研究指出，虽然诸多研究都在其末尾阐述了论文的研究发现及其对实践的启示意义，但是缺乏将实践融入研究的整个过程当中。新时代背景下，中国企业国际化面临着新的机遇和挑战，我们需要研究中国问题，提出中国方案，服务中国实践，因此需要在研究全过程中保持学术研究与劳动实践的一致性。习近平总书记2020年8月24日《在经济社会领域专家座谈会上的讲话》中指出，一是从国情出发，从中国实践中来、到中国实践中去，把论文写在祖国大地上，使理论和政策创新符合中国实际、具有中国特色，不断发展中国特色社会主义政治经济学、社会学；二是深入调研，察实情、出实招，充分反映实际情况，使理论和政策创新有根有据、合情合理。

四、研究范式、研究方法与研究技术

何谓科学领域？Nielsen 等（2020）指出，科学领域是指一套社会制度，其因时演化决定了知识产出以及对已有知识的改进，以提高精确性和可证实性。库恩（2012，1962）提出的范式概念，是对该科学演化过程的最有影响力和最具全面性的解释。范式演化理论提出了断点平衡（punctuated equilibrium）概念，认为科学领域的主张、信仰、价值观和方法论的变化具有渐进性和累积性特点。Nielsen 等（2020）采用了库恩的研究观点，提出了 IB 领域科学演化的概念模型。根据库恩的范式理论，范式包含深层次结果，确定了科学社区的游戏规则，指出了哪些是被允许的行为，哪些是被警告的行为。因此，需要高度重视范式一致性（paradigmatic consensus），这有助于厘清科学界定的标准，事实、程序和手段的构成要素，以及争议判决方法。好的研究应该尊崇范式所推崇的价值观、原则和准则，也称为认知美德（epistemic virtues）。

自创刊以来，JIBS 学者们在如何做研究问题上达成了共识，这在科学的历史学和社会学领域中亦称为范式（paradigm）。库恩（Kuhn，2012，1970）首先提出了范式概念。Godfrey-Smith（2003）指出，范式是关于整个世界、数据收集、数据分析、科学思考和行为习惯的整体主张。范式回答了什么是好的科学,并且限定了研究边界和研究方式。范式定义了方法论严谨性(methodological rigid),亦即学者社区标准(scholarly community's standards),涉及研究过程所有方面(包括研究设计、数据收集、资料分析和研究报告等)。基于库恩研究范式,Nielsen 等(2020)归纳总结了三种方法论传统(methodological convention)。第一,技术传统(technical convention),包含了全部的物理工具和软件,以及研究社区用于观察、测量、分类和分析的编码化技术和程序。第二,沟通传统(communicative convention),反映了使研究结果公众化和可及化的方式,包括科学报告体裁和修辞、引文采用和报告方式,以说服学术同仁信服研究观点,为他人研究建立起模范。第三,社会约定(social convention),学术社群对研究知识的评价和判断的标准,以及对什么是好的研究的规范性原则。技术传统、沟通传统和社会约定共同构成了方法论宽带(methodological bandwidth)。

方法论是研究范式不可分割的组成部分。学者们在方法论指导下,通过具体研究方法进行研究,包括档案法(archival quantitative)、调查法(survey quantitative)、定性法(qualitative including ethnography and case study)和混合法(mixed)。在研究技术方面,包括数据采集和数据分析两大部分,前者包括调查、访谈、观察和焦点群组等,后者包括事件历史研究、话语分析、内容分析、回归分析等。方法论、研究方法和研究技术三者密切相关,共同推动了研究工作的开展。方法论创新包括数据采集和分析过程中新的编码方法和技术采用、新的研究设计和研究方法、新的研究质量的评价原则,以及与正常科学假设相媲美的新的范式方法。学术社群可以通过强制性政策或者说服性呼吁两种方式来鼓励研究多样化,后者旨在改变学术社群在学术研究当面的社会约定,这将改变学术社群对于如何从事研究的规范信仰或思维(normative belie for mindset)。

方法论严谨性涉及评价标准的集体性和社会性,不仅关乎技术准确性(technical-precision)和要素精炼性(sophistication of particular elements),而且关乎研究设计整体(research design as a whole)。研究范式是一把双刃剑,一方面,如同库恩(2012)所说的,通过科学努力提高知识传播的准确性和效率性;另一方面,如同 Buckley、Doh 和 Benischke(2017)所指出来的,范式化过程亦将导致研究范围的狭隘化(narrowing of the horizons of the field)。Nielsen 等(2020)研究指出,JIBS 期刊自创刊以来的 50 年时间里,其研究方法论也出现了狭隘化现象,出现了渐进主义和渐变方式(gradualist and incremental changed),这将强化现有研究实践和趋势。在过去 50 年时间里,计算机辅助数据分析技术取得了重大突破,这使得复杂性数据分析成为可能,但是却没有更多可用于数据分析的方法选择。Nielsen 等(2020)对 50 年以来 JIBS 期刊文献的方法论趋势进行归纳分析,阐述了为何未来 IB 研究需要采用更多三角验证。研究指出,已有研究主要有三种流行的研究方式。一是,采用大规模的纵向的和跨国的数据集;二是,采用复杂的分析技术,包括在同一项研究中采用多种分析技术;三是,研究方法多样性在不断减弱。作者探讨了这些研究方式与该期刊 50 年以来的社会、技术和沟通的风格之间的关系。这些研究方式与同时代理论论断相一致,认为随着时间推移科学领域将会巩固某种占优范式(entrench adominant paradigm),导致可供选择方法论集合受到限制。这种限制危害了研究质量,因为任何现象研究都要求采用多种方法论程序来避免单一方法导致的偏见、错误、疏忽和局限。因此,作者提议采用三角验证,将方法论选择植入研究设计当中。IB领域贯彻实施该原则将有助于提高未来研究的严谨性和范围。

五、三角验证法

Nielsen等(2020)研究指出,方法论多元化(methodological diversity)有助于拓展科学研究范围,催化科学发现,避免陷入事实与研究间的壕沟/陷阱。与此同时,方法论多元化(methodological diversity)是取得方法论严谨性(methodological rigid)的必要条件。Nielsen等(2020)进一步指出,方法论多元化源于三角验证原则,亦即将在一项研究中采用多种方法论选择,以解决单一选择所面临的偏差、错误、疏忽和局限。三角验证法有助于增强研究结论的有效性和可信度。三角验证法不仅是单项研究的设计战略(design strategy),而且也是科学领域整体的研究思维(research mindset)。Nielsen等(2020)认为,三角验证法能够改善IB研究的严谨性,并且能够有助于取得新奇发现(novel discovery)。由于不同方法论皆存在局限性,学者们倡导采用三角验证法来弥补单一方法论局限性。三角验证法同时包含了事前和事后的各种研究方案评估,包括研究问题确定、研究数据采集、研究结果阐述和解释等,涉及研究过程的所有方面。Nielsen等(2020)在前人研究的基础上,系统阐述了三角验证法的类型、定义、有效性和范围,具体包括方法三角验证(method triangulation)、数据三角验证(data triangulation)、分析三角验证(analytical triangulation)、理论三角验证(theoretical triangulation)、场景三角验证(context triangulation)和调查者三角验证(investigator triangulation)等。Nielsen等(2020)的核心观点是,三角验证法有助于提高IB领域研究严谨性,同时有助于拓展IB领域研究范围。

本节讨论了定性研究方法的研究传统、定性研究方法与定量研究方法的互补性,情景导向的定性研究方法,中国情景下的定性研究方法,定性研究者需要具备的三种能力,卓越定性研究的评价内容,以及习近平总书记对于学术研究的指示精神。通过学习,初步了解国际商务研究中的定性研究方法,以及三角验证法的内涵、类型和运用。希望同学们能够结合所关注案例企业,深入挖掘案例企业国际化实践,并采用定性研究方法来归纳、提炼、创新和分享中国企业国际化实践并上升到理论高度。

补充阅读

1. Doz Y. Qualitative research for international business [J]. Journal of International Business Studies,2011,42:582-590.

2.Welch C,et al. Theorizing from case studies:towards a pluralist future for international business research[J]. Journal of International Business Studies,2011,42:740-762.

3.习近平.在经济社会领域专家座谈会上的讲话[R].2020 年 8 月 24 日。

思考题

1.请阐述国际商务中的定性研究传统。

2.请阐述定性研究与定量研究的互补性。

3.请阐述定性研究者应该具备的能力。

4.请阐述卓越的定性研究评价的标准。

5.请阐述管理研究中的三角验证法。

第 4 节　中国企业境外投资研究现状分析

学习导航

本节主要分析如下几个研究问题:中国企业国际化的独特性在哪里? 中国企业国际化的区位选择、进入模式和扩张路径有何特点? 哪些因素影响了中国企业国际化的战略选择? 中国企业国际化的业绩成效如何? 中国企业国际化的监管政策有哪些? 其中,每个问题会涉及资源禀赋、制度环境、政治力量、国际化经验、企业异质性和所有权特征等。

通过本节学习,系统了解过去和当前有关中国 OFDI 的学术研究情况,从学术角度认识中国企业国际化发展实践,为管理实践及其理论研究奠定基础。

当代中国经济融入全球经济始于 20 世纪 70 年代末的"开放政策",并在 1992 年邓小平先生的南方谈话和 2011 年中国入世后,获得快速发展。早期研究主要着眼于中国贸易的全球地位、中国作为制造基地的比较优势以及中国内向 FDI 的规模、分布和影响(Buckley,Clegg,Wang,2002),对于中国作为 FDI 资金来源国的研究比较少,且偏向于对 FDI 发展趋势的描述性研究(Taylor,2002;Deng,2003;Deng,2004)和深度案例研究(Liu,Li,2002;Warner,Hong,Xu,2004),采用公开数据进行实证研究的论文,还相对比较稀少。与来自发达国家的跨国公司相比,中国企业存在诸多劣势,包括海外市场知识有限性、海外营销能力有限性、研发能力薄弱、缺乏国际品牌、缺乏战略聚焦和缺乏海外业务协调经验。中国作为全球最大的发展中国家,其经济增长模式引起全球学术界的关注。特别地,由于中国情景的特殊性,中国企业境外投资发展模式与发达国家企业境外投资存在差异。这就决定了需要基于中国情景特殊性来理解和解释中国企业境外投资发展模式,从而在理论上丰富和完善已有的企业境外投资理论,在实践上为其他国家认识和借鉴中国企业境外投资发展模式提供借鉴意义。

一、国际期刊和学者对于中国 OFDI 的研究关注

国际商务研究的顶尖学术期刊 JWB(2012)从 47 篇投稿中选出 8 篇具有代表性的研究论文,从五个方面阐述中国企业国际化研究主题,包括地区因素如何影响国际化与业绩之间的关系、中国外向对外直接投资、中国企业在德国市场的进入模式和战略选择、中印企业跨国并购所有权优势比较,以及消费者视角下的中国品牌等。

在《跨国并购的比较所有权优势框架——中国和印度跨国公司的兴起》一文中,Sun 等(2012)认为,发展中国家的跨国并购存在特殊性,挑战了已有国际商务文献对跨国并购的认识。该文献将比较优势理论与邓宁的 OLI 折中范式结合起来,构建了比较所有权优势模型,用于解释发展中国家的跨国并购实践。该比较所有权优势模型强调"国家—产业要素禀赋""动态学习""价值创造""价值链重构"和"制度促进与约束"等五个方面特征。通过对来自中国和印度 2000—2008 年间的 1526 次跨国并购的实践进行分析,证明了其比较所有权优势模型的存在性。

在《中国 OFDI——区位选择和企业所有权》一文中,Ramasamy、Yeung 和 Laforet(2012)考察了 2006—2008 年间中国上市公司跨国投资区位选择决策,在此基础上依据大股东将样本分为国有控股企业和民营控股企业。研究发现,国际化决定因素因所有权而异,国有控股企业倾向于投资到自然资源丰富的国别和高政治风险的国别;民营控股企业倾向于投资到市场机制主导的国别。

在《中国 OFDI 决定因素》一文中,Kolstad 和 Wiig(2012)考察了 2003—2006 年间东道国因素对中国 OFDI 的影响情况,研究发现中国 OFDI 倾向于投资到拥有广阔市场的国别,以及自然资源丰富但制度薄弱的国家。

在《在德中资企业:进入模式和 LOF 克服战略》一文中,Klossek、Linke 和 Nippa (2012)考察了在德中资企业市场进入模式与外来者劣势克服战略之间的关系,研究发现中国企业已经获得了一定的国际化投资经验,并且进入模式选择影响到其克服外来者劣势的战略选择。

在《中资企业在东南亚地区的区位选择:传统经济因素和制度视角》一文中,Kang 和 Jiang(2012)研究发现,制度因素和经济因素都在一定程度上解释了中国在东南亚地区的 OFDI 水平,但制度因素相比较于经济因素解释力度更高;中国在东南亚地区 OFDI 的区位选择具有动态性,中国 OFDI 因不同经济集团和不同时间点而异。

在《企业异质性与中国跨国公司区位选择》一文中,Duanmu(2012)考察了企业性质对跨国公司区位选择的影响情况,发现国有企业相对于其他企业较少关注东道国

的政治风险,但是更加关注人民币汇率问题;中国跨国公司的战略意图影响到其区位选择,制造业相对于贸易型公司更加关注东道国市场的市场规模和成本结构。

在《中国企业国际化与业绩关系中的地区效应》一文中,Chen 和 Tan(2012)以中国 887 家上市公司历时 9 年的面板数据为研究样本,探索其国际化程度与经营绩效之间的关系,以及东道国区位因素如何对经营绩效产生影响,发现投资到大中华区、亚洲地区、亚洲以外地区的中国企业在经营业绩方面存在差异;在控制了反向因果影响之后,仍然发现投资到"大中华区"(Greater China Region)的中国跨国公司的经营业绩显著高于投资到其他地区的中国跨国公司的经营业绩。

在《中国民营企业国际化:相对于母国市场竞争者的竞争优势和竞争劣势的影响情况》一文中,Liang、Lu 和 Wang(2012)基于资源基础理论,考察了资源禀赋和组织能力对中国企业国际化及其风险偏好的影响情况,研究发现相对于母国市场竞争者(包括国有企业和外资企业)的资源禀赋和组织能力的竞争优势或竞争劣势,对中国民营企业国际化产生重要影响。

JIBS 曾在 2007 年刊发了针对发展中国家对外直接投资的研究专刊。Luo 和 Tung(2007)研究认为,来自发展中经济体的跨国公司通过国家扩张作为跳板来取得战略性资源和减少来自母国的制度缺陷和市场限制。Buckley 等(2007)基于 1984—2001 年中国 OFDI 官方数据,研究了中国企业境外投资的决定因素,并探索已有的企业国际化理论能否用于解释发展中国家。研究发现,中国 OFDI 与东道国的政治风险和文化相似性存在高度相关性;基于 1984—1991 年数据,发现中国 OFDI 与东道国的市场规模和地理距离存在高度相关性;基于 1992—2001 年数据,发现中国 OFDI 与东道国自然要素禀赋存在高度相关性。Yiu、Lau 和 Bruton(2007)研究发现企业独特的所有权优势与国际创业之间的关系受到母国竞争程度和出口程度的影响,此外两者关系也受到公司创业转型程度的影响。Filatotchev 等(2007)研究了台湾企业在中国大陆市场的进入模式和区位选择,发现进入模式依赖于家族和机构投资者对母公司持股情况;在与母公司保持强势经济联系、文化联系和历史联系的投资区域中,跨国公司将采取高承诺进入方式(high-commitment entry),以及进入模式与区位选择之间存在相关关系。

此外,其他诸多学者也对中国 OFDI 给予研究关注。Rauch 和 Trindade(2002 RES)对华侨网络与国际贸易之间的关系进行研究,该研究视角对于我们研究中国 OFDI 具有借鉴意义,我们可以借此考察华侨网络对于中国 OFDI 区位选择和经营业绩的影响情况。Mock、Yeung 和 Zhao(2008)分析了中国 OFDI 的现状、区位选择和主要投资者,考察了中国 OFDI 的宏观影响因素,分别是高储蓄率、薄弱的公司治理和扭曲的资本市场,认为这些因素将会扭曲中国 OFDI 朝向健康发展。Liu(2007)阐述了 Lenovo 公司的国际化战略,特别是其并购 IBM PC 业务事件。He 和 Lyles(2008)基于微案例研究方法,阐述了中国企业在投资美国市场时所面临的对中国 OFDI 及其历史和挑战的两种极端反应。Child 和 Rodrigues(2005)考察了中国市场开拓型企业的国际化动因和模式选择,分析了其在技术获取和品牌提升方面的国际化行为,研究认为中国企业国际化与传统企业国际化不同,其主要目的在于借助国际化来发展和提升自身能力,而非充分利用已有能力来获取利润。Cui 和 Jiang(2012)基于中国 OFDI 企业分析了国有产权(state ownership)对于企业 OFDI 所有权决策(ownership decisions)的影响情况,研究认为国有产权使得企业与母国政府之间具有联系纽带,这将使得企业资源更多依赖于国家制度,而这也将同时影响到东道国对企业的印象。Rui 和 Yip(2008)基于战略意图视角(SIP,strategic intent perspective)分析了中国企业海外收购行为,研究认为中国企业海外收购是为了获取战略性能力来抵消其竞争劣势并充分发挥其独特所有权优势,并同时充分利用制度激励和避免制度约束。与该研究观点相一致的研究还有 Deng(2007,2009)等,该研究文献也认为中国企业境外投资发展战略性资产与能力的投资动机。

二、国内期刊和学者对中国 OFDI 的研究关注

随着中国 OFDI 不断发展,国内学者也对这一日益重要的中国企业实践给予研究关注。这些研究关注不仅出现在新闻媒体报道上,还出现在学术性研究期刊以及一些研究学者的研究专著里,国家各级研究机构(比如国家自然科学基金委员会等)也对中国企业境外投资给予研究支持。例如,上海财经大学颜光华教授主持的"基于知识和网络的中国海外企业治理与组织控制研究"(70372068)将网络环境、知识基础和治理机制联系起来,研究网络环境下中国跨国公司如何设计一套有效的治理机制,来治理海外企业行为并促进跨国公司的整体发展;复旦大学薛求知教授主持的"中国企业海外子公司定位、协调和控制研究"(70472022)将海外子公司定位与协调和控制机制联系起来进行研究等。在国内期刊方面,中国 OFDI 研究涉及中国企业海外研发活动研究(毛蕴诗,2005)、中国国有企业境外资产监管问题研究(周煊,2012)、中国企业海外并购成败分析(顾露露,Robert Reed,2011)、中国企业对外直接投资的国家特定优势(裴长洪,樊瑛,2010;裴长洪,郑文,2011)、中国企业走出去的制度障碍研究(张建红,周朝鸿,2010)、决定中国企业海外收购成败的因素分析(张建红,卫新江,海柯·艾伯斯,2010)、中国企业海外市场进入模式选择(黄速建,刘建丽,2009)、东道国腐败对跨国公司进入模式的影响(薛求知,韩冰洁,2008)、机构投资者对企业国际化的影响研究(薛求知,李茜,2010)、天生全球化企业创业机理与成长模式研究(朱吉庆,薛求知,2010)和中国企业海外并购经济后果研究(王海,2007)等。中国学者早在21 世纪初,就已经开始探索中国企业国际化之路。例如,毛蕴诗教授在企业国际化领域预见性研究了绿色产业链、企业社会责任和全球研发等重大企业行为,发表了诸多富有洞察力的研究成果,例如,早在 2005 年,就在《中国企业海外 R&D 活动研究》一文中,在对跨国公司海外 R&D 文献进行回顾基础上,以中兴通讯、华为、TCL、康佳和科龙为例,研究了中国企业对外直接投资探索阶段的海外技术与 R&D 战略。

由颜光华等著的《中国海外企业治理与组织控制》(2008)是在国家自然科学基金项目研究成果的基础上整理出版的研究专著,是在实地访谈和问卷调查的基础上,结合理论模型构建而形成的研究专著。该书以知识和网络为前提条件,抓住治理机制和控制模式两类对策环节,通过战略类型将知识、网络、治理机制和控制模式四个要素有机地联系起来。该专著在分析跨国公司组织模式演进、提炼跨国公司及其海外子公司在跨国经营和国际化进程中的组织管理经验的基础上,探讨中国海外企业的发展历程和现状,采用理论研究、模型构建和实证分析相结合的研究方法,对中国海外企业的治理机制和控制模式以及对策进行探索研究,提出了相应的政策性建议,对于提高中国海外企业治理与组织控制具有重要意义。

周煊(2012)基于内部控制整体框架视角,认为国有企业境外资产的监管能力本质上是境外子公司的内部控制能力问题,认为内部控制整体框架理论能够为中国国有企业境外监管提供一个系统分析工具;研究认为,在控制环境要素方面,要提升国有企业公司治理水平并完善境外高管的选聘、培训和激励机制;在风险评估要素方面,要构建清晰的跨国经营战略控制风险,并构建多元化董事会结构提升风险识别和评估能力;在控制活动要素方面,要强调业务控制与财务控制并重,构建境外高管的权力制衡机制;在信息与沟通要素方面,要利用计算机网络技术实现全方位监控,实现境内外信息传递的及时性、准确性与完整性;在监督要素方面,要通过内部审计强化内控制度执行,通过外部审计实现内控制度评价及优化,通过政府审计强化境外国有资产管理。

顾露露、Robert Reed(2011)运用市场模型、FF3FM 模型和事件研究的基本方法评估 1994—2009 年中国 157 个企业海外并购事件的短期和中长期绩效。研究结果显示,尽管外界对海外并购绩效看法各异,中国企业海外并购事件公告日的市场绩效明显为正,反映了市场对中国企业海外并购的正面评价。从中长期的角度上看,中国企业海外并购整体上取得了非负的超常回报率,体现了政府"走出去"战略的胜利开局。考虑到行业绩效差异,该文运用 Fix-to-fix 控制组的方法对并购中长期绩效的决定性因素进行了多元回归分析,结果显示海外并购受益于人民币升值,国有企业的并购绩效明显差于民营企业,中国海外上市公司的绩效优于内地上市的公司。

裴长洪、郑文(2011)研究认为,现有国际投资理论以跨国公司为研究对象,把"企业自身优势"与"东道国区位优势"作为一国企业对外投资的优势的来源,这种认识有一定合理性,但其不足之处在于忽视了母国国家整体在一国对外投资中的地位与作用,难以完全解释当代发达国家和新兴国家的对外投资现象。该文献构建了跨国投资理论的补充解释框架,认为母国是一国企业对外投资的基石,它在国民收入水平、服务业发展水平等方面为本国企业发展提供基础性条件;母国因发展条件的不同,造就了各国不同的行业优势、规模优势、区位优势、组织优势及其他特定优势,这些母国国家特定优势也是本国企业参与国际竞争的优势之源,对本国企业参与对外投资具有重要意义。

　　张建红、周朝鸿(2010)以海外收购为例,对制度因素在中国企业走出去过程中的作用进行理论探索和实证研究。其研究表明,制度因素不仅有可能会直接影响企业国际化战略的顺利实施,而且会对影响企业国际化战略实施的其他因素产生显著的调节作用,从而间接地影响企业国际化的成效。对海外收购的实证研究的结果从三个方面证实了该观点。第一,东道国制度质量对中国企业海外收购成功概率没有产生直接显著的影响,但对影响海外收购成功的其他因素(产业保护和收购经验)有明显的负面调节作用;第二,收购企业的国有制形式对收购的完成有显著负面影响,这一负面影响在市场化和民主化程度高的东道国更加突出;第三,东道国产业保护对中国企业海外收购的完成有负面影响,这一负面影响对国有收购者更加突出。张建红、卫新江和海柯·艾伯斯(2010)通过对 1 324 个中国企业海外收购案例进行实证分析,发现显著影响海外收购交易成败的因素来自不同层面。政治力量对敏感产业的影响、母国和东道国的经济关联度、收购企业和被收购企业的所有制形式、海外收购的经验和专业顾问的聘用等因素都显著地影响收购成败。研究认为,交易双方政治和体制方面的影响以及收购企业本身国际化水平的限制是中国企业海外收购成功率低的两个主要原因。

　　黄速建、刘建丽(2009)研究认为,海外市场进入模式选择是企业国际化战略决策的核心内容。进入模式选择的科学与否,直接影响企业的国际化经营绩效。传统经济学选择模型从"经济效益最大化"角度出发构筑"成本—收益"分析框架,这对于发达国家跨国公司有一定指导意义;然而对于中国这样的发展中国家,多数企业还处在国际化初级阶段,它们进入海外市场很大程度上是为了学习先进的技术和管理经验,企业的进入模式选择必须考虑特定战略动因的实现。基于此,该文构造了分层次树型选择模型和动态多目标进入模式决策模型,以期对中国企业海外市场进入模式选择有所启示。

　　薛求知、韩冰洁(2008)考察了腐败问题对于 FDI 的影响情况,认为作为东道国投资环境中的重要组成部分,腐败不但会对 FDI 流入总量产生影响,还会对跨国公司战略产生影响,包括跨国公司海外市场进入模式选择。该文献以来自 19 个新兴市场国家 745 家跨国公司子公司作为样本,运用 MANOVA 分析、判别分析、Logistic 分析等研究方法对该问题进行研究。研究发现:东道国国家层面感知腐败、产业层面感知腐败会使跨国公司采用持股比例较低的合资进入模式;东道国腐败程度对跨国公司进入模式战略的影响会受到跨国公司进入东道国战略动机的调节。

　　由李桂芳主编的《中央企业对外直接投资报告》(2011)分析了 2010 年中央企业对外直接投资总体情况和绩效情况,分行业分析不同行业对外直接投资环境、中央企业对外直接投资概况以及典型案例。该书还分析了 2010 年中央企业海外并购十大事件,包括中国石化收购加拿大油砂项目、中国石油联合壳牌收购 Arrow 公司 100% 股权、武钢投资 4 亿美元认购巴西矿业公司 MMX21.52% 股份、中国海油完成公司改组,旗下公司收购阿根廷第二大油气商、中交股份收购 F&G、中铁物资入股非洲矿业公司、中华集团入股巴西油田、国家电网首次巴西试水、中投注资加拿大畔西公司和中国化工 14 亿美元收购以色列农药巨头马克西姆公司等。该报告对于我们了解和认识中央企业对外直接投资情况具有资料借鉴意义。

由君合律师事务所主编的《中国投资者海外投资指南》(2013)以并购相关的法律法规为主线,以实务操作为出发点,介绍了中国关于境外投资的相关规定以及相关国家和地区的基本投资政策和投资环境,明确了中国投资者在进行境外投资时应该关注或考虑的主要问题,是中国企业境外投资实践的重要指南。该指南旨在为中国投资者介绍其在境外并购交易过程中面临的关键性问题,范围包括目前中国境外投资最为活跃的代表性地区北美、西欧、南美、非洲、亚洲和澳大利亚与新西兰等。该指南第一部分为与中国投资者相关的一些内容,无论其投资目的地在何处,这些内容包括境外投资的中国政府审批、政治风险、对于双边投资条约的分析、中国投资者的税务筹划、并购控制下的要求,以及尽职调查及常见的交易协商事宜。

此外,中国学者对于中国企业境外投资的研究主题还涉及法律保障与风险防范(梁咏,2010)、跨国并购案例分析(何志毅,柯银斌,2010)和动因与策略分析(刘阳春,2009)等。

整体而言,基于中国情景的特殊性和中国 OFDI 的迅速发展,国内外学者开始日益关注中国 OFDI 的决定因素及其理论解释,以期在理论上能够发展出适合于中国和发展中国家特殊情景的国际商务理论,在实践上能够更好地指导中国乃至发展中国家的企业跨国实践。请同学们阅读国际商务研究主题的经典文献,特别是近几年发表在《管理世界》杂志上的期刊文章,结合企业国际化实践活动进行分析和思考,并进行课堂分享。

企业实践

第一个登上哈佛讲坛的中国企业家

张瑞敏,人单合一模式创立者,全球 50 大管理思想家之一、全球享有盛誉的企业家,创建了全球白电第一品牌海尔,因其对管理模式的不断创新而受到国内外管理界的关注和赞誉。海尔集团创始人,现任海尔集团党委书记、董事局主席、首席执行官。张瑞敏连续当选第十六届、十七届、十八届中央委员会候补委员。

1984 年 12 月,出任海尔的前身青岛电冰箱总厂厂长,制定了海尔第一个发展战略——名牌战略。

1985 年,果断决策,砸毁 76 台有缺陷的冰箱。

1988 年 12 月,带领海尔获得了中国电冰箱史上第一枚质量金牌。

1991 年 12 月,成立海尔集团,任总裁,并制定了海尔第二个发展战略——多元化战略。

1995 年,带领海尔以"吃休克鱼的方式"兼并原红星电器。

1998 年,应邀到美国哈佛大学讲课,成为第一位登上哈佛讲坛的中国企业家;"海尔文化激活休克鱼"案例选入哈佛商学院案例库;制定海尔第三个发展战略——国际化战略。

1999年,出任海尔集团董事局主席;走出国门,在美国南卡州建立生产基地。

2000年5月,改任海尔集团首席执行官,出席第三十届达沃斯经济论坛,应邀到瑞士洛桑国际管理学院(IMD)演讲。

2001年,前往美国哥伦比亚大学和沃顿商学院讲课。

2002年,参加中共十六大,并入选主席团,当选为第十六届中央委员会候补委员;由中影集团、山东电影制片厂联合投拍的,以张瑞敏为人物原型的影片《首席执行官》上映。

2008年,率先推行零库存下的即需即供战略,砸掉仓库,使海尔在当时的金融危机中未受到较大影响。

2009年,应邀参加"第18届中外管理官产学恳谈会",与日本京瓷公司创始人稻盛和夫探讨企业永续经营管理真谛。

2010年,在美国与世界顶级的管理大师迈克尔·波特、加里·哈默交流人单合一双赢模式以及自主经营体创新。

2011年,运作海尔并购日本三洋白电项目。

2012年,第五次作为党代表参加中共十八大,并当选为中共第十八届中央委员会候补委员;制定海尔第五个发展战略——网络化战略。

2013年,获邀出席美国管理学会(AOM)第73届年会并做主题演讲,是本届年会演讲嘉宾中唯一的企业家。

2014年,以主题演讲人身份第三次登上了世界著名的沃顿商学院全球论坛;美国权威商业媒体《战略与经营》(Strategy+Business)发布专题报道《记中国哲学家——海尔CEO张瑞敏》

2015年,在"人单合一双赢模式探索十周年暨第二届海尔商业模式创新全球论坛"上做主题演讲,系统阐述人单合一2.0——共创共赢生态圈模式。

2015年,作为唯一受邀的中国企业家,在第七届德鲁克全球论坛上发表演讲;入选"2015年度Thinkers 50榜单"并荣获Thinkers 50杰出成就奖之"最佳理念实践奖"(Ideas into Practice)。

2018年12月18日,党中央、国务院授予张瑞敏同志"改革先锋"称号,颁授"改革先锋"奖章,并获评"注重企业管理创新的优秀企业家"。

2019年8月28日,俄罗斯鞑靼斯坦共和国海尔工业园暨洗衣机工厂开业,应俄鞑靼斯坦共和国领导人邀请,张瑞敏出席本次启动仪式并致辞,29日应邀在俄罗斯喀山大学发表主题演讲。

2021年3月,入选财富中文网发布的"2021年中国最具影响力的50位商业领袖"。

思考题:请阅读上述资料,讨论张瑞敏管理思想及其全球传播。或者,谈谈其他中国企业家的管理思想。

资料来源:海尔公司官方网站。

补充阅读

从英文期刊《国际商务研究杂志》《世界商务杂志》以及中文期刊《经济研究》《管理世界》《中国工业经济》中查阅相关文献进行阅读并加以应用。

思考题

1.请阐述中国企业国际化的区位选择、进入模式和扩张战略有何特点。

2.请阐述中国企业国际化的监管政策。

作业与测试

一、单选题

1.国际商务研究历史悠久,但是深入探索其研究对象则是在(　　)创刊之际(1970 年)。

　　A.国际商务研究期刊(JIBS)　　　　　B.管理国际评论(MIR)

　　C.世界商务杂志(JWB)　　　　　　　D.国际商务评论(IBR)

2.Wright(1970)在《国际商务研究期刊》创刊上,发表了题为《国际商务研究趋势》一文,(　　)。

　　A.深入探索了国际商务研究对象

　　B.建立起了国际商务研究领域

　　C.系统回顾了国际商务研究的重要趋势

　　D.梳理了跨国企业的跨国业务活动相关研究

3.Griffith、Cavusgil 和 Xu(2008)在《国际商务研究中正在出现的新兴主题》一文中,采用引文分析法对六大主流的国际商务学术期刊进行了分析,以明确近来哪些研究贡献推动了国际商务研究进程。下列哪个不属于这六大主流的国际商务学术期刊?(　　)

　　A.国际商务研究期刊(JIBS)　　　　　B.管理学术评论(AMR)

　　C.世界商务杂志(JWB)　　　　　　　D.国际营销杂志(JIM)

4.Buckley(2002)识别了三个关键研究领域,认为国际商务研究不仅从其他学科引入了研究概念和研究范式,而且也为其他学科研究提供了研究概念和研究范式。下列哪一项不是其所认为的三个关键研究领域之一?(　　)

　　A.对外直接投资　　B.跨国公司　　　　C.业务全球化　　D.区域商务合作

5.(　　)有助于客观测量学术界对于某类主题的研究兴趣,从而有助于洞察当前研究主题。

    A.文献计量法   B.内容分析法   C.扎根理论   D.引文分析法

6.由美国哈佛大学弗农教授提出（   ），描述了战后几十年大部分跨国公司的国际化现象。但是，到了20世纪80年代，该理论说服力日益减小，难以解释发展中国家对发达国家的反向投资现象。

    A.垄断优势理论   B.产品生命周期理论

    C.内部化优势理论   D.国际化进程理论

7.关于I-R分析框架理论，下列说法不正确的是（   ）。

    A.I-R是由普拉哈拉德和多茨教授于1987年提出的。

    B.用于分析企业国际化战略的一种分析框架。

    C.横轴表示全球一体化行为的潜在利益，其纵轴表示国家响应性收益。

    D.处于同一行业的企业，可能基于I-R分析框架，采取不同的战略选择。

8.关于习近平《在经济社会领域专家座谈会上的讲话》内容，下列说法不恰当的是（   ）。

    A.国际经济联通和交往仍是世界经济发展的客观要求。

    B.我国经济持续快速发展的一个重要动力就是对外开放。对外开放是基本国策，我们要全面提高对外开放水平，建设更高水平开放型经济新体制，形成国际合作和竞争新优势。

    C.凡是愿意同我们合作的国家、地区和企业，我们要毫无选择地开展合作，形成全方位、多层次、多元化的开放合作格局。

    D.越开放越要重视安全，越要统筹好发展和安全，着力增强自身竞争能力、开放监管能力、风险防控能力，练就金刚不坏之身。

9.定性研究方法在国际商务研究中特别重要。Brikinshaw、Brannen 和 Tung (2011)在《国际商务研究杂志》定性研究方法专刊的序言中写道，为了理解正在出现的和正在演化的现象复杂性，以及国际商务问题独特情景，在缺乏有效理论情况下，采用（   ）是不可取的。

    A.探索性研究   B.比较案例研究

    C.大样本实证研究方法   D.扎根理论研究方法

10.关于中国企业境外投资研究现状概述，下列说法不正确的是（   ）。

    A.早期研究主要着眼于中国贸易的全球地位、中国作为制造基地的比较优势以及中国内向FDI的规模、分布和影响。

    B.少量研究偏向于对FDI发展趋势进行描述性研究，而有较多的采用公开数据进行的实证研究。

    C.由于中国情景的特殊性，中国企业境外投资发展模式与发达国家企业境外投资存在差异。

    D.早期研究对于中国作为FDI资金来源国的研究比较少。

11.早期中国企业在境外投资上存在诸多劣势,这时的劣势不包含下列哪一项?(　　)

　　A.缺乏有力的政策支持　　　　　　B.海外市场知识有限性

　　C.海外营销能力有限性　　　　　　D.缺乏战略聚焦

12.2012 年,在《跨国并购的比较所有权优势框架——中国和印度跨国公司的兴起》一文中,Sun 等研究认为,发展中国家跨国并购存在特殊性,挑战了已有国际商务研究对于跨国并购的认识。该文献将比较优势理论与(　　)结合起来,构建了比较所有权优势模型,用于解释发展中国家的跨国并购实践。

　　A.I-R 框架　　　　　　　　　　B.网络治理理论

　　C.邓宁的 OLI 折中范式　　　　　D.国际化进程理论

13.下列关于中国企业海外投资区位选择研究的说法,不正确的是(　　)。

　　A.国际化决定因素因所有权而异,民营控股企业倾向于投资到自然资源丰富的国别和高政治风险的国别。

　　B.制度因素和经济因素都在一定程度上解释了中国在东南亚地区的 OFDI 水平。

　　C.中国在东南亚地区 OFDI 的区位选择具有动态性。

　　D.中国跨国公司的战略意图影响到其区位选择,制造业相对于贸易型公司更加关注东道国市场的市场规模和成本结构。

14.下列关于企业海外投资的说法,不正确的是(　　)。

　　A.《在德中资企业:进入模式和 LOF 克服战略》一文研究发现,中国企业已经获得了一定的国际化投资经验,并且进入模式选择影响到其克服外来者劣势的战略选择。

　　B.顾露露、Robert Reed(2011)研究发现,尽管外界对海外并购绩效看法各异,中国企业海外并购事件公告日的市场绩效明显为正,反映了市场对中国企业海外并购的正面评价。

　　C.Chen 和 Tan(2012)在探索中国企业的国际化程度与经营绩效之间的关系以及东道国区位因素如何对经营绩效产生影响时发现,投资到大中华区、亚洲地区、亚洲以外地区的中国企业在经营业绩方面存在差异;在控制了反向因果影响之后,发现投资到其他地区的中国跨国公司的经营业绩显著高于投资到大中华区的中国跨国公司的经营业绩。

　　D.裴长洪、郑文(2011)研究认为,现有国际投资理论以跨国公司为研究对象,把"企业自身优势"与"东道国区位优势"作为一国企业对外投资的优势的来源,这种认识有一定合理性,但其不足之处在于,忽视了母国国家整体在一国对外投资中的地位与作用,难以完全解释当代发达国家和新兴国家的对外投资现象。

二、多选题

1.Wright 和 Ricks(1994)在《国际商务研究:24 年以后》一文中,总结了 24 年以来

国际商务研究的变化,研究发现国际商务研究正在出现一些新兴的研究导向,包括哪些?（　　　）

    A.国际信息系统   B.国际联盟和合并

    C.国际创业   D.业务绿色化

2.基于对1976—1980年间和1996—2000年间19份管理杂志所发表的国际研究的数量和类型进行的统计分析,发现国际商务研究包括两类,分别是公司研究和比较研究。其中,哪些属于公司研究范畴?（　　　）

    A.国际化进程研究   B.进入模式选择研究

    C.不同国家情景下的比较管理实践   D.海外子公司管理研究

3.Inkpen(2001)研究指出,可以从哪些方面对期刊论文加以分析?（　　　）

    A.国际商务的跨学科性   B.国际商务的研究数量

    C.国际商务的研究质量   D.国际商务的领域发展

4.内部化优势理论认为,管理跨国界内部市场存在交易费用,下列哪些项目会提高交易费用?（　　　）

    A.地区距离   B.主流语言差异   C.社会差异   D.经济条件差异

5.Rugman和Verbeke(2003)研究认为,跨国界资源配置依赖于企业独特优势和国家独特优势。其中企业独特优势是一种知识集合,包括以下哪些项?（　　　）

    A.无形资产   B.学习能力

    C.行为者间特有关系   D.特定的有形资源

6.在卓越定性研究的评价标准方面,Doz(2011)从以下哪些方面归纳出了对好的定性研究的评价标准?（　　　）

    A.研究对象   B.田野关系   C.研究方法   D.结果展示

7.定性研究基于案例的理论建构,从最为基础性的"充分数据"开始,直到"理论构建",分别历经了下列哪些步骤?（　　　）

    A."好的故事"   B."严谨的分类和定义"

    C."概念图"   D."框架和模型"

8.在中国企业的海外投资区位选择研究中,下列哪些是区位选择的重要影响因素?（　　　）

    A.经济因素   B.所有权优势   C.制度因素   D.企业异质性

三、判断题

1.Wright(1970)基于德尔菲法的研究发现,强调了国际商务关注的是跨国企业的本国业务活动和跨国业务活动,这与之后联合国贸易与发展会议(UNCTAD,1973/1984)对于跨国公司的定义相一致。（　　　）

2.Wright和Ricks(1994)在《国际商务研究:24年以后》一文中,总结了24年以来国际商务研究的变化。研究发现,学者们来源国更加多元化,欧洲地区学者和亚洲地区学者开始加入之前由美国学者和加拿大学者所主导的国际商务研究领域。（　　　）

3.Bartlett、Ghoshal 和 Beamish(2008)在其经典力作《跨国管理:教程、案例和阅读材料》一书中指出,20 世纪 70 年代和 80 年代,国际管理研究的一个新视角初现端倪,它更加重视跨国公司和管理行为,而不是全球经济力量和跨国机构。(　　)

4.垄断优势理论认为跨国公司进行直接投资的动机源自市场缺陷,市场缺陷意味着有些公司居于垄断地位。同一产业中不同企业经营能力各不相同,当企业拥有生产某种经营优势时,就会想方设法进行国际化,以充分发挥其垄断优势。(　　)

5.作为一种异质性企业间全球价值网络,跨国公司治理与社会网络治理有着不谋而合的共性。跨国公司治理研究可以借鉴社会网络分析理论,研究跨国公司与其他社会组织之间的网络关系,以及跨国公司内部各异质性企业之间的网络关系,充分发挥各业务单位之间的能力协同效应,以提高全球价值网络的整体竞争优势。(　　)

6.定性研究能够弥补定量研究的内在不足,有助于管理理论构建。国际商务早期理论得益于定性研究方法的采用,定性研究有助于打开组织过程黑箱。(　　)

7.对于中国企业而言,中国企业境外投资具有特殊性,决定了学者们在研究中国企业境外投资问题时,不能照搬西方理论和假说来验证中国企业跨国实践,而是需要基于定性方法进行原始数据采集,在此基础上提出适合于中国情景的理论假说。(　　)

8.黄速建、刘建丽(2009)研究认为,海外市场进入模式选择是企业国际化战略决策的核心内容。进入模式选择的科学与否,直接影响企业的国际化经营绩效。(　　)

四、名词解释

1.国际生产折中理论

2.内部化优势理论

3.国际化进程理论

4.I-R 分析框架

5.网络治理理论

6.制度理论

五、简答题

1.1970 年,著名学者 Wright 在《国际商务研究期刊》创刊上,发表了题为《国际商务研究趋势》一文,提出国际商务研究必须满足哪两个条件? 未来研究领域包括哪些?

2.Wright、Ricks(1994)在《国际商务研究:24 年以后》一文中,总结了 24 年以来国际商务研究变化,请简要阐述其研究发现。

3.请阐述在新时代背景下,人类生命视野下的商业变革。

4.请阐述定性研究者需要具备的三种能力。

5.请阐述并分析卓越定性研究的评价标准。

第3章
跨国管理：定义、动因、方式和意识

第1节　跨国公司定义

学习导航

　　本节首先阐述中国企业境外投资相关概念界定，然后阐述全球范围内跨国公司的定义、特点和类型，跨国管理者的特点，跨国公司影响力和全球化推动力量。其中，中国企业境外投资相关概念界定包括中国企业境外投资的内涵界定、中国企业境外投资额的内涵界定、中国企业跨国并购的内涵界定和跨国公司的内涵界定。

　　通过本节学习，希望同学们对于中国企业境外投资相关概念、跨国公司的内涵、范围和影响力有整体认识，从而更好地分析国际商务实践中各种纷繁复杂的企业行为。

一、中国企业境外投资相关概念界定

　　为了规范研究对象的明确性，需要对相关概念进行明确界定。由于学术界和实业界对于相关概念界定存在认定差异，本书认为，在国家治理体系和治理能力现代化背景下，可以采用国际和国内的相关法律法规和重要机构对于相关概念的界定，以减少认定差异，促进该领域研究的对话与沟通，提高其对企业实践的借鉴意义。本书中，我们主要采用国家商务部、国家统计局和国家外汇管理局于 2010 年 12 月份联合颁布的《对外直接投资统计制度》(2010)中对"主要概念及指标解释"的规定，以及联合国贸易与发展会议(UNCTAD)、国际货币基金组织(IMF)和世界银行(WB)等机构对相关概念的界定，作为本书对相关研究概念的认定标准。

1.中国企业境外投资的内涵界定

　　本书中，中国企业境外投资主要指中国企业境外直接投资，两种概念将同时使用,除非特别说明。根据国家商务部、国家统计局和国家外汇管理局于 2010 年 12 月份联合颁布的《对外直接投资统计制度》中对"主要概念及指标解释"的规定,对外直接投资是指我国企业、团体等(以下简称为境内投资者)在国外及港澳台地区以现金、实物、无形资产等方式投资,并以控制国(境)外企业的经营管理权为核心的经济活动。

根据《对外直接投资统计制度》(2010)对"主要概念及指标解释"的规定,对外直接投资的内涵主要体现在一经济体通过投资于另一经济体而实现其持久利益的目标,其判定标准是境内投资者直接拥有或控制 10% 或以上投票权(对公司型企业)或其他等价利益。境外企业按设立方式主要分为子公司、联营公司和分支机构。(1)子公司,是指境内投资者拥有该境外企业 50% 以上的股东或成员表决权,并具有该境外企业行政、管理或监督机构主要成员的任命权或罢免权。(2)联营公司,是指境内投资者拥有该境外企业 10%~50% 的股东或成员表决权。(3)分支机构,是指境内投资者在国(境)外的非公司型企业。境内投资者在国(境)外的常设机构或办事处、代表处视同分支机构。

2.中国企业境外投资额的内涵界定

根据《对外直接投资统计制度》(2010)对"主要概念及指标解释"的规定,对外直接投资额是指境内投资者在报告期内直接向境外企业实现的投资,包括股本投资部分、利润再投资部分以及与公司之间债务交易相关的其他投资部分。(1)股本投资,是指境内投资者在境外分支机构的股本金,或在其境外子公司和联营公司的股份。其中,股本等于报告年度末境外企业资产负债表中"股本"项乘以中方所占投资份额(或股权比例),当期股本投资的减少记作当期负流量;新增股本等于报告年度境外企业股本增加额乘以中方股权份额,其中包括境内投资者当年实际缴付的股本和由投资收益转增的股本。股本增加额为该企业年末、年初资产负债表"股本"项目相减之差。(2)利润再投资,是指境外子公司或联营公司未作为红利分配但仍应归属于境内投资者的利润部分,以及境外分支机构未汇给境内投资者的利润部分。其中,当期利润再投资等于报告年度境外企业资产负债表中按中方股权比例计算的未分配利润期末数与期初数的差额,当期利润再投资为负数计入当期负流量;利润再投资等于报告年度境外企业资产负债表中按中方股权比例计算的未分配利润期末数,未分配利润期末数为负数的不计入对外直接投资存量。(3)其他投资,是指境内投资者和境外子公司、分支机构以及联营公司之间的债务交易等,包括境内投资者与境外子公司、联营公司和分支机构的借贷;境内投资者当期提供给境外子公司、联营公司、分支机构的借贷记作当期对外直接投资流量和存量的增加;境外子公司、联营公司归还当期或以前年度境内投资者记作当期对外直接投资的负流量,同时应调减当期存量。

3.中国企业跨国并购的内涵界定

根据《对外直接投资统计制度》(2010)对"主要概念及指标解释"的规定,并购是兼并和收购的总称。兼并是指境内投资者(或通过其直接投资设立的境外企业)在国(境)外合并其他境外独立企业的行为。收购是指境内投资者(或通过其直接投资设立的境外企业)在国(境)外用现金或者有价证券等方式购买境外实体企业(包括项目)的股票或者资产,以获得对该企业(或项目)的全部资产或者某项资产的所有权,或对该企业的控制权。在并购事件的统计界定方面,如下三条原则值得特别注意:(1)境内投资者直接与卖方签订并购境外实体企业(或项目)协议以及实施并购的行为活动纳入并购事项统计。(2)境内投资者通过其境外企业与卖方签订并购企业(或项目)协议以及实施并购的行为活动纳入并购事项统计。(3)境内投资者之间的境外企业股权转让不纳入并购事件统计。以上(1)中所涉及并购企业(或项目)的最终控制权不得小于10%;(2)中所涉及并购事项不受最终控股比例的限制。

二、跨国公司的内涵界定

1.UNCTAD 对于跨国公司的内涵界定

UNCTAD(1973)将跨国公司定义为"同时在两个或两个以上国家控制资产、工厂、矿山、销售办事处等的企业"。UNCTAD(1984)将跨国公司定义为必须满足如下三个条件的公司。一是,它是由两个或两个以上国家的经济实体所组成,而无论这些经济实体的法律形式和活动领域如何;二是,它是在一个决策系统制定的连贯政策和一个或多个决策中心制定的共同战略下从事经营活动的;三是,它的各个实体通过所有权和其他方面相联系,它的一个或多个实体能够对其他实体的经营活动施加有效影响,特别是在与其他实体分享知识、资源和责任等方面。UNCTAD 对于跨国公司的定义演变突出了战略和组织一体化的重要性,跨国公司的关键特征在于其对位于不同国家的经营活动实行管理一体化。

2.学者们对于跨国公司的内涵界定

Bartlett、Ghoshal 和 Beamish(2008)在《跨国管理:概念、案例和阅读材料》(第5版)一书中,指出跨国公司必须满足两个必要条件。第一,跨国公司必须在外国从事直接投资,而不是限于从事出口贸易。按照这一条件,大多数贸易商都被排除在外。第二,跨国公司必须对海外资产进行主动的经营管理,而不是消极地以金融证券形式简单地拥有海外资产。按照这一条件,简单的国际机构或者境外上市不能算作真正意义上的跨国公司。Bartlett、Ghoshal 和 Beamish(2008)的观点强调,跨国公司与一般公司的真正区别在于，它创造了一种内部组织体系而不是依赖开放市场的贸易来执行关键的跨国经营任务和进行内部交易。

3.本书对于跨国公司的内涵界定

本书认为，跨国公司是一种异质性企业间全球价值网络①。该定义有以下几个内涵。第一，跨国公司是一种价值网络。传统的跨国公司研究强调产权属性，主要从产权属性角度出发来研究跨国公司的控制问题。但是，跨国公司更应该是一种价值网络而不仅仅是一种产权网络，跨国公司的存在是为了通过其价值网络而形成资源优势互补，从而促进价值增值目标的实现。产权网络仅仅附属于价值网络，是为实现价值增值服务的。第二，跨国公司是一种全球范围内的价值网络。跨国公司不是指仅在某个国别经营的公司，而是指跨越国界开展经营业务的公司；并以全球市场作为资源配置场所，而不是仅仅局限于某个特殊市场。在这种经营理念支配下，跨国公司不再单纯强调母子公司之间的产权关系，而是从全球资源最佳配置角度出发来研究经营活动，强调的是资源整合和业务整合，从而形成有机的全球价值网络。第三，组成跨国公司的各个企业存在异质性。跨国公司是由存在异质性的各个企业所构成的，这种异质性表现在资源和能力的差异与互补之上；跨国公司存在的意义，在于发挥各个企业的异质性资源和能力，从而促进跨国公司这一全球价值网络的整体发展。因此，跨国公司应该根据其各个海外企业的资源和能力的异质性来选择其战略类型，并依照该战略选择来设计相应的治理机制。跨国公司作为一种异质性企业间全球价值网络，它是由地理分散和目标不同的企业和总部组成的，并嵌入于外部网络之中。跨国公司分散在世界各地，面临着不同的经济环境、社会环境和文化环境；为了适应外部环境和组织角色的需要，跨国公司内部各下属企业需要具有异质性。这种分散化和异质性，最终决定了跨国公司内部存在着各种依赖和互赖关系，从而需要建立相应的治理机制。

4.跨国公司特点分析

跨国公司的特点主要表现在五个方面，分别是主权差异、竞争战略、快速反应、管理机制和外汇问题。（1）主权差异。在主权差异方面，跨国公司与本国公司的显著差

---

①　实际上，广义的跨国公司（MNCs）包括国际公司、多国公司、全球公司和跨国公司（狭义）4 种形态。有些学者也将广义的跨国公司（MNCs）称为跨国企业（MNEs）。现有大多数研究文献没有对广义跨国公司和狭义跨国公司做出严格区分，而是混合使用（除非是研究跨国公司演化历程）。在本书当中，跨国公司主要是指高级形态（狭义）下的一种公司形态，但在研究跨国公司演化历程时则是指广义上的跨国公司。对于中国跨国公司而言，虽然它还处于"走出去"的初级阶段，但是由于它是在网络环境下成长的，因此它也应该将跨国公司发展成由异质性企业所构成的全球价值网络，而不应该停留在跨国公司（广义）早期发展阶段。对于跨国公司是否属于中国的判断，是以其母公司产权主体是否属于中国企业或公民为评定标准。

异,体现在所在地区的主权差异上。国家与地方或区域不同,体现了最高的制定规则的权力。跨国公司面临着额外的经营风险,不同国家对待私有财产、合作责任、非营利企业等有着不同的政治哲学、法律体系和社会观点,使得在这些不同国家里进行管理工作存在着政治风险。这就要求跨国管理需要密切关注当地营商环境。(2)竞争战略。在竞争战略方面,跨国公司必须能够而且经常参与更加复杂的全球竞争博弈,全球规模或低成本资源,促使跨国公司必须寻求更加复杂的跨国合作。在"全球一盘棋"的竞争格局里,跨国公司需要立足于将每个子公司或者业务部门培育成为全球卓越中心,并通过总部协调形成全球一盘棋,提高系统竞争优势。这种复杂的竞争体系和全球一盘棋格局是本土公司很少面临的经营挑战。(3)快速反应。在快速反应方面,规模经济、范围经济和时间经济的竞争要求,迫使跨国公司必须具备更加快速的反应机制,具有更高的战略柔性和运作柔性,以灵活快速满足日益变化的市场需求和竞争态势。(4)管理机制。在管理机制方面,单纯的本土公司只要考虑产品差异和职能差异,无须考虑地区差异。跨国公司必须在考虑产品差异和职能差异的同时考虑地区差异。更具挑战性的是,这三方面差异必须在相同组织机构内同时得到解决。跨国机构受到时空障碍影响,语言和文化等因素成为重要因素。(5)外汇管理。在外汇管理方面,单纯的本土公司的业绩表现可以通过单一的计量单位来衡量,而跨国公司需要运用更加灵活的尺度,去衡量运营后果。跨国公司面临着更大的经营风险,这种风险受到外汇政策和市场波动深刻影响。

三、跨国公司海外市场进入方式

海外市场进入方式包括出口方式、契约方式和投资方式。其中,出口方式包括间接出口、直接出口和销售分公司。契约方式包括许可证经营、特许经营、管理与服务合同、合作协议。投资方式包括绿地投资、跨国并购、合资与参股等方式。严格意义上来说,跨国公司海外市场进入方式是指对海外业务有实质性管理权限的投资方式,主要包括绿地投资、跨国并购、合资或参股等。不同市场进入方式,意味着不同的资源承诺和不同程度的控制方式。以转移到国外市场的资源数量(亦即投资承诺)和对国外活动控制程度,作为两个维度,来分析不同进入方式的差别。可以看到,间接出口是投资承诺方式最小且控制程度最小的方式,然后历经出口、许可经营、特许经营和合资公司,最后是全资子公司。全资子公司的投资承诺和控制程度都最高。

四、跨国公司影响力

跨国公司影响力是多方面的,且是强大的。不良跨国公司不仅经济上富可敌国,而且企图操纵政治局面,影响社会稳定,在文化、军事和外交等领域也产生重要影响,对人类社会产生全方位的渗透和影响。根据蔡翠红(2019)的研究观点,高科技跨国公司拥有大量资金和先进技术，通过结构性权力、公共产品和观念形成物质权力、制度权力和软实力，从而具有超级权力。具体影响领域包括安全结构、生产结构、金融结构、知识结构、全球网络和产品、技术标准和非营利性公益、消费心理、就业理念和文化价值等。我们需要理性看待跨国公司给东道国甚至全球带来的积极影响和消极影响。

五、全球化推动力量

全球化推动力量是多方面的，主要包括人类命运共同体意识日益凸显、科学技术（人工智能、大数据和 3D 打印技术）等日新月异、尊重文化差异日益成为共识、国家的经济和地域边界日益模糊、企业社会责任和商业伦理日益得到全球共识、全球标准日益形成、价值链全球化日益凸显、全球商业生态日益形成和不断发展、全球一盘棋日益明显。总体而言，人类在哲学、科学和艺术的各个方面都越加相互尊重，求同存异，共同发展。共建人类命运共同体成为未来社会主旋律，也是每个企业在国际化进程中必须重点考虑的问题。

本节主要阐述了跨国公司的定义、内涵、特点、影响力和推动力量。请同学们课后复习这些基本内容，为后续章节学习奠定基础。

企业实践　　　　　　　　　　　　　　　　　　　　**华为公司简介**

华为是谁？华为创立于 1987 年，是全球领先的 ICT（信息与通信）基础设施和智能终端提供商，我们致力于把数字世界带入每个人、每个家庭、每个组织，构建万物互联的智能世界。目前华为约有 19.7 万员工，业务遍及 170 多个国家和地区，服务全球30 多亿人口。华为的愿景与使命：把数字世界带入每个人、每个家庭、每个组织，构建万物互联的智能世界；让无处不在的连接，成为人人平等的权利，成为智能世界的前提和基础；为世界提供最强算力，让云无处不在，让智能无所不及；所有的行业和组织，因强大的数字平台而变得敏捷、高效、生机勃勃；通过 AI 重新定义体验，让消费者在家居、出行、办公、影音娱乐、运动健康等全场景获得极致的个性化智慧体验。

华为公司的愿景和使命：构建万物互联的智能世界（building a fully connected, intelligent world）。

无处不在的连接。连接是每个人的基本权利，是人类进步和经济增长的基石。网络连接将成为无处不在的自然存在，网络主动感知变化和需求，智能、随需、无缝、安全地连接人与人、物与物、人与物。随着 5G 时代的到来，新的连接版图正在打开。

无所不及的智能。在数字经济新时代，算力将成为新生产力，数据将变成新生产资料，而云和 AI 成为新生产工具，AI 算力将占据未来计算中心的 80% 以上，是支撑人工智能走向应用的发动机。世界需要最强算力，让云无处不在，让智能无所不及。

个性化体验。随着移动设备和智能终端的不断发展，多场景应用无缝体验，成为智慧生活的基石。企业基于 AI、云、大数据,深刻洞察客户需求、敏捷创新,提供更加个性化的产品和服务,产业通过整合协同推动规模化创新。

数字平台。人类正在经历新一轮的数字化浪潮。政府、企业将因数字化、智能化而变得敏捷、高效、生机勃勃。开放、灵活、易用、安全的数字平台,将成为实现整个社会数字化的基石和土壤,激发行业创新和产业升级。

谁拥有华为?华为是一家 100% 由员工持有的民营企业。华为通过工会实行员工持股计划,参与人数为 121 269 人,参与人仅为公司员工,没有任何政府部门、机构持有华为股权。

谁控制华为?华为拥有完善的内部治理架构,实行独立经营管理。持股员工选举产生持股员工代表会,持股员工代表会及其选举产生的公司董事会、监事会对公司重大事项进行决策、管理和监督。持股员工选举产生 115 名持股员工代表,持股员工代表会选举产生董事长和 16 名董事,董事会选举产生 4 名副董事长和 3 名常务董事,轮值董事长由 3 名副董事长担任。轮值董事长以轮值方式主持公司董事会和常务董事会。董事会行使公司战略与经营管理决策权,是公司战略、经营管理和客户满意度的最高责任机构。董事长主持持股员工代表会。持股员工代表会是公司最高权力机构,对利润分配增资和董事监事选举等重大事项进行决策。

谁影响华为?华为对外依靠客户与合作伙伴,坚持以客户为中心,通过创新的产品为客户创造价值;对内依靠努力奋斗的员工,以奋斗者为本,让有贡献者得到合理回报;并与合作伙伴、产业组织、开源社区、标准组织、大学、研究机构等构建共赢的生态圈,推动技术进步和产业发展;我们遵从业务所在国适用的法律法规,为当地社会创造就业、带来税收贡献、使能数字化,并与政府、媒体等保持开放沟通。

公司治理。华为公司拥有完善的内部治理架构,各治理机构权责清晰、责任聚焦,但又分权制衡,使权力在闭合中循环,在循环中科学更替。

资料来源:华为公司官方网站。

思考题:请阅读以上资料,阐述华为公司及其战略定位,并对其加以评价。

补充阅读

[美]克里斯托弗·A.巴特利特,[加]保罗·W.比米什.跨国管理:教程、案例和阅读材料[M].第 7 版.赵曙明,周路路,译.东北财经大学出版社,2017.

思考题

1.请阐述中国企业境外投资相关概念界定。

2.跨国公司定义内涵、类型和特点。

第 2 节 中国企业国际化的动因分析

学习导航

　　传统上,发达国家企业跨国投资动因包括市场开拓、资源获取和效率提升等。作为发展中国家,中国企业境外投资动机是否与发达国家企业存在相同? 如果不同,中国企业境外投资的动机又具有什么特征呢? 中国企业境外投资是否是为了获取战略性资产和能力? 本章在简要阐述企业国际化传统动机的基础上,基于中国企业所处环境特殊性,分析了中国企业在境外投资过程中所诉求的战略性资产和能力获取动机,以及国内制度空缺规避动机。

　　通过本节学习,希望同学们对于企业国际化动因有系统和准确的认识,从而为分析企业国际化实践奠定基础。

一、国际化传统动因分析

　　投资动机体现了跨国公司本质特征,决定了跨国公司各项战略行为,因此明确跨国公司投资动机意义非常重要。Deng(2004)在《中国企业对外投资:动机与意义》一文中,分析了中国企业境外投资的五种动机,指出中国企业境外投资是为了获取自然资源、获取先进技术、开拓国际市场、实施多元化战略和获取战略性资产等。Cai(1999)研究指出,中国企业境外投资存在四大动机,分别是开拓市场、寻求资源、获取技术和管理技能,以及获取金融资本。Deng(2004,2007,2009)研究认为,中国 OFDI除了上述四种动机之外,还有获取战略性资产的投资动机。在《霸权主义下的能源外交——21 世纪中美竞争》一文中,Zweig(2006)提出了能源外交(resource diplomacy)概念,亦即采取外交行动来提高一个国家的资源准入和能源安全。Kostova 和 Wiig(2012)基于 2003—2006 年间中国企业境外投资数据,采用计量经济学分析方法分析了东道国因素对于中国企业境外投资的影响情况。研究发现,中国企业境外投资倾向于市场潜力巨大、自然资源丰富和制度保护薄弱的东道国或地区。由于中国(大陆)自身是制造基地,成本最小化并非中国企业境外投资的主要动机(Cheng,Ma,2010)。Child 和 Rodrigues(2005)在《中国企业国际化:理论延伸案例》一文中,考察了中国市场拓展型企业的国际化模式和国际化动机,对于这些企业所进行的案例研究表明,中国企业国际化动机包括通过寻求技术和品牌资产来在国际市场上创造竞争优势。虽然主流理论认为企业国际化经营是为了充分利用已有经营优势,中国企业境外投资主要是为了克服经营劣势。这些企业借助于原始设备制造商(OEM)模式和合资企业模式实现内向国际化,以及借助于在海外进行收购和组织扩张来实现外向国际化。

1. 市场开拓动机

东道国市场特征(比如市场规模)将会影响到跨国公司的投资额度。市场规模的扩大将会有利于企业通过海外投资来获得规模经济和范围经济。近来针对中国企业境外投资的研究表明,东道国市场规模将会影响到中国企业境外投资水平(Buckley,et al.,2007)。作为全球最大的发展中国家,中国经济在保持快速发展的同时,也在逐步提高技术能力水平。20世纪80年代以来,中国通过鼓励外商投资不仅积累了经济发展所需外汇资金,而且提高了本国企业的生产能力、营销能力和管理能力等。随着中国经济产业结构升级,中国企业产品在国际市场上越加具有国际竞争力,这就为中国企业进入全球市场奠定了重要基础。改革开放以来,特别是2001年中国加入WTO和实施"走出去"发展战略以来,一方面中国经济越加融入全球经济,中国对外贸易发展进入了新的发展阶段;另一方面中国企业越加重视境外投资,成为全球对外直接投资的重要资金来源国。借助于境外投资,中国企业能够积极开拓国际市场,提高中国企业在国际市场的竞争能力。本书认为,可以从动态角度研究市场潜力对于中国企业境外投资的影响程度,以及市场容量和市场成长性对于中国企业境外投资的影响作用。

2. 资源获取动机

为了支撑中国经济持续强劲的高速发展,资源保障和能源安全是中国经济未来发展的重要议题,中国政府也越加重视通过企业境外投资来确保中国经济发展所需的稀缺资源,这从中国企业近年来不间断地对国外能源类公司进行资产收购的案例实践可以看出。产权控制是开发和利用稀缺资源的重要方式,中国经济持续发展对自然资源产生强劲需求,中国政府鼓励中国企业投资于自然资源丰富的国家或地区以确保能源安全,从而维持其持续的经济增长。因此有理由相信,中国企业境外投资与东道国自然资源禀赋之间存在正相关关系。Taylor(2009)在《中国在非洲的新角色》一书中所指出,中国除了在原油资源上有重大需求外,在诸如铜矿、铝矿、铁矿的资源上也有强劲需求;中国企业境外投资战略诉求在于通过长期合约或购买关键能源基地来掌控海外资源。Cheung和Qian(2007)研究指出,中国企业境外投资同时具有市场开拓和能源获取的动机。中国经济持续发展使其对资源有着强劲需求,这些资源包括技术能力和管理知识等无形资源,并以此来提高企业全球市场竞争能力,资源获取和能力提升成为中国企业境外投资的重要动机。

二、战略性资产获取动机

Deng(2009)基于制度理论,构建了资源推动型的跨国并购模型,指出通过跨国并购来获取战略性资产以克服其竞争劣势是中国企业基于其特殊情景所作出的国际化发展战略选择。根据 Amit 和 Schoemaker(1993)的研究观点，战略性资产是指企业所拥有的有助于其获得竞争优势的有价值的资源和能力。战略性资产应该是指那些能够促使企业实现可持续发展的专业化的资源和能力。企业建立和发展战略性资产的途径很多，但是通过跨国并购来取得和发展战略性资产是重要途径之一，这对于诸如中国等发展中国家企业而言特别重要。这些来自发展中国家的企业在国际化进程中具有后来者劣势，因此需要借助跨国并购来迅速获取全球竞争所需资源和能力，以便赶上发达国家跨国公司。

Rui 和 Yip(2008)基于战略意图视角考察了中国企业跨国并购行为动机，研究认为中国企业借道跨国并购来取得战略性资产和能力以克服其竞争劣势和发挥其特定所有权优势，并充分利用了制度激励和最小化制度约束。中国企业境外投资根据所有权可以划分为四种类型。第一，寻求自然资源的大型国有企业，这类企业为了迎合国家任务需要而不顾其境外投资成本如何，这类企业包括中石油、中石化、中海油和中国五矿等大型国有企业。第二，非寻求自然资源的大型国有企业，这类企业为国家"走出去"发展战略所强制采取国际化战略，同时面临企业改革压力。第三，大型或者中小型公众持股公司，这类公司国际化目的是满足公司战略和股东利益需要，比如联想公司。第四，大型或者中小型的民营企业，比如华为公司，体现了家族商业蓝图。

战略意图视角的核心在于决策之前的理性分析(Rui,Yip,2008)。战略意图视角认为，企业的战略制定过程是企业家审时度势对公司内外环境进行分析从而把握机会和规避威胁的决策过程。资源基础理论发展了这一视角，认为企业内在的资源优势和劣势将会影响到企业战略制定的理性与否。为此，企业需要掌握战略性资产和能力以从被并购公司中取得并购价值，这对于后来者跨国公司而言特别重要。由于国别经济发展水平的差异性和不平衡性，通过跨国并购来获取战略性资产和能力成为企业实施战略的重要途径。特别地，如果母国制度环境制约了企业发展，这些企业就可以通过跨国并购在海外寻求战略性资产和能力。可以认为，中国企业在国际化进程中，将会通过跨国并购来获取战略性资产和能力从而弥补其国内竞争劣势的不足。从学术理论角度来看，这是由于中国企业在全球经济发展平台中属于后来者，有着后来者劣势，因此更加迫切需要通过关键资源获取来克服其竞争劣势从而改善其竞争地位。中国企业战略性资产获取动机，源于其试图借此发展全球竞争所需战略资源。这与传统跨国公司通过国际化来充分利用其战略性资源的国际化动机不同，中国企业试图通过国际化来开拓战略性资源。

Deng(2007)重点考察了中国企业跨国投资当中的战略性资产获取动机及其背后的理由所在，声称中国企业在进行境外投资时，特别是当投资到工业化国家时，它们主要是为了诉求战略性资源，这种投资逻辑可以归结为跨国公司的战略需求。该研究从战略视角出发，考察中国企业境外投资的战略性资产诉求，对于中国企业境外投资实践者而言具有重要指导作用。就中国企业境外投资整体发展情况而言，自从

2001年中国政府实施"走出去"发展战略以来,中国企业境外投资发展迅猛,但是投资目的地相对比较集中,主要投资于中国香港地区和美国等。与其他发展中国家企业的跨国投资区位选择偏好不同,中国企业境外投资倾向于选择工业化或者高收入的国家或者地区,这些工业化或者高收入国家或者地区拥有更加优越的投资环境、技术水平和管理水平等。实践表明,除了香港地区和澳门地区,中国企业境外投资目的地集中在发达国家和地区。而且,中国企业在境外投资过程中青睐于在发达国家或地区建立研发中心和设立研究院。来自美国经济分析署(BEA,2005)的统计数据显示,截至2002年,中国企业已在美国投资设立了646个研究中心或分支机构,其中609个属于制造专业,33个属于化学专业。

中国政府在中国企业境外投资过程中扮演着重要角色,中国企业在境外投资过程中倾向于采取并购方式,这两个特征对于中国企业追求战略性资产的境外投资动机具有重要作用。中国政府对于中国企业境外投资的结构和规模具有重要影响,自从2001年实施"走出去"发展战略以来更加注重给予关键中国企业(特别是中央企业)诸多优惠政策以鼓励和支持其国际化,这种投资鼓励政策在外汇管制方面特别显著。中国政府已认识到,中国企业境外投资是中国企业发展的必要举措,是提高中国企业全球竞争力的必要前提。中国政府在实施国家创新发展战略的过程中,鼓励中国企业投资于科技水平高的发达国家或者地区,以学习和借鉴其先进的科学技术、管理技能和专业知识。

中国企业境外投资倾向于获取国际运作的经验知识,国资委掌管的诸多大型国有企业和一些卓越的民营企业开始探索如何通过跨国并购来获取海外高端技术、不可转移的战略性资产和其他组织能力,其进入方式包括跨国并购和绿地投资等。有理由相信,中国企业境外投资在东道国和地区的区位选择问题上,将会考虑到其海外扩张动机,将会把以获取战略性资产为主要目的的投资项目投资到战略性资产丰足的发达国家。Buckley等(2007)基于1984—2001年间的国家外汇管理局的统计数据,实证研究表明中国企业境外投资与战略性资产获取动机之间没有存在显著的相关关系,表明中国企业当前对外直接投资还不是以获取战略性资产为主要目的,这与Deng(2004,2007,2009)的研究发现存在相左现象。通过对比分析Buckley等(2007)与Deng(2004,2007,2009)的研究过程,可以发现前者结论是基于大样本实证研究得出的结果,而后者结论是基于典型案例分析得出的结果。这表明,中国典型企业开始借助国际化来获取战略性资产和能力,但是整体而言中国企业在国际化进程中还处于较为前期状态,还无法通过国际化来取得战略性资产。这种差异体现了中国企业境外投资现实与理想的脱节状态。

中国政府通过国有产权和管制政策对中国企业境外投资施加政策影响。依据产权构成属性,中国企业可以分为两种类型,一类是由中央政府或者省市级政府所管辖的国有企业,一类是由乡镇企业、农村集体企业和私营企业所组成的民营企业(非国有企业)。随着中国国有企业改革的不断深入,国有企业在国民经济稳定与发展中扮演着更为清晰的角色,仍然在事关国计民生的重大产业中发挥着支柱作用,这从中国企业 500 强大部分属于国有企业可以看出。与民营企业相比,国有企业得到更多的政府优惠,同时也受到政府更加密切的监督管理。它们在境外投资进程中不仅要考虑到经济效益,而且还要承担着政治任务,必须响应国家政府对其提出的政治诉求。中国政府采取各种选择性的优惠政策,鼓励部分中国企业进行国际化投资,其目的是打造世界级的中国跨国公司,以跻身全球 500 强公司。

以海尔集团进军美国市场为例。海尔集团作为中国乃至全球领先的家电制造商,是采取绿地投资方式进入国际市场以寻求战略性资产的企业典范。1999 年,海尔集团在南加州卡姆登海尔大道 50 号成立了海尔美国工业园区。2000 年,第一台美国制造的海尔冰箱从南卡州的美国海尔工业园下线,全面启动的工业园区实现了 50 万件的年产能,海尔工业园区的成功建立吸引了众多关注目光。2001 年,南加州政府把园区附近的一条马路命名为"海尔大道",以感谢海尔对当地经济发展的贡献。南加州科夏市也因园区的出色表现授予海尔"2001 社区最佳贡献奖"。海尔工业园区积极雇佣当地居民,在该社区制造了积极反响。毗邻城镇和加州政府,海尔在诸多方面受到各界肯定。2002 年,南加州政府授予了海尔"岗位创造奖"。海尔积极融入社区文化有助于海尔取得社区肯定,从而提高社区对海尔进入美国市场的合法性认定。海尔还在纽约设立营销中心,在洛杉矶和波士顿设立研发中心,这些研究中心有助于海尔发展、掌握和转移其技术,从而帮助海尔总部研发出适合于美国市场本土消费者的家用电器。那么,海尔为什么想要而且能够成功进入劳动力成本远远高于中国大陆的美国市场呢?究其原因,在于海尔想通过在美国设立营销中心、制造中心和研发中心来更加接近美国本土市场从而更好地设计和生产家电产品,从而实现其品牌战略。海尔美国是海尔集团全球化战略的重要组成部分,通过在美国取得市场地位和获得品牌发展,海尔能够更好地融入全球市场,实现其"走出去、走进去和走上去"的国际化发展蓝图。效仿海尔集团借助绿地投资来发展战略性资产与能力,其他企业也在探索通过国际化来发展战略性资产与能力。例如,格兰仕集团在美国华盛顿州西雅图市设立研发中心,这有助于格兰仕成为世界顶级微波炉品牌商与制造商。华为公司也在积极探索在印度、德国、日本和美国等设立海外研发中心,以克服中国本土研发能力薄弱现状。

中国企业在境外投资不仅可以基于绿地投资设立全资公司,而且还可以借此成立合资公司,华为 3Com 公司就是一个典型例子。华为 3Com 公司成立于 2003 年,是华为公司和 3Com 公司的合资公司,总部设在杭州,在香港设立分公司,在英国、德国、日本和美国设立代表处。华为 3Com 公司致力于数据通信产品的研发、生产、销售和服务,为用户提供从核心骨干网到桌面终端的全系列 IP 产品及其解决方案。华为 3Com 公司"根植中国,面向世界",整合华为和 3Com 在数据通信领域资源优势,获得了政府、教育、金融等各行业用户的广泛认可。同时,华为 3Com 加大对未来网络技术的投资力度,在 NGI 和 IPv6 方面参与国家重大网络项目试验,并积累丰富经验,为华为 3Com 在未来市场上取得战略制高点,以新技术服务客户,奠定了坚固基础。

企业不仅通过绿地投资来取得战略性资产,而且还可以通过跨国并购方式来获取战略性资产。中国企业之所以青睐跨国并购,原因在于跨国并购能够使得中国企业快速取得战略性资产。Dunning(1998)研究认为,跨国并购的迅速崛起体现了跨国公司对于战略性资产的重视程度日益凸显。联想并购 IBM PC 业务便是这一领域的关键案例。通过并购,联想获得了 Think 系列产品,取得了 ThinkPad、ThinkCenter 和 ThinkVision 等系列业绩领先产品及其技术。该并购也使得联想取得了 IBMPC 产品全球分销渠道和北美研发中心,在一定期限内使用 IBM 品牌和保留 IBM 高层人员。通过并购,联想不仅获得了 IBM 的领先技术,而且还获得了营销渠道、顶级品牌和管理能力等战略性资产和能力。

由于企业行为深深植根于其所处制度环境,中国企业境外投资理论与实践需要考察中国独特情景。由于制度因素深刻影响中国企业的国际化进程(Buckley,et al.,2007),因此我们需要基于制度视角来考察中国企业境外投资实践。根据资源基础理论(RBT,resource-based theory),战略性资产决定了企业的竞争优势和经营绩效,战略性资产包括企业声誉、供应链关系、隐形技术、研发能力、品牌资产和知识产权等(Teece,Pisano and Shuen,1997)。战略性资产可以通过"干中学"而累积形成,也可以通过并购方式快速取得。跨国并购是企业取得战略性资产的有效渠道,有助于并购公司快速取得全球竞争所需稀缺能力和提升组织学习能力。

内化于公司文化的公司价值观念和行为准则等,也将是影响企业国际化的重要因素。与规制性制度体现在正式的法律法规制度和激励政策等不同,规范性制度和认知性制度内化于公司使命和公司愿景。当前,中国企业战略选择还是经理人导向而非制度导向,中国企业经理人的认知结构对于中国企业的战略选择具有重要甚至根本性的影响。由于中国第一代企业家产生于计划经济向市场经济转型初期,当时中国企业境外投资薄弱,国家也没有很多经验值得企业借鉴,在这种情况下,中国企业发展焦点局限于国内市场。但是,随着国外跨国公司进入中国市场和对中国市场造成的平稳性冲击,中国企业面临提高创新能力以与国外跨国公司相抗衡。特别地,在国家政策的鼓励和支持下,一批中国企业已经成长成为全球具有影响力的大型企业。为了能够名副其实地成为具有国际影响力和竞争力的跨国公司,中国企业必须发展其战略性资源和能力,而这正成为中国企业国际化发展的资源瓶颈。因此,中国企业如果具有强烈的创业创新精神和国际化发展战略蓝图,它们将更加重视通过国际扩张来取得战略性资产,以满足其对于创新发展的战略诉求。

中国企业受益于外资引进政策,在中国本土市场上与国外跨国公司联合成立合资企业有助于中国企业积累和发展战略性资产和能力。从管理过程角度来看,合资企业是隐性知识最为有效的转移途径。中国政府的外资引进政策吸引了大量跨国公司来华投资,这从客观上为中国企业发展带来了学习机会,有助于中国企业了解和掌握国际市场竞争规则,积累国际投资与管理经验,并因此获得了大量的外汇资产和战略性资产与能力。通过与在华跨国公司相互合作,中国企业建立起了特定能力和学习经验,为其后续对外直接投资奠定了能力基础。基于制度理论视角,中国企业在国内市场上的合资经验,将会有助于其识别跨国并购机会,从而促进其追求境外投资以进一步提高其竞争能力。当然,合资企业所固有的内在劣势也会促使中国企业寻求海外扩张以构建战略性资产和能力。由于担心中外合资企业中方机构学习外方机构的技术和管理经验,许多中国合资企业的外方机构密切关注中方的潜在的机会主义行为,拒绝向中外合资企业转移其先进技术,使得中方企业难以从合资企业中学习所需的先进技术。面对这种情况,中国企业寻求跨国并购来取得诸如研发能力、设计能力和品牌资产等战略性资产。由于合资企业固有的缺陷,企业倾向于采取跨国并购方式来取得所需的战略性资产和能力。跨国并购有助于企业取得发达经济体企业的战略性资产和能力,从而实现跳跃式发展。如果中国企业在中国本土市场上积累了合资经验,将更加重视通过国际扩张来取得战略性资产和能力。

虽然制度环境对于企业跨国并购的影响是多方面的,政府干预始终是最为重要的因素之一。政府干预在转型经济体中尤为明显,中国也不例外,政府干预对中国企业境外投资产生显著影响。中国政府在鼓励外资引进的同时,也积极鼓励中国企业境外投资,以促进中国企业全面融入全球经济。与其他转型经济体相比,中国政府通过其对国有企业的控股权而确定了中国企业境外投资的主导方向,并且通过产权关系来要求企业行为符合政策导向(Deng,2004)。中国企业的战略选择需要同时考虑经济目的和政治目的(Tsui,et al.,2004)。中国政府通过各项政策来激励有影响力的中国企业进军国际市场,提高全球竞争能力。在此政策背景下,一批中国企业开始探索并尝试进入国际市场。与此同时,中国政府不仅鼓励中国企业走出去,而且还支持和鼓励建立国家创新体系,鼓励中国企业投资于创新领域以提高创新能力。中国加入世贸组织(2001 年)有力促进了中国企业走向全球化,中国与瑞士之间的投资贸易自由化(2013 年)有力促进了中国企业与世界企业之间的沟通交流,从而促进中国企业的国际化进程。因此,中国企业如果积极顺应国家政府的发展战略和充分利用国家政府的各项政治与金融激励政策时,将更加重视通过国际扩张来取得战略性资产。

三、国内制度空缺规避动机

与资源基础理论不同,制度理论试图回答组织形式和组织实践为什么如此相似。其基本理论观点是,组织通过服从其所处的外在环境的规则和信仰将有助于其取得组织发展所需合法性。合法性是指组织外界环境对于组织行为所持有的普遍认可,认为其行为在一定的社会环境中是受欢迎的、合适的和恰当的。处于同一外界环境中的组织将倾向于采取相同的组织行为,从而形成同构化现象。由于企业的战略行为和经济活动嵌入于其所在的社会环境当中,企业所处环境迫使企业为其行为寻求合法性认定,合法性深刻影响到企业的战略选择。诸多学者研究认为,中国企业受制于中国独特的制度环境,包括制度保护薄弱、持续经济改革和渐进制度变革等,中国政府也通过各种政策制定来对此施加影响。North(1990)认为,考察企业战略选择需要理解其所处制度环境。这对于中国企业而言特别重要,因为中国企业嵌入于各种制度安排。例如,中国正在进行的经济体制改革和国家创新体系的建设,使得企业必须直面市场竞争,必须发展战略性资产以适应国家政府的发展战略。

制度视角研究由来已久,但是将其运用于中国企业境外投资实践研究则还处于萌芽阶段,而研究表明中国企业境外投资受到制度因素的深刻影响(Buckley,et al.,2007)。Deng(2009)基于制度理论构建了中国企业如何借助跨国并购来获取战略性资产的制度模型,并采用多案例比较分析法对该模型加以分析,成为中国企业借助境外投资来获取战略性资产的研究典范。该模型基于国家层面和企业层面的制度环境,分析了政府干预、制度空缺、公司文化和外资引进等对于中国企业借助跨国并购获取战略性资产的投资行为的影响机理。

制度空缺意味着法律保护薄弱、法律执行不佳、要素市场失灵和市场中介不发达,这些都将制约中国企业的国际化进程。在这种情况下,企业将倾向于境外投资,以逃避或减轻母国制度空缺所导致的负面影响。根据 Witt 和 Lewin(2007)的研究观点,当母国制度环境不能满足企业发展需要时,企业将通过国际化扩张来逃避这种制度空缺。通过投资于制度更加完善、更加透明和更加友好的东道国环境,企业能够集中精力与发展其知识和能力并发展和升级其竞争优势。在中国等发展中国家中,弱市场效率和弱产权保护制约了企业对于创新的战略诉求,企业缺乏动力来投资于研究与发展,从而制约了其全球品牌的建立。在这种制度背景下,中国企业缺乏创新动力,将精力主要集中在产量提高和成本降低上,而不是放在创新能力的培育上。但是,随着国外跨国公司日益进入中国市场,中国企业日益面临来自国外跨国公司的创新挑战,中国企业日益发现自身处于技术劣势的地位,为此中国企业探索境外投资以规避国内的技术劣势。中国经济的持续发展使得中国企业对于资源有着强劲需求,但是难以取得技术能力和无形资产等。此外,由于通过内部自身发展战略性能力需要相对漫长的时间,中国企业难以在短期内通过自身积累来发展所需能力。Luo 和 Tung(2007)研究指出,发展经济体中的企业在面临制度约束和市场约束时,可以考虑采用对外直接投资来作为跳板来购买和获取战略性资产和能力,以弥补其自身的竞争劣势。因此,中国企业如果在国内发展受制于制度空缺的约束或者在国内发展其独特竞争力存在困难时,将更加重视通过国际扩张来取得战略性资产。

当母国的制度环境难以满足企业发展时,企业是否会采取国际投资来逃避母国的制度约束? Witt 和 Lewin(2007)研究认为,当企业发展与母国的制度环境之间存在不协调时,企业将寻求海外市场以逃避母国制度缺陷;在发达工业化国家,跨国公司逃避母国制度缺陷的跨国投资行为与社会和谐度存在相关关系。具体而言,社会和谐度高的国家或地区倾向于能够容忍相对缓慢的制度变革,亦即拥有更高的制度刚性。当外在环境发生快速变革时,这种相对缓慢的制度变革加剧了企业发展和社会环境之间的不协调性。在其他因素一定的情况下，这种不协调性将会激发企业采用对外直接投资来逃避母国的制度缺陷，寻求制度环境与企业发展相对吻合的东道国或者地区。

Morck、Yeung 和 Zhao（2008）考察了中国企业境外投资的理性程度受到投资者和投资环境的影响情况。中国企业境外投资主体主要是国有企业，其独有的治理结构影响到了企业境外投资决策的经济自主性。与此同时，被扭曲的资本市场进一步使得企业境外投资偏离市场理性轨道。Morck、Yeung 和 Zhao（2008）的研究观点表明企业境外投资受到母国制度的影响。He 和 Lyle（2008）考察了美国对于中国企业境外投资的民众态度，认为"中国热"（China fever）和"中国威胁"（China fear）作为两种极端的民众态度都不理性，都没有正确理解中国持续的经济发展趋势。他们认为，中国企业在美投资更多的是经济驱动型而非政治驱动型，应该从商业角度而非政治角度来认识中国企业在美投资；认为中国企业在美投资由于其在政治、文化、市场和技术等方面缺乏经验，使得中国在美投资存在外来者劣势，提出了应对这种外来者劣势的各种战略对策。

在东道国制度保护方面，基于西方企业实践的研究表明，好的东道国制度环境将有助于降低投资风险和经营成本从而提高生产效率。那么，中国企业境外投资是否有着不同考量？首先，中国跨国公司绝大多数是国有企业，因此其投资决策可能需要综合考量政府的政策目的而非纯粹利润最大化。在此背景下，中国企业境外投资需要考量国内产业发展、需要支持中国对外政策和支援特定东道国或者地区。其次，中国国内制度保护薄弱性严重影响到中国企业境外投资。Habit 和 Zurawicki（2002）研究发现，母国和东道国之间腐败程度的绝对差异将会对双边对外直接投资产生负面影响，中国制度环境将会对中国企业境外投资产生重要影响。中国企业在制度薄弱的国别环境里具有竞争优势，与来自发达国家跨国公司相比，中国企业更加能够应对制度薄弱所具有的经营风险，因而相对而言面临着较少的外来者劣势，从而使得中国企业境外投资倾向于制度保护薄弱的国家或者地区。

四、加强全球审视和提升学习能力

跨国公司在全球市场上的存在，带来了巨大的信息优势。这种信息优势使其能够找到更加有效的资源、更为先进和更加适销的产品和技术。跨国公司通过全球经营网络的内在审视和学习潜能，来增强这种优势。全球化背景下，跨国公司力求培育卓越中心、搭建全球资源整合平台，实现全球一盘棋战略格局。为了充分理解企业国际化动因，可以采用价值链和价值曲线来辅助理解。价值链系统表征了企业价值增值流程所涉及的基础活动和辅助活动，这些活动是企业价值增值的重要环节。价值曲线则表明产业链条中企业所处的位置，反映了企业在产业链条中的价值增值能力。企业国际化打破了原有商业领地，影响到其价值链和价值曲线，从而影响价值创造。可以采用价值链和价值曲线来理解企业哪些业务需要国际化,以提升企业整体价值链竞争力。

企业究竟该如何提升自身能力?巴尼的资源和能力分析模型给出了企业资源和能力的四个重要标志:价值性、稀缺性、不可模仿性和组织优势。企业能力只有满足这四个条件,才能带来竞争力。企业在国际化进程中,可以对照四个指标,确定该发展哪些业务,提升哪些能力。通过国际化,企业能够在全球范围内建立一盘棋格局,实现跨国补贴。有些跨国公司通过调用其国内经营活动的盈利,来补贴其在欧洲市场的损失,从而向欧洲相关行业国内公司发起挑战。TCL在进军欧洲市场初期,海外业务高额亏损,公司利用国内业务盈利来弥补国外业务亏损。

华为公司自1996年实施国际化战略以来,境外市场的拓展比较成功。华为坚持在正确方向上做事,完全遵循国际规则与惯例行事。从积极融入和运用规则,再到创建或改变规则,当某些方面规则缺失或者明显不合理时,华为善于抓住机会进行创造。第一阶段:进军发展中国家(地区)。在这个阶段,华为公司分析自身与国际大公司之间的差距。华为当前的国际化成就,与其早期与香港企业合作密不可分。香港成为华为境外布局的第一个战略要地,华为迈出国际化发展步伐的第一落脚点。华为与长江实业旗下的和记电讯合作,在发展中国家(地区)市场稳扎稳打,首先在俄罗斯建立第 站,然后在拉美9个国家设立了13个代表处。第二阶段:在发达国家市场寻找突破点。欧美市场属于高端市场,有着较为先进的消费理念,通信消费水平高于全球大部分其他地区,对产品性能要求更高。欧美通信市场属于成熟市场,网络标准统一。华为采取的举措是:第一,建成全球首个分布式基站。第二,落成欧洲总部及新技术研发中心。第三,开拓东亚市场。第四,进军美国市场。美国市场是全球最成熟、最高端、最具竞争的市场,华为进入美国市场,标志着华为真正进入了国际市场。华为在国际市场上征战的最后"城头堡"就是美国市场。

为有效利用全球资源,经过20年筹划布局,华为形成全球多个运营和资源中心。第一,行政中心。在美国、法国和英国等商业领袖聚集区,成立咨询委员会,加强与高端商界互动。第二,财务中心。建成区域和全球财务中心,降低财务成本,防范财务风险。第三,研发中心。建成国别和区域研发中心、5G创新中心、新技术创新中心和芯片研发中心、软件研发中心、终端工业设计中心和工业工程研究中心等,有效利用全球智力资源。第四,供应链中心。欧洲物流中心(辐射欧洲、中亚、中东、非洲)、制造基地、网络运营中心等,提高全球交付和服务水平。在资本、人才、物资和知识全球流动、信息高度发达的今天,全球化公司和本地化公司这两个过去常被分离的概念正变得越来越统一。华为的商业实践要将二者结合在一起,整合全球最优资源,打造全球价值链,并帮助本地化创造来发挥全球价值。

五、国际化动因与进入模式关系研究

如果企业国际化是为了拓展市场,那么其国际化可以采取安营扎寨方式、借船出海方式和合资成长方式。安营扎寨是指在海外建立工厂，实现企业研发、生产和销售三位一体的本土化发展模式。该模式的典型案例是海尔、福耀玻璃、海信和三一重工等。以海尔为例，海尔先后在美国、欧洲等地建立三位一体的本土化格局。海尔美国的设计、营销和生产中心，分别位于洛杉矶、纽约和南卡罗来纳州。海尔欧洲的研发、生产和销售中心分别位于德国、意大利和波兰、法国。通过研发本土化、生产本土化和销售本土化，海尔更加敏锐地察觉到市场需求方向，更好地进行本土化研发、生产和销售，同时也赢得了当地社会的支持。借船出海是指通过并购国际知名企业或者其某个部门，以获得其成熟的品牌、技术和渠道等资源，从而实现国际化。例如，万向集团和联想集团的国际化之路。合资成长模式是指通过跨国并购或者合资合作，将国内外企业整合在一起，共享技术、生产、销售和品牌等资源。

如果企业国际化是为了提升技术能力，其国际化可以采取技术收购、设立研发机构和开展技术合作等方式来实现。吉利收购沃尔沃、联想收购IBM PC业务等就是技术收购的典型例子。在设立研发机构方面，华为在全球研发基地布局上，吸引国际化人才在东道国或区域中心开展研发和技术创新，在全球不同区域建立了40多个能力中心、30多个共享中心，在印度、美国、瑞典和俄罗斯等建立自己的研究机构，引进国际先进的人才。

如果企业国际化是为了获取自然资源，其国际化可以采取收购来进行。2013年2月，中海油以151亿美元收购加拿大独立石油公司尼克森100%权益，成为中国国家石油公司里最大的收购案例，也是中国石油国企拥有的最大海外石油公司。此次收购使中海油公司能够战略性进入海上油气富集盆地和新兴页岩气盆地，使公司资产组合更加多样化，并为公司建立相应的技术团队，培养技术专长。中海油以收购尼克森为标志，正逐渐成长为一家主业突出、产业链完整的国际能源公司，业务遍及40多个国家和地区。2019年1月28日，中海油收购的加拿大独立石油公司尼克森，正式更名为中海油国际业务。

如果企业国际化是为了满足资本扩张需要，其国际化一般采用境外上市融资方式。例如，2016年9月19日晚，阿里巴巴集团（中国）有限公司在纽约证券交易所上市，IPO融资额250.3亿美元，刷新全球IPO融资规模。2019年11月26日，阿里巴巴集团控股有限公司（阿里）回国了，正式在香港交易所挂牌上市，成为首家同时在美股和港股两地上市的中国互联网公司。

不同国际化动因，适合于不同的企业类型和企业不同的发展阶段，决定了不同的国际化战略选择。请同学们课后在复习本节课内容的基础上，结合所关注企业的国际化实践，分析其在不同国家的国际化动因，从而更好地实施国际化战略。

📖 研究动态

Driffield, N. and J. H. Love. Linking FDI motivation and host economy productivity effects: conceptual and empirical analysis[J]. Journal of International Business

Studies,2077,38(3):460-473.

We develop a taxonomy that relates foreign direct investment(FDI)motivation (technology- and cost-based)to its anticipated effects on host countries' domestic productivity. We then empirically examine the effects of FDI into the United Kingdom on domestic productivity,and find that different types of FDI have markedly different productivity spillover effects,which are consistent with the conceptual analysis. The UK gains substantially only from inward FDI motivated by a strong technology-based ownership advantage. As theory predicts,inward FDI motivated by technology-sourcing considerations leads to no productivity spillovers.

Hejazi,W. and P. Pauly.Motivations for FDI and domestic capital formation[J]. Journal of International Business Studies,2003,34(3):282-289.

Changing patterns of foreign direct investment(FDI)stock have raised important questions about their impact on domestic economies. For example,it is often thought that increased inward FDI contributes to domestic capital formation,whereas increased outward FDI reduces it. We demonstrate that such generalizations are inappropriate. We develop hypotheses linking the impact of FDI to the underlying motivation for investment. These hypotheses are tested using available Canadian industry-level data. The implication of our results is that rapid growth in outward FDI,relative to inward growth,should not be considered as a negative development,and may reflect success.

补充阅读

1.[美]克里斯托弗·A.巴特利特,[加]保罗·W.比米什.跨国管理:教程、案例和阅读材料[M].第 7 版.赵曙明,周路路,译.东北财经大学出版社,2017.

2.Driffield N.,J. H. Love.Linking FDI motivation and host economy productivity effects:conceptual and empirical analysis [J]. Journal of International Business Studies,2007,38(3):460-473.

3.Hejazi W.,P. Pauly.Motivations for FDI and domestic capital formation[J]. Journal of International Business Studies,2003,34(3):282-289.

思考题

1.请阐述企业国际化的传统动因。
2.请阐述企业国际化的新兴动因。

第 3 节　国际化意识:从国际化到跨国化的变化

学习导航

　　意识是行为的先决条件,有什么样的意识,就会有什么样的行为。了解企业国际化的不同意识,对于理解企业国际化的动因、行为和结果,具有重要意义。首先,分析跨国公司面临的冲突的环境压力,跨国公司的战略任务和战略目标,跨国公司战略分析框架以及三维坐标图。然后,分析企业国际化的四种意识形态,分别是国际化意识、多国化意识、全球化意识和跨国化意识。这些意识形态对应于国际产业、多国产业、全球产业和跨国产业,对应于国际战略、多国战略、全球战略和跨国战略,对应于协调联合体、分散联合体、集中管理和整合网络,对应于中心式创新活动、地区式创新活动和跨国式创新活动。后续章节将对战略选择、组织设计和创新模式进行详细阐述。

一、跨国公司必须应对三种外部需求

　　跨国公司身处不同类型环境,涉及政治因素、经济因素、社会因素和技术因素等。跨国公司必须应对三种外部需求,包括全球整合、当地适应和全球学习。

　　(1)全球整合。经济压力将促使许多产业进行内部整合和业务协调,以获得规模经济或其他竞争优势。

　　(2)当地适应。社会压力要求跨国公司业务和活动本土化,以满足当地需求。

　　(3)全球学习。在以信息为基础的知识密集型经济中,企业通过创新性回应和主动行为,适应全球范围内的机遇与威胁,构建以知识为基础的竞争优势。

二、跨国公司的战略任务和战略目标

　　面对冲突的环境压力,跨国公司具有哪些战略任务和战略目标?跨国公司的战略任务,是构建梯级竞争优势,以适应环境压力挑战。跨国公司需要同时追求全球效率、多国灵活性以及在全球范围基础上创新发展和运用知识。企业需要采取战略措施,实现上述三个不同甚至冲突目标。

　　为了使战略任务得以落地,战略目标得以实现,我们借用普拉哈拉德教授提出的全球一体化——国家响应性分析框架(简称 I-R 分析框架),建立起跨国公司战略分析框架。其中,纵轴表示全球一体化行为的潜在利益,这种利益更多地被解释为规模经济和范围经济所带来的成本降低。横轴表示国家响应性收益,这种收益来源于国与国之间在产品、战略以及经营活动方式等方面的不同,是针对不同国家在市场需求、工业结构、分销系统和政府法规等方面的不同而设计的更为有效的差异化策略所带来的。I-R 框架可以用来理解整个产业在一体化和响应性方面存在的利益差异,也可以用来识别和描述跨国公司在同一产业竞争中所采用的战略方法的不同。行业特征不能单独决定企业战略选择。

在普拉哈拉德教授提出的全球一体化——当地响应性二维分析框架的基础上,本书增加了一个维度,构建了跨国公司战略分析三维框架。其中,X 轴(维度 1)表示全球效率,Y 轴表示当地响应(维度 2),Z 轴(维度 3)表示全球范围内的学习能力。

1.全球效率

在全球效率方面,把跨国公司看成投入产出系统时,可以将其总体效率看作是其产出价值与投入价值的比值。在该简化模型中,效率取决于其产出价值的增加,投入价值的降低,或者两者同时实现。效率改进不仅来源于成本减少,而且也来源于收益增加,即开源节流。

2.当地响应

当地响应是指利用由全球环境多样性和易变性所带来的风险与机会的能力。跨国企业所面临环境的主要特征,是多样性和易变性。跨国竞争力关键因素,是多国灵活性。决定多样性和易变性的关键因素,包括宏观经济风险、政策政治风险、行业竞争风险、资源供给风险等。这些不同类型风险的共同特征在于,它们因国家不同和时间流逝而变化。灵活性成为战略管理的关键要求,多样性和易变性,使得跨国公司必须同时考虑随之而来的风险和机遇。

3.学习能力

传统企业国际化理论认为,企业国际化是为了将其总部能力运用于海外市场,从而持续发挥其价值增值能力,能力总是存在于跨国公司总部。现实是,新兴市场国家企业,虽然不具有绝对竞争优势,但仍然可以从国际化战略中获得发展机遇。当前理论认为,跨国公司核心资产,是其环境多样性运营能力。这种多样性使跨国公司处于多重激励下,让其发展多样能力,并提供比纯粹国内公司更多样和更广泛的学习机会。跨国公司初始知识储备,给跨国公司提供了竞争优势,使跨国公司从一开始,就创造出组织多样性。跨国公司能够从其国际化进程中学习海外市场知识,提升总体经营能力。跨国公司必须主动在全球范围内进行创新与学习,以适应和引领社会发展。

三、不同国际化意识的比较

（1）国际化意识。国际化意识是指公司在全球范围内利用其母公司能力，其组织形式一般采取协调联合体。

（2）多国化意识。多国化意识是指公司将海外市场视为投资组合，其组织形式一般采取分散联合体。

（3）全球化意识。全球化意识是指公司将世界视为单一分析单位，其组织形式一般采取集中化管理。

（4）跨国化意识。跨国化意识是指公司同时响应全球整合需要、当地响应需要和创新学习需要，其组织形式一般采用网络管理。

在网络管理模式下，核心活动和核心资源，既不集中在母公司，也不分散经营，每个子公司能因地制宜，执行各自角色。资源和活动是分散化但不是孤立化，以便在同一时间获得效率和灵活性。这种分散资源被统一在相互联系的经营网络中。跨国意识下，企业国际化经营管理需要具有辩证思维，需要具有全球一盘棋思维。面对冲突的外部环境，企业无论处于哪个发展阶段，都在朝着跨国化方向发展。特别地，对于中国企业而言，我们需要在双低的情况下，直接朝向跨国化方向发展。这里的双低是指，全球整合能力和本土响应能力都比较薄弱。中国企业需要在全球整合和本土响应两个维度中同时发力，朝向跨国化方向发展。

本节主要学习企业国际化进程中面临的三种压力，需要关注的三种能力，以及相应的四种意识形态，分别是国际化意识、多国化意识、全球化意识和跨国化意识。我们分析了不同意识的内涵和差别，以及未来发展趋势。希望同学们深刻理解和把握四种意识的不同内涵，并将其运用于分析所关注企业的国际化实践，为其国际化发展实践提供管理建议。

补充阅读

［美］克里斯托弗·A.巴特利特，［加］保罗·W.比米什.跨国管理：教程、案例和阅读材料［M］.第 7 版.赵曙明，周路路，译.东北财经大学出版社，2017.

名词解释

1.请阐述如何理解企业国际化意识的三个分析维度。
2.请阐述如何理解企业国际化的国际化意识。
3.请阐述如何理解企业国际化的多国化意识。
4.请阐述如何理解企业国际化的全球化意识。
5.请阐述如何理解企业国际化的跨国化意识。

作业与测试

一、单选题

1.下列关于跨国公司内涵的说法,不正确的是(　　　)。

A.UNCTAD(1984)对跨国公司的定义中,它是由两个或两个以上国家的经济实体所组成,而无论这些经济实体的法律形式和活动领域如何。

B.UNCTAD(1984)对跨国公司的定义中,它的各个实体通过所有权和其他方面相联系,它的一个或多个实体能够对其他实体的经营活动施加有效影响,特别是在与其他实体分享知识、资源和责任等方面。

C.UNCTAD 对跨国公司的定义演变突出了战略和组织一体化的重要性,跨国公司的关键特征在于其对位于不同国家的经营活动实行管理一体化。

D.按照 Bartlett 等对跨国公司的内涵界定,简单的国际机构或者境外上市也属于跨国公司的一种。

2.下列关于跨国公司主权差异方面的特点说法,不正确的是(　　　)。

A.跨国公司与本国公司的显著差异,体现在所在地区的主权差异上。

B.国家与地方或区域不同,体现了最高的制定规则的权力。

C.不同国家对待私有财产、合作责任、非营利企业等有着不同的政治哲学、法律体系和社会观点,使得在这些不同国家里进行管理工作存在着经营风险。

D.跨国管理不需要密切关注当地营商环境。

3.下列关于跨国公司竞争战略方面的特点的说法,不正确的是(　　　)。

A.跨国公司必须能够而且经常参与更加复杂的全球竞争博弈,全球规模或低成本资源,促使跨国公司必须寻求更加复杂的跨国合作。

B.在"全球一盘棋"竞争格局里,跨国公司需要立足于将每个子公司或者业务部门培育成为全球卓越中心。

C.跨国公司需要通过各个子公司的自主协调形成全球一盘棋,提高系统竞争优势。

D.跨国公司所面临的复杂的竞争体系和全球一盘棋格局是本土公司很少面临的经营挑战。

4.以转移到国外市场的资源数量(亦即投资承诺)和对国外活动控制程度作为两个维度,来分析不同进入方式的差别。(　　　)是投资承诺方式最小、同时控制程度最小的方式。

　A.许可经营　　　　B.特许经营　　　　C.合资公司　　　　D.间接出口

5.以转移到国外市场的资源数量(亦即投资承诺)和对国外活动控制程度,作为两个维度,来分析不同进入方式的差别。(　　)投资承诺和控制程度都最高。

　　A.许可经营　　　　B.全资子公司　　　C.合资公司　　　　D.间接出口

6.下列关于全球化主要推动力量说法,不正确的是(　　)。

　　A.科学技术(人工智能、大数据和3D打印技术)等日新月异

　　B.国家的经济和地域边界仍旧清晰

　　C.企业社会责任和商业伦理日益得到全球共识,全球标准日益形成

　　D.价值链全球化日益凸显,从上游到下游的所有环节都日益重组

7.下列哪一项不属于企业国际化动因中的主动牵引力?(　　)

　　A.科技进步　　　B.优势互补　　　C.战略需要　　　D.竞争带动

8.如果企业国际化是为了获取自然资源,其国际化可以采取收购来进行。下面哪个企业案例是属于这一类型的国际化?(　　)

　　A.吉利收购沃尔沃

　　B.联想收购 IBM PC 业务

　　C.华为布局全球研发基地

　　D.中海油收购加拿大独立石油公司尼克森

9.如果企业国际化是为了满足资本扩张需要,其国际化一般采用(　　)方式。

　　A.境外上市融资　　B.开展技术合作　　C.跨国兼并收购　　D.设立研发机构

10.华为公司自 1996 年实施国际化战略以来,海外市场拓展比较成功。华为成功进入在国际市场上征战的最后"城头堡"(　　)后,标志着华为真正进入了国际市场。

　　A.欧洲市场　　　B.东亚市场　　　C.美国市场　　　　D.中亚市场

11.关于跨国公司面临冲突的环境压力的说法,不正确的是(　　)。

　　A.跨国公司处于不同类型的压力环境当中,跨国公司必须应对三种外部需求,包括全球整合、当地适应和全球学习。

　　B.在全球整合方面,经济压力将促使许多产业进行内部整合和业务协调,以获得规模经济或其他竞争优势。

　　C.在当地适应方面,社会压力要求跨国公司业务和活动本土化,以同时满足本国需求和当地需求。

　　D.在全球学习方面,在以信息为基础的知识密集型经济中,企业通过创新性回应和主动行为,适应全球范围内的机遇与威胁,构建以知识为基础的竞争优势。

12.下列关于跨国公司战略分析框架的说法,不正确的是(　　)。

　　A.在全球效率方面,把跨国公司看成投入产出系统时,可以将其总体效率看作是其产出价值与投入价值的比值。

　　B.稳定性成为战略管理的关键要求,多样性和易变性使得跨国公司必须同时考虑随之而来的风险和机遇。

　　C.全球效率的改进不仅来源于成本减少,而且也来源于收益增加,即开源节流。

D.跨国公司的核心资产是其环境多样性运营能力。这种多样性使跨国公司处于多重激励下,让其发展多样能力,并提供比纯粹国内公司更多样和更广泛的学习机会。

13.全球化意识是指公司将世界视为单一分析单位,其组织形式一般采用（　　　）。

A.协调联合体　　　　B.分散联合体　　　　C.集中管理　　　　D.网络管理

14.多国化意识,是指公司将海外市场视为投资组合,其组织形式一般采取（　　　）。

A.协调联合体　　　　B.分散联合体　　　　C.集中管理　　　　D.网络管理

15.面对冲突的外部环境,在国际化意识的演化路径上,对于中国企业而言,我们需要在全球整合能力和本土响应能力都比较薄弱的情况下,直接朝向（　　　）方向发展。

A.全球化　　　　　　B.国际化　　　　　　C.多国化　　　　　　D.跨国化

二、多选题

1.海外市场进入方式中的出口方式,包括下列哪些?（　　　）

A.间接出口　　　　　B.直接出口　　　　　C.销售分公司　　　　D.特许经营

2.海外市场进入方式中的契约方式,包括下列哪些?（　　　）

A.特许经营　　　　　B.许可经营　　　　　C.管理合同　　　　　D.合作协议

3.海外市场进入方式中的投资方式,包括下列哪些?（　　　）

A.绿地投资　　　　　B.跨国并购　　　　　C.合资　　　　　　　D.参股

4.下列哪些属于企业国际化的被动推动力?（　　　）

A.订单带动　　　　　B.客户带动　　　　　C.竞争带动　　　　　D.战略需要

5.如果企业国际化是为了提升技术能力,其国际化可以采取下列哪些方式来实现?（　　　）

A.境外上市融资　　　B.设立研发机构　　　C.开展技术合作　　　D.专利收购方式

6.本课程学习中所构建的跨国公司战略分析框架,包含下列哪些维度?（　　　）

A.全球效率　　　　　　　　　　　B.全球标准化

C.多国灵活性　　　　　　　　　　D.全球范围内的学习能力

三、判断题

1.在管理机制方面,单纯的本土公司只要考虑产品差异和职能差异,无须考虑地区差异。跨国公司必须在考虑产品差异和职能差异的同时考虑地区差异。更具挑战性的是,这三方面差异必须在相同组织机构内同时得到解决。（　　　）

2.在外汇方面,单纯的本土公司的业绩表现可以通过单一的计量单位来衡量,而跨国公司需要运用更加灵活的尺度,去衡量运营后果。跨国公司面临着更大的经营风险,这种风险受到外汇政策和市场波动深刻影响。（　　　）

3.跨国公司影响力是多方面的而且是强大的。不良跨国公司不仅经济上富可敌国,而且企图操纵政治局面,影响社会稳定,在文化、军事和外交等领域也产生重要影

响,对人类社会产生全方位渗透和影响。(　　)

4.20 世纪 70—80 年代以后,企业竞争进入战略时代,企业国际化除了传统动因之外,更是迎合了竞争需要,包括取得全球规模经济和范围经济,领先全球市场和玩转全球一盘棋。(　　)

5.企业国际化动因,可以采用价值链和价值曲线来辅助理解。价值链系统表征了企业价值增值流程所涉及的基础活动和辅助活动,这些活动是企业价值增值的重要环节。价值曲线则表明产业链条中企业所处位置,反映了企业在产业链条中的价值增值能力。企业国际化打破了原有商业领地,影响到其价值链和价值曲线,从而影响价值创造。(　　)

6.跨国公司在全球市场上的存在,带来了巨大的信息优势。这种信息优势使其能够找到更加有效的资源、更为先进和更加适销的产品和技术。跨国公司通过全球经营网络的内在审视和学习潜能,来增强这种优势。(　　)

7.跨国公司的战略任务,是构建梯级竞争优势,以适应来自多维环境压力的挑战。跨国公司需要同时追求全球效率、多国灵活性以及在全球范围基础上创新发展和运用知识。(　　)

8.普拉哈拉德教授提出的全球一体化——国家响应性分析框架(简称 I-R 分析框架)中,横轴表示国家响应性收益,这种收益来源于国与国之间在产品、战略以及经营活动方式等方面的不同,是针对不同国家在市场需求、工业结构、分销系统和政府法规等方面的不同而设计的,更为有效的差异化策略所带来的。(　　)

四、名词解释

1.跨国公司

2.借船出海

3.合资成长模式

4.跨国补贴

5.国际化意识

6.跨国化意识

五、简答题

1.请阐述跨国公司是一种异质性企业间全球价值网络的内涵。

2.请简要论述跨国公司的特点。

3.为了更好地进行跨国企业管理,跨国管理者需要具备哪些特点?

4.请分析并阐述华为公司全球业务布局的动因和国际化进程。

5.请阐述跨国公司战略分析的 3 个维度。

第 **4** 章
环境分析综合模型

第 1 节　环境要素及其模型分析

学习导航

本节主要阐述如下内容,包括宏观环境分析、产业环境分析、环境不确定性分析(VUCA＋H 模型)、企业资源与能力分析、战略管理本质内涵和战略管理过程模型。

通过本节学习,希望同学们对于宏观环境、产业环境和内部环境的内涵及其分析模型有系统认识,具备战略分析能力,为国际化战略分析奠定基础。

一、开放的系统模型

基于系统的观点和开放的观点,我们首先来分析企业在国际化进程中所处环境的开放系统。开放系统涉及三个层面环境,分别是宏观环境、东道国环境和企业内部环境。

宏观环境包括全球趋势、驱动力和全球竞争态势,反映了时代主题、时代特征和发展趋势。当前,全球发展出现百年未有之大变局,中国发展已进入新时代,这是对中国发展进程的历史性判断。我们需要积极以改革为抓手,加快形成以国内大循环为主体、国内国际双循环相互促进的新发展格局。

东道国环境包括东道国的经济环境、政治环境、技术环境、社会环境、当地竞争态势以及海外子公司与东道国的复杂关系。

企业内部环境包括使命、愿景、价值观、战略、政策、企业文化、员工技能、社会责任和伦理道德等。需要系统分析企业内外各种环境,使得公司发展战略和政策能够适应环境变化要求。

二、PEST 模型

PEST 模型经常用来分析企业外部宏观环境,包括政治环境、经济环境、社会环境和技术环境四大类。

第一,政治环境。政治环境包括国家的社会制度,执政党性质,政府的方针、政策和法令等。不同国家有着不同社会制度,不同社会制度对组织活动有着不同的限制和要求。即使社会制度不变的同一国家,在不同时期,执政理念也有所不同,政府的各项政策也会对组织活动产生影响。重要的政治与法制因素包括:执政党、政治体制、经济体制、政府政策、环境政策、产业政策和法律法规等。

第二,经济环境。宏观经济环境主要指,一个国家的人口数量及其增长趋势、国民收入、国民生产总值及其变化情况,以及国民经济发展水平和发展速度。微观经济环境主要指,企业所在地区或所服务地区的消费者的收入水平、消费偏好、储蓄情况和就业市场等因素。

第三,社会环境。社会环境包括一个国家或地区的居民教育程度和文化水平、宗教信仰、风俗习惯、审美观点、价值观念等。

文化水平会影响居民的需求层次。宗教信仰和风俗习惯会禁止或抵制某些活动。价值观念会影响居民对组织目标、组织活动以及组织存在本身的认同感。审美观点会影响人们对组织活动内容、活动方式以及活动成果的态度。

第四,技术环境。技术环境除了与企业所处领域活动直接相关的技术手段外,还包括国家对科技开发的投资和支持重点、该领域技术发展动态和研发费用、技术转移和专利保护等。

三、国家竞争优势理论

该理论由美国哈佛商学院波特教授于 1990 年提出,用于分析一个国家如何形成整体优势,从而在国际上具有较强竞争力。国家竞争优势的关键要素,包括生产要素、需求条件、企业战略、企业结构和同业竞争,以及相关与支持性产业。

波特认为,国家与产业竞争力的关系,也正是国家如何刺激产业改善和创新的关系。国家是企业最基本竞争优势,国家不但影响企业战略,而且创造并延续生产与技术的发展核心。

四、波特的五种力量模型

哈佛商学院波特教授提出的用于分析企业竞争态势的五种力量模型,为分析企业竞争态势提供了简明、实用且具有理论基础的分析工具。

第一,竞争者威胁,是指行业中主要竞争者之间的竞争关系及其性质。现有企业间竞争是最直接、最重要的威胁因素。

第二,潜在进入者威胁,是指新竞争者进入特定行业或很有可能进入一个行业的难易程度及其可能带来的威胁。

第三,供应商威胁,是指市场中供方对买方的影响程度。供应商强弱取决于供应商在行业中地位和市场特征。

第四,购买者力量,是指行业中产品和服务的买方对供方所能产生的影响程度。

第五,替代品威胁,是指那些可能取代现有产品和服务需求的替代品所带来威胁程度。

五、VUCAH 时代挑战

VUCA 是易变性、不确定性、复杂性和模糊性的缩写,H 是指高联结度。VUCAH 时代下,企业应对不确定性的关键,在于提高战略柔性和运营柔性。

在 Knight 看来,风险意味着不确定性,需要提高风险管理能力。2017 年,COSO 委员会发布了新的指南《企业风险管理——与战略和绩效相融合》。新框架正视既有风险管理理论与战略和绩效相割裂问题,尝试构建"战略—风险管理—绩效"一体化的风险管理框架体系。

VUCAH 时代背景下,组织只有提高创新能力,才能够适应不确定带来的经营管理挑战。企业国际化将面临更加复杂多变的环境挑战,不确定性程度更高,需要更强的创新能力、战略柔性和运营柔性。

六、巴尼的 VRIO 模型

巴尼以资源基础理论为依据,建立了内部分析框架——VRIO 框架。VRIO 框架针对企业所拥有的某种资源或能力,提出了四个标准:

第一,价值性。企业的资源和能力,能使企业对环境威胁或机会做出反应吗?

第二,稀缺性。有多少企业拥有某种有价值的资源和能力?

第三,可模仿性。这种资源和能力是否具有可复制性?

第四,组织性。企业组织架构能否充分利用所拥有资源和能力的竞争潜力?

七、企业价值链分析

由美国哈佛商学院波特教授提出,把企业内外价值增加活动,分为基本活动和支持性活动。

基本活动涉及企业生产、销售、进料后勤、发货后勤、售后服务。

支持性活动涉及人事、财务、计划、研究与开发、采购等。

基本活动和支持性活动构成了企业价值链。

企业参与的价值活动中，不是每个环节都创造相同价值，只有特定价值活动才创造高价值，这些创造高价值的经营活动，才是价值链的战略环节。企业要保持竞争优势，需要发展战略环节优势。

八、战略是什么

战略需要灵性，是有追求（哲学悟性）、有策略（科学理性）、有节奏（艺术感性）地创造价值的人类管理活动。

其目的是，站在哲学高度、运用科学方法、融入艺术场景，实现个人价值和组织价值的完美结合，并实现可持续的共同发展。

战略包含了哲学思考（悟性）、高瞻远瞩（悟性）、审时度势（理性）、科学有效（理性）、场景融入（感性）和艺术熏陶（感性）等。战略是哲学悟性、科学理性和艺术感性的有机融合体。

九、战略管理过程模型

第一，识别和确定企业的愿景、使命以及战略目标。这是战略管理过程的起点，是指导企业行动的纲领性文件，需要对企业的业务领域、顾客及要提供的产品或服务加以明确界定和描述。

第二，战略势态分析。通过对企业内外部环境进行分析，为制定企业战略提供依据。

第三，战略制定。包括公司战略和业务战略。

第四，战略实施。确定组织结构、人员配备和制度建设。

第五，战略评价。对战略制定和实施的结果情况，进行评价反馈。

十、波特的三种基本战略

波特指出，各种竞争战略的重点和区别在于：第一，企业的市场目标的宽与窄；第二，企业取得竞争优势的来源与方式，是围绕低成本，还是差异化。

波特提出了三种竞争战略：成本领先战略、差异化战略和集中化战略，集中化战略又可细分为成本领先集中战略和差异化集中战略。

成本领先战略是指，将企业成本降低到低于绝大多数甚至所有竞争对手的成本。

差异化战略是指，企业通过创造与其他企业产品不同的价值，取得竞争优势。企业试图用不同产品来满足不同消费者需要。

集中化战略是指,企业集中力量提供一种产品来满足一个或少数几个细分市场的顾客需要。

企业实践

华为公司2020年报对环境的评价

我们依然处在一个复杂动荡的环境中,疫情的反复、地缘政治带来的不确定性,必将是常态化的挑战。我们坚信,数字技术创新可以为人类社会面临的新问题带来新的解决方案,让生活更美好,让商业更智能,让社会更包容,让万物互联的智能世界加速到来。

资料来源:华为公司官方网站。

思考题:请阐述您对华为公司环境评价的见解。

企业实践

华为公司的业务架构与公司治理

华为公司认为,公司存在的唯一理由是为客户服务。多产粮食,增加上壤肥力是为了更有能力为客户服务。"以客户为中心,为客户创造价值"是公司的共同价值。权力是为了实现共同价值的推进剂和润滑剂。反之,权力不受约束,会阻碍和破坏共同价值守护。公司拥有完善的内部治理架构,各治理机构权责清晰、责任聚焦,但又分权制衡,使权力在闭合中循环,在循环中科学更替。

公司在治理层实行集体领导,不把公司的命运系于个人身上,集体领导遵循共同价值、责任聚焦、民主集中、分权制衡、自我批判的原则。公司坚持以客户为中心、以奋斗者为本,持续优化公司治理架构、组织、流程和考核机制,使公司长期保持有效增长。

股东会是公司权力机构,对公司增资、利润分配、选举董事/监事等重大事项作出决策。董事会是公司战略、经营管理和客户满意度的最高责任机构,承担带领公司前进的使命,行使公司战略与经营管理决策权,确保客户与股东的利益得到维护。公司董事会及董事会常务委员会由轮值董事长主持,轮值董事长在当值期间是公司最高领袖。监事会主要职责包括董事/高级管理人员履职监督、公司经营和财务状况监督、合规监督。自2000年起,华为聘用毕马威作为独立审计师。审计师负责审计年度财务报表,根据会计准则和审计程序,评估财务报表是否真实和公允,对财务报表发表审计意见。

作为公司ICT基础设施业务战略、经营管理和客户满意度的责任机构,ICT基础设施业务管理委员会对ICT基础设施业务进行端到端经营管理。(1)运营商BG和企业BG是公司分别面向运营商客户和企业/行业客户的解决方案营销、销售和服务的管理和支撑组织,针对不同客户的业务特点和经营规律提供创新、差异化、领先的解决方案,并不断提升公司的行业竞争力和客户满意度。(2)网络产品与解决方案是

图 4-1　华为公司智能平台

资料来源:华为公司官方网站。

公司面向运营商及企业/行业客户提供面向连接相关的产品与解决方案的组织,负责产品的规划、开发交付和竞争力构建,致力于做世界上最好的连接、智能的连接,为用户创造更好的业务体验,同时使能客户商业成功。(3)云与计算 BG 对华为公司云与计算产业的竞争力和商业成功负责,承担云与计算产业的研发、Marketing、生态发展、技术销售、咨询与集成使能服务的责任。围绕鲲鹏、昇腾及华为云构建生态,打造黑土地,成为数字世界的底座。(4)ICT 区域组织是公司区域 ICT 业务的经营中心,负责区域的各项资源、能力的建设和有效利用,并负责公司 ICT 业务战略在所辖区域的落地。区域组织在与客户建立更紧密的联系和伙伴关系、帮助客户实现商业成功的同时,负责本区域的 ICT 管理体系建设、网络安全和隐私保护管理体系建设、内控建设,进一步支撑公司健康、可持续的有效增长。

为加强对消费者业务的战略及风险管理,提升决策效率,公司设消费者业务管理委员会,作为消费者业务战略、经营管理和客户满意度的最高责任机构。(1)消费者 BG 是公司面向终端产品用户和生态伙伴的端到端经营组织,对经营结果、风险、市场竞争力和客户满意度负责。(2)消费者 BG 区域组织对终端业务在区域的总体经营目标、消费者满意度、生态伙伴体验与品牌形象提升负责。洞察消费电子行业环境变化及竞争动态,制定区域终端的业务规划和资源投入策略并实施,负责区域产品上市操盘及生命周期管理,生态发展,营销活动策划与执行,渠道、零售、服务的建设及管理。建设和维护合作伙伴关系,营造和谐的商业环境,合规运营,保障终端业务在当地的持续健康发展。(3)智能汽车解决方案 BU 是公司面向智能汽车领域的端到端业务责任主体,将华为公司的 ICT 技术优势延伸到智能汽车产业,提供智能网联汽车的增量部件。智能汽车解决方案 BU 的业务目标是聚焦 ICT 技术,帮助车企造好车。

为逐步打造公司支撑不同业务发展的共享服务平台,并有序形成公司统治实施的抓手,公司设平台协调委员会,以推动平台各部门的执行运作优化、跨领域运作简化、协同强化,使平台组织成为"围绕生产、促进生产"的最佳服务组织。集团职能平台是聚焦业务的支撑、服务和监管的平台,向前方提供及时准确有效的服务,在充分向前方授权的同时,加强监管。

资料来源:华为公司官方网站。

思考题:请阐述华为公司的业务架构和公司治理有何特点? 并对其加以评价。

补充阅读

1.[美]克里斯托弗·A.巴特利特,[加]保罗·W.比米什.跨国管理:教程、案例和阅读材料[M].第 7 版.赵曙明,周路路,译.东北财经大学出版社,2017.

2.约翰·卡伦,等.国际企业管理[M].第六版.崔新健等译.中国人民大学出版社,2018.

思考题

1.请阐述宏观环境分析的不同模型。

2.请阐述产业环境分析的不同模型。

3.请阐述企业资源基础论的主要观点。

4.请阐述战略管理过程模型的内容。

第 2 节　利益相关者与社会责任

学习导航

本节将主要讨论如下研究问题:组织应对环境的策略、利益相关者的内涵和范围、利益相关者的提出对管理理论与实践的影响、跨国公司社会责任的内涵和范围、社会义务、社会责任和社会响应、社会责任与经营业绩,以及组织承担社会责任的决策流程。

通过本节学习,希望同学们对利益相关者的内涵、范围和理论有着清晰认识,对企业承担社会责任的意义,以及如何承担社会责任,有着深刻理解,从而更好地引领中国企业国际化实践。

一、组织应对环境的策略

第一,战略反应。组织根据环境变化和复杂程度而做出的维持战略、改变战略或者采用新战略等战略反应。

第二,执行反应。组织时刻关注和监督外部环境变化情况,通过环境扫描、观察、阅读和社会交往等方法做出应对。

第三,组织设计和灵活性,在组织结构设计中提高灵活性以适应环境。

第四,兼并、收购联盟。兼并是两家或更多的企业合并成为一家新的企业;收购是一家企业购买另一家企业;联盟是不同企业合作建立新公司,或者是企业间业务合作。

第五,履行社会责任,社会责任是组织在其运营的社会环境中必须履行的保护和改善社会的义务。

二、利益相关者

利益相关者概念由安索夫于 1965 年在他的《公司战略》一书中提出。1984 年,弗里曼的《战略管理——利益相关者方式》出版后,利益相关者、利益相关者管理、利益相关者理论等被广泛关注和运用。利益相关者是指能直接或间接地影响企业活动或被企业活动所影响的人或团体。这些利益相关者不仅包括企业的股东、债权人、雇员、消费者、供应商等交易伙伴,也包括政府部门、本地居民、当地社区、媒体、环境保护主义等集团,甚至还包括自然环境、人类后代、非人物种等受到经营活动直接或间接影响的客体。

跨国公司利益相关者既有一般意义上的利益相关者,也有其独特的利益相关者,可以分为三种类别。第一类是母国利益相关者,包括所有者、顾客、雇员、工会、供应商、分销商和战略联盟者等。第二类是东道国利益相关者,包括工人、社区、政府、消费者、供应商和战略联盟者等。第三类是一般利益相关者,包括全球生态环境、可持续资源和人口发展等。理解跨国公司利益相关者的关键,在于把握住"跨国"的核心特点,把握住"全球一盘棋"的核心性质。

三、利益相关者的提出对管理理论与实践的影响

第一,管理的目标导向发生变化。传统企业理论认为,股东是企业所有者,股东利益高于一切,企业管理要以实现股东价值最大化为目标导向;利益相关者理论认为,任何公司发展都离不开各种利益相关者的投入或参与,企业追求的是利益相关者的整体利益,而不是某个主体利益。因此,企业管理的目标导向,也应该由股东价值最大化转变为利益相关者价值最大化。

第二,管理范畴得以扩展。在传统企业管理理论中,股东、雇员、顾客、供应商、中间商、社区及政府等个人和团体,都是从企业环境或外生变量的角度来理解。

利益相关者理论认为,需要把这些个人和团体纳入企业管理范围,视为企业的构成要素或内生变量,这拓宽了企业管理的视野。

第三,管理重心发生转移。传统企业被视为一个相对封闭的系统,企业管理活动主要局限在如何处理内部人、财、物的关系及如何有效提升生产效率。当然,随着营销管理和战略管理的兴起,管理活动也日益重视环境因素。利益相关者理论把企业视为开放系统,要求管理活动着眼于企业内部环境与外部环境的协调发展,处理好内部利益相关者与外部利益相关者的利益平衡,协调好各种利益相关者短期利益与长期利益的平衡。

第四,管理理念不断更新。传统企业管理者从股东角度来看待企业,实行以物为本的任务管理,公司治理是以股东为主的单边治理。利益相关者理论要求企业管理者必须从利益相关者角度来看待企业,实行以人为本的关系管理,公司治理是在充分平衡各利益相关者利益基础上的共同治理和相机治理。

第五,管理内容不断丰富。利益相关者理论极大丰富了管理理论各个分支。在人力资源管理上,提高员工满意度和建立多元化员工队伍,成为人力资源管理工作重点;在供应商和中间商管理上,不满足于过去的竞争性市场交易关系,高度重视与供应商、中间商建立相互信任的长期合作关系;在顾客管理上,顾客关系管理逐步受到企业重视,关系营销正蓬勃发展;在企业同竞争对手的关系上,竞争关系转变为竞合关系,企业同竞争对手建立战略联盟;在政府和社区方面,企业重视同所在政府和社区建立良好关系。

四、跨国公司社会责任困境

2011 年,《哈佛商业评论》对社会责任态度进行了调查。支持承担社会责任的理由是,这是一个创造财富的机会,能够吸引新的消费者和理想的员工,以及降低资本成本。批评承担社会责任的理由是,企业社会责任是税收的一种形式,降低了资本价值创造效率。

社会责任的内涵,随着利益相关者队伍的扩大和利益相关者期望值的变化而发展,在不同社会发展时期有不同特点。20 世纪前早期观点认为,社会责任就是利润最大化,即企业社会责任在于,通过有效生产、制造产品并以适宜价格出售产品,从而合理地利用财力和设备。20 世纪初至 20 世纪 60 年代认为,企业既要为股东谋取利润,同时又必须承担部分的社会责任。20 世纪 60 年代至今认为,公司对于社会期待的反应行动,主要表现在三个方面:改革董事会、改善商业道德、主动采取社会行动。

五、支持企业承担社会责任的理由

支持企业承担社会责任的理由包括公众期望、长期利润、规避政府法规、权利和责任对等、企业拥有各种资源、预防优于治理、公众形象和股东利益。在社会责任与经营业绩方面,没有确凿证据表明,社会责任行动会显著损害长期经营业绩。

本节讨论利益相关者和跨国公司利益相关者的概念、范围和影响,讨论了企业社会责任的内涵和内容、倡导和反对的声音和理由、以及组织倡导社会责任决策流程图。请同学们课后结合所关注案例企业,分析其利益相关者和社会责任相关具体内容,并思考如下问题。

企业实践　　　　　　　　　　**三一重工社会责任行为**

三一更多地将绿色制造、环境保护、绿色研发、节能减排这些环保概念放在首位。社会的发展是三一前进的基石,社会责任也是三一的使命,无论是汶川地震还是雅安地震,都有三一机械前往救援的身影。

企业实践　　　　　　**万向一直致力成为全球优秀的企业公民**

我们一直倡导尊重员工、关心员工、善待员工,营造企业和谐环境。在全球金融危机中,提出"不裁员、不降薪、不降福利"的"三不"原则,保证了员工队伍的稳定,促进了企业的凝聚力和向心力。万向在自我发展的同时,也全力以赴地投身公益、环保事业。无论是在自身生产、产品及办公环节的环保节能建设,还是外延的环境保护,对"三农"建设的支持,以及各类灾难援助、社会教育与卫生事业援助,我们都竭尽所能、倾情投入。我们希望通过自己切实而持续的帮助,改善当地社会的环境、生活,与当地社会和谐共生、携手发展。

万向清楚地认识到,企业发展是承担历史重任的基础,是承担社会责任的源泉。万向要想为我们这个社会做更多的事情,首先要在企业经营管理上下功夫。万向在"奋斗十年添个零"的经营目标引导下,不仅优化了自身的企业经营体系,不断向社会推出更为适用的产品和优质的服务,持续改进生产工艺与质量管理体系,也帮助我们的合作伙伴实现降低成本、节能、高效的目标。

尽一己之力,帮助需要我们帮助的人,这是万向慈善事业的初衷。企业作为国家基本的经济单元,是社会繁荣的创造者,也需要承担起一份社会责任。企业越大,其社会责任也越大。因此,万向始终坚持每年扩大自己在慈善事业的投入。万向不求回报,只希望受助的人能开始新的生活,能拥有新的希望。

今后万向将更专注、更专心、更专业地实践每一个承诺,进一步加大对慈善、教育事业的投入。同时,万向将积极地寻求多种形式的合作方式,带动更多的企业及社会各界加入关注、回馈社会的行列中来。

放眼未来,通过我们长期坚持不懈的努力,万向将成为一名优秀的全球企业公民,这是我们发展的不懈动力和目标!

资料来源:http://www.wanxiang.com.cn/index.php/about/ceo。

思考题:请阐述你对万向公司如何承担社会责任的认识。

企业实践　　　　　　　　　　　　　　　　　　　**华为公司社区责任**

华为致力于为所在社区创造价值。我们与国际组织、地方政府和区域组织等伙伴合作,以产生积极持久的影响,并利用创新和协作来解决经济、环境和社会问题。作为负责任的企业公民,我们相信沟通的力量,基于ICT技术所创造的连接和跨越边界的信息访问,天然具有普惠的意义,本身就有助于社区经济、教育、医疗等领域的提升。我们认识到,获得教育对于创造机会支持可持续和公平发展至关重要。我们也认识到,每个人都有责任参与保护世界环境资源和解决气候变化问题。我们支持运营所在的国家和社区发展,为当地的社会福利、卫生和救灾需要等做出贡献。

"未来种子"项目,培养ICT人才

"未来种子"项目致力于为华为经营所在地区的学生提供近距离接触ICT技术,以及产品、学习和了解ICT行业先进技术的独特机会。通过分享华为在全球商业环境中的ICT专业知识和经验,帮助学生开拓视野、扩展思维,积累更多的ICT专业知识和技能,为当地ICT行业发展提供动力,为全球ICT产业进步做出贡献。同时,该项目还在不同的国家和地区之间架起了文化沟通的桥梁,让世界各地的年轻人在"未来种子"项目中可以相互学习。

2019年,"未来种子"项目在111个国家和地区撒下希望的种子,来自全球各地的1130名优秀大学生来到华为总部参观和学习。2019年是华为开展旗舰项目"未来种子"的第11年,11年来累计约5800名学生参加"未来种子"项目。

阿根廷

2019年,华为连续第三年在阿根廷开展"未来种子"项目。项目获得阿根廷现代化部和教育部的持续支持,目前已经覆盖阿根廷16个省市的55所大学。2019年11月,"未来种子"项目获得阿根廷最高传播奖"EIKON——教育持续贡献类"银奖,该奖项用以表彰华为对阿根廷社会的持续贡献。

缅甸

2019年5月,华为在仰光举办了2019届缅甸"未来种子"项目启动仪式,缅甸教育政策委员会副主席、校长委员会主席、缅甸投资委员会、大学校长以及"未来种子"学生代表等50多人出席。缅甸教育部高层校长委员会主席佐威索博士表示:"这将是一个让你们了解中国ICT发展以及学习华为工作和运作模式的机会。然后借助这些经验来帮助发展我们的国家和大学。同时,我也借此机会感谢华为向缅甸大学和学生们提供该宝贵机会,这将对我们的未来很有帮助。"

几内亚

为推动几内亚ICT行业和教育的发展,2019年2月,华为与几内亚总统府及通信部合作,启动几内亚第一届"未来种子"项目。2019年5月,10名优秀学生启程赴中国参加为期两周的培训。学生们第一周在北京体验中国文化并学习中国语言,第二周在深圳进行信息通信和科技前沿知识的课程以及实验室课程并参观了华为展示中心和 5G 实验室。2019 年 6 月 12 日,华为"未来种子"闭幕仪式在几内亚首都顺利举行,几内亚政府官员、大学校长、学生代表等近 200 名嘉宾参加。

为当地社区做出贡献

企业只有充分考虑自身运营对社区的影响,并采取积极有效的措施,帮助当地解决民生问题、支持当地传统活动、关怀当地弱势群体、支持当地教育等,才能赢得社区居民的支持与尊重。作为负责任的企业公民,华为持续开展各项公益活动,并携手相关社区组织为社区的灾难救助、健康和社会福利等慈善活动做出贡献。

2019 年,华为在全球开展了 170 多项社区公益活动,力所能及地帮助社区,使社区民众直接受益,更好地实现华为服务当地、与当地融合的目标,为当地的社会、经济的发展带来正面、积极的影响。华为开展的社区公益活动包括但不限于帮助解决当地社区实际困难,为社区提供义务服务,支持社区文化、艺术、体育等活动,支持社区环境保护活动,救助社区弱势群体(如妇女、儿童、贫困人口、重大疾病患者)等等。

2019 年,华为在部分国家和地区开展的社区公益活动举例如下:

印度——"DAKSHA"活动

华为印度的 CSR 活动命名为"DAKSHA"(即卓越),致力于通过支持印度政府"数字印度"和"技能印度"的国家目标来促进当地的教育发展。2019 年 3 月,时任印度电信部长曼努吉·辛哈在"华为电信行业技能发展中心"成立开幕式上发表讲话,共有 500 多名当地利益相关方代表出席了当天仪式。该中心旨在解决电信行业的技能差距问题,提高青年就业能力,特别是在农村腹地。该中心以电信行业技能委员会(TSSC-准政府机构)为知识和认证合作伙伴,迄今已培训了 134 名客户关怀主管、手机维修工程师和光纤技术员,其中 56 名年轻人已经找到了工作。

乌兹别克斯坦——智慧课堂项目

华为乌兹别克斯坦在以 Muhammad Al-Khwarezmi(IT 学校)命名的 ICT 技术专业学校新校舍实施"智慧"课堂项目。该学校是 2017 年根据该国总统的命令成立的,致力于未来 IT 人才的培养。2019 年 12 月,在乌兹别克斯坦总统正式访问时,学校向总统介绍了智慧课堂,并对华为基于智能视频会议系统 CloudLink 进行了教育流程的可视化演示。

玻利维亚——亚马逊大火救灾物资捐赠

2019 年 9 月玻利维亚的亚马逊区域发生大规模森林火灾,造成人员伤亡和财产损失,生态环境遭到破坏。华为向该国国防部下属的救灾委员会捐赠了救灾和灭火物资。救灾委员会代表对此表示了衷心感谢,强调此笔救灾款非常及时和宝贵,将发挥重要作用,救灾组织将进行高效协调,确保其用于最急需的受灾地区和民众,并希望双方进一步加强交流与合作,造福两国人民。

波兰——"一千个梦想"计划

"一千个梦想"是一项为期五年的社会贡献计划,华为希望通过持续投入,提升中东欧国家青年的数字化技能,让更多的人了解数字技术的好处,激发他们投身于 ICT

领域,帮助各国建设未来的智能社会,同时,也为儿童提供关爱。项目计划在未来 5 年内在 16 个中东欧国家培训 1 000 名 ICT 人才,并向这些国家的大学图书馆捐赠 1 000 本书,向儿童医院捐赠 1000 件玩具。

韩国——女子高中生编程竞赛

2015—2019 年,华为与韩国梨花女子大学共同举办了五次女子高中生编程竞赛。2019 年共有 150 名女高中生参加了比赛,其中 18 名学生获奖。这项竞赛也是韩国面向女子高中生唯一的 ICT 竞赛活动。

巴西——创新与能力中心

华为与巴西北邮 Inatel 建成了全球第一所与大学合作的创新与能力中心,其包含四所华为捐赠的实验室(无线、传输、数据、网络安全),聚焦无线和 FTTx 解决方案。该中心不仅培养了面向需求的通信人才,还突破了众多人才培养机构学生毕业之后仍然无法求职的困境,经创新与能力中心认证的学生就业率高达 95%,获得了行业和政府的认可。

印度尼西亚——拉马丹社区活动

2019 年拉马丹期间,华为在印度尼西亚八大城市孤儿院举行早餐活动,并向孩子们捐赠书籍和文具,参与儿童约 500 人;华为与穆斯林 NU 组织一起开斋,赞助食物并签署 ICT 培训 MOU,参加的儿童约 1 000 人;华为还向森林火灾地区 Palembang 和 Pekanbaru 捐建了健康中心,为居民免费提供口罩、体检和基础药物,以及食物和水等物资。

南非——国家 ICT 人才培养

2019 年,华为南非代表处成立南非国家 ICT 人才培养项目组,旨在借助南非第四次工业革命契机,助力南非培养 10 000 名 4IR(第四次工业革命)人才。目前该项目已经通过 ICT 大赛、运营商人才培养、企业网合作伙伴人才培养、未来种子项目、4IR 技术培训以及通信部女官培训等 CSR 活动为当地培养 6 000 多人才,其中南非 ICT 大赛更是覆盖 10 000 人次以上。

资料来源:华为公司官方网站。

思考题:请阐述和评价华为公司社会责任实践。

企业实践　　　　　　　　　　　　　　　　　　**华为公司可持续发展行动**

华为 2019 年可持续发展报告阐述了公司过去一年取得的可持续发展成果,包括保障网络稳定安全运行、落实碳减排目标、应对气候变化、实施 TECH4ALL 数字包容行动倡议,以及支撑联合国可持续发展目标(SDGs)的相关举措。

第一,数字包容。华为的愿景和使命是把数字世界带入每个人、每个家庭、每个组织,构建万物互联的智能世界,我们希望每一个人都能够从数字技术中受益,不让任何一个人在数字世界中掉队,这是我们推动数字包容的根本所在。数字技术将减少全球不平等现象,缩小数字鸿沟,加速联合国可持续发展目标的达成。我们聚焦在技术、应用、技能三个方面发力,推进数字包容。技术是基础。通过连接、计算、人工智能、云、移动终端等技术创新,构建万物互联的智能世界。应用是关键。通过赋能生态系统,帮助开发人员为不同的地域、社区、行业和人群,创造个性化的应用程序。技能是保障。通过与当地政府、大学、社区和其他组织合作,提升全社会的数字技能,为未来储备专业人才。

华为不只是追求技术进步,更关注技术带来的社会价值。为了让更多个人、组织从数字技术中受益,华为提出了 TECH4ALL 数字包容行动计划,希望基于商业的可持续,进行长期的、非营利的投入,确保数字包容的可持续。我们通过与 UN 组织、NGO、科研机构、政府以及运营商和企业客户等全球合作伙伴一起努力,围绕公平优质教育、保护脆弱环境、促进健康福祉、推进均衡发展四大领域积极开展合作。目前我们只是迈出了一小步,希望更多的个人、组织加入 TECH4ALL 数字包容计划,共同推进联合国倡导的可持续发展目标(SDGs)达成。华为坚信,不应让任何一个人在数字世界中掉队,并为此倡议 TECH4ALL——希望通过技术、应用和技能,赋能每个人、每个家庭、每个组织,实现数字包容愿景,共同构建万物互联的智能世界。关注领域:公平优质教育、保护脆弱环境、促进健康福祉和推进均衡发展。

第二,安全可信。数字技术的快速发展带来了诸多网络安全挑战和机遇:在各行各业的数字化转型过程中,云计算、大数据、5G、物联网、AI 等技术正在得以广泛应用,商业生态正变得越来越开放,业务上线速度越来越快,解决方案也越来越多样化,这些创新在为我们带来机遇、效益和便利的同时,也带来了网络安全和隐私保护挑战。

与此同时,我们看到当前网络安全和隐私保护面临的挑战非常复杂,不仅是法律法规的要求,同时也涉及很多因素和众多利益相关方,需要全行业、全社会的共同合作与努力。构建一个开放、透明、可视的安全问题解决框架及隐私保护机制,将有助于整个产业链的持续健康发展,也将会促进通信技术创新和人类的沟通交流。

一个万物感知、万物互联、万物智能的社会正在加速到来。更开放、更可靠、更稳定的 ICT 基础设施是人们通往智能世界的基础和保障。因此,对于 ICT 基础设施相关的企业来说,保障与维护网络的稳定运行和业务连续性,是其重要社会责任和使命。

华为支持并积极倡导开放、安全、稳定、和平的网络空间,尊重并遵循联合国《人权宣言》所倡导的通信、隐私等基本人权,依据适用的法律法规和业界优秀实践保护网络安全和用户个人数据。此外,保障网络安全稳定运行是华为最重要的社会责任。我们从组织、人员、流程和 IT 工具等全方位构建客户网络保障体系,保障人们随时随地获取、分享信息和通信的权利;同时,我们建立了业务连续性管理体系,包括应对重大自然灾害、政治、经济、贸易、网络病毒灾害等风险事件的应急预案,以保证在重大事件发生后,华为能够保障供应连续性,确保客户的产品与服务及时交付。华为支持并积极倡导开放、安全、稳定、和平的网络空间,尊重并遵循联合国《人权宣言》所倡导的基本人权。

第三,绿色环保。华为致力于通过技术创新来解决全球环境问题,创造绿色未来,让人与自然和谐共处。华为秉持"让科技与自然共生"的环保理念持续行动,将在如下三个方向加强投入:(1)减少碳排放。以绿色 ICT 技术创新,使能千行百业实现节能减排,不断加强自身和供应链的绿色运营,负责任地迈出减碳的每一步。(2)加大可再生能源使用。持续加大可再生能源领域的投入,为智能世界提供绿色源动力;提升可再生能源使用效率,共同向可再生能源转型。(3)促进循环经济。以更少的资源代价,为人类谋取更多的福祉。未来五年,华为将持续坚持创新,竭力实现如下目标:2025 年,单位销售收入碳排放量(温室气体排放范畴一和范畴二)相对于 2019 年下降 16%。2025 年,主力产品平均能效相比 2019 年提升 2.7 倍。

第四,和谐生态。华为致力于与产业链各方携手构建一个和谐、健康的产业生态环境。华为始终将诚信合规经营、恪守商业道德作为我们开展一切工作的最基本的要求和前提,并发布了相关政策、流程等指导全体员工遵守;我们重视员工的发展,为多元化的员工提供充分、平等的学习和培训机会,帮助员工成长,实现个人价值;供应链的广泛参与对于我们构建和谐商业生态环境,实现可持续发展目标,具有重要的意义。华为坚持负责任的采购行动来降低供应链的可持续发展风险,并通过供应商管理模式创新和供应商能力发展,打造供应链的可持续发展竞争力。

华为不仅为所在国家带来了直接的纳税、就业促进和产业链带动效应,更重要的是通过创新的 ICT 解决方案打造数字化引擎,推动当地数字化转型,促进经济增长,提升人们的生活质量与福祉。同时,华为力所能及地帮助和回馈当地社区,使社区民众直接受益。

有关华为公司可持续发展行动,请关注《2019 可持续发展报告》(官方地址:www.huawei.com/cn/sustainability)

思考题:请阐述和评价华为公司可持续发展行动。

研究动态

Young S. L., M. V. Makhija. Firms' corporate social responsibility behavior: an integration of institutional and profit maximization approaches[J]. Journal of International Business Studies, 2014, 45(6):670-698.

Understanding firms' behavior across countries-a key concern in the international business literature-requires the joint consideration of both institutional influences and firms' profit maximization goals. In the corporate social responsibility (CSR) area, however, researchers have utilized theories that take into account only one or the other-institutional theory, which explains CSR as legitimacy-seeking activities in line with national-level institutions, or economic-based approaches that consider CSR effects only in terms of firm profitability. While an institutional argument implies convergence in CSR behavior among firms in similar institutional contexts, profit maximization logic treats CSR as a firm-specific behavior. We integrate these perspectives by demonstrating the moderating effects of firms' economic motivations for seeking legitimacy on the relationship between institutional environment and CSR responsiveness. We argue that variations in firms' economic visibility and economic vulnerability can bring about differences in their need for societal goodwill, and in turn, their legitimacy seeking. Findings on a database of apparel firms' employee-related CSR across 23 countries support this overall argument. The integration of such fundamentally different theoretical perspectives allows us to contribute new theoretical insights to international business on the influence of national institutions on firms' behavior.

Husted B. W. and D. B. Allen. Corporate social responsibility in the multinational enterprise: strategic and institutional approaches [J]. Journal of International Business Studies, 2006, 37(6): 838-849.

What is the relationship of global and local(country-specific)corporate social responsibility(CSR) to international organizational strategy? Applying the strategic logic of the Bartlett and Ghoshal typology to the realm of CSR, multinational firms should respond to pressures for integration and responsiveness from salient stakeholders. However, an institutional logic would suggest that multinational firms will simply replicate the existing product-market organizational strategy(multidomestic, transnational, global)in their management of CSR. These alternative approaches are tested with a survey instrument sent to MNEs operating in Mexico. The results of this study are consistent with the proposition that institutional pressures, rather than strategic analysis of social issues and stakeholders, are guiding decision-making with respect to CSR. We develop implications for MNE management and research, as well as public policy.

Rodriguez P., et al. Three lenses on the multinational enterprise: politics, corruption, and corporate social responsibility[J]. Journal of International Business Studies, 2006, 37(6): 733-746.

Scholars who analyze multinational enterprises(MNEs) recognize the complex relationship between international business(IB)and society. However, compared with other IB topics, research on politics, corruption and corporate social responsibility-'three lenses' on the MNE-remains somewhat embryonic, with unresolved issues regarding frameworks, measurement, methods, and theory. This presents unique opportunities for integration and extension of disciplinary perspectives, which we explore in this article. We provide an introduction to potential linkages across these three lenses, an agenda for additional theoretical and empirical research, and a review of the papers in the JIBS Focused Issue.

补充阅读

1. Young, S. L. and M. V. Makhija. Firms' corporate social responsibility behavior: An integration of institutional and profit maximization approaches[J]. Journal of International Business Studies, 2014, 45(6): 670-698.

2. Husted, B. W. and D. B. Allen. Corporate social responsibility in the multinational enterprise: strategic and institutional approaches[J]. Journal of International Business Studies, 2006, 37(6): 838-849.

3. Rodriguez, P., et al., Three lenses on the multinational enterprise: politics, corruption, and corporate social responsibility[J]. Journal of International Business Studies, 2006, 37(6): 733-746.

思考题

1. 请阐述利益相关者的内涵、范围和要求。
2. 请阐述跨国公司社会责任的内涵和范围。
3. 请阐述社会义务、社会责任和社会响应。
4. 请阐述企业承担社会责任与经营业绩的关系。

第3节 跨国公司的四种姿态

学习导航

本节综合考虑了企业所处的时代主题、环境特征和内在发展,特别考虑了跨国公司在对待社会责任、管理道德和可持续发展等重大问题上的价值理念。本节阐述四种类型的跨国公司,分别是剥削型跨国公司、交易型跨国公司、责任型跨国公司和变革型跨国公司,并阐述不同类型跨国公司的内涵特点、价值追求及其对于经济、社会、政治、法规等利益相关者的态度和策略。

通过学习,希望同学们能够深刻认识跨国公司在社会责任、管理道德和可持续发展等重大问题上的态度和立场,从管理的科学性和价值性相结合的角度,思考跨国企业的战略制定和业务执行。

2020 年 8 月 24 日，习近平总书记在《在经济社会领域专家座谈会上的讲话》中指出，"当前，国际社会对经济全球化前景有不少担忧。国际经济联通和交往仍是世界经济发展的客观要求。我国经济持续快速发展的一个重要动力就是对外开放。对外开放是基本国策，我们要全面提高对外开放水平，建设更高水平的开放型经济新体制，形成国际合作和竞争新优势。要积极参与全球经济治理体系改革，推动完善更加公平合理的国际经济治理体系。

当前，在推进对外开放中要注意两点：一是，凡是愿意同我们合作的国家、地区和企业，包括美国的州、地方和企业，我们都要积极开展合作，形成全方位、多层次、多元化的开放合作格局。二是，越开放越要重视安全，越要统筹好发展和安全，着力增强自身竞争能力、开放监管能力、风险防控能力，练就金刚不坏之身。"

无论世界如何风云突变，稳步推进改革开放，抓好内循环和双循环，积极构建新发展格局，推动实现第二个百年奋斗目标，是我们必须坚持的发展道路。

一、剥削型跨国公司

剥削型跨国公司具有如下几个特点。

第一，追求利润最大化。弗里德曼曾经提出利润最大化论调，迎合了怀有剥削之心的企业，让他们心安理得地大行剥削之道。

第二，血汗工厂。血汗工厂的场景特点是又热、又挤、不通风、不透气、光线差、安全没保障（例如，卓别林《摩登时代》电影里的工厂场景），累死累活还不够养家糊口，雇佣儿童工人，雇佣偷渡客。面对这种压榨，社会出现反对声音，要求跨国公司对为其制造产品的供应商行为负责。诸多跨国公司都受到了消费者批评，被要求对其供应商行为实施监督。

第三，走人策略。当来自政府、非政府组织和民间机构的压力过大时，这些公司寻求关门大吉，并将生产设施等转移至其他国家或地区继续生产经营。由于欠发达国家或地区可能考虑到税收和就业等社会压力，会默许甚至欢迎这类剥削型公司，导致了企业在不同国家之间得利。

第四，商业贿赂。跨国公司贿赂当地政府以谋求经营便利。1997 年，美国政府通过了《反海外腐败法案》（FCPA），但商业贿赂仍然存在。

第五，社会影响。对当地经济、社会和环境带来负面影响，却没有得到应有的制裁。

总体而言：剥削型跨国公司忽视顾客和雇员利益，缺乏可持续发展的长远眼光，与政客狼狈为奸，破坏环境，把新兴市场置于潜在危险之中。幸运的是，这类公司正走向穷途末路。

二、交易型跨国公司

交易型跨国公司具有如下几个特点。

第一,核心经营理念:遵纪守法。与剥削型跨国公司的差别在于,遵纪守法,不压制利益相关者。与周边环境是纯粹的商业关系,但不会不择手段,而是会根据社区需要采取积极态度。股东利润最大化是主要目标,但是也会关心其他利益相关者,尽可能避免恶劣的负面影响。

第二,合理处理劳资关系。尊重地方劳动法和联合国劳工组织的指南。

第三,牢记无害底线。避免与合作伙伴发生恶意伤害。但这并非意味着完全可靠而不受当局和非政府组织的监督。

近年来,全球性非政府组织积极地推动跨国公司担负起更多社会责任、经济责任和环保责任,促使跨国公司朝着责任型方向发展。

三、责任型跨国公司

责任型跨国公司有如下几个特点。

第一,坚持可持续发展理念:从理念到行动。随着可持续发展理念深入人心,跨国公司开始重视可持续发展行动。管理人员从口头承诺要建立负责任环保政策,转向认识到必须在更广泛意义上的社会与经济活动中,担当主要参与人,以促进和保持可持续发展活力。这就要求管理者立足社会,对其机构、角色以及责任有更清晰认识。

第二,积极响应东道国发展诉求。责任型跨国公司不仅守法,而且还有意识地为所在环境做出贡献;更关心发展中国家诉求,并把这种关心公开表现在对待客户、员工和社区的行动上。

第三,促进东道国科技发展。跨国公司把高科技带给发展中国家。例如,GE 公司参与发展中国家医疗体系建设,帮助培训医疗人员特别是设备操作方法,从而实现双赢结果。

第四,道德原则和法律法规相结合。在处理利益相关者诉求时,积极主动,而不是被动应付,积极遵守《全球公约》十大原则。

《全球公约》十大原则为:第一,行业应支持并尊重对国际公认的人权的保护;第二,确保自身不侵犯人权;第三,支持行业协会的自主权,支持行业协会的统一定价;第四,消除一切形式的强迫性劳动;第五,不使用童工;第六,消除对工种和职业岗位的歧视;第七,对于环保行动应予以支持;第八,主动肩负起更多的环保职责;第九,鼓励发展和使用环境友好的科技。第十,反对各种形式的腐败,包括敲诈及行贿。

四、变革型跨国公司

变革型跨国公司有如下特点。

第一,主动关切社会发展。不仅关注和回应发展中国家的现实问题和迫切需要,而且主动带头从源头上做出努力。

第二,长远规划、学习和适应。主动关切社会长远发展议题,经常举步维艰,困难重重,需要洞察、学习和适应;愿意牺牲潜在利润,来解决发展中国家社会难题;以高标准对待员工,关注员工发展;建立伙伴关系,共享资源,相互帮助,促进贫穷国家或地区的经济与社会的发展,在世界舞台上被人尊重。

总之,企业主动追求做"有社会责任心"的社会公民,坚持"创新、协调、绿色、开放、共享"的新发展理念,推动构建新发展格局,积极参与共建人类命运共同体。

综合以上讨论,剥削型跨国公司认为,工资、工作条件和生活水平等方面在国与国之间存在差异;追求要素成本差异,利润至上,钻法律空子,办血汗工厂。其特点是精打细算,投机倒把,冷酷无情。交易型跨国公司主动遵纪守法,不压制市场上其他对手,与周边环境保持纯粹的合法的商业关系。其特点是遵纪守法,合规交易至上。责任型跨国公司积极响应直接利益相关者的需求和诉求。其特点是积极响应,满足所需。变革型跨国公司除了完成分内职责之外,主动帮助解决难题,提高生活质量,引领社会发展,促进社会进步。其特点是热情主动,服务社会,与社会建立共生关系。对于以上四种跨国公司类型,我们还可以从吸收投资方的经济、社会、政治/法规等方面加以具体分析比较。

本节主要阐述了跨国公司在对待社会责任和可持续发展方面的态度,大致划分为四种类型,分别是剥削型、交易型、责任型和变革型。请同学们结合所关注跨国企业,分析其所属哪种类型,并对其未来发展提出政策建议。

思考题

1.请阐述剥削型跨国企业的特点。

2.请阐述交易型跨国企业的特点。

3.请阐述责任型跨国企业的特点。

4.请阐述变革型跨国企业的特点。

作业与测试

一、单选题

1.基于系统的观点和开放的观点分析,下列哪项不属于企业在国际化进程中所处环境的开放系统涉及的层面环境?(　　)

　　A.宏观环境　　　　B.产业环境　　　　C.东道国环境　　　D.企业内部环境

2.下列哪项不属于东道国环境层面的内容?(　　)

　　A.经济环境　　　　B.政治环境　　　　C.全球竞争态势　　D.技术环境

3.下列关于 PEST 模型说法不正确的是(　　)。

　　A.PEST 模型经常用来分析企业环境,包括政治环境、经济环境、社会环境和文化环境。

　　B.政治环境包括国家的社会制度,执政党性质,政府的方针、政策和法令等。

　　C.宏观经济环境主要指,一个国家的人口数量及其增长趋势、国民收入、国民生产总值及其变化情况,以及国民经济发展水平和发展速度。

　　D.技术环境除了与企业所处领域活动直接相关的技术手段外,还包括国家对科技开发的投资和支持重点、该领域技术发展动态和研发费用、技术转移以及专利保护等。

4.下列关于巴尼的 VRIO 模型的说法,错误的是(　　)。

　　A.V 是价值性,指的是企业目前的管理者所具备的能力和现有资金是否能使企业对环境威胁或机会做出反应。

　　B.R 是稀缺性,指的是有多少企业拥有某种有价值的资源和能力。

　　C.I 是难以模仿性,指的是这种资源和能力是否具有可复制性。

　　D.O 是组织性,指的是企业的组织制度能否充分利用资源和能力。

5.下列关于企业价值链分析的说法,不恰当的是(　　)。

　　A.由波特教授提出,把企业内外价值增加活动,分为基本活动和支持性活动。

　　B.基本活动和支持性活动构成了企业价值链。

　　C.企业参与的价值活动中,不是每个环节都创造相同价值,只有特定价值活动才创造高价值。

　　D.对于企业来说所有创造价值的经营活动,都是价值链的战略环节。

6.下列关于组织应对环境的策略的说法,不正确的是(　　)。

　　A.战略反应是指组织根据环境变化和复杂程度作出维持战略、改变战略或者采用新战略等行为。

　　B.组织设计和灵活性是指组织时刻关注和监督外部环境变化情况,可通过环境扫描、观察、阅读和社会交往等方法。

C.社会责任是组织在其运营的社会环境中必须履行的保护和改善社会的义务。

D.兼并是指两家或更多的企业合并成为一家新的企业。

7.下列关于跨国利益相关者的说法,错误的是(　　)。

A.跨国公司利益相关者既有一般意义上的利益相关者,也有其独特的利益相关者。

B.三种独特利益相关者分别为母国利益相关者、东道国利益相关者、一般利益相关者。

C.东道国利益相关者包括所有者、顾客、雇员、工会、供应商、分销商和战略联盟者等。

D.一般利益相关者包括全球生态环境、可持续资源和人口发展等。

8.下列关于利益相关者的提出对管理理论与实践的影响的说法,不恰当的是(　　)。

A.管理范畴得以扩展。利益相关者理论认为,需要把传统企业管理理论中股东、雇员、顾客、供应商、中间商、社区及政府等个人和团体纳入企业管理范围,视为企业的构成要素或内生变量,这拓宽了企业管理的视野。

B.利益相关者理论把企业视为开放系统,要求管理活动着眼于企业内部环境与外部环境的协调发展,处理好内部利益相关者与外部利益相关者的利益平衡,协调好各种利益相关者短期利益与长期利益的平衡。

C.利益相关者理论要求企业管理者必须从利益相关者角度来看待企业,实行以人为本的关系管理,公司治理是在充分平衡各利益相关者利益基础上的共同治理和相机治理。

D.管理的目标导向发生变化,受利益相关者的提出影响,企业管理的目标导向应该是股东价值最大化前提下的利益相关者价值最大化。

9.下列关于企业社会责任的说法,不正确的是(　　)。

A.社会责任的内涵在不同社会发展时期保持了相对稳定。

B.社会责任概念的最早含义是利润最大化。

C.20世纪前早期观点认为,企业的社会责任在于通过有效生产、制造产品并以适宜价格出售产品,从而合理地利用财力和设备。

D.20世纪初至60年代认为,企业既要为股东谋取利润,同时又必须承担部分社会责任。

10.下列哪一项不属于组织承担社会责任决策流程图需要判断的内容?(　　)

A.社会责任问题是否真的存在

B.企业是否拥有采取行动的权力

C.其他组织是否已经采取该行动

D.收益是否大于成本

11.下列选项中对于习近平总书记在《在经济社会领域专家座谈会上的讲话》的说法,不准确的是( )。

    A.我国经济持续快速发展的一个重要动力就是对外开放。

    B.对外开放是基本国策,我们要全面提高对外开放水平,建设更高水平开放型经济新体制,形成国际合作和竞争新优势。

    C.国际社会对经济全球化前景保持乐观,国际经济联通和交往仍是世界经济发展的客观要求。

    D.我国要积极参与全球经济治理体系改革,推动完善更加公平合理的国际经济治理体系。

12.关于剥削型跨国公司,下列说法不正确的是( )。

    A.弗里德曼曾经提出利润最大化论调,迎合了怀有剥削之心的企业,让他们心安理得,大行剥削之道。

    B.血汗工厂是剥削型跨国公司具有的特点之一。面对这种对工人压榨,社会出现反对声音,要求跨国公司对为其制造产品的供应商行为负责。

    C.当来自政府、非政府组织和民间机构的压力过大时,这些公司寻求关门大吉,并将生产设施等转移至其他国家或地区继续生产经营。

    D.美国政府通过了《反海外腐败法案》后,商业贿赂不再发生。

13.下列关于责任型跨国公司的说法,不正确的是( )。

    A.遵纪守法是责任型跨国公司的核心经营理念,不压制利益相关者。

    B.责任型跨国公司不仅守法,而且还有意识地为所在环境做出贡献。

    C.责任型跨国公司促进东道国科技发展,把高科技带给发展中国家。

    D.责任型跨国公司在处理利益相关者诉求时积极主动,不是被动应付。

14.下列关于交易型跨国公司的说法,不正确的是( )。

    A.交易型跨国公司重视给股东回报,但是认为纯粹的 Freedman 方法与股东长远利益不吻合。

    B.对于雇员和供应商,交易型跨国公司符合当地劳动法和对工作场地的要求。

    C.交易型跨国公司遵守当地法律法规,但利用国与国之间差异获取竞争优势。

    D.非政府组织监控交易型跨国公司行为,但并不会有任何的督促效果。

二、多选题

1.宏观环境包括( ),反映了时代主题、时代特征和发展趋势。当前,全球发展出现百年未有之大变局,中国发展已进入新时代,这是对中国发展进程的历史性判断。

    A.全球趋势   B.驱动力   C.全球竞争态势   D.产业竞争

2.下列哪项属于企业内部环境的内容?( )

    A.使命   B.愿景   C.员工技能   D.社会责任

3.下列哪些属于国家竞争优势的关键要素?( )

A.生产要素　　　　　　　　　　B.需求条件

C.企业战略和结构　　　　　　　D.相关与支持性产业

4.下列哪些对于企业来说属于利益相关者?(　　　)

A.企业的股东　　　B.债权人　　　C.本地居民　　　D.自然环境

5.20世纪60年代至今认为,公司对于社会期待的反应行动,主要表现在下列哪些方面?(　　　)

A.改革董事会　　　　　　　　　B.改善商业道德

C.提升利润　　　　　　　　　　D.主动采取社会行动

6.支持企业承担社会责任的理由包括下列哪些?(　　　)

A.公众期望　　　　　　　　　　B.长期利润

C.权利和责任对等　　　　　　　D.公众形象和股东利益

7.下列哪些属于交易型跨国公司的特点?(　　　)

A.核心经营理念是遵纪守法　　　B.合理处理劳资关系

C.牢记无害底线　　　　　　　　D.坚持可持续发展理念

8.下列哪些是《全球公约》十大原则的内容?(　　　)

A.行业应支持并尊重对国际公认的人权的保护。

B.支持行业协会的自主权,支持行业协会的统一定价。

C.消除对工种和职业岗位的歧视。

D.反对各种形式的腐败,包括敲诈及行贿。

三、判断题

1.VUCA是易变性、不确定性、复杂性和高联结度的缩写。VUCAH时代下,企业应对不确定性的关键,在于提高战略柔性和运营柔性。(　　　)

2.波特指出,各种竞争战略的重点和区别在于:第一,企业市场目标的宽与窄;第二,企业取得竞争优势的来源与方式是低成本还是差异化。(　　　)

3.波特提出了三种竞争战略:成本领先战略、差异化战略、集中战略。(　　　)

4.利益相关者概念由安索夫于1965年在他的《公司战略》一书中提出。1984年,弗里曼的《战略管理——利益相关者方式》出版后,利益相关者、利益相关者管理、利益相关者理论等被广泛关注和运用。(　　　)

5.《哈佛商业评论》对社会责任态度进行了调查,调查显示,支持承担社会责任的理由包括这是个创造财富的机会、能够吸引新的消费者和理想的员工以及降低资本成本。(　　　)

6.习总书记认为,当前在推进对外开放中要注意两点:一是,凡是愿意同我们合作的国家、地区和企业,包括美国的州、地方和企业,我们都要积极开展合作,形成全方位、多层次、多元化的开放合作格局。二是,越开放越要重视安全,越要统筹好发展和安全,着力增强自身竞争能力、开放监管能力、风险防控能力,练就金刚不坏之身。(　　　)

7.交易型跨国公司与周边环境是纯粹的商业关系,但不会不择手段,会根据社区采取积极态度。股东利润最大化是主要目标,但是也会关心其他利益相关者,尽可能避免恶劣的负面影响。其避免与其合作伙伴之间发生恶意伤害。但这并非意味着完全可靠而不受当局和非政府组织的监督。(　　)

8.变革型跨国公司除了完成分内职责之外,主动帮助解决难题,提高生活质量,引领社会发展,促进社会进步。其特点是热情主动,服务社会,与社会建立共生关系。(　　)

四、名词解释

1.国家竞争优势理论

2.战略

3.利益相关者

4.社会责任

5.责任型跨国公司

6.变革型跨国公司

五、简答题

1.请阐释波特的五种力量模型。

2.请阐释战略管理过程模型。

3.请阐述利益相关者的提出对管理理论与实践的影响。

4.请说说你对企业的社会责任与经营业绩的关系的看法。

5.请简述剥削型跨国公司的特点。

第 5 章
文化差异与跨文化管理

第 1 节　霍夫斯泰德文化差异模型

学习导航

　　本节内容包括如下主题：文化的定义和内涵、跨国公司管理的不同层面文化、地方主义和民族中心主义、文化自信的意义、权力距离、不确定性避免、个人主义、男性主义和长期导向，以及这些文化要素对于组织与管理实践的影响作用。

　　通过本节学习，希望同学们对于国别文化差异及其分析有较为系统认识，从而为企业国际化环境分析奠定基础。

一、文化的内涵

　　不同学者对于文化的准确定义存在差异。一般来说，广义文化是指一套价值观念、普遍规范和理想信念；狭义文化是指生活态度、工作风格和职业习惯等。文化与物质相互对应，是实践的产物，体现了时代的烙印；具有习得性、传承性和创新性；具有感染力和影响力。文化对于行为的影响是深层次的、全局性的、根深蒂固的和持久性的。文化智商是指适应和有效管理多元文化环境的程度。文化移情是指对另一种文化的认识和理解，要求具有理解不同文化背景的人的洞察力，以及设身处地为他人着想的意愿和能力。

　　跨国公司文化层次。对于跨国公司而言，其文化包含多个层次，分别是国家文化、商业文化、组织文化和职业文化，它们共同作用于跨国管理实践。对照不同层次文化，可以认为，社会主义核心价值观是国家文化，追求科技向善是商业文化，发扬团队精神是组织文化，弘扬爱岗敬业是职业文化。不同层次文化之间是相通的，我们需要将社会主义核心价值观这一国家层面文化融于商业文化之中,融于组织文化和职业文化之中,从而引导企业和员工树立正确的世界观、人生观和价值观,走向正确的成长道路。

二、霍夫斯泰德的文化差异模型

由荷兰心理学家吉尔特·霍夫斯泰德提出,用来衡量不同国家文化差异。他认为,文化是一个环境下人们共同拥有的心理程序,能将一群人与其他人区分开来。通过研究,他将文化差异归纳为五个基本的文化价值观维度,分别是权力距离、个人主义、不确定性避免倾向、男性主义和时间倾向。

1.权力距离

权力距离是指社会中人们对组织中权力不平等现象的接受水平,关注的是如何处理权力不平等的问题,聚焦于规范和信念。规范,是指约束行为的具体条例。信念,是指支持或反对行为的价值判断。根据霍夫斯泰德研究结论,在权力距离指标得分上,从高到低分别是马来西亚、阿拉伯国家、墨西哥、印度、法国、意大利、日本、西班牙、阿根廷、美国、德国、英国、丹麦、以色列和奥地利。权力距离的管理意义。借鉴霍夫斯泰德调查结果,我们从员工招聘、员工培训、评估晋升、员工薪酬、领导风格、工作动机、组织设计和战略制定等八个方面,阐述霍夫斯泰德文化差异模型不同维度对管理实践的影响情况。

在权力距离对于管理实践的影响方面,我们以美国和日本为例。相对而言,美国权力距离比较低,日本权力距离比较高,这种权力距离差异将对管理实践产生影响。第一,在员工招聘方面,美国社会重视应聘者的教育背景和个人能力,日本社会考虑应聘者的社会背景特别是社会阶层。第二,在员工培训方面,美国社会重视自我管理,日本社会重视一致性和顺从关系。第三,在评估晋升方面,美国社会重视业绩导向,日本社会重视诚信忠诚。第四,在员工薪酬方面,美国社会中领导与下属工资差距整体较小,日本社会中领导和下属工资差距较大。第五,在领导风格方面,美国社会重视参与式领导,较少直接监督;日本社会重视权威式领导,注重密切监督。第六,在工作动机方面,美国社会重视外部报酬和内部报酬;日本社会重视内在报酬(例如,归属感和认同感)。第七,在组织设计方面,美国社会重视分权化和自主化的决策制定,日本社会重视权威等级关系和监督制度。第八,在战略制定方面,美国社会重视直接的、快速的和可计量的回报;日本社会重视渐进主义,重视长期利益增长。

2.不确定性避免倾向

不确定性避免是指一个社会中人们对于模糊不清在多大程度上感受到威胁。不确定性避免高的国家将会避免冲突,不能容忍分歧,重视规范和制度,认同专家和权威的意见。VUCAH 时代,不确定性成为常态;我们不仅需要降低不确定性,而且更加需要提高灵活性以应对或适应不确定性,包括战略灵活性、运营灵活性、组织灵活性、人力资源管理灵活性和财务灵活性等。根据霍夫斯泰德的研究结论,在不确定性避免指标得分上,从高到低分别是希腊、日本、法国、韩国、阿拉伯国家、德国、澳大利亚、加拿大、英国、印度、丹麦和新加坡。

不确定性规避的管理意义。在不确定性避免倾向对于管理实践的影响方面,以日本和美国为例进行分析。相对而言,日本不确定性避免比较高,美国不确定性避免比较低,这种不确定性避免差异将对管理实践产生影响。第一,在员工招聘方面,日本社会重视资历和忠诚,美国社会重视业绩。第二,在员工培训方面,日本社会重视综合能力培训,美国社会重视适应性培训。第三,在评估晋升方面,日本社会重视资历和忠诚,美国社会重视个人绩效数据。第四,在员工薪酬方面,日本社会重视基于资历和专业,美国社会重视基于绩效。第五,在领导风格方面,日本社会重视人性导向,美国社会重视任务导向。第六,在工作动机方面,日本社会回避竞争和追求安全,美国社会追求竞争机制和自我激励。第七,在组织设计方面,日本社会重视形式化、标准化和对称化,美国社会重视变化和弹性。第八,在战略制定方面,日本社会规避风险,美国社会崇尚风险。

3.个人主义

个人主义是指人们只考虑自己及其所在小群体而忽视集体或社会。传统认为,提倡个人主义的国家(例如美国、英国和澳大利亚)鼓励民主;提倡集体主义的国家,对集体主义有强烈信念。在涉及基础科学研究方面,需要集中力量办大事。这就涉及国家治理体系和治理能力现代化。我们既需要发挥个人拼搏奋斗精神,也需要弘扬集体主义精神。根据霍夫斯泰德的研究结论,在个人主义指标得分上,从高到低分别是澳大利亚、美国、英国、加拿大、法国、德国、西班牙、日本、墨西哥、意大利、韩国和新加坡。

个人主义的管理意义。在个人主义对于管理实践的影响方面,以日本和美国为例进行分析。相对而言,日本个人主义比较低,美国个人主义比较高,这种差异将对管理实践产生影响。第一,在员工招聘方面,日本社会重视团队身份,美国社会重视个人特质。第二,在员工培训方面,日本社会关注公司长远发展所需能力培训,美国社会关注技能培训。第三,在员工晋升方面,日本社会重视团队和资历,美国社会重视个人绩效。第四,在员工薪酬方面,日本社会重视团队,美国社会重视外部奖励,重视金钱激励。第五,在领导风格方面,日本社会重视责任和使命导向,美国社会重视基于个人绩效的奖惩制度。第六,在工作动机方面,日本社会重视道德导向,美国社会重视个人付出的成本与收益。第七,在组织设计,日本社会重视团队和大规模组织,美国社会重视个人和小规模组织。第八,在战略制定方面,日本社会重视长远规划,美国社会重视创新与冒险。随着时代发展,不同国家特征也在不断变化。

4.男性主义

男性主义是指传统的男子气概,例如自信、物质主义、缺乏对别人的考虑。阴柔气质强调女性的价值观,例如对他人、关系和生活质量的照顾。在男性主义强烈的社会,一般有着明确的性别角色分工(例如女性被期待在家里照顾家庭),男性独断且处于统治地位,工作优先于家庭事务。在男性主义较弱的国家里,人们发现冲突和工作压力较低,高层次工作岗位中有更多女性。根据霍夫斯泰德研究结论,在男性主义指标得分上,从高到低分别是日本、墨西哥、德国、英国、美国、阿拉伯国家、法国、韩国、葡萄牙、意大利、丹麦、瑞典。

男性主义的管理意义。在男性主义对于管理实践的影响方面,我们以日本和瑞典为例来进行分析。相对而言,日本社会强调高男性主义,瑞典社会强调低男性主义,这种差异将对管理实践产生影响。第一,在员工招聘方面,瑞典社会员工招聘与性别无关,日本社会以性别区分工作。第二,在员工培训方面,瑞典社会员工培训以工作为导向,日本社会员工培训以事业为导向。第三,在评估晋升方面,瑞典社会与性别无关,日本社会与性别有关。第四,在员工薪酬方面,瑞典社会不同级别工资差异小,日本社会不同级别工资差异高。第五,在领导风格方面,瑞典社会重视参与式领导,日本社会重视独裁型领导。第六,在工作动机方面,瑞典社会强调生活质量,注重休假和假期,日本社会重视绩效和成长,追求完美,以工作为中心。第七,在组织设计方面,瑞典社会偏好小型组织,日本社会偏好大型组织。第八,在战略制定方面,瑞典社会重视程序民主,日本社会强调果断执行。

5.时间导向

在高度长期导向的文化中,管理者需要对社会关系有敏感性,根据人的性格和教育背景来挑选合适的公司管理者,并通过培训和社会化让员工对公司形成长期忠诚,弥补员工最初在工作专业技能方面的弱点。相反,在短期导向的文化中,管理者关注短期高效有用的技能,缺乏重视员工培训的长期社会化回报。根据霍夫斯泰德研究结论,长期导向指标得分从高到低的国家或地区分别是中国内地、中国香港、日本、泰国、越南、巴西、印度、美国、加拿大、英国、厄瓜多尔、非洲国家。

长期导向的管理意义。在长期导向对于管理实践的影响方面,以日本和美国为例。相对而言,日本社会强调长期导向,美国社会强调短期导向,这种差异将对管理实践产生影响。第一,在员工招聘方面,日本社会重视个人性格与公司文化的适合程度,美国社会重视公司所需客观技能。第二,在员工培训方面,日本社会重视长期需要,美国社会重视短期需要。第三,在评估晋升方面,日本社会重视发展技能和忠诚,美国社会重视基于绩效的晋升。第四,在员工薪酬方面,日本社会重视内在报酬和安全感,美国社会重视工资和晋升。第五,在领导风格方面,日本社会重视社会责任型领导,美国社会重视任务导向型领导。第六,在工作动机方面,日本社会重视满足公司长期发展目标,美国社会重视外在激励和及时奖励。第七,在组织设计方面,日本社会重视达成一致的综合方法,美国社会重视逻辑分析和理性合理。第八,在战略制定方面,日本社会重视长期利益增长,美国社会重视短期可计量回报。

本节主要阐述了文化的定义和内涵,跨国公司管理面临的不同层面文化(国家文化、商业文化、组织文化和职业文化),霍夫斯泰德文化差异模型,以及不同文化维度的内涵及其对组织管理实践的影响。请同学们结合所关注企业的国际化实践,分析其在不同国家面临的文化差异,以及所采取的组织与管理的实践。

研究动态

Cantwell J. and A. Verbeke. The JIBS 2016 decade award：a quarter century of culture's consequences：a review of empirical research incorporating Hofstede's cultural values framework[J].Journal of International Business Studies,2017,48(1)：10-11.

Beugelsdijk S.,et al.,An overview of Hofstede-inspired country-level culture research in international business since 2006[J].Journal of International Business Studies,2017,48(1):30-47.

Kirkman,Lowe and Gibson's(2006)JIBS article summarized and critiqued international business research inspired by the most cited book in the field Hofstede's 1980 Culture's Consequences：International differences in work-related values(Hofstede [1980]2001). They identified a number of issues in this research and offered several recommendations for improving it in the future,thus laying a strong foundation for Hofstede-related work since 2006. In this commentary,we assess Kirkman et al.'s (2006)impact on the field. Our review shows that their ideas have informed and inspired their own and other scholars' work and have led to significant progress in the way in which Hofstede's framework has been used in international business in the last decade. Here,we specifically focus on the country-level culture studies and assess how research has implemented Kirkman et al.'s three main recommendations-to explore cultural dimensions beyond those introduced by Hofstede, to distinguish between country effects and cultural effects,and to show not only if culture matters but also how much it matters. In addition to the overview,we provide a comprehensive test of these recommendations showing how they can be put into research practice underscoring the theoretical and empirical relevance of the original 2006 article. Our commentary concludes with additional ideas on further strengthening Hofstede-inspired research at the country level of analysis.

Kirkman B. L.,et al.,A quarter century of culture's consequences：A review of empirical research incorporating Hofstede's cultural values framework[J].Journal of

International Business Studies,2006,37(3):285-320.

Since Geert Hofstede's Culture's Consequences: International Differences in Work-Related Values(Sage,1980)was published,researchers have utilized Hofstede's cultural values framework in a wide variety of empirical studies. We review 180 studies published in 40 business and psychology journals and two international annual volumes between 1980 and June 2002 to consolidate what is empirically verifiable about Hofstede's cultural values framework. We discuss limitations in the Hofstede-inspired research and make recommendations for researchers who use Hofstede's framework in the future.

补充阅读

1.约翰·卡伦,等.国际企业管理[M].第六版.崔新健,等,译.中国人民大学出版社,2018.

2.Cantwell J., A. Verbeke. The JIBS 2016 decade award:a quarter century of culture's consequences:a review of empirical research incorporating Hofstede's cultural values framework[J].Journal of International Business Studies,2017,48(1):10-11.

3.Beugelsdijk S.,et al.An overview of Hofstede-inspired country-level culture research in international business since 2006[J].Journal of International Business Studies,2007,48(1):30-47.

4.Kirkman B. L.,et al.,A quarter century of culture's consequences:a review of empirical research incorporating Hofstede's cultural values framework[J].Journal of International Business Studies,2006,37(3):285-320.

思考题

1.请阐述跨国公司管理面临的不同层面文化。

2.请阐述权力距离的内涵及其对组织与管理实践的影响。

3.请阐述不确定性避免的内涵及其对组织与管理实践的影响。

4.请阐述个人主义的内涵及其对组织与管理实践的影响。

5.请阐述男性主义的内涵及其对组织与管理实践的影响。

6.请阐述长期导向的内涵及其对组织与管理实践的影响。

7.请阐述请结合霍夫斯泰德文化差异模型,阐述你所关注中国跨国企业在国际化进程中面临的文化差异及其管理举措。

第 2 节　全球领导力和组织行为有效性模型

学习导航

本节内容包括：GLOBE 文化模型的提出、GLOBE 文化模型不同维度的内涵、GLOBE 文化模型不同维度（特别是业绩导向维度和人性化导向维度）对组织与管理的实践的影响、全球十大文化族群及其特点，以及新时代弘扬中华民族文化自信的历史意义。通过本节学习，希望同学们对于 GLOBE 模型有系统认识，为企业国际化环境分析奠定基础。

一、GLOBE 项目介绍

GLOBE 是指"全球领导力和组织行为有效性"，该研究项目成果丰富。研究团队由 170 名研究者组成，在历时 7 年时间里，收集了文化价值观方面的实践数据，包括来自 62 个国家和地区的 17 000 名管理者的领导力数据。这些管理者来自全球各地，所处行业和组织规模具有广泛代表性。GLOBE 项目团队总结出 9 个文化维度，分别是：坚定导向、性别平等、公共集体主义、群体集体主义、未来导向、不确定规避、权力距离、业绩导向和人性化导向。其中，有 7 个维度与霍夫斯泰德文化差异模型相类似。具体而言，坚定导向和性别平等与霍夫斯泰德文化模型中的男性主义/女性主义维度相一致，公共集体主义和群体集体主义与霍夫斯泰德文化模型中的集体主义和个人主义维度相一致，未来导向、不确定性规避和权力距离也与霍夫斯泰德文化模型中的相应维度相一致。另外两个维度是业绩导向和人性化导向。

业绩导向与人性导向。业绩导向是指，社会鼓励个人创新、提高绩效并取得杰出成绩的程度。业绩导向高的国家倾向于培训和开发，业绩导向低的国家更看重家庭和背景。根据 GLOBE 研究项目的调查结果，在业绩导向指标方面，得分排列从高到低的国家或地区分别为中国香港、新西兰、美国、日本、英国、西班牙、意大利、委内瑞拉和阿根廷。

业绩导向的管理意义。在招聘和管理选择方面，高业绩导向更重视基于个人成就和价值，低业绩导向更重视资历和经验。在培训方面，高业绩导向更重视培训和开发，低业绩导向更重视社会关系和家庭关系。在评估和晋升方面，高业绩导向更重视基于价值和成就，低业绩导向更重视基于年龄。在薪酬方面，高业绩导向更重视绩效工资和晋升，低业绩导向更重视传统职位工资。在领导风格方面，高业绩导向更重视乐观进取的态度，低业绩导向更重视强调忠诚和归属。在工作动机方面，高业绩导向重视奖金和奖励,低业绩导向重视生活追求品质。在沟通方面,高业绩导向重视直接简明的沟通,低业绩导向注重巧妙含蓄的沟通。

在人性化导向方面,该指标反映社会中个人公正、无私、关爱和宽容的程度。在高人性化导向的社会中,人们更强调对归属和从属关系的需要,而不是占有物质财富、自我实现和娱乐等需要。在低人性化导向的社会里,人们倾向于重视自我利益和自我满足。在人性化导向指标方面,得分排列从高到低的国家或地区分别为菲律宾、爱尔兰、马来西亚、美国、瑞典、中国香港、巴西、法国和德国。

人性化导向的管理意义。在组织关系方面,高人性化导向重视家庭、朋友和社区关系的重要性,低人性化导向强调自利行为。在领导风格方面,高人性化导向重视领导风格更加平易近人,关心下属个性化发展需要,更加仁慈和随意;低人性化导向较少有亲近感,对于下属关心是出于大众化关心,经常是正式的沟通关系,缺乏仁爱。此外,高人性化导向社会中,员工追求归属感,公司支持员工发展。而低人性化导向社会中,员工追求权力和物质利益,公司期待员工自己解决问题。

二、世界十大文化族群

来自 GLOBE 项目团队的研究者们,在 9 个维度上分析其调查数据,决定哪些地理区域存在相似性。分析认为,全球存在十个文化族群,分别是安格鲁、阿拉伯、日耳曼欧洲、拉丁欧洲、东欧、儒家文化圈、拉丁美洲、撒哈拉沙漠以南、非洲、北欧。跨国公司会发现,在相似文化族群里投资能够取得更好收益,降低投资风险。地理文化族群不同,导致族群内存在相似的经济、历史或者环境特征。

世界文化族群文化特征比较。GLOBE 项目研究人员对世界文化族群文化特征进行比较。对于亚洲国家文化族群而言,以日本为例,它相对于其他文化族群的国家或地区,具有高坚定导向、高未来导向、中人性化导向、高公共集体主义、高群体集体主义、中等程度性别平等、中等程度权力距离和中等程度的不确定性规避。社会是不断发展的,不同地区文化特征也会随时代变迁而不断发展,我们需要采取发展的眼光,来认识和评价不同地区的文化特征。

三、中华传统文化

中国传统文化博大精深,学习和掌握其中的各种思想精华,对树立正确的世界观、人生观、价值观很有益处。在中央党校建校 80 周年庆祝大会暨 2013 年春季学期开学典礼上,习近平告诫学员们要多学习,要有"先天下之忧而忧,后天下之乐而乐"的政治抱负,"位卑未敢忘忧国""苟利国家生死以,岂因祸福避趋之"的报国情怀,"富贵不能淫,贫贱不能移,威武不能屈"的浩然正气,"人生自古谁无死,留取丹心照汗青""鞠躬尽瘁,死而后已"的献身精神,把优秀传统文化和民族精神继承和发扬下去。

中国优秀传统文化如何"古为今用"？习近平列出许多优秀古代思想：道法自然、天人合一，天下为公、大同世界，自强不息、厚德载物，以民为本、脚踏实地、实事求是，仁者爱人、以德立人，以诚待人、清廉从政、勤勉奉公。对这些思想，要结合新时代条件加以继承和发扬，赋予其新的时代含义。

四、文化自信的历史意义

文化是一个国家、一个民族的灵魂。党的十八大以来，习近平总书记高度重视文化自信，提出了新的时代课题。在"四个自信"中，文化自信是更基础、更广泛、更深厚的自信，是更基本、更深沉、更持久的力量。没有高度的文化自信，没有文化的繁荣兴盛，就没有中华民族伟大复兴。要坚持不忘本来、吸收外来、面向未来，在继承中转化，在学习中超越，创作更多体现中华文化精髓、反映中国人审美追求、传播当代中国价值观念的符合世界进步潮流的优秀作品，让中国文艺以鲜明的中国特色、中国风格、中国气派屹立于世。传承中华文化，需要古为今用、洋为中用、辩证取舍、推陈出新，摒弃消极因素，继承积极思想，"以古人之规矩，开自己之生面"，实现中华文化的创造性转化和创新性发展。中华文明延续着我们国家和民族的精神血脉，既需要薪火相传、代代守护，也需要与时俱进、推陈出新。

本节主要阐述了 GLOBE 研究项目情况，阐述了该项目研究发现与霍夫斯泰德文化差异模型的主要区别，重点阐述了业绩导向和人性化导向的内涵及其对组织管理实践的启示意义，分析了全球十大文化区域的文化特征，最后简要阐述了中华民族文化传统与新时代文化自信的重要意义。请同学们结合 GLOBE 项目研究发现和所关注企业国际化实践，分析其在不同国家或地区面临的文化差异，以及所采取的组织管理实践活动。需要深刻理解中华民族文化传统，把握文化自信在企业国际化进程中的重要意义。

研究动态

Brewer P. and S. Venaik.Individualism-Collectivism in Hofstede and GLOBE[J]. Journal of International Business Studies,2011,42(3):436-445.

This paper examines the Individualism-Collectivism(I-C)dimension of national culture in the Hofstede and GLOBE models. We identify major contradictions between the two culture models,which result in contradictory relationships with external variables such as economic prosperity. We critically evaluate the content validity of the items used to measure this construct in both models. Based on our analysis,we suggest that Hofstede's Individualism-Collectivism index be relabelled as Self-orientation vs Work-orientation and GLOBE's In-group collectivism as Family Collectivism. We demonstrate how the proposed alternative conceptualizations of the

Individualism-Collectivism dimensions in both the Hofstede and GLOBE models can help reconcile the anomalous relationships between these two models of national culture, and between their dimension scores and other external variables of interest to researchers. We recommend a way forward for future research incorporating the collectivism dimensions that identifies which of the Hofstede/GLOBE scores is appropriate for differing purposes. This will help to make future research findings clearer, and to reduce contradictions and anomalies. Implications drawn from such research should also be clearer as a result.

Venaik S., P. Brewer. Avoiding uncertainty in Hofstede and GLOBE[J].Journal of International Business Studies,2010,41(8):1294-1315.

This paper compares the Uncertainty Avoidance(UA)dimension of national culture across the Hofstede and GLOBE models, looking at relationships in both data and analysis. Rather than mutual support, we detail major differences and anomalies across the studies. We show how these anomalies are resulting in contradictory explanations in research on national differences across a range of individual-, firm-and country-level phenomena. We clarify the UA measurement in both Hofstede and GLOBE, and find that the two models are measuring different components of the UA construct. We propose a two-component model of UA, namely, UA-stress and UA-rule orientation, and confirm its validity with national culture data from the Hofstede and GLOBE studies, and economic data from the World Bank. We also explain the negative GLOBE UA practices-values relationship using motivational theories. A way forward in future UA-related research is suggested. The Hofstede UA index, the GLOBE UA practices scores and the GLOBE UA values scores should be used within the specific domains that they represent:that is,stress,rule orientation practices and rule orientation aspirations,respectively. Resolving the contradictions in UA between and within Hofstede and GLOBE will help cross-cultural researchers develop more robust theories and more practical recommendations for international business management.

Hofstede G. What did GLOBE really measure? Researchers' minds versus respondents' minds [J]. Journal of International Business Studies, 2006, 37 (6): 882-896.

The GLOBE research program expanded the Hofstede model of five dimensions of national cultures to 18. A re-analysis based on GLOBE's 2004 summary book produced five meta-factors. One was significantly correlated with GNP/ capita and, from the Hofstede dimensions, primarily with Power Distance. Three more correlated significantly with Hofstede's Individualism, Uncertainty Avoidance and Long-Term Orientation. The fifth included the few GLOBE questions that related to Hofstede's dimension of Masculinity versus Femininity. GLOBE's respondents' minds classified the questions in a way that the researchers' minds did not account for and which closely resembles the original Hofstede model.

Waldman D. A., et al.Cultural and leadership predictors of corporate social responsibility values of top management:a GLOBE study of 15 countries[J].Journal of International Business Studies,2006,37(6):823-837.

This paper examines cultural and leadership variables associated with corporate social responsibility values that managers apply to their decision-making. In this longitudinal study,we analyze data from 561 firms located in 15 countries on five continents to illustrate how the cultural dimensions of institutional collectivism and power distance predict social responsibility values on the part of top management team members. CEO visionary leadership and integrity were also uniquely predictive of such values.

补充阅读

1.约翰·卡伦,等.国际企业管理[M].第六版.崔新健,等,译.中国人民大学出版社,2018.

2.Brewer P., S. Venaik.Individualism-collectivism in Hofstede and GLOBE[J]. Journal of International Business Studies,2011,42(3):436-445.

3.Venaik S., P. Brewer. Avoiding uncertainty in Hofstede and GLOBE[J]. Journal of International Business Studies,2010,41(8):1294-1315.

4. Hofstede G. What did GLOBE really measure? Researchers' minds versus respondents' minds[J]. Journal of International Business Studies,2006,37(6): 882-896.

5.Waldman D. A.,et al.Cultural and leadership predictors of corporate social responsibility values of top management:a GLOBE study of 15 countries[J].Journal of International Business Studies,2006,37(6):823-837.

思考题

1.请阐述 GLOBE 文化模型不同维度的内涵及其对管理实践的影响。

2.请阐述了解全球十大文化族群及其特点。

3.请运用 GLOBE 文化模型,分析你所关注中国跨国企业在国际化进程中面临的文化差异及其管理举措。

第3节 人类学(七维文化)模型

学习导航

本节内容如下：七维文化模型的内涵和维度、普遍主义与特殊主义、个人主义与集体主义、具体型与扩散型、中立型与情感型、成就型与归属型、过去导向与未来导向、内部控制与外部控制。

通过本节学习，希望同学们对于"七维文化模型"有着深入透彻的理解，从而更好地理解国别文化差异，为企业国际化环境分析奠定基础。

七维文化模型中，其中五个维度与人际关系相关，分别是普遍主义与特殊主义、个人主义与集体主义、具体型与扩散型、中立型与情感型、成就型与归属型。此外，时间导向强调社会是倾向于过去、现在还是未来，环境关系导向强调社会是适应环境还是控制环境。

一、普遍主义与特殊主义的差异与管理意义

在崇尚普遍主义的社会当中，人们关注规则，合约很难被打破，信守诺言。其管理意义在于，实施程序性决策，采用正规商业规则，致力于正规的商业实践，对所有事件进行相似处理，以及公开宣布变化。相反，在崇尚特殊主义的社会当中，人们关注关系，合约很容易被修改，人们在互信基础上适应彼此需求，强调交易灵活多变，强调个人处境，视情况和人员而定。其管理意义在于，采用非正式网络促进相互理解，巧妙地进行私下改变，根据具体情况处理具体事件，变化仅仅对内部人告示。简言之，普遍主义强调按章办事，特殊主义强调人情世故。

二、个人主义与集体主义的差异与管理意义

在崇尚个人主义的社会当中，人们关注的是个人利益、个人成就和个人责任，进行个人决策。其管理意义在于，使用个体经济手段，提倡个体主动性，进行充分的人力资源规划。在崇尚集体主义的社会当中，人们关注群体、群体成就和群体责任，注重群体决策。其管理意义在于，关注群体士气和凝聚力，降低人员流动率，制定群体目标。七维文化模型中个人主义与霍夫斯泰德文化模型和GLOBE文化模型中个人主义和集体主义相一致，可以结合霍夫斯泰德文化模型和GLOBE文化模型进行理解。

三、具体型与扩散型的差异与管理意义

在崇尚具体型文化的社会中,人们强调直接关系,直接和明确的人际沟通,根据原则进行决策。其管理意义在于,强调使用目标和标准,将生活与工作分开,并提供明确的指导意见。在崇尚扩散型文化的社会当中,人们强调间接和微妙的关系,沟通通常是含蓄的,需要根据具体情况作出道德决策。其管理意义在于,力图一事一议,具体情况具体分析,生活工作融合一起,给予员工的指导意见通常是模糊的。

四、中立型与情感型的差异与管理意义

在崇尚中立型文化的社会中,人们倾向于控制情绪,不表露想法和感受,确保对话简明扼要。在崇尚情感型文化社会中,人们通过口头或非口头形式表达想法、感受和情绪,运用生动的表情和手势,肢体接触比较常见。其管理意义在于,避免产生距离感,强调责任感和荣誉感,容忍情绪爆发。

五、成就型与归属型的差异与管理意义

在崇尚成就型文化的社会中,人们只在相关场合使用头衔,上级通过工作表现赢得尊重,在管理中模糊性别和年龄。其管理意义在于,强调对技能和成就的奖励和尊重,高级经理同样尊重技术和职能专家。在崇尚归属型文化的社会中,人们普遍使用头衔,希望称呼头衔,认为尊重上级是对组织的承诺,管理者的背景和年龄是重要资质。其管理意义在于,强调资历,使用上级权力进行奖励,强调行政管理系统。成就型与归属型的维度与 GLOBE 文化模型中的高业绩导向和低业绩导向具有相似性。

六、过去导向与未来导向的差异与管理意义

在崇尚过去导向型文化的社会中,人们围绕国家历史和起源、商业和家庭进行沟通,尊重过去的荣誉和长者。其管理意义在于,强调历史和传统,对两者保持敏感,工作避免严格的截止日期。在崇尚未来导向型文化的社会中,人们强调未来,强调沟通要基于潜在成就,重视计划和未来发展。其管理意义在于,强调未来和机遇以及明确的截止日期。

七、内部控制与外部控制的差异与管理意义

在崇尚内部控制文化的社会当中,人们强调人类可以控制外部环境,强调自我和

个人群体,强调权威和控制自然。在崇尚外部控制文化的社会当中,人们强调妥协,崇尚和谐,追求共同发展。其管理意义在于,强调与下属、同级或上级等利益相关者建立良好关系,强调合作共赢。我们需要辩证看待人类在发展历程中与外在环境的共生关系,既要尊重客观规律,又要发挥主观能动性,致力于共建人类命运共同体。

本节主要阐述了七维文化模型的内涵和维度、普遍主义与特殊主义、个人主义与集体主义、具体型与扩散型、中立型与情感型、成就型与归属型、过去导向与未来导向、内部控制与外部控制。在国家治理体系不断完善和治理能力不断提升的背景下,我们需要弘扬优秀文化传统,摒除不良文化习惯,将推动文化自信建设不断发展。请同学们对比分析七维文化模型与 GLOBE 文化模型和霍夫斯泰德文化模型的异同点,分析所关注企业的国际化实践,分析其在不同国家面临的文化差异,以及所采取的组织与管理的实践。

研究动态

Hampden-Turner C., F. Trompenaars. Cultural intelligence-is such a capacity credible? [J].Group & Organization Management,2006,31(1):56-63.

Are claims to describe and measure cultural intelligence credible? Three major objections are discussed:(a)Cultures are said to be entirely relative in their values,so holding one culture to be more intelligent than another is discriminatory;(b)cultural studies are said to be a form of postmodernism,whereas to have one central definition of culture is modernist-an imposition of our own dominant beliefs; and(c)attempts to categorize cultures are said to be crude stereotypes lacking subject. The answer to the first objection is the synergy hypothesis:Values are relative,but they are more or less synergistic. The answer to the second objection is the complementary hypothesis: Cultures are different,even polar opposites,yet they converge in a fuller description. The answer to the third objection is the latency hypothesis,for which every value is given face value and its latent shadow lies behind it.

Smith,P. B.,et al.National culture and the values of organizational employees-a dimensional analysis across 43 nations[J].Journal of Cross-cultural Psychology, 1996,27(2):231-264.

The values of 8 841 managers and organization employees from 43 countries were surveyed. The range of nations included paralleled many of those surveyed by Hofstede(1980) but added also substantial samples from ex-communist nations. Questionnaire items focused primarily on measures of universalism-particularism,a-chievement-ascription, and individualism-collectivism. Multidimensional scaling of country means revealed three interpretable dimensions. The relation of these dimensions to the results of earlier large-scale surveys and to a variety of demographic indexes is explored. It is found that there are continuing substantial differences in modal cultural values of organization employees and that these are largely consistent with differences reported by others. The present results suggest that the dimensions defined by Hofstede as individualism-collectivism and power distance may be better defined as representing varying orientations toward continuity of group membership (loyal involvement/utilitarian involvement)and varying orientations toward the obligations of social relationship(conservatism/egalitarian commitment).

补充阅读

1.约翰·卡伦,等.国际企业管理[M].第六版.崔新健,等,译.中国人民大学出版社,2018.

2.Hampden-Turner C., F. Trompenaars.Cultural intelligence-is such a capacity credible? [J].Group & Organization Management,2006,31(1):56-63.

3.Smith P. B.,et al.National culture and the values of organizational employees-a dimensional analysis across 43 nations[J].Journal of Cross-cultural Psychology, 1996,27(2):231-264.

思考题

1.请阐述普遍主义与特殊主义的差异与管理意义。

2.请阐述个人主义与集体主义的差异与管理意义。

3.请阐述具体型与扩散型的差异与管理意义。

4.请阐述中立型与情感型的差异与管理意义。

5.成就型与归属型的差异与管理意义。

6.请阐述过去导向与未来导向的差异与管理意义。

7.请阐述内部控制与外部控制的差异与管理意义。

8.请阐述请结合七维文化模型,分析你所关注中国跨国企业在国际化进程中面临的文化差异及其管理举措。

作业与测试

一、单选题

1.下列关于文化的说法,不正确的是( )。

　　A.文化与物质相互对应,是实践的产物。

　　B.文化具有习得性、传承性和创新性。

　　C.文化对于行为的影响是深层次的、全局性的、根深蒂固的和持久性的。

　　D.文化移情是指适应和有效管理多元文化环境的程度。

2.跨国公司的文化包含多个层次,对照不同层次文化,可以认为( )是商业文化。

　　A.社会主义核心价值观　　　　　　　B.追求科技向善

　　C.发扬团队精神　　　　　　　　　　D.弘扬爱岗敬业

3.下列关于权力距离的说法,不正确的是( )。

　　A.权力距离是指社会中人们对组织中权力不平等现象的接受水平,关注的是如何处理权力不平等的问题,聚焦于规范和信念。

　　B.规范是指约束行为的具体条例。

　　C.信念是指支持或反对行为的价值判断。

　　D.根据霍夫斯泰德研究结论,在权力距离指标得分上,马来西亚和阿拉伯国家相对较低。

4.下列关于不确定性避免的管理意义的说法,不正确的是( )。

　　A.日本不确定性避免比较高,美国不确定性避免比较低。

　　B.在员工招聘方面,日本社会重视资历和忠诚,美国社会重视业绩。

　　C.在领导风格方面,日本社会重视任务导向,美国社会重视人性导向。

　　D.在工作动机方面,日本社会回避竞争和追求安全,美国社会追求竞争机制和自我激励。

5.下列关于时间导向的说法,不正确的是( )。

　　A.在长期导向文化中,公司通过社会化让员工对公司形成长期忠诚。

　　B.在短期导向文化中,管理者关注短期高效技能,缺乏重视员工培训长期社会化回报。

　　C.根据霍夫斯泰德研究结论,在长期导向指标得分上,厄瓜多尔和非洲相对较低。

　　D.根据霍夫斯泰德研究结论,在长期导向指标得分上,中国香港和英国相对较高。

6.下列关于 GLOBE 的说法,不正确的是(　　)。

A.GLOBE 是指"全球领导力和组织行为有效性"。

B.根据 GLOBE 研究项目的调查结果,在业绩导向指标方面,中国香港和新西兰得分相对较高。

C.根据 GLOBE 研究项目的调查结果,在人性化导向指标方面,法国和德国得分相对较高。

D.实践者们需要关注文化差异维度及其内涵,并在实践中结合管理情景进行具体分析。

7.下列关于人性导向的说法,不正确的是(　　)。

A.在组织关系方面,高人性化导向强调自利行为,低人性化导向重视家庭、朋友和社区关系的重要性。

B.在领导风格方面,高人性化导向重视领导风格更加平易近人,关心下属个性化发展需要,更加仁慈和随意;低人性化导向较少有亲近感,对于下属关心是出于大众化关心,经常是正式的沟通关系,缺乏仁爱。

C.高人性化导向社会中,员工追求归属感,公司支持员工发展。

D.低人性化导向社会中,员工追求权力和物质利益,公司期待员工自己解决问题。

8.下列关于世界文化族群文化特征比较说法,不正确的是(　　)。

A.北欧族群和东欧族群呈现出高性别平等的文化特征。

B.南亚族群呈现出高人性化导向的文化特征。

C.中东族群呈现出高未来导向的文化特征。

D.亚洲儒家文化族群呈现出高公共集体主义的文化特征。

9.在七维文化模型中,下列哪个维度不是与人际关系相关的维度?(　　)

A.普遍主义与特殊主义　　　　　　B.个人主义与集体主义

C.适应环境还是控制环境　　　　　D.成就型与归属型

10.下列关于普遍主义与特殊主义的差异与管理意义说法,不正确的是(　　)。

A.在崇尚普遍主义的社会当中,人们关注规则,合约很难被打破,信守诺言。

B.在崇尚特殊主义的社会当中,人们关注关系,合约很容易被修改,人们在互信基础上适应彼此需求,强调交易灵活多变,强调个人处境,视情况和人员而定。

C.普遍主义强调按章办事,特殊主义强调人情世故。

D.特殊主义的管理意义在于,实施程序性决策,采用正规商业规则,致力于正规的商业实践,对所有事件进行相似处理,以及公开宣布变化。

11.下列关于个人主义与集体主义的差异与管理意义说法,不正确的是(　　)。

A.在崇尚个人主义社会当中,人们关注的是个人利益、个人成就和个人责任,进行个人决策。

B.个人主义的管理意义在于,关注群体士气和凝聚力,降低人员流动率,制定群体目标。

C.在崇尚集体主义的社会当中,人们关注群体、群体成就和群体责任,注重群体决策。

D.七维文化模型中个人主义与霍夫斯泰德文化模型中个人主义相一致。

12.下列关于中立型与情感型的差异与管理意义说法,不正确的是(　　)。

A.在崇尚中立型文化社会中,人们倾向于控制情绪,不表露想法,确保对话简明扼要。

B.在崇尚情感型文化社会中,人们一般直接通过口头形式表达想法。

C.在崇尚情感型文化社会中,在表达感受和情绪时肢体接触比较常见。

D.情感型文化管理意义在于,避免产生距离感,强调责任感和荣誉感,容忍情绪爆发。

二、多选题

1.对于跨国公司而言,其文化包含多个层次,分别是(　　),它们共同作用于跨国管理实践。

A.国家文化　　　　B.商业文化　　　　C.组织文化　　　　D.职业文化

2.VUCAH时代,不确定性成为常态;组织不仅需要降低不确定性,而且更加需要提高灵活性以应对或适应不确定性。这些灵活性包括(　　)。

A.战略灵活性　　　　　　　　B.运营灵活性

C.人力资源管理灵活性　　　　D.组织灵活性

3.下列关于男性主义或女性主义的说法,正确的是(　　)。

A.男性主义是指传统的男子气概,例如自信、物质主义、缺乏对别人的考虑。

B.阴柔气质强调女性的价值观,例如对他人、关系和生活质量的照顾。

C.在男性主义强烈的社会,一般有着明确的性别角色分工(例如女性被期待在家里照顾家庭),男性独断且处于统治地位,工作优先于家庭事务。

D.在男性主义较强的国家里,冲突和工作压力较高,高层次工作岗位中有更多男性。

4.下列关于长期导向的管理意义说法,正确的是(　　)。

A.在员工招聘方面,日本社会重视个人性格与公司文化的适合程度,美国社会重视公司所需客观技能。

B.在评估晋升方面,日本社会重视忠诚,美国社会重视基于绩效的晋升。

C.在领导风格方面,日本社会重视社会责任型领导,美国社会重视任务导向型领导。

D.在组织设计方面,日本社会重视达成一致的综合方法,美国社会重视逻辑分析和理性合理。

5.GLOBE项目团队总结出9个文化维度,其中,有7个维度与霍夫斯泰德文化差异模型相类似,其他两个维度是(　　)。

A.业绩导向　　　　B.未来导向　　　　C.性别导向　　　　D.人性化导向

6.下列说法正确的有（　　　）。

　　A.业绩导向高的国家倾向于培训和开发。

　　B.业绩导向低的国家更看重家庭和背景。

　　C.在高人性化导向的社会中,人们更强调对归属和从属关系的需要。

　　D.在低人性化导向的社会里,人们倾向于重视自我利益和自我满足。

7.下列说法正确的有（　　　）。

　　A.在崇尚过去导向型文化的社会中,人们围绕国家历史和起源、商业和家庭进行沟通,尊重过去的荣誉和长者。

　　B.过去导向型文化的管理意义在于,强调历史和传统,对两者保持敏感,工作避免严格的截止日期。

　　C.在崇尚未来导向型文化的社会中,人们强调未来,强调沟通要基于潜在成就,重视计划和未来发展。

　　D.未来导向型文化的管理意义在于,强调未来和机遇以及明确的截止日期。

8.下列哪些属于内部控制文化特征?（　　　）

　　A.控制环境　　　　　B.强调自我　　　　　C.表明信念　　　　　D.适应周期

三、判断题

1.文化移情是指对另一种文化的认识和理解,要求具有理解不同文化背景的人的洞察力,以及设身处地为他人着想的意愿和能力。（　　　）

2.荷兰心理学家吉尔特·霍夫斯泰德提出:文化是一个环境下人们共同拥有的心理程序,能将一群人与其他人区分开来。（　　　）

3.在男性主义对于管理实践的影响方面,我们以日本和瑞典为例来进行分析。在评估晋升方面,瑞典社会与性别无关,日本社会与性别有关。在组织设计方面,瑞典社会偏好小型组织,日本社会偏好大型组织。（　　　）

4.跨国公司会发现,在相似文化族群里投资能够取得更好收益,降低投资风险。地理文化族群不同,导致族群内存在相似的经济、历史或者环境特征。（　　　）

5.GLOBE项目研究人员对于世界文化族群文化特征进行比较。对于亚洲国家文化族群而言,以日本为例,它相对于其他文化族群的国家或地区,具有高坚定导向、高未来导向、高公共集体主义、高群体集体主义等文化特征。（　　　）

6.中国优秀传统文化如何"古为今用"? 习近平列出许多优秀古代思想:道法自然、天人合一,天下为公、大同世界,自强不息、厚德载物等,对这些思想,要结合新时代条件加以继承和发扬,赋予其新的时代含义。（　　　）

7.在崇尚扩散型文化的社会当中,人们强调间接和微妙的关系,沟通通常是含蓄的,需要根据具体情况作出道德决策。（　　　）

8.在崇尚外部控制文化的社会当中,人们强调妥协,崇尚和谐,追求共同发展。其管理意义在于,强调与下属、同级或上级等利益相关者建立良好关系,强调合作共赢。（　　　）

四、名词解释

1.文化

2.不确定性避免

3.业绩导向

4.人性化导向

5.个人主义

6.男性主义

五、简答题

1.相对而言,美国权力距离比较低,日本权力距离比较高,这种权力距离差异将对管理实践产生影响。请以美国和日本为例阐述这种差异对管理实践的影响情况。

2.相对而言,日本个人主义比较低,美国个人主义比较高,这种个人主义的差异将对管理实践产生影响。请以美国和日本为例阐述这种差异对管理实践的影响情况。

3.请简述业绩导向的管理意义。

4.请阐释新时代弘扬中华民族文化自信的历史意义。

5.请简述具体型与扩散型的差异与管理意义。

第 **6** 章
环境压力的冲突和对策

第1节　全球化整合与合作的压力

学习导航

　　本节内容包括如下主题：规模经济、范围经济、要素成本、全球化与逆全球化现象以及全球竞争者。

　　通过本节学习，希望同学们能够对全球化整合与合作的时代性、必要性、必然性和紧迫性有着系统、深刻的理解，从而为企业国际化的环境分析、战略制定与组织设计奠定基础。特别地，需要理解共同体意识和行动的必要性、必然性和紧迫性，更好地践行共建美好世界的实践活动。

一、学者观点

1.西奥多·莱维特

　　西奥多·莱维特(1925—2006 年)是现代营销学奠基人之一，是市场营销领域里程碑式的知名人物。他曾经担任《哈佛商业评论》主编，他那些令人耳目一新的、精心编撰的但又充满争议的书籍和文章，影响了一代又一代的学者和实业界人士。根据利维特的市场全球化理论的研究观点，来自经济、社会和技术方面的发展趋势正在共同形成一个统一的全球市场，从而促使企业开发出符合国际标准的产品以便顺应世界经济潮流。Levitt 的观点中主要强调国际产品的标准化。利维特认为，来自经济、社会和技术方面的发展趋势，正在共同形成一个统一的全球市场，从而促使企业开发出符合国际标准的产品，以便顺应世界经济潮流。标准化是指在经济、技术、科学和管理等社会实践中,对重复性的事物和概念,通过制定、发布和实施统一标准,以获得最佳秩序和社会效益。持不同观点学者认为,利维特只是看到了问题的方面,认为其将注意力过分集中于全球化的推动因素上,忽视了这些因素本身所受的约束条件以及随之而产生的相互矛盾的因素,即忽视了本土化压力。

2.迈克尔·波特

迈克尔·波特是哈佛大学商学研究院著名教授,当今世界上少数最有影响的管理学家之一。他曾在 1983 年被任命为美国总统里根的产业竞争委员会主席,开创了企业竞争战略理论并引发了美国乃至世界的竞争力讨论。迈克尔·波特有多本著作,其中最有影响的有《品牌间选择、战略及双边市场力量》(1976)、《竞争战略》(1980)、《竞争优势》(1985)、《国家竞争力》(1990)等。波特主要强调通过国际化来实现范围经济、先动优势和协同管理。波特认为有效的全球战略并不只是依赖于某一方面,就像刺猬那样只知道一种方法,而应当像狐狸一样知道多种计谋,利用全球范围的规模经济、通过快速大规模的投资占据优先位置、通过相互依存的管理获得不同行为之间的协同效应。

3.哈默尔

哈默尔被《经济学人》誉为"世界一流的战略大师";《财富》杂志称他为"当今商界战略管理的领路人";在 2001 年美国《商业周刊》"全球管理大师"的评选中,他位列第四,可谓声名显赫。战略意图、核心竞争力、战略构筑、行业前瞻,这一系列影响深远的革命性概念,都是由他提出的,从而改变了许多知名企业的战略重心和战略内容。普拉哈拉德(1941—2010 年)是核心竞争力理论的创始人之一,国际上公认的公司战略和跨国公司管理领域的专家。哈默尔和普拉哈拉德主张宽泛的具有多样性的产品组合,而不是单一的标准化产品,以共享分配在技术和分销渠道上的投资;不同的产品与市场之间进行"交叉补贴"以建立强大的全球分销体系。

二、跨国公司具有独特情景性

跨国公司与本土企业之间最根本差异,来自他们在社会背景、经济背景和政治背景等方面的不同。本土企业处于单一国家环境之中,社会文化规范、政府规章制度、消费者需求偏好以及行业经济状况和竞争环境等都相对较为统一。虽然这些因素差异也会出现在本国,但是这与处在多个东道国的跨国公司所面临的情况不同。跨国与本土的显著差异,体现在东道国国家主权差异上,具体体现在规则制定方面,任何与之对抗的行为都是行不通的。跨国公司面临独特经营风险,亦即不同国家对待私有财产、合作责任、非营利企业等,有着不同的政治哲学、法律体系和社会观点。因此,有必要系统考察跨国公司所面临的来自全球整合、当地自治和创新发展等方面的压力,构建能够解决该压力的战略框架,用于分析企业国际化经营的战略问题。

1.规模经济

谭伟强、彭维刚、孙黎(2008)基于中国上市公司 2002 年至 2004 年共 2189 个样本数据,实证研究发现,专业化企业比多元化企业具有更大的竞争优势,并且获得更好的经济绩效,并认为这是由于国内市场日益激烈的竞争和开放政策下全球化的压力决定了企业选择规模竞争。工业革命使得创建更大型工厂成为迫切需要和可能,只有大规模生产才能带来经济效益,提高企业竞争力和行业竞争力。工业革命推动了规模经济发展。国际化扩张能够带来规模经济。国际化扩张拓展了企业资源平台、业务平台和市场平台,在规模和种类上得到了空前发展,从而能够更好发挥规模经济。企业有动力进行全球扩张,以提高规模经济。特别是高投入产业,例如飞机制造行业和药品研发与制造行业,必须在全球范围进行扩张才能够取得规模经济,从而分担其高昂的研究成本和制造成本等。规模经济本身是个静态概念,但通过经验或学习的作用,能够产生动态效益。高产量可以使公司获得规模经济,也可以使其积累学习经验。当公司沿着学习曲线移动时,可降低成本。

2.范围经济

范围经济是指两个或更多产品联合生产(或开发、分销)的成本低于各自生产成本。有些资源如信息或技术,一旦在一个生产项目中得到运用,就能够无成本地运用于另一生产项目中。范围经济的战略重要性,来源于多元化经营公司在同一价值链或不同价值链中分享投资和分担成本的效益。这是没有实行内部多元化或外部多元化的竞争者所不具有的经济收益。这种分享和分担可以在不同部门间、产品间、市场间及在联合使用不同类型的资产上实现。范围经济的本质是资源共享,这与共享经济时代资源共享有着相似特征。通过国际化扩张,企业拥有更大的经营平台,更加充分利用范围经济,取得范围经济所带来经济效益。

3.要素成本

随着技术和市场的变化,以尽可能低成本获得资源成为必要。降低要素成本,成为经济全球化有力驱动因素。跨国公司为了获得具有竞争优势低成本生产要素,不断转移阵地。例如,随着中国市场劳动力成本不断提高,一些跨国公司将中国产能转移至南亚或东欧等劳动力成本较低国家或地区。例如,厦门姚明织带是全球最大的涤纶丝带、丝带印刷、丝带花饰制造商之一。企业掌门人姚明对于"金砖"有自己感受,表示自己与金砖渊源颇深。"我们看重印度,一方面是人工成本比国内低很多,同样是服装、织带类企业一线工人,在厦门要付 4 000 元/月的工资,而在东南亚和南亚一带,只需 1 500 元/月~1 600 元/月;另一方面,印度人口非常多,市场前景也十分广阔。"2013 年年底,在了解到姚明织带有在印度投资的意向后,厦门国税专家团队主动联系企业,帮助企业进行税收筹划,及时跟进和解决"姚明织带"在"走出去"过程中碰到的跨境涉税问题,帮助企业从专业角度分析不同海外投资架构的利弊,从东道国、母国及第三国的税务规定、国际税收协定、外汇与商业运作等方面进行综合分析,最终在"直接投资架构"与"间接投资架构"之间做出了更为合理的"直接投资架构"的选择。

4.自由贸易

进入 21 世纪以来,国际贸易环境日益自由化。跨国公司能够在全球范围内进行价值链重组,以实现潜在利益。发展中国家战略角色发生根本性变化,在全球范围内资产重组配置中发挥重要作用,是税收增长和国际规模效应的重要来源。一带一路倡议已成为推动全球经济发展的新的重要引擎。金砖国家包括巴西、俄罗斯、印度、中国和南非。金砖国家领导人会晤机制的建立,为金砖国家间的合作与发展提供了政治指引和强大动力。金砖国家在重大国际和地区问题上共同发声,积极推进全球经济治理改革进程,大大提升了新兴市场国家和发展中国家的代表性和发言权。

5.全球化趋势与逆全球化现象

全球化是不争事实。无论是高科技行业还是资源型行业,都存在全球化趋势。全球化带来标准化、规模经济和范围经济,使得全球一盘棋成为可能。重大技术创新引发变革,促成了产业结构根本性重组。20 世纪 60 年代,晶体管和集成电路极大改变了收音机、电视机和其他电子产品的设计和生产方式,并且推动了有效规模底线的下降。新时代背景下,5G 技术、AI 技术和云技术等不断发展和广泛应用,催生了更加全球化的新兴产业。未来企业的经营平台已经跨越国别边界,其价值生态是面向全球的。与此同时,逆全球化现象仍然存在。以美国为首的西方国家,在逆全球化道路上步步紧逼,通过政治打压、政策干预和市场垄断的方式,全方位围堵新兴国家企业的国际化发展。这些逆全球化行为需要引起全球社会各界人士密切关注。

6.全球竞争者

全球竞争者通过如下途径,推动全球经济变革。途径一,通过外部力量来实现全球整合。通过政策干预实现公司业务转型,从高能耗产业转向低能耗产业。途径二,通过内部重组来实现经营转型。通过全球范围内业务重组,重新设计组织架构和组织制度,以适应企业国际化扩张需要。途径三,通过产业生态重塑来实现转型。总之,企业发展需要准确把握天时、地利和人和,积极构建"全球一盘棋"商业格局。以时代发展趋势为引领(天时),在全球范围内搭建商业生态(地利),重新设计公司组织制度和组织架构(人和),从而实现传统组织的变革与发展。

三、跨国公司战略

全球一盘棋战略认为,在世界范围内经营比只在一国范围内经营更有优势。前者可以用其在一国市场的盈余来弥补其在别国市场上的亏损;主张多样性产品组合,共享技术和分销渠道;主张不同产品与市场之间进行"交叉补贴"以建立强大的全球分销体系。例如,英国航空公司在希思罗机场的主导地位,使其从远程航线(特别是横跨大西洋航线)中获得丰厚的利润,以此来弥补其获利较低的英国和欧洲业务。

例如,对一项高科技的研究就需要将其研发费用分摊到每一个具体项目的应用上,以降低其研发成本。为了应对全球整合与合作的压力,企业可以采取跨国补贴与全球一盘棋战略。全球一盘棋战略认为,在世界范围内经营的公司比只在一国范围内经营的公司更有优势,原因在于前者可以用其在一国市场的盈余来弥补在别国市场上的亏损。例如,英国航空公司在希思罗机场的主导地位使其从远程航线(特别是横跨大西洋航线)中获得丰厚的利润,以此来弥补其获利较低的英国和欧洲业务。企业标准化是以获得最佳生产经营秩序和经济效益为目标,贯彻实施国家、行业和地方标准,特别是将自己所建立的标准发展成为行业标准。企业竞争焦点从产品竞争、服务竞争发展到标准竞争。标准竞争本质上是创新竞争。华为在 5G 领域建立起全球行业标准,这是中国企业创新发展的重要成果。当然,利维特只是看到了问题的一个方面,将注意力过分集中于全球化推动因素上,忽视了这些因素本身所受的约束条件,忽视了本土化压力。

四、站在哲学视野,理解全球化本质

哲学是人的奥妙,人是哲学的奥妙,两者互为存在与发展。哲学具有历史性、开放性、动态性、发展性和无限延展性,本质上要求人类劳动实践具有如上特征。全球化既是过程,也是结果,是人类劳动实践的本质要求,涉及劳动实践的各个维度。实践具有历史性、时代性、客观性、主体性和客体性,不同时代,其实践主体、客体、主题、内容、方式、工具都会发生根本性变化。因此,我们需要从人类劳动实践的本源、本质和现实出发,充分和深刻地认识和理解全球化的历史性、开放性、动态性、发展性和无限延展性,以及其具体的现实表现。全球化既是物的全球化,也是人的全球化;既是事的全球化,也是情的全球化;既是外在客体全球化,也是内在主体全球化。总而言之,全球化是劳动实践场景的综合全球化。大到一个民族,小到每个细胞,都处于全球化趋势之中。

基于此,我们就不难理解现实中全球化现象的多维性、复杂性、易变性、动态性、不确定性和模糊性,不难理解需要具有矛盾思想和共生理念来驾驭全球化,不难理解共建人类命运共同体的理念和实践在当今时代的重要性。站在人类发展的新的历史

交汇点,我们需要本着宽广的哲学视野来把握共同体意识和行动,推动人类朝着正确方向发展。与全球化性质相关的概念包括一体化、标准化、制度化、模式化、同构化、整合、规模扩张等,涉及全价值链。从上游到下游不同价值环节,从实践场景到实践个体,都体现了全球化的本质和内容。

本节讨论了规模经济、范围经济、要素成本、贸易自由化、全球竞争者和企业战略。这些要素促使企业必须进行全球化整合与合作。请同学们课后结合自己所关注企业特点,分析其所面临的全球整合与合作的压力,理解该企业为什么以及如何进行国际化。

研究动态

Contractor F. J. The world economy will need even more globalization in the post-pandemic 2021 decade[J]. Journal of International Business Studies, 2021.

Instead of the dire predictions of a post-pandemic world characterized by increased global risks, decoupling of economies, shake-up of global value chains, and the retreat of globalization, this article proposes that the changes induced by heightened nationalism and protectionism will be marginal rather than fundamental in nature. These marginally higher risks can easily be handled and ameliorated by multinational enterprises through alternate cross-border business strategies and emerging technologies. Moreover, the paper gives reasons why the future world economy will need even more globalization.

Buckley P. J. The theory and empirics of the structural reshaping of globalization [J]. Journal of International Business Studies, 2020, 51(9): 1580-1592.

Petricevich and Teece's (2019) article on the reshaping of globalization raises profound issues on the theory and empirics of international business. The fracture in the world economy between the USA and China is the result of Government policy, but its relationship to rising VUCA (volatility, uncertainty, complexity, and ambiguity) elements in globalization is more complex than simple policy changes. This paper suggests that a reappraisal of theory is required, not least because of the eruption of Covid-19, but that internalization theory is the best source of theoretical restructuring in the face of the new empirical realities facing the global economy.

Witt M. A. De-globalization: Theories, predictions, and opportunities for international business research[J]. Journal of International Business Studies, 2019, 50(7): 1053-1077.

De-globalization, now a distinct possibility, would induce a significant qualitative shift in strategies, structures, and behaviors observable in international business (IB). Coming to terms with this qualitative shift would require IB research to develop a much deeper integration of politics, the key driver of de-globalization. To support such integration, this paper introduces two relevant theories of(de-)globalization from political science, liberalism and realism. Both predict de-globalization under current conditions but lead to different expectations about the future world economy: liberalism suggests a patchwork of economic linkages, while realism predicts the emergence of economic blocs around major countries. This paper discusses the resulting opportunities in three areas of IB research: political strategies and roles of multinational enterprises(MNEs), global value chains, and the role of the national context. For political strategies and roles, there is a need to explore how regular business activities and deliberate political agency of MNEs affect the political sustainability of globalization. For value chains, questions include their future reach and specialization, changes in organizational forms, and the impact of political considerations on location decisions. Research opportunities on national contexts relate to their ability to sustain globalization and their connection with economic and military power.

Petricevic O., D. J. Teece. The structural reshaping of globalization: Implications for strategic sectors, profiting from innovation, and the multinational enterprise[J]. Journal of International Business Studies, 2019, 50(9): 1487-1512.

The rapid reshaping of the global economic order requires fundamental shifts in international business scholarship and management practice. New forms of protectionist policies, new types of internationalization motives, and new tools of techno-nationalism may lead to what we call "bifurcated governance" at the macro-level and "value chain decoupling" at the micro-level. As a result, innovation networks will require novel reconfigurations. We examine the emerging constraints on multinational enterprises, imposed by a bifurcated world order. We also discuss how the dynamic capabilities framework can guide scholars and managers alike to achieve new forms of evolutionary fitness.

Liang H., et al. An anatomy of state control in the globalization of state-owned enterprises[J]. Journal of International Business Studies, 2015, 46(2): 223-240.

Integrating agency theory with institutional analysis in international business, we propose a state-control perspective to analyze government-control mechanisms in emerging economies' globalization of state-owned enterprises(SOEs). We identify two types of state control that influence SOEs' globalization decisions and the degree of globalization(DOG): state ownership control and executives' political connections, both of which are contingent upon the home country's evolving institutional environments. Using a two-step corporate globalization decision model and 17,272 firm year observations of non-financial, Chinese-listed companies, we find a strong impact of both types of state control on SOEs' globalization, although the impacts differ between the periods before and after domestic governance reform and across different globalization decision steps. The diminishing impact of executives' political connections and the increasing impact of state ownership control on firms' DOG demonstrate the evolving relationship between the state and the managers, as well as the dynamics of state control in globalizing SOEs.

企业家观点

《与任正非咖啡对话:数字经济全球化趋势不可阻挡》,2019 年 11 月 06 日发布。

视频地址:https://v.qq.com/x/page/m30185qinlb.html

2019 年 11 月 6 日,华为创始人任正非与智能工厂工业 4.0 精神之父、德国生产自动化教授 Detlef Zuehlke 以及前联合国安理会主席马凯硕进行了"数字主权,从对话到行动"的主题对话。当主持人谈及在新数字化竞争过程中,哪些关键要素会遇到危险时,任正非表示,经济全球化趋势不可阻挡,数字经济也一定是全球化的,数字经济只有全球化才能变现。数字经济未来会蓬勃发展,将会超过前工业革命的规模。

对于未来信息技术的发展,任正非认为还不可想象。他说道:"这时候,世界出现了各种看法,这是可以理解的。因为新兴事物出现,我们无法预测未来会是什么样子。是我们过去从来想象不到的广阔、深厚和波澜壮阔。"同时他指出,5G 的出现将会加速人工智能在社会上的使用和普及,会极大提高效率和增加人们创造的财富。

另外,当主持人问任正非是否会否认华为任何设备有后门这一问题时,任正非表示信息安全问题永远是大问题,就如同矛和盾关系一样,有矛一定有盾,为此他认为可以求助于法律。他说道:"华为保证我们设备没有问题,也可以向政府有承诺,我们卖出的设备,卖给电信运营商,无论进入任何国家,都要遵守国家的法律,由这样的方式保证信息安全可靠。"

资料来源:https://baijiahao.baidu.com/s? id=1649445483728013747&wfr=spider&for=pc

思考题:数字经济全球化存在哪些机遇和挑战? 请谈谈您的看法。

补充阅读

1.[美]克里斯托弗·A.巴特利特,[加]保罗·W.比米什.跨国管理:教程、案例和阅读材料[M].第 7 版.赵曙明,周路路,译.东北财经大学出版社,2017.

2.Contractor F. J.The world economy will need even more globalization in the post-pandemic 2021 decade[J].Journal of International Business Studies,2021.

3.Buckley P. J.The theory and empirics of the structural reshaping of globalization[J].Journal of International Business Studies,2020,51(9):1580-1592.

4.Witt M. A.,De-globalization:theories,predictions,and opportunities for inter-

national business research[J].Journal of International Business Studies,2019,50(7)：
1053-1077.

5. Petricevic O.，D. J. Teece. The structural reshaping of globalization：
Implications for strategic sectors,profiting from innovation,and the multinational en-
terprise[J].Journal of International Business Studies,2019,50(9):1487-1512.

6.Liang H.,et al.An anatomy of state control in the globalization of state-owned
enterprises[J].Journal of International Business Studies,2015,46(2):223-240.

7.Tung R. L.,C. Z. Liu.Lenovo:an example of globalization of Chinese enterpri-
ses-Chuan Zhi Liu[J].Journal of International Business Studies,2017,38(4):573-577.

8.Doh J. P.Making globalization good:the moral challenges of global capitalism
[J].Journal of International Business Studies,2005,36(1):119-121.

思考题

1.请阐述规模经济的内涵和实现方式。
2.请阐述范围经济的内涵和实现方式。
3.请阐述要素成本和经营成本的内涵。
4.请阐述全球化趋势与逆全球化现象。

第 2 节　地方化差异和响应的压力

学习导航

本节内容包括如下主题：文化差异带来的本土化经营压力、东道国政府与跨国公司的复杂关系、《海尔兄弟》风靡全球与海尔商标的全球文化适应性、华为技术和 TIKTOK 面临着来自美国政府的政治打压。

通过本节学习，希望同学们能够充分理解企业面临的地方化差异和响应的压力及其表现形式，为企业国际化的环境分析、战略制定与组织设计奠定基础。

一、文化差异的压力

文化差异无处不在，无时不在。文化差异对于管理实践的影响，是多方面的和多层次的。例如，《海尔兄弟》讲述一对由智慧老人所创造的海尔兄弟和他们的朋友，为解决人类面临的灾难和解开无尽的自然之谜而环游世界,从太平洋穿越北美、南美、南极、澳洲、非洲、欧洲、亚洲,最后回到诞生地太平洋的神奇历险故事。《海尔兄弟》通过描述海尔兄弟的探险经历,向人们传递了科学与人文知识。海尔集团在所有商品和服务国际分类上均申请注册"海尔""Haier"和海尔图形商标。海尔空调商标上"海尔兄弟"图案在法国受到欢迎,因为购买空调的多为女性,她们喜爱孩子。但在中东地区却禁止该标志出现,因为这两个孩子没穿上衣。由此可见,企业需要重视文化差异带来的管理压力。

二、跨国公司与东道国政府的关系

跨国公司与东道国政府之间,既有正面的合作需要,也有负面的排斥压力。在合作需要方面,跨国公司是东道国政府的资金、技术和管理经验的来源,能够对当地的经济和社会的发展做出贡献,企业也能够通过国际化取得全球效率,拓展全球市场,实现公司更大规模和更大市场的全球资源配置。但是,东道国政府也担心跨国公司权力过于膨胀而影响当地社会政治与稳定,担心其操纵民意,担心过分依赖于跨国公司,从而对本国工业体系造成影响。

三、跨国公司与东道国政府的冲突来源

进一步深入分析跨国公司与东道国政府的冲突及其来源,可以发现,他们在动机、目标和测量方面存在差异,导致出现冲突。在动机方面,跨国公司国际化是为了在战略上建立起全球竞争优势,在运作上取得全球性经营利润。而对于东道国政府而言,它们的动机在于保持社会、经济和政治的独立性和国家竞争力。在国际化目标方面,跨国公司希望在全球范围自由整合业务,跨界进行自由的资源转移和销售。但是,东道国政府则追求保护国家主权不受外来影响,并从出口市场、高效产业和尖端技术中获取全球效益。在测量方面,跨国公司主要是基于财务指标,关注利润率、投资回报率和市场份额,而东道国政府更加关注社会、经济和政治目标,关注社会成本和收益、政治回报和产业政策。

本节讨论了国别文化差异及其对企业国际化的影响、东道国政府与跨国企业的关系及其冲突来源,分析了美国政府封杀中兴通讯和华为公司的实例,阐述了企业国际化进程中面临的地方化差异和响应的压力。同学们课后结合所关注企业,了解其在不同国家或地区面临的地方化差异压力,未雨绸缪,更好应对东道国政府对于企业国际化的潜在的影响和干预。

中兴通讯遭美国制裁事件

企业实践

2018 年 4 月 16 日晚，美国商务部发布公告称，美国政府在未来 7 年内，禁止中兴通讯向美国企业购买敏感产品。2018 年 4 月 20 日，中兴通讯发布关于美国商务部拒绝令的声明，称美国商务部工业与安全局执意对公司施以最严厉制裁，对中兴通讯极不公平。2018 年 5 月，中兴通讯公告称，受到拒绝令影响，公司主要经营活动已无法进行。5 月 22 日，美国将取消中兴通讯销售禁令，根据讨论协议维持其业务。2018 年 6 月 7 日，美国商务部长罗斯接受采访时表示，美国政府与中兴通讯已经达成协议，只要后者再次缴纳 10 亿美元罚金，并改组董事会，即可解除相关禁令。6 月 19 日，美国参议院以 85—10 的投票结果通过恢复中兴通讯销售禁令法案。2018 年 7 月 2 日，美国商务部发布公告，暂时、部分解除对中兴通讯公司的出口禁售令。7 月 12 日，美国商务部表示，美国已经与中国中兴公司签署协议，取消了近三个月来禁止美国供应商与中兴进行商业往来的禁令，中兴公司将能够恢复运营，禁令将在中兴向美国支付 4 亿保证金之后解除。这是美国政府近年来对中国企业发起的第一起政策攻击。

美国为什么要制裁华为？

企业实践

美国维持世界霸主地位，不仅依赖强大的军事实力，更仰仗发达的经济和领先的技术。美国在计算机、通信、化学、物理、材料等基础技术领域均走在了世界前列。凭借技术壁垒和科技优势，在行业链顶端榨取发展中国家，美国主导技术和标准，发展中国家负责制造，利润大部分被美国夺取，污染和破坏却留给了发展中国家。一流企业制定标准，二流企业执行标准。国家如同企业，国家竞争需要依靠标准制定。随着中国科学技术的进步，国内高科技企业不断崛起。在信息化时代，谁掌握了通信标准技术，谁就能在未来几十年获得发展先机。在 1G/2G/3G 时代我们严重落后，美欧主导了大部分通信技术标准；在 4G 时代，华为、中兴等中国公司逐渐掌握技术；在 5G 时代，华为一枝独秀，领先世界，反超美国。美国封杀华为，政治干预企业，就此上演。

推特与印度政府互撕

企业实践

海外网 2021 年 4 月 28 日电　随着印度疫情恶化，社交平台上出现不少批评印度政府抗议不力的声音，印度政府近日要求社交平台删除相关负面信息。《印度快报》报道，在 26 日的白宫新闻发布会上，有记者就此事向白宫新闻秘书普萨基提问，普萨基仅回复了一句，"与我们对于世界范围内言论自由的观点不符"。印媒此前报道称，在印度政府提出删除批评抗议不力和传播假消息的要求后,推特和其他社交媒体平台已经删除了约 100 条帖文和链接。推特方面回应称,他们审核了印度政府方面的要求,根据是否符合公司的规则以及当地的法律采取相关措施。"如内容违反了推特的社区规范,内容将会从平台上被删除;但如果内容不违反平台规范,却违反了特定地区的法律,平台将针对该地区用户隐藏内容。"

资料来源:https://www.sohu.com/a/463408055_255783

讨论题:跨国公司与地方政府之间存在争议时,如何解决其争议?

研究动态

Lorenzen M.,et al.International connectedness and local disconnectedness:MNE strategy,city-regions and disruption[J].Journal of International Business Studies,2020,51(8):1199-1222.

Much of the rising international connectedness of city-regions has developed from MNEs replacing local connections with(superior)international ones. This often creates local disconnectedness that energizes the current populist backlash against MNE activities. We develop approaches to new IB theory,addressing the interdependencies of MNEs and city-regions that we propose as a crucial avenue for future research. We contrast two generic MNE strategies. The first is the traditional one:the 'global orchestration' of resources and markets. We argue that it exacerbates local disconnectedness. The second,that we call 'local spawning,' involves engaging with the local entrepreneurial eco-system to create and renew local connectedness,diffusing populist responses. Some MNEs are better able to implement a local spawning strategy,due to industry factors like innovation clock-speed,and firm characteristics like organizational path dependency. Finally,we distinguish between disconnection,which is an outcome of MNE strategy,and global disruptions,like the coronavirus(COVID-19)pandemic,which are primarily stochastic events. Addressing disconnections requires MNEs to re-orient their strategies while dealing with disruptions requires undertaking risk mitigation. We present empirical evidence from city-regions around the world to illustrate our theory.

Turkina E.,A. Van Assche.Global connectedness and local innovation in industrial clusters[J].Journal of International Business Studies,2018,49(6):706-728.

In today's knowledge economy,clusters are a key driver of a country's competitiveness. Yet a cluster's technological base is now more than ever influenced by constituent firms' actions to tap into distant knowledge sources. Drawing on a social network perspective,and distinguishing between horizontal versus vertical organization-based linkages,we explore the effects of a cluster's connectedness to foreign locations on its innovation performance. We show that improvements in horizontal and vertical connectedness both stimulate a cluster's innovation performance, but that their relative effects vary across cluster types. Innovation in knowledge-intensive clusters disproportionately benefits from enhancements in their constituent firms' horizontal connectedness to foreign knowledge hotspots. Innovation in labor-intensive clusters mostly gains from stronger vertical connections by their firms to central value chain players abroad. We discuss the implications of our findings for research on global knowledge sourcing and cluster upgrading.

Khan Z.,et al.Knowledge transfer from international joint ventures to local suppliers in a developing economy[J].Journal of International Business Studies,2015,46 (6):656-675.

Using in-depth data from 155 Pakistani auto components suppliers,we study the role of socialization in knowledge transfer from international joint venture assemblers. We find that whereas formal socialization mechanisms enhance the comprehension and speed of knowledge transfer to local suppliers,informal socialization mechanisms enhance comprehension but not speed. Building on structural contingency theory,we find that having a mechanistic organizational structure among knowledge recipients is an antecedent to formal socialization,leading to improved knowledge transfer.

Chang S. J.,et al.When do foreign subsidiaries outperform local firms? [J]Journal of International Business Studies,2013,44(8):853-860.

This study explores when foreign subsidiaries outperform comparable local firms by evaluating the performance of local firms acquired by multinationals vs continuing local firms. This comparison allows us to single out foreign ownership effects. We employ the propensity score matching method and difference-indifferences approach in order to control for the endogeneity problem inherent in multinational firms' acquisition decisions. We find strong evidence that foreign-acquired local firms outperform comparable local firms in China,especially when the foreign firm acquires local target firms with higher absorptive capacity or with modernized ownership structure.

Salomon R.,Z. Y. Wu.Institutional distance and local isomorphism strategy[J]. Journal of International Business Studies,2012,43(4):343-367.

Firms face disadvantages when operating abroad. To overcome these disadvantages,foreign firms often adopt mitigating strategies. One such strategy is to imitate the practices of domestic firms(i.e.,pursuing a strategy of local isomorphism). We understand little,however,about how firms vary in the extent of local isomorphism. To fill that gap,this paper explores the institutional drivers of local isomorphism decisions. The findings indicate that foreign firms choose a higher level of local isomorphism as the cultural, economic, and regulatory distances between the home country and the host country increase. Moreover, the evidence suggests that such local isomorphism is relatively enduring, as experience does not systematically moderate the relationship between distance and local isomorphism.

补充阅读

1. ［美］克里斯托弗·A.巴特利特，［加］保罗·W.比米什.跨国管理：教程、案例和阅读材料［M］.第 7 版.赵曙明，周路路，译.东北财经大学出版社，2017.

2. Lorenzen M., et al. International connectedness and local disconnectedness: MNE strategy, city-regions and disruption［J］.Journal of International Business Studies,2020,51(8):1199-1222.

3. Turkina E., A. Van Assche.Global connectedness and local innovation in industrial clusters［J］.Journal of International Business Studies,2018,49(6):706-728.

4. Khan Z., et al.Knowledge transfer from international joint ventures to local suppliers in a developing economy［J］.Journal of International Business Studies,2015, 46(6):656-675.

5. Chang S. J., et al.When do foreign subsidiaries outperform local firms? ［J］ Journal of International Business Studies,2013,44(8):853-860.

6. Salomon R., Z. Y. Wu.Institutional distance and local isomorphism strategy ［J］.Journal of International Business Studies,2012,43(4):343-367.

思考题

1. 请阐述地方化差异的表现形式。
2. 请阐述文化差异及其对跨国公司经营管理的影响。
3. 请阐述政府与企业的复杂关系。
4. 请阐述跨国公司与东道国政府的冲突来源。

第 3 节　全球性创新和学习的压力

学习导航

本节课内容包括如下主题：全球创新的驱动力、价值曲线、全球范围的学习能力、学习效应、IR 分析框架与产业类型划分、国家创新驱动发展战略。

通过本节学习，希望同学们能够了解当前全球创新发展现状和趋势，了解产业类型划分的标准和意义，以及国家实施创新驱动发展战略的意义，新时代中国企业面临的创新发展的机遇和挑战，为企业国际化的环境分析、战略制定与组织设计奠定基础。

一、全球创新的驱动力

全球创新的驱动力包括产品生命周期缩短、研发成本不断提高、全球技术标准更新、强调平台创新和生态创新，创新离不开发展中国家和地区，发展中国家成为全球创新的稀缺原料来源、研发技术来源、制造技术来源和消费潮流来源。发展中国家日益从廉价制造基地逐渐朝着参与全价值链方向发展。

华为：构建万物互联的智能世界。第一，无处不在的连接。连接是每个人的基本权利，是人类进步和经济增长的基石。网络连接将成为无处不在的自然存在，网络主动感知变化和需求，智能、无缝、安全地连接人与人、物与物、人与物。随着 5G 时代的到来，新的连接版图正在打开。第二，无所不及的智能。在数字经济新时代，算力成为新生产力，数据将变成新生产资料，而云和 AI 成为新生产工具，AI 算力将占据未来计算中心的 80% 以上，是支撑人工智能走向应用的发动机。世界需要最强算力，让云无处不在，让智能无所不及。第三，个性化体验：随着移动设备和智能终端的不断发展，多场景应用无缝体验，成为智慧生活的基石。企业基于 AI、云、大数据，深刻洞察客户需求、敏捷创新，提供更加个性化的产品和服务，产业通过整合协同推动规模化创新。第四，数字平台。人类正在经历新一轮数字化浪潮。政府、企业将因数字化、智能化而变得敏捷、高效、生机勃勃。开放、灵活、易用、安全的数字平台，将成为实现整个社会数字化的基石和土壤，激发行业创新和产业升级。

华为公司新研发战略。2020 年，任正非一行访问了上海交通大学、复旦大学、东南大学、南京大学等几所大学，招揽人才，为华为人工智能、计算战略、芯片自主等铺路。任正非明确表示：求生的欲望使我们振奋起来，寻找自救的道路。我们需要创新，找到一个一个的机会点。余承东表示，在半导体方面，华为将向下扎到根，向上捅破天,全方位扎根,突破物理学材料学的基础研究和精密制造,掌握包括 EDA 的设计、材料、生产制造、工艺、设计能力、制造、封装封测等技术。

二、价值曲线

从价值链环节来看,中国曾经处于价值链中端环节,更多是从事廉价制造,而价值链上游环节和下游环节则为西方企业所掌控。但是,中国在芯片领域主要还是擅长设计,至于生产制造仍然是一大难题。华为消费者业务 CEO 余承东坦言:现在唯一的问题是生产,华为没有办法生产。中国企业在全球化过程中只做了设计,这也是教训。经过长时间的积累,中国正在逐步从粗放型经济向集约型经济和创新型经济发展,目前更是集中精力于实施国家创新驱动发展战略,实现由制造大国向智造强国的转变。此外,顺应新时代发展要求,我们在创新驱动发展战略指导下,积极践行新发展理念,积极创建共生型商业生态,将科技发展服务于社会发展和人的发展。

三、学习效应

学习效应是指企业的工人、技术人员和经理等人员在长期生产过程中,积累产品生产、技术设计以及管理工作经验,通过增加产量降低长期平均成本。如果产品在市场上销售价格不变,单位产品成本下降,单位产品利润提高,可以刺激企业扩大产品生产规模,增加市场供给。学习效应通常用学习曲线来表示。学习曲线所描述的是企业累积性产品产量与每一单位产量所需要投入要素数量之间的关系。我们在开拓新技术新生态的同时,也需要重视技术积累,提高学习效应。

四、全球范围的学习能力

我们需要区分两种重要的能力权限,一种是能力利用型权限,一种是能力探索型权限。利用型能力缺乏自主创新,倾向于利用已有技术从事生产制造和一定范围的应用改进。探索型能力强调自主创新,强调原创性,能够引领未来技术创新和社会发展。面对激烈的全球知识竞争态势,我们需要两手抓,一手抓自主创新能力建设,将核心科技自主研发能力牢牢掌握在自己手中;一手抓管理创新,建立起全球创新学习系统,搭建全球卓越创新网络体系,使得创新能力能够迅速转移、吸收和扩散。我们需要坚定不移继续完善改革开放格局,积极共建人类命运共同体,在世界互联互通格局中创建新发展格局,建设全球创新网络体系,引领核心科技发展潮流。许晖(2015)以国际新创企业知识整合为主线,从创业者视角探讨基于创业知识溢出的国际新创企业知识整合机制的理论框架。研究发现,国际新创企业国际化发展阶段与国际化知识存量共同演化。在海外市场拓展过程中,外派人员扮演着创业者角色,其创业知识的高知识位势是促使知识溢出的重要前提。其次,从组织和创业者两个层面来探讨了国际化知识整合的机制。在创业者层面,在无经验知识阶段,是通过跨文化创业进行知识转移,短期经验知识阶段通过创业模仿和跨文化创业进行知识转移;在国际化知识阶段,则是通过自主创业和跨文化创业进行知识转移;在组织层面,针对创业者在不同阶段的行为和知识的变化,企业的角色从支持者慢慢向协调者和治理者演化。李梅、余天骄(2016)以 2009—2014 年中国信息技术产业上市公司为研究对象,探讨了中国企业研发国际化对企业创新的影响机制,并从社会资源视角检验了企业国有股权和高管政治联系对研发国际化和创新绩效关系的调节作用。结论显示,研发国际化对我国跨国企业的创新有显著的提升作用。其次,高管政治联系正向调节研发国际化与企业创新绩效的关系;社会资源对研发国际化和企业创新绩效之间关系的调节作用,因企业所处地区制度环境不同而存在显著差异。相对于制度发达地区的企业,制度落后地区企业拥有的社会资源更有助于企业开展研发国际化和创新活动,进而推动其创新绩效提升。

五、IR 分析框架与产业类型划分

IR 分析框架强调两个维度,分别是全球整合维度和当地响应维度。根据 IR 分析框架,传统产业类型可以划分为三种,分别是国际产业、多国产业和全球产业。其中,国际产业以电信产业为代表,多国产业以品牌包装产品为代表,全球产业以电子电器产业为代表。国际产业强调母国研发技术并向海外子公司扩散。多国产业强调因地适宜生产产品以适应本土差异化需要。全球产业强调集中生产或销售以发挥全球效率。随着经济全球化和本土化的同时推进,越来越多跨国公司认识到,企业需要同时推进全球化和本土化的发展,需要在全球效率和本土差异方面同时发力。这时,一种新的产业类型就出现了,这种产业类型就是跨国产业。跨国产业不是一种完全新的产业种类,而是传统产业类型的跨国化发展。

六、产业类型与战略选择

全球战略:投资于高度集中化的大规模生产、研究与开发,并在世界范围内充分利用这些优势来制造和销售全球标准化产品。

多国战略:建立强大的、随市场变化的海外子公司,能够敏锐察觉当地市场需求和机遇,并授权子公司开发产品和调整战略,以便顺应当地潮流以及管理地方业务。

国际战略:有效管理新产品的生产和本国市场的生产工艺,随后向海外分公司传授创新技术,从而有效地利用技术力量。

跨国战略:回应三种不同且相互竞争的压力:全球整合、当地响应和全球学习。越来越多的产业正同时受到全球效率、当地响应和世界创新学习等诸多力量的推动。

在此背景下,企业需要开发各方面能力,有效地同时应对各种经常相互冲突的目标,以便做到同时高效率、反应敏捷和持续创新,而不是为了一个目标而牺牲另外的目标。企业需要具有全球一盘棋的战略思维,保护竞争优势领地,跨界补贴发展新的领地,通过跨界补贴、战略联盟、持续专注、主动响应、灵活适应和全球学习等来建立可持续发展商业生态。

七、全球创新指数(GII)

全球创新指数是世界知识产权组织、康奈尔大学、欧洲工商管理学院于2007年共同创立的年度排名,衡量全球120多个经济体在创新能力的表现,是全球政策制定者、企业管理执行者的主要基准工具。全球创新指数是详细的量化工具,有助于全球决策者更好地理解如何激励创新活动,以此推动经济增长和人类发展。全球创新指数根据80项指标对126个经济体进行排名,这些指标包括知识产权申请率、移动应用开发、教育支出、科技出版物等。2020年9月2日,世界知识产权组织发布2020年全球创新指数,中国排名第14位,是前30位中唯一一个中等收入的经济体。报告显示,中国在专利、商标、创意产品出口等重要指标上均名列前茅。世界知识产权组织总干事高锐在接受总台记者采访时表示,中国始终保持着创新发展的活力和定力,这与中国一直推动创新发展密不可分。报告显示,中国等亚洲经济体的创新能力逐年提升,世界创新核心区域正在逐渐东移。全球创新指数报告客观反映了中国深入实施创新驱动发展战略,推动大众创业、万众创新所取得的显著成效,对提升中国国际影响力,推动全球创新发展也将产生积极作用。吴先明、苏志文(2014)选取典型案例并运用扎根理论研究法中规范译码程序对案例进行剖析,发掘出并购企业初始技术能力、关键技术缺口、有价值的创造性资产、技术融合和技术追赶五个范畴以及范畴间逻辑关系,构建以跨国并购为杠杆的后发企业技术追赶模型。研究发现,后发企业技术寻求型跨国并购是精心设计、带有冒险特征的能力更新过程,企业通过跨国并购不仅跨越了技术创新鸿沟,实现了技术追赶,而且推动了战略转型,形成了真正意义上的国际竞争力。

八、全方位加强国际科技创新合作

近年来,在经济全球化推动下,以知识、技术、人才等为核心的创新要素在全球范围快速流动。刘云等(2014)在界定国家创新体系国际化相关政策概念、分类和演进阶段的基础上,收集、梳理和挖掘各阶段创新国际化政策,基于政策文本进行量化分析,系统回顾和分析不同阶段政策演进特征,结合实施创新驱动发展战略新形势和新需求,提出加快制定我国国家创新体系国际化战略和政策的若干启示。王永贵、王娜(2019)依据资源依赖理论,探讨了逆向创新对子公司权力产生影响的认同效应和竞争效应,并利用 121 家大型跨国公司中国子公司的多位被访者调研数据检验了逆向创新、子公司权力与跨国公司当地公民行为之间的关系。研究发现:逆向创新对子公司权力有显著的正向影响,母子公司创新整合正向调节逆向创新与子公司权力之间的关系;子公司权力又进一步对当地公民行为产生显著的积极影响,政治联系在上述二者之间的关系中扮演着正向的调节作用。

习近平同志强调:"科学技术是世界性的、时代性的,发展科学技术必须具有全球视野。不拒众流,方为江海。自主创新是开放环境下的创新,绝不能关起门来搞,而是要聚四海之气、借八方之力。"党的十八大以来,我国牢牢抓住世界新一轮科技革命和产业变革的机遇,不断扩大科技领域对外开放,不断加强国际科技创新合作,已与许多国家建立科技合作关系,并主动参与一些国际大科学计划和大科学工程。新时代,我国加快建设创新型国家和世界科技强国,需要以全球视野谋划和推动创新,全方位加强国际科技创新合作。全球科技创新实力正悄然发生变化,世界创新版图不断重塑。以新兴市场国家为代表的广大发展中国家创新实力显著提升、创新合作需求与日俱增。当前,应该从以下几方面着力:一是,努力提升全球创新资源整合能力;二是,积极构建"一带一路"科技创新共同体;三是,深度参与全球科技创新治理。

习近平总书记 2020 年 8 月 24 日在经济社会领域专家座谈会上的讲话中指出,要充分发挥我国社会主义制度能够集中力量办大事的显著优势,打好关键核心技术攻坚战。要依托我国超大规模市场和完备产业体系,创造有利于新技术快速大规模应用和迭代升级的独特优势,加速科技成果向现实生产力转化,提升产业链水平,维护产业链安全。要发挥企业在技术创新中的主体作用,使企业成为创新要素集成、科技成果转化的生力军,打造科技、教育、产业、金融紧密融合的创新体系。

本节学习了全球创新的驱动力、价值曲线、学习能力、学习效应、IR 分析框架与产业类型划分和国家创新驱动发展战略等。希望同学们能够结合所关注企业的国际化实践,分析其过去和当前的创新发展实践,并对其未来创新发展战略,提出政策建议。

研究动态

Sun P., et al. Partnering with Leviathan: The politics of innovation in foreign-host-state joint ventures[J]. Journal of International Business Studies, 2020.

Forming international joint ventures(IJVs)with political institutions in emerging economies involves both benefits and risks for multinational enterprises(MNEs). While political partners can provide IJVs with various resources, their political status equips them with a strong position to appropriate rents in IJVs. We address this tension by examining how host state ownership affects both innovation inputs and outputs in China-based IJVs over 2008-2013. Despite the potential government opportunism, we find more R&D investment(innovation inputs)made in IJVs with state partners than in those with private ones. Thus, R&D investment can be politically motivated and symbolically managed to ensure continued resource exchanges with the host state. This political pressure is mitigated when foreign parents directly transfer home-country-based technology to IJVs, when the host-market dependence of IJV is weak, and when IJVs are located in a deregulated region. Moreover, we find foreign-host-state JVs deliver fewer innovation outputs (measured by patent data) than foreign-private JVs, which implies the failure of state partners to adequately absorb foreign technologies. These findings highlight both the state partners' powerfulness to boost IJV innovation investment and their limits in shaping IJV innovation outcomes, and bear rich implications for the management of MNE-host government relationships.

Papanastassiou M., et al. Changing perspectives on the internationalization of R&D and innovation by multinational enterprises: a review of the literature [J]. Journal of International Business Studies, 2020, 51(4):623-664.

Internationalization of R&D and innovation by multinational enterprises (MNEs) has undergone a gradual and comprehensive change in perspective over the past 50 years. From sporadic works in the late 1950s and in the 1960s, it became a systematically analyzed topic in the 1970s, starting with pioneering reports and "foundation texts". Our review unfolds the theoretical and empirical evolution of the literature from dyadic interpretations of centralization versus decentralization of R&D by MNEs to more comprehensive frameworks, wherein established MNEs from advanced economies still play a pivotal role, but new players and places also emerge in the global generation and diffusion of knowledge. Hence, views of R&D internationalization increasingly rely on concepts, ideas, and methods from IB and other related disciplines such as industrial organization, international economics, and economic geography. Two main findings are highlighted. First, scholarly research pays increasing attention to the network-like characteristics of international R&D activities. Second, different streams of literature have emphasized the role of location-specific factors in R&D internationalization. The increasing emphasis on these aspects has created new research opportunities in some key areas, including inter alia: cross-border knowledge-sourcing strategies, changes in the geography of R&D and innovation, and the international fragmentation of production and R&D activities.

Luo Y. D. Adaptive learning in international business [J]. Journal of International Business Studies, 2020, 51(9):1547-1567.

Building on Daniel Levinthal's seminal theories on learning, adaptation, and innovation, this article elucidates an adaptive view of organizational learning undertaken by multinational enterprises (MNEs). Levinthal's perspectives have tremendous implications for theorizing and examining processes, pathways, and mechanisms of dynamic learning for MNEs competing in a complex environment. This article extends these perspectives, considering unique organizational traits and environmental characteristics facing MNEs for a more nuanced understanding of contexts in which adaptive learning creates global competitive advantage. Discussion also includes Levinthal's perspectives that are not yet adequately extended to, but valuable for, IB research, such as learning mindfulness, cognitive search, organizational architecture for adaptation, and co-evolution with technological change. We offer additional research questions as well as possible solutions to adaptive learning for international business.

Lundan S. M., J. T. Li. Adjusting to and learning from institutional diversity: toward a capability-building perspective[J]. Journal of International Business Studies, 2019, 50(1): 36-47.

This paper identifies two main dimensions-institutional diversity and dynamism-in the research stream that has substantively engaged with the important contribution of Jackson and Deeg(J Int Bus Stud 39(4): 540-561, 2008). Taking into account their core criticism that institutional analysis in international business research is often decontextualized, and building on these two dimensions, we present two possible paths for institutional analysis that are sensitive to context. The first is a methodological shift towards configurational analyses, and specifically the analysis of counterfactual scenarios that could reveal new information about decision alternatives. The second is a shift away from a focus on costs, and towards the possibility of MNEs building capabilities in an exploratory manner when confronted with institutional diversity. Both approaches build on an understanding of MNEs as strategic actors that co-evolve with their environments.

Jin B., et al. Inward foreign direct investment and local firm innovation: the moderating role of technological capabilities[J]. Journal of International Business Studies, 2019, 50(5): 847-855.

Extant research on inward foreign direct investment(FDI) suggests that foreign entrants bring superior technology with them to host countries, thereby providing local firms the opportunity to learn and upgrade their technologies. However, foreign entrants also increase competition in the local market, potentially harming domestic firms. In this study, we extend existing work on inward FDI by investigating the moderating role of technological capabilities on the relationship between inward FDI and local firm innovation. Building upon firm capabilities arguments, we expect that domestic firms with existing technological capabilities are better positioned to stave off foreign competition and better able to learn from foreign entrants. However, we find, somewhat surprisingly, that local technological leaders apply for fewer patents and introduce fewer new products than do local technological laggards subsequent to foreign entry. These results imply that technological capabilities do not buffer domestic firms from the deleterious competition consequences associated with inward FDI.

Huang K. G., J. T. Li.Adopting knowledge from reverse innovations? Transnational patents and signaling from an emerging economy[J].Journal of International Business Studies,2019,50(7):1078-1102.

Is there knowledge adoption of innovations from emerging economies? We theorize that, to help overcome information asymmetry across countries, granting patents to technology in the emerging economy of China can serve as a signal of technology potential and market opportunity to enhance technological knowledge adoption in a developed economy such as the United States. The effect may be greater in a complex technology sector with high information asymmetry than in a discrete technology sector, and in regions with less developed market intermediaries, where information asymmetry is high. Our difference-in-differences estimates using 4226 China-U.S. patent dyads and comparable U.S. patents support our hypotheses.

Scalera V. G., et al.Knowledge connectedness within and across home country borders:spatial heterogeneity and the technological scope of firm innovations[J]. Journal of International Business Studies,2018,49(8):990-1009.

We explore how knowledge-based connections to domestic and foreign locations affect the technological scope of firm innovations. Inspired by a blend of Economic Geography and International Business perspectives, we propose a theoretical framework that distinguishes between domestic subnational differences and cross-national spatial heterogeneity. Further, we combine the Penrosean view of managerial capabilities with the attention-based theory of the firm. Analyzing a sample of US-based firms between 1990 and 2006, we show that both domestic and international knowledge connectedness affect the technological scope of firm innovations, but their effects are different. The breadth of international knowledge connectedness appears to be positively associated with the technological scope of firm innovations. However, the breadth of domestic knowledge connectedness positively contributes to the technological scope of firm innovations up to a certain point, beyond which the bounded rationality of managers constrains firms' ability to further leverage subnational heterogeneity. Thus, domestic search is more likely to be challenged by limited managerial bandwidth. Lastly, domestic and international knowledge connectedness significantly interact with each other to explain the technological scope of firm innovations.

Xia T. J., X. H. Liu.Foreign competition, domestic competition and innovation in

Chinese private high-tech new ventures[J].Journal of International Business Studies，2017，48(6)：716-739.

Competition plays an important role in creating conditions favourable to innovation. However，is this the case for all types of competition? While recognizing the importance of competition in innovation，we address this question by examining the impact of foreign and domestic competition on the innovation performance of private high-tech new ventures. We argue that the impact of foreign and domestic competition on the innovation performance of local private firms may vary，due to the different types of resource interdependence with their competitors and learning gained by private firms. To test these arguments，we conducted a multilevel analysis of 805 Chinese private high-tech firms over the period 2001-2007. Our findings suggest that foreign competition has a U-shaped relationship with the innovation performance of private firms，whereas competition from state-owned enterprises positively affects private firms' innovation performance. Our study moves beyond the debate on whether competition increases or decreases innovation by unpacking the differential effects exerted by different types of competitors on the innovation performance of local private firms in the context of a transition economy.

Un C. A.The liability of localness in innovation[J].Journal of International Business Studies，2016，47(1)：44-67.

I analyze differences in the innovativeness of domestic firms and subsidiaries of foreign firms operating in the same country. I argue that domestic firms suffer a liability of localness in innovation，or a competitive disadvantage in product innovation relative to subsidiaries of foreign firms. I propose that this liability of localness is driven by the relatively lower levels of multiculturalism in employees of domestic firms in comparison with subsidiaries，which limit the identification，transfer，and integration of a large diversity of knowledge that supports product innovation. I also propose that managers of domestic firms can compensate for this liability of localness in two ways：by investing in the training of their employees and by exporting. Training modifies the mindsets and abilities of employees and enables them to become more cognitively multicultural，which facilitates product innovation. Exporting changes employees' mindsets as they become exposed to new ideas available abroad，which also facilitates product innovation. I test these arguments on a sample of manufacturing firms and find that，although domestic firms introduce fewer new products than subsidiaries of foreign firms，they introduce more new products than subsidiaries at the same level of investment in language training and of exports.

行业动态

《2021 年度全球百强创新机构》报告发布，四家中国大陆企业入选

经济日报—中国经济网北京 2 月 23 日讯（记者 佘惠敏）　2 月 23 日，专业信息服务提供商科睿唯安发布了《2021 年度全球百强创新机构》报告，这也是自 2012 年以来发布的第 10 份全球百强创新机构年度报告。4 家中国大陆企业入选今年的全球百强创新机构，分别是：华为、腾讯、小米、电信科学技术研究院（现隶属于中国信息通信科技集团有限公司）。

《全球百强创新机构》年度报告通过衡量专利实力以及创新文化，遴选出全球创新能力最强的 100 家机构。报告对连续十年入选百强的 29 家机构中的 28 家公开上市公司的市值增长进行了综合测算，测算时间为 2014 年 10 月到 2020 年 10 月。与道琼斯工业平均指数和标准普尔 500 指数相比，连续十年入选创新百强的机构在 2014 年 10 月至 2020 年 10 月为期六年的时间段里始终保持更快的市值增长，市值平均增长近 2.5 倍。

科睿唯安知识产权业务总裁杰夫·罗伊（Jeff Roy）表示："创新着眼于未来，而塑造未来需要长久持续的驱动力和动能。我们热烈祝贺今年入选百强的机构，尤其是连续十年入选的 29 家机构，他们不断提高了卓越创新的水准。"

《2021 年度全球百强创新机构》报告的其他亮点包括：本年度创新百强机构分布于三大洲的 14 个国家和地区；美国以 42 家机构占据榜首，日本以 29 家的数量紧随其后；9 家机构首次入围创新百强机构，包括 6 家之前被评为"值得关注的创新机构"；百强中电子和半导体行业机构为数最多，分别有 21 家和 12 家。

资料来源：2021 年 02 月 23 日 22:42，中国经济网—《经济日报》

http://www.ce.cn/xwzx/gnsz/gdxw/202102/23/t20210223_36332906.shtml

补充阅读

1.［美］克里斯托弗·A.巴特利特，［加］保罗·W.比米什.跨国管理：教程、案例和阅读材料［M］.第 7 版.赵曙明，周路路，译.东北财经大学出版社，2017.

2.Sun P.,et al.Partnering with Leviathan：The politics of innovation in foreign-host-state joint ventures［J］.Journal of International Business Studies，2020.

3.Seo E.,et al.Blending talents for innovation：team composition for cross-border R&D collaboration within multinational corporations［J］.Journal of International Business Studies，2020，51（5）：851-885.

4.Papanastassiou M.,et al.Changing perspectives on the internationalization of R&D and innovation by multinational enterprises：a review of the literature［J］.Journal of International Business Studies，2020，51（4）：623-664.

5. Luo Y. D. Adaptive learning in international business ［J］. Journal of

International Business Studies,2020,51(9):1547-1567.

6.Levinthal D. A.Learning in context:grateful reflections on reflections[J].Journal of International Business Studies,2020,51(9):1529-1531.

7.Jin B.,et al.Inward foreign direct investment and local firm innovation:the moderating role of technological capabilities[J].Journal of International Business Studies,2019,50(5):847-855.

8.Huang K. G.,J. T. Li.Adopting knowledge from reverse innovations? Transnational patents and signaling from an emerging economy[J].Journal of International Business Studies,2019,50(7):1078-1102.

9.Scalera V. G.,et al.Knowledge connectedness within and across home country borders:spatial heterogeneity and the technological scope of firm innovations[J].Journal of International Business Studies,2018,49(8):990-1009.

10.Kriz A.,C. Welch.Innovation and internationalisation processes of firms with new-to-the-world technologies[J].Journal of International Business Studies,2018,49(4):496-522.

11. Xia T. J.,X. H. Liu. Foreign competition,domestic competition and innovation in Chinese private high-tech new ventures[J].Journal of International Business Studies,2017,48(6):716-739.

12.Un C. A.The liability of localness in innovation[J].Journal of International Business Studies,2016,47(1):44-67.

思考题

1.请阐述学习曲线的内涵和意义。

2.请阐述全球创新指数(GII)的内涵和意义。

3.请阐述 IR 分析框架与产业类型划分。

4.请阐述不同产业类型的战略选择。

作业与测试

一、单选题

1.下列关于跨国公司独特情景分析的说法,不正确的是(　　)。

A.跨国公司与本土企业之间差异,来自他们在社会背景、经济背景和政治背景等方面不同。

B.跨国与本土的显著差异,体现在东道国国家主权差异上,具体体现在规则制定方面,任何与之对抗的行为都是行不通的。

C.跨国公司面临独特经营风险,亦即不同国家对待私有财产、合作责任、非营利企业等,有着不同的政治哲学、法律体系和社会观点。

D.本土企业处于单一国家环境之中,社会文化规范、政府规章制度等因素在本国毫无差异。

2.下列关于利维特的观点,不正确的是(   )。

A.标准竞争本质上是创新竞争,华为在 5G 领域建立起全球行业标准,这是中国企业创新发展重要成果。

B.企业竞争焦点正在从标准竞争发展到产品竞争和服务竞争。

C.利维特只是看到了问题的一个方面,将注意力过分集中于全球化推动因素上,忽视了这些因素本身所受的约束条件,忽视了本土化压力。

D.企业标准化是以获得最佳生产经营秩序和经济效益为目标,贯彻实施国家、行业和地方标准,特别是将自己所建立标准发展成为行业标准。

3.下列关于规模经济的说法,不正确的是(   )。

A.工业革命使得创建更大型工厂成为迫切需要和可能,只有大规模生产才能带来经济效益,提高企业竞争力和行业竞争力。

B.国际化扩张能够带来规模经济。国际化扩张拓展了企业资源平台、业务平台和市场平台,在规模和种类上得到了空前发展,从而能够更好发挥规模经济。

C.企业有动力进行全球扩张,以提高规模经济。特别是高投入产业,例如飞机制造行业和药品研发与制造行业,必须在全球范围进行扩张才能够取得规模经济,从而分担其高昂的研究成本和制造成本等。

D.规模经济是个静态概念,企业无法通过经验或学习产生动态效益。

4.下列关于要素成本的说法,不正确的是(   )。

A.随着技术和市场的变化,以尽可能低的成本获得新资源成为必要。

B.降低要素成本,成为经济全球化的有力驱动因素。

C.跨国公司为了获得具有竞争优势的低成本生产要素,就不断转移阵地。

D.随着中国劳动力成本不断提高,一些跨国公司将中国产能转移至东南亚或非洲的国家或地区。

5.下列关于自由贸易的说法,不正确的是(   )。

A.进入 20 世纪以来,国际贸易环境日益自由化。跨国公司能够在全球范围内进行价值链重组,以实现潜在利益。

B.发展中国家战略角色发生根本性变化,在全球范围内资产重组配置中发挥重要作用。

C.发展中国家是税收增长和国际规模效应的重要来源。

D.金砖五国合作和一带一路倡议,已成为推动全球经济发展的新的重要引擎。

6.海尔空调商标上"海尔兄弟"图案在不同国家和地区有不同的反馈,体现了(　　)。

　　A.文化差异对于企业跨国经营管理有着很大的影响作用。

　　B.海尔集团在不同地区有不同的营销和宣传方式。

　　C.中东地区对海尔的产品并不认可。

　　D.海尔产品更符合法国人的使用习惯。

7.下列关于跨国公司与东道国政府的关系的说法,不正确的是(　　)。

　　A.跨国公司与东道国政府的关系是有爱有恨的关系。

　　B.跨国公司与东道国政府之间,既有正面的合作需要,也有负面的排斥压力。

　　C.在合作需要方面,跨国公司能够通过国际化取得全球效率,拓展全球市场,实现公司更大规模和更大市场的全球资源配置。

　　D.东道国政府不用担心跨国公司权力过于膨胀而影响当地社会政治与稳定,跨国公司往往是依赖于东道国政府的。

8.跨国公司与东道国政府在业绩测量方面存在差异,下列哪项是东道国政府所更加关注的?(　　)

　　A.利润率　　　　　　B.投资回报率　　　　C.财务指标　　　　D.社会成本和收益

9.下列关于中兴通讯遭美国制裁事件的说法,不正确的是(　　)。

　　A.美国商务部发布公告称,在其未来 7 年内美国政府禁止中兴通讯向美国企业购买敏感产品。

　　B.这是美国政府近年来对中国企业发起的一起政策攻击。

　　C.此事件对中兴通讯的经营活动产生了极大影响。

　　D.中兴等科技企业的崛起使美国感到了威胁,因此采取了用经济手段干预的措施。

10.下列关于美国对华为的制裁事件的说法,不正确的是(　　)。

　　A.国家如同企业,国家竞争需要依靠标准执行。

　　B.美国维持世界霸主地位,不仅依赖强大的军事实力,更仰仗发达的经济和领先的技术。

　　C.美国主导技术和标准,发展中国家负责制造,利润大部分被美国攫取,污染和破坏却留给了发展中国家。

　　D.在 5G 时代,华为一枝独秀,领先世界,反超美国。

11.下列关于华为在构建万物互联智能世界的说法,不正确的是(　　)。

　　A.网络连接将成为无处不在的自然存在,网络主动感知变化和需求,智能、无缝、安全地连接人与人、物与物、人与物。随着 5G 到来,新的连接版图正在打开。

　　B.在数字经济新时代,算力成为新生产力,数据将变成新生产资料,而云和 AI 成为新生产工具,AI 算力将占据未来计算中心的 80% 以上,是支撑人工智能走向应用的发动机。

    C.个性化体验是每个人的基本权利,是人类进步和经济增长的基石。企业基于AI、云、大数据,深刻洞察客户需求、敏捷创新,提供更加个性化的产品和服务,产业通过整合协同推动规模化创新。

    D.政府、企业将因数字化、智能化而变得敏捷、高效、生机勃勃。开放、灵活、易用、安全的数字平台,将成为实现整个社会数字化的基石和土壤,激发行业创新和产业升级。

12.中国在芯片(　　)领域仍然是一大难题。

    A.设计　　　　　　　B.生产制造　　　　　C.销售　　　　　　D.物流

13.关于中国制造业的出路,下列经济脉络先后顺序正确的是(　　)。

    A.粗放型—集约型—创新型

    B.集约型—粗放型—创新型

    C.imagined in China—made in China

    D.粗放型—创新型—集约型

14.全球产业强调集中生产或销售以发挥全球效率。下列哪一项是全球产业的代表产业?(　　)

    A.电信产业　　　　B.品牌包装产品　　C.电子电器产业　　D.水泥产业

15.下列关于中国全方位加强国际科技创新合作的说法,不正确的是(　　)。

    A.自主创新是开放环境下的创新,绝不能关起门来搞,而是要聚四海之气、借八方之力。

    B.新时代我国加快建设创新型国家和世界科技强国,需要以全球视野谋划和推动创新,全方位加强国际科技创新合作。

    C.以新兴市场国家为代表的广大发展中国家创新实力显著提升、创新合作需求与日俱增。

    D.我国的发展只需要从以下两方面着力:一是,努力提升全球创新资源整合能力。二是,积极构建"一带一路"科技创新共同体。

二、多选题

1.本土企业处于单一国家环境之中,(　　)等都相对较为统一。

    A.社会文化规范　　　　　　　　　　B.政府规章制度

    C.消费者需求偏好　　　　　　　　　D.行业经济状况和竞争环境

2.下列关于范围经济的说法,正确的是(　　)。

    A.范围经济的战略重要性,来源于多元化经营公司在同一价值链或不同价值链中分享投资和分担成本的效益。

    B.范围经济的本质是资源共享,这与共享经济时代资源共享有着相似特征。

    C.通过国际化扩张,企业拥有更大经营平台,更加充分利用范围经济,取得范围经济所带来经济效益。

D.范围经济分享投资和分担成本可以在不同部门间、产品间、市场间及在联合使用不同类型的资产上实现。

3.下列关于全球化趋势与逆全球化现象的说法,正确的是(　　)。

A.全球化现象存在于高科技行业而非资源型行业。重大技术创新引领变革,促成了产业结构的根本性重组。

B.新时代背景下,5G 技术、AI 技术和云技术等不断发展和广泛应用,催生了更加全球化的新兴产业。未来企业的经营平台已经跨越国别边界,其价值生态是面向全球的。

C.全球化带来标准化、规模经济和范围经济,使得全球一盘棋成为可能。

D.逆全球化现象仍然存在。以美国为首的西方国家,在逆全球化道路上步步紧逼,通过政治打压、政策干预和市场垄断的方式,全方位围堵新兴国家企业的国际化发展。

4.在合作需要方面,跨国公司是东道国政府的资金、技术和管理经验的来源,(　　)能够对当地的经济和社会的发展做出贡献。

A.资金　　　　　　B.价值观　　　　　　C.技术　　　　　　D.管理经验

5.对于东道国政府而言,与跨国公司合作的动机在于保持(　　)。

A.社会的独立性　　　　　　　　B.经济的独立性

C.政治的独立性　　　　　　　　D.国家的竞争力

6.下列哪些属于全球创新的驱动力?(　　)

A.产品生命周期缩短　　　　　　B.研发成本不断提高

C.全球技术标准更新　　　　　　D.强调平台创新和生态创新

7.创新离不开发展中国家和地区,发展中国家成为全球创新的(　　),发展中国家日益从廉价制造基地逐渐朝着参与全价值链方向发展。

A.稀缺原料来源　　　　　　　　B.研发技术来源

C.制造技术来源　　　　　　　　D.消费潮流来源

8.根据 IR 分析框架,传统产业可以划分为下列哪些类型?(　　)

A.国际产业　　　　B.多国产业　　　　C.全球产业　　　　D.跨国产业

三、判断题

1.利维特认为,来自经济、社会和技术方面的发展趋势,正在共同形成一个统一的全球市场,从而促使企业开发出符合国际标准的产品,以便顺应世界经济潮流。(　　)

2.企业标准化是以获得最佳生产经营秩序和经济效益为目标,贯彻实施国家、行业和地方标准,特别是将自己所建立标准发展成为行业标准。企业竞争焦点从产品竞争、服务竞争发展到标准竞争。(　　)

3.金砖国家包括巴西、俄罗斯、印度、中国和南非。金砖国家领导人会晤机制的建立,为金砖国家间的合作与发展提供了政治指引和强大动力。(　　)

4.跨国公司希望在全球范围自由整合业务,跨界进行自由的资源转移和销售。但是,东道国政府则追求保护国家主权不受外来影响,并从出口市场、高效产业和尖端技术中获取全球效益。(　　)

5.美国在计算机、通信、化学、物理、材料等基础技术领域均走在了世界前列。凭借技术壁垒和科技优势,在行业链顶端榨取发展中国家。(　　)

6.发展中国家日益从廉价制造基地逐渐朝着参与全价值链的方向发展。(　　)

7.从价值链环节来看,中国曾经处于价值链下端环节,更多是从事廉价制造,而价值链上游环节和中游环节则为西方企业所掌控。(　　)

8.经过长时间积累,中国正在逐步从粗放型经济,向集约型经济和创新型经济发展,目前更是集中精力于实施国家创新驱动发展战略,实现由制造大国向智造强国的转变。(　　)

四、名词解释

1.标准化

2.企业标准化

3.范围经济

4.学习效应

5.能力利用型权限和能力探索型权限

6.全球创新指数

五、简答题

1.请说明全球竞争者通过哪些途径来推动全球经济变革。

2.请解释全球一盘棋的企业战略并举例说明。

3.请阐述跨国公司与东道国政府的冲突来源。

4.企业应该如何提升全球范围的学习能力?

5.请解释不同的产业类型与战略选择有何特点?企业应该怎么做?

第 **7** 章
发展跨国战略：建立梯级的竞争优势

第 1 节　目标方法：构建稳健的全球竞争优势

学习导航

　　本节讨论跨国战略分析框架，后续三节将讨论企业国际化的扩张路径、区位选择和进入模式，它们共同构成了企业国际化的四个重要的战略决策。本节内容包括如下主题：全球竞争优势的目标：全球效率、多国灵活性和学习能力；全球竞争优势的方法：国别差异、规模经济和范围经济；汇总目标和方法：构建稳健的全球竞争优势。

　　通过本节学习，希望同学们能够掌握全球竞争优势的不同的目标和方法，以及如何通过汇总目标和方法，构建稳健的全球竞争优势。

一、跨国公司面临的多重目标

　　跨国公司的战略任务是构建梯级竞争优势以适应来自多维环境的压力挑战，跨国公司需要同时诉求全球规模效率、多国灵活性以及在全球范围基础上创新发展和运用知识的能力。也就是说，为了获得全球竞争优势，跨国公司必须实现三个战略目标：必须在其所有活动中建立全球规模效率；必须发展多国适应能力来处理不同国家特殊风险和机遇；必须建立从其国际经营实践和机遇中学习的能力，并在全球范围基础上利用所获得的知识的能力。当企业采取战略措施最大限度地实现上述三个不同，有时甚至是冲突的目标时，竞争优势也就建立了。

　　为帮助理解框架维度的概念，我们使用普拉哈拉德教授提出的全球一体化——国家响应性分析框架（简称 I-R 分析框架）。其中，纵轴：表示全球一体化行为的潜在利益，这种利益更多地被解释为规模经济和范围经济所带来的成本降低。横轴：表示国家响应性收益,这种收益来源于国与国之间在产品、战略以及经营活动方式等方面的不同,主要被解释为针对不同国家在市场需求、工业结构、分销系统和政府法规等方面的不同而设计的更为有效的差异化策略所带来的更大收入。I-R框架可以用来理解整个产业在一体化和响应性方面利益的不同,也可以用来识别和描述跨国公司在同一产业竞争中所采用的战略方法的不同,甚至可以用于分析跨国公司内部各部门在业务导向和战术方法方面的差异。行业特征不能单独决定企业战略选择。例如,在汽车制造业,菲亚特(Fiat)长期奉行一种典型的多国战略,在西班牙、前南斯拉夫、波兰和其他一些国家,菲亚特公司借助于合资企业的合资伙伴和东道国政府的支持,帮助东道国建立起政府扶植的汽车制造工业。例如,丰田公司通过集中于日本的全球规模的制造工厂,开发并制造产品来获得成功。当丰田公司想要依靠现有力量巩固行业地位时,它必须采取关注全球效率目标(而不是本地市场响应性)的战略决策。这种目标选择在产生利润的同时也会给公司带来困扰和挑战。因此,跨国公司战略框架的三个维度分别是全球效率、多国灵活性和全球范围内的学习能力。

1.全球效率

当我们把跨国公司看成投入产出系统时,我们可以将其总体效率看作是其产出价值与投入价值的比值。在这个简化的企业模型中,其效率取决于其产出价值的增加、投入价值的降低,或者两者同时实现。效率改进不仅来源于成本的减少,而且也来源于收益的增加,即开源节流。

2.多国灵活性

管理和利用由全球环境多样性和易变性而产生的风险与机会的能力。一个全球公司所面临环境的主要特征是多样性和易变性。跨国竞争力关键因素是多国灵活性,即公司管理和利用由全球多样性和易变性而产生的风险与机会的能力。决定多样性和易变性的关键因素:宏观经济风险、政策政治风险、行业竞争风险、资源供给风险。这些不同类型风险的共同特征在于它们因国家不同和时间流逝而变化,这使灵活性成为战略管理的关键要求,多样性和易变性使得跨国公司必须同时考虑随之而来的风险和机遇。

3.全球范围学习能力

传统企业国际化理论认为企业国际化是为了将其总部能力运用于海外市场从而持续发挥其价值增值能力,认为能力总是存在于跨国公司总部。然而,一些新兴市场国家的企业虽然不具有绝对的竞争优势能力,但仍然也可以从国际化战略中获得发展机遇。当前理论认为,跨国公司的核心资产是其运营环境的多样性。这种多样性使跨国公司处于多重激励下,让其发展多样能力,并提供比纯粹国内公司更多、更为广泛的学习机会。跨国公司的初始知识储备给跨国公司提供了竞争优势,使跨国公司在一开始就创造出组织多样性。跨国公司能够从其国际化进程中学习海外市场知识，提升总部能力。

二、战略方法：国别差异、规模经济和范围经济

在发展不同维度战略能力时，跨国公司可以利用不同的工具和方法。它可以利用在多个国家经营的不同的资源和市场机会，投资于多样经营活动，从而实现协同作用和范围经济，还可以从不同全球活动中获得潜在规模经济。跨国公司的战略挑战就在于利用规模经济、国别差异和范围经济这三种全球竞争优势的来源，实现全球效率、多国适应和全球学习的能力最大化。跨国公司获得全球竞争优势的关键在于处理好不同目标以及不同方法之间相互作用。

1.国别差异（national differences）

根据绝对优势理论和相对优势理论，在一个缺乏效率的市场中，不同国家拥有不同的资源禀赋（例如丰富的劳动力、土地和材料等），导致了国家间要素成本的差异。例如，亚当·斯密在其《国富论》中分析道，由于资源禀赋差异，英国在羊毛产品方面存在优势，在葡萄酒酿造方面存在劣势，而法国则刚好相反。亚当·斯密分析的是绝对优势理论，其学生大卫·李嘉图则进一步分析了资源禀赋的比较优势理论。因为公司不同的行为（如研究开发、生产和市场营销等）都在不同程度地使用各种要素，所以一个公司能够通过配置它的价值链，使其每一个活动都能在相关要素使用多但价格低的国家进行，以获得最低成本，由此来建立企业的成本优势。中国古代的"丝绸之路"和当前的"一带一路"，客观上发挥了不同国家在资源禀赋或者生产力方面的绝对优势或者比较优势。我们现在所提倡和捍卫的贸易全球化和自由化，也是为了充分发挥国别差异所具有的经济发展潜力。出口市场也存在国家差别，不同国家的消费者需求和偏好不同，分销系统、对相应产品市场的政府规定、不同促销战略和其他市场技术的实施效果也各不相同。跨国公司可以调整其产品和服务来适应不同国家市场的特殊要求。例如企业可以将研究与开发活动放在英国，从而利用高薪资对英国研究人员提出较高的要求；而劳动密集型的零部件生产则可以放在中国或者印度等国家进行，这样可以利用这些国家低成本、高效率的劳动力。

2.规模经济（scale economies）

规模本身是个静态概念，但通过经验或学习的作用，能够产生规模的动态效益。高产量可以使一个公司获得规模经济，也可以使其积累学习经验.当公司沿着学习曲线移动时，可导致连续的成本降低。当新兴的韩国电子公司能够达到有经验的日本竞争企业的规模时，它们并不能获得那些日本公司在数十年全球规模运营中获得的大量与过程相关的效率。经济全球化背景下，跨国企业有了更广阔的消费市场，使得

生产能够更加充分发挥规模经济,这不仅有利于尽快回收研发、生产和制造成本,而且也有助于新产品开发和采用。

3.范围经济(scope economies)

范围经济是指一些特定经济收益来源于两个或更多产品联合生产(或开发、分销)的成本低于各自生产的成本。有些资源如信息或技术,一旦在一个生产项目中得到运用,就能够无成本地运用于另一生产项目中。范围经济的战略重要性来源于多元化经营公司在同一价值链或不同价值链中分享投资和分担成本的能力。这是没有实行内部多元化或外部多元化的竞争者所不具备的经济收益源泉。这种分享和分担可以在不同部门间、产品间、市场间及在联合使用不同类型的资产上实现。可口可乐公司在不同市场上利用同一商标名称而获得范围经济。

三、汇总目标和方法——构造全球竞争优势

表 1-1 显示了获得全球竞争力的不同目标和方法的综合图示。每一个目标与方法的组合提供了一些能够增强公司战略地位的要素。

表 1-1 跨国公司战略目标及其竞争优势来源

战略目标	竞争优势的来源		
	国别差异	规模经济	范围经济
在日常经营中获得效率	来源于要素成本、资本成本差异的收益(比较优势)	在每一业务活动中扩展并利用潜在的规模经济	在不同市场和业务中分享投资和分担成本
通过多国灵活性管理风险	管理产生于不同国家的市场或政策引起的比较优势变化的风险	在规模战略和经营灵活性之间寻求平衡	通过投资组合分散风险、创造更多方案,杜绝孤注一掷
创新、学习和调整	从组织与管理的过程与体系的社会差别中学习(互补效应)	来源于经验的成本降低和创新收益(学习效应)	在不同产品、市场或业务的组织构成间分享学习(互补效应)

资料来源:[美]克里斯托弗·巴特利特,[英]休曼特拉·戈歇儿,[加]保罗·比米什.跨国管理——教程、案例和阅读材料[M].赵曙明,译.东北财经大学出版社,2010.

本节学习了全球竞争优势的目标:全球效率、多国灵活性和学习能力;全球竞争优势的方法:国别差异、规模经济和范围经济;以及如何汇总目标和方法以构建稳健的全球竞争优势。希望同学们能够结合所关注企业的国际化实践,分析其当前的国际化战略的目标和方法,并对其未来发展的目标和方法做出评价,提出政策建议。

企业实践

未来的国际化将更强调本土化布局

美的集团副总裁兼CTO胡自强在接受《每日经济新闻》记者采访时表示，受全球疫情影响，美的新拓展的研发布局或会受到一定影响。但贸易摩擦不会对美的全球研发和技术布局产生影响。"对于美的来说，全球化的方向还是很坚定的，未来海外的机会还很大。接下来，美的的全球化，更多（的是）需要在研产销上做本土化布局。"胡自强表示。

胡自强告诉《每日经济新闻》记者，从全球来看，美的集团一些新拓展的研发布局可能会受疫情影响，走得相对慢一些，但美的对于整个研发体系的投入和调整一直没有停。美的的研发人员数量与去年相比还是有增长。据悉，到2021年，美的集团计划还要在全球引入超过2000名硕博高端人才。

当前出现的一些逆全球化趋势对美的集团是否产生影响？胡自强表示，在他看来，贸易型企业的全球化可能会受到很大影响，但对于像美的集团这样真正全球化的跨国公司，其运行模式是资本和研发创新输出、在海外当地制造。这样的企业未来会发展得很好。胡自强在接受记者专访时表示，对于美的来说，全球化的方向很坚定，"但是，未来的全球化，和我们原来做的国际化会有差距，更多需要在研产销做本土化的布局"。胡自强称，未来10年都是中国家电走向全球的一个好机会，原因在于，中国企业的创新能力是在中国市场这样一个大的环境之下培育起来的，这在全球都是很有优势的。"有了这些竞争力，我们可以外延，实际上中国的创新和全球的创新是有共性的，只是需要做一定的本土化。"胡自强说道。

"中国企业在海外的创新空间是很大的。但是，我们肯定不会像原来出口的那种模式，不能靠做便宜、低端的产品，而是通过产品创新和突破去打开海外的这个市场，赢得消费者的尊重。"胡自强告诉记者。据杨连运透露，目前美的集团正计划在埃及建设第18个海外生产基地，这个基地主要生产冰洗和洗碗机产品，基地建设当前正在规划中。

资料来源：美的公司官方网站。

📖 研究动态

Kryscynski D.，et al.Charting a path between firm-specific incentives and human capital-based competitive advantage[J].Strategic Management Journal，2021，42（2）：386-412.

Research Summary Scholars have long recognized the theoretical and practical implications of firm-specifichuman capital. However, we highlight that firm-specificincentives(i.e.，worker incentives that provide more utility to workers in the focal firm than similar incentives available at other employers)provide an important pathway to competitive advantages that has not been comprehensively examined in the extant organizational research. We address this gap by(a)defining firm-specific incentives and showing why they are different from incentive conceptualizations and typologies in the extant literature,(b)articulating potential origins of firm-specific incentives,and (c) formally proposing the conditions under which firm-specific incentives facilitate human capital-based competitive advantages. In so doing,we develop a cohesive theoretical framework of incentive-based competitive advantage that integrates across multiple literatures. Managerial Summary Just as companies differentiate their products by creating unique value for customers,they also create unique value for their employees. Some companies do this by offering employee incentives, perks,and benefits that are highly unique to the company and difficult for other companies to imitate. These unique incentives,perks,and benefits can help these companies to attract,motivate,and retain top talent at a financial discount and,accordingly, can help these companies realize competitive advantages over their rivals.

Papanastassiou M.,et al. Changing perspectives on the internationalization of R&D and innovation by multinational enterprises: a review of the literature⌊J⌋. Journal of International Business Studies,2020,51(4):623-664.

Internationalization of R&D and innovation by multinational enterprises(MNEs) has undergone a gradual and comprehensive change in perspective over the past 50 years. From sporadic works in the late 1950s and in the 1960s,it became a systematically analyzed topic in the 1970s,starting with pioneering reports and ,'foundation texts'. Our review unfolds the theoretical and empirical evolution of the literature from dyadic interpretations of centralization versus decentralization of R&D by MNEs to more comprehensive frameworks,wherein established MNEs from advanced economies still play a pivotal role,but new players and places also emerge in the global generation and diffusion of knowledge. Hence,views of R&D internationalization increasingly rely on concepts,ideas,and methods from IB and other related disciplines such as industrial organization,international economics,and economic geography. Two main findings are highlighted. First,scholarly research pays increasing attention to the network-like characteristics of international R&D activities. Second, different streams of literature have emphasized the role of location-specific factors in R&D internationalization. The increasing emphasis on these aspects has created new research opportunities in some key areas,including inter alia:cross-border knowledge-sourcing strategies,changes in the geography of R&D and innovation,and the international fragmentation of production and R&D activities.

Bel R.A property rights theory of competitive advantage[J].Strategic Management Journal,2018,39(6):1678-1703.

Research Summary:This article proposes a formal organizational economics approach to strategic management. Using a Property Rights Theory(PRT)framework, it rationalizes and provides a constructive contribution to two of the main strategy theories:the Resource-Based View(RBV)and Porter Generic Strategies(PGS). The article shows that the welfare maximizing PRT conditions that characterize the existence and boundaries of a firm parallel both the RBV and Porter conditions for a sustainable competitive advantage,and provides a formal rationalization of Barney's categorization of resources and Porter's generic strategies. The article reveals some underexplored aspects of current informal theories,and extends their scope with the integration of strategic networks of complementors and social welfare considerations,opening up new avenues for research.

Managerial Summary:This article brings two new insights for managers. First, showing that a firm can garner rents when it is a socially optimal form of organization for the assets it controls,it rationalizes the importance of control and adds a social welfare perspective to strategy. The Resource-Based View(RBV)and Porter Generic Strategies(PGS),besides theories of competitive advantage,can also be viewed as theories of control. Second,taking into consideration the growing importance of networks and complementors in the knowledge economy,this article highlights the strategic importance of two resource characteristics-collaborative and easy to combine-and opens up new doors for the consideration of two business strategies for managers-platform and coordination-in addition to the traditional cost,differentiation,and focus strategies.

补充阅读

1.[美]克里斯托弗·A.巴特利特,[加]保罗·W.比米什.跨国管理:教程、案例和阅读材料[M].第 7 版.赵曙明,周路路,译.东北财经大学出版社,2017.

2.Kryscynski D.,et al.Charting a path between firm-specific incentives and human capital-based competitive advantage[J].Strategic Management Journal,2021, 42(2):386-412.

3.Papanastassiou M.,et al.Changing perspectives on the internationalization of R&D and innovation by multinational enterprises:A review of the literature[J].Journal of International Business Studies,2020,51(4):623-664.

4.Bel R.A property rights theory of competitive advantage[J].Strategic Management Journal,2018,39(6):1678-1703.

思考题

1.请阐述全球竞争优势的目标:全球效率、多国灵活性和学习能力。
2.请阐述全球竞争优势的方法:国别差异、规模经济和范围经济。
3.请阐述如何构建稳健的全球竞争优势。

第2节 战略类型:国际的、多国的、全球的和跨国的战略

学习导航

　　本节内容包括如下主题:区分国际战略、多国战略、全球战略和跨国战略,理解不同战略的战略导向,理解不同战略的资产和能力组合。通过本节学习,希望同学们能够深刻理解多国战略、国际战略、全球战略和跨国战略的特点、产生和背景,能够清晰阐述其在战略导向和资产与能力组合方式方面的差异,更好地理解和指导跨国公司战略制定,为后续组织设计奠定基础。

　　在国际市场上企业可以采用四种基本的竞争战略:国际战略、多国战略、全球战略、跨国战略。每一种战略都有其优缺点,某种战略是否适合,与该企业所承受的成本压力及国际地域差别的压力有关。

一、多国战略(multinational strategy)

　　多国战略主要是通过关注国别差异来实现其主要的战略目标。公司主要关注收入方面,通过差别化的产品或者服务对消费者偏好、产业特征和政府法规方面的国别差异做出反应,以提高其经济效益。这就要求跨国公司采取"local for local"的创新模式。该战略要求子公司不仅要识别当地需要,而且要使用它们拥有当地资源以对这些需要做出反应。许多欧洲公司,例如联合利华、飞利浦、雀巢和帝国化学工业公司等,传统上采用该战略方式。在这些公司中,资产和资源历史上广为分散,海外子公司被允许开展从研究、生产到售后服务等范围宽广的活动,其自给自足总是伴随着高度的地方自治。但是,当这些独立的国别单位对其当地环境拥有相当高的灵活性和响应性的同时,不可避免地存在着在利用其他国家或单位的知识和能力时的低效和无能的问题。

　　多国化战略意识是伴随着经理们开始承认和强调不同国家的市场和经营环境之

间存在差异而发展起来的。具有这种意识的公司根据不同国家的特点改进自己的产品、战略和管理实践，采用更加灵活的国际化经营方法。随着它们发展成为能够日益灵活地适应当地环境的全国性公司，这些公司发展了一种切实的多国化战略方法：全球范围分布的子公司是基于不同国家的多重响应战略的基础之上的。根据这种多国化意识从事经营的公司，倾向于使用东道国本国的独立企业家作为自己在外国开展业务经营活动的经理。

二、国际战略（international strategy）

采用这种方法的公司关注在全球范围内对创造和创新的利用，并使用所有不同的方法来实现这一目标。总部设在大的技术领先国家的跨国公司常常采用这一战略方法，但它主要是利用母国创造来提高海外子公司的竞争地位。该战略导向下的跨国公司，在国际化之初主要依靠将产生于母国的新产品、程序或战略转移到海外欠发达市场。这一方法在美国的跨国公司中较为常见，比如卡夫（Kraft）、瑞辉（Pfize）、保洁公司（P&G）和通用电气（GE）。虽然这些公司从它们创造和利用新的能力中建立了相当的优势，但是许多跨国公司却既没有效率也没有适应能力。它们并没有取得采取全球战略的公司所具有的集中化和大规模经营所带来的效率，也没有取得多国战略的跨国公司所具有的自治和本地化运营的高度响应性。

国际化意识衍生于产品生命周期理论，其隐含的战略逻辑是：产品的开发和生产主要是在国内市场进行，只是把国内市场的剩余产品销往国外；技术和其他知识从母公司向海外子公司转移；海外制造被当作保护公司国内市场的一种手段。持有这种观点的公司认为，它们是拥有某些外国附属机构的国内公司。经理们经常把海外经营工作分配给懂得外语或者以前在国外居住过的国内人员。侨胞在跨国公司的海外机构的管理活动中扮演着极其关键的角色。

三、全球战略（global strategy）

采取该战略的跨国公司主要依赖于提高全球效率，它们采取这一战略方法来为它们的产品获得成本和质量上的最佳定位。日本公司主要采取该战略，包括丰田、佳能、小松和松下等。其效率的获得伴随着灵活性和学习能力方面的损失。

持有全球化意识的跨国公司把全球当作分析单位，其隐含的战略逻辑是：不同国家的习俗偏好的共同之处大于差异之处，或者说通过给顾客提供具有适当成本和高质量的标准化产品，促使过去形成的国家之间的多样性习俗和偏好逐步趋同。具有这种全球战略方法的管理者会赞同西奥多·利维特的观点，即未来属于那些以相同方式制造和销售无论在哪里都适用的产品的公司。与其他战略方式相比，这种战略方式更加强调集中的协调和控制，并且要求组织中的不同产品或者事业部经理人员拥有全球责任心。在这类公司里,研究、开发和制造活动被公司总部重点管理,大多数战略决策由公司的决策中心做出。

四、跨国战略(transnational strategy)

全球公司假设最佳成本地位是竞争优势的主要源泉,倾向于集中所有资源(无论是集中于母公司还是海外子公司),以获取存在于每一经营中的规模经济。多国公司把差异性看作是增大效益的主要途径,将资源分散在不同国家的经营中,以使其能够对当地需求做出反应。国际公司希望通过创新来降低成本、增加收益或同时实现该两者,倾向于集中那些对发展创新极其重要的资源,而分散其他资源,以使其创新适应于全球。跨国公司认为每一种传统方法都是不完整的。每一种方法都有其优点,但没有一个能反映全部含义。跨国公司认为必须创造一个更为精致而多样化的资产和能力的组合,亦即构建全球卓越中心网络。

当前,跨国公司越加需要在维持全球化效能的同时,对当地需要做出更为灵敏的响应,也就是需要采取跨国化意识。采取跨国化意识的跨国公司,其核心活动和资源既不集中在母公司,也不分散经营,以便每个子公司都能够因地制宜地执行它们的任务。也就是,资源和活动被分散化而不是专门化,以便同时获得效率和灵活性。这些分散的资源被统一在一个相互依赖的世界性经营网络中。与全球化模式相比,跨国化意识承认灵活的重要性并适应于具体的国家经营活动。与多国化模式相比,跨国化意识提供了联系和协调经营活动、维持竞争有效性和经济效益的方法。其结果是,需要大量的组织范围的协调,并分享跨国公司管理系统所做出的更高级、更精密的决策。

以上分析的四种典型的战略类型,并非孰是孰非。一个公司能否使用这些战略思想来合理开展经营,取决于其所在行业、独特的公司地位、东道国形形色色的需求以及各种各样的其他因素。在很多情况下,跨国公司是同时诉求两种以上的战略意识,同时拥有不同战略方法中的多种方法。

五、不同战略在战略导向和资产与能力的组合方面的差异(见表1-2)

在战略导向方面,国际公司利用母公司的知识和能力;多国公司利用强大的、随机应变的和开拓性的运营管理,建立起灵活性,以对国家差别做出反应;全球公司通过集中化和全球规模运营,建立起成本优势;跨国公司同时发展全球效率、多国灵活性和全球范围的学习能力。

在资产与能力组合方面,国际公司强调核心资源集中,其他资源分散;多国公司强调分散化和国内自给自足;全球公司强调集中化和全球规模化;跨国公司强调分散化、专门化和相互依赖。

表 1-2　多国、全球、国际和跨国公司的战略导向和资产与能力的组合

	多国公司	全球公司	国际公司	跨国公司
战略导向	多国战略：通过强大的、丰富的和开拓的国别运作来建立起灵活性以对国别差异作出反应	全球战略：通过全球范围的扩散和适应，来充分利用母公司的知识和能力	国际战略：通过集中化的富有全球规模的运作来建立起成本优势	跨国战略：同时发展全球效率、多国灵活性和全球范围学习能力
资产与能力组合	分散化和国别自给自足	集中化和全球规模化	核心能力集中，其他资源分散	分散化、相互依赖和专门化

资料来源：[美]克里斯托弗·巴特利特，[英]休曼特拉·戈歇儿，[加]保罗·比米什.跨国管理——教程、案例和阅读材料[M].赵曙明译.东北财经大学出版社，2010.

　　本节学习了四种典型的战略类型，分别是多国战略、国际战略、全球战略和跨国战略，阐述了不同战略类型的主要特点、战略导向及其资产和能力组合。希望同学们能够结合所关注企业的国际化实践，分析其过去和当前的战略模式及其特点，并对其未来发展趋势，提出政策建议。

企业实践

全球过招，要拿出世界级的产品

　　近日，世界互联网大会在拥有"智慧小镇"之称的乌镇举办。以"互联互通·共享共治——构建网络空间命运共同体"为主题的世界级大会云集了 2 000 多位海内外顶级精英，包括数十名各国政府领导人、众多权威国际组织、世界级企业领军人物。其中，"数字中国"分论坛更是群星璀璨。科技、通信、互联网领域的诸多巨头都有参与，包括凤凰卫视董事局主席刘长乐、富士康董事长郭台铭、中国移动副总裁李慧镝、华为消费者业务 CEO 余承东、腾讯董事局主席马化腾、联想集团总裁杨元庆、百度总裁张亚勤、京东董事局主席刘强东。

　　中国企业在世界级的舞台上如何实现追随者到领导者角色的转变，国际化的中国企业如何巩固发展优势等话题成为讨论焦点。华为消费者业务 CEO 余承东表示，华为是屡战屡败、屡败屡战，能取得今天的成绩，也是得益于十几年前就进行的全球化市场布局。华为的眼光不只是中国，技术创新也是放眼全球，未来创新应该着眼于全球资源的获取，在未来 4.5G、5G 时代，将有更多人与物、物与物的连接，也将产生更多的商业机会。

　　20 年的全球化之路。中国企业的发展普遍经历从产业低端向产业高端的过渡，但由低到高、由大到强的转型是一个艰难，有时甚至是痛苦的过程。"华为全球化的经验是，中国企业走向全球很不容易。"刚从欧洲赶回乌镇的余承东回忆起华为 20 年的海外开拓，有很多感慨，"1996 年我们开始拓展海外市场，我还作为代表团成员之一跟着李岚清副总理的专机去东欧拓展。当时东欧人对中国人的印象还停留在长辫子穿大褂的时代，可见中国企业全球化如何长路漫漫"。但是现在的时代不一样了，尤其是互联网技术，加速了这一进程。

近年来,随着中国综合实力的上升,中资企业海外实力进一步增强。特别可喜的是,展开国际化经营战略的中资企业主体正在多元化,逐步向实力型民营企业转换。以华为为代表的一大批很早就开始了国际化的战略布局。"华为在十几年前就进行了全球的市场和研发布局。"余承东表示,互联网为中国企业走向世界提供了千载难逢的机遇。"我们在欧洲的高端机就卖得比三星还贵,高质量得到欧洲消费者的追捧。"国际著名研究机构 GFK 报告显示,在西班牙,华为 2015 年 9 月智能机市场份额为 12.4%,高端手机份额达到 45.7%。在比利时、瑞士、葡萄牙、澳大利亚等发达国家,其市场份额排名前三。华为连续数月在中国市场份额位居第一,超过 15% 的市场份额。走国际化战略、在海外市场取得的成绩更加显得有"底气"与竞争力。国家在推进"一带一路"倡议,进一步打开未来发展的广阔腹地,华为也有自己的"一带一路",余承东表示,华为与全球更多的国家展开了合作,现在全球 170 个国家的政府通信网络都来自华为,用互联的纽带架起连接世界的发展之路。

与全球强者过招,还得有世界级的创新产品。未来是谁的时代? 世界互联网大会聚集了全球的创新分享,很多企业分享了创新科技与产品。"未来是 4.5G、5G 的时代,有更强大的处理能力,包括大数据、云服务、大量传感器的运用。"余承东认为今天智能机时代的变化很大,终端设备性能越来越强、连接越来越快,未来智能终端形态有可能不止智能手机,还会有各种形态的终端产品。参与全球化竞争,有过硬的产品才更有底气。

目前,不少企业营销的模式、概念的包装走在了前面,而技术创新仍然是薄弱环节。技术研发是基础工作,很多时候让人会觉得吃力不讨好,但技术研发的硕果需要多年持之以恒的积累才能显现。中国企业要想真正做强,必须拿得出能够对标世界一流的技术成果。对于华为来说,世界级创新优势并非不可能,华为在 2015 秋季的新品发布会上就先于苹果发布"Press Touch"技术。而华为手机的麒麟芯片,不仅技术指标成为行业翘楚,更让华为掌握了未来技术发展的主动权。另外,华为的"指关节截屏""伪基站自动检测""安全键盘"也成为吸引消费者的技术创新亮点。

整合全球的优质资源。"现在 mate8 又火了,是因为我们的产品有很强的核心技术,我们在法国南部美丽的城市尼斯有照相研究所,在伦敦有设计中心,在巴黎有美学中心,华为要在全球获取优秀人才。"余承东表示整合全球资源非常有必要,中国需要有一大批优秀企业先走向全球。放眼全球,很多创新都是不计代价,敢于押注创新的市场能力相当有风险,也需要自身强大的实力。在全球化的投入十分必要,有投入的支持,才有领先的底气。华为每年将约 10% 的销售收入投入研发,在全世界有 16 个研发中心,在巴黎设立美学研究中心,对新技术、新领域进行持续不断的研究和跟踪,华为近十年投入的研发费用超过人民币超 1 900 亿元。用心投资未来,回报也自然而来。华为首度入围全球权威品牌榜 BrandZ 全球品牌百强,并蝉联 Interbrand"全球最具价值品牌"百强(88 位)。

保护、尊重知识产权。知识产权是不少企业的痛点,因为知识产权而在市场上跌撞的企业比比皆是。没有知识产权，法律风险大增，未来发展的主动权也无法掌握在自己手上。"知识产权不是藩篱，是桥梁"。知识产权、专利都是全球化企业需要直面的。中国经济发展处在转型升级的关键时刻，告别过去那种粗放式的增长方式，最终要靠知识与创新。2014 年华为在中国、美国、欧洲等地申请的专利已超 65 000 件次，每年有 3 000 多件提案被标准组织接受。华为还加入了一百多个标准组织，并在这些标准组织中担任一百多个职位，参与国际标准制定。通过大量的智慧成果，促进行业发展，合作共赢。

为什么那么多企业没走出去？"我也参与了华为在美国研究所、欧洲研究所的组建，中国企业很多走不出去，是因为在本国很大很舒服够活了，没人愿意去。"余承东希望全球化的道路上，中国的小伙伴能够越来越多的参与全球竞争，用比肩世界级的创新产品赢得信任和尊重，形成"互联新时代"具有世界影响力的中国跨国企业群，实现全球范围内优势产业的主导权和话语权，成为有绝对"硬工夫"的互联网大国、产品强国。

资料来源：华为公司官方网站。

研究动态

Lin S. L., A. T. Hsieh. The integration-responsiveness framework and subsidiary management: a response[J]. Journal of Business Research, 2010, 63(8): 911-913.

The discussion that follows responds to Haugland's (forthcoming) questions regarding the justification for using the I-R framework, the appropriateness of using the framework's implied taxonomy as the basis for formulating hypotheses and conducting empirical tests of differentiated fit, and the usefulness of the implications thereby derived. This response also discusses the applicability of the alternative structural model proposed by Haugland from a theoretical and empirical point of view. The discussion shows that the fit approach by Lin and Hsieh (forthcoming) may better explain subsidiary strategies and management than Haugland's model does. This response demonstrates the appropriateness and extends the applicability of the I-R framework.

Haugland S. A. The integration-responsiveness framework and subsidiary management: a commentary[J]. Journal of Business Research, 2010, 63(1): 94-96.

This commentary article discusses the appropriateness of using the integration-responsiveness framework for studying subsidiary management. The framework is frequently used and highly accepted in the international business literature, but the research contributions of applying the framework can be questioned. This commentary article discusses the applicability of the framework from a theoretical point of view, and furthermore, argues that it is difficult to empirically test subsidiary strategies and management based on hypotheses derived from the framework, and that the implications that can be drawn have limited theoretical content.

补充阅读

1.[美]克里斯托弗·A.巴特利特,[加]保罗·W.比米什.跨国管理:教程、案例和阅读材料[M].第7版.赵曙明,周路路,译.东北财经大学出版社,2017.

2.刘燕,赵曙明.全球整合——当地响应范式应用研究回顾与展望[J].外国经济与管理,2010,32(9).

3.Lin S. L., A. T. Hsieh.The integration-responsiveness framework and subsidiary management:A response[J].Journal of Business Research,2010,63(8):911-913.

4.Haugland S. A.The integration-responsiveness framework and subsidiary management:a commentary[J].Journal of Business Research,2010,63(1):94-96.

思考题

1.请阐述国际战略、多国战略、全球战略和跨国战略。

2.请阐述不同战略的战略导向资产和能力组合。

第3节 战略任务:构建全球竞争优势

学习导航

本节将讨论行业中不同特点公司的战略任务,以期构建全球竞争优势。这些战略主角包括市场领导者、市场挑战者和市场维持者。本节内容包括如下主题:市场领导者如何捍卫全球支配性地位,市场挑战者如何挑战全球领导者,以及市场维持者如何保护母国市场地位。

通过本节学习,希望同学们能够深刻认识不同跨国公司不同战略诉求的特点和行动,从而为企业国际化后续战略制定与组织设计奠定基础。

一、捍卫全球支配性地位

在新兴市场环境里,跨国公司不能够继续依赖他们原有能力去获得全球效率、多国灵活性和全球范围学习能力。当越来越多的产业演变出我们所阐述的跨国特征时，公司需要同时掌握三种能力。行业领导公司面临的最大挑战，是在保护和增大它们以往优势的同时，建立其他新的能力。对于许多跨国公司来说，对这种新的战略挑战的基本反应，是试图重新组合它们的资产和活动，来发展它们所欠缺的能力。

全球公司通过在各国子公司间分散资源，来寻求灵活性。多国公司通过集中研究与开发、生产制造和其他规模密集型活动，来试图超越他们的全球竞争对手。国际公司开始注重在海外建立研发基地，挖掘和利用海外市场的研究能力。从本质上来讲，这些公司都试图彻底重组已有组织结构，发展新的组织结构。跨国公司需要遵守两个原则。第一，集中至少与开发新的资产和能力一样多的资源，来保护和加强已有的资产和能力。通常是对它们已有基础设施进行逐步修改，而不是彻底重构。在可能范围内，依靠更新已有设施使之现代化，而不是拆除旧的和创造新的。第二，通过寻找各种途径，而不是模仿资产结构和任务组合，来补偿相对于竞争者在优势资源上的不足和差距。

多国公司发现，为提高效率，在一些高成本国家已有工厂里，采用新的弹性制造技术来提高效率，优于关掉这些工厂并将生产转移到低成本国家并建立全球公司。全球公司发现，需要加强其分布在各国的销售子公司以及研发或生产单位的内部联系，以此提高公司反应能力和灵活性。这比把资源分散到各个国家运营从而可能削弱其核心效率的做法，更为有效。此外，市场领导者可以通过主动扩大市场需求量、保留现有市场份额以及提高市场占有率等方式，来捍卫其全球支配地位。在扩大市场需求量方面，可以采取发现新的产品用户、开辟新的产品用途以及增加用户的使用量等方式。

二、挑战全球领导者

戴尔公司采用挑战全球领导者战略，在计算机行业发展成为全球瞩目的公司。首先，在市场上找到一个立足点，重点开拓狭小市场，并在该狭小市场上逐步建立起强大竞争地位。这种竞争地位建立在多种竞争优势之上，而不是单一战略能力之上。其次，沿着产品维度和地域维度，适度地、谨慎地扩张，逐步改进成本与质量，发展和扩大投资组合，扩大和巩固立足点。最后，一旦占据了该竞争优势基石，挑战者迅速地从一个薄弱立足点转变为全球范围内所处行业中具有强大地位的领导者。为了迅速获得国际影响力，跨国收购是一个重要的战略选择。例如，联想并购 IBM PC 业务，就是一个典型例子。中国企业在国际化进程中，需要深谙挑战全球领导者的战略选择，发展成为全球领导者。例如，华为公司、海尔公司和字节跳动等。

三、保护母国地位

由于资源限制或者其他因素制约，一些国内公司不期望进行全球性扩张。然而，这些公司却不能免受全球竞争的冲击。它们面临的主要挑战在于,保护自己的国内地位,防范拥有卓越资源和多种竞争优势的全球竞争者。这个问题在诸如中国和印度这样的发展中国家尤为重要,这些国家的本土公司面临着更大的、更强势的、资金更为雄厚和管理体系更为发达和完善的全球竞争者。这种类型企业可以采用相应策略来应对全球竞争对手的强势竞争。第一,防范竞争对手的全球优势。国内公司可以采取行动影响产业结构或市场条件,使之对国内公司更为有利,从而挫败全球竞争者的企图。这种行为包括影响消费者偏好,使之更偏好于当地灵活性和服务密集型的产品,或者抢占关键分销渠道,包括抢占当地关键的供应源。第二,抵消竞争对手的全球优势。通过游说政府来寻求关税保护。此外,通过研究开发基金、出口补贴、融资投资等政府资助,来获得对等的全球能力。第三,接近竞争对手的全球优势。通过与具有发展前景的全球公司进行结盟或联合,接近竞争对手的全球优势。许多联合是为了在高风险环境中分散运营风险和经营成本。通过共享或交换市场准入、技术和生产能力,较小竞争者能够获得防范全球大型跨国公司的能力。

本节课学习了市场领导者如何捍卫全球支配性地位,市场挑战者如何挑战全球领导者,以及市场维持者如何保护母国地位。希望同学们能够结合所关注企业的国际化实践,分析其过去和当前的战略定位,并对其未来战略任务和战略行动,提出政策建议。

研究动态

Meyer M. H., et al. Implementing product platforms in the global enterprise: lessons from an LED industry leader[J]. Business Horizons, 2020, 63(4): 421-434.

Product platforming-using technology subsystems or components that are shared within and across product lines-is a proven way to increase the effectiveness of innovation processes in established companies and startups alike. Yet, embracing the product platforming strategy turns out to be difficult in practice, particularly within the context of global, diversified companies. In this article, we examine the strategies and challenges of implementing product platforms across multiple business segments and multiple geographies. Using the experience of global LED industry leader Signify, we explore the challenges of global platforming and the technological, organizational, management process transformations needed for success. We also examine how platforming strategies change as manufacturers enter the world of connected things.

Nambisan S., et al. Global platforms and ecosystems: implications for international business theories [J]. Journal of International Business Studies, 2019, 50 (9): 1464-1486.

The emergence of digital platforms and ecosystems (DPE) as a venue for value creation and capture for multinational enterprises holds considerable implications for the theory and practice of international business. In this paper,we articulate these implications by considering the dual perspectives of cross-border platforms and ecosystems-as a venue for multifaceted innovation and as multisided marketplace-and focusing on three overarching themes at the intersection of DPEs and international business,that is,DPEs as affording new ways of internationalization,as facilitating new ways of building knowledge and relationships,and as enabling new ways of creating and delivering value to global customers. We explain specific DPE-related concepts and constructs that underlie these themes and discuss how they could be incorporated into existing IB theories in ways that would enhance their richness and continued relevance as well as their ability to better predict a multitude of emerging IB phenomena.

补充阅读

1.[美]克里斯托弗·A.巴特利特,[加]保罗·W.比米什.跨国管理：教程、案例和阅读材料[M].第 7 版.赵曙明,周路路,译.东北财经大学出版社,2017.

2.Meyer M. H.,et al.Implementing product platforms in the global enterprise：lessons from an LED industry leader[J].Business Horizons,2020,63(4):421-434.

3.Nambisan S.,et al.Global platforms and ecosystems：implications for international business theories[J].Journal of International Business Studies,2019,50(9):1464-1486.

思考题

1.请阐述市场领导者如何捍卫全球支配性地位。

2.请阐述市场挑战者如何挑战全球领导者。

3.请阐述市场维持者如何保护母国地位。

作业与测试

一、单选题

1.下列关于全球效率的说法,不恰当的是(　　　)。

　A.在全球效率方面,当我们把跨国公司看成投入产出系统时,我们可以将其总体效率看作是,其产出价值与投入价值的比值。

B.在简化的企业模型中,效率取决于产出价值的增加、投入价值的降低,或者两者同时实现。

C.企业全球效率的改进主要来源于成本的减少。

D.全球效率是全球竞争优势的目标之一。

2.全球竞争优势的方法,不包括(　　　)。

    A.全球效率　　　　　B.规模经济　　　　　C.范围经济　　　　　D.国别差异

3.下列关于"全球整合—当地响应"分析框架的说法,不正确的是(　　　)。

A.横轴表示全球整合的潜在利益,纵轴表示当地响应的潜在收益。

B.全球整合的潜在利益更多地被解释为,规模经济和范围经济所带来的成本降低。

C.当地响应的潜在收益来源于国与国之间在产品、战略以及经营活动方式等方面的不同。

D.当地响应的潜在收益主要被解释为针对不同国家在市场需求、工业结构、分销系统和政府法规等方面的不同而设计的更为有效的差异化策略所带来的更大收入。

4.下列关于国别差异的说法,不正确的是(　　　)。

A.根据绝对优势理论和相对优势理论,在一个缺乏效率市场中,不同国家拥有不同的资源禀赋(例如丰富的劳动力、土地和材料等),导致了国家间要素成本存在差异。

B.公司能够通过配置它的价值链,使其每项活动都能在相关要素使用多但价格低的国家进行,以获得最低成本,由此来建立企业成本优势。

C.出口市场也存在国家差别,不同国家消费者需求和偏好不同,对相应产品市场的政府规定和促销策略效果也各不相同。

D.跨国公司在每个国家的产品和服务必须保持较大的差异来适应不同国家市场特殊要求。

5.下列关于规模经济或范围经济的说法,不正确的是(　　　)。

A.规模本身是个静态概念,但通过经验或学习的作用,能够产生动态效益。

B.高产量可以使一个公司获得规模经济,也可以使其积累学习经验。当公司沿着学习曲线移动时,可导致连续的成本降低。

C.范围经济的战略重要性,来源于多元化经营公司在同一价值链或不同价值链中,分享投资和分担成本的能力。但一些没有实行内部多元化或外部多元化的竞争者也可能具备这种经济收益能力。

D.分享投资和分担成本可以在不同部门间、产品间、市场间及联合使用不同类型资产上实现。

6.下列关于多国战略的说法,不正确的是(　　　)。

A.这一战略要求跨国公司采取"在本土、为本土"(local for local)的创新模式。

B.该战略要求子公司不仅要识别当地需要,而且要使用当地资源回应当地需要。

C.在实施多国战略的跨国公司当中,资产相对集中,海外子公司被允许开展从研究、生产到售后服务等范围宽广的活动,其自给自足总是伴随着高度的地方自治。

D.多国战略下相对独立的海外子公司,在拥有相当高的灵活性和响应性时,却面临着难以利用其他国家知识和能力的"非本地发明"问题。

7.下列哪家企业通常是采用国际战略来将产生于母国的新产品、程序或战略转移到海外欠发达市场?(   )

    A.宝洁公司   B.联合利华   C.雀巢   D.飞利浦

8.下列关于国际战略和国际化意识的说法,不正确的是(   )。

A.跨国公司主要将产生于母国的新产品、程序或战略转移到海外欠发达市场。

B.许多跨国公司既没有效率也没有适应能力。

C.产品的开发和生产主要是在国内市场进行,只是把国内市场的剩余产品销往国外。

D.在这种战略下,技术和其他知识在母公司和海外子公司双向流动。

9.下列关于全球战略和全球化意识的说法,不正确的是(   )。

A.采取该战略的跨国公司主要依赖于全球效率,为产品获得成本和质量上的最佳定位。

B.全球战略在获得全球效率的同时,可能失去了多国灵活性。

C.在实施全球战略的公司里,研究、开发和制造活动被公司总部重点管理,大多数战略决策由各国子公司的决策中心做出。

D.与其他战略方式相比,全球战略更加强调集中的协调和控制,并且要求组织中不同产品或者事业部经理人员拥有全球责任心。

10.下列说法不恰当的是(   )。

A.全球公司假设,最佳成本地位是竞争优势的主要源泉,倾向于集中所有资源(无论是集中于母公司还是海外子公司),以获取存在于每一项经营中的范围经济。

B.多国公司把差异性看作是增大效益的主要途径,将资源分散在不同国家的经营中,以便能够对当地需求做出反应。

C.国际公司希望通过创新来降低成本、增加收益或同时实现两者,倾向于集中那些对发展创新极其重要的资源并分散其他资源,以使其创新适应于全球发展需要。

D.跨国公司认为,每一种传统方法都是不完整的,都有其优点但没能反映全部含义。跨国公司认为,必须创造出更为精致而多样化的资产和能力的组合,亦即构建全球卓越中心网络。

11.下列说法不恰当的是(   )。

A.在新兴市场环境里,跨国公司不能够继续依赖他们原有能力去获得全球效率、多国灵活性和全球范围学习能力。

B.对于许多跨国公司来说,对这种新的战略挑战的基本反应,是试图重新组合它们的资产和活动,来发展它们所欠缺的能力。

C.国际公司开始注重在海外建立研发基地,挖掘和利用海外市场的研究能力。

D.全球公司通过集中研究与开发、生产制造和其他规模密集型活动,来试图超越他们的全球竞争对手。

12.下列关于捍卫全球支配性地位的做法,说法不恰当的是(　　　　)。

A.行业领导公司从本质上来讲,都在试图彻底重组已有组织结构,发展新的组织结构。

B.多国公司发现,为提高效率,在一些高成本国家已有工厂里,采用新的弹性制造技术来提高效率,优于关掉这些工厂并将生产转移到低成本国家并建立全球公司。

C.全球公司发现,需要加强其分布在各国的销售子公司以及研发或生产单位的内部联系,以此提高公司反应能力和灵活性。这比把资源分散到各个国家运营从而可能削弱其核心效率的做法,更为有效。

D.为了捍卫全球支配性地位,跨国收购是一个重要的战略选择。例如,联想并购 IBM PC 业务,就是一个典型例子。

13.下列哪项不属于跨国企业挑战全球领导者做法?(　　　　)

A.在市场上找到一个立足点,重点开拓狭小市场。

B.沿着产品维度和地域维度,适度地、谨慎地扩张。

C.持续依靠在母国拥有的市场地位。

D.逐步改进成本与质量,发展和扩大投资组合。

14.下列哪家企业不是通过战略措施挑战全球领导者的经典例子?(　　　　)

A.戴尔　　　　　B.IBM　　　　　C.联想　　　　　D.华为

二、多选题

1.全球竞争优势的目标包括(　　　　)。

A.全球效率　　　B.多国灵活性　　　C.学习能力　　　D.国别差异

2.跨国竞争力关键因素之一是多国灵活性,即公司管理和利用全球多样性和易变性的能力。决定多样性和易变性的关键因素包括(　　　　)。

A.宏观经济风险　　B.政治政策风险　　C.行业竞争风险　　D.资源供给风险

3.下列关于学习能力的说法,正确的是(　　　　)。

A.传统企业国际化理论认为,企业国际化是为了将其总部能力运用于海外市场,从而持续发挥其价值增值能力,认为能力总是存在于跨国公司总部。

B.一些新兴市场国家的企业虽然不具有绝对的竞争优势能力,但仍然可以从国际化战略中获得发展机遇。

C.跨国公司核心资产是其应对运营环境多样性的能力。

D.多样性使跨国公司处于多重激励下让其发展多样能力，并提供比纯粹国内公司更多、更为广泛的学习机会。

4.根据 IR 分析框架分析维度，传统的国际化战略类型可以划分为三种，分别是（　　）。

A.多国战略　　　　B.跨国战略　　　　C.全球战略　　　　D.国际战略

5.下列哪些企业在传统上是采用多国战略的？（　　）

A.联合利华　　　　　　　　B.飞利浦

C.雀巢　　　　　　　　　　D.帝国化学工业公司

6.下列哪些企业一般采用全球战略？（　　）

A.宝洁公司　　　B.丰田　　　C.佳能　　　D.松下

7.下列哪些选项属于跨国企业捍卫全球支配性地位的做法？（　　）

A.试图重新组合它们的资产和活动，来发展它们所欠缺的能力

B.对它们已有基础设施进行逐步修改，而不是彻底重构

C.主动扩大市场需求量

D.开辟新的产品用途

8.下列哪些选项属于跨国企业保护母国地位的做法？（　　）

A.影响消费者偏好，使之更偏好于当地灵活性和服务密集型的产品

B.抢占关键分销渠道，包括抢占当地关键的供应源

C.游说政府来寻求关税保护

D.共享或交换市场准入、技术和生产能力

三、判断题

1.I-R 框架可以用来理解整个产业在一体化和响应性方面利益和特征的不同，也可以用来识别和描述跨国公司在同一产业竞争中所采用的战略方法的不同。行业特征不能单独决定企业战略选择。（　　）

2.以汽车制造业为例，菲亚特长期奉行一种典型的多国战略，在西班牙、前南斯拉夫、波兰和其他一些国家，借助合资企业的合资伙伴和东道国政府的支持，帮助东道国建立起政府扶植的汽车制造工业。（　　）

3.每一种目标和方法的组合，提供了一种能够增强公司战略地位的行动方案。从当前业务中获取全球效率的战略目标和规模经济的方法所组合成的方案，是在每一业务活动中扩散并利用潜在的规模经济。（　　）

4.具有多国化意识的跨国公司，根据不同国家特点改进产品、战略和管理实践，采用更加灵活的国际化经营方法。随着发展成为能够灵活地适应当地环境的全国性公司，这些公司采取了多国化战略方法：分布在全球各地子公司面向不同国家采取不同的响应策略。（　　）

5.与全球化意识相比，跨国化意识承认灵活的重要性并适应于具体的国家经营活

动。与多国化模式相比,跨国化意识提供了联系和协调经营活动,维持竞争有效性和经济效益的方法。( )

6.一个公司能否使用四种典型的战略思想来合理开展经营,取决于其所在行业、公司地位、东道国需求以及其他因素。在很多情况下,跨国公司同时采用不同战略方法。( )

7.由于资源限制或者其他因素制约,一些国内公司不期望进行全球性扩张。然而,这些公司却不能免受全球竞争的冲击。它们面临的主要挑战在于,保护自己的国内地位,防范拥有卓越资源和多种竞争优势的全球竞争者。( )

8.在新兴市场环境里,跨国公司不能够继续依赖他们原有能力去获得全球效率、多国灵活性和全球范围学习能力。当越来越多的产业演变出我们所阐述的跨国特征时,公司需要同时掌握三种能力。( )

四、名词解释

1.多国灵活性

2.范围经济

3.多国战略

4.国际战略

5.全球化意识

6.跨国化意识

五、简答题

1.请阐释跨国公司必须应对的三种需求。

2.请说明跨国公司的战略任务和战略目标。

3.请分析国际的、多国的、全球的和跨国的公司,在战略导向和资产与能力的组合方面的差异。

4.请简述跨国公司如何挑战全球领导者。

5.请简述跨国公司如何保护母国地位。

6.请阐述跨国公司如何捍卫全球支配性地位?

第 **8** 章

企业国际化的扩张模式选择

第 1 节　渐进扩张模式

学习导航

　　本节内容包括如下主题：渐进扩张模式的提出背景、渐进扩张模式的理论延伸、渐进扩张模式的影响因素及其对中国企业国际化的启示意义。

　　通过本节学习，希望同学们能够理解渐进扩张模式提出的背景和内涵，理解外来者劣势的内涵及其影响，理解市场投资与市场承诺之间的螺旋上升关系，理解跨国公司累积进入经验和序列进入步伐，从而为中国企业国际化的扩张模式选择奠定基础。

一、渐进扩张模式的提出背景

　　Johanson 和 Vahlne(1977)在《企业国际化进程：知识发展与海外市场承诺提升模型》一文中，提出和阐述了企业渐进式国际化的过程模型，成为西方企业国际化扩张的经典范式。该过程模型聚焦于个体企业对于海外市场知识和海外业务知识进行渐进式的收购、整合和使用的过程，以及对于海外市场的连续不断的、逐渐提升的承诺水平；其基本假设是，缺乏本土市场知识是企业发展国际业务的主要障碍，而国际化运作则有助于掌握本土市场知识。基于该基本假设，企业国际化被认为是一种渐进式学习过程，是企业市场知识和市场承诺之间不断发展的渐进过程。公司首先在外国市场中进行初始投入，并通过这种初始投入获得当地市场知识，包括对于当地市场环境、政府政策、竞争态势和顾客需求等。基于这些知识，跨国公司开始评估其现有的经营活动、市场投资范围以及增加投资所能够带来的机会提升，在此基础上进行对外投资。Johanson 和 Vahlne(1977)的渐进过程模型也称为乌普萨拉(Uppsala)模型，能够解释诸多西方跨国公司的国际化进程,特别是在全球化程度不高和存在诸多对外投资障碍的情况下。然而,也有一些企业为了能够快速进入东道国市场而采取兼并收购等方式。这种兼并和收购的进入方式固然能够有助于加快国际化进程,但是也存在并购风险,特别是并购后的资源整合问题。无论是绿地投资的渐进扩张模式还是兼并收购的跳跃扩张模式,企业都需要吸收和消化本土知识。这也是渐进过程模型(乌普萨拉模型)得以推崇的重要原因。

二、渐进扩张模式的理论延伸

基于 Johanson 和 Vahlne(1977)提出的渐进过程模型,诸多学者开始深入探索跨国公司国外市场进入步伐和模式及其影响因素。在《学会国际化:海外并购的步伐和成功》一文中,Nadolska 和 Barkema(2007)研究认为国际收购将受益于海外收购经验、国内收购经验和国际合资企业经验,但其学习过程易存在偏差。跨国公司只有从已有并购经验中学会其关于国别文化和进入模式的知识中那部分能够被成功运用于新的并购情景,才能够在后续的跨国并购中获得经营成功。基于渐进式国际化过程模型,Nadolska 和 Barkema(2007)指出,跨国公司每年国际收购数量将会随着国际并购经验的增加而增加;跨国公司海外收购经验和海外收购成功之间存在 U 形关系;跨国公司每年收购数量将会随着国内并购经验的增加而增加;跨国公司国内收购经验与海外收购成功之间存在 U 形关系;跨国公司每年海外收购数量将会随着国际合资企业经验的增加而增加;国际合资企业经验与海外收购成功之间存在 U 形关系。

在《跨国公司序列进入步伐:累积进入经验和动态过程》一文中,Gao 和 Pan(2010)考察了跨国公司在进入海外市场时所采取的序列进入步伐。他们聚焦于在东道国市场上不同模式的累积进入经验所具有的学习效应,研究了进入模式转换的动态过程,以及累积进入经验如何降低扩张约束。基于 1979—2002 年间美国企业序列进入中国市场的数据库,研究发现累积进入经验对于序列进入步伐的影响作用随着进入模式的不同而不同,以及拥有更多累积进入经验的企业能够减弱进入模式转换的约束效应。企业国际化进程是国际商务的重要研究议题,因此有必要考察企业海外市场进入的动态过程以及不同的进入经验对于国际扩张步伐的影响作用。虽然已有研究采用过程视角考察了企业对海外市场的渐进进入行为,但是很少有研究涉及企业序列进入的动态性和步伐。基于组织学习理论,不同进入模式表征着不同的海外市场嵌入性知识,不同累积性进入经验能够引致不同的学习水平。累积性经验不仅有助于企业获得所需知识以便从事快速的市场扩张,而且也有助于它们克服扩张约束。基于以上认识,Gao 和 Pan(2010)提出如下研究假设:一是,累积性进入经验加速了跨国公司在海外市场的序列进入步伐;二是,与合约式企业相比,合资企业和全资企业的海外企业经验对于加速跨国公司序列进入步伐有着更为强烈的影响作用;三是,从低资源承诺转向高资源承诺减慢了跨国公司对于海外市场的系列进入步伐;

四是,模式转换对于序列进入步伐的阻碍性随着跨国公司掌握更多累积性进入经验而降低。

三、渐进扩张模式的影响因素

在《母国网络和海外扩张:来自风险资本行业的证据》一文中,Guler 和 Guillen(2010)研究认为,跨国公司母国网络优势有助于其进行海外扩张,社会身份优势(social status advantage)容易从一国市场转移至另一国市场,但是经纪人优势(brokerage advantage)具有情景性,从而难以转移到其他地方。他们对于美国 1010家风投资本企业所进行的实证研究证实了社会身份优势影响效应稳健性。

与渐进过程模式思想一致,企业国际化过程将会面临外来者劣势威胁,他们与本土企业相比将会面临更加高昂的运作成本。外来者劣势源于对当地情景的知识匮乏以及缺乏在当地进行投资运作的合法性。由于企业面临的外来者劣势将会给企业的海外经营带来额外成本,这些企业只有在拥有某种企业特定优势的前提下才会进行国际化经营。尽管国际商务已经有了几十年的研究历史,但是国际商务研究文献较少关注网络地位对于国际化扩张模式的影响情况。当企业进入某一特定市场,该企业实际上也进入了某一特定的关系系统,这些关系对于在新市场里进行生产和取得成功具有关键作用。企业在海外市场能否获得成功取决于它能否获得海外市场、能否建立起供应关系以及能否吸引到所需人力资源。长期以来国际管理研究文献一直强调企业母国对于其国际化扩张模式具有决定性的影响作用。Guler 和 Guillen(2010)考察了如下两个问题:一是,在给定特定网络结构情况下,社会身份和经纪人对于海外市场进入具有影响作用;二是,考察社会身份和经纪人在动态环境下对于海外市场进入的不同影响作用,也就是所研究焦点企业的母国伙伴进入海外市场以后的情景。Guler 和 Guillen(2010)研究假定:风投企业在其母国网络中的社会身份越高,其海外市场进入比率越大;风投企业在其母国网络中的经纪人优势越高,其海外市场进入比率越小;风投企业母国伙伴出现在特定海外市场将削弱社会身份对于核心企业海外市场进入比例的正面影响作用;风投企业母国伙伴出现在特定海外市场将会减少甚至逆转经纪人对核心企业海外市场进入比率的负向影响。

吴冰(2018)通过加入时间和空间维度,对现有外来者劣势理论进行了拓展,提出了新兴市场中小民营企业在进入国际市场前的内向国际化过程中存在"前发外来者劣势"(pre-entry perceived foreignness,PEPF),探讨了内向国际化经验对 PEPF 及PEPF 对进入模式的影响关系,并检验了 PEPF 在内向国际化经验和进入模式间的中介作用。通过对 144 家中国中小民营企业的分析以及稳健性检验发现,与外国跨国公司的合作时间会导致企业前发外来者劣势感知的升高;合作时间越长,企业越倾向选择出口、设立代表处等低控制型进入模式;前发外来者劣势完全中介了合作时间与进入模式的关系。

对中国企业国际化的启示意义。第一,注重经验积累,没有经验,国际化寸步难行。第二,注重网络构建,通过网络平台助力企业走国际化。第三,发挥后发优势,加快序列进入步伐,实现弯道超车和直道追赶。第四,注重产权模式,不同产权模式代表着不同的投资水平,代表了不同程度的投资承诺。第五,理性分析抱团取暖行为。为了克服外来者劣势,中国企业在国际化进程中常常采取抱团取暖的行为。但是,抱团取暖在带来合法性效应同时,也产生了竞争性效应。企业何时抱团,行业差异是否影响抱团取暖效果,企业国际化经验是否影响企业抱团取暖的必要性和效果等,这些都需要深入分析。

本节主要学习了约翰逊等人 1977 年提出来并经过后续学者不断发展的渐进扩张模型。希望同学们能够结合所关注企业的国际化实践,分析其是否采用渐进扩张模式,并对其未来国际化路径选择,提出政策建议。

研究动态

Vahlne J. E., J. Johanson. The Uppsala model: Networks and micro-foundations [J].Journal of International Business Studies,2020,51(1):4-10.

In our award-winning 2009 article, we further developed the model that we originally presented in 1977. We observed that firms form relationships and that those relationships become networks, and thus in the end the business macro environment consists of networks of relationships between firms. Those relationships have far-reaching consequences, especially in terms of opportunity recognition and development. Since 2009, we have applied the Uppsala model to a number of different IB issues, most notably the process of globalization, which we believe is best understood as a driver of the evolution of the multinational business enterprise(MBE). We suggest that our model can still be improved further by recognizing the general psychological characteristics of managers, for instance, what makes them tend to shy away from radical change and to prefer instead an incremental approach? What does this mean for internationalization? Generally, we think that the closer our assumptions are to reality, the better the resulting model.

Vahlne J. E., J. Johanson. From internationalization to evolution: the Uppsala model at 40 years [J]. Journal of International Business Studies, 2017, 48 (9): 1087-1102.

The original Uppsala model that was published in 1977 explains the internationalization process of firms. We have further developed the model several times in the intervening years. The present article is our latest effort: a general model of the evolution of the multinational business enterprise(MBE), from early steps abroad to being a global firm. The updated, augmented model explains MBE evolution in general, not only characteristics of the internationalization process in a narrow sense. We believe that the newest iteration, anchored in process ontology, will be useful in conducting longitudinal empirical studies.

Johanson J., J. E. Vahlne. The Uppsala internationalization process model revisited: From liability of foreignness to liability of outsidership [J]. Journal of International Business Studies, 2009, 40(9):1411-1431.

The Uppsala internationalization process model is revisited in the light of changes in business practices and theoretical advances that have been made since 1977. Now the business environment is viewed as a web of relationships, a network, rather than as a neoclassical market with many independent suppliers and customers. Outsidership, in relation to the relevant network, more than psychic distance, is the root of uncertainty. The change mechanisms in the revised model are essentially the same as those in the original version, although we add trust-building and knowledge creation, the latter to recognize the fact that new knowledge is developed in relationships.

Holm D. B., et al. Business networks and cooperation in international business relationships[J]. Journal of International Business Studies, 1996, 27(5):1033-1053.

Cooperative relationships between firms can be better understood if they are examined in the context of a network of connected business relationships, Based on research on business relationships and business networks, this paper formulates a LISREL model that analyses cooperation in international business relationships between suppliers and customer firms. Theory suggests that cooperation can raise the value of business relationships, and that business network connections have an impact on cooperation, The model is investigated in a sample of 136 international business relationships. The analysis shows that relationship profitability is directly affected by relationship commitment and, indirectly through commitment, by business network connections.

补充阅读

1. Vahlne J. E., J. Johanson. The Uppsala model: networks and micro-foundations [J]. Journal of International Business Studies, 2020, 51(1):4-10.

2. Vahlne J. E., J. Johanson. From internationalization to evolution: the Uppsala model at 40 years[J]. Journal of International Business Studies, 2017, 48(9):1087-1102.

3. Johanson J., J. E. Vahlne. The Uppsala internationalization process model revisited: from liability of foreignness to liability of outsidership[J]. Journal of International Business Studies, 2009, 40(9):1411-1431.

4. Holm D. B., et al. (1996). Business networks and cooperation in international

business relationships[J].Journal of International Business Studies27(5):1033-1053.

思考题

1.请阐述渐进扩张模式理论的提出背景和主要内容。

2.请阐述渐进扩张模式理论对中国企业国际化的启示意义。

第2节 快速扩张模式

学习导航

本节内容包括如下主题:快速扩张模式的内涵和提出、快速扩张模式带来的经营挑战、外来者劣势与快速扩张模式、快速扩张模式的现实意义,以及战略性领导对国际创业的影响。

通过本节学习,希望同学们能够深刻理解快速扩张模式和国际创业,从而为中国企业国际化快速扩张模式选择奠定基础。

一、快速扩张模的提出背景

自从 Hymer(1960)提出垄断优势理论以来,学者们开始探索有哪些因素将会引导企业进行国际扩张。Kogut 和 Chang(1991)研究认为,无形资产与对外直接投资之间存在正相关关系。对外直接投资也被认为是一种渐进发展过程,这种观点认为前期投资将会影响到后续投资的性质和择机。Johanson 和 Wiedersheim-Paul(1975)和 Davidson(1980)等研究认为,企业国际化应该遵循渐进发展进程,从心理距离(psychic distance)较小的国家开始逐步进入心理距离较大的国家。

这类研究的关注焦点在于国际化后果而非国际化速度,Chang 和 Rhee(2011)认为企业国际化进程需要同时考察国际化后果和国际化速度。高速国际化也可能是序列性质的,只要企业在短期以内采取了多个国际化步骤并按照一定序列展开。快速国际化将会引来诸多挑战,快速国际化模式下,企业难以充分理解和利用先前国际化步骤所带来的学习收益,因为企业吸收能力在很大程度上依赖于先前相关知识(Cohen and Levinthal,1990)。并且由于时间紧缩不经济(time-compression diseconomies)(Dierick and Cool,1989),企业难以在短期内掌握高质量的经营知识。研究发现,速度负向调节了国际化与经营业绩(Vermeulen and Barkema,2002),渐进扩张有助于提高海外学习和经营成功（Barkema and Drogendijk，2007）。

企业对外直接投资将会面临外来者劣势威胁（Hymer，1960；Zaheer，1995），渐进扩张模式认为企业国际扩张将遵循渐进发展历程，这将有助于企业从先前经验中取得学习效益最大化，并同时降低失败风险（Barkema，Bell and Pennings，1996；Johanson and Wiedersheim-Paul，1975）。这些研究文献认为企业在快速国际化进程中将会面临时间紧缩不经济（time-compression diseconomies）（Dierick and Cool，1989）。外来者劣势是动态变化的。如果企业具备足够的学习能力，能够在短期内学习从国际化投资中了解的东道国经营规则，那么快速国际化就意味着，企业能够在更短时间内克服更多外来者劣势，经历渐进扩张模式下需要在更长时间里克服的外来者劣势。企业在渐进扩张过程中所遇到的外来者劣势，可能具有时代背景，企业在不同时期进行扩张，面对的外来者劣势是不同的。战前欧洲帝国是在一个高度国际壁垒的时期进行海外扩张，而近代日本在进行国际扩张时，贸易壁垒衰减，外部环境快速变化。快速渐进扩张模式，有助于企业迅速跟上国际化步伐，从而提高国际化成效。

二、快速扩张模式提出的现实意义

在高速变化的商业环境里，时间成为企业赢得竞争优势的重要因素（Cohen，Eliashberg and Ho，1996）。Salomom 和 Martin（2008）研究表明，企业若能快速建立起制造能力将在快速变革的竞争产业中享有更加持久的竞争优势。在《快速 FDI 扩张与企业业绩》一文中，Chang 和 Rhee（2011）研究了国际商务情境下时间对于竞争优势的重要性，特别考察了快速 FDI 扩张对企业业绩的影响作用，并从企业内部的资源和能力以及企业外部的竞争压力两个角度阐述了其对 FDI 扩张速度与企业业绩之间关系的调节作用。

基于韩国企业的扩张实践，Chang 和 Rhee（2011）研究发现，在全球化压力较大行业中和内部资源和能力较好企业中，快速 FDI 扩张能够有效提高企业业绩。随着经济全球化的不断深入与发展，特别是信息技术的快速发展，天生全球化（born global）企业开始出现，这类企业具有国际创业特征，亦即在成立之初就具有国际化特征（Shrader，Oviatt and McDougall，2000）。其他非天生全球化企业也加速其国际化进程，以期迅速赶上已有跨国公司，这类企业更加强调后动劣势的经营风险而非快速扩张所具有的经营风险。竞争的时间基础观（time-based competition）认为，快速扩张有助于提高企业经营业绩。例如，Cohen、Eliashberg 和 Ho（1996）强调公司迅速引入新产品的重要性，特别是当企业面临较为狭窄的机会窗口并且拥有快速发展的经营能力时。

谢洪明（2019）基于均胜集团的纵向案例分析，提出了新兴经济体企业连续跨国并购的过程演进模型。研究发现：缺乏资源的新兴经济体企业在连续跨国并购过程中会经历"双向资源结构化—纵向资源结构化—横向＋纵向资源结构化循环"的演化过程；新兴经济体企业连续跨国并购过程中随着资源积累，重组策略逐渐从稳定式重组过渡到丰富化重组最后转变为开拓式重组；新兴经济体企业连续跨国并购创造价值方式主要依托于环境撬动、业务撬动和平台撬动 3 种资源撬动方式。

对于中国企业国际化的启示主要表现在：一方面，需要重视内在资源和能力的提升，提高知识的吸收能力和转化能力，以提高扩张速度的业绩效应。如果内在资源和能力没有跟上，那么过快的国际化扩张速度将可能破坏企业的平稳发展。在如何提升内在资源和能力问题上，中国企业需要重视战略转型，明确自己未来的发展导向，以及所需资源和能力，通过内部自我发展或者外部兼并收购等方式，提升资源和能力水平。另一方面，中国企业在国际化进程中，需要找准行业，积极融入国际化程度高的行业，以提高扩张速度的业绩效应。

三、快速扩张模式的情景因素

在快速扩张模式对于企业经营业绩的影响作用方面，学术界研究发现存在相左现象。为此，Chang 和 Rhee(2011)试图综合两种不同研究发现，阐述在什么情况下快速扩张将有助于提高经营业绩。Chang 和 Rhee(2011)的实证研究有助于解释这种相左的研究发现，从而弥补这一研究空白；他们从企业内在的资源和能力以及外在的环境竞争性两个方面，诠释了在何种情况下快速扩张将会提高经营业绩。在企业内在的资源和能力方面，Chang 和 Rhee(2011)基于资源和能力理论，认为企业的有形资产和无形资产等能够正向调节 FDI 扩张速度与企业经营业绩之间的关系；在竞争压力方面，Chang 和 Rhee(2011)基于产业竞争理论，认为产业国际化将会正向调节 FDI 扩张速度与企业经营业绩之间的关系。这一研究发现再次表明，在讨论企业国际化战略及其经营业绩时，有必要考察特定情景从而提出有实际意义的研究借鉴。

四、企业国际化的国际创业模式

自 1934 年 Schumpeter 提出企业家概念以来，企业家研究日益得到人们重视。企业家的本质特征，在于具有创业创新精神。Oviatt 和 McDougall(1994)发表的《国际新创企业理论》一文，在国际创业理论史上具有里程碑意义。所谓国际创业，是指跨越国界的机会识别、机会设定、机会评价和机会利用，其目的是创造未来的产品和服务(Oviatt and McDougall,2005)。国际创业的核心要义，在于探索如何发挥创业精神、把握成长机会、突破资源瓶颈和保持快速发展。当前，世界各国企业国际化进程日趋加快，国际化模式日趋复杂；中国企业不能遵循西方渐进式国际化进程，必须探索符合国情的国际创业模式，以嵌入全球价值网络体系，并逐渐提高在该体系中的核心地位。因此，研究如何更好地进行国际创业，对中国企业国际化发展而言至关重要。

自《国际新创企业理论》发表之后,国际创业日益得到重视,国外已成立了研究国际创业的专业学术期刊《国际创业期刊》。国外学者对于国际创业的研究,主要涉及企业家、企业特征、创业环境和公司绩效等方面。其中,企业家研究涉及哲学观(Preece,Miles and Baetz,1998)、社会资本(Yli-Renko,Autio and Tontti,2002)和人力资本(Kuemmerle,2002)等;企业特征研究涉及结构(Oviatt and McDougall,1997)、资源(Kuemmerle,2002)和产品(Knight and Cavusgil,2004)等;创业环境研究涉及市场特征(Ekeledo and Sivakumar,1998)和产业特征(Bell,et al.,2003)等;公司绩效研究涉及财务绩效研究(Zahra,Ireland and Hitt,2000)和非财务绩效研究(Autio,Sapienza and Almeida,2000)等。此外,Shaneand Venkataraman(2000)提出的 DEE(discovery,evaluation,exploitation)框架,促进了不同创业学派观点的融合。Baker、Gedajlovic 和 Lubatkin(2005)在 Shane 和 Venkataraman(2000)提出的 DEE 框架的基础上,构建了不同国别企业"创业过程差异性"比较分析框架(CDEE,Comparative DEE)。这些研究从不同角度推动了国际创业研究的发展,但在经理人如何影响国际创业问题上,现有研究还存在许多不足。

领导行为是影响国际创业的重要因素,战略决策和组织创新潜在地受到高管人员和外部环境因素的影响(Papadakis,Lioukas and Chambers,1998)。Elenkov、Judge 和 Wright(2005)研究发现,战略性领导行为对产品—市场创新和管理创新具有显著的正向影响。国际创业是个艰难历程,需要组织全体员工的支持;经理人的领导行为,将会影响到组织文化的塑造,从而影响到组织员工对于国际创业的态度和支持。不同领导行为体现着经理人对于国际创业的不同态度和支持力度,将会严重影响到国际创业进程。经理人的战略性领导作为一种独特的领导类型,是一种在兼顾机会导向和优势导向行为基础上,影响其他人战略管理资源的能力。经理人战略性领导的根本任务,是规划企业未来发展蓝图以及制订实现该蓝图的详细方案。其中,塑造企业愿景和创建强有力的战略执行队伍,对于公司的发展极其重要。如果大型复杂企业的经理人不能事先明确公司创业活动的内容,那么将会对创业活动产生极大的负面影响。经理人还需要明确创业活动的整体发展方向,保证各个层面的创业活动能够得到充分实现,并通过各种考评机制来保证创业得以实施。战略性领导和创新战略对于获取和维持战略竞争力是极其重要的,战略领导者在识别创新机会和制定创新决策中扮演重要角色,战略领导者机会识别和机会利用能够有效增加公司价值。

本节学习了快速扩张模式的内涵和提出、快速扩张模式带来的经营挑战、外来者劣势与快速扩张模式、快速扩张模式的现实意义,以及战略性领导对国际创业的影响。希望同学们能够结合所关注企业的国际化实践,分析其当前的扩张模式,并对其未来扩张模式选择,提出政策建议。

研究动态

Yang O. S.,M. J. Niedzielska.Rapid FDI expansion of firms from emerging markets:evidence from Poland[J].Argumenta Oeconomica,2017,39(2):373-402.

The conventional theory of gradual internationalization goes against the global trend of rapid foreign expansion as applied in particular to emerging markets. In this study we examine the conditions of rapid foreign direct investment(FDI) expansion that can be beneficial to firm performance. In order to do so we examine a firm's internal factors, such as firm specific advantages(FSAs) and strategy, as well as external factors including domestic and foreign influences that moderate the relationship between firm performance and the speed of FDI expansion. By conducting empirical tests on data on Polish firms' expansion, we find that some FSAs(profit per employee and foreign sales), as well as some aspects relevant to strategy(geographic and cultural distances), negatively influence the relationship between speed of FDI expansion and firm performance. From our results we conclude that Polish companies are unique in the way that neither gradual internationalization nor rapid foreign expansion amounts to a suitable strategy for them. The Polish market,exhibiting a combination of transition and emerging economy characteristics,must apply its own distinctive FDI strategy to compete in foreign markets.

Chang S. J.,J. H. Rhee.Rapid FDI expansion and firm performance[J].Journal of International Business Studies,2011,42(8):979-994.

Today,more firms are expanding rapidly into foreign markets to reach global scale quickly,and to capture or nullify first-mover advantages. These trends run counter to the conventional theory of gradual internationalization,which suggests that firms maximize the benefits of learning from prior experience,thereby minimizing the hazard of failure. We argue that this conventional wisdom does not consider the risk of being a perennial late mover in the face of increased global competition. This study explores the circumstances under which rapid FDI expansion,a strategy of undertaking FDI expansion at an accelerated speed,can be a viable strategy. Using data on Korean firm expansion,we find that rapid FDI expansion enhances firm performance in industries where globalization pressures are high,and when it is done by firms with superior internal resources and capabilities.

补充阅读

1.Yang O. S.,M. J. Niedzielska.Rapid FDI expansion of firms from emerging markets:evidence from Poland[J].Argumenta Oeconomica,2017,39(2):373-402.

2.Chang S. J.,J. H. Rhee.Rapid FDI expansion and firm performance[J].Journal of International Business Studies,2011,42(8):979-994.

思考题

1.请阐述快速扩张模式的主要内容。
2.请阐述快速扩张模式理论的现实意义。
3.请阐述经理人战略性领导对国际创业的影响。

第 3 节　跳板战略模式

学习导航

　　本节内容包括:跳板战略模式提出背景、要采取制度视角来研究国际化的原因、中国制度转型对国际商务的影响、跳板战略模式的理论探索,以及跳板战略模式的实践特征。

　　通过本节学习,希望同学们对跳板战略模式有深刻认识,从而为中国企业国际化发展路径选择奠定基础。

一、制度转型与国际扩张模式

　　Child 和 Tse(2001)在《中国转型及其对于国际商务的影响》一文中,阐述了制度变革这一中国转型过程中最为核心和重要的情景因素,及其对于国际商务的影响作用。研究认为,中国转型提出了理论发展系列问题,包括转型道路、研究视角和情景方法。作为全球最大的发展中国家,中国经济在国际商务(包括国际贸易和国际投资等)中扮演着越加重要的角色。中国经济转型的特殊性还表现在,中国政府在经济转型过程中所坚守的"改革、发展和稳定"的方针政策,有力地保持了政府对于经济体制改革的调控性。然而,中国经济转型特殊性在于其制度特征,它强调了应该将独特的社会经济等制度情景纳入研究范畴。根据诺斯和斯科特等人的观点(North,1990;Scott,1995),制度是一种社会、经济和政治实体,主张和维持广泛存在的准则和规则。

　　在研究中国情景下国际商务时,有必要采用制度视角来进行分析。制度视角有助于学者明晰中国经济转型过程中存在的基本性制度变革,比如私有化(Zahra,et al.,2000),以及这些变革如何影响企业行为(Hoskisson,et al.,2000);同时也有助于检验西方经济理论(诸如交易费用经济学和资源基础理论)在转型经济情景下的运用情况。例如,Walder(1995)在对中国转型经济进行研究时表示,地方政府增加了交易成本。世界银行(WB,1996)和欧洲复兴与开发银行(EBRD,1999)认为国家制度将会影响到经济发展,这些机构支持通过制度建设来保障私有产权不受侵犯、促进市场公平竞争和尊重合约承诺等。Child 和 Rodrigues(2005)在《中国企业国际化:理论延伸案例》一文中研究认为,中国企业案例提供了研究素材用于拓展已有国际化理论,涉及后来者劣势、追赶战略、创业投资、政府角色与制度分析等几个方面。

Child 和 Tse(2001)认为,中国制度环境可以从三个方面来把握,分别是政府、企业和行业结构以及与业务相关的中间机构。他们研究认为,中国制度转型对国际商务的影响,具体体现在如下十个方面:一是,从计划经济到市场经济的转型增加了中国作为国际商务投资环境的吸引力;二是,中国日益走向市场经济和全球经济,使得跨国公司在市场进入和运作模式等方面更加柔性;三是,随着中国政府日渐退出直接参与企业事物,比较薄弱的国内企业将会寻求外国公司的股权参与;四是,所有权和治理形式的丰富化促使形成了多种形式的中外合作企业;五是,中国加入 WTO 将会促使外国企业从长远出发考虑在华业务,并考虑将中国纳入其全球供应链;六是,国内竞争性市场的发展促进中国企业国际化;七是,中国商业支持政策将进一步向民营企业和外向投资企业倾斜;八是,中国法律体系不断完善将会有助于商业交易从依靠个人执行转向依靠制度执行;九是,中国商业支持政策将会成为全球商业服务网络的组成部分;十是,通过更有效中间商来强化商业支持体系,将有助于中国商业与全球商业互动发展。虽然中国政府执行的系列制度改革有助于促进中国企业国际化经营,但是中国现有的经济政策和企业制度仍然对于中国企业国际化运营产生重要影响。

二、国际扩张的跳板战略模式

在《新兴市场企业的国际化扩张:跳板视角》一文中,Luo 和 Tung(2007)提出了跳板模式(springboard),用于认识和分析新兴市场企业的国际化扩张路径选择。新兴市场企业之所以采用跳板模式,是为了克服其后来者劣势以并购战略性资源和减少母国的制度约束和市场约束。它们通过从成熟企业那里进攻性地收购和购买关键资产等一系列富有进攻性的风险担当措施来补偿其竞争劣势。跳板行为在进入模式选择和项目区位选择问题上并未遵从路径依赖或者演化模式,而是基于多重压力(包括后来者地位、后院全球竞争者优势、技术和产品开发以及国内制度约束等)而采取的跨越式发展模式。与此同时,这些企业的跳板战略得到来自母国政府的政策支持,得益于全球参与者愿意在发达国家售卖和分享战略性资源,以及得益于日渐增强的全球经济和全球生产的融合态势。跳板战略虽然能够给新兴市场企业带来诸多优点,但是也存在一定的局限性,包括面临更多风险和挑战,要求新兴市场的跨国公司克服其关键瓶颈(比如薄弱的公司治理和会计问责制,缺乏全球经验、管理能力和专家知识,以及薄弱的技术能力和创新能力)等。

在认识跳板理论之前,需要明确跳板式扩张模式(springboard)与蛙跳式(leapfrog)扩张模式之间所存在的本质区别。在跳板模式下,新兴市场跨国公司富有系统(systematically)和递归地(recursively)采用国际扩张来获取关键资源,这些资源将有助于新兴市场企业更加有效地在母国和东道国与竞争对手相互竞争并同时降低母国制度约束和市场约束的脆弱性。在系统性方面上,新兴市场企业的跳板行为是经过精心设计的,是企业用于促进自身发展的整套计划和长期战略,其目的是在全球市场上建立起更加巩固的竞争地位。在递归性方面,新兴市场企业所采取的各项跳板行为具有周期性,例如新兴市场跨国公司借助于海外收购来克服自身在品牌意识和国际声誉方面所处的劣势地位,而后续对于国外物流公司或者分销公司的收购将有助于其克服在服务海外顾客方面的低效率;与此同时,新兴市场企业所采取的各项跳板行为还具有循环性,例如新兴市场企业外海外扩张行为高度整合于其在母国的业务活动当中。

递归式特征将跳板模式与蛙跳模式区分开来。蛙跳式扩张模式经常为后来者企业所采用,是后来者为了赶上早期进入者竞争地位、避免技术过时风险和产权技术扩展到竞争对手而采取的一种国际化扩张策略。蛙跳式扩张模式下国际活动不具有递归或者反复的特征,仅仅是复杂性和可重复性国际化扩张过程中的一个例子。与蛙跳式扩张模式注重追求后来者优势不同,跳跃式发展寻求更多外在战略性收益而非后来者优势。跳板战略将企业的国际化扩张与其国内基础相联系,例如中国的 TCL、联想、春兰、中兴和海尔等,已重组其国内物流和生产部设施来迎合其日渐增长的对于高端产品的关注,或者在利用海外被收购方的技术和商标以重塑其母国产品品牌。这类企业的跨国成功主要还是基于其母国市场业务的经营业绩(包括销售业绩、市场份额和声誉等),以及其母国作为全球业务的制造中心(包括零件、半成品和成品等)。也就是说,这些企业在其母国市场经营不善或者难以继续保留其基地重要性,那么这些企业将会面临诸多困难,甚至面临倒闭危机。进而言之,这些新兴市场跨国公司不能够忽视其母国市场的重要性,特别是当来自发达国家和新兴工业化国家的跨国公司为这些新兴市场的投资机会所吸引而对其进行投资时。这些全球跨国公司在这些新兴市场进行投资时将会面临外来者劣势威胁,这就为这些新兴市场企业提供了战略性发展机遇。如果这些新兴市场企业忽视其母国市场重要性而忽视对其加以投资,那么将会对其全球竞争地位的形成产生极大的负面影响。因此,Luo 和 Tung(2007)认为,新兴市场企业国际化模式是出于跳板需要而非终极目标。对外扩张将会产生诸多经营机会,这些机会在母国可能是难以获得或者难以替代。基于 Kogut 和 Zander(1992)以及 Teece、Piano 和 Shuen(1997)所提出的动态能力理论(dynamic capability theory),新兴市场跨国公司需要能够同时充分发挥其在母国市场的竞争优势和在新投入国外市场的经营机会。

三、跳板模式的实践特征

Luo 和 Tung(2007)将"跳板模式"特征归纳为如下几个方面。

一是,新兴市场跨国公司采用国际扩张作为跳板以弥补其竞争劣势。新兴市场跨国公司在投资于发达国家时,通过并购国外公司或者其子公司来寻求获得复杂的技术知识或者高级的制造知识。来自发达国家跨国公司在海外市场上拥有特定所有权优势,因此其国际化扩张动机是充分利用其特定所有权优势。来自新兴工业化国家跨国公司在其国际化初期也采取知识并购方式,但是其国际化进程是更为渐进式的演化过程(例如采用合资企业而非兼并收购)。与来自发达国家或者新兴工业化国家的跨国公司相比,新兴市场跨国公司更加注重通过国际化来掌握技术和品牌,从而填充其资源空白。外国公司基于财务需求或者重组需要而售卖或者分享其技术、知识和品牌,这将促使来自新兴市场的跨国公司有机会获得其跳跃式发展所需技术、知识和品牌等(Child and Rodrigues,2005)。

二是,新兴市场跨国公司采用国际扩张作为跳板来克服其后来者劣势。通过并购和战略性资产获取等非路径依赖和积极主动的国际化发展步伐,跳板模式有助于新兴市场跨国公司减轻其后来者劣势和新进入者劣势。新兴工业化国家跨国公司强调渐进演化和路径依赖,其对外直接投资主要是由各种推力(push factors)所决定,比如货币升值、经营账户盈余增加、劳工成本提高、运输成本提高和国内市场萎缩等(Deng,2004)。新兴市场企业国际化是由各种"拉力"(pull factors)所决定,比如获取关键资源、尖端技术、管理技能和消费市场等。

三是,新兴市场跨国公司采用国际扩张作为跳板来反击全球竞争者在其母国市场的主要立足点。对于大多数新兴市场跨国公司而言,其母国市场重要性尤为凸显。但是,这些市场在经济全球化进程中逐渐为发达国家和新兴工业化国家的跨国公司所渗透。为了成为真正意义上的跨国公司,一些新兴市场跨国公司认为它们必须直接服务于诸如西欧、北美和日本等发达国家或者地区;它们冒险进入全球竞争者的母国或者后院,以开拓市场和奠定竞争立足点。一些企业采取兼并收购或者绿地投资等方式进入这些市场,以实现其投资目的。

四是,新兴市场跨国公司采用国际扩展作为跳板来规避贸易壁垒。规避贸易壁垒是所有企业国际化的动因之一,这种动因对于新兴市场跨国公司而言特别明显。新兴市场跨国公司更加依赖于全球出口市场和借助于出口中间商和和分销商来进入全球市场。为了规避出口壁垒,新兴市场跨国公司可以在目标市场直接投资(例如中国诸多公司在海外直接设立工业园区进行生产和装配,以避免配额限制和潜在的反倾销政策影响,或者投资于第三方国家(特别是其他发展中国家)并借助于该发展中国家来进入发达国家市场。例如,中国企业热衷于投资到中美洲市场、加勒比和墨西哥,将这些国家或者地区作为战略性平台来中转中国制造能力和产品,输入美国市场。

　　五是,新兴市场跨国公司采用国际扩张作为跳板来规避国内制度约束。母国的制度空白(例如知识产权法律保护薄弱、商业法实施欠佳、不透明的司法和诉讼、欠发达的要素市场以及效率不佳的市场中介等)和政治风险(例如政治不稳定、不可预期的规则变化、公共服务和政府部门的腐败现象以及法律法规执行过程中的极端的随意解释等)侵蚀了企业竞争力,从而逼迫这些企业进行国际化。除非企业拥有技能和网络来处理这些国内约束,一般而言公司在处理这类制度空白和政治风险问题上将会耗费大量的财务资金和时间精力。通过在国际市场上选择制度透明完善的投资目的地,新兴市场跨国公司能够避免前述局限性,集中资源在全球市场上建立、利用和升级竞争优势。

　　六是,新兴市场跨国公司利用国际扩张作为跳板来确保享受新兴市场政府的优惠待遇。一些新兴市场跨国公司先在海外市场上注册成立一家子公司,然后借助该子公司反向投资于其母国市场,从而享受其母国政府推出的外商投资优惠政策。这些优惠政策包括金融方面的优惠政策(例如税收减免和廉价土地使用费等)和非金融方面的优惠政策(例如获取稀缺资源和管制支持等)。反向投资或许不是这类跨国公司的主要投资目的,但是外向投资是企业获得这些优惠政策的最为便利的投资方式。吸引外资在很长一段时间内将仍然是发展中国家主要的国际商务政策导向,这些金融或者非金融方面的融资优惠政策将会持续存在。新兴市场跨国公司可能利用国际扩张作为跳板来反向投资于母国市场,从而享受母国政策的优惠待遇。与此同时,新兴市场跨国公司还可能借助国际扩张来实现资产差异化以应对国内市场的不稳定性。许多新兴市场国家(比如中国、印度、墨西哥、泰国和波兰等)通过提供金融支持来鼓励其本国企业走向国际(Cai,1999)。新兴市场企业借助投资国际化来同时获得母国政府的金融支持并反向投资于母国市场以获得投资引进优惠政策,这种机会主义行为在新兴市场里尤为明显。当然,随着新兴市场监管制度的不断完善与发展,这种机会主义行为的生存空间日益缩小。

　　七是,新兴市场跨国公司利用国际扩张作为跳板来充分发挥其在其他新兴市场和发展中市场的竞争优势。新兴市场中的诸多企业都是该国的领军企业,他们在该国的经济和社会中扮演着重要角色。这些企业通过 OEM 等发展起来了成熟的专业技能,并且在其母国通过与国外跨国公司合作而掌握了国际化知识。虽然这些企业就技术原创性而言仍然存在诸多劣势,但是通过利用已经建立起来的在运用技术、尖端机器和设备、最新工具和复杂性材料及其构成等方面的全球开放市场,这些新兴市场跨国公司能够通过市场交易方式购买到所需的技术知识和专业技能,并结合其在生产制造领域的卓越表现,能够催促这些新兴市场企业在其他新兴市场制造出技术标准化产品,从而获取全球竞争优势。其在母国市场的制造能力和成本控制水平,使得它们能够在全球市场上以极低价格制造出产品,从而能够更好地提高其全球市场份额。

　　综上所述,新兴市场跨国公司采用国际扩张作为跳板的真实动机在于获取资产和寻求机会。虽然资产获取和机会寻求是大多数跨国公司的投资目的,新兴市场跨国公司在这两种动机上更具明显性。在资产获取方面,新兴市场跨国公司主要通过国际扩张作为跳板来获取技术知识、专有技能、研发设施、人力资本、品牌、顾客基础、分销渠道、管理技能和自然资源等。新兴市场企业需要借助这些战略性资产来支撑母国在经济和社会方面的发展需要,以及弥补企业内在的竞争劣势。由于新兴市场政府直接参与其国内领先企业的国际化战略,国有企业对于原料市场的收购以满足自身及国内市场发展需求,是其海外发展的主要动因。有些企业甚至直接并购国外公司来快速获得被并购者的产品创新和过程创新的整体包,从而快速取得先进技术以升级其国内制造能力并同时发展新产品,以满足国际市场需要(Deng,2004)。在机会寻求方面,新兴市场跨国公司采取如下行为来实现其机会寻求目的,包括在发达国家寻求利基市场、获取来自母国或者东道国的金融方面或者非金融方面的优惠政策、增加公司规模和声誉、逃离母国制度约束或者市场约束、绕过贸易壁垒进入发达市场,以及在其他发展中国家或者地区捕捉机会以充分利用其成本领先的制造能力等。新兴工业化国家跨国公司通过对外直接投资来构建起出口生产平台,但是新兴市场跨国公司难以通过国际化扩张来寻求成本最小化机会,原因在于其在母国的供应基地和制造基地能够为其提供持续的低成本优势。新兴市场跨国公司在核心投资动机上存在差异,例如在资产获取方面,世界级跨国公司倾向于并购技术、品牌和分销网络以补偿其能力空白以及满足区域分散的经营需要,而处于早期阶段的跨国公司则可能主要寻求自然资源以满足政府需求从而支持国内的经济发展。此外,市场利基者国际扩张并非为了寻求国际品牌、研究设施或者分销网络,而是寻求目标市场所独有的管理技能、管理经验或者产品发展等。

本节学习了跳板战略模式提出背景、为什么要采取制度视角来研究国际化、中国制度转型对国际商务的影响、跳板战略模式的理论探索以及跳板战略模式的实践特征。希望同学们能够结合所关注企业的国际化实践,分析其当前国际化扩展模式,并对其未来国际化扩张模式,提出政策建议。

研究动态

Luo Y. D.,R. L. Tung.A general theory of springboard MNEs[J].Journal of International Business Studies,2018,49(2):129-152.

The springboard view has become one theoretic lens to analyze emerging market multinationals(EMNEs)in the past decade. A decade after its first introduction in 2007,new developments offer keen insights on these firms and MNEs in general that aggressively engage in critical asset-seeking. We compare this view with other IB theories,highlighting their differences as well as complementarity. We articulate unique strengths and weaknesses of EMNEs,including their vulnerability and complexity caused in part by home country institutions. We discuss amalgamation,ambidexterity,and adaptation advantages that differentiate springboard MNEs from more established advanced country MNEs, and explain why and how springboard acts should be analyzed along with global competitiveness augmentation. We introduce an upward spiral concept to advance our understanding of linkages between springboard and post-springboard activities, and explain some critical cross-cultural and human resource management issues in the process. To help continued research on springboard MNEs, we highlight macro-and micro-management issues that are particularly worth exploring.

Luo Y. D., R. L. Tung. International expansion of emerging market enterprises: a springboard perspective[J]. Journal of International Business Studies, 2007, 38(4): 481-498.

In this article, we present a springboard perspective to describe the internationalization of emerging market multinational corporations(EM MNEs). EM MNEs use international expansion as a springboard to acquire strategic resources and reduce their institutional and market constraints at home. In so doing, they overcome their latecomer disadvantage in the global stage via a series of aggressive, risk-taking measures by aggressively acquiring or buying critical assets from mature MNEs to compensate for their competitive weaknesses. We discuss unique traits that characterize the international expansion of EM MNEs, and the unique motivations that steer them toward internationalization. We further delineate peculiar strategies and activities undertaken by these firms in pursuit of international expansion, as well as internal and external forces that might compel or facilitate their propulsion into the global scene. We finally explain the risks and remedies associated with this international 'springboarding' strategy and highlight major issues meriting further investigation.

补充阅读

1. Luo Y. D., R. L. Tung. A general theory of springboard MNEs[J]. Journal of International Business Studies, 2018, 49(2): 129-152.

2. Luo Y. D., R. L. Tung. International expansion of emerging market enterprises: a springboard perspective[J]. Journal of International Business Studies, 2007, 38(4): 481-498.

思考题

1. 为什么要采取制度视角来研究国际化？

2. 请阐述跳板战略模式的理论探索和实践特征。

3.请运用跳板战略模式的观点,分析你所关注的中国跨国公司的国际化实践。

作业与测试

一、单选题

1.下列关于渐进扩张模型的提出说法,不恰当的是(　　　)。

　A.该模型是由 Johanson 和 Vahlne(1977)在《企业国际化进程:知识发展与海外市场承诺提升模型》(JIBS)一文中提出来的。

　B.该过程模型聚焦于个体企业对于海外市场知识和业务知识进行渐进式的收购、整合和使用的过程,以及对于海外市场的连续不断的、逐渐提升的承诺水平。

　C.其基本假设是,缺乏母国市场能力是企业发展国际业务的主要障碍,国际化运作有助于提高母国市场能力。

　D.基于该基本假设,企业国际化被认为是一种渐进式学习过程,是企业市场知识和市场承诺之间不断发展的渐进过程。

2.下列关于渐进扩张模型的模型运用说法,不正确的是(　　　)。

　A.国际收购受益于海外收购经验、国内收购经验和国际合资经验,其学习过程存在偏差。

　B.研究结论之一是跨国公司每年国际收购数量,将会随着国际并购经验的增加而增加。

　C.研究结论之一是跨国公司每年国际收购数量,将会随着国内并购经验的增加而增加。

　D.研究结论之一是跨国公司每年国际收购数量,将会随着国际合资经验的增加而减少。

3.下列关于序列进入步伐的说法,不正确的是(　　　)。

　A.累积进入经验对于序列进入步伐的影响作用,与进入模式无关。

　B.拥有更多累积进入经验的企业,能够减弱进入模式转换的约束效应。

　C.企业国际化进程是国际商务的重要研究议题,有必要考察企业海外市场进入的动态过程,以及不同的进入经验对于国际扩张步伐的影响作用。

　D.虽然已有研究采用过程视角,考察了企业对海外市场的渐进进入行为,但是较少有研究涉及企业序列进入的动态性和步伐。

4.下列关于母国网络与海外扩张的说法,不正确的是(　　　)。

　A.跨国公司母国网络优势有助于其海外扩张,社会身份优势容易从一国市场转移至另一国市场,经纪人优势也可以转移到其他地方。

B.社会身份优势能够影响海外扩张。

C.风投企业在其母国网络中的社会身份越高,其海外市场进入比率越大。

D.风投企业在其母国网络中的经纪人优势越高,其海外市场进入比率越小。

5.下列关于渐进扩张模式对中国企业国际化的启示意义的说法,不正确的是(　　)。

　　A.渐进扩张模式的基本思想源于乌普萨拉模型,已很难指导当前的企业国际化实践。

　　B.在国别差异比较大以及在公司实力差别比较大的情况下,渐进扩张模式仍然是公司降低国际化风险、提高国际化成效的重要模式选择。

　　C.中国企业国际化面临诸多劣势和风险,强化中国企业对于东道国市场的认识,对于中国企业国际化而言,意义十分重大。

　　D.由于缺乏经验,中国企业在国际化进程中,面临着严重的外来者劣势威胁。

6.下列关于快速扩张模式的说法,不正确的是(　　)。

　　A.企业国际化应该遵循渐进发展进程,从"心理距离"较小的国家开始,逐步进入到心理距离较大的国家。

　　B.高速国际化也可能是序列性质,只要企业在短期内采取多个国际化步骤并按照序列展开,就能够克服外来者劣势。

　　C.中国企业国际化起步较晚,难以采用缓慢的渐进扩张模式来融入全球市场竞争。

　　D.中国企业可以采用快速的渐进扩张模式,在短期内提高序列进入频率和速度。

7.下列哪项能够成为体现快速扩张模式的例子?(　　)

　　A.美国企业在国际化时首先进入欧洲国家或地区。

　　B.中国企业在国际化时首先进入东南亚国家或地区。

　　C.欧洲企业在国际化时首先进入美国国家或地区。

　　D.中国企业在国际化时首先进入欧洲国家或地区。

8.下列关于快速国际化的说法,不恰当的是(　　)。

　　A.快速国际化模式下,企业难以充分理解和利用国际化进程中所带来的学习收益,企业吸收能力在很大程度上依赖于先前相关知识。

　　B.企业难以在短期内掌握高质量的经营知识,快速国际化正向调节了国际化与经营业绩。

　　C.中国企业在展开快速渐进扩张模式时,需要注重学习能力的培养和提高。

　　D.中国企业在国际化时需要提高面对多种环境压力时寻求解决方案的多国灵活性能力。

9.下列关于外来者劣势动态性的说法,不恰当的是(　　)。

　　A.快速国际化模式认为,企业快速的国际扩张有助于企业从先前经验中,取得学习效益最大化,同时降低失败风险。

　　B.外来者劣势是动态变化的。

　　C.企业在渐进扩张过程中所遇到的外来者劣势可能具有时代背景,企业在不同
时期进行扩张面对的外来者劣势是不同的。

　　D.如果企业具备足够的学习能力,能够在短期内学习从国际化投资中了解的东
道国经营规则,那么快速国际化就将意味着企业能够在更短时间内克服更多
外来者劣势。

10.下列关于快速国际化的现实意义的说法,不恰当的是(　　　　)。

　　A.在高速变化的商业环境里,空间成为企业赢得竞争优势的重要因素。企业
若能快速建立起制造能力,将在快速变革的竞争产业中享有更加持久的竞
争优势。

　　B.在《FDI 快速扩张与企业业绩》一文中,学者们从企业内部的资源和能力以及
企业外部的竞争压力两个角度,阐述了其对 FDI 扩张速度与企业业绩之间关
系的调节作用。

　　C.基于韩国企业的扩张实践,学者们研究发现,在全球化压力较大行业中以及
内部资源和能力较好企业中,FDI 快速扩张能够有效提高企业业绩。

　　D.中国企业需要重视战略转型,明确自己未来的发展导向,以及所需资源和能
力,通过内部自我发展或者外部兼并收购等方式,提升资源和能力水平。

11.下列关于跳板战略模式的提出背景的说法,不恰当的是(　　　　)。

　　A.跳板战略模式是由中国学者提出来的,更加符合中国企业特征和中国社会
制度。

　　B.企业国际化扩张模式的选择将会影响到制度转型。

　　C.中国作为全球最大的发展中国家,其经济在国际商务中扮演着越加重要的
角色。

　　D.中国经济转型的特殊性还表现在,中国政府在经济转型过程中所坚守的"改
革、发展和稳定"的方针政策,有力地保证了经济体制改革方向。

12.下列说法不正确的是(　　　　)。

　　A.制度视角有助于学者明晰中国经济转型过程中存在的基础性制度变革(比
如市场化改革),以及这些变革如何影响企业行为。

　　B.制度视角有助于检验西方经济理论和管理理论在转型经济情景下的适用
情况。

　　C.中国企业从国有企业改革开始,越来越重视民营企业发展。民营企业成为中
国企业国际化不可忽视的力量,例如华为、海尔等。

　　D.虽然民营企业在海外扩张中处于主导地位,但是国有企业在数量上和竞争能
力上,扮演着重要的角色。

13.下列关于跳板战略模式的理论探索说法,不正确的是(　　　　)。

A.Luo 和 Tung 在《新兴市场企业的国际化扩张:跳板视角》一文中,提出了跳板模式,用于认识和分析新兴市场企业的国际化扩张路径选择。

B.新兴市场企业之所以采用跳板模式,是为了克服其后来者劣势,以并购战略性资源和减少母国的制度约束和市场约束。

C.跳板行为在进入模式选择和项目区位选择问题上,同样遵从了路径依赖或者演化模式,同时基于多重压力而采取了跨越式发展模式。

D.跳板战略虽然能够给新兴市场企业带来诸多优点,但是也存在一定局限性,包括面临更多风险和挑战,要求新兴市场的跨国公司克服其关键瓶颈。

14.新兴市场跨国公司采用国际扩张作为跳板,来规避母国制度约束。母国制度空白和经营风险侵蚀了企业竞争力,从而逼迫这些企业进行国际化。下列哪项不是这里所说的母国制度空白?（　　　）

　　A.知识产权法律保护薄弱　　　　　　B.不透明的司法和诉讼

　　C.完善的母国市场制度　　　　　　　D.欠发达的要素市场

15.下列关于跳板战略模式的实践特征的说法,不正确的是(　　　)。

A.新兴市场跨国公司可能借助国际扩张来实现资产差异化以应对国内市场不稳定性。许多新兴市场国家(比如中国、法国、墨西哥和泰国等)通过提供金融支持来鼓励其本国企业走向国际。

B.外国公司基于财务需求或者重组需要售卖或者分享其技术、知识和品牌,这将促使来自新兴市场的跨国公司有机会获得其跳跃式发展所需技术、知识和品牌等。

C.为了成为真正意义上的跨国公司,一些新兴市场跨国公司认为,它们必须直接服务于诸如西欧、北美和日本等发达国家或者地区。

D.新兴市场企业借助于投资国际化来同时获得母国政府的金融支持,并反向投资于母国市场以获得投资引进优惠政策,这种机会主义行为在新兴市场里尤为明显。

二、多选题

1.乌普萨拉模型由以下哪些内容构成?（　　　）

　　A.市场承诺　　　　B.市场知识　　　　C.承诺决策　　　　D.当前海外经营

2.基于渐进扩张模型的基本假设,企业国际化被认为是一种渐进式学习过程,是企业市场知识和市场承诺之间不断发展的渐进过程。公司首先在外国市场中进行初始投入,并通过这种初始投入获得当地市场知识,包括(　　　)等。

　　A.当地市场环境　　B.政府政策　　　　C.竞争态势　　　　D.顾客需求

3.渐进扩张模型基本思想对中国企业国际化的启示意义,包括(　　　)。

　　A.注重经验积累　　　　　　　　　　B.注重网络构建

　　C.发挥先发优势　　　　　　　　　　D.注重产权模式

4.Chang 和 Rhee(2011)在《国际商务研究杂志》上发文指出,企业国际化进程需要同时考察( )。

    A.国际化后果   B.国际化步骤   C.国际化速度   D.国际化经验

5.下列关于战略性领导对国际创业的影响的说法,正确的有( )。

    A.领导行为是影响国际创业的重要因素,战略决策和组织创新潜在地受到高
      管人员和外部环境因素的影响。

    B.经理人领导行为,将会影响到组织文化的塑造,从而影响到组织员工对于国
      际创业的态度和支持。

    C.不同领导行为体现着经理人对于国际创业的不同态度和支持力度,将会严重
      影响到国际创业进程。

    D.经理人战略性领导的根本任务,是规划企业未来发展蓝图以及制订实现该蓝
      图的详细方案。

6.下列哪些选项属于中国制度转型对国际商务的影响?( )

    A.从计划经济到市场经济的转型,提高中国作为国际商务投资环境的吸引力。

    B.中国日益走向市场经济和全球经济,使得跨国公司在市场进入和运作模式等
      方面柔性更高。

    C.国内竞争性市场的发展,促进中国企业国际化。

    D.通过更有效中间商来强化商业支持体系,促进中国与全球商业互动发展。

7.新兴市场企业国际化是由各种"拉力"所决定,比如( )。

    A.获取关键资源   B.尖端技术   C.管理技能   D.消费市场

8.下列说法正确的有( )。

    A.与来自发达国家或者新兴工业化国家的跨国公司相比,新兴市场跨国公司
      更加注重通过国际化来掌握技术和品牌,从而填充其资源空白。

    B.通过并购战略性资产等非路径依赖和积极主动的国际化发展步伐,跳板模式
      有助于新兴市场跨国公司减轻其后来者劣势和新进入者劣势。

    C.对于大多数新兴市场跨国公司而言,其母国市场重要性仍然尤为凸显。但
      是,这些市场在经济全球化进程中,逐渐为发达国家和新兴工业化国家的跨
      国公司所渗透。

    D.规避贸易壁垒是企业国际化动因之一,这种动因对于新兴市场跨国公司而言
      特别明显。

三、判断题

1.市场知识是有关海外市场和经营的经验与知识。一般来说,企业的市场承诺越
高,其市场知识就越丰富。知识越丰富,也会提高企业的市场承诺水平。( )

2.在《跨国公司序列进入步伐:累积进入经验和动态过程》一文中,学者们考察了
跨国公司在进入海外市场时所采取的序列进入步伐。其研究焦点是东道国市场上不
同模式的累积进入经验所具有的学习效应。( )

3.基于组织学习理论,不同进入模式表征不同的海外市场嵌入性知识,不同经验

累积能够带来不同的学习水平。经验累积不仅有助于企业获得所需知识,以便进行快速的市场扩张,而且也有助于克服扩张约束。(　　)

4.中国企业国际化起步较晚,难以采用缓慢的渐进扩张模式来融入全球市场竞争。中国企业可以采用快速的渐进扩张模式,在短期内提高序列进入频率和速度,促进对东道国市场的经营规则和经营机会的认识和把握,最终提高国际化步伐和成效。(　　)

5.快速国际化模式下,企业难以充分理解和利用国际化进程中所带来的学习收益,企业吸收能力在很大程度上依赖于先前相关知识。企业难以在短期内掌握高质量的经营知识,快速负向调节了国际化与经营业绩,而渐进扩张有助于提高海外学习和经营成功。(　　)

6.战略性领导和创新战略对于获取和维持战略竞争力是极其重要的,战略领导者在识别创新机会和制定创新决策中扮演重要角色。战略领导者机会识别和机会利用,能够有效增加公司价值。(　　)

7.为了规避出口壁垒,新兴市场跨国公司可以在目标市场直接投资(例如,在海外设立工业园区,进行生产和装配,以避免配额限制和潜在的反倾销政策影响),或者投资于第三方国家(特别是其他发展中国家),并借助该发展中国家进入发达国家市场。(　　)

四、名词解释

1.市场承诺

2.承诺决策

3.市场知识

4.经理人战略性领导

5.快速扩张模式

6.跳板战略模式

五、简答题

1.请对渐进扩张模式做简要评价。

2.请简述渐进扩张模式对中国企业国际化的启示意义。

3.请简述快速扩张模式对中国企业国际化的启示意义。

4.请简述中国制度转型对国际商务的影响。

5.请阐述跳板战略模式的实践特征。

第9章
企业国际化的投资区位选择

第1节　投资区位选择理论演化历程

学习导航

本节内容包括：区位选择理论的提出背景，OLI折中理论，区位划分标准讨论，区位选择影响业绩水平，区位选择的精准理论，Ma、Tong和Fitza(2013)的重要贡献以及同国籍集群效应研究。

通过本节学习，希望同学们能够深刻理解区位选择理论的演化历程，从而为中国企业国际化的区位选择，提供理论指导。

由于不同国家或者地区在要素禀赋方面存在差异，跨国公司会根据自身发展战略蓝图，结合东道国要素禀赋特性，对不同投资区位进行选择，以实现其投资目的。区位选择是跨国公司国际投资的重大战略决策，对于企业国际化成功与否产生重要影响。传统西方发达国家企业在国际化进程中，凭借其自身能力优势在全球范围内布局其公司业务，从而充分挖掘其经营优势，实现其投资动机。而对于中国等发展中国家而言，这些国家企业在竞争能力方面与西方发达国家企业相比存在差距，其所面临的母国环境和东道国环境也存在诸多差异，国际化动机也存在不同，这就决定了发展中国家企业在国际化进程中不能完全照搬西方企业国际化进程中区位选择策略，需要基于其自身所处环境、发展现状和未来发展蓝图来进行投资区位战略选择，以实现其国际化发展蓝图。本章首先阐述企业跨国投资区位选择理论演化历程，然后分析中国企业在国际化进程中如何根据自身特点和东道国环境特征进行区位选择，以提高国际化成效。

一、区位选择理论的提出

在《区位选择与跨国企业》(2008)一文中,约翰·邓宁回顾了其关于跨国企业区位选择的理论发展历程,回答了 Rajneesh Narula 在雷丁大学(University of Reading)对其采访时提出的诸多问题。约翰·邓宁对于区位经济的研究兴趣源于其 1952 年的研究项目,约翰·邓宁在该研究项目中着重比较英国收音机和电视机生产商在繁荣地区(英国东南部和中部地区)与在欠繁荣地区(威尔士、苏格兰和北部地区)的生产成本和交易成本的差异。研究发现,当时在欠繁荣地区开展经营活动所面临的各种较低的劳动力成本、物料成本、设施成本和其他价值创造成本超过了其相应的额外的交易成本和管理成本(Hague and Dunning,1954)。1958 年,约翰·邓宁在《美国对英国制造业的投资分析》(*American Investment in British Manufacturing Industry*)一书中,首次对比分析了美国海外企业与其母公司和东道国竞争企业之间的生产力差异。约翰·邓宁在该书中分析了美国和英国生产力差异来源,提出了国别所有权优势效应(ownership of nationality effect,"O effect")和生产区位效应(location of production effect,"L effect")两种假说。研究发现,在英美资公司比起英国竞争对手,其生产力是后者的 2.5 倍;特别地,在英国市场上,美资企业生产力是英资企业生产力的 1.6 倍。

1972 年,约翰·邓宁考察了英国加入欧洲经济共同体(European Economic Community,以下简称为 EEC)(1973 年 1 月 1 日)事件对英资企业区位选择偏好的影响(Dunning,1972)。在这之前,英资企业在进入欧洲大陆市场时,需要面临各种关税和非关税壁垒。[①] 研究发现,该影响存在两个方面:一是,市场规模扩大使得规模经济成为可能,从而降低英资企业平均出口成本;二是,欧洲市场进入便利使得英资企业能够更好地发挥其所有权优势,无论是通过出口方式还是通过对外直接投资(FDI)方式。英国加入欧洲经济共同体(EEC)促进英国与欧洲经济共同体其他成员国之间的贸易自由化,从而进一步影响到英资企业在 EEC 中生产区位和投资区位的选择,以及 EEC 企业在英国市场中生产区位和投资区位的选择。约翰·邓宁指出,贸易自由化对于区位选择的影响效应依赖于其对产品集中度(product concentration)和工厂专业化(plant specialization)的影响方式以及两个市场间海外所有权协同程度(coefficient of foreign ownership)。20 世纪 70 年代中期,国际商务经济学倾向于将跨国企业视为组织整体并关注其独特性质,而较少关注跨国企业海外机构的地区分布。约翰·邓宁指出,给定企业的所有权优势(O)和区位优势(L),为什么这些企业要自己利用这些优势,而不是借助于中间市场将这些优势许可给东道国本土企业?

---

① 在 20 世纪 70 年代到 80 年代之间,欧共体内大部分关税壁垒已经获得免除;但是,直到 1992 年欧洲内部市场成立之后,非关税壁垒才显著降低。

虽然学者们并未完全忽视区位选择的重要意义,但是鲜有文献对国际商务区位选择如何影响其组织模式加以深入研究。约翰·邓宁认为,这种对于区位优势的忽视带来了研究契机。各个国家和地区在经济、政治和社会等方面所表现出来的差异,使得国际商务有别于国内商务,因此有必要从区位差异角度来分析国际商务。特别地,约翰·邓宁认为跨国公司所有权优势将会受到区位优势的影响,表明应该重视区位选择研究,以更好地理解企业国际投资行为。

1976年举办的诺贝尔讨论会以"经济活动的国际分布"为主题,讨论了不断演化与发展的经济活动的国际化现象,希望来自经济领域和地理领域的专家学者能够互相倾听来自不同专业领域的学者观点。约翰·邓宁在该讨论会上阐述了其OLI折中范式,不仅提出了分析框架用于解释经济活动的内部分布,而且架起了经济领域和地理领域之间的研究桥梁。根据OLI折中范式理论主张,企业跨国投资需要具备三者条件,分别是所有权优势、区位优势和内部化优势。可见,区位优势是构成企业国际化扩张前提条件的三大支柱之一。进而言之,企业在国际化进程中,需要在区位选择上慎重考虑,以进入那些符合公司发展蓝图的投资区域,从而助推企业国际化发展战略。

国际生产折中模型(OLI模型)得到学术界和实业界的热切关注,成为企业国际化研究和实践所参照的重要模型。Ito和Rose(2002)基于寡头反应理论和国际直接投资理论,分析了全球轮胎行业中跨国企业竞争行为的特点,构建了包含寡头行为在内的海外企业投资策略模型。寡头反应理论早期主要用于解释单一国家中的企业行为。Ito和Rose(2002)将其与国际投资理论相结合,用于分析来自不同国家的企业如何在全球范围内在同一行业中进行全球竞争,并维持相对于其竞争对手而言相对稳定的竞争地位。实证研究显示,全球轮胎行业存在大规模的国际垄断反应行为,并且企业的战略行为还与其竞争者的特性有关。

二、对区位边界的拓展研究

传统OLI范式认为,企业国际化需要具备三种条件,其中之一是区位优势。要充分认识区位优势,就必须对区位本身有个范围界定。已有研究大多是以联合各贸易与发展会议(UNCTAD)中对于各个国家或地区的划分方法作为区位划分标准,并明确说明这种划分是基于经济统计和分析目的,本身并无任何主权归属主张。这种区位划分方法有助于我们认识同一国家或范围内所涉及的制度环境,从而使得我们在考察母国或者东道国环境时,能够更好地把握国家或地区层面的政治制度和法律制度等制度环境。

但是,我们必须认识到,这种区位划分方法存在弊端,主要是忽视了属于同一区位范围内的地理差异,也就是母国或者东道国内部的地区性差异。这种差异在国别内区域经济特别明显的国家里特别明显,比如在中国,东部与西部发展不平衡,决定了东部和西部作为投资目的地存在不同的吸引力。此外,由于历史渊源,民族文化将会渗透到不同国家或地区,这就使得有着相同民族文化背景的不同国家或地区在双边贸易与投资之间将会有着更大便利性和融合性。在这种情况下,从经济发展角度来讲,跨国公司在进行区位选择时,应该综合考量经济区域、人文区域和政治区域,而不仅仅是传统意义上的国别区域。

在企业经营业绩的各种主要影响因素当中,一个主要影响因素就是所研究对象所涉及的地区范围。学者们考察了国别内地区(小于传统区位边界)和大中华区(大于传统区位边界)等区域经济概念下,企业的国际化程度与经营业绩影响情况,发现所选择区位范围将会对研究结论产生重要影响。

一方面,所考察对象区位范围扩大将会影响到区位选择对于经营业绩的影响效应的显著性水平。Chen 和 Tan(2012)以中国 887 家上市公司历时 9 年的面板数据(来自 Wind 数据库)为研究样本,探索其国际化程度与经营绩效之间的关系,以及东道国区位因素如何对经营绩效产生影响,发现投资到大中华区、亚洲地区、亚洲以外地区的中国企业在经营业绩方面存在差异;在控制了反向因果影响之后,仍然发现投资到"大中华区"的中国跨国公司的经营业绩显著高于投资到其他地区的中国跨国公司的经营业绩。Chen 和 Tan(2012)研究认为,总体而言,中国企业经营业绩随着国际化程度不同而不同,并且所考察对象区位范围对于研究结果显著性有着重要影响。

另一方面,国别内地区因素也将对此产生重要影响。Ma、Tong 和 Fitza(2013)考察了国别内地区因素对于跨国公司海外子公司经营业绩的影响情况,基于 1998—2006 年间《财富全球 500 强》在华跨国公司的经营数据,研究发现国别内地区因素不仅直接影响到跨国公司海外企业的经营业绩,而且与产业因素、母公司因素和母国因素之间存在互动关系,调节了这些因素对于跨国公司海外企业经营业绩的影响作用。Ma、Tong 和 Fitza(2013)研究还发现,国别内地区因素在中国加入 WTO 之前对于跨国公司在华企业经营业绩的影响程度更为明显,对于投资在欠发达地区的跨国公司在华企业经营业绩的影响程度更为明显。Ma、Tong 和 Fitza(2013)的研究成果深化了传统 OLI 模型中对于区位优势的研究认识,对于我们深入考察企业国际化过程中区位选择战略具有重要意义。

三、区位边界与经营业绩

提高经营业绩是企业国际化的重要目的,解释跨国公司海外子公司经营业绩异质性是国际化研究的重要议题。传统的产业组织理论、资源基础理论、动态能力理论和制度基础理论尝试从不同角度来对企业国际化及其经营业绩差异进行解释,其分析层次涉及母国、东道国、母公司和海外子公司等。约翰·邓宁提出的折中理论包含三个要素,分别是企业特定优势、东道国区位优势和企业内部化优势,表明东道国区位优势是企业国际化得以成功的重要前提条件。然而,不同国家其国内发展平衡性存在差异,因此考察东道国国别内因素差异就成为跨国公司研究的重要议题。然而,这一研究议题直到 Qu 和 Green(1997)出版了《中国外商直接投资：对于区位选择的国别内地区视角》一书之后，才得以重视。

Chan、Makino 和 Isobe(2010)以及 Ma、Tong 和 Fitza(2013)等学者开始关注该领域研究进展。Chan、Makino 和 Isobe(2010)研究显示，国别内地区因素是导致海外企业经营业绩差异的重要影响因素。Ma、Tong 和 Fitza(2013)的研究也证实这一现象，并且进一步发现，国别内地区因素对于海外企业经营业绩的影响作用不仅仅是直接的，而且还通过调节效应影响诸如产业和母公司等因素对于海外企业经营业绩的影响。国别内地区因素对于跨国公司海外子公司经营业绩的影响作用，源于其对东道国地区环境嵌入性。在给定海外企业对于东道国地区环境的多维嵌入性，以及东道国地区之间存在巨大差异的情况下，传统研究所认为的产业性质、母公司特征和国别差异对于海外企业经营业绩的影响作用将会受到东道国国别内地区差异的调节影响。

Ma、Tong 和 Fitza(2013)对于国际商务研究有着重要贡献。一是，他们将权变方法运用到国际商务研究领域，将调节效应与具体理论相结合，阐述了产业理论、资源理论和制度理论在何种情况下更为有效地解释企业经营业绩差异，从而使得我们能够更好地认识和运用这些理论。研究发现，产业因素对于跨国公司海外企业经营业绩的影响作用，受到东道国国别内地区因素的调节影响；并且这种调节效应在不同国别内地区程度不同。二是，该文献有助于促进地区的战略角色及其意义的研究发展。可以看到，Ma、Tong 和 Fitza(2013)虽然在理论上没有突破 OLF 范式中关于区位选择的研究理论，但是在实践上有助于我们更好地识别投资目的地。特别低，当东道国国别内不同地区存在巨大差异时，比如在经济发展水平、法律保护水平、生产要素禀赋等方面存在巨大差异时，Ma、Tong 和 Fitza(2013)有助于启发我们深入分析东道国不同地区在经济、社会、政治和文化等方面存在的差异性，从而更好地选择投资目的地。

本节学习了区位选择理论的提出背景、OLI 折中理论、区位划分标准讨论、区位选择影响业绩水平、投资区位选择的精准理论，以及同国籍集群效应研究。希望同学们能够结合所关注企业的国际化实践，分析其过去和当前的创新发展实践，并对其未来创新发展战略，提出政策建议。

企业实践　　　　　　　　　　　　　　　　　　　　　　　**美的集团的国际化实践**

1968 年，何享健先生带领 23 位顺德北滘居民，筹集 5 000 元开始创业；1980 年，抓住改革开放政策机会，开始制造风扇，进入家电行业；1981 年，注册"美的"商标，标志着美的品牌诞生。1992 年，美的进行股份制改革，次年在深交所上市，成为中国第一家由乡镇企业改组而成并拥有现代管理体制的上市公司。2007 年，第一个海外基地在越南建成投产。2012 年，美的创始人何享健先生退出董事会，方洪波先生接任为新董事长。2013 年,美的集团实现整体上市。2016 年,分别收购东芝家电与意大利中央空调企业 Clivet80% 的股权。2017 年,收购德国库卡机器人公司 94.55% 的股份,以及以色列高创公司 79.37% 的股份,正式进入机器人与自动化行业。2020 年,美的集团业务架构及战略主轴升级,营业收入达到 2 857 亿,全球员工数量达到 15 万人以上,连续 5 年位列《财富》世界 500 强。目前,公司的愿景是"科技尽善、生活尽美",公司的使命是"联动人与万物,启迪美的世界",公司的价值观是"敢知未来(志存高远、务实奋进、包容共协、变革创新)";公司四大战略主轴分别是:科技领先,构建研发规模优势,加大对核心、前沿技术的布局和投入;数智驱动,通过全面数字化全面智能化,内部提升效率外部紧抓用户;用户直达,与用户直接联系互动,重塑产品服务及业务模式;全球突破,重点区域寻求市场、渠道和商业模式等维度突破,服务全球用户。公司秉承用科技创造美好生活的经营理念,经过 52 年发展,已成为一家集智能家居事业群、机电事业群、暖通与楼宇事业部、机器人及自动化事业部、数字化创新业务五大板块为一体的全球化科技集团,产品及服务惠及全球 200 多个国家和地区约 4 亿用户。形成美的、小天鹅、东芝、华凌、布谷、COLMO、Clivet、Eureka、库卡、GMCC、威灵在内的多品牌组合。

资料来源:美的公司官方网站。

研究动态

Alcacer J.,et al.Location choices under strategic interactions[J].Strategic Management Journal,2015,36(2):197-215.

We explore a fundamental aspect of firms' location choices largely overlooked in the literature:strategic interaction. We formalize the notion that strategic interaction renders collocation less appealing by fostering competition,which erodes firms' profits. Strategic interaction also impacts location choices across time. Specifically,because firms learn by doing in markets,location choices are shaped by two novel effects:entrenchment benefits from entering early in a market and improving capabilities relative to rivals,and opportunity costs from postponing entry to other markets where rivals enter and learn. When learning is local,firms collocate more:rivals are preempted from improving relative capabilities in higher-value markets. However,when learning is global,firms collocate less:they can transfer capabilities from lower-value to higher-value markets,blocking rivals from achieving entrenchment benefits.

Ma X. F.,et al.Beijing or Shanghai? The strategic location choice of large MNEs' host-country headquarters in China[J].Journal of International Business Studies,2013,44(9):953-961.

We argue that a multinational enterprise's(MNE's)location choice for its host-country headquarters(HCHQ)in the geographic space of the host country is determined by the interplay between the strategic roles of HCHQ in the organizational space of the MNE and the institutional space external and internal to the MNE. We focus on the location choice between Beijing and Shanghai. We test our arguments using data for a sample of Fortune Global 500 corporations in China(1979—2005). This study contributes to international business(IB) research by reinvigorating research on HCHQ. We also complement economic geography research on subnational agglomeration by using an IB perspective with a focus on the institutional idiosyncrasies of cities.

Alcacer J., et al. Firm rivalry, knowledge accumulation, and MNE location choices [J]. Journal of International Business Studies, 2013, 44(5):504-520.

The international business(IB)literature has mostly emphasized the impact of location and firm characteristics on location choices. However, industries with a significant presence of multinational enterprises(MNEs)are oligopolistic in nature, which suggests that rivalry among firms plays an important role in firms' dynamic decision-making processes. This paper explores how rivalry and differential knowledge accumulation among competitors affect MNEs' geographic expansion across time and markets. Specifically, we build a model in which two competing firms with different capabilities simultaneously decide a sequence of market entries. Following previous research, we allow the possibility that certain markets are closer(a better fit)to one firm than to the other, and that certain knowledge is more transferable across markets(less market specific). We then solve the model computationally, and identify three equilibrium strategies-avoid, collocate, and stronger-chases-weaker-depending on the initial relative firm capabilities, market attractiveness, market-firm fit, and knowledge transferability. By explicitly incorporating firm rivalry across multiple markets, our model offers a comprehensive approach to understanding the drivers behind MNEs' sequential location choices, and offers alternative explanations for some important empirical observations in IB, such as bunching and second-mover advantage in market entries.

补充阅读

1. Alcacer J., et al. Location choices under strategic interactions[J]. Strategic Management Journal, 2015, 36(2):197-215.

2. Ma X. F., et al. Beijing or Shanghai? The strategic location choice of large MNEs' host-country headquarters in China[J]. Journal of International Business Studies, 2013, 44(9):953-961.

3. Alcacer J., et al. Firm rivalry, knowledge accumulation, and MNE location choices[J]. Journal of International Business Studies, 2013, 44(5):504-520.

思考题

1.请阐述 OLI 折中理论的内涵及其运用。
2.请阐述区位选择的精准理论及其管理启示。
3.请阐述 Ma、Tong 和 Fitza(2013)的研究观点及其管理启示。

第 2 节　企业层面因素影响投资区位选择

学习导航

本节内容包括如下主题:中国企业特定优势、中国企业国际化投资区位选择的整体偏好、企业技术战略影响投资区位选择、产业属性影响区位选择、所有权性质影响区位选择、战略联系理论、网络联系理论。

通过本节学习,希望同学们能够深刻理解企业层面因素如何影响区位选择,从而为企业国际化区位选择提供理论借鉴。

一、企业特征与区位选择

传统关于企业特定优势对于海外企业所有权偏好影响情况的研究,重要是针对诸如美国等发达国家的跨国公司而言的。这类研究认为,企业所有权优势源于其规模大小、国际化经验、技术领先性和市场领先性等。由于这类企业源于发达国家,他们在选址投资区位时,其特定优势一般而言都高于所在东道国地区企业。但是,对于诸如中国和印度等发展中国家而言,他们的企业在进行海外投资时,将面临与美国等发达国家企业不一样的区位选择问题。这些发展中国家跨国公司所有用的企业特定优势不仅与母国特征相关,而且与东道国特征相关。也即是说,他们所拥有的企业特定优势同时依赖于母国特征和东道国特征,这就表明发展中国家跨国公司企业特定优势具有地区特定性。

传统区位研究倾向于关注对外直接投资整体水平,而忽视企业层面个体投资情况。但是必须看到,企业境外投资区位选择不仅受影响于东道国环境,而且也受到其自身特点特别是战略性目的的影响。研究表明,虽然基础性的宏观经济因素和制度影响会影响到企业进入决策选择,但是企业层异质性将会改变这种选择甚至最终完全逆反去进入决策选择。例如,虽然经济风险和政治风险等风险因素被认为不利于企业境外投资,从而将会阻碍或削弱企业对该国家或地区的境外直接投资。但是,对于国有企业而言,它们具有更大的风险承受能力;而且累积性的国际化经验也将使跨国公司对东道国政治风险更为警觉。在技术能力禀赋问题上,虽然东道国技术能力禀赋越丰富,越加会吸引企业对其进行投资;但是,与低技术行业相比,研发密集型产业中的跨国公司对于东道国技术能力禀赋更为关注。

Errimilli、Agarwal 和 Kim(1997)研究了韩国跨国公司海外企业所有权偏好,发现其技术密集度、产品差异化和资本密集度等企业特定优势对于海外企业所有权的影响,受到其海外企业所在地区发达程度的调节影响。基于这一研究思路,Errimilli、Agarwal 和 Kim(1997)针对韩国跨国公司特点,提出如下研究假设。一是,在相对欠发达地区,技术密集度与所有权程度正相关,但这种关系在相对发达地区则不存在。二是,在相对发达地区,产品多样化与所有权程度正相关;在相对欠发达地区,产品多样化与所有权程度负相关。三是,在相对发达地区,资本密集度与所有权程度正相关;在相对欠发达地区,资本密集度与所有权负相关。实证结果基本上支持了以上研究假设。特别地,韩国跨国公司技术密集度与所有权水平之间的关系,在相对发达地区也同样存在,这可能源于韩国企业的战略性考量。为了能够接触并取得相对发达地区的技术能力,韩国跨国公司倾向于采取合资方式进入这些地区。这种情况对于拥有较好技术水平的韩国跨国公司而言尤为明显,因为这些拥有较高技术水平的韩国跨国公司能够更好地与相对发达地区企业进行合作。这些韩国企业采取激进策略来取得许可,以便能够掌握尖端技术。

这一研究发现对于中国企业而言具有重要意义,中国企业在国际化进程中,一方面会投资于发展中国家以充分挖掘和利用已有技术能力,另一方面也会投资于发达国家以接近甚至掌握发达国家的先进技术和管理经验。例如,以格力电器为例①,1991 年成立的格力电器是目前国内乃至全球最大的集研发、生产、销售、服务于一体的专业化空调企业。格力旗下的"格力"品牌空调,业务遍及全球多个国家和地区。格力电器是国内企业开展境外直接投资比较早且成效显著的代表性企业。格力电器董事长董明珠认为,国际化是靠品牌和技术赢得全世界消费者的过程,而不是简单地依靠低价策略无限扩张,"格力在海外的发展,是想输出好的产品和品牌,让全世界的人都使用格力空调。"格力电器坚持走出去战略,其国际化发展战略早已启动。从2001 年格力电器在巴西生产基地正式投产,到 2012 年格力形象片在美国纽约时代广场的播出,格力电器稳步进军海外市场。目前,格力已在巴西、巴基斯坦等地建立了生产基地,开发和生产包括家用空调和商用空调在内的 400 个系列、7 000 多个规格的产品。2006 年 3 月,格力电器巴基斯坦生产基地正式投产;2008 年 4 月,格力空调

① 资料来源:董明珠:让全世界的人都使用格力空调,详见人民网 http://homea.people.com.cn/n/2013/0312/c41390-20759948.html。

越南生产基地正式投产[①]。与巴西基地不同的是,巴基斯坦和越南生产基地由当地经销商投资,格力电器只提供技术支持,但其生产销售的全是格力牌空调。相比中国,巴西属于相对发达国家,巴基斯坦及越南属于相对欠发达国家。格力电器在巴西的投资采取独资建厂方式,即选择高股权模式;在巴基斯坦和越南的投资采取"当地经销商投资,格力提供技术支持"的方式,即选择低股权模式。

Errimilli、Agarwal 和 Kim(1997)的研究对于中国企业而言,具有指导意义。以格力电器为例,在技术方面,空调是技术密集型行业,格力电器近年来每年科研投入超过 20 亿,拥有 3000 多项技术专利,核心技术指标国际领先,与欧美发达国家相比毫不逊色。成本控制方面,格力电器推行成本领先战略,注重研发新技术,通过先进设备和工装,不断提高工艺水平;格力凭借不断创新的营销模式,连续多年产销量位居全国同行第一,形成强大的规模经济优势。在差异化方面,格力电器推行差异化战略,在技术含量、产品性能、质量上同国际著名品牌相差无几,但在价格、品种、款式上占有先机和优势,可提供质优价廉、精美多样的产品。格力电器还具有强大的市场推广能力,通过其独创的区域性销售公司模式,亦即格力电器集团—格力区域销售公司—格力电器经销商—格力专卖店,既提升产品服务能力,又能有效推广品牌。此外,从行业特性来看,空调属于劳动密集型、资本密集型行业。

Errimilli、Agarwal 和 Kim(1997)研究指出,在更具吸引力地区,选择高股权模式的倾向性更大。结合格力对外直接投资案例,对比巴西、巴基斯坦、越南三国的区位特点,可以发现,巴西地处相对发达地区,具有高市场潜力、低政府限制、低政治风险等区位优势。Errimilli、Agarwal 和 Kim(1997)从技术密集度、产品差异化和资本密集度三个方面阐述了企业性质对于投资所有权的影响情况。在技术密集度方面,Errimilli、Agarwal 和 Kim(1997)研究认为,跨国公司技术密集度与它在相对欠发达地区的所有权水平正相关;与它在相对发达地区的所有权水平无关。而对于中国格力电器而言,巴基斯坦和越南相对于中国而言属于相对欠发达地区,空调属于高技术密集度行业,格力在该两个相对欠发达地区选择低股权模式。而巴西是相对发达国家,格力在巴西市场上选择高股权模式。格力电器的国际化实践与该假设存在一定分离,究其原因,一是格力电器对巴基斯坦和越南两个相对欠发达国家采取低股权模式,具有战略性考量;格力电器秉持"先有市场,后有工厂"的发展战略,格力电器认为自身

---

① 格力越南生产基地于 2008 年竣工并投产,是格力电器在东盟的第一家、海外第三家空调生产基地。格力空调 1999 年以出口方式进入越南市场后,迅速取得当地市场份额,越南市场对空调硬性需求高,而新兴市场国家人工成本大大低于发达国家水平,这正是催生格力将空调生产本地化的主要驱动力。然而,格力电器正在调整其国际化策略,"以前格力电器国际化倾向选择人工成本较低的地区,未来主要考虑选择有硬性市场需求并且法制健全的国家",目前董明珠在股东大会上承认格力电器已经从越南合资公司撤股,"当初的投资已经收回,没有造成重大损失"。格力电器称在未来二到三年中坚持出口自主品牌的道路,美国销售公司主要销售自主品牌,2012 年销售额上亿美元。格力确认由于越南资方的不诚信,公司已经完全退出越南合资公司,但越南市场的出货量未受到影响。(资料来源:http://news.hea.cn/2013/0524/198195.shtml。)

对于巴基斯坦和越南市场了解不够,因而需要通过与当地经销商合作来借道进入该东道国市场。在产品差异化方面,Errimilli、Agarwal 和 Kim(1997)研究认为,跨国公司产品差异化与其在相对较发达国家的所有权水平正相关,与其在相对欠发达国家所有权水平负相关。就中国企业格力电器而言,格力电器坚持成本领先战略,在巴基斯坦和越南两个相对欠发达国家选择低股权;而在巴西这一相对较发达国家则采取高股权进入模式。在资本密集度方面,Errimilli、Agarwal 和 Kim(1997)研究认为,跨国公司资本密集度与它在相对较发达国家所有权水平正相关,与其在相对欠发达国家所有权负相关。就中国企业格力电器而言,格力空调属于资本密集型行业,格力电器在相对较发达国家选择高股权模式,与 Errimilli、Agarwal 和 Kim(1997)的研究假设和研究发现相一致。

二、企业所有权性质与区位选择

所有权结构问题是中国企业面临的主要问题之一。基于风险承担视角,企业境外投资将会面临诸多风险,必须克服来自制度、商业和文化等方面的外来者劣势。外来者劣势有诸多中表现形式,但是集中体现在增加经营风险上。企业风险承担态度体现了企业对于风险的知觉、预期和承担意愿,因此将会反映在企业国际化决策上。实证研究表明,企业在对待风险态度上存在差异。国有企业相对于民营企业而言,对于境外经济和政治不稳定性具有更大容忍度。但是,企业累计更多的国际化经验和在后续境外投资决策中更加风险规避型时,这种倾向将会得到降低。对于处于国际化初期阶段的中国企业而言,其国际化经验薄弱,因此其国有产权性质将会影响到其在国家化进程中对待风险的态度,亦即对于中国企业境外投资区位选择策略产生影响。由于中国政府对于中国银行业的政策性干预,中国国有企业在银行贷款等财税方面享有优惠待遇。此外,中国国有企业负责人是由政府任命的,他们对于企业经营的长期绩效关注不足,而更多关注如何通过企业投资来更快提升个人职位,从而导致这些企业盲目投资而不顾风险大小。相比较而言,民营企业则在境外投资区位选择时将更为谨慎,在投资收益和投资风险之间取得平衡。基于此,Dunamu(2012)认为,与非国有企业相比,国有企业较为不关注东道国的政治风险。Dunamu(2012)的研究重点考察了中国跨国企业异质性对于其境外投资区位选择的影响情况。基于 32 个国家近 10 年的 194 个区位选择数据,研究发现,相比较于非国有控股企业,国有企业较为不关注东道国的政治风险,但更加关注人民币与东道国货币之间的汇率水平;中国企业战略性导向影响到其区位选择,与贸易公司相比,制造公司更倾向于投资到市场巨大的国家或地区,更易受到东道国高成本结构的影响。该研究表明,所有权差异将会影响到企业境外投资区位选择的偏好。

Ramasamy、Yeung 和 Laforet(2012)在《中国 OFDI:区位选择和企业所有权》一文中,以 2006—2008 年中国大陆上市公司为研究样本,考察了其国际化区位选择决策,并将企业样本分为国有企业和民营企业两类样本对其加以考察。研究发现,国际化决定因素受到所有权性质影响。国有企业倾向于投资到自然资源丰富和政治风险高的东道国或地区;而民营企业倾向于投资到市场机制完善和市场潜力好的东道国或地区。在战略性动机方面,虽然所有企业都具有战略性动机,但是其战略性动机倾向于在商业切实可行的技术而非核心研发。研究表明,现有理论能够有效解释民营企业的国际化行为,但是无法有效解释国有企业国际化行为。Ramasamy、Yeung 和 Laforet(2012)研究认为,中国 OFDI 倾向于投资到自然资源丰富的国家或地区,投资到政治风险高的国家或地区,投资到技术禀赋和创新禀赋较高的国家或地区;在政治风险高的国家或地区,中国 OFDI 倾向于投资到其中自然资源丰富的国家或地区;在政治风向低的国家或地区,中国 OFDI 倾向于投资到其中技术禀赋和战略性资产禀赋高的国家或地区;在政治风险高的国家或地区,国有企业更倾向于投资到自然资源丰富的国家或地区;在政治风险低的国家或地区,国有企业倾向于投资到技术禀赋或战略性资产禀赋高的国家或地区;以及民营企业整体而言倾向于投资到市场制度完善和市场潜力巨大的国家或地区,并且在投资区位选择上具有风险规避倾向,也就是其境外投资区位选择问题上将遵循谨慎原则。

Ramasamy、Yeung 和 Laforet(2012)的研究为我们认识中国企业境外投资区位选择提供了崭新的研究视角,有助于我们深入认识中国企业特殊情境对其国际化战略的影响作用。所有权性质不同影响到企业对待风险的敏感性和承受力,也会影响到其决策制定的目标考量,从而影响到决策制定结果。就境外投资而言,所有权不同,企业经营动机也就会存在差异,从而影响到其在区位选择问题上的战略性考量。整体而言,中央政府或地方政府控股企业在境外投资区位选择方面,倾向于冒险主义,将会倾向于投资到自然资源丰富的国家而无视其投资风险,其境外投资具有明显的政策性目的。而民营企业相对而言,会基于企业自身经营情况采取较为谨慎的投资原则,综合权衡投资目的地的各种投资风险,而不会盲目扩张,投资到风险系数高的国家或地区。

三、战略性联系与区位选择

传统对外直接投资(FDI)理论认为,企业对外投资的直接目的是在海外市场充分利用其特定优势。当通过市场安排来利用其特定优势所花费的市场交易费用高昂时,企业倾向于通过对外直接投资将市场交易内部化。跨国公司区位选择是建立在地区优势基础之上,这种地区优势应该能够最大化企业特定优势。企业特定优势、区位优势和内部化优势三个因素共同构成了约翰·邓宁所提总结出来的 OLI 折中理论。根据传统对外直接投资理论,企业如果要进行对外直接投资,就必须在技术能力或者无形资产等方面拥有足够的竞争优势。实证研究表明,跨国公司一般而言规模较大,技术较为领先或者生产线较为独特。竞争能力薄弱的企业难以进入全球市场,对外直接投资被喻为是远道而来进入不熟悉和不可相信的区域的远征军,只有那些最为强悍的铁血战士(最具有竞争力企业)方可生存与发展。因此,企业在区位选择问题上具有较大自主性,能够根据企业自身发展战略和各潜在投资目的地环境特点,对其进行综合平衡,以选择能够符合其发展战略蓝图的投资目的地。

然而,随着经济全球化的不断发展,诸多中小企业和新创企业也加入了国际化阵营。例如,发展中国家或地区的企业也在尝试并加强国际化步伐,中小企业在国际化行军中也显露其踪迹。对于这些类型的企业,其国际化行为是否可以用传统的国际化理论来加以解释?或者是需要全新的理论解释?一种理论认为,这些发展中国家或地区的企业以及中小企业拥有某种独特能力,因而能够在东道国细分市场上找到自己的立身之地,从而逐步开展其国际化战略。这些企业规模虽小但技术强,在一定细分市场里有着某种竞争优势。为了维持其在细分市场上的领导地位,他们需要寻求国际扩张来开拓新市场、发展新产品和提高专业能力水平。对于这类中小企业而言,他们追求"深度细分"战略,其国际化行为能够为传统国际化战略所解释。

但是,与全球大型跨国公司相比,中小企业存在规模小和技术创新平台薄弱等弱点,这就使得这类企业在国际化进程中处于劣势地位,难以单独与大型跨国公司相抗衡。传统的资源和能力理论,难以有效解释这类企业可持续性国际化的扩张步伐行为。针对这类竞争能力较为薄弱企业如何成功进行国际化,与传统资源和能力理论强调自身能力基础的研究视角不尽相同,战略联系理论和网络联系理论试图从能力获取动机的研究角度,对企业国际化行为加以解释。战略联系理论认为,企业国际化是为了获取东道国资源和能力优势从而弥补自身在该资源或能力方面存在的劣势与不足。也就是说,企业进行国际化不是为了发挥自身已有的战略能力,而是为了借此机会取得和发展战略能力。网络联系理论认为,企业国际化是为了将国内网络和国际网络联系起来,从而更好、更广和更快地拓展全球业务网络。也就是说,企业进行国际化是为了拓展其全球网络和战略空间。基于以上分析,战略联系理论和网络联系理论都将企业国际化视为一种战略选择,其目的是提高、维持和恢复投资者在全球范围内的竞争能力,而不是通过在全球市场上挖掘和利用已有能力从而获得利润最大化。Gomes-Casseres(1997)研究发现,当企业相对于竞争对手而言较为弱小时,它们将倾向于采取网络联系来取得规模经济和范围经济,而相对较为强大企业则倾向于独资而非联盟的方式进行国际化。

战略联系理论认为,战略性联系能够创造出整合效应,企业能够通过与具有互补性能力的海外企业建立联系而取得所需战略能力。网络联系理论认为,所有企业都嵌入于一定的市场环境当中,市场之间相互交织共同形成了市场网络。在这种情况下,市场协调并非完全依赖于价格机制或者中央指令性计划,而是部分通过网络内企业间联系。在此观点下,经营国际化是企业为了嵌入于国际网络从而取得国际网络所拥有战略性能力而采取的战略性扩张行为。根据网络联系理论,企业在市场网络内的结构地位决定了其国际化地位,该结构地位决定了其在网络内的资源转移能力,企业战略性结构升级在很大一部分上是其在所处市场网络内结构地位的升级。企业国际化过程亦即企业网络化过程,是企业适应国际环境的适应性过程。在东道国制度保护比较薄弱的情况下,网络联系对于企业国际化而言尤为重要;因为企业无法通过完善法律来保护自身免受侵犯,必须借助网络关系来取得、发展和保持在东道国的合法性。当然,当企业进入市场机制较为成熟的东道国环境时,网络资源的重要性得以下降,企业可以通过完善市场机制,采用法律保护,降低对于网络关系的依赖程度。基于战略联系理论和网络联系理论,中国企业在国际化进程中需要重视进入那些与中国关系友好、心理距离较小和拥有战略能力的投资目的地,从而实现通过国际化提升战略性能力的国际化目标。Chen 和 Chen(1998)在针对中国台湾企业国际化区位选择的研究中,发现网络联系是跨国公司区位选择的重要决定因素。网络联系分为企业内部网络和企业外部网络,其中外部网络又分为战略联系和网络联系。研究发现,台湾企业热衷于搭建外部网络,但在内部网络搭建方面能力不足。战略联系促使台湾企业投资于美国,而网络联系促使台湾企业投资于东南亚地区;在对外直接投资区位选择问题上,小企业与大企业相比更加敏感于关系联系。

四、家族控制与区位选择

企业境外投资进入模式与区位选择是企业国际化的重要战略考量,早期研究主要考察的是发达经济体之间的 FDI 流动,或者从发达经济体流向发展中经济体,近来研究则开始关注 FDI 如何新兴工业化国家流向发展中经济体。诸多研究表明,新兴工业化国家企业在国际化战略选择问题上与西方发达国家企业存在差异(Makino,Lau and Yeh,2002)。来自新兴工业化国家企业具有家族特征,企业关键的战略选择主要是由家族来制定的,并且严重依赖于网络联系(Hsing,1996;Chen and Chen,1998)。这些企业深谙成熟市场和发达基础设施,但是在投资于发展中经济体时将会面临市场无效性和市场不完全性等特征,这对其发展是个严重挑战。这些企业在发展中国家进行投资时,将会面临信息不对称和与不完善法律制度和商业环境等造成的经营风险等(Hoskisson,et al.,2000;Wright,et al.,2005)。

本节讨论了中国企业特定优势、中国企业国际化投资区位选择的整体偏好、企业技术战略影响投资区位选择、产业属性影响投资区位选择、所有权性质影响投资区位选择、战略联系理论和网络联系理论。希望同学们能够分析所关注企业的投资区位选择,对其未来投资区位战略选择,提出政策建议。

研究动态

Albino-Pimentel J.,et al.Firm non-market capabilities and the effect of supranational institutional safeguards on the location choice of international investments[J].Strategic Management Journal,2018,39(10):2770-2793.

Research Summary：We investigate the extent to which firms rely on supranational institutional safeguards versus their non-market capabilities to offset the risks of investing abroad. We argue that firms with non-market capabilities are insensitive to supranational institutional safeguards when choosing the location of their international investments. We show that supranational agreements between an investor's home and host nation，operationalized as bilateral investment treaties(BITs)，increase the likelihood of investment，but there is substantial firm heterogeneity with respect to this relationship. Firms with various forms of non-market capabilities are not sensitive to BITs，whereas other firms are more likely to invest under BITs. We advance the understanding of how firm non-market capabilities can substitute for supranational institutional arrangements in addressing risks associated with host country institutional weaknesses.

Managerial Summary：The risk of expropriation is one of the main concerns companies have when investing abroad. Because of this，many countries implement bilateral investment treaties(BITs)to safeguard foreign investments，alleviate foreign investor concerns，and promote investments. We show that only those companies without political competence or political connections favor countries with BITs when choosing where to invest. Companies with political competence or political connections，on the other hand，ignore BITs and apparently rely on their ability to influence governments whenever their foreign investments face expropriation threats. As a result，politically connected or competent companies can enter markets most of their competitors lacking these capabilities shy away from. They can，therefore，do business in environments in which they face less competition.

Alcacer J.，et al.Location Choices under Strategic Interactions[J].Strategic Management Journal，2015，36(2)：197-215.

We explore a fundamental aspect of firms' location choices largely overlooked in the literature：strategic interaction. We formalize the notion that strategic interaction renders collocation less appealing by fostering competition，which erodes firms' profits. Strategic interaction also impacts location choices across time. Specifically，because firms learn by doing in markets，location choices are shaped by two novel effects：entrenchment benefits from entering early in a market and improving capabilities relative to rivals，and opportunity costs from postponing entry to other markets where rivals enter and learn. When learning is local，firms collocate more：rivals are preempted from improving relative capabilities in higher-value markets. However，when learning is global，firms collocate less：they can transfer capabilities from lower-value to higher-value markets，blocking rivals from achieving entrenchment benefits.

补充阅读

1.Albino-Pimentel J.,et al.Firm non-market capabilities and the effect of supra-national institutional safeguards on the location choice of international investments [J].Strategic Management Journal,2018,39(10):2770-2793.

2.Alcacer J.,et al.Location choices under strategic interactions[J].Strategic Management Journal,2015,36(2):197-215.

思考题

1.请阐述企业境外投资区位选择的企业层面的影响因素。

2.请运用本节理论知识,分析所关注中国跨国企业的投资区位选择实践。

第 3 节　制度层面因素影响投资区位选择

学习导航

决定企业境外投资区位选择的因素是多方面的,来自母国和东道国的制度因素是其中的重要影响因素。本节探讨了 FDI 东道国制度差异和 FDI 来源国制度差异对投资区位选择的影响作用,然后分析母公司所有权结构对投资区位选择的影响作用,最后分析影响投资区位选择偏好的综合影响模型。

一、FDI 东道国制度差异与投资区位选择偏好

Kang 和 Jiang(2012)在《中国跨国公司在东亚和东南亚的 FDI 区位选择》一文中,考察了中国企业境外投资区位选择的影响因素,构建了概念性框架用于整合传统经济因素和制度因素。研究发现,制度因素和经济因素对中国企业境外投资区位选择产生影响,但是制度因素在决定境外投资区位选择时比经济因素具有更大的显著性、复杂性和多样性。研究还发现,中国企业境外投资区位选择具有动态性特征,中国企业在境外投资时面对不同的经济集团和在不同的时间周期中具有不同的反应。基于中国的经济背景和制度背景,Kang 和 Jiang(2012)提出如下研究假设。在市场拓展方面,中国企业倾向于投资到市场规模巨大、市场成长性好和市场开放度高的东道国或地区;在获取自然资源方面,中国企业倾向于投资到自然资源禀赋丰富的国家或

地区;在效率提升方面,中国企业倾向于投资到劳动力成本低的国家或地区;在战略性资产获取方面,中国企业倾向于投资到战略性资产可获取性高的国家或地区;在管制制度方面,中国企业倾向于投资到经济体制与中国差别巨大的国家或地区,投资到政治体制与中国差别较小的国家或地区,投资到限制政策与中国差别巨大的国家或地区;在规范制度方面,中国企业倾向于投资到与中国文化距离较小的国家或地区;在认知制度方面,中国企业倾向于投资到与中国保持密切业务交易的国家或地区。

二、FDI 来源国制度差异与投资区位选择偏好

已有研究强调,新兴工业化国家企业的 FDI 战略与发达国家企业的 FDI 战略存在不同,并且新兴工业化国家企业存在较为严重的家族控制现象,这些家族控制了企业关键战略决策,并且在制定 FDI 战略时严重依赖于网络联系。但是,这些新兴工业化国家企业的治理情况、主要股东风险偏好和基于网络的商业文化是如何影响到其在新兴市场中的 FDI 战略决策,则研究不足。特别地,已有研究较少考察跨国公司母公司内部不同类型股东的风险偏好和监督能力的战略性后果。代理理论和制度理论认为,公司控制的具体形式和基于网络的商业文化将会对公司战略决策产生影响,这些决策包含企业国际化战略(Douma,George and Kabir,2006)。

三、母公司所有权结构与投资区位选择偏好

Filatotchev 等(2007)基于国际商务理论和比较治理理论,考察了来自中国台湾地区的跨境公司在中国大陆的投资情况,特别是考察其母公司所有权结构、投资区位选择以及进入模式选择三者之间的关系。Filatotchev 等(2007)研究发现,台资企业的资产结构取决于其家族和机构所有者在母公司中的持股情况。在与母公司有着紧密的经济联系、文化联系和历史联系的地区,台湾企业倾向于采取承诺程度较高的进入模式,进入模式和区位决策之间存在相关性。

四、外交关系、母国和东道国政治因素

Li 等(2018)研究认为,好的外交关系有助于吸引企业投资,这种关系依赖于其与母国的政治联系。与母国有着强政治联系的企业,能够更好接触和利用政府间外交联系,从而更好受益于增强的信息接入、降低的政治风险和提高的合法性。当东道国薄弱制度公正性阻碍外商投资者被中立对待时,这种政治联系能力就显得更为重要。Li 等(2018)利用中国企业海外投资区位选择数据对此加以实证研究,发现母国政府和东道国制度公正性是影响企业利用外交关系的重要情景因素。该研究对于新兴市场企业国际化以及网络理论和政治联系的研究,都具有重要的启示意义。

五、投资区位选择偏好的综合影响模型

以上我们从不同视角阐述了中国企业境外投资面临的特殊性对其区位选择的影响作用,但还没有考察这些因素对于企业境外投资区位选择的综合影响。以下几位学者构建了较为宽泛的分析模型,有助于我们更好地理解这些因素对于区位选择的综合影响作用。Cheng 和 Ma(2010)研究认为,中国 OFDI 区位选择受到如下宏观因素的影响,包括首都距离、中国语言、地缘边界、内陆国家和岛国国家等。Buckley 等(2007)考察了投资动机(市场拓展动机、自然资源获取动机和战略性资产获取动机)、政治风险、文化相似性、政策自由化、汇率变化、进出口规模、地理距离和市场开放度对中国 OFDI 的影响作用。基于 1984—2001 年国家外汇管理局的统计数据,Buckley 等(2007)研究发现,以 GDP 自然对数(LGDP)衡量的市场绝对规模对中国 OFDI 有着正向影响,也就是说市场绝对规模越大,中国 OFDI 对其投资力度越强;文化相似性与中国 OFDI 显著正相关,表明东道国华裔文化有助于中国 OFDI;政策自由度与中国 OFDI 正相关,表明 1992 年邓小平先生的南方谈话确实通过政策效应对中国 OFDI 产生重要影响,政策放松使得中国企业能够拥有更大的境外投资决策自由度,而政策激励则使得中国企业能够利用政策优势来克服外来者劣势和新进入者劣势。此外,研究还发现,政治稳定性与中国 OFDI 显著负相关[①],亦即政治愈加不稳定,中国 OFDI 投资力度越高;这与基于西方企业投资实践的研究预期相反,对此反常现象的可能解释是,政治稳定性(或政治风险)所采用的衡量指标来自国际国家风险指南(International Country Risk Guide),而该指南对于各个国家的政治稳定性的评价同该国与中国传统外交关系存在负相关,也就是政治稳定性弱的国家与中国有着较好的传统外交关系,而传统外交关系是中国 OFDI 的重要考量因素。因此,表面上看政治稳定性增强了中国 OFDI 水平,实际上可能是两国外交关系增强了中国 OFDI 水平。其次,该反常关系也可能表明,中国 OFDI 不是纯粹以利润最大化为投资导向,而是会考虑到政府主导的政策干预。

研究动态

Gaur A. S., et al. Home country supportiveness/unfavorableness and outward foreign direct investment from China[J]. Journal of International Business Studies, 2018,49(3):324-345.

What drives the outward foreign direct investments(OFDIs)by emerging market firms(EMFs)? Drawing on a strategy tripod framework,this article proposes a theoretical model to predict OFDI by EMFs from China. Specifically,we use institution-

---

① 原文表格 6 有误,正确统计分析结果详见 Buckley 等(2009)的勘误阐述。

and industry-based views to examine two facets of home country environment, namely, the supportiveness from home government and unfavorableness from home industry, as important determinants of OFDI, and compare the relative strength of these effects. Further, we use the resource-based view to argue that the effect of the home country environment is contingent on the international experience portfolios of EMFs.

Stallkamp M., et al. Core or periphery? The effects of country-of-origin agglomerations on the within-country expansion of MNEs[J]. Journal of International Business Studies, 2018, 49(8): 942-966.

We show how the initial subnational entry location of foreign multinational enterprises(MNEs) in China influences their subsequent within-country location choices and expansion speed. We distinguish between MNEs that establish their first subsidiary in co-ethnic cores-dense agglomerations of other firms from the same country of origin-and MNEs that locate their first subsidiary in the periphery, i.e., outside of these co-ethnic cores. To identify co-ethnic cores in China, we employ a geo-visualization methodology, which draws the boundaries of cores organically and dynamically over time. We contrast our findings with the prevailing approach of using static administrative boundaries for identifying agglomerations. Our results provide evidence of path dependency, in that(a)entry through subnational locations with strong co-ethnic communities is followed by expansion into other locations where co-ethnic communities are present, and that(b)entry through co-ethnic communities accelerates the pace at which MNEs establish additional subsidiaries in China. We also find that co-ethnic community effects continue to influence within-country MNE activities over time, despite a host of economic, institutional, and investment developments.

Kulchina E. Media coverage and location choice [J]. Strategic Management Journal, 2014, 35(4): 596-605.

Emphasizing the importance of informed location choice, prior strategy research has examined how private information about locations affects foreign direct investment. Publicly available media information has received little attention, however, perhaps because its impact on location choice is expected to be trivial. This study examines the relationship between the extent of a location's media coverage and the number of entering foreign firms in Russia, using a novel instrumental variable for media coverage, a major anniversary of a city's establishment date. The results suggest that extensive foreign media coverage of a city increases the number of foreign entrants. This effect is stronger for firms with less private information about Russian cities; i.e., more socially and geographically distant firms and foreign entrepreneurs.

Lu J. Y., et al. International experience and FDI location choices of Chinese firms: the moderating effects of home country government support and host country institutions[J]. Journal of International Business Studies, 2014, 45(4):428-449.

We examine the extent to which Chinese government support of foreign direct investment(FDI) projects and host country institutional environments interact with prior entry experience by Chinese firms, and how this interrelationship affects FDI undertaken by Chinese firms. We hypothesize that home country government support and well-established host country institutions enhance organizational capabilities to take risks in FDI. As such, they reduce the need to accumulate experiential knowledge and capabilities relating to entering host countries based on prior entry experience in a particular country when undertaking follow-up investment projects. Using a unique, hand-collected panel data set of Chinese publicly listed firms during 2002-2009, we find that home government support and well-developed host country institutions reduce the importance of prior entry experience and significantly increase the likelihood of FDI entry into a host country. Further, from our subsample analyses we identify differences between entering developed and developing host countries in terms of the impact of home country government support and quality of host country institutions. Our findings help explain the puzzle concerning why emerging economy firms have rapidly internationalized in a short period of time and do not follow the pattern predicted by classical IB theories.

补充阅读

1. Gaur A. S., et al. Home country supportiveness/unfavorableness and outward foreign direct investment from China[J]. Journal of International Business Studies, 2018, 49(3):324-345.

2. Stallkamp M., et al. Core or periphery? The effects of country-of-origin agglomerations on the within-country expansion of MNEs[J]. Journal of International Business Studies, 2018, 49(8):942-966.

3. Kulchina E. Media coverage and location choice[J]. Strategic Management Journal, 2014, 35(4):596-605.

4. Lu J. Y., et al. International experience and FDI location choices of Chinese firms: the moderating effects of home country government support and host country institutions[J]. Journal of International Business Studies, 2014, 45(4):428-449.

思考题

1.请阐述企业境外投资区位选择的制度层面的影响因素。

2.请运用本节理论知识,阐述所关注中国跨国企业的国际化区位选择。

作业与测试

一、单选题

1.下列关于 OLI 的说法,不恰当的是(　　　　)。

　　A.约翰逊在 1977 年提出了著名的国际生产折中理论。

　　B.企业在国际化进程中,需要在区位选择上慎重考虑,进入符合公司发展蓝图的投资区域。

　　C.区位优势是构成企业国际化扩张前提条件的三大支柱之一。

　　D.OLI 折中范式是用于解释经济活动的分析框架,架起了经济领域和地理领域的研究桥梁。

2.下列关于区位选择与业绩水平间关系的说法,不恰当的是(　　　　)。

　　A.研究发现,投资到大中华区、亚洲地区和亚洲以外地区的中国企业,其经营业绩存在差异。

　　B.研究发现,中国跨国公司投资到"大中华区"比投资到其他地区,其经营业绩要好。

　　C.区位选择影响经营业绩,但同一国家内部的区位选择对于经营业绩的影响微乎其微。

　　D.企业在海外投资时,不仅要考察其国别差异,而且还要考察所投资确切地区的环境差异。

3.关于 Ma 等(2013)对于国际商务研究的重要贡献的评述,不恰当的是(　　　　)。

　　A.阐述了产业理论、资源理论和制度理论在何种情况下更为有效地解释企业经营业绩差异。

　　B.产业因素对于企业海外经营业绩的影响作用,受到东道国区位因素的调节影响。

　　C.区位选择影响经营业绩,但同一国家内部的区位选择对于经营业绩的影响微乎其微。

　　D.企业在海外投资时,不仅要考察其国别差异,而且还要考察所投资确切地区的产业特征。

4.下列关于投资区位选择的精准理论的说法,不恰当的是(　　　　)。

A.考察东道国国别因素差异是跨国公司研究的重要议题。

B.国别内地区因素是导致海外企业经营业绩差异的重要影响因素。

C.国别内地区因素对于海外子公司经营业绩的影响作用,源于其对东道国地区环境嵌入性。

D.企业在海外投资时,不需要考察其国别差异,重点是考察所投资确切地区的产业差异。

5.下列关于同国籍集群效应研究的说法,不恰当的是(　　)。

A.中国企业在国际化进程中,如何从"摸着石头过河"模式发展到坚持国际化道路自信。

B.中国企业在 OFDI 区位选择过程中,如何发挥同国籍集群效应、如何抱团取暖、报什么团、取什么暖和抱团取暖的时机选择等,已成为中国企业国际化发展的重要决策问题。

C.研究显示,中国企业海外投资的同国籍集群对 OFDI 进入可能性具有显著的倒 U 形影响。

D.相比相同行业同国籍集群,不同行业同国籍集群对 OFDI 进入可能性具有更强倒 U 形影响。

6.下列关于中国企业的国际化的说法,不恰当的是(　　)。

A.中国企业在进行海外投资时,面临的是与美国等发达国家企业类似的区位选择问题。

B.中国企业所拥有的特定优势不仅与母国特征相关,而且与东道国特征相关。

C.在政治风险高的国家或地区,中国跨国企业倾向于投资到自然资源丰富的国家或地区。

D.在政治风险低的国家或地区,中国跨国企业倾向于投资到技术禀赋和战略性资产禀赋高的国家或地区。

7.下列关于中国企业国际化投资区位选择的整体偏好的说法,不恰当的是(　　)。

A.所有权性质影响到企业对待风险的敏感性和承受力,也影响到决策制定目标,从而影响到决策制定结果。

B.所有权不同,企业经营动机存在差异,从而影响到其在区位选择问题上的战略选择。

C.中央政府或地方政府控股企业在境外投资区位选择方面,倾向于投资到自然资源丰富的国家或地区,即使存在较大风险偏好。

D.整体而言,国有企业倾向于投资到市场制度完善和市场潜力巨大的国家或地区,在投资区位选择上具有风险规避倾向,在境外投资区位选择时遵循谨慎原则。

8.下列关于企业技术战略影响投资区位选择的说法,不恰当的是(　　)。

A.韩国跨国公司技术密集度与所有权水平之间存在关系,这可能源于韩国企业的战略性考虑。

B.为了能够取得相对发达地区的技术能力,韩国跨国公司倾向于采取独资方式进入这些地区。

C.中国企业在国际化进程中既会投资于发展中国家以充分挖掘和利用已有技术能力,也会投资于发达国家以接近发达国家的先进技术和管理经验。

D.拥有较高技术水平的韩国跨国公司,能够更好地与相对发达地区企业进行合作。

9.下列关于所有权性质影响区位选择的说法,不恰当的是( )。

A.企业在对待风险态度上存在差异,国有企业相对于民营企业而言,对于境外经济和政治不稳定性具有更大容忍度。

B.对于处于国际化初期阶段的中国企业而言,其国际化经验薄弱,国有产权性质将会影响到其在国际化进程中对待风险的态度,从而对境外投资区位选择产生影响。

C.与制造公司相比,贸易公司更倾向于投资到市场规模巨大的国家或地区,更易受到东道国高成本结构的影响。

D.国有企业倾向于投资到自然资源丰富和政治风险高的东道国或地区。

10.下列关于网络联系理论的说法,不恰当的是( )。

A.根据网络联系理论,企业在市场网络内的结构地位决定了其国际化地位,该结构地位决定了其在网络内的资源转移能力,企业战略性结构升级,是其在所处市场网络内结构地位的升级。

B.企业国际化过程亦即企业网络化过程,是企业适应国际环境的适应性过程。

C.当企业进入市场机制较为成熟的东道国环境时,网络资源的重要性得以上升。

D.企业无法通过完善法律来保护自身免受侵犯,必须借助网络关系来取得、发展和保持在东道国的合法性。

11.下列关于制度的说法,不恰当的是( )。

A.制度可以被分为正式制度和非正式制度。

B.从制度角度来研究和认识企业国际化是一个重要的视角。

C.制度可以被认为是"用于规范人们行为的人为设计的约束"。

D.制度视角被认为是研究传统经济的重要理论。

12.下列关于政治稳定性与中国 OFDI 的关系的说法,不恰当的是( )。

A.政治稳定性与中国 OFDI 显著负相关,亦即政治愈加不稳定,中国 OFDI 投资力度越高。

B.政治稳定性与中国 OFDI 显著负相关,与西方企业投资实践的研究预期相同。

C.表面上政治稳定性增强中国 OFDI 水平,实际上可能是两国外交关系增强中国 OFDI 水平。

D.中国 OFDI 不是以短期利润最大化为投资导向,而是会考虑未来长远发展。

13.下列关于文化与企业国际化的说法,不恰当的是(　　)。

A.在国际商务学研究领域,文化差异是极其重要的研究问题。

B.文化是制度安排的子分支,是正式制度的组成部分。

C.华裔文化帮助东亚企业取得商业成功,对于东亚企业衰退和复兴有着重要影响。

D.国际商务与社会之间存在着复杂的各种关系。

14.下列关于腐败和跨国公司的说法,不恰当的是(　　)。

A.随着跨国公司日益进入发展中国家和转型经济体,腐败成为国际商务研究的重要议题。腐败这一议题在 20 世纪 80 年代和 90 年代的商业全球化之前就已经凸显。

B.基于腐败视角的国际商务学者们通常会采用多种理论框架,包括产业经济学、资源依赖理论和制度理论,有关腐败的研究文献也大多源于社会科学领域。

C.随着跨国公司日益进入发展中国家和转型经济体,腐败成为国际商务研究的重要议题。

D.学者们倾向于借鉴不同领域的腐败研究成果,将其用于国际商务研究,并侧重于研究政府腐败和与经济开放直接相关的各种话题。

15.下列关于制度因素影响区位选择的说法,不恰当的是(　　)。

A.制度因素和经济因素对中国企业境外投资区位选择产生影响,但是制度因素在决定境外投资区位选择时比经济因素具有更大的显著性、复杂性和多样性。

B.中国企业境外投资区位选择具有动态性特征,中国企业在境外投资时面对不同的经济集团和在不同的时间周期中具有不同的反映。

C.基于中国的经济背景和制度背景,Kang 和 Jiang(2012)提出了在获取自然资源方面,中国企业倾向于投资到自然资源禀赋丰富的国家或地区的研究假设。

D.基于中国的经济背景和制度背景,Kang 和 Jiang(2012)提出了在规范制度方面,中国企业倾向于投资到与中国文化距离较大的国家或地区的研究假设。

二、多选题

1.OLI 折中范式理论主张,企业跨国投资需要具备以下哪几大条件?(　　)

A.所有权优势　　B.区位优势　　C.内部化优势　　D.外部化优势

2.已有研究大多采用联合国贸易与发展会议中对于各个国家或地区的划分方法作为区位划分标准,并明确说明这种划分是基于(　　)。

A.经济统计　　B.分析目的　　C.主权归属　　D.政治主张

3.在给定海外企业对于东道国地区环境的多维嵌入性以及东道国内各地区之间

存在巨大差异的情况下,传统研究所认为的(   )对于海外企业经营业绩的影响作用,将受到东道国国别内各地区差异的调节影响。

    A.产业性质   B.母公司特征   C.母子公司关系   D.国别差异

4.传统研究认为,企业所有权优势来源于下列哪些项?(   )

    A.规模大小   B.国际化经验   C.技术领先性   D.市场领先性

5.Ramasamy、Yeung 和 Laforet(2012)研究认为,中国企业在国际化时,会综合考虑下列哪些因素?(   )

    A.资源禀赋   B.技术禀赋   C.创新禀赋   D.政治风险

6.制度可以被分为正式制度和非正式制度,从以下哪些方面影响社会交易?(   )

    A.政治   B.法律   C.社会   D.国别差异

7.制度分为两个层面,分别是宏观层面和微观层面,下列哪些选项属于微观层面制度?(   )

    A.企业合法性构建与维护

    B.针对 FDI 或者 OFDI 的各项政策激励

    C.跨国公司内部治理机制

    D.企业行贿等腐败行为

三、判断题

1.采用联合国贸易与发展会议中对于各个国家或地区的划分方法作为区位划分标准,有助于我们认识同一国家或范围内所涉及不同的制度环境,从而使得我们在考察母国或者东道国环境时,能够更好地把握国家或地区层面的政治制度和法律制度等制度环境。(   )

2.国别内地区因素对于海外企业经营业绩的影响作用,不仅是直接的,而且还通过发挥调节效应,影响诸如产业和母公司等因素对于海外企业经营业绩的影响。(   )

3.对于国有企业而言,在政治风险高的国家或地区,企业倾向于投资到自然资源丰富的国家或地区;在政治风险低的国家或地区,企业倾向于投资到技术禀赋或战略性资产禀赋高的国家或地区。(   )

4.战略性联系能够创造出整合效应,企业能够通过与具有互补性能力海外企业建立联系,从而取得所需战略能力。(   )

5.当企业进入市场机制较为成熟的东道国环境时,网络资源的重要性得以下降,企业可以通过完善市场机制,采用法律保护,降低对于网络关系的依赖程度。(   )

6.政策自由度与中国 OFDI 正相关,表明 1992 年邓小平先生的南方谈话确实通过政策效应对中国 OFDI 产生重要影响,政策放松使得中国企业能够拥有更大的境外投资决策自由度。(   )

7.来自新兴工业化国家企业具有家族特征,企业关键的战略选择主要是由家族来制定的,并且严重依赖于网络联系。这些企业在投资于发展中经济体时,面临市场无效性和市场不完全性等特征,这对其发展是严重挑战。(　　)

8.制度基础观不仅在学术界得到重视,而且也得到企业实践所证实。例如,改革开放之初,跨国公司在中国市场进入模式选择方面倾向于采取合资方式;随着中国市场化经济体制改革的不断深入与发展,独资倾向日益明显,甚至之前的合资企业也逐渐转为独资化。(　　)

四、名词解释

1.OLI折中理论

2.产业属性影响投资区位选择

3.战略联系理论

4.网络联系理论

5.制度

6.腐败

五、简答题

1.请说明区位选择与业绩水平的关系。

2.请说明企业技术战略如何影响投资区位选择。

3.请说明所有权性质如何影响区位选择。

4.请阐述Kang和Jiang(2012)的研究发现。

5.请说明宏观因素如何影响区位选择。

第 10 章
企业国际化的进入模式选择

第 1 节　进入模式的内涵、类别和影响因素

学习导航

　　本节内容包括如下主题：进入模式的内涵与类别、战略联盟动因考察、进入模式的比较分析、进入模式的影响因素、企业资源能力与进入模式选择、制度环境与跨国并购抑或绿地投资、制度环境与独资模式抑或合资模式、东道国市场的进入择机行为。

　　通过本节学习，希望同学们能够理解进入模式的内涵、类别和影响因素，从而为企业国际化进入模式选择奠定基础。

　　跨国公司如何进入东道国市场是国际商务和国际营销的重要议题之一。不同进入模式意味着不同程度的所有权和控制权、不同程度的投资承诺以及不同程度的风险担责。这些因素对于企业成功进入东道国市场（特别是开拓新市场）具有极其重要的影响作用。传统跨国公司研究主要关注发达国家企业国际化问题，而当前发展中国家企业在国际投资中扮演着愈加重要的角色，这就要求我们考察这些来自发展中国家企业在其国际化进程中是否具有特殊性，特别是在区位选择和进入模式方面是否存在特殊性。例如，Morck、Yeung 和 Zhao(2008)研究指出，中国企业国际化具有国家利益动机，其国际化进程得益于政府干预以补偿其市场缺陷和制度缺陷，而不是基于企业自身的战略性发展考量。随着中国企业境外投资转向于发达国家或地区，来自政府干预的好处难以延续，中国企业必须基于市场来考虑其生存与发展。

一、进入模式的内涵和类别

海外市场进入模式被定义为一种制度安排,其目的是组织和实施国际商务交易(Anderson,1997)。进入模式没有优劣之分,而只有合适与否的说法,最好的进入模式应该强调进入者优势和劣势能够与市场环境和企业自身结构特征和战略特征相匹配(Hill,Hwang and Kim,1990)。Pan 和 Tse(2000)在《市场进入模式的层级模型》一文中,提出了跨国公司东道国市场进入模式的层级模型,认为进入模式可以从两个层面来加以分析,一是采取股权模式抑或非股权模式,二是在此基础上进一步分析股权模式和非股权模式下的具体模式。在股权模式下,具体的进入模式包括全资模式和合资模式,在非股权模式下,具体的进入模式包括合约模式和出口模式。Dikova 和Witteloostuijin(2007)将进入模式(entry mode)和建立模式(establishment mode)区分开来,前者主要是指跨国公司海外企业产权性质(全资或者合资),后者主要是指跨国公司海外市场进入方式(跨国并购或者绿地投资)。本书将同时阐述这两类进入模式情况。从企业产权性质(亦即进入后果)来看,典型的进入模式包括合资和全资;从企业产权取得(亦即进入方式)来看,典型的进入模式包括绿地投资和跨国并购。为了降低市场进入风险,企业倾向于采取联盟方式进入东道国市场。企业采取联盟范式进入东道国市场,主要是基于风险共担、资源集聚、资产保护和对市场变化作出快速反应等战略性考量。跨国公司战略联盟可以发生在母国企业之间,也可以发生在与第三方国家企业之间,也可以发生在与东道国企业之间。企业在与东道国企业组建战略联盟时,主要是想借助战略联盟来克服外来者劣势,从而提高与东道国本土企业的竞争能力。

在跨国并购抑或绿地投资对比方面,跨国并购能够加速企业国际化进程,但可能会面临源自文化差异和技术不匹配的并购整合风险;相反,绿地投资有助于企业在国际化进程中保存并复制其自认为有价值的公司文化,但是这需要经历较长时间来搭建起商业网络平台。在全资模式或合资模式方面,全资模式有助于提高国际化企业的管理自主权和对当地业务的完全控制,但是由于缺乏本土合作伙伴的合法性支持而将面临外来者劣势威胁;相反,合资模式有助于国际化企业嵌入当地企业的有价值的资源和网络,并最小化投资风险,但是将面临共同管理和共同决策的管理问题,需要处理好与合作伙伴在能力、兴趣、目标以及战略等方面的差异。

二、进入模式选择影响因素的分析框架

Hill、Hwang 和 Kim(1990)构建了企业跨国投资进入模式选择的综合分析框架,认为进入模式依赖于企业在不同国家的战略布局,并分析了影响企业跨国投资进入模式选择的各种影响。影响企业境外市场进入模式决策的因素涉及全球战略变量、

特定交易变量和环境变量三种因素（Kim and Hwang，1992）。Tse、Pan 和 Au（1997）以《中国商业评论》（*China Business Review*）报道的 1979—1993 年间美欧日等国外跨国公司进入中国市场的商业活动为样本，从东道国因素、母国因素和行业特定因素三个方面，考察了其对跨国公司进入中国市场的模式的影响作用。Agarwal 和 Ramaswami（1992）从所有权优势、区位优势和国际化战略三个角度，阐述了其对企业海外市场进入模式选择的影响情况。

　　除此之外，企业拥有的资源和能力也是企业国际化进程中进入模式选择的重要影响因素之一；高管层特征也将影响到企业海外市场进入模式选择。Hermann 和 Datta（2002）研究发现，CEO 继任者的职位任期、职业背景和国际化经验等特征将会对其海外市场进入模式产生影响。Li 和 Li（2010）考察了当企业面临较高程度不确定性时，该如何选择其海外企业所有权。研究认为，在企业面临较高程度不确定性时，将倾向于采取柔性更大的所有权战略，但是这种关系在有些青睐销售增长、非相关投资的行业和行业竞争强度大的行业中不显著。在《FDI 模式选择：转型经济体的进入模式和建立模式》一文中，Dikova 和 Witteloostuijin（2007）架起了 FDI 两大研究主题之间的桥梁：进入模式选择（entry mode）和建立模式选择（establishment mode），前者主要是指跨国公司海外企业所有权性质（全资或者合资），后者主要是指跨国公司海外市场进入方式（跨国并购或者绿地投资）；考察了制度因素对于进入模式和建立模式的直接效应和调节效应。Dikova 和 Witteloostuijin（2007）认为，进入模式选择和建立模式选择是企业国际化战略的重要组成部分，他们的研究发现，母公司技术强度、国际化战略和经验将会决定企业国际化的进入模式选择和建立模式选择。基于制度经济学理论，Dikova 和 Witteloostuijin（2007）的研究还发现，东道国制度先进性将会强化技术强度和国际化战略对于进入模式和建立模式的影响作用。已有文献分别对上述两类模式进行了诸多研究（Dikova and Witteloostuijin，2007）。

　　Dikova 和 Witteloostuijin（2007）的研究对于以往学术研究有着诸多贡献。一是，以往研究只关注建立模式和进入模式中的一种情况，认为这两类模式之间相互独立，进入模式被认为是企业国际化进程中基于对海外资产控制需要而对海外企业进行的所有权性质安排，建立模式被认为是企业是否考虑将母公司资产和东道国企业资产结合起来而进行的战略性选择。在以往关于两类模式前因研究基础上，Dikova 和 Witteloostuijin（2007）试图考察哪些因素同时影响到这两类模式选择，亦即哪些因素同时影响到企业在国际化进程中对于跨国并购抑或绿地投资的选择，以及对于全资模式抑或合资模式的选择。二是，Dikova 和 Witteloostuijin（2007）认为以往研究过多关注企业层面因素对于跨国并购抑或绿地投资的影响，而忽视了国家层面因素对于跨国并购抑或绿地投资的影响，认为其研究弥补了制度研究在企业国际化进程中战略并购抑或绿地投资的运用。三是，在衡量制度环境方面，Dikova 和 Witteloostuijin（2007）尝试采用世界银行治理指数（World Bank's governance indicators），该指标能够反映出一个国家在政治稳定性、政府效率、管制质量、法律保护和腐败控制等方面综合境况,并且有利于进行国别对比。四是,Dikova 和 Witteloostuijn(2007)考察了制度环境对于公司特征和进入模式抑或公司特征和建立模式的调节作用。对于上述四种研究贡献,本书认为 Dikova 和 Witteloostuijin(2007)的主要研究贡献在于将进入模式和建立模式区别并联系起来,为我们深入理解跨国公司的进入模式和建立模式奠定了研究基础。

三、企业资源能力与进入模式选择

已有研究从竞争优势视角出发,分析哪些因素将会影响到市场进入模式选择。例如,Bradley 和 Gannon(2000)考察了企业市场集中度/多元化战略对其海外市场进入模式选择的影响。Kim 和 Hwang(1992)考察了全球集中、全球协同和全球战略动机如何影响到企业海外市场进入模式选择。Erramilli、Agarwal 和 Dev(2002)在《非股权进入模式选择:基于组织能力视角》一文中,考察了企业可模仿能力如何影响到其海外市场非股权进入模式选择。根据资源基础理论,企业竞争优势源于其所拥有的资源集合。对于企业国际化而言,资源基础论的核心要义在于企业能否将其竞争优势运用于其他东道国市场。这些企业在东道国成功与否取决于他们是否能够将其竞争优势转移至东道国。并非所有跨国公司都拥有在东道国经营所需的能力,但这些企业可以通过合资方式取得本土企业的经营支持,而本土企业也可以借此获得外国跨国公司的经营优势,从而形成优势互补。在合作过程中,如果隐性知识能够容易转移,那么进入者将获得经营优势。如果这种经营优势难以转移,那么企业将倾向于采取高控制权的进入模式。周茂(2015)基于中国商务部提供的《境外投资企业(机构)名录》整理了"中国企业对外直接投资数据库",再把该数据库与"中国工业企业数据库"进行匹配。基于整合后的数据库,实证考察了生产率对中国企业对外直接投资海外市场进入模式的影响。研究发现:生产率越高,企业对外直接投资时选择并购模式的概率越大。通过对生产率的分解发现,管理能力越强,企业明显倾向于选择并购模式,但研发能力对投资模式的选择效应却并不明显。

根据资源基础理论,进入者将会选择某种进入模式以最大化利用本土企业的竞争能力,并且保护自己免受侵害。海外市场进入模式选择必须考虑到控制权、所有权、资源承诺和投资风险等。Brown、Dev 和 Zhou(2003)认为,海外市场进入模式的所有权和控制权维度需要分离开来进行分析,而且海外市场进入模式决策分析应该超越生产领域和分销领域,拓展到服务领域等。他们基于资源基础理论,提出了如下研究假设:一是,市场进入者在提供客户服务方面竞争优势越高,他们将倾向于采取对营销和运作有着高度控制权的海外市场进入模式。二是,市场进入者在管理和组织方面竞争优势越高,他们将倾向于采取拥有更大控制权的海外市场进入模式。三是,市场进入者在物理设施方面拥有更大竞争优势,这些企业将倾向于采取股权方式的进入模式,并且在营销和运作方面持有较低控制水平。四是,市场进入者如果能够在东道国找到所需资源,企业将倾向于采取对营销和运作有着较低层次控制权的市场进入模式。五是,本土市场培训费用越高,市场进入者倾向于采取对营销和运作有着高度控制权的市场进入模式。六是,当地投资者可获得性更高,市场进入者倾向于采取股权方式进入模式。

四、制度环境与跨国并购抑或绿地投资

交易费用理论认为,与跨国并购相比绿地投资风险更大。跨国并购意味着购并成熟企业的商业模式及其运作团队,这些运作团队深谙所在行业经营之道从而有助于减少外来者劣势威胁。相比较而言,绿地投资意味着需要从头开始,其在境外市场的资产投入尚未被证实是符合所在东道国地区及其行业发展前景的,因而具有较大的不确定性。特别是在转型经济体中,这些国家或地区的制度环境存在较大不稳定性,因而具有更大的不可预测性,进入这些国家将意味着企业需要面对更大的经营风险。在这种情况下,跨国公司倾向于采取并购方式来进入该东道国市场,以减少绿地投资所面临的外来者劣势风险。而且,即使随着转型经济体不断提高制度完善性,但是它仍然存在较大程度的不确定性,这将严重影响到来自发达国家企业对其投资时的进入模式选择。Uhlenbruck 和 De Castro(2000)研究指出,国家风险对于实施跨国并购的企业具有重要的影响作用,它甚至能够改变投资决策的制定基础。在转型经济环境下,从计划经济向市场经济的转型,带来诸多经营不确定性,企业长期经营绩效难以预测。在这种情况下,实施跨国并购的企业只能记性短期经营业绩预测,并倾向于投资到制度环境不断完善的东道国或地区。基于此,Dikova 和 Witteloostuijin(2007)提出如下研究假设:东道国制度环境优越性有助于引致跨国公司采取跨国并购方式进入该东道国市场,此外还认为,制度环境不仅直接影响跨国公司采取跨国并购方式抑或绿地投资方式进入东道国市场,而且将会增强技术密集度和国际化战略对于采取跨国并购方式抑或绿地投资方式进入东道国市场的倾向性的影响程度。

五、制度环境与独资模式抑或合资模式

制度环境不仅影响到企业国际化进程中的跨国并购抑或绿地投资的战略性选择,而且也将对独资模式抑或合资模式产生根本性影响。在发达经济体中,完善的产权保护制度确保投资者能够有效处置自身拥有资产并从中取得回报。在发展中经济体,产权保护制度较为薄弱,这将不利于投资者根据市场规则进行资本运作以取得经营回报。基于交易费用理论,我们可以认为,在产权保护制度完善的国度里,经营环境可预测性较高,市场交易费用较为低下,跨国公司不担心合资方式会带来各种经营风险,因而倾向于采取合资方式进入东道国市场;但是在产权保护制度薄弱的国度里,跨国公司倾向于采取独资方式,以便减少因制度不完善性带来的经营风险。

Davis、Desai 和 Francis(2000)基于制度同构化理论考察了企业海外市场进入模式的影响因素。研究发现,东道国制度环境和跨国公司内部制度环境将会对企业海外市场进入模式产生重要影响。如果企业面临较高程度的内部同构化压力,那么企业将倾向于采取全资方式进入东道国市场;如果企业面临较高程度的外在同构化压力,则企业倾向于采取出口、合资或者许可方式进入东道国市场;如果企业面临的同构化压力比较低,那么企业将倾向于采取多种或者混合的进入模式。Yiu 和 Makino(2002)基于交易费用理论和制度理论,系统考察了研发密集度、国际化经验、规则制度、规范制度和认知制度对于企业海外企业进入模式选择的影响作用。Uhlenbruck 等(2006)考察了腐败对于进入战略的影响情况。Dikova 和 Witteloostuijin(2007)研究认为,东道国制度环境优越性有助于引致跨国公司采取合资方式而非独资方式进入东道国市场。此外,Dikova 和 Witteloostuijin(2007)还认为,制度环境不仅直接影响跨国公司采取独资方式抑或合资方式进入东道国市场,而且将会增强技术密集度和国际化战略对于采取独资方式抑或合资方式进入东道国市场的倾向性的影响程度。

六、东道国市场的进入择机行为

投资区位选择、进入模式选择和进入时机选择是企业国际化进程中三个重要的战略性决策。Gaba、Pan 和 Ungson(2002)以《财富 500 强》在华美资企业为研究对象,从企业特定因素、行业/市场因素和东道国因素三个方面,考察其对中国市场进入择机行为的影响作用。基于资源和能力理论,企业的资源和能力基础,以及在此基础上形成的战略性目标确定了企业在行业中的现实地位和发展蓝图,从而影响到企业在国际化进程中进入东道国市场的时机选择;此外,企业评估市场信号和把握市场机会也将会影响到企业对东道国市场的进入时机选择。从外部环境来看,东道国投资环境优越与否也将影响到企业对于该市场的基于识别和把握,从而影响到企业进入该市场的时机选择。研究表明,拥有更高国际化程度和更大范围经济的大型企业将较早进入中国市场,而且非股权模式、产品市场竞争者行为和较低程度国家风险将有助于吸引这些跨国公司尽早进入中国市场(Gaba,Pan and Ungson,2002)。这表明,股权模式与进入择机之间存在相关关系。在进入模式方面,从产权性质来看,进入模式可以分为两大类,分别是股权进入模式(比如合资企业或独资企业)和非股权进入模式(比如出口、许可和非股权联盟等)。从风险担当角度来看,股权进入模式比非股权进入模式需要更大的风险担当。在进入择机方面,由于企业进入市场将面临来自文化差异等诸多外来者劣势,从而需要面对诸多经营风险,因此为了降低早期进入东道国市场面临的各种经营风险,企业倾向于采取非股权进入模式。但是,随着企业对东道国市场的了解程度不断提高,其所面临的外来者劣势也将逐渐降低,这时企业将倾向于采取股权进入模式。21 世纪初在华外资企业的独资化浪潮,更是说明了这种关系。

企业实践

三一重工国际化实践

目前,在海外,三一建有印度、美国、德国、巴西等四大研发和制造基地。目前,集团业务已覆盖全球 100 多个国家和地区。

三一印度。2006 年投资建立,投资额 6 000 万美元,位于印度普纳市,总面积 34 万平方米,主要经营混凝土机械、挖掘机械、起重机械、路面机械等。

三一美国。2007 年投资建立,投资额 6 000 万美元,位于美国佐治亚州桃树城,总面积 3.7 万平方米,主要经营混凝土泵车、液压挖掘机、履带起重机、越野起重机。

三一德国。2009 年投资建立,投资额 1 亿欧元,位于德国北威州贝德堡市,总面积 25 万平方米,包括研发中心、生产基地等一套完整的产业链。

三一巴西。2010 年投资建立,投资额 2 亿美元,位于巴西圣保罗州,总面积 56.8 万平方米,主要经营挖掘机械、起重机械等产品。

普茨迈斯特。成立于 1958 年,是世界首台混凝土泵的发明者。总部设在德国斯图加特,在全球拥有 13 家工厂,是全球混凝土机械的第一品牌。2012 年 4 月,三一重工并购普茨迈斯特,并使其成为三一混凝土机械国际总部。茨迈斯特一直创造并保持着液压柱塞泵领域的众多世界纪录。

资料来源:三一重工官方网站。

思考题:请阐述三一重工国际化进程中采取跨国并购与绿地投资的不同方式。

研究动态

Elia S., et al. Entry mode deviation: a behavioral approach to internalization theory[J]. Journal of International Business Studies, 2019, 50(8): 1359-1371.

We explore when and why decision makers choose international entry modes(e. g., hierarchies or markets) that deviate from internalization theory's predictions. By applying a cognitive perspective on entry mode decision making, we propose that the performance of prior international activities influences decision makers' behavior in different ways than assumed in internalization theory. More specifically, due to a representativeness bias, underperforming (overperforming) past ventures influence the decision to change(continue using) the previous entry mode choice, which may result in an entry mode deviation. In addition, the propensity to deviate from theoretical predictions is stronger when the experience is recent and/or salient due to an availability bias. In conclusion, we argue that internalization theory can benefit from incorporating more systematically important behavioral assumptions on how firms enter international markets. In so doing, we contribute to the recent conversation on how variations in human behavior influence internalization theory.

Schwens C., et al. Limits to international entry mode learning in SMEs[J]. Journal of International Business Studies,2018,49(7):809-831.

Despite extensive research, the literature is unclear about the circumstances under which a firm learns from its past foreign entry modes and how this experiential learning is related to future mode choices. Building on the internationalization process (IP)model and the idea that some experiential learning is location-bound, while other learning is non-location-bound, we develop and test theory to explain how experiential learning about foreign operation modes and markets impact future mode choices in new foreign markets. Overall, we argue that mode-based experiential learning is limited. Through the repeated use of a specific operation mode firms develop routines and processes that are non-location-bound and can be replicated in new foreign markets, leading to the use of this same mode type in new locations. But when complemented by experiential learning about a target market/ region firms opt for operation modes with greater commitment in new foreign markets. Drawing on a sample of German SMEs and examining four different types of entry modes we find some support. However, we also identify a number of notable exceptions to our theory. In this way, we help provide unique new insights informing future IP model, experiential learning, and international entry mode research.

Shaver J. M.Do we really need more entry mode studies? [J].Journal of International Business Studies,2013,44(1):23-27.

This commentary's title is not meant to be a rhetorical question. In congratulating Brouthers(2002)for the JIBS Decade Award, We have an opportunity to assess where we are within this field of inquiry, and what is our trajectory. I believe that we have accomplished a lot in this area of study. Nevertheless, I am concerned about its current trajectory, so much so that I think we should seriously question whether we need more entry mode studies-especially if we are going to get more of the same.

Hennart J. F. and A. H. L. Slangen. Yes, we really do need more entry mode studies! A commentary on Shaver[J].Journal of International Business Studies,2015, 46(1):114-122.

In a recent commentary published in this journal, Shaver raises the provocative question of whether we need more entry mode studies. After assessing the reasons for Shaver's doubts and further developing his broad research suggestions, we conclude that this question should be answered affirmatively. We derive three important questions for future entry mode research:(1)What determines the evolution of operations resulting from suboptimal mode choices? (2)What causes the replication of past mode choices? (3)How is the entry decision process structured? Focusing on these questions should assure a bright future for entry mode research.

Martin X.Solving theoretical and empirical conundrums in international strategy research:linking foreign entry mode choices and performance[J].Journal of International Business Studies,2013,44(1):28-41.

Several theoretical and empirical developments in the literature on foreign entry mode and performance,and on(international)strategy more generally,were influenced or prefigured by Brouthers'(2002)JIBS Decade Award winning paper. Regarding theory,Brouthers is an archetype of the integration of transaction cost and institutional perspectives. I argue that it is also relevant to the growing literature that aims at synthesizing these and other perspectives. Methodologically,Brouthers(2002)contributed several uniquely direct and rich measures. Furthermore,it not only displayed awareness of endogeneity(specifically self-selection)issues,but also was among the pioneers in the comparative analysis of governance choices for a given firm or transaction. I elaborate on the promising if challenging use of such "what if" imputation to identify the impact of more or less well-aligned choices. Overall,I argue that such methodological advances cannot be decoupled from the conceptual advances that enable them,and which they reinforce.

Brouthers K. D.Institutional,cultural and transaction cost influences on entry mode choice and performance[J].Journal of International Business Studies,2013,44(1):1-13.

In this study, we examine foreign market entry mode choice and firm performance for a sample of European Union firms. Examining both financial and non-financial performance measures,we attempt to determine if firms that select their entry mode based on transaction cost,institutional context,and cultural context variables perform better than firms that make other mode choices. We found that mode choice did matter. Firms whose mode choice could be predicted by the extended transaction cost model performed significantly better,on both financial and non-financial measures,than did firms whose mode choice could not be predicted by the extended transaction cost model. Implications for future research are discussed.

Brouthers K. D.A retrospective on:Institutional,cultural and transaction cost influences on entry mode choice and performance[J].Journal of International Business Studies,2013,44(1):14-22.

For several decades researchers have focused on the entry mode decision because it is critically important for firms expanding abroad. Despite this attention we still lack clear tools to help managers make effective entry decisions. In this paper I review past research exploring transaction cost and institutional perspectives of mode choice, provide a critique of this literature,and generate suggestions to move our knowledge forward. In addition, I review the limited research exploring entry mode performance, and emphasize the importance of examining the normative merits of proposed theoretical models. I hope these suggestions will lead to the development of prescriptive tools for managers to make better entry mode decisions that result in improved firm performance.

补充阅读

1. Elia S., et al. Entry mode deviation: a behavioral approach to internalization theory[J]. Journal of International Business Studies, 2019, 50(8): 1359-1371.

2. Schwens C., et al. Limits to international entry mode learning in SMEs[J]. Journal of International Business Studies, 2018, 49(7): 809-831.

3. Shaver J. M. Do we really need more entry mode studies? [J]. Journal of International Business Studies, 2013, 44(1): 23-27.

4. Hennart J. F. and A. H. L. Slangen. Yes, we really do need more entry mode studies! A commentary on Shaver[J]. Journal of International Business Studies, 2015, 46(1): 114-122.

5. Martin X. Solving theoretical and empirical conundrums in international strategy research: linking foreign entry mode choices and performance[J]. Journal of International Business Studies, 2013, 44(1): 28-41.

6. Brouthers K. D. Institutional, cultural and transaction cost influences on entry mode choice and performance[J]. Journal of International Business Studies, 2013, 44(1): 1-13.

7. Brouthers K. D. A retrospective on: institutional, cultural and transaction cost influences on entry mode choice and performance[J]. Journal of International Business Studies, 2013, 44(1): 14-22.

思考题

1. 请阐述进入模式的内涵与类别。
2. 请阐述进入模式选择的影响因素。
3. 请阐述东道国市场的进入择机行为。

第2节　跨国公司从合资到独资的独资化浪潮

学习导航

　　本节内容包括如下主题：跨国公司所有权变更概述、在华外资企业独资化浪潮、独资化倾向理论解释、独资化影响因素（包括本土化、文化距离、专有性资产、外部不确定性、管制政策和内部同构压力等）。

　　通过本节学习，希望同学们能够掌握跨国公司从合资到独资所有权变更现象，从而为企业国际化进入模式选择奠定基础。

　　虽然诸多文献考察了企业在进入海外市场时的所有权选择，但是鲜有文献对企业在海外市场的"所有权变更"加以研究。企业所有权具有动态性，在海外市场进入模式方面，已有研究较多关注企业初始进入方式（Agarwal and Ramaswami，1992；Tihanyi，Griffith and Russell，2005），有部分学者认识到合资企业具有不稳定性（Inkpen and Beamish，1997 AMR），而对于东道国市场进入以后的所有权变更则关注不足。1997年以前，跨国公司主要采取合资方式进入中国市场，这种情况在1997年之后有所变化，这主要归因于中国政府对在华子公司的监管政策方面上的变化。典型的所有权变更企业有三菱（Mitsubishi）、西门子（Siemens）和雀巢（Nestle）等跨国公司。

　　基于交易成本理论和制度基础理论，Puck、Holtbrugge 和 Mohr（2009）考察了在华外资企业从合资企业转向全资企业的独资化浪潮，并考察了哪些因素能够预示这种独资化浪潮。改革开放初期，中国政府严格的政策性管制使得在华跨国公司只能采取合资方式进入中国市场。随着中国政府政策性管制的不断松绑，越来越多跨国公司选择独资方式来进入中国市场，而原先合资企业也在逐步转型为独资企业，这种独资化浪潮现象在1997年之后尤为明显。我们可以通过对在华跨国公司独资化浪潮进行分析，找出其行为背后的理论逻辑，从而为中国企业在国际化进程中科学合理地选择进入模式提供借鉴。

　　在分析企业独资化浪潮现象时，需要结合交易成本理论和制度基础理论来加以解说。交易成本理论经常被用于解释企业进入新市场时的所有权选择，但是在单独运用到企业国际化进程中的进入模式选择时受到质疑（Gomes-Casseres，1990；Reuer and Tong，2005）。一些学者建议将交易成本理论与制度理论相结合以更好地解释企业海外市场进入模式选择（Lu，2002）。Puck、Holtbrugge 和 Mohr（2009）认为这种理论结合也有助于解释在华跨国公司的独资化浪潮现象。Buckley（2007）提出了"被迫合资企业"(forced JVs)的概念,认为一些企业之所以选择合资形式进入东道国市场并非基于市场考量而是迫于外在压力。从纯市场行为角度来看,根据交易费用理论,企业在选择进入模式时将考虑各种进入模式的潜在成本与潜在收益,将会考虑内部化协调成本与市场化交易成本。已有研究关注到企业国际化模式的后续转换问题,但主要是考察从出口到对外直接投资(Buckley and Casson,1981)或者从出口到合资企业(Pennings and Sleuwaegen,2004),但是缺乏关注合资企业的独资化倾向。Puck、Holtbrugge 和 Mohr(2009)弥补了这一学术研究空白,认为基于交易费用理论,合资企业反映的是混合治理模式,介于完全市场治理和完全内部治理之间。他们分别基于交易费用理论和制度理论,阐述了本土化知识、资产专用性、外部不确定性、文化距离、内部同构化压力以及政府管制复杂性等因素对于独资化倾向的影响作用。

一、本土化知识与独资化倾向

Hennart(1988)基于交易成本理论,认为在如下情况下合资形式优于独资形式:一是,中间品交易市场失灵;二是,取得或复制产品制造所需资产的成本高于通过合资协议而拥有这些资产。这种类型中间品包括产业特定知识、国别特定知识、市场知识和分销渠道等(Hennart,1991;Makino and Neupert,2000)。就中国市场而言,中国独特的制度背景决定了在华跨国公司拥有中国本土化知识是极其重要的,这就迫使企业采取合资形式进入中国市场(Zhao and Zhu,1998)。本土化知识涵盖对于市场制度、规制框架、经济条件、政治形式和行业文化等综合知识(Inkpen and Beamish,1997),这些知识对于在华跨国公司极其重要(Beamish and Jiang,2002)。随着在中国经营经验的提高,在华跨国公司对于这种具有中国独特制度背景的本土化知识的认知能力得以提高,从而降低了对于本土合作伙伴的依赖度。结合企业国际化渐进过程理论,可以认为随着企业对于东道国本土化知识了解程度的不断提高,合资企业倾向于转为独资企业。这一研究发现对于中国企业国际化具有重要意义,中国企业在国际化进程中,需要注重积累东道国市场知识,通过合资方式进入东道国市场。但是随着中国和外国之间在文化和科技等领域的交往日益密切,中国企业将越加了解其他国家,其他国家也将越加了解中国。这种国与国之间的文化交流与互动,将会有助于中国企业提高对东道国市场的认识,从而降低其在国际化进程中面临的外来者劣势,进而倾向于采取独资方式而非合资方式进入东道国市场。

二、资产专用性与独资化倾向

随着资产专用性的提高,市场交易将会面临更大风险,从而引导企业将市场交易内部化。在国际投资背景下,资产专用性提高了企业市场交易成本,因此企业倾向于将市场交易内部化。资产专用性越高,资产被用于企业特定情境以外的成本也将越高。当企业拥有特定的技术知识和管理知识时,其资产专用性将较高。将这种具有专用性的知识运用于国际合资企业将会带来经营危险以及合作伙伴的机会主义行为。为了降低这种风险,交易费用理论建议将这些资产内部化,亦即通过公司内部管理协调而非通过公司外部市场交易。实证研究支持了该观点,认为资产专用性将显著促进企业在进入东道国市场时选择独资模式(Lu,2002;Chen and Hu,2002;Erramilli and Rao,1993)。随着中国科技水平的提高和企业品牌的提升,特别是诸如华为和海尔等中国企业开始拥有自己的核心技术和专用资产,这就要求他们在国际化进程中逐步采取全资方式而非合资方式进入东道国市场,以提高对专有资产的运用成效。

三、外部不确定性与独资化倾向

根据交易费用理论,影响企业所有权模式的另一因素是外部不确定性。外部不确定性是指企业无法施加影响的风险因素,涉及政治风险、经济风险和社会风险等。外部不确定性将会影响到跨国公司国际化进程中所面临的外来者劣势,从而进一步影响到其国际化偏好。东道国本土企业拥有本国或本地区独特的经营知识从而有助于减少经营风险,而合资方式有助于跨国公司通过资源分享和风险共担来减少市场投资承诺从而减少外来性风险。在海外市场进入模式方面,如果企业面临高度的外部不确定性,那么企业倾向于采取合资方式来减少外来者劣势;当企业进入东道国市场以后,如果其所面临的外部不确定性没有得到缓解,企业将倾向于保留合资方式而降低独资化倾向。针对中国企业而言,中国企业在国际化进程中,由于在政治、经济、社会、文化和科技等领域存在国别差异,中国企业正处于国际化成长阶段,还远未达到西方发达国家的成熟阶段,因此在东道国环境不确定性方面承受能力较低,这就要求中国企业在投资到西方等制度较为完善的国家或地区时,可以采取独资模式;而在进入非洲和东欧等制度相对不完善的国家或地区时,采取合资方式进入。

四、文化距离与独资化倾向

东道国与母国之间的文化距离,是影响企业境外市场进入模式选择的重要因素。文化距离提高了市场交易的不确定性和交易费用(Hennart and Larimo,1998;Chen and Hu,2002)。Chen 和 Hu(2002)将文化距离定义为"母国与东道国在价值和信仰方面的差异",高文化距离将会带来更大的不确定性从而增加交易成本。根据Erramilli 和 Rao(1993)的研究观点,合资模式将会减少由文化距离带来的沟通成本和控制成本。一般而言,在高度文化距离的情况下,企业难以单独管理其海外业务。但也有研究认为,高文化距离将会引致企业采取高所有权方式甚至独资方式进入东道国市场(Anand and Delios,1997)。但是,大部分研究认为,高文化距离将会带来交

易成本增加从而引致企业采取合资方式进入东道国市场。基于此,Puck,Holtbrugge
和 Mohr(2009)认为,文化距离将会减弱国际合资企业独资化倾向。这一研究发现对
于中国企业而言具有重要意义,中国企业应该采取合资方式进入"心理距离"较远的
东道国市场,比如非洲国家和东欧国家。而对于诸如中国香港、中国澳门和中国台湾
地区,以及新加坡和马来西亚等华人聚集地区,由于"心理距离"相对比较小,中国企
业境外投资可以倾向于采取独资方式进入这些市场。

五、内部同构化压力与独资化倾向

制度理论认为,企业所处环境将会深刻影响到企业的战略制定和战略实施。这
一环境经常包括政治环境、经济环境和社会环境等。组织面临来自各方的同构化压
力,以使其与所处环境保持一致,这就使得组织行为并非完全基于市场最优化,而是
必须考察其所处环境带来的同构化压力。制度理论高度关注制度情景在组织决策制
定中的重要性,强调企业需要遵从制度环境而不至于违背制度环境。在企业海外市
场进入模式选择方面,一些学者关注到制度环境对企业海外市场进入模式的影响作
用(Yiu and Makino,2002)。Martinez 和 Dacin(1999)研究认为,社会对于组织形式合
宜性和组织行为合宜性的预期,要求组织在社会思考和社会行动上保持与规则一致
的身份。这种对于组织的规制性、规范性和认知性的社会预期被认为是一种同构化
压力/同构化约束。基于这些预期来源的不同,Rosenzweig 和 Singh(1991)将内部同
构化约束和外部同构化约束明确区分开来。

在海外市场进入情景下,内部环境涉及境外企业与母公司之间的关系,而外部环
境则涉及组织外部因素,例如东道国国别文化和法律制度等。制度理论既被用于解
释企业海外市场进入模式(Yiu and Makino,2002),也被用于解释国际合资企业的独
资化倾向(Puck,Holtbrugge and Mohr,2009)。内部同构化压力主要源于母公司与
海外企业之间的相互依赖程度,以及母国对于海外企业的影响程度。海外企业在管
理海外事务时必须遵循母公司管理原则的压力,将会随着海外企业与母公司之间相
互依赖程度的提高而提高。相互依赖程度不断提高,海外企业面临的内部同构化压
力不断增强,从而要求海外企业采用与母公司相同或者相类似的管理原则。在这种
情况下,海外企业在处理与海外合作方关系时所拥有的自由度和柔性度随之下降。
合资形式要求跨国公司海外企业拥有一定的行为自由度和柔性度,从而放缓甚至阻
碍海外企业对母公司管理实践的采纳和模仿。基于以上观点,Puck、Holtbrugge 和
Mohr(2009)研究认为,母公司与海外企业之间的资源相互依赖性程度和母公司对于
海外企业的控制程度减少了跨国公司对于合资方式的容忍度,从而进一步要求提高
独资化倾向,也就是说跨国公司海外企业所面临的内部同构化压力将会提高国际合
资企业独资化倾向。这一点对于中国企业而言也就有重要借鉴意义。整体而言,中
国企业在管理模式上倾向于总部控制,特别是诸多中国民营企业本质上是家族企业,

这些企业在国际化进程中偏好谨慎原则,海外企业对于母公司依赖程度较高,母公司对海外企业有着较高程度的控制程度。在这种情况下,中国企业(特别是民营企业)在国际化进程中倾向于采取独资方式进入海外市场,以满足控制其海外企业经营实践的管理原则。

六、政府管制与独资化倾向

政府管制是企业国际化经营过程中必须面对的外在环境。考虑到外部同构化压力,制度理论高度重视政府管制对于海外市场进入模式选择的影响作用(Gomes-Casseres,1990)。2001 年以前,国外跨国公司在进入中国市场时面临着合资模式的强制性要求,随着中国政府对外资管制政策的逐步松绑,这些企业具有独资化倾向。但是,虽然这些合资模式的强制性要求逐步消失,但是政府管制仍然是影响企业国际化进入模式选择的重要因素。跨国公司进入东道国市场的首要问题是获得东道国市场合法性,亦即取得在该新市场开展进行活动的权力(Yiu and Makino,2002)。这就要求跨国公司时刻了解和洞察东道国政府管制政策。这些政府管制政策越加复杂,跨国公司就越加需要借助于东道国本土企业来克服其外来者劣势,从而取得经营合法性。诸多研究表明,企业在国际化进程中如果面临复杂的东道国管制环境,那么这些企业将倾向于采取国际合资企业的方式进入其东道国市场。基于此,Puck,Holtbrugge 和 Mohr(2009)认为,在独资化浪潮背景下,如果国际合资企业面临着高度复杂的政府管制政策,那么这些企业将会降低独资化倾向。

本节讨论了跨国公司所有权变更概述、在华外资企业的独资化浪潮、独资化倾向的理论解释、独资化的影响因素(包括本土化知识、文化距离、专有性资产、外部不确定性、管制性政策和内部同构压力等)。希望同学们能够结合所关注企业的国际化实践,分析其进入模式选择,并对其未来进入模式选择,提出政策建议。

研究动态

Zhao Y.,et al.MNE host-country alliance network position and post-entry establishment mode choice[J].Journal of International Business Studies,2021.

Prior international business research recognizes that networks can affect internationalization decisions,yet our understanding of how networks in the host country do so,especially with respect to establishment mode choices between greenfield and acquisition,remains nascent. Host-country networks become particularly salient after initial entry as the multinational enterprise(MNE)more directly engages with local actors and develops embeddedness in the host country. We draw from network theory to argue that establishment modes of post-entry foreign direct investments into a host country are shaped by the MNE's position within local alliance networks. We posit that local network centrality increases the likelihood of choosing greenfield because it provides access to broad knowledge flows and higher social status that reduce the MNE's need to pursue acquisitions of local firms. Conversely, local network brokerage increases opportunities for knowledge recombination, making greenfield a less likely choice vis-a-vis acquisition. Using data on automotive MNEs entering the U.S. over 22 years, we find support for our predictions. Demonstrating that distinct aspects of the MNE's local network alliance position can operate in different ways to effectuate establishment mode choices, this study advances a more nuanced understanding of how networks shape internationalization into a host country.

Xu K., et al. The ownership structure contingency in the sequential international entry mode decision process: family owners and institutional investors in family-dominant versus family-influenced firms [J]. Journal of International Business Studies, 2020, 51(2): 151-171.

Extending our understanding of family firms and international business research with respect to entry mode decisions, this study explains how entry mode choice is the product of a sequential decision-making process, with an important ownership structure contingency. We propose that firms with a dominant family owner (family-dominant firms) prefer low equity ownership as their entry mode for the purpose of preserving their socioemotional wealth. Their preference is persistent even when the institutional investors are the dominant shareholders in the firm (family-influenced firms). This nuanced examination of the role family values play in the entry mode decision extends our understanding of how family firms enter international markets.

补充阅读

1. Zhao Y., et al. MNE host-country alliance network position and post-entry establishment mode choice [J]. Journal of International Business Studies, 2021.

2. Xu K., et al. The ownership structure contingency in the sequential international entry mode decision process: family owners and institutional investors in family-dominant versus family-influenced firms [J]. Journal of International Business Studies, 2020, 51(2): 151-171.

思考题

1. 请阐述跨国公司独资化浪潮的现象。

2. 请阐述跨国公司独资化倾向的影响因素。

第3节 中国企业境外投资进入模式
选择的理论解释

学习导航

本节内容包括：中国企业境外市场进入模式概述、外来者劣势与进入模式选择、在德中资企业进入模式（尽职调查、声誉构建和可靠性提高、先前经验）、政治联系、风险态度与进入模式、政治联系的调节作用（母国规则制度、东道国规则制度和东道国规范性制度）。

通过本节学习，希望同学们能够较为全面和深入地理解中国企业境外投资进入模式选择，从而更好地分析所关注企业的海外市场进入模式选择。

一、中国企业境外投资进入模式类型

随着中国政府"走出去"发展战略的不断深入与发展，中国企业国际化进程在不断加快。中国企业在国际化进程中，不乏企业倾向于采取绿地投资方式进入海外市场（比如海尔），也有企业倾向于采取跨国并购方式进入海外市场（比如联想）。Child和 Rodrigues(2005)在案例研究的基础上，考察了中国企业在寻求技术和品牌资产的过程中可供选择的三种进入方式，分别是作为原始设备制造商（OEM）而成立合资企业、并购海外企业和在海外进行绿地投资等国际扩张。但整体而言，中国企业在国际化进程中，倾向于采取跨国并购方式进入东道国市场，跨国并购成为中国企业境外投资的主要形式。例如，2012 年，中国有影响力的跨国并购案有：

一是，三一重工以约 4.2 亿美元收购德国普茨迈斯特，标志着德国著名中型企业与中国企业的首次合并，刷新了中国工程机械行业的海外并购纪录。"全球最大的混凝土机械制造商"收购"全球混凝土机械第一品牌"，强强联合的品牌叠加效应，将重塑全球工程机械行业的竞争格局。

二是，大连万达以 26 亿美元收购美国 AMC 影院公司，成为中国民营企业在美国最大宗的企业并购，也是中国文化产业的最大宗海外并购。收购世界排名第二的院线集团 AMC 影院公司，万达一跃成为全球最大电影院线，此项收购也标志着中国企业海外并购已从能源资源和制造业等传统领域逐渐扩展至文化产业等更高层次。

三是，中海油以 151 亿美元并购加拿大尼克森公司，成为中国企业迄今在海外获批的最大宗收购案，也是加拿大自 2008 年爆发金融危机以来最大金额的外资收购案。在全球经济复苏乏力的当下，这桩"超级交易"将提振相关行业及整体经济的投资和商业信心,对未来中国企业"走出去"提供重要案例。

四是,中国财团以 52.8 亿美元收购国际飞机租赁公司,成为中国企业在美国最大规模的一次股权收购,也是该年度西方金融机构向亚洲企业出售航空租赁业务的三大交易之一。美国国际集团宣布将旗下国际飞机租赁金融公司 90% 的股权出售给新华信托牵头的中国企业集团。国际飞机租赁金融公司是全球资产第二大飞机租赁公司,而中国是其最大单一市场,这项收购将改变中国飞机租赁市场的竞争格局[①]。

为了实现其战略性资产获取动机,中国企业境外投资采取了跨国并购或者绿地投资的进入方式。根据跨国投资主流理论,只有占有绝大多数股权的企业才能展示其经济意图、战略能力和资源承诺,中国企业在境外投资过程中也倾向于采取全资方式或者大股东身份进入东道国市场。以下将就中国企业在国际化进程中特别是在进入模式方面面临的问题进行分析。

二、外来者劣势与进入模式选择

外来者劣势是企业国际化进程中不可避免的经营障碍,如何克服外来者劣势是国际商务研究的重要问题。企业克服外来者劣势方式很多,比如通过尽职调查、声誉建设、经验积累和共同控制等。然而,这些不同方式在克服外来者劣势成效方面,将会随着企业海外市场进入模式不同(跨国并购抑或绿地投资)而存在差异。特别地,中国企业在国际化进程中,将面临更为严重的外来者劣势问题。这种外来者劣势体现在经济体制差异、东西方文化差异、法律环境差异、经济发展水平差异以及企业自身经营能力水平差异等方面。这就要求中国企业在国际化进程中,充分考虑其所面临的外来者劣势问题,并采取合适模式进入东道国市场,以克服其所面临的外来者劣势,从而更好地提高企业国际化经营业绩。

Klossek、Linke 和 Nippa(2012)以在德中资企业为例,考察了中国企业在境外投资过程中,如何通过进入模式选择来缓解外来者劣势问题。基于对 7 家中国跨国公司及其利益相关者的 31 位员工进行半结构性面谈得来的访谈数据,Klossek、Linke 和 Nippa(2012)研究发现,中国企业已经累积了国际化经验,并且其降低外来者劣势的战略选择依赖于其东道国市场进入模式。Klossek、Linke 和 Nippa(2012)的研究基于实地深度访谈,考察中国企业如何通过绿地投资或者跨国并购的进入方式进入德国市场,以缓解其外来者劣势,该研究从如下四个方面来对此加以阐述。

第一,尽职调查。企业在市场拓展时,需要通过尽职调查以降低投资风险。在国际化背景下,企业需要通过尽职调查来减少外来者劣势,从而提高市场进入成效。基于实地案例访谈,Klossek、Linke 和 Nippa(2012)发现,采取跨国并购方式进入德国市场的中国企业在国际化进程中进行了更高程度的尽职调查,而通过绿地投资方式进

---

① 具体信息可参考新华网:http://news.xinhuanet.com/energy/2013-01/08/c_124200164.htm。

入德国市场的海尔等公司在尽职调查方面则相对较低。基于此,Klossek、Linke 和 Nippa(2012)提出如下命题:中国企业在进入发达国家市场时,相对于采取绿地投资方式而言,采取跨国并购方式更能通过尽职调查来缓解外来者劣势。

第二,声誉构建和可靠性提高。Luo 和 Tung(2007)研究认为,中国企业在缓解外来者劣势方面,可以通过构建组织声誉和可靠性来提高利益相关者对其信赖程度,因此在东道国建立起政府联系和社会联系是极其重要的。就跨国并购而言,并购方通常借助沟通机制和信号机制来在投资目的地建立起声誉和可靠性。基于此,Klossek、Linke 和 Nippa(2012)提出如下研究命题:中国企业在进入发达国家市场时,相对于采取绿地投资方式而言采取跨国并购方式更能通过声誉机制构建和可靠性提升来缓解外来者劣势。

第三,先前经验。先前经验被认为是企业缓解外来者劣势的重要方式,诸多针对中外合资企业的学术研究表明,企业合资实践有助于提高企业合资取得成功(Wang, Wee and Koh,1999;Nippa,Beechler and Klossek,2007)。Child 和 Rodrigues(2005)在《中国企业国际化:理论拓展案例》一文中,认为中国企业通过 OEM 和合资企业获得了知识和能力,这些知识和能力有助于他们克服外来者劣势从而更好地管理其境外投资项目。基于此,Klossek、Linke 和 Nippa(2012)提出如下研究命题:中国企业在进入发达国家市场时,无论是通过跨国并购还是绿地投资,其先前的国际化投资经验有助于其缓解外来者劣势。

第四,控制权共享。企业在国际化过程中,"二元领导机制"(system of dual leadership)是较为经常被使用的控制机制。在这种领导机制下,来自不同文化管理者共同参与公司管理,分享其管理控制权。案例研究表明,相对于绿地投资而言,跨国并购方式下企业更倾向于通过共享控制权来缓解外来者劣势(Klossek,Linke and Nippa,2012)。此外,Klossek,Linke 和 Nippa(2012)还针对工作共享和关键雇员角色两个方面对比分析了跨国并购和绿地投资两种不同模式下中国企业缓解外来者劣势的差异情况。Klossek,Linke 和 Nippa(2012)架起了进入模式研究与外来者劣势研究直接的桥梁,从而能够更好地为企业如何克服外来者劣势提供决策借鉴。

三、政治联系与进入模式选择

Cui 和 Jiang(2012)基于 2000—2006 年间 132 起中国企业境外投资实践,考察期政治联系对其进入模式选择的影响情况。他们将制度理论运用于中国企业国际化进入模式分析,考察了企业在国际化进入模式选择时对于外在制度过程的差异化反应,以及企业的政治联系对其进入模式选择的影响情况。研究认为,国有产权属性使得中国企业与中国政府之间保持政治联系;政治联系一方面将提高企业对政府的依赖性,另一方面也将影响到其在东道国的身份识别。这种依赖性和政治知觉压力要求企业尊崇同构化制度压力。研究发现,母国规则制度和东道国规则制度与规范制度对企业选择合资形式进入东道国市场的压力,随着国有产权比例的提高而增强。

政治联系属于制度理论范畴,因此考察政治联系对于进入模式的影响,就必须基于制度理论来对其进行解释。制度理论声称,社会行为锚定于规则制度和文化氛围,制度作为一种"游戏规则"包含了正式的规则制度和非正式的规范制度和认知制度。在特定组织领地内,现存的正式规则制度和非正式规范制度和认知制度决定了能够为社会所接受的组织结构形式和组织行动形式。组织为了获得其所在组织领地的合法性认可,就必须遵从和采纳其所在领地已达成共识的商业模式、商业实践和商业结构等。因此,来自制度同构化压力将会影响和限制企业的战略性选择。

在国际化背景下,企业面临的任务环境涉及外部环境和内部环境,因而其国际化行为必须嵌入于母国环境和海外环境,企业将同时面临来自母国和东道国的同构化压力。具体而言,这些同构化压力来自母国的规则制度、东道国的规则制度和规范制度。与此同时,海外企业也将面临跨国公司内部制度压力,当海外企业所面临的内部制度压力与外在制度压力出现冲突时,不同企业将会对此冲突作出不同回应。但是,如果企业隶属于外在环境而非市场自由经营主体,那么它们在面对外在环境制度压力时,将会难以完全从自身利益角度出发遵循自由市场竞争规则来作出战略选择,而是会考虑到其对于外在环境的隶属身份。中国国有企业对于国家政府的隶属关系,决定了这些国有企业在国际化进程中重大的战略抉择点时,必须考虑到政府对其担当政治任务的期待。

政治联系作为一种特殊的制度背景,对于中国企业海外市场进入模式选择的影响,主要表现在其对合资模式抑或独资模式的直接作用和调节作用。在直接作用方面,政治联系对于海外市场进入模式(独资模式/合资模式)的影响表现在两个方面。

一方面,由于企业在国际化进程中将会面临外来者劣势威胁,对于来自东道国环境的经营风险持有谨慎原则。对于国有企业而言,由于其特殊的政治隶属关系,在国际化进程中对于经营风险持有乐观态度。在这种情况下,国有企业相对于民营企业而言对经营风险有着更大的承载能力,因而倾向于采取独资方式进入东道国市场。

另一方面,由于合资模式有助于中国企业经由合资企业来学习国外合作伙伴在技术、管理、品牌等方面的知识和能力,从而提高其自身的经营水平。因此,具有政治联系的企业在国际化进程中,将会面临母国政府对其政治任务的期许,亦即母国政府会鼓励这些国有企业在国际化进程中采取合资方式进入海外市场以便能够有更多机会来学习和提高在技术、管理和品牌等方面的知识和能力。

基于以上分析,我们可以发现,政治联系对于国有企业在国际化进程中采取独资模式抑或合资模式进入东道国市场,存在着两种不同方向的影响作用。因此,Cui 和 Jiang(2012)将政治联系作为控制变量,纳入母国制度环境/东道国制度环境对于选择合资模式抑或独资模式的影响分析框架。

在调节作用方面,政治联系调节了母国规则制度、东道国规则制度和东道国规范制度对于企业选择独资模式抑或合资模式的影响作用。

第一,母国规则制度。由于政治联系的缘故,国有企业在国际化进程中,其战略性决策将受到母国政府的政策性干预。例如,中国政府委托国资委对国有企业国际化担当监督职责,以保证其在国际化进程中能够避免资金外流和盲目投资。中国国家商务部也获得授权来管理中国企业境外投资许可证发放。这些政策性监管的目的在于规范和引导中国企业在国际化进程中遵循国家意志,国家商务部和国资委有权否决那些不符合国家宏观政策的跨国投资行为。中国企业在国际化进程中进行重大战略决策时,其自身发展意愿可能与国家政策导向存在分歧,这种情况下中国企业的国有产权属性就表现出其重要性。国有企业在进行重大战略决策时将会考虑到国家政府对其提出的政策性任务,从而更好地遵从这些政策性同构化压力,强化母国政府对其海外企业进入模式的影响程度。也即是说,国有产权属性调节了母国政策性制度安排对于其境外企业进入模式选择的影响情况。

第二,东道国规则制度。东道国政策环境也是影响企业国际化的重要因素之一,东道国政府可以通过各种政策性规定来引导跨国公司投资导向。对于跨国公司而言,他们借助合资模式取得东道国本土企业支持,从而克服其面临的外来者劣势,已有研究表明东道国政策性压力将会增加跨国公司采取合资方式进入东道国市场的倾向性(Yiu and Makino,2002)。对于中国国有企业而言,政治联系将会改变东道国政府和民众对其的身份认可度。东道国政府和民众可能会认为,这些中国国有企业国际化并非纯粹的商业行为,而是具有政治意图,因此将对这些企业进入该国市场进行严格审查,特别是当这些企业的市场进入将会较大程度影响其国内企业运营时。虽然跨国公司在面临来自东道国制度压力时可以通过政治协商(political negotiation)来建立正面的外在联系以取得合法性而避免屈服于外在同构化压力(Kostova,Roth and Dacin,2008),但是这种由于政治联系带来的负面的政治形象使得这种政策协商存在极大困难,并且这种负面形象在民众和媒体下被进一步放大化(Zhang,Zhou and Ebbers,2011)。因此,可以认为,国有企业由于其国有产权属性而改变了东道国政府和民众对其投资动机的认识,改变了其外在形象,从而调节了东道国规制性制度环境对于企业海外市场进入模式的影响作用,亦即国有产权比例越高,可感知东道国规则制度对于企业选择合资模式进入东道国市场倾向性的影响程度就越高。

第三,东道国规范性制度。社会期待对于企业经营成功与否具有重要的影响作用。企业在国际化进程中,如何取得来自东道国的社会认同,对于其国际化成功极其重要。为了具有社会合法性,海外企业需要遵从当地规范制度,否则将会面临各种外来者劣势。在对待东道国规范性制度所带来的外来者劣势问题上,制度理论学者建议企业采取合资方式进入东道国市场,以借助合作伙伴来获取进入合法性并减少同构化压力。但是,对于国有企业而言,其政治形象将会影响到东道国民众对其合法性认知,从而影响到对其接受程度。其次,国有企业还具有官僚组织形象,被认为是缺乏市场效率的。这进一步恶化了东道国民众对国有企业的社会期许,使得国有企业获得东道国民众对其合法性的认可。在这种情况下,国有企业更加需要通过合资方式进入东道国市场,以借助合作伙伴来取得合法性。以及国有企业的国有产权属性调节了东道国规范制度对于其进入模式选择的影响。国有产权比例越高,对东道国规范制度的感知压力对于企业选择合资方式进入东道国市场的选择倾向更高。

本节学习了中国企业境外市场进入模式概述、外来者劣势与进入模式选择、在德中资企业进入模式(尽职调查、声誉构建、可靠性提高、先前经验)、政治联系与进入模式、政治联系的调节作用(具体表现在母国规则制度、东道国规则制度和东道国规范制度等三个方面)。希望同学们能够结合所关注企业的国际化实践,分析其当前海外市场进入模式,并对其未来进入模式选择,提出政策建议。

📖 研究动态

Xu K., et al. The ownership structure contingency in the sequential international entry mode decision process: Family owners and institutional investors in family-dominant versus family-influenced firms[J]. Journal of International Business Studies, 2020, 51 (2): 151-171.

Extending our understanding of family firms and international business research with respect to entry mode decisions, this study explains how entry mode choice is the product of a sequential decision-making process, with an important ownership structure contingency. We propose that firms with a dominant family owner(family-dominant firms)prefer low equity ownership as their entry mode for the purpose of preserving their socioemotional wealth. Their preference is persistent even when the institutional investors are the dominant shareholders in the firm(family-influenced firms). This nuanced examination of the role family values play in the entry mode decision extends our understanding of how family firms enter international markets.

Gaur A. S., et al., Home country supportiveness/unfavorableness and outward foreign direct investment from China[J]. Journal of International Business Studies, 2018, 49(3): 324-345.

What drives the outward foreign direct investments(OFDIs)by emerging market firms(EMFs)? Drawing on a strategy tripod framework, this article proposes a theoretical model to predict OFDI by EMFs from China. Specifically, we use institution- and industry-based views to examine two facets of home country environment, namely, the supportiveness from home government and unfavorableness from home industry, as important determinants of OFDI, and compare the relative strength of these effects. Further, we use the resource-based view to argue that the effect of the home country environment is contingent on the international experience portfolios of EMFs.

补充阅读

1. Xu K., et al. The ownership structure contingency in the sequential international entry mode decision process: family owners and institutional investors in family-dominant versus family-influenced firms[J]. Journal of International Business Studies, 2020,51(2):151-171.

2. Gaur A. S., et al. Home country supportiveness/unfavorableness and outward foreign direct investment from China[J]. Journal of International Business Studies, 2018,49(3):324-345.

思考题

1. 请阐述外来者劣势对境外市场进入模式选择的影响。
2. 请阐述政治联系对境外市场进入模式选择的影响作用。

作业与测试

一、单选题

1. 下列关于进入模式的影响因素的说法,不恰当的是(   )。

    A. 企业拥有的资源和能力,是企业国际化进程中进入模式选择的重要影响因素。

    B. CEO继任者的职位任期、职业背景和国际化经验等,将对海外市场进入模式产生影响。

    C. 进入模式有优劣之分,企业在国际化进程中应该选择最佳进入模式。

    D. Tse、Pan和Au从东道国因素、母国因素和行业特定因素三个方面,考察了其对跨国公司进入中国市场的模式的影响作用。

2. 从企业产权取得(亦即进入方式)来看,典型的进入模式包括(   )。

    A. 合资和全资　　　　　　　　　　B. 绿地投资和跨国并购

    C. 合资和绿地投资　　　　　　　　D. 全资和跨国并购

3. 下列关于企业资源能力与进入模式选择的说法,不正确的是(   )。

    A. 根据资源基础理论,企业竞争优势源于其所拥有的资源集合。对于企业国际化而言,资源基础论的核心要义在于,企业能否将其竞争优势运用于其他东道国市场。

    B. 并非所有跨国公司都拥有在东道国经营所需能力,但这些企业可以通过合资方式取得本土企业的经营支持,而本土企业也可以借此获得外国跨国公司的经营优势,从而形成优势互补。

　　C.在合作过程中,如果隐性知识能够容易转移,那么进入者将获得经营优势。如果这种经营优势容易转移,那么企业将倾向于采取高控制权的进入模式。

　　D.为了降低市场进入风险,企业倾向于采取联盟方式进入东道国市场。

4.下列说法不正确的是(　　　　)。

　　A.在发达经济体中,完善的产权保护制度确保投资者能够有效处置自身资产并从中取得回报。

　　B.在发展中经济体,产权保护较为薄弱,不利于投资者根据市场规则进行资本运作。

　　C.基于交易费用理论,在产权保护制度完善的国度里,经营环境可预测性较高,市场交易费用较为低下,跨国公司倾向于采取独资方式进入东道国市场。

　　D.制度环境不仅直接影响跨国公司采取独资方式抑或合资方式进入东道国市场,而且将会增强技术密集度和国际化战略对于采取独资方式抑或合资方式进入东道国市场的倾向性的影响程度。

5.下列关于东道国市场的进入择机行为的说法,不正确的是(　　　　)。

　　A.投资区位选择、进入模式选择和进入时机选择是企业国际化进程中三个重要的战略性决策。

　　B.企业的资源和能力基础,以及在此基础上形成的战略性目标,确定了企业在行业中的现实地位和发展蓝图,从而影响到企业在国际化进程中进入东道国市场的进入模式选择。

　　C.企业评估市场信号和把握市场机会也将会影响到企业对东道国市场的进入时机选择。

　　D.从外部环境来看,东道国投资环境优越与否也将影响到企业对于该市场的机遇的识别和把握,从而影响到企业进入该市场的时机选择。

6.下列关于跨国公司所有权变更概述的说法,不正确的是(　　　　)。

　　A.所有权变更行为是非常重要的企业现象,值得深入研究。

　　B.已有研究较多关注企业初始进入方式,对于东道国市场进入以后所有权变更关注不足。

　　C.中国市场开放早期,跨国公司主要采取独资方式进入中国大陆市场。

　　D.典型的所有权变更企业有三菱、西门子和雀巢等跨国公司。

7.下列关于独资化倾向的理论解释的说法,不正确的是(　　　　)。

　　A.在分析企业独资化浪潮现象时,需要结合制度基础理论来解说。

　　B.Buckley 提出了"被迫合资企业"(forced JVs)的概念,认为一些企业之所以选择合资形式进入东道国市场,是基于市场考虑的决策结果。

　　C.从纯市场行为角度来看,根据交易费用理论,企业在选择进入模式时将考虑各种进入模式的潜在成本与潜在收益,将会考虑内部化的协调成本与市场化的交易成本。

    D.Puck 等(2009)认为,基于交易费用理论,合资企业反映混合治理模式,介于完全市场治理和完全内部治理之间。

8.下列关于本土化知识与独资化倾向的说法,不正确的是(　　　)。

    A.中国独特制度背景决定了在华跨国公司拥有中国本土化知识是极其重要的,这就迫使企业采取独资形式进入中国市场。

    B.中国企业在国际化进程中,需要注重积累东道国市场知识,通过合资方式进入东道国市场。

    C.国别间文化交流与互动,将会有助于提高对东道国市场的认识,从而降低其在国际化进程中面临的外来者劣势。

    D.结合企业国际化渐进过程理论,可以认为随着企业对于东道国本土化知识了解程度的不断提高,合资企业倾向于转为独资企业。

9.下列关于专有性资产与独资化倾向的说法,不正确的是(　　　)。

    A.随着资产专用性的提高,市场交易将会面临更大风险,从而引导企业将市场交易内部化。

    B.当企业拥有特定的技术知识和管理知识时,其资产专用性将较高。

    C.资产专用性越高,资产被用于企业特定情境以外的成本将越低。

    D.随着中国科技水平的提高和企业品牌的提升,特别是中国企业开始拥有自己的核心技术和专用资产,中国企业在国际化进程中逐步采取全资方式而非合资方式进入东道国市场,以提高对专有资产的运用成效。

10.下列关于管制性政策与独资化倾向的说法,不正确的是(　　　)。

    A.2001 年以前,国外跨国公司在进入中国市场时面临着合资模式的强制性要求,随着中国政府对外资管制政策的逐步松绑,这些企业具有独资化倾向。

    B.政府管制仍然是影响企业国际化进入模式选择的重要因素。

    C.跨国公司进入东道国市场的首要问题是获得东道国市场合法性,亦即取得在该新市场开展经营活动的权利。

    D.诸多研究表明,企业在国际化进程中如果面临复杂的东道国管制环境,那么这些企业将倾向于采取国际独资企业的方式进入其东道国市场。

11.下列关于外来者劣势与进入模式选择的说法,不正确的是(　　　)。

    A.外来者劣势是企业国际化进程中不可避免的经营障碍,如何克服外来者劣势是国际商务研究的重要问题。

    B.对于跨国并购和绿地投资而言,共同控制、尽职调查、经验积累和声誉建设同等重要。

    C.中国企业在国际化进程中,将面临更为严重的外来者劣势问题。

    D.中国企业需要在国际化进程中,充分考虑其所面临的外来者劣势问题,并采取合适模式进入东道国市场,以克服其所面临的外来者劣势,从而更好地提高企业国际化经营业绩。

12.下列关于中资企业国际化进入模式的研究发现,说法不正确的是(　　)。

A.企业在市场拓展时,需要通过尽职调查以降低投资风险,减少外来者劣势,从而提高市场进入成效。

B.中国企业在缓解外来者劣势方面,可以通过构建组织声誉和可靠性,来提高利益相关者对其信赖程度。

C.先前经验被认为是企业缓解外来者劣势的重要方式,有助于提高企业合资取得成功。

D.企业在国际化过程中,二元领导机制是较少被使用的控制机制。

13.下列关于政治联系影响作用的说法,不正确的是(　　)。

A.政治联系属于制度理论范畴,考察政治联系对于进入模式的影响,就必须基于制度理论来对其进行解释。

B.制度作为一种"游戏规则"是指正式的规则制度。

C.在特定组织领地内,现存的正式规则制度和非正式规范制度和认知制度决定了能够为社会所接受的组织结构形式和组织行动形式。

D.组织为了获得其所在组织领地的合法性认可,就必须遵从和采纳其所在领地已达成共识的商业模式、商业实践和商业结构等。

14.下列关于政治联系与进入模式的说法,不正确的是(　　)。

A.民营企业对于经营风险有着更大的承载能力,倾向于采取独资方式进入东道国市场。

B.企业面对较高风险时会采用合资方式进入东道国市场,减少环境不确定性所带来的经营风险。

C.民营企业以市场为导向,遵循市场规则,考虑所面临风险而通过合资方式进入东道国市场。

D.具有政治联系的企业在国际化进程中,可能面临母国政府对其的政治任务要求。

15.下列关于政治联系与进入模式的实证结果的说法,不正确的是(　　)。

A.国有产权属性使得中国企业与中国政府之间保持政治联系。

B.政治联系一方面将提高企业对政府的依赖性,另一方面也将影响到其在东道国的身份识别。

C.政治联系一方面有利于企业获得政府的支持,但是另一方面阻碍它在东道国的认可问题。

D.东道国规范制度对选择合资形式进入东道国市场的要求,随着国有产权比例提高而下降。

二、多选题

1.Pan 和 Tse(2000)在《国际商务研究杂志》上发表《市场进入模式的层级模型》一文,提出了跨国公司东道国市场进入模式的层级模型,认为进入模式可以分为两个层面来加以分析。在股权模式或非股权模式下,具体的进入模式包括(　　)。

    A.全资模式　　　　B.合资模式　　　　C.合约模式　　　　D.出口模式

2.为了降低市场进入风险,企业倾向于采取联盟方式进入东道国市场。企业采取联盟方式进入东道国市场,主要是基于(　　)等战略性考虑。

    A.风险共担　　　　B.资源集聚　　　　C.资产保护　　　　D.灵活应对

3.如果企业面临较高程度的外在同构化压力,则企业倾向于采取哪些方式进入东道国市场?(　　)

    A.全资　　　　　　B.出口　　　　　　C.合资　　　　　　D.许可

4.Puck 等(2009)基于交易费用理论和其他制度理论,阐述了包括下列哪些因素对于独资化倾向的影响作用?(　　)

    A.本土化知识　　　B.外部不确定性　　C.文化距离　　　　D.内部同构化压力

5.本土化知识对于在华跨国公司极其重要,本土化知识涵盖(　　)等的综合知识。

    A.市场制度　　　　B.规制框架　　　　C.经济条件　　　　D.行业文化

6.Hennart(1988)基于交易成本理论,认为在如下情况下合资形式优于独资形式:一是,中间品交易市场失灵;二是,取得或复制产品制造所需资产的成本高于通过合资协议而拥有这些资产。这种类型中间品包括(　　)。

    A.产业特定知识　　B.国别特定知识　　C.市场知识　　　　D.分销渠道

7.外来者劣势是企业国际化进程中不可避免的经营障碍,如何克服外来者劣势是国际商务研究的重要问题。企业克服外来者劣势方式很多,比如通过(　　)。

    A.尽职调查　　　　B.声誉建设　　　　C.经验积累　　　　D.共同控制

8.中国企业在国际化进程中,将面临更为严重的外来者劣势问题。这种外来者劣势体现在(　　)。

    A.经济体制差异　　B.国别文化差异　　C.法律环境差异　　D.市场文化差异

三、判断题

1.Dikova 等(2007)将进入模式和建立模式区分开来,前者主要是指跨国公司海外企业产权性质(全资模式或者合资模式),后者主要是指跨国公司海外市场进入方式(跨国并购或者绿地投资)。(　　)

2.跨国公司战略联盟可以发生在母国企业之间,也可以发生在与第三方国家企业之间,也可以发生在与东道国企业之间。企业在与东道国企业组建战略联盟时,主要是想借助战略联盟来克服外来者劣势,从而提高相对于东道国本土企业的竞争能力。(　　)

3.交易费用理论认为,与跨国并购相比绿地投资经营风险更大。跨国并购意味着购并成熟企业的商业模式及其运作团队,这些运作团队深谙所在行业经营之道从而有助于减少外来者劣势威胁。(　　)

4.改革开放初期,中国政府严格的政策性管制,要求在华跨国公司只能采取合资方式进入中国市场。随着中国政府不断松绑政策管制,越来越多跨国公司选择独资方式进入中国市场。(　　)

5.Puck、Holtbrugge 和 Mohr(2009)研究认为,母公司与海外企业之间的资源相互依赖性程度和母公司对于海外企业的控制程度,减少了跨国公司对于合资方式的容忍度,从而进一步要求提高独资化倾向。(　　)

6.在海外市场进入模式方面,如果企业面临高度的外部不确定性,那么企业倾向于采取合资方式来减少外来者劣势;当企业进入东道国市场以后,如果其所面临的外部不确定性没有得以缓解,那么企业将倾向于保留合资方式而降低独资化倾向。(　　)

7.随着中国政府“走出去”发展战略的不断深入与发展,中国企业国际化进程在不断加快。中国企业在国际化进程中,不乏企业倾向于采取绿地投资方式进入海外市场(比如海尔公司),也有企业倾向于采取跨国并购方式进入海外市场(比如联想公司)。(　　)

8.国有企业由于其国有产权属性而改变了东道国政府和民众对其的投资动机的认识,改变了其外在形象,从而调节了东道国规制性制度环境对于企业海外市场进入模式的影响作用。(　　)

四、名词解释

1.海外市场进入模式

2.文化距离

3.外部不确定性

4.内部同构化压力

5.制度

6.控制权共享

五、简答题

1.请对不同的进入模式进行比较分析。

2.请阐释制度环境与跨国并购抑或绿地投资的关系。

3.请说明文化距离与独资化倾向的关系。

4.请说明外部不确定性与独资化倾向的关系。

5.请简述政治联系的调节作用。

第11章
发展跨国组织：管理整合、响应机制和灵活性

第1节　矩阵结构的不适应

学习导航

　　组织结构是组织管理的重要内容，传统矩阵结构曾经发挥重要作用，但是随着时代的发展越发显得不适应。本节内容包括如下主题：国际化结构阶段模型、矩阵结构的失败和构建跨国组织能力。

　　通过本节学习，希望同学们能够掌握矩阵结构的提出背景、模型内涵、研究发现、三阶段内容、失败原因，从而为企业国际化组织设计奠定基础。

　　战略框架部分讨论了跨国公司如何建立一种在"全球效率、地区响应和世界范围创新和学习"之间平衡的最优战略，本节将着重关注跨国公司必须建立用以管理时常冲突的战略任务的组织类型。同时追求"全球效率、地区响应和世界范围内创新和学习"要求跨国公司采取跨国战略，建立起动态组织。这就要求跨国公司不仅要理解当前和未来的战略任务，同时也应该理解其传统的组织能力——管理传统。

一、国际化结构阶段模型

　　由于跨国公司的组织结构对其管理过程的影响甚大，许多早期管理者和研究者都致力于寻找一种在各种条件下都适用的正式结构。在这方面被广泛认同的一项研究是约翰·斯托普福德（John Stopford）对20世纪60年代后期美国最大的187家跨国公司进行的研究。该项研究得出了一个有关国际组织结构的"阶段模型"，如图11-1所示。该模型使用两个变量来描述大多数公司在进行海外扩张时所面临的战略和

管理的复杂性：国际销售的产品数目（出口产品的多样性）和国际销售对公司的重要性（国外销售额占总销售额的百分比）。通过绘制这 187 家样本公司的组织结构变化图，他发现全球型公司一般在国外扩张不同阶段采用不同组织结构。

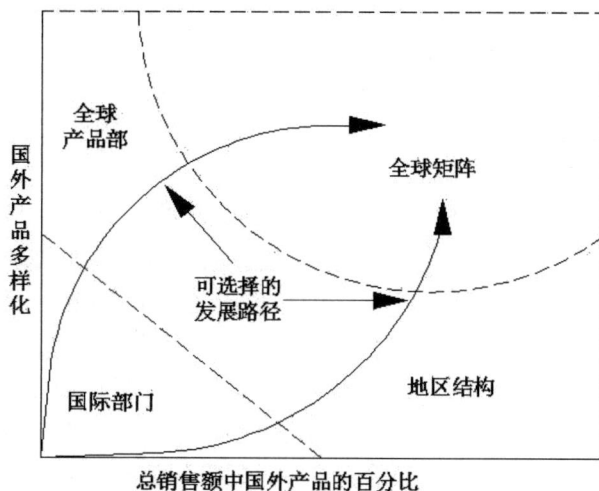

图 11-1　国际化结构阶段模型

资料来源：[美]克里斯托弗·巴特利特，[英]休曼特拉·戈歇儿，[加]保罗·比米什著.跨国管理——教程、案例和阅读材料[M].赵曙明译.东北财经大学出版社，2010.

　　根据该模型，在向国外扩张早期，当国外销售量和销售产品多样性都很有限时，跨国公司一般通过一个国际部门来进行国际运作。随后，那些扩大了国际销售量但未显著增加国外销售产品多样性的公司一般采用地区结构（如欧洲地区，亚太地区），而一些通过增加在国外销售产品的多样性来进行扩张的公司则趋向于采用全球产品部门结构（如化学部门、塑料部门）。最后，当国外销售量和国外销售产品多样性都很高时，公司则将采用全球矩阵结构。

二、矩阵结构的失败

　　理论上，矩阵结构应该富有成效。让生产一线的经理们同时向不同的组织部门汇报，应该能够使得公司在集中效率、地区反应和全球范围内的知识转移中保持平衡。多重渠道的沟通和控制保证了培育不同的管理能力，而且在矩阵中对力量平衡进行调节的能力在理论上应该赋予矩阵结构更多的灵活性。然而，实际上正式建立矩阵结构的公司的发展状况并不乐观。道化学公司（Dow Chemical）作为全球矩阵结构的先行者，最终采用的还是一种传统的、地区经理责任明确的结构。花旗银行（Citibank）曾经被认为是矩阵结构的典范，但是经过几年试验之后，最终放弃了这种双重汇报组织模式。

　　大多数公司都遇到过这种问题。由于要求所有的事情都要进行双重控制，矩结构放大了在观点和利益方面的分歧,容易激发组织矛盾。与此同时,矩阵结构导致了很多层面上的冲突和混乱:繁杂的渠道导致信息的混杂,冲突只能通过提升问题来解决,重叠职责引发了无数的政治和责任的推诿。被地域、时间、语言和文化障碍等阻隔的经理人发现这种组织结构很难消除混乱和解决冲突。矩阵结构看似诱人,实则陷阱重重,在采用时需要格外注意。

三、构建跨国组织能力

矩阵管理只专注于正式结构,将其作为组织设计的工具。但是,为了有效管理一个复杂的组织,管理人员需要更广泛的工具,包括管理系统、沟通渠道、人际关系以及对组织的管理传统有深刻的了解。VUCA 环境下,企业战略越加复杂,需要组织架构具有更大的灵活性和适应性。正式结构是一种有力但迟钝的组织工具,结构匹配越加显得困难。为了多维度和灵活性的组织能力,组织需要重新引导管理者的思维方式,重新构建起核心决策系统。未来组织发展中,不仅需要界定正式责任的组织结构,而且更需要为组织发展开发一个合适的内部关系网络。为此,我们需要考察传统管理传统,了解其特点、优势和局限性,这样才能更好引导未来组织建设。我们将在下一节课阐述该内容。

本节学习了矩阵型组织结构的提出、特点、优点和局限性,初步阐述了构建跨国组织能力的必要性和导向。希望同学们能够结合所关注企业的国际化实践,分析其过去和当前所采取的组织结构,并对其未来组织结构设计要求,提出政策建议。

研究动态

Ambos T. C.,et al.Managing interrelated tensions in headquarters-subsidiary relationships:The case of a multinational hybrid organization[J]. Journal of International Business Studies,2020,51(6):906-932.

While all multinational organizations face the challenge of managing tensions between local integration and global responsiveness,they are increasingly required to pursue additional,often paradoxical,objectives-such as social and commercial goals. However,we know little about how these tensions at the core of the MNC strategy interact. Based on an inductive qualitative study of four headquarters-subsidiary relationships in a Latin American Multinational Hybrid Organization,we develop a model showing the interplay of multiple tensions and management approaches to address them. This allows us to contribute to research on subsidiary roles,which we found to differ depending on how multiple tensions are addressed. Furthermore,we add to the literature on hybridity in multinational organizations by pointing out how regional differences between units of a single organization unfold. Finally,we provide some practical recommendations for the management of multinational hybrid organizations.

Rabbiosi L. and G. D. Santangelo. Host country corruption and the organization of HQ-subsidiary relationships[J]. Journal of International Business Studies, 2019, 50 (1): 111-124.

Multinational enterprises (MNEs) operating in more corrupt host (than home) countries face actual costs related to processing information for decision-making, and lack of local legitimacy, and potential reputation and legal costs in case of corruption scandals. Drawing on the organizational perspective of corruption, we argue that greater subsidiary autonomy helps minimize these costs. However, headquarter (HQ)-subsidiary communication weakens the autonomy-based advantages for minimizing legitimacy costs, and MNEs' experience in relatively corrupt countries weakens the advantages for minimizing information-processing costs. Our analysis of 261 Italian foreign subsidiaries in 25 host countries confirms most of our arguments except the moderating effect of MNE experience. Our findings contribute to research on corruption and FDI, weak institutional contexts and MNE strategies as well as the literature on HQ-subsidiary relationship.

Gibson C. B., et al. Managing formalization to increase global team effectiveness and meaningfulness of work in multinational organizations[J]. Journal of International Business Studies, 2019, 50(6): 1021-1052.

Global teams may help to integrate across locations, and yet, with formalized rules and procedures, responsiveness to those locations' effectiveness, and the team members' experiences of work as meaningful may suffer. We employ a mixed-methods approach to understand how the level and content of formalization can be managed to resolve these tensions in multinationals. In a sample of global teams from a large mining and resources organization operating across 44 countries, interviews, observations, and a quantitative 2-wave survey revealed a great deal of variability between teams in how formalization processes were enacted. Only those formalization processes that promoted knowledge sharing were instrumental in improving team effectiveness. Implementing rules and procedures in the set-up of the teams and projects, rather than during interactions, and utilizing protocols to help establish the global team as a source of identity increased this knowledge sharing. Finally, we found members' personal need for structure moderated the effect of team formalization on how meaningful individuals found their work within the team. These findings have significant implications for theory and practice in multinational organizations.

补充阅读

1.Ambos T. C.，et al.Managing interrelated tensions in headquarters-subsidiary relationships：The case of a multinational hybrid organization[J].Journal of International Business Studies,2020,51(6):906-932.

2.Rabbiosi L.,G. D. Santangelo.Host country corruption and the organization of HQ-subsidiary relationships[J].Journal of International Business Studies，2019，50(1):111-124.

3.Gibson C. B.,et al.Managing formalization to increase global team effectiveness and meaningfulness of work in multinational organizations[J].Journal of International Business Studies,2019,50(6):1021-1052.

思考题

1.请阐述国际化结构阶段模型的内容。
2.请阐述矩阵结构的失败原因。
3.请阐述如何构建跨国组织能力。

第2节 管理传统及其面临挑战

学习导航

本节内容包括：管理传统、分散型组织架构、协调型组织架构和集权型组织架构，并分析了它们在战略手段、主要战略能力、资产和能力结构、海外经营的任务以及知识的发展和扩散等方面的特征差异。

通过本节学习，希望同学们能够理解管理传统的内涵及其对组织变革的影响，掌握传统分散型、协调型和集权型三种组织架构的特点、差异和使用场景，从而为企业国际化的组织设计创新奠定基础。

虽然行业分析能够显示公司的战略挑战和市场机遇，但是把握机遇和迎接挑战，离不开组织现存内部环境和发展投入。这些内部因素包括资产结构和资源分配、管理职责和组织规范。组织不仅受到外在环境的影响，也受到内在环境的影响。内部环境是制约组织发展，还是促进组织发展，取决于内部环境与组织发展态势的适应程度。历史影响未来，管理传统影响未来发展。组织当前和未来的发展变革，受到其发展历史的影响。必须系统全面深入了解组织发展历史，特别是组织管理传统，以更好设计未来组织。影响组织竞争优势的因素是多方面的，整体而言受到组织所处和所构建的商业生态的影响，涉及因素包括母国、东道国、全球、区域、组织、个体和组织领导性质等。组织变革挑战在于，在尊重历史基础上，既能够保持现有优势，又能够建立新的能力。

　　管理传统，既是企业最大的财富——企业核心竞争力的来源，同时也是一种沉重的负担。因为这种传统拒绝变革，从而阻碍了战略重组。企业常常会迷恋过去，因为任何组织的变革在考虑如何发展的同时，也会重视它之前的发展历程，即其管理传统。企业管理传统的重要性可以从以下三种跨国公司发展道路的比较中得到启示。第一类是在 20 世纪 20—30 年代进行扩张的欧洲跨国公司，以分散联合体为典型；第二类是在 20 世纪 40—50 年代进行扩张的美国跨国公司，以协调联合体为典型；第三类是在 20 世纪 60—70 年代进行扩张的日本跨国公司，以集权中心型为典型。

一、分散联合体(见图 11-2)

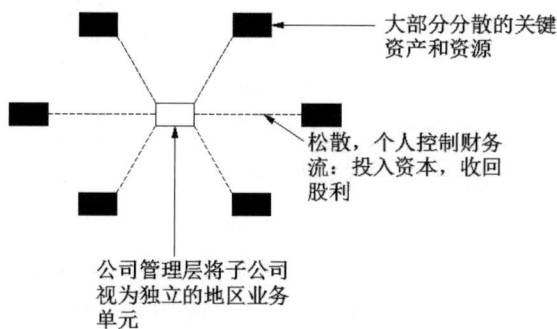

图 11-2　分散联合体

　　20 世纪 40 年代前的典型欧洲跨国公司——分散联合体占主导地位。在这种情景下，公司管理层将海外企业视为独立的地区业务单元，公司资产和资源分散在世界各地，公司强调财务控制而非运营控制。这些高度自治的海外企业更像是离岸投资组合，而不是一个单一的国际业务。这样形成的组织和管理模式是由独立的地方子公司组成的松散联合体，各子公司主要关注各自市场。其结果是，许多知名公司，例如飞利浦、联合利华和雀巢，采用了多国战略，采取了分散联合体的组织结构。

　　在关税增长、歧视性法律环境下进行海外扩张，欧洲公司被迫在当地设立工厂以便更加有效地与当地企业竞争。跨国公司总部介入分散在全球各地的子公司进行管理的能力受到限制，这使得"自给自足"的各国子公司的独立性得到不断加强。这种分散资产和下放责任的组织结构，强调人际关系而不是正式结构，强调财务控制胜于技术或运作细节的协调，形成了由各个地区子公司组成的松散联合体，各个子公司关注自身的地方市场,采取多国战略,并采取分散联合体的组织结构。

二、协调联合体(见图 11-3)

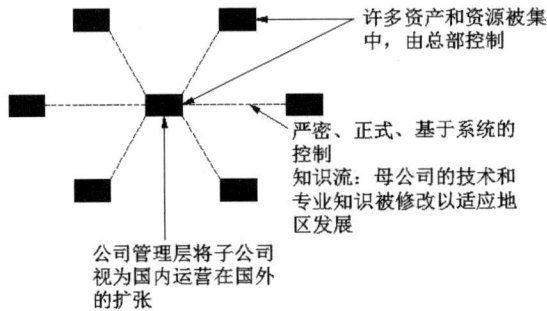

图 11-3　协调联合体

20 世纪 50—60 年代的典型的美国跨国公司:协调联合体占主导地位。二战以后,美国经济一枝独秀,美国企业是在完全不同的国际化环境中成长起来的。通用电气、辉瑞制药和宝洁公司等优势在于它们发展起来的技术与管理的优势。他们置身于世界最大的、最富有的和技术上最先进的市场中。他们在国际化扩张进程中采用产品生命周期理论,将优势产业和技术从母国梯级转移到海外市场。大多数美国公司的管理流程建立在分权制度之上,同时保留复杂的管理体系和专家体系进行整体控制。它们遍布全球各地的海外单位对母公司新产品、程序和规则的依赖,决定了它们比分散联合体更容易受到总部的协调和控制。这种协调机制提供了日常运营管理信息,并且由高层管理者协调控制。这种组织架构的局限性在于,母公司管理层经常采取一种目光狭隘甚至带有自我优越感的态度来对待海外子公司和全球业务。他们认为,公司新产品和新制度来自母公司。虽然管理层对海外业务的重视程度日益增加,但是将海外业务视为公司整体的附属物,认为其主要功能在于利用国内市场发展起来的能力和资源。这种组织架构的特征是,许多资产和资源被集中在母公司,受到总部控制。公司内部是松散、正式和系统的控制知识流,母公司的技术和专业知识被修改以适应地区发展,公司管理层将海外子公司视为国内运营在国外的扩张。

在经济重建时期进行海外扩张,美国的跨国公司拥有先进的技术和管理流程。其管理流程是建立在愿意分权、同时保留通过复杂的管理体系和专家进行整体控制的基础上。这种体系提供了日常信息(由核心员工发布)流动渠道,并被高管利用以进行协调控制。这些公司面临的主要障碍是,母公司将海外子公司当作附属物,认为其主要功能在于利用国内市场发展起来的资源和能力。海外子公司对于母公司新产品、程序以及思想的依赖,决定了它们比分散联合体更易受到总部的协调和控制。总部与海外子公司之间的正式系统也促进了这种协调和控制。

三、集中管理(见图 11-4)

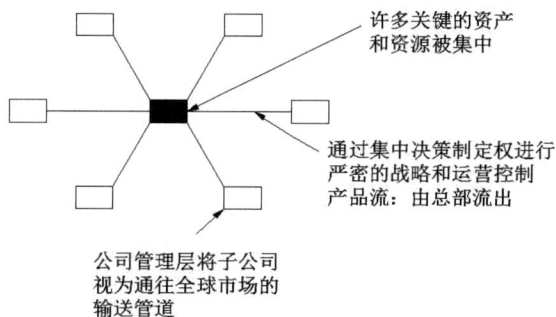

图 11-4　集中管理

20 世纪 70—80 年代的典型的日本跨国公司：集中管理占主导地位。20 世纪 70—80 年代,日本公司(例如索尼和丰田)不效仿美国企业和欧洲企业,而是选择在价值链中发展其竞争优势。其竞争战略强调成本优势和质量保证,并对产品开发、采购和制造实行严格的集中控制。这种集中控制是以出口为导向的国际战略,符合外部环境和公司的竞争能力。这种组织架构内部运行的基础是,强调团队行为,重视民族文化规范。通过集中决策和控制,日本公司能够保持其信息密集型的、员工依赖型的文化导向型管理体系。这就促使日本企业发展出集权中心。

日本公司在进行国际扩张时,它们面临的是贸易壁垒衰减和快速变化的外部环境。由于有限的海外扩张经验,使它们无法模仿欧美的竞争对手,而是选择建立起卓越的地方市场营销能力和设施。二战以后,日本经济的快速发展赋予了其全新、高效和规模密集型的工厂。这些公司强调在价值上游发展竞争优势,强调成本优势和质量保证,并要求对产品开发、采购和制造实行严格的集中控制。这种管理模式适合于日本跨国公司的文化背景和组织价值观;强调团队行为和重视人际和睦;通过集中决策和控制,日本公司能够保持信息密集型的、依赖员工的文化导向型的管理体系。集权中心的特点是,许多关键资产和资源被集中在总部,公司管理层将子公司视为通往全球市场的输送管道,通过集中决策制定权进行严密的战略和运营控制。产品从总部流向海外市场。

四、不同组织架构特点的比较分析

综合以上分析,从战略手段、主要战略能力、资产和能力结构、海外经营任务、知识的发展与扩散等特征,对分散联合体、协调联合体和集权中心进行比较。分散联合体适用于多国战略,强调各国市场反应能力,分散资产和资源实现各国自给自足,把握海外当地机会和利用当地机会,强调知识在每个单位开发并保留。协调联合体适用于国际战略,强调母国创新的全球转移,重视核心竞争力集中其他资源分散,海外业务调整和灵活运用母公司的竞争力,知识在总部开发并被转移到海外分部。集权中心型适用于全球战略,强调全球规模效率,注重资产和能力的集中的和全球的规模化。实施母公司战略,并且确保知识在总部开发并保留。即使欧洲、美国和日本的跨国公司都属于同一个行业,他们不同的管理传统也将导致其选择完全不同的战略和组织模式。传统组织结构模型的比较分析如表 11-1 所示。

表 11-1　传统组织结构模型的比较分析

	分散联合体	协调联合体	集中管理
战略手段	多国战略	国际战略	全球战略
主要战略能力	当地市场反应能力	母国创新,全球转移	全球规模效率
资产和能力结构	分散和各国自给	核心集中,其他分散	集中和全球规模化
海外经营任务	把握和利用 当地机会	调整和灵活运用 母公司竞争力	实施母公司 战略
知识发展和扩散	知识在每个单位 开发并保留	知识在总部发展并 被转移到海外分部	知识在总部 发展并保留

资料来源:[美]克里斯托弗·巴特利特,[英]休曼特拉·戈歇儿,[加]保罗·比米什著.跨国管理——教程、案例和阅读材料[M].赵曙明译.东北财经大学出版社,2010。

五、跨国公司的挑战

需求效率、反应力和学习能力三种中的任何一个都不再是取得成功的充分条件,跨国公司需要同时具备这三种能力以保持其竞争优势。对于全球公司、多国公司和国际公司来说,其面临的挑战是各不相同的。

1.全球型公司面临的挑战

由于资源和能力都集中在跨国公司总部,全球型公司主要通过发掘其经营活动中的潜在规模经济来提高效率。在这样的组织中,地区子公司缺乏资源和责任,这有可能打击其积极性,并削弱其对地方市场做出反应的能力。总公司会因为远离市场而缺乏对当地市场需求和产品销售渠道的足够理解。

2.多国公司面临的挑战

多国公司虽然分散资源和下放决策权到各个子公司,以期其能对当地需求作出快速的反应。但是公司活动的分割将导致组织内的低效率。同时因为知识不统一且不能在公司内的不同部门间流动,学习能力也将受到损坏。结果是,子公司革新常常变成管理层为保护其势力范围和自治权而玩弄的把戏,或者是由于沟通不畅或"非本地发明"的综合征而另起炉灶重做一套。

3.国际公司面临的挑战

国际公司能较好地利用母公司的知识和能力，但是它们仍然不善于从海外运营中学习，而且其资源结构和运营系统使它既不如全球公司那样具有很高的运营效率，也不像多国公司那样具有很强的当地反应力。

本节学习了管理传统、分散型组织架构、协调型组织架构和集权中心型组织架构，并分析了它们在战略手段、主要战略能力、资产和能力结构、海外经营的任务以及知识的发展和扩散等面的特征差异。希望同学们能够结合所关注企业的国际化实践，分析其过去和当前的组织设计特点，并对其未来组织设计创新，提出政策建议。

📖 研究动态

Ambos T. C.,et al.Managing interrelated tensions in headquarters-subsidiary relationships：The case of a multinational hybrid organization［J］. Journal of International Business Studies,2000,51(6)：906-932.

While all multinational organizations face the challenge of managing tensions between local integration and global responsiveness，they are increasingly required to pursue additional，often paradoxical，objectives-such as social and commercial goals. However，we know little about how these tensions at the core of the MNC strategy interact. Based on an inductive qualitative study of four headquarters-subsidiary relationships in a Latin American Multinational Hybrid Organization，we develop a model showing the interplay of multiple tensions and management approaches to address them. This allows us to contribute to research on subsidiary roles，which we found to differ depending on how multiple tensions are addressed. Furthermore，we add to the literature on hybridity in multinational organizations by pointing out how regional differences between units of a single organization unfold. Finally，we provide some practical recommendations for the management of multinational hybrid organizations.

📚 补充阅读

1.［美］克里斯托弗·A.巴特利特，［加］保罗·W.比米什著.跨国管理：教程、案例和阅读材料［M］.第 7 版.赵曙明，周路路，译.东北财经大学出版社,2017.

2.Ambos T. C.,et al.Managing interrelated tensions in headquarters-subsidiary relationships：the case of a multinational hybrid organization［J］.Journal of International Business Studies,2000,51(6)：906-932.

思考题

1.请阐述分散联合体的组织模式的特征。
2.请阐述协调联合体的组织模式的特征。
3.请阐述集中管理的组织模式的特征。
4.请阐述管理传统面临的跨国挑战。
5.请结合本节理论知识,阐述所关注中国跨国公司的组织管理实践。

第3节 跨国组织及其构建

学习导航

本节内容包括:跨国组织特殊性、全球整合网络、组织架构的特征比较、如何构建跨国组织、组织变革流程和跨国组织的变化趋势。

通过本节学习,希望同学们能够理解并掌握跨国企业未来组织架构的特点、变革路径和变革趋势,从而为企业国际化的组织设计创新奠定基础。

跨国组织具有特殊性。跨国企业的三个评价标准:全球效率、地区响应和全球创新与学习能力。跨国公司区别于多国、国际或全球组织的原因在于,其有三种重要的组织特征:建立并规范多种不同的内部管理思想,物质资产和管理能力在国际上扩散的同时又相互依赖,发展强大而又灵活的内部整合流程。跨国企业具有三个组织特点:多维度的决策角色和责任、分散却相互依存的能力以及灵活的整合流程。

一、多维度的管理思想

跨国公司面临多维度的环境压力,需要建立起多维度的管理能力,以灵活承担多维度的决策角色和责任。这些管理能力包括子公司管理能力、全球业务管理能力和全球职能管理能力。在战略因素多样化而又易变的环境中经营,跨国公司需要发展一种能力去把握和分析它在世界各地将面对的大量且经常冲突的机会、压力和需求。这就需要跨国公司有效地采取如下三种管理。一是,地区子公司管理,需要有效地进行地区分公司管理,去感知和体现当地消费者不断变化的需求以及来自东道国政府不断增加的压力。二是,全球业务管理,需要有效地进行全球业务管理,去追踪全球竞争对手的战略,并在适当时候给予回应并进行协调。三是,全球职能部门管理者,需要有效地进行全球职能部门管理者,去汇集公司的知识、信息和专业技术,并将它们转到各个组织部门。对于跨国公司而言，跨国公司需要采取跨国行动。这就意味着，在跨国公司内部，需要培养居于次要地位的管理团队的能力、信誉和影响力，同时保障主导团队的士气和能力，就能够消除决策过程中的偏见。这样做的目的是建立一个多维度的组织，三种管理团队的影响在其中得到平衡。

二、分散却相互依存的能力

管理层相信，通过对子公司进行专业化分工并赋予责任感，可以使之成为公司某种产品或技术的全球发源地，这种充满活力的子公司也可以具有全球规模。母公司通过合作参与相关子公司的活动，能够迅速介入任何地方的重大技术进步和市场扩展。分散资产和责任的一个主要结果是全球各子公司之间的相互依存度不断提高。简单的组织结构，如分散联合体、协调联合体和集中管理，不足以完成跨国公司所面临的任务。跨国公司所需要的是"整合型网络结构"。在整合型网络结构当中，管理层认识到这些遍布世界各地的子公司或业务单位有利于整个组织发展新的思想、技能、能力和知识。高效率的地方工厂可转变为国际化的生产中心；具有创新力的各国或各地区的实验室，可能会发展成为特定产品或流程的"卓越中心"；具有创造性的子公司的营销部门，可能会在指定某个产品或业务的全球营销战略中发挥重要作用。

三、灵活的整合流程

采取多元管理视角是必须的，但需要同时满足不同管理视角的要求。这就要求组织安排其资产、资源和能力，构建整合网络结构，以适应"全球一盘棋"的战略要求。在整合网络结构中，管理层认识到，遍布于全球各地的子公司或单位，是有利于组织发展新的思想、技能、能力和知识的。高效率的地方性工厂，可能转变成国际生产中心。具有创新力的地区实验室，可能转变成为全球研发中心。具有创造性的地区营销部门，可能转变成区域营销中心。构建全球财务中心，也日益成为跨国公司变革重点。在整合网络结构中，跨国公司强调分散却相互依存的专业资源和能力，重视零部件、产品、资源、人员和信息等生产资源，在组织内部进行大规模自由流动，并在公司共同决策环境下灵活运行。

跨国公司需要能够解决利益和观点差异性并整合各种不同责任的管理流程。管理流程不应该受到组织流程对称性的限制，不应该仅仅用简单和静态的术语来描述。管理人员必须能够辨别各种关系，并能根据职能、行业、地域和时间的差别变化决策角色。管理流程应该能够根据产品、国家以及决策的不同而相应地变化。这种分配要求基于三种不同但相互依赖的管理流程来发展颇为复杂且微妙的决策机制。一是，集中化流程，要求既能提供支持又能形成制约，能让高层管理人员直接干预某些重要决策（如主要资源的分配），这是一种微妙且谨慎的集中管理形式；二是，正规化流程,其管理任务是建立个体角色和管理体系的架构以影响具体决策,例如设定转移价格等重复活动或常规活动。三是,社会化流程,要求高层管理人员通过建立宽容的组织文化和为分权提供相应基础的组织关系来施加影响,这是一种通过社会化来驱动的复杂管理流程。

跨国公司的独特内涵,是异质性企业间全球价值网络。该定义有着丰富的管理启示意义。首先,组成跨国公司的资源和能力是分散的和专业的。其次,跨国公司内部的零部件、产品、资源、人员和信息等,是在相互依存的各个单位之间的大规模流动。最后,跨国公司决策是在共同决策环境中,协调和合作的复杂的过程。新时代背景下,共建人类命运共同体,发展共生的商业生态,是企业发展的唯一选择。

四、组织架构的特征比较

我们从战略导向、关键战略能力、资产和能力的结构、海外业务角色以及知识的发展与扩散等方面,对分散联合体、协调联合体、集权中心型和网络型的组织架构进行比较分析。具体而言,分散联合体适合于多国战略,关键战略能力自给自足,资产和能力是分散的和各国自给自足的,海外子公司察觉并利用本土商业机会,知识在本土开发并保留。协调联合体适用于国际战略,关键战略能力从母国转移到海外,关键资产和能力集中在总部,其他资产和能力则分散在海外子公司,海外公司扮演着执行母公司战略的角色,知识在总部开发并转移到海外。集权型组织适用于全球战略,追求全球规模效率,关键资产和能力集中在总部并追求全球效率,海外公司角色是采用母公司能力,知识在总部发展并保留。网络型组织适用于跨国战略,公司同时追求全球效率、本土响应和创新学习。资产和能力是分散的,但又是相互依赖的,海外公司是全球价值网络中的卓越中心,知识在全球各地共同研发和共同分享。

五、跨国公司生理学模型

由于国际化进程模型无法对组织的发展提供有益的启示,因此我们采用了生理学模型来描述组织的框架。在有效的组织结构中,组织结构骨骼(资产、资源和责任组成的正式结构)的变动必须伴随着生理机制(组织的体系和决策过程)和心理机制(组织的文化和管理理念)的相应变动。

1.构造组织骨架——重新分配资产和责任

跨国公司的发展不仅要求管理人员设计组织的主体结构,而且要求它们发展一种支持结构来补充和平衡直线式结构天生的强大权利。在谨慎地定义组织结构和管理团体责任后,下一个挑战就是保证那些不在直线权利内的人能进入和影响管理流程。借助解剖学术语来比喻,如果正式的直线结构是组织的脊椎,那么非直线结构就是组织的胸腔,而这些微观结构工具就是组织的骨骼、肌肉和软骨。

2.建立组织生理机制——重新定义信息流和组织关系

管理层的重要任务之一,是操作组织决策过程以影响组织内沟通渠道结构。管理层通过各种行政管理体系、等级渠道和信息关系影响甚至控制信息的流量、内容和流向。这种信息流就是所有管理过程的"生命之血",它决定了组织的生理机制。跨国公司必须建立起管理系统(administrative systems)、沟通渠道(communication channels)和信息联系(informal relationships),以有效地搭建起组织的生理机制。

3.发展组织心理机制——重新调整价值观和共享理念

在跨国公司当中,由于员工来自不同的国家或地区,管理层不能假定所有的人都遵循共同的价值观和规范。影响组织心理机制的主要因素包括:第一,对公司使命和目标的清晰而一致的理解;第二,高层领导公开的行为举止;第三,公司的人事政策、实践和体系。

六、跨国公司的管理变革

1.传统的变革过程(见图 11-5)

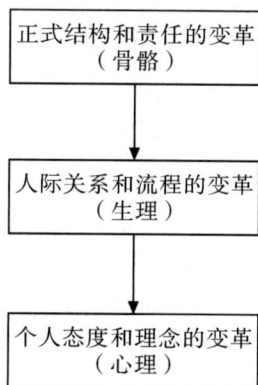

图 11-5　组织重构推动的传统变革过程

资料来源:[美]克里斯托弗·巴特利特,[英]休曼特拉·戈歇儿,[加]保罗·比米什著.跨国管理——教程、案例和阅读材料[M].赵曙明译.东北财经大学出版社,2010.

许多管理者认为公司的正式结构变革推动和主宰着组织的变化,这种信念在美国尤为强烈。许多公司的经理们认为,正式角色和报告关系的变化将会导致组织联系和决策过程的变化,而后者将反过来影响着管理者的思想和行为。这种传统变革过程强调变革始于正式结构和责任的变革,然后进行人际关系和流程的变革,最后进行个人态度和理念的变革。根据组织冰山理论,组织变革中最难变革的是隐含在冰山底部的个人态度、理念、文化和价值观点等。这种组织变革模式成本很高,重组组织结构中的各种关系需要漫长的适应过程,并且需要花费很长时间才能产生效用,而改变个人的态度和行为则需要更为漫长的时间,传统的组织变革模型在实施中将面临诸多阻碍。

2.新兴的变革过程(见图 11-6)

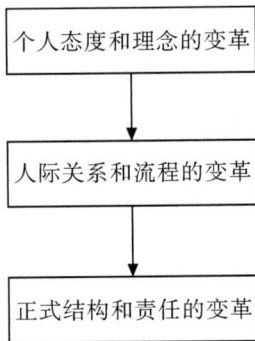

图 11-6 态度和理念的变化发动变革过程

资料来源:[美]克里斯托弗·巴特利特,[英]休曼特拉·戈歇儿,[加]保罗·比米什.跨国管理——教程、案例和阅读材料[M].赵曙明译.东北财经大学出版社,2010.

新兴的变革过程强调应该首先转变个人态度和理念,然后进行人际关系和流程的变革,最终实现正式结构和责任的变革。大多数欧洲企业和日本企业都采取这种变革模式。这些公司的高层管理者有意识地利用人事任命作为组织变革的一种重要机制。基于在早期管理实践中占主导地位的非正式联系,欧洲公司利用任命和调动来加强人与人之间的联系、增加组织凝聚力和保持政策连贯性。日本公司强调将个人融入组织之中,使员工个人的态度符合组织的整体价值观。新兴的变革过程理论强调,组织变革的首要目标常常是影响个人由其是在主要位置上的个人的理解和认知,然后进行一系列的旨在修正沟通和决策过程的变革;最后才是由结构重组所巩固和确认的变革。虽然渐进式的变革过程较少引起组织抵制,但是当出现危机时,可能要进行快速而彻底的结构重组。

七、跨国组织的变化趋势

第一,摈弃对正式矩阵结构的迷恋。需要更加重视文化等因素的影响作用,在组织变革过程中充分考虑组织文化建设。

第二,重新定义关键的组织维度。组织不仅仅是个生产制造部门,它是共生商业生态中的一个组成分支,需要基于广义利益相关者视角,从价值观、文化、制度、流程、产品、服务等多个角度去分析组织业务,而不能仅仅从一个维度去分析。

第三,转变职能管理层的角色。管理者需要理念更新,从管人、管事中解放出来,转变为创新变革的倡导者和推动者，需要把握正确的价值观念，将人的发展融入管理实践当中，需要具有全球视野和本土情怀，把握时代特点，注重科技发展和人文发展的有机统一。

本节学习了跨国组织特殊性、全球整合网络、组织架构的特征比较、如何构建跨国组织、组织变革流程和跨国组织变化趋势。希望同学们能够结合所关注企业的国际化实践，分析其过去和当前的组织设计特点，并对其未来组织设计创新，提出政策建议。

研究动态

Ambos T. C., et al. Managing interrelated tensions in headquarters-subsidiary relationships: The case of a multinational hybrid organization [J]. Journal of International Business Studies, 2020, 51(6): 906-932.

While all multinational organizations face the challenge of managing tensions between local integration and global responsiveness, they are increasingly required to pursue additional, often paradoxical, objectives-such as social and commercial goals. However, we know little about how these tensions at the core of the MNC strategy interact. Based on an inductive qualitative study of four headquarters-subsidiary relationships in a Latin American Multinational Hybrid Organization, we develop a model showing the interplay of multiple tensions and management approaches to address them. This allows us to contribute to research on subsidiary roles, which we found to differ depending on how multiple tensions are addressed. Furthermore, we add to the literature on hybridity in multinational organizations by pointing out how regional differences between units of a single organization unfold. Finally, we provide some practical recommendations for the management of multinational hybrid organizations.

Huang X. W., et al. Organizational structure and continuous improvement and learning: Moderating effects of cultural endorsement of participative leadership[J]. Journal of International Business Studies, 2011, 42(9): 1103-1120.

Building upon the culturally endorsed implicit theory of leadership, we investigated the moderating effects of national culture on the relationship between organizational structure and continuous improvement and learning. We propose that the relationship between organic organizations(characterized by flat, decentralized structures with a wide use of multifunctional employees) and continuous improvement and learning will be stronger when national cultural endorsement for participative leadership is high. We further propose that organizational group culture will moderate the relationship between organizational structure and continuous improvement and learning, but that these moderation effects will be stronger in national cultures with low endorsement of participative leadership. Empirical analysis of secondary survey data collected from 266 manufacturing plants operating in three industries and located in nine countries representing a diverse set of geographical regions provided support for the hypotheses. Overall, our findings indicate that, to fully realize the relationship between organic structures and continuous improvement and learning, managers must actively assess the extent to which the national culture endorses participative leadership. In cases where this endorsement is weak, managers should consider the extent to which the organizational culture will provide alternative support for the relationship.

补充阅读

1.[美]克里斯托弗·A.巴特利特,[加]保罗·W.比米什著.跨国管理:教程、案例和阅读材料[M].第 7 版.赵曙明,周路路,译.东北财经大学出版社,2017.

2.Ambos T. C., et al.Managing interrelated tensions in headquarters-subsidiary relationships:the case of a multinational hybrid organization[J].Journal of International Business Studies,2020,51(6):906-932.

3.Huang X. W.,et al.Organizational structure and continuous improvement and learning:moderating effects of cultural endorsement of participative leadership[J]. Journal of International Business Studies,2011,42(9):1103-1120.

案例分析

联想组织架构变革

2004 年 12 月 8 日,联想集团宣布并购 IBMPC 业务,其目的正像联想集团前 CEO 兼董事会董事 Stephen Ward 所言,是希望充分利用联想和 IBM 个人电脑事业部在客户群和地域等方面的互补优势,在产品、研发、供应链和采购等领域实现整合和协同效应。为了实现这一战略诉求,联想集团于 2005 年 2 月 4 日宣布对其组织架构进行重组。

在人事变动方面,柳传志隐退,原联想集团总裁兼首席执行官杨元庆担任新联想的董事局主席,原 IBM 的高级副总裁、个人系统事业部总经理 Stephen Ward 担任 CEO。新联想没有设置总裁一职,而是用 COO 来代替;原 IBM 个人电脑业务部门的总经理 Fran O'Sullivan 担任联想国际业务的 COO,原联想高级副总裁刘军担任联想中国业务的 COO。原联想副总裁刘志军继续担任联想移动业务的负责人;原 IBM PC 主管市场及策略的副总裁 Deepak Advani 将担任新联想的 CMO;原 IBM PC 主管全球销售的副总裁 Ravi Marwaha 担任新联想全球销售负责人;原联想高级副总裁乔松担任新联想的 CPO。原联想高级副总裁贺志强担任公司级研发系统的负责人;原 IBM PC 主管产品提供的副总裁 Peter Hortensius 担任新联想副总裁负责全球产品开发；原 IBM 的 Bill Matson 担任人力资源系统的负责人；原联想高级副总裁王晓岩负责新联想全球信息化系统的建设及联想中国的行政管理工作。在 13 位新联想集团管理层中，来自 IBM 的人士占了 6 席，包括首席执行官、国际业务首席运营官、首席市场官、全球销售负责人、全球产品开发负责人以及人力资源系统等重要职位的负责人。

在业务运营方面，新联想设立了联想国际和联想中国两大独立运营中心，联想中国的定位是"中国业务运营中心、全球研发管理中心和全球采购供应中心"，联想国际作为销售平台的色彩更浓一些。在中国市场上，就出现了联想中国和联想国际中国区两个并行的架构，不过后者主要是一个销售平台。

在研发整合方面，在顾及"保持稳定"的考虑下，原联想和 IBMPC 业务部门只是在后台的一些资源上进行有限度的整合——双方的研发团队高度共享资源，曾作为 IBM 笔记本电脑 ThinkPad 研发中心的日本大和实验室，开始为联想设计研发笔记本。此外，在后端 ODM(Original Design Manufacture)方面，双方代工厂的设计团队也进行了合并。

在顾客满意方面，为实现公司业务大幅增长，联想认识到必须使自己变得更加"柔性"。刘军认为，"联想今天要做的事情，就是希望通过业务流程的精细化设计打造一个柔性企业，可以在企业内部兼容不同的业务流程和价值链。我们希望通过这样一个精细化的设计体系最高效率、最大限度的满足不同客户要求"。

联想公布新组织架构：(1)新联想将全球的产品和产品营销业务整合为一个新的全球产品集团(负责人：弗兰·奥沙利文)；(2)将把供应链的各环节合并成一个新的全球供应链系统，该供应链系统将包括采购、物流、销售支持、供应链战略规划及生产制造等全面运作(负责人：刘军)；(3)新联想将区域总部由三个扩展到五个，区域总部将主要负责该地区的产品销售和客户服务(负责人：拉维·马尔瓦哈)。整合后的全球产品和供应链的新组织架构将在驱动创新、加强效率、提升客户满意度等方面发挥积极作用；在中国和印度市场设立区域总部，寻求新的发展机遇。

之后，联想集团对外公布了全新的全球组织架构，以加强联想在行业领先的创新能力，进一步提升客户满意度。联想原有业务和并购的 IBM 个人电脑业务将在全球范围内整合在一起，形成统一的组织架构。过去双方各自的产品运作、供应链和销售体系将合并，统一整合到这个全新的组织架构中。

为了延续 ThinkPad 和联想在业界领先的创新能力，新联想将全球的产品和产品营销业务整合为一个新的全球产品集团。这个产品集团将由联想集团高级副总裁兼首席运营官——弗兰·奥沙立文领导，她此前曾担任联想集团高级副总裁兼联想国际的首席运营官。该产品集团将主要负责联想品牌、Think 品牌和 IBM-Think 品牌产品的全球业务。产品集团下设了台式电脑和笔记本电脑两个国际业务群组，同时该产品集团还设有专门的数码等其他业务、客户服务和质量控制部门。

为了获得最高的运营效率，新联想将把供应链的各环节合并成一个新的全球供应链系统,该供应链系统将包括采购、物流、销售支持、供应链战略规划及生产制造等全面运作,将由联想集团高级副总裁兼首席运营官刘军领导这个全球供应链系统。刘军此前曾担任联想集团高级副总裁兼联想中国首席运营官。

新联想将区域总部由三个扩展到五个,区域总部将主要负责该地区的产品销售和客户服务,整体由联想集团高级副总裁拉维·马尔瓦哈领导。联想过去在美国和EMEA(欧洲、中东和非洲)这两个区域总部的组织架构将保持不变。联想在亚太的区域总部将主要负责日本、韩国、澳大利亚/新西兰、东盟等主要市场。在中国,Think品牌和联想品牌的业务将合并为一体,成立联想中国区——全球第四个区域总部,并由联想集团副总裁陈绍鹏兼任中国区总经理。从2006年1月1日开始,联想在印度设立第五个区域总部,向拉维·马尔瓦哈汇报。联想同时宣布将把设在中国北京、日本大和以及美国北卡罗州罗利的研发中心整合到一起,并统一由现任的联想集团首席技术官贺志强负责。调整后,贺志强、刘军、拉维·马尔瓦哈和弗兰·奥沙立文将直接向史蒂夫·沃德汇报。

联想集团首席执行官(CEO)史蒂夫·沃德表示:我们今天发布的全球组织架构是为了能在成熟市场和新兴市场中实现联想的创新战略、高效运作和达成高水准的客户满意度而设计的。客户告诉我们,他们之所以选择联想品牌和ThinkPad的产品是由于我们产品的设计和品质,而客户的需求也不断激励着我们更加快速而高效地在更广阔的市场内推出诸如"气囊技术"(保护硬盘数据的技术)和"一键杀毒"技术等业内领先的创新技术。

联想集团董事局主席杨元庆说"整合后的新联想将有能力为客户更快地带来更好的产品和服务,为员工带来更广阔的发展舞台,为合作伙伴带来更多的增长机会,为投资者带来更高的回报。整合使得联想完全合二为一,成为一间真正意义上的国际化公司。这将有利于我们打造更具竞争力的业务模式,提高效率,改善成本结构。这也将让我们有机会在保持原联想国际在大企业客户方面的竞争优势的同时,更大力度地开拓全球中小企业及消费市场"。

联想调整业务单元划分,聚焦新兴市场和成熟市场。顺应战略变革需要,联想宣布搭建新的组织架构:成立两个新的业务集团——一个专注于成熟市场客户,另一个专注于新兴市场客户。新架构取代公司现有的地理大区,目的是使之和公司战略方向以及市场特性更匹配,更好地服务客户。成熟市场集团将由现任高级副总裁兼EMEA区总裁Milko Van Duijl领导。新兴市场集团将由现任高级副总裁兼亚太和俄罗斯区总裁陈绍鹏领导。Milko Van Duijl和陈绍鹏的工作地点不变,分别在巴黎和北京。成熟市场集团覆盖:澳大利亚/新西兰、加拿大、以色列、日本、美国、西欧等地以及全球大客户。新兴市场集团覆盖:中国、韩国、东盟、印度、土耳其、东欧、中东、巴基斯坦、埃及、非洲(包括南非)、俄罗斯及中亚。包括墨西哥在内的拉丁美洲直接向联想集团总裁兼首席运营官Rory Read汇报,Rory在此前是美洲区、日本、澳大利亚/新西兰的代理负责人。

　　联想同时还宣布调整了其产品组织,目的在于强化对创新的专注并更好地服务商用客户和消费客户。新的 THINK 产品集团主要专注于关系型业务以及高端的交易型中小企业市场,将由现任负责产品集团的高级副总裁 Fran O'Sullivan 来领导。新的 IDEA 产品集团专注于新兴市场和成熟市场的主流消费者,以及交易型中小企业商用客户,将由现任高级副总裁兼消费集团总裁刘军来领导。THINK 和 IDEA 产品集团同时也将负责其产品端到端的业务模式。"这次调整使联想可以更好地在那些相似的市场发挥协同效应,因为这些市场具有相似特性,我们销售什么产品和采用什么方法开发市场也会相似,而传统上它们可能分属于不同的地理区域。"——联想集团首席执行官杨元庆说。"我们的目标是打造一个更快更顺畅的组织,它能够迅速地适应市场锁定强劲增长机会,同时更有效地把资源集中到核心业务上。"

　　资料来源:作者根据相关网站资料整理。

　　案例问题:请阅读以上案例材料,并结合其他媒体披露的联想组织架构变革信息,分析组织设计如何适应战略变革需要。

思考题

　　1.请阐述跨国组织特殊性。

　　2.请阐述跨国组织的结构形式。

　　3.请阐述如何构建跨国组织。

　　4.请结合本节理论知识,阐述所关注中国跨国公司的组织架构和变革流程。

作业与测试

一、单选题

1.下列关于国际化结构阶段模型的说法,不正确的是(　　　)。

　　A.由于跨国公司的组织结构对其管理过程的影响甚大,许多早期管理者和研究者都致力于寻找一种在各种条件下都适用的"正式结构"。

　　B.在这方面被广泛认同的一项研究是约翰·斯托普福德(John Stopford)对 20世纪 60 年代后期美国最大的 187 家跨国公司进行的研究。

　　C.该模型使用两个变量来描述大多数公司在进行海外扩张时所面临的战略和管理的复杂性:国际销售的产品数目(出口产品的数量)和国际销售对公司的重要性(国外销售额占总销售额的百分比)。

　　D.通过绘制 187 家样本公司组织结构变化图,发现全球型公司一般在国外扩张不同阶段采用不同组织结构。

2.下列关于国际化结构阶段模型的三阶段内容的说法,不正确的是(　　)。

  A.根据该模型,在向国外扩张早期,当国外销售量和销售产品多样性都很有限时,跨国公司一般通过一个国际部门来进行国际运作。

  B.显著增加了国外销售产品多样性但未扩大国际销售量的公司一般采用地区结构。

  C.通过增加在国外销售产品的多样性来进行扩张的公司则趋向于采用全球产品部门结构。

  D.当国外销售量和国外销售产品多样性都很高时,公司将采用全球矩阵结构。

3.理想上,矩阵结构应该富有成效,让生产一线的经理们同时向不同的组织部门汇报,应该能够使得公司在(　　)中保持平衡。

  A.全球效率　　　　B.地区反应　　　　C.多重沟通　　　　D.以上所有

4.下列关于矩阵结构的失败原因的说法,不正确的是(　　)。

  A.由于所有事情都要进行双重控制,矩阵结构放大了观点和利益分歧,容易激发组织矛盾。

  B.矩阵结构会导致很多层面上的冲突和混乱。

  C.冲突导致信息混杂,繁杂渠道导致问题提升,职责重叠引发责任推诿。

  D.矩阵结构看似诱人,实则陷阱重重,在采用时需要格外注意。

5.下列关于构建跨国组织能力的说法,不正确的是(　　)。

  A.矩阵管理不只专注于正式结构,可以将其作为组织设计的工具。

  B.为了有效管理一个复杂的组织,管理人员需要更广泛的组织管理工具。

  C.VUCA 环境下,企业战略越加复杂,需要组织架构具有更大灵活性和适应性。

  D.不仅需要界定正式责任的组织结构,而且更需要为组织发展开发一个合适的内部关系网络。

6.下列关于管理传统的说法,不正确的是(　　)。

  A.管理传统影响未来发展。组织当前和未来的发展变革,受到其发展历史的影响。

  B.跨国公司曾经出现三种典型的组织架构,分别是分散联合体、协调联合体和集权中心型。

  C.组织不仅受到外在环境的影响,也受到内在环境的影响。

  D.组织的管理传统不重要,组织变革不用考虑组织的管理传统。

7.下列关于分散联合体的说法,不正确的是(　　)。

  A.20 世纪 40 年代前的典型的美国跨国公司中,分散联合体占主导地位。

  B.在分散联合体下,当地子公司能够改进产品和创新营销手段,以满足差异化的本土需求。

  C.二战以前信息沟通落后,总部介入海外企业的能力有限,各海外企业能够自主发展。

D.分散联合体下战略选择基于了解和响应地方市场。

8.下列关于协调联合体的说法,不正确的是(　　)。

A.大多数美国公司管理是建立在分权之上,保留复杂的管理体系和专家体系进行整体控制。

B.20 世纪 50—60 年代的典型的美国跨国公司中,协调联合体占主导地位。

C.这种协调机制提供了日常运营管理信息,并且由高层管理者协调控制。

D.协调联合体相比于分散联合体,海外子公司更不容易受到总部的协调和控制。

9.下列关于集中管理的说法,不正确的是(　　)。

A.20 世纪 70—80 年代,日本公司不效仿美欧企业,选择在价值链中发展其竞争优势。

B.集中管理强调总部对于海外业务的行政控制。

C.通过集中管理,日本公司能够保持其信息密集型的、员工依赖型的文化导向型管理体系。

D.集中管理的战略选择着重于传播母公司的技术以及市场技能等。

10.集中管理的主要战略能力和海外经营的任务分别是(　　)。

A.全球规模效率;调整和灵活运用母公司的竞争力

B.母国创新的全球转移;实施母公司战略

C.全球规模效率;实施母公司战略

D.各国市场反应能力;调整和灵活运用母公司的竞争力

11.下列说法不正确的是(　　)。

A.跨国公司面临多维度的环境压力,因此需要建立起多维度的管理能力,以灵活承担多维度的决策角色和责任。

B.跨国企业的组织特点是全球效率和地区响应。

C.在跨国公司内部,需要培养不同团队的能力、信誉和影响力,保障主导团队的士气和能力。

D.跨国公司需要建立起多维度的组织,使得不同管理团队的影响力能够得到平衡。

12.下列说法不正确的是(　　)。

A.采取多元管理视角是必须的,但需要同时满足不同管理视角的要求。

B.组织需要安排其资产、资源和能力,构建整合网络结构,以适应全球一盘棋的战略要求。

C.在整合网络结构中,跨国公司强调分散却相互依存的专业资源和能力。

D.构建全球财务中心不是跨国公司变革重点。

13.哪种组织结构适用于跨国战略,公司同时追求全球效率、本土响应和创新学习?(　　)

A.分散联合体　　　B.协调联合体　　　　C.集权型组织　　　D.网络型组织

14.下列说法不正确的是（　　　）。

A.构建跨国组织需要在跨国环境下,运营一个相互联系的体系,需要收集、交换和处理大量复杂的信息。

B.构建跨国组织,除了组织架构和管理机制以外,每个组织还需要一个强烈影响其运行方式的心理机制,包括公司明确的、隐含的价值观和管理理念。

C.传统的组织变革首先是正式结构和责任的变革,其次是人际关系和流程的变革,最后是个人态度和理念的变革。

D.新兴的组织变革流程强调首先进行人际关系和流程的变革,然后是个人态度和理念的变革,最后是正式结构和责任的变革。

15.下列关于跨国组织的变化趋势的说法,不正确的是（　　　）。

A.需要将文化等因素的影响作用放在首位,在组织变革过程中主要考虑组织文化建设。

B.组织不仅仅是个生产制造部门,它是共生商业生态中的一个组成分支,需要基于广义利益相关者视角,从价值观、文化、制度、流程、产品、服务等多个角度去分析组织业务。

C.管理者需要理念更新,从管人和管事中解放出来,转变为创新变革的倡导者和推动者。

D.职能管理层的角色需要转变,需要把握正确的价值观念,将人的发展融入管理实践当中,需要具有全球视野和本土情怀,把握时代特点,注重科技发展和人文发展的有机统一。

二、多选题

1.被（　　　）等阻隔的经理人发现,矩阵结构很难消除混乱和解决冲突。

A.地域　　　　　　B.时间　　　　　　C.语言　　　　　　D.文化障碍

2.为了有效管理一个复杂的组织,管理人员需要更广泛的工具,需要关注下列哪些方面?（　　　）

A.管理系统　　　　　　　　　　B.沟通渠道

C.人际关系　　　　　　　　　　D.对组织的管理传统有深刻的了解

3.虽然行业分析能够显示公司的战略挑战和市场机遇,但是把握机遇和迎接挑战离不开组织现存内部环境和发展投入。这些内部因素包括下列哪些项?（　　　）

A.资产结构　　　B.资源分配　　　C.管理职责　　　D.组织规范

4.下列哪些企业是采用分散联合体的典型例子?（　　　）

A.飞利浦　　　　B.宝洁　　　　C.联合利华　　　D.雀巢

5.下列哪些企业是采用协调联合体的典型例子?（　　　）

A.通用电气　　　B.宝洁　　　　C.辉瑞制药　　　D.索尼

6.跨国企业的三个组织特点是:（　　　）。

　　A.全球创新与学习能力　　　　　　B.多维度的决策角色和责任

　　C.分散却相互依存的能力　　　　　D.灵活的整合流程

　　7.在整合网络结构中，管理层认识到，遍布于全球各地的子公司或单位是有利于组织发展新的（　　　）。

　　A.思想　　　　　　B.技能　　　　　　C.能力　　　　　　D.知识

　　8.在整合网络结构中，跨国公司强调分散却相互依存的专业资源和能力，重视产品和（　　　）等生产资源在组织内部进行大规模自由流动，并在公司共同决策环境下灵活运行。

　　A.零部件　　　　　B.资源　　　　　　C.人员　　　　　　D.信息

三、判断题

　　1.道化学公司(Dow Chemical)作为全球矩阵结构的先行者，最终采用的还是一种传统的、地区经理责任明确的结构。花旗银行(Citibank)曾经被认为是矩阵结构的典范，但是经过几年试验之后，最终放弃了这种双重汇报组织模式。（　　　）

　　2.未来组织发展中，不仅需要界定正式责任的组织结构，而且更需要为组织发展开发一个合适的内部关系网络。我们需要考察传统管理系统，了解其特点、优势和局限性，这样才能更好地引导未来组织建设。（　　　）

　　3.VUCA 环境下，企业战略越加复杂，需要组织架构具有更大灵活性和适应性。正式结构是一种有力但迟钝的组织工具，结构匹配越加显得困难。（　　　）

　　4.组织不仅受到外在环境的影响，也受到内在环境的影响。内部环境是制约组织发展还是促进组织发展，取决于内部环境与组织发展态势的适应程度。（　　　）

　　5.在 20 世纪 70—80 年代的典型的日本跨国公司，集中管理占主导地位。这种组织架构内部运行的基础是，强调团队行为，重视民族文化规范。（　　　）

　　6.在实施协调联合体的美国企业眼中，公司新产品和新制度来自子公司。（　　　）

　　7.新时代背景下，共建人类命运共同体，发展共生的商业生态，是企业发展的唯一选择。（　　　）

　　8.集权型组织适用于全球战略，追求全球规模效率，关键资产和能力集中在总部并追求全球效率，海外公司角色是采用母公司能力，知识在总部发展并保留。（　　　）

四、名词解释

　　1.国际化结构阶段模型

　　2.VUCA 环境

　　3.分散联合体

　　4.协调联合体

　　5.集中管理

　　6.跨国公司的独特内涵

五、简答题

　　1.请简述矩阵结构的失败原因。

2.请阐释协调联合体这种组织结构发展的时代背景及其自身特征。

3.请从战略手段、主要战略能力、资产和能力结构、海外经营任务、知识的发展与扩散等特征,对分散联合体、协调联合体和集权中心进行比较。

4.请说明强大而灵活的整合流程的特点与三种主要的决策机制。

5.请简述如何构建跨国组织。

第 **12** 章
进行全球性创新和学习：
跨边界的知识管理

第 1 节　中心式和地区式的创新模式

学习导航

本节内容包括如下主题:三个关键能力 S-R-I、中心式创新模式、地区式创新模式、跨国式创新模式、四种创新模式的不足之处、中心式创新活动的特点、如何使中心创新活动富有成效、地区式创新活动的特点、如何使地区创新活动富有成效。

通过本节学习,希望同学们能够理解跨国企业中心式创新模式和地区式创新模式的特点,从而为企业国际化创新战略制定和组织设计奠定基础。

在以信息为基础、知识密集型的 21 世纪,企业不仅需要通过开发新市场和降低成本来增强竞争优势,而且还面临着建立跨国公司的挑战。建立跨国公司能够使企业感知其他国家的潜在客户,连接各种新技术,在其他国家开发新产品和服务,并促使创新在全世界快速传播。随着跨国公司了解了彼此的竞争优势,变得对全球规模效率和当地适应性更熟悉时,它们转而通过全球学习,联结和有效利用全球资源以获取竞争优势。大型跨国公司需要管理大量的创新技术。

一、企业需要把握的三种关键能力

企业创新需要培育三种重要能力,分别是市场感知能力(S)、市场回应能力(R)和决策执行能力(I)。市场感知能力是指对市场需求潮流和趋势的灵敏预判。市场回应能力是指企业在市场感知基础上,对市场需求潮流和趋势的反应能力,这反映在企业的产品设计能力、制造能力、销售能力和服务能力等上。决策执行能力是指企业将创新成果运用于市场的范围和能力,它可能仅应用于本土市场,也可能运用于其他市场,甚至逆向创新应用于母国市场。

二、中心式创新模式

1.中心式创新模式的特点和局限性

全球中心式(center-for-global)的创新模式是指母国感知新的机遇,将资源和能力集中起来以创造新产品和工艺,子公司负责将创新引入当地市场。英特尔公司开发奔腾处理器就是这一模式的经典案例。全球中心式创新模式所面临的最大风险,在于对市场不敏感,以及随之而来的遭到子公司管理层的抵制,因为它们认为母公司提供不适当的新产品和新工艺。

2.中心式创新模式的解决对策

为使中心型创新活动富有成效,跨国公司需要做到如下几点。

第一,集中子公司的投入——多重联系。高度中央集权型的公司面临的两个最为重要的问题是:总部不了解市场的需要;各个子公司被要求贯彻总部各项决策却又不愿投入并承担责任。这些问题最好通过在总部和海外子公司之间建立多维联系来解决,这些联系不仅可以帮助总部管理者更好地理解各国的市场和机会,而且也可以使子公司的管理者直接介入并参与到总部的决策和各项任务中去。例如日本的松下电器并不限制总部与子公司之间的多重联系渠道,或只侧重于单一的渠道,许多公司出于效率的考虑也是如此。然而,松下公司尽量保留了不同部门的不同观点、特殊地位的权利,以使这些子公司确信它们与总部的相应部门之间存在联系,这些部门能够反映并为他们的意见争辩。

第二,对区域需求做出反应——市场机制。松下公司创立了一种一体化模式,使得总部那些负责研发、制造和市场的主管们与那些运作在第一线的经理人们一样,时时刻刻感觉到压力和紧迫。要实现组织任务,关键因素之一是公司要自觉地运用"市场机制"来指导和约束总部的各项活动。在松下公司,全球研究预算中的将近一半的费用不是分配给研发实验室,而是分配给产品部门。这种分配预算的目的是要建立起一种机制。在这一机制下,技术导向的创意和市场导向的创意可以通过竞争来得到选择。每年各产品部门提出一系列他们愿意资助的项目建议,同时各实验研究部门举办展览并写出他们愿意承担的项目建议书。产品部门的工程师和开发人员负责其后的合同与谈判过程。特定项目由各产品部门资助并在其选定的各实验室或研究机构之间分配。

第三,管理责任的转移——人员流动。通过人员流动,有助于人员了解不同岗位工作,从而形成更加和谐一致的工作和管理氛围,保证与项目相关的特定知识能够随同人员流动而一起流动。在松下公司，工程技术人员的职业生涯是预先设计好的，需要花几年时间在总部的研究实验部门从事基础研究工作，然后花几年时间在产品生产部门从事应用研究和开发，最后在直接的职能部门如生产和营销部门，担任直线职能部门的管理职务。每个工程技术人员随着他们从事的主要项目的转移而从一个部门转移到下一个部门。松下公司跨越职能整合的一种机制是，公司让那些即将负责产品制造任务的管理人员从研发过程一开始就成为该产品研究小组的全职成员。这一做法不仅把制造方面的专门知识直接注入研发队伍中，而且有利于研究设计完成以后的转移。松下利用该机制来实现产品部门的专业知识从总部向全世界销售子公司转移。

三、地区式创新模式

1.地区式创新模式的特点和局限性

地区—地区式(local-for-local)的创新是指跨国公司依赖子公司所具有的知识进行开发，子公司利用自身资源和能力完成创新活动并满足当地需要。印度快乐蜂公司在进入每一个市场后，都要根据当地市场的偏好，适当地调整其快餐食品。在这一创新模式中，子公司利用他们自身的资源和能力完成创新活动并满足当地的需要。其局限性在于，地区—地区式创新常常因为不必要的差异化，以及由于资源丰富的子公司为了保持其独立性和自主性而采取"重新掌舵"行为。

2.地区式创新模式的解决对策

为了使地区创新活动富有成效，跨国公司需要做到如下几点。

第一，对地区管理授权(empowering local management)。在分散联合型的公司里，支持地区性创新模式最重要的因素是组织资产和组织资源的配置和权力的下放。这样一种分散管理和分散技术资源的模式，结合地方自治和资源的分散控制，使得子公司的管理者们在从事地区性开发、制造和其他职能活动时更为有效。

第二，把地区经理和公司决策过程联系起来(link local managers to corporate decision-making processes)。在许多欧洲公司，将企业家型管理者派往海外子公司的做法，对于发展和维持这种联系，具有极其重要的作用。例如，在飞利浦公司，许多最为优秀的管理者总是在海外度过他们职业生涯中的大部分时间。他们在一个海外子公司工作3～4年，然后再换到另一个地方；与荷兰总部狭小的国内市场相比，这些管理者通常有更大的职责和更高的职位。这种职业生涯模式对于管理态度和组织联系具有重要的影响。派驻海外的管理者倾向于强烈地认同当地组织的观点，这种认同一致性在公司内部创造了强有力的约束力和独特的亚文化。与飞利浦公司相反，松下公司派驻海外子公司的管理人员很少往来，他们只是把自己看作是总部指派到海外子公司的临时代表。

第三,整合子公司的各项职能(integrate subsidiary functions)。各子公司内部的强有力的跨职能的整合提高了分散联合型组织的地区性创新的效果。例如,大多数飞利浦子公司在三个层面上采取了整合机制:(1)local level:对每个项目而言,都有一个被飞利浦称为项目小组(article team)的组织,由来自贸易和技术部门的相对低层级的经理人员组成,其责任是提出产品政策,准备年度销售计划和预算。(2)product level:通过建立产品小组管理团队(product group management team)来实现跨职能协调,团队成员包括技术代表和商业代表,其责任是每月开会总结成果、提出改进建议和解决职能部门间的矛盾。对这一层次的控制和冲突的协调,有助于对地区层次所提出的建议和创新意见作出迅速地反映和保持高度的敏感。(3)subsidiary level:公司内的最高协调机构是高层管理委员会(Senior Management Committee,SMC),由公司内高层商业主管、技术主管和财务主管组成,类似于子公司的董事会。该委员会在各个职能部门之间进行协调,以确保海外子公司对自身战略和重大事项承担主要责任。子公司管理层借此来对自身行动作出决定以及解决各种问题,而不必逐层逐级向上汇报和请求批准。

本节学习了三个关键能力 S-R-I、中心式创新模式、地区式创新模式的不足之处、中心式创新活动的特点、如何使中心创新活动富有成效、地区式创新活动的特点和如何使地区创新活动富有成效。希望同学们能够结合所关注企业的国际化实践,分析其过去和当前的创新战略和创新模式,并对其未来创新模式设计,提出政策建议。

研究动态

Lopes T. D., et al. Organizational innovation in the multinational enterprise: Internalization theory and business history [J]. Journal of International Business Studies,2019,50(8):1338-1358.

This article engages in a methodological experiment by using historical evidence to challenge a common misperception about internalization theory. The theory has often been criticized for maintaining that it assumes a hierarchically organized MNE based on knowledge flowing from the home country. This is not an accurate description of how global firms operate in recent decades,but this article shows it has never been true historically. Using longitudinal data on individual firms from the nineteenth century onwards,it reveals evidence of how entrepreneurs and firms with multinational activity faced with market imperfections changed the design of their headquarters and their organizational structures.

Turkina E.,A. Van Assche.Global connectedness and local innovation in industrial clusters[J].Journal of International Business Studies,2018,49(6):706-728.

In today's knowledge economy, clusters are a key driver of a country's competitiveness. Yet a cluster's technological base is now more than ever influenced by constituent firms' actions to tap into distant knowledge sources. Drawing on a social network perspective, and distinguishing between horizontal versus vertical organization-based linkages, we explore the effects of a cluster's connectedness to foreign locations on its innovation performance. We show that improvements in horizontal and vertical connectedness both stimulate a cluster's innovation performance, but that their relative effects vary across cluster types. Innovation in knowledge-intensive clusters disproportionately benefits from enhancements in their constituent firms' horizontal connectedness to foreign knowledge hotspots. Innovation in labor-intensive clusters mostly gains from stronger vertical connections by their firms to central value chain players abroad. We discuss the implications of our findings for research on global knowledge sourcing and cluster upgrading.

补充阅读

1.[美]克里斯托弗·A.巴特利特,[加]保罗·W.比米什.跨国管理:教程、案例和阅读材料[M].第 7 版.赵曙明,周路路,译.东北财经大学出版社,2017.

2.Lopes T. D., et al.Organizational innovation in the multinational enterprise:Internalization theory and business history[J]. Journal of International Business Studies,2019,50(8):1338-1358.

3.Turkina E., A. Van Assche.Global connectedness and local innovation in industrial clusters[J].Journal of International Business Studies,2018,49(6):706-728.

思考题

1.请阐述企业需要把握的三个关键能力。

2.请阐述中心式创新模式、地区式创新模式的内涵及其不足之处。

3.请阐述中心式创新活动的特点以及如何使中心创新活动富有成效。

4.请阐述地区式创新活动的特点以及如何使地区创新活动富有成效。

5.请结合本节理论知识,阐述所关注中国跨国公司的创新实践。

第2节 地区杠杆式和全球纽带式的创新模式

学习导航

本节内容包括:关键创新能力、中心式创新模式和地区式创新模式、地区杠杆式和全球纽带式的创新模式、四种创新模式的不足之处、跨国创新的认识误区和跨国创新的政策建议。

通过本节学习,希望同学们能够理解地区杠杆式和全球纽带式的创新模式,了解跨国创新的认识误区以及政策建议,从而为企业国际化创新模式设计奠定基础。

随着知识产权范围的不断扩大,跨国公司面临如何从积累的知识中获得最大化回报的挑战。从员工角度来看,负责知识产权申请的部门是跨国公司中最盈利的部门。很多技术密集型的跨国公司现在从专利中获得的收益大于自行生产获得的收益。在竞争性的环境中,在全球范围内培育和迅速传播创新成为创新的关键因素。跨国公司的海外子公司必须发挥重要作用,它们必须承担传感器功能,将新的市场趋势或者技术发展动态信息反馈给母公司;它们必须能够吸引到稀缺人才和技术知识;它们还必须能够与其他子公司合作,以便在全球范围内有效地利用创新成果或解决方案,而不管其来自哪里。然而,对于大多数跨国公司而言,在全球范围内创造、有效利用和运用知识并不是非常轻松的任务。在本节中,我们将分析一个非常重要的问题:如何培育并传播知识以支持全球范围内的创新和学习。

一、跨国式创新模式的特点和挑战

当许多跨国公司试图把中心式创新模式和地区式创新模式的有利方面加以综合利用时,这两种模式中存在的差别意味着对于任何特定公司而言,通常只能以其中一种创新模式为主。中心式创新模式在全球战略公司或国际战略公司中占据主导地位,而地区式创新模式在多国战略公司中更加容易看到。跨国式创新模式包含地区杠杆式(locally leveraged)和全球纽带式(global linked)两种创新模式。

1.地区杠杆式(locally leveraged)的创新模式

该模式是指跨国公司确保子公司的特定资源和能力不仅被国内单位使用,而且能够被跨国公司在全球范围的其他单位利用。Sara Lee公司进入20世纪90年代以后,在日用品和保健品分部的两个最大的品牌——Sanes和Ambipur,最初是在西班牙开发的，随后在全球范围内大量生产。其局限性在于，地区杠杆式创新可能受到"非本地发明"症状的威胁，这常常阻碍了一个子公司所开发的新产品和新工艺向跨国公司内部其他子公司的成功转移。

2.全球纽带式（globally linked）的创新模式

该模式将跨国公司内部不同单位的资源和能力集中起来，并在母子公司层面共同开展和管理某一活动。大众企业的新甲壳虫（New Beetle）的创意最初来自美国底特律的总部办事处，该车的设计是由加利福尼亚的设计室完成的，而开发和工程工作是由公司在德国总部的沃尔夫斯堡完成。全球纽带式创新的主要缺点在于协调成本高昂，这些协调成本用来联结广泛分散的单位、资源和能力，以形成思想和创新自由流动、有效的一体化网络。

建立创新过程组合以推动全球范围内的学习，要求跨国公司克服两个相关但不同的问题：（1）防范各种创新模式的缺陷；（2）克服组织冲突的方式，以便同时管理不同的创新来源。NUMMI 是 GM 和丰田公司的合资汽车公司，上百名通用汽车管理人员参与该工厂运营，希望学习丰田公司管理方式。但是，美国合作者将 NUMMI 的经验应用到其他工厂后，还是无法进行有效管理。跨国公司必须塑造一种理念：鼓励子公司管理者发挥主动性，而且总部管理者更容易接纳其海外子公司的能力和潜力。这就需要在公司不同单位之间建立联系（例如，在澳大利亚的设计和生产部门与通用汽车在底特律的全球营销和销售部门建立联系），以便有效利用现有资源和能力，开拓跨国公司分散在各地的业务机会，而不管这些机会和能力来自哪个地区。

二、使跨国创新模式可行

在许多跨国公司中，有三种简单的假设阻碍了公司跨国运作所需的组织能力。一是假定组织内部不同单位的角色是相同的和对称的，这一假设使得跨国公司用同一种方式来管理不同业务、职能和不同子公司的运作；二是假设母子公司之间的关系是简单的单方依赖和各自独立；三是假定管理层的主要任务是统一制定决策和进行控制。因此，要使跨国式创新模式可行，必须实现如下转变。

1.从对称到差异化，每一业务单元都有其独特角色

例如联合利华（Unilever）先按产品区分，然后按职能划分，最后区分地区。在产品方面，不同业务面临不同的整合与适应性挑战。例如标准化、协同化和一体化的化工产品和洗涤产品给公司带来了高回报，但是不同国家的文化和口味存在差异，使得包装食品这类产品很难达到同样水平的协调和一体化。在职能方面，考虑到成本控制和竞争效果，联合利华打破传统，开始在整个欧洲进行产品开发和采购，但总部没有承担销售和推广的责任。最后在地区方面，欧洲的管理层逐步提高了欧洲子公司产品协调小组的作用,最终使他们对公司中所有同类业务负有全部责任;拉丁美洲的子公司管理依旧是传统的直接控制,产品协调人只是发挥顾问的作用。

2.从依赖或独立到相互依存

独立的子公司有被竞争对手各个击破的风险,全球性协调模式则使公司能够获得两大战略优势:对研究、制造和其他规模—效益型活动进行整合的能力,以及在一国市场上获得高利润来交叉补贴由于争夺某一市场而发生的损失。另一方面,国外子公司如果完全依赖母公司就要冒这样的风险:不能对强大的东道国竞争对手进行有效的反击,也不能充分认识和发现当地的区域市场和技术资源。要建立一个有效的、相互依存的组织结构,必须满足两方面的要求。首先,公司必须建立一个资源结构,它既不是集权的也不是分权的,而是分散化与专门化的。这样的一种结构应该居于跨国公司一体化网络运作模式的中心。其次,要建立子公司之间的整合机制,以保证相互依存的工作任务能够产生协同作用的利益而非冲突带来的协调瘫痪。另外,子公司之间的合作要求不同单位的管理者之间保持良好的个人关系。

3.从单一控制到差别化协调

(1)在物流方面,通过物流使得错综复杂的组织内部各单位间得以配置各种原材料和其他辅助材料,将组件、部件和分销产品连接起来。(2)在资源流方面,不仅包括资本的分配和红利的发放,还包括技术转移和通过这一体系进行的人员流动。在这种组织当中,只有那些对全局充分了解的经理才有可能在项目融资、稀缺技术资源共享以及组织能力和技术的分配上做出关键的决策。对资源流动的管理是集权式协调的典型范例。(3)在信息流方面,它包含了从原材料到加工后的信息以及积累的知识和嵌入的经验,所有这些都是公司必须在世界范围内各个子公司之间进行传播和共享的资源。最为有效的方法是使各地区管理者对公司全局的目标和重点任务保持高度的敏感性。要实现这一目标,最好的方式是对具有相关知识的人员进行调换,或者通过设立组织论坛来让大家充分、自由地交换信息并鼓励各子公司之间相互学习。

总体而言,不同模式有其优点和局限性,但整体发展趋势是朝着地区杠杆式和全球纽带式模式方向发展。为此,需要注意克服打破"NIH"症状,建立协作与相互依存,以支持地区杠杆式和全球纽带式创新模式的发展。

本节学习了关键创新能力、中心式创新模式和地区式创新模式、地区杠杆式和全球纽带式的创新模式、四种创新模式的不足之处、跨国创新的认识误区和跨国创新的政策建议。希望同学们能够结合所关注企业的国际化实践,分析其过去和当前的创新模式特点,并对其未来创新模式选择,提出政策建议。

 华为全球联合创新中心简介

2006 年 10 月，华为和沃达丰集团在西班牙正式成立了第一个联合创新中心——移动联合创新中心 MIC，宣告业界大 T 和华为的合作进入了一个崭新的阶段。经过 7 年的耕耘，华为已经和业界 10 余个运营商共同建立了 28 个联合创新中心，包括中国、欧洲、北美、中东及东南亚在内的重量级电信运营商，成功合作的重要创新课题超过 100 个以上。至此，联合创新中心已经成为持续提升双方战略伙伴关系的一个重要载体。

联合创新中心的建立，旨在通过双方的合作，充分借助运营商和华为在各自领域的深厚能力，强强合作，通过持续的商业模式探索和通信技术创新，在给用户带来更好更优质的应用体验的同时，也给运营商带来更多收益。

华为作为业界唯一一个在移动网络、固定网络、IP 领域都处于领先地位的设备商，在通信业向"云"和"终端"延伸的行业趋势中，创新优势更加明显。目前，联合创新中心所承担的技术研究领域，已经从最初的无线接入侧，扩展到网络通信技术、业务支撑系统、能源等各个主要领域。针对现有的各类联合创新中心，双方都投入了优秀专家，运营商战略、想法、需求和华为的创意、理念、技术在这里充分碰撞，反复激荡，最终形成创新型解决方案，并在这里快速实践，及时投放市场，为用户和运营商带来价值，并引领行业技术发展潮流。

联合创新中心已经孵化出许多有影响力的创新成果，如 SingleRAN、IP 微波、融合计费平台等等，已经成为现在业界的主流部署模式，运营商为此节省了大量的网络成本，用户也享受到了更好、更便宜的通信服务。无论是移动宽带接入、固定宽带接入、云计算、IP 技术、移动互联网、家庭网络、固定融合移动、传统语音与未来通信技术的融合、运营运维系统、智能终端以及移动支付、智能城市新型业务等等，每个创新中心都有自己的专题聚焦领域，帮助运营商应对技术挑战，探索业务模式，实现高效运营。

多年来的联合创新进程已经证明它是业界最佳合作实践之一，全球领先的信息与通信解决方案供应商，将和运营商共同推进联合创新的发展，协助运营商执行既定战略，深化双方的战略合作伙伴关系。

资料来源：华为公司官方网站。

 美的公司创新实践

美的，秉承"要么第一，要么唯一"的理念/目标，持续加强研发投入，布局全球优势研发资源，构建六大研发中心，涵盖 33 个研究领域，形成从共性基础技术到个性化关键技术的技术图谱。近年来，美的通过跨界融合、人工智能、数字仿真上的技术突破,不断创新升级产品,积极推动行业发展。迄今为止,美的专利授权维持量达 5.7 万件,授权发明专利连续四年家电行业第一。

资料来源:美的公司官方网站。

企业实践

海尔开放创新模式演化

第一阶段:开放——打破封闭研发模式

· 2009 年 11 月,海尔开放式创新中心成立,正式开启对开放式创新的探索。

第二阶段:连接——构建全球创新资源网络

· 2010 年 1 月 5 日,无尾电视展出;成功孵化海尔第一个产业小微——海尔无线。

· 2010 年 7 月,HOPE 新门户上线,需求发布与资源对接,形成创新内部转化方法。

第三阶段:交互——与外部资源协同创新

· 2013 年 10 月,HOPE 平台 1.0 上线——开放式创新探索发展为线上线下并进。

· 2014 年 6 月,HOPE 平台 2.0 上线——实现用户、资源在平台上零距离交互。

第四阶段:迭代——正向循环的开放创新体系

· 2015 年 4 月 23 日,HOPE 平台作为中国案例收录到《中外技术贸易报告》。

· 2015 年 5 月 7 日,HOPE 平台迎来第一个第三方客户佛吉亚。

· 2015 年 8 月 7 日,Agent(创新合伙人)计划启动。

· 2016 年 8 月,HOPE 平台入选《创新管理》一书,成为创新标杆案例。

· 2016 年 12 月 15 日,"创新合伙人计划"升级,正式开启创新社群模式探索。

第五阶段:共生——共创共赢共享的创新生态

· 2020 年 7 月,HOPE 创新服务体系,正式开启产品化、轻量化、高并发的探索阶段。

· 2020 年 2 月,HOPE 创新活动正式进入品牌化、线上化、快速推广裂变阶段!

· 2019 年 12 月,HOPE 合伙人大会 暨 HOPE 10 周年庆典大会,隆重举行!

· 2019 年 11 月,HOPE 正式启动数据驱动服务升级时代!

HOPE(Haier Open Partnership Ecosystem)依托"人单合一"管理模式及"世界就是我的研发部"的开放创新理念,经过多年发展已经成为海尔旗下独立的开放式创新服务平台。HOPE 平台是一个创新者聚集的生态社区,一个庞大的资源网络,也是一个支持产品创新的一站式服务平台。HOPE 全球创新网络,构建于 2010 年,历时十年在全球范围内与 30+创新合作伙伴建立合作关系,形成了一张动态优化的生态资源网络。自 2017 年 HOPE 陆续在全球创新技术高地构建了 5 个定位区域资源整合的创新中心,分别是以色列创新中心、美国硅谷创新中心、新加坡创新中心、日本创新中心和深圳创新中心。生态资源网络覆盖核心技术领域 100＋，全球可触达技术资源超过 100 万＋。全球生态资源网络的逐步健全，保证了企业创新的源泉，让企业创新成为"日不落"的创新。

从全球领先的技术情报、技术发展趋势的分享，到根据用户需求整合创新技术资源，线上线下的技术路演活动，一对一的技术对接，商务谈判等专业的服务，海尔致力于陪用户从创意想法的产出到项目成功转化落地，提供全流程的创新服务。期待更多的全球创新伙伴，行业技术领路人与我们一起找到技术落地的机会，期待更多的产品开发，技术创新者联系我们，让我们为您的事业提供更多的可能。

资料来源：海尔公司官方网站。

思考题：请阐述海尔公司开放式创新平台特点，并对此加以评价。

研究动态

Hejazi W., et al. Selection, learning, and productivity at the firm level: Evidence from Canadian outward FDI[J]. Journal of International Business Studies, 2021, 52 (2): 306-320.

The superior productivity performance of outward foreign direct investment (FDI) firms is attributable to both ex ante advantages gained within the home market and ex post learning, which emanates from MNE experiences in host markets. Learning is modeled as a function of firm-level R&D efforts, absorptive capacity, and host-country characteristics. Using a firm-level panel database on all firms in Canada, a large-scale econometric analysis is undertaken to show that the host-country environment is central to MNE learning. We also quantify results in the extant literature on the share of the superior productivity exhibited by FDI firms into that which emanates from the home market, and that which is linked to expost learning, finding 79% attributable to the selection effect, and 21% to the learning effect. The implications of these results are that, since productivity is endogenous to FDI, firms which are below a threshold level required to be successful internationally ex ante can nevertheless succeed if learning can move these MNEs above the required threshold for success ex post. As such, this research provides insights into strategies and host-country environments which lead to ex post productivity improvements for firms undertaking outward FDI, and hence informs the FDI decision at the firm level.

Lewin A. Y., et al. Absorptive capacity, socially enabling mechanisms, and the role of learning from trial and error experiments: atribute to Dan Levinthal's contribution to international business research[J]. Journal of International Business Studies, 2020, 51(9): 1568-1579.

The concept of absorptive capacity (AC) of firms (Cohen and Levinthal 1989 and

1990)is a foundational feature of organizational learning and adaptation that has had enormous influence in international business(IB),and innovation studies and management research in general. In this tribute to Dan Levinthal,we discuss the close connection between AC and learning-two areas central to Dan Levinthal's research-in relation to different contexts where AC comes into play in extant IB research. We discuss four specific aspects of the nexus of AC and learning in the context of IB:(1) bridging between intra-and inter-firm learning;(2)a routine-based framing of AC that emphasizes processes and capabilities underlying seeking,assimilating,and innovation in a global setting;(3)the role of socially enabling mechanisms,and(4)the logic of learning through trial and error experiments within firms and countries.

Kriz A.,C. Welch. Innovation and internationalisation processes of firms with new-to-the-world technologies[J].Journal of International Business Studies,2018,49 (4):496-522.

While there has been considerable research into the internationalisation of high-technology firms,it mostly assumes that these firms are pursuing global opportunities for technologies which are ready to be sold. This assumption does not hold for firms with 'new-to-the-world' technologies still under development. We investigate the internationalisation patterns of such firms by means of a qualitative case study. Our findings show the internationalisation patterns of the case firms to be uneven and discontinuous in nature. We attribute these patterns to the dialectical tensions which decision-makers confront between expanding internationally and developing their technologies. The nature and duration of the uncertainty inherent to bringing new-to-the-world technologies to global markets explains why tensions between innovation and internationalisation dominated,rather than synergies. In these conditions of fundamental uncertainty,the case firms were unable to benefit from the positive,self-reinforcing learning mechanism that underlies both the Uppsala internationalisation process model and the accelerated(early and rapid)internationalisation postulate. Instead,the dialectical process model which we develop recognises the socio-technical nature of technology,the impact of fundamental uncertainty,and the need to account for non-linearity and interdependencies in the internationalization process.

补充阅读

1.[美]克里斯托弗·A.巴特利特,[加]保罗·W.比米什.跨国管理:教程、案例和阅读材料[M].第 7 版.赵曙明,周路路,译.东北财经大学出版社,2017.

2.Hejazi W.,et al.Selection,learning,and productivity at the firm level:evidence from Canadian outward FDI[J].Journal of International Business Studies,2021,52

（2）：306-320.

3.Lewin A. Y.，et al.Absorptive capacity，socially enabling mechanisms，and the role of learning from trial and error experiments：atribute to Dan Levinthal's contribution to international business research［J］.Journal of International Business Studies，2020，51（9）：1568-1579.

4.Kriz A.，C. Welch.Innovation and internationalisation processes of firms with new-to-the-world technologies［J］.Journal of International Business Studies，2018，49（4）：496-522.

📖 思考题

1.请阐述地区杠杆式和全球纽带式的创新模式及其不足之处。

2.请阐述跨国创新的认识误区和政策建议。

3.请结合本节理论知识，阐述所关注中国跨国公司的创新实践。

第 3 节　GE 中国技术中心：从 ICFC 到 ICFW 的角色演变

💬 学习导航

本节内容包括：案例背景与决策问题、CTC 在中国发展历史、GE 在中国建立 CTC 的原因、ICFC（In China for China）、ICFC 向 ICFW 转型、GE 中国技术中心的管理实践以及 Chen 的地区经理角色。

通过本节学习，希望同学们对通用电气 CTC 从 ICFC 到 ICFW 的角色演变有深刻认识，理解跨国公司不同创新模式的特点和优缺点，从而为中国企业国际化进程中的创新模式设计奠定基础。

一、案例背景和决策问题

案例背景：本案例讨论 GE 公司旗下中国技术中心（CTC）从 In China For China（ICFC）到 In China For World（ICFW）的演变过程。CTC 早期扮演的角色是帮忙解决当地技术问题，给中国市场设计适应性产品。CTC 与本地工程师、销售人员和企业产品经理组建研发团队，确定营销战略以及与当地供应商建立关系。

决策问题:基于 ICFC 的成功实践,GE 正在考虑将其提升为 ICFW。GE 必须考虑在长期内 CTC 能否给公司全球研究网络创造价值?Chen 作为 CTC 总经理,在未来 5 年应该采取什么举措?

二、CTC 在中国发展历史

2000 年,Chen 在上海组织创建 CTC,总部提供技术支持和产品研发。本土团队负责建立有能力的当地团队,学习顾客需求、营销渠道、供应商关系等方面的知识。

"在中国,为中国"战略:打造 local-for-local 的创新模式。

"在中国,为全球"战略:打造 center-for-global 的创新模式。

三、GE 在中国建立 CTC 的原因

市场因素:中国作为全球最大的新兴市场,与成熟市场相比有更大发展潜力和成长空间。

人才因素:中国有优秀的人才资源,在 2000 年大约有 160 万的大学生,33% 大学生学习工程学,其比例远远高于德国和印度,中国大学生的项目实践经验和团队合作能力都在逐步提高。

要素成本:中国新兴市场低成本优势,原材料和劳动力价格较为低廉。

竞争者因素:GE 主要竞争者 Siemens、Philips、Toshiba 在中国市场的发展态势,迫使其不得不在中国开拓业务以占据市场份额。

政策因素:中国政府鼓励跨国公司在中国建立技术研发中心,中国在 R&D 方面的投资占 GDP 的总额也在逐步上升,中国正在制定和执行创新驱动发展战略。

四、"在中国,为中国"战略

2008 年,GE 中国研发中心(CTC)全面启动"在中国为中国"研发战略,专门研发针对中国市场的新产品、新技术和新解决方案。以 GE 医疗集团为例,GE 医疗集团在中国的技术研发团队为改善医疗服务开发的"在中国,为中国"产品,不仅满足了中国市场的需求,而且成功反向创新推向全球。

五、ICFC 向 ICFW 转型

2013 年,CTC(中国技术中心)由以本土为创新导向,转变为致力于在关键业务领域成为卓越中心,从而推动全球部分业务网络中心向中国转移的转型。

ICFC 向 ICFW 转型的原因。第一,机会。中国不断发展,市场不断成熟、政府日

益关注创新,并加以政策支持、CTC 有潜力成为全球创新者、尚未开发的工业互联网、GE 的创新文化。第二,挑战。来自全球其他跨国公司和中国本土竞争者的竞争挑战(外部)、来自全球其他研发中心的资源竞争(内部)。

GE 的转型方向。第一,确定 CTC 发展方向。通过架起顾客、供应商和其他利益相关者之间的利益桥梁,聚焦于平台创新,发展成为全球卓越中心。第二,制定未来技术蓝图。在医疗、能源,运输、智能制造和大数据分析等行业发展为行业领导者。

ICFC 向 ICFW 转型的发展建议。第一,中国在 GE 全球业务组合中的重要性。第二,CTC 与 GE 全球研究网络的纽带。第三,CTC 产业优先项目。

六、GE 中国技术中心的管理实践

第一,发展本土团队。需要考虑到如下几个因素:领导者背景,即该从哪里来,本土还是国外,组织内还是组织外,文化差异、教育背景和职业经历。

第二,产品经理角色。为了克服研发人员与市场需求相脱节的管理问题,GE 设置了产品管理人员和生产管理人员。这些人员必须拥有来自下游业务经验,拥有国内市场和海外市场的经验,具有领导能力并能够得到不断学习和培训,得到团队全体人员信任和支持。

第三,项目管理和协调。GE 在中国有多个研发中心,如上海、成都、北京、江苏、西安。在管理和协调这些研发中心及研发项目时,依据两个原则:(1)每个研发中心有自己的研发焦点;(2)CTC 在管理不同创新中心(例如,成都创新中心)和不同业务功能(例如,健康业务部门)中扮演着协调角色。

第四,产品沿着金字塔向下流动。案例中以健康业务部门为例,解释 CTC 如何开发新产品,以满足中国中档市场需求。当 GE 把产品推向金字塔底部时,它通过开发新产品和提高客户接入度,来使自己更富有创新力。GE 在中国设立创新中心,以满足来自金字塔底端的市场需求。

第五,反向创新。GE 超声波设备业务是反向创新的典型例子。首先,标准超声波设备在发达市场运作良好,但是过于昂贵、庞大和复杂。这些设备是面向发达市场需要而研发的,有着高端的科学技术基础和复杂的健康基础设施。其次,中国有着庞大的农村市场,农村市场有着庞大的健康医疗设备需求,但是保有量严重不足,并且缺乏足够的健康基础设施。中国市场对于健康医疗设备的需求与发达国家存在差异。再次,中国市场需求标准成为其他发展中国家甚至发达国家的商品标准。

Chen 的地区经理角色:第一,双重文化阐释者;第二,地区利益倡导和维护者;第三,公司战略一线实施者。

我们用 CTC 项目经理陈向利的一段话,来总结 ICFC 与 ICFW 的区别:"过去,CTC 致力于技术本土化、产品改造和再设计,然后是本地市场驱动的创新。希望未来CTC 能够变成一个完美的核心业务领域的中心,来推动全球网络中心的重心向中国转移。"

本节学习了案例背景与决策问题、CTC 在中国发展历史、GE 在中国建立 CTC 的原因、ICFC(In China for China)、ICFC 向 ICFW 转型、GE 中国技术中心的管理实践以及 Chen 的地区经理角色。希望同学们能够结合所关注企业的国际化实践,分析其过去和当前的创新模式特点,并对其未来创新模式设计,提出政策建议。

资料来源:GE 中国技术中心:全球创新中角色的演变,By Haiyang Li and Rebecca Chung,NO. 9B15MC099 IVEY Publishing。

章后案例

华为云:助力企业数字化转型,赋能城市产业集群创新

作为深耕 ICT 领域的老兵,华为持续将基础研究与科技创新视为发展基石,如今这种创新,延伸到了云服务。短短 3 年的时间,华为云已经服务全国 100+城市,以创新中心为载体,为地方产业数字化转型赋能,助力产业新旧动能转换。华为云产业云创新中心为 100 万+企业提供软件开发、人工智能(AI)、工业互联网、物联网(IoT)、增强现实与虚拟现实(AR/VR)、智能网联汽车、鲲鹏生态、区块链等数字使能服务,为培育经济增长新动能提供重要引擎。330 个产业集群连成的珠三角,被认为是世界上最具经济活力的区域之一,以珠三角为代表的广东产业转型和创新,则是中国经济转型过程中最具代表性的样本。在 2020 中国工业互联网大会暨粤港澳大湾区数字经济大会现场,首个由华为牵头的东莞松山湖电子信息产业集群入选 2020 广东特色产业集群数字化转型试点。华为携东莞松山湖"电子信息""机器人与智能装备"两大产业集群数字化转型成果亮相本次展会。

时间倒退两年,作为面向制造业企业提供智能工厂整体解决方案的广东拓斯达科技股份有限公司,已经开始了智能化实践。2018 年,拓斯达 T-MES 系统落户华为云,通过整合工业机器人硬件设备、MES 等软件系统以及工业物联网,打造完成了智能工厂的完整解决方案。同年,拓斯达 T-MES 系统亮相华为生态伙伴大会,正式完成了为制造企业提供数字化转型服务的身份转变。仅在东莞工业互联网产业云创新中心,华为云就联合多家生态伙伴提供丰富的数字化和智能化解决方案,涉及工业仿真、电子行业制造执行系统(MES)、供应链管理(SRM)、工业 IoT、ERP、计算机辅助设计(CAD)等领域。拓斯达表示,下一步,拓斯达计划与华为云进一步深化 5G+工业互联网赛道探索和合作,更好地助力自身及制造业客户迈向智能化。

针对东莞松山湖的实践,华为云中国区总裁洪方明概括起来就是:"引领产业集群数字化进程,通过与行业标杆性企业或重要的工业装备集成服务商进行合作,形成共性程度较高的行业解决方案后,再到行业进行复制推广,最终助力产业上下游数字化转型升级。"长三角集成电路和软件信息服务产业规模分别约占全国 1/2 和 1/3,在电子信息、生物医药、高端装备、新能源、新材料等领域形成了一批国际竞争力较强的

创新共同体和产业集群。华为云产业云创新中心，面向区域产业数字化转型，交出了一份自己的答卷。

2019 年 9 月，华为无锡软件开发云创新中心、华为无锡工业互联网创新中心、无锡锡山工业互联网创新中心在锡山商务区揭牌。创新中心新的落地是锡山推动信息化与工业化深度融合的重要成果，是锡山软件和工业互联网产业孵化展示的重要载体，是大数据时代锡山数字经济发展重要的基础设施和关键性支撑项目。无锡是新日电动车重要的生产基地，华为云创新中心落户无锡，新日成为第一批受益企业。新日电动车借助华为云工业互联网平台 FusionPlant 平台，利用其 aPaaS 能力和 ROMA 集成能力，采用华为云 IMC、SRM、ROMA 和 WeLink 构建了新日供应链协同平台，打破新日供应链的数据壁垒，实现了与供应商的数据互联互通，促进了高效协同运营。

在谈到华为云对新日的改变时，新日 IT 高级经理潘胜利说，"华为云可以帮助企业解决各种各样的问题和需求，另外随着企业管理精细化程度加深，系统越来越多，市场数据也非常多，需要一个平台来整合数据、挖掘数据价值，华为 ROMA 平台可以解决这一问题。"2019 年落户常州的常州国家高新区工业互联网（华为云）创新中心是华为云布局长三角地区的首个工业互联网创新中心，立足于常州国家高新区，辐射整个苏南以及长三角地区，推动工业互联网平台落地，推广工业互联网提升方案，构建工业互联网产业孵化、展示、培训基地。创新中心运行以来，有力提升了常州产业融合创新水平，有力加快了常州制造业数字化转型步伐，有力推动了常州实体经济的高质量发展。

常柴股份有限公司是一家有一百多年历史的民族工业企业，当传统制造业遇见工业互联网，又会擦出怎样的火花？2019 年，常柴和华为云常州工业互联网创新中心达成了合作，开发了"智慧发动机远程管理"平台，充分运用互联网，以大数据为基础，旨在打造"互联网＋农业"的商业新模式。该平台打破了传统三包服务流程的束缚，实现了对发动机设备的远程诊断、刷写、专家远程支持、实时状态监控、预警消息推送等智能控制，基于数据库和 AI 技术，实现不解体检测准确率 90% 以上，有效解决传统售后服务成本高、响应周期长等难题。此外，常柴依靠此平台可获得产品的生命周期数据和分布使用情况，有助于研发人员进一步优化产品。同时也为常柴服务资源分布、备件库存优化提供数据支撑，通过数据分析还可以绘制用户画像，从而实现精准营销。据了解，目前在常柴远程管理平台上的发动机已有 2 000 多台，预计今年年底将达到 5 000 多台，而手机端的 App 使用已在线涵盖 8 00 多个服务站、2 000 多个技师，月使用量 10 000 多次，粗具规模。

云、AI、5G 下，常柴智慧发动机远程管理平台的开发和使用，是农机产业迈向智能化发展的一大步。创新是引领发展的第一动力。抓创新就是抓发展，谋创新就是谋未来。在创新中心的谋篇布局，无疑是华为云实现快速弯道超车，跃居我国云计算市场份额第二名的有力保障。坐落于广西的中国—东盟（华为）人工智能创新中心，即服务于广西产业数字化转型与发展,更为"一带一路"建设提供了强有力的技术保障。广西是农业大省,农业的数字化转型已成为广西农业发展的必然趋势。创新中心在对广西农业产业进行深入调研之后,与广西慧云信息技术有限公司达成合作,为助力慧云信息推动"耘眼"AI 农技服务平台在广西的落地应用,提供了华为云 AI 开发平台 ModelArts。

"耘眼"AI 农技服务平台,能够通过人工智能技术像农业专家一样看懂、理解农业,快速识别植物的病虫害状况,掌握农作物的物候期,有效减少重复性劳动强度,让农业生产变得更加智能化,帮助农户解决生产中遇到的各种问题。除了在技术上的合作,创新中心利用合作渠道,为慧云拓展数据搜集渠道,提供 AI 生态市场,帮助慧云将技术能力开放给全国的农业用户使用,开拓更大的市场,承接更多的农业项目,呈现品牌价值,加速产品和服务推广。目前,耘眼使用人数已超过 10 万,覆盖面积超过 300 万亩。耘眼每天平均处理农户提问超过 10 000 个,与传统靠技术人员下乡的农技服务模式相比,问题处理效率提升近百倍;平均每天发现病虫害 4 000 次,每天避免复配药害 2 200 次。

广西是重要的农业种植业区域,也是我国对外开放的前沿阵地。华为云创新中心,为各行各业提供数字化转型服务。自 2004 年来,中国—东盟博览会成为中国和东盟各国商贸交流的平台,博览会的举办对广西的经济及产业发展有着重要影响,为广西文化产业带来发展机遇和重要启示。随着"一带一路"建设和中国—东盟自贸区升级版建设的加快推进,广西与东南亚国家的交流日渐趋于频繁,随之而来的就是翻译人才的缺乏带来的矛盾。在此背景下,创新中心与广西达译科技有限公司开展了深度合作。广西达译科技有限公司是一家为中国—东盟自贸区提供语言服务技术的高科技公司,"基于东南亚语言大数据的智能技术研发与应用"项目着力解决"一带一路"的中国—东盟语言互通问题,项目产品涵盖自主研发的面向东南亚小语种文字机器翻译、语音识别与合成、语音智能翻译、智能会议以及东南亚互联网信息大数据分析等系统。目前达译迫切希望打造一个针对泰语、马来语、越南语等十余种东盟国家语言的在线翻译平台,立足广西的区位优势进行全面推广应用。在通过与达译的多轮深度沟通,创新中心协助达译制定了达译东南亚小语种在线翻译平台的设计方案,集合机器翻译、语音识别与合成、拍照翻译等功能,以适应市场发展的客观需求。目前达译正在将核心能力部署至华为云市场,后续华为云也将帮助达译将技术能力封装成解决方案,通过华为平台做好市场推广,帮助广西本土企业在东南亚小语种的智能翻译和语音技术领域不断前进,加大加快产品的技术研发与推广落地。

从人工翻译到一部小语种翻译机,从高端技术到普惠 AI,中国—东盟(华为)创新中心将通过华为云助力广西达译在国际舞台上展示人工智能技术的独特魅力,让每一个人都能沟通容"译",通过 AI 听清东盟友人的声音。从"一带一路"沿线到大洋彼岸,华为云已在全球展开全面布局,打造强大的数字化生态,以期与全球万千企业共同持续推进全球数字化进程。通过持续聚焦核心业务,实现技术、产品、服务的可持续创新迭代，华为云正逐渐成为全球各大企业的首选。截至 2020 年 9 月，华为云与全球 2 000 家技术合作伙伴开展深度合作，云市场上架伙伴应用数量超过了 3 500 家，与伙伴在全球 23 个地理区域运营 45 个可用区。华为正在用自己的行动与全球伙伴携手构建网络空间命运共同体，华为云既是中国云，更是世界云。"科学技术从来没有像今天这样深刻影响着国家前途命运，从来没有像今天这样深刻影响着人民幸福生活。"未来，华为云将继续发挥云、AI 和 5G 的协同优势，通过全栈技术创新，提供稳定可靠、安全可信、可持续发展的公有云服务和混合云解决方案，赋能应用、使能数据，做智能世界的"黑土地"，与伙伴一起使能千行百业，实现数字化转型和智能化升级。在构建以国内大循环为主体、国内国际双循环相互促进的新发展格局下，华为如何实现换道超车，在危机中育先机，于变局中开新局，仍是需要披荆斩棘的坎坷征程。可以预见的是，未来的天空一定清澈动人，还有那一朵熠熠生辉的霞云。

　　资料来源：https://www.huaweicloud.com/cloudplus/tenthphase/detail02.html。

　　思考题：华为云是如何助力企业数字化转型并赋能城市产业集群创新的？

思考题

1. 请阐述 GE 在中国建立 CTC 的原因。
2. 请阐述 ICFC 和 ICFW 的内涵和转型。
3. 请结合本节理论知识，阐述所关注中国跨国公司的创新实践。

作业与测试

一、单选题

1. 下列说法不正确的是（　　）。
   A. 市场感知能力是指企业在市场感知基础上，对市场需求潮流和趋势的反应能力。
   B. 地区—地区式创新模式是子公司利用自身的资源和能力完成创新活动并满足当地的需要。
   C. 地区杠杆式的创新模式是确保子公司特定资源和能力能被全球范围内其他单位使用。
   D. 决策执行能力是指企业将创新成果运用于市场的范围和能力。
2. 全球中心创新模式的不足之处是（　　）。
   A. 来自市场不敏感性的风险，可能遭到子公司管理层的抵制
   B. 来自重复的风险，"重新掌舵现象"

  C."非本地发明"(NIH)症状的威胁

  D.高昂的协调成本

3.下列哪项不是中心式创新活动的特点？（ ）

  A.总部感知全球机会

  B.集中资产和资源来支持单一的全球响应

  C.分散的联盟组织

  D.中央集中决策,各部门分散执行

4.下列哪项不是地区式创新活动的特点？（ ）

  A.分散的联盟组织

  B.各子公司感知当地需要

  C.分散资产和资源来应对本地响应

  D.中央集中决策,各部门分散执行

5.为了使中心创新活动富有成效,下列说法不正确的是（ ）。

  A.需要在总部和海外子公司之间建立多维度的联系纽带。

  B.集中创新模式需要特别关注各子公司的能力挖掘和培养,将其打造成为卓越
   网络节点。

  C.全球公司管理重点是要自觉应用内部行政机制来指导和约束总部的各项职
   能活动。

  D.公司需要意识到,要努力维护不同的观点、优先次序以及在全球不同群体之
   间的偏见,从而确保他们能够与总部代表进行联系。

6.地区杠杆式创新的不足之处是（ ）。

  A.来自市场不敏感性的风险,可能遭到子公司管理层的抵制

  B.来自重复的风险,"重新掌舵现象"

  C."非本地发明"(NIH)症状的威胁

  D.高昂的协调成本

7.下列认识有误的是（ ）。

  A.组织内部不同单位的角色是相同和对称的。

  B.在公司内部不同部门之间需要建立相互依存关系并对其进行管理。

  C.不是把控制当作主要工作,而是通过复杂机制来协调和引导差异化和相互
   依存。

  D.不同的业务、职能和子公司并非同一性质。

8.下列关于企业从对称到差异化的说法,不正确的是（ ）。

  A.对称性是指地区业务经理向子公司经理汇报,子公司经理向区域经理汇报,
   区域经理向公司总部汇报。

  B.由于国别差异,不同地区应该采用不同的运作方式。

  C.企业不需要打破对称的潜在思维,不需要采取差异化的治理策略。

D.企业需要根据地区、产品和职能的不同,采取差异化的治理政策。

9.下列关于企业从依赖或独立到相互依存的说法,不正确的是(　　)。

A.企业需要建立分散化与专业化的相互依赖的结构,以适合世界范围内的创新与学习。

B.世界是共生的,需要秉承共同体理念,建立共生的商业生态。

C.总部、地区总部与子公司之间以及不同业务部门之间需要建立起密切、顺畅、有效的沟通机制,共同致力于业务发展。

D.在单位间相互依存的工作任务中不需要关注个人关系是否和谐。

10.下列关于 CTC 在中国发展历史的说法,不正确的是(　　)。

A.2000 年,Chen 在北京组织创建 CTC,总部提供技术支持和产品研发。

B.Local Team 是指当地团队,他们学习顾客需求和供应商关系等知识。

C.ICFC STRATEGY 意在打造 local-for-local 的创新模式。

D.ICFW STRATEGY 意在打造 center-for-global 的创新模式。

11.下列关于 GE 在中国建立 CTC 的原因的说法,不正确的是(　　)。

A.在市场因素方面,中国作为全球最大的新兴市场,与成熟市场相比有更大发展潜力和成长空间。

B.在人才因素方面,中国有优秀人才资源,中国大学生的项目实践经验和团队合作能力都在逐步提高。

C.在竞争因素方面,GE 主要竞争者在中国市场的发展态势,迫使其不得不在中国开拓业务以占据市场份额。

D.在要素成本方面,中国政府鼓励跨国公司在中国建立技术研发中心,中国在 R&D 方面的投资占 GDP 的总额也在逐步上升,中国正在制定和执行创新驱动发展战略。

12.下列关于 ICFC 和 ICFW 的说法,不正确的是(　　)。

A.CTC 启动 ICFC 研发战略,专门研发针对中国市场的新产品、新技术和新解决方案。

B.CTC 实施 ICFC 战略,不仅满足了中国市场的需求,而且成功反向创新推向全球。

C.2013 年,CTC 由以本土为导向创新转变为致力于在关键业务领域成为卓越中心。

D.来自全球其他跨国公司和中国本土竞争者的竞争挑战和来自全球其他研发中心的资源竞争是 CTC 转型的内部机遇。

13.下列关于 ICFC 向 ICFW 转型的说法,不正确的是(　　)。

A.中国市场不断成熟、政府日益关注创新、CTC 有潜力成为全球创新者、尚未开发的工业互联网、GE 的创新文化是其转型的机会。

B.ICFC 向 ICFW 转型只需要考虑以下两点:中国在 GE 全球业务组合中的重

要性、CTC 与 GE 全球研究网络的纽带。

  C.GE 在转型时需要确定 CTC 发展方向,聚焦于平台创新,发展成为全球卓越中心。

  D.GE 在转型时制定未来技术蓝图,在医疗、能源、运输、智能制造和大数据分析等行业发展为行业领导者。

14.下列关于 GE 中国技术中心的管理实践的说法,不正确的是( )。

  A.为了克服研发人员与市场需求相脱节的管理问题,GE 设置了产品管理人员和生产管理人员。

  B.产品管理人员和生产管理人员必须拥有来自下游业务经验,拥有国内市场和海外市场的经验,具有领导能力并能够得到不断学习和培训,得到团队全体人员信任和支持。

  C.GE 在中国有多个研发中心,在管理和协调这些研发中心及研发项目时,依据两个原则:(1)每个研发中心有自己的研发焦点;(2)CTC 在管理不同创新中心和不同业务功能中扮演着决策者的角色。

  D.当 GE 把产品推向金字塔底部时,它通过开发新产品和提高客户接入度来使自己更富有创新力。GE 在中国设立创新中心来满足来自金字塔底端的市场需求。

二、多选题

1.根据 SRI 模型,企业创新需要培育以下哪三种重要能力?( )

  A.市场感知能力   B.市场预测能力

  C.市场回应能力   D.决策执行能力

  2.市场回应能力是指企业在市场感知基础上,对市场需求潮流和趋势的反应能力,这反映在企业的哪些具体能力上?( )

  A.产品设计能力 B.制造能力   C.销售能力   D.服务能力

  3.跨职能协调是通过建立产品小组管理团队来实现的。这一团队中的( )包括定期开会提出改进意见以及解决部门间矛盾。

  A.技术代表   B.商业代表   C.财务主管   D.人力资源主管

  4.下列哪些项属于对跨国创新的认识误区?( )

  A.认为组织内部不同单位的角色是相同和对称的。

  B.认为多数跨国公司是按照十分清晰的单位间相互独立或相互依赖的模式,来建立其内部各单位间联系。

  C.认为一个跨国公司管理层的主要任务,就是统一制定决策和进行控制。

  D.以命运共同体思想为指导,建立起共生的商业生态。

  5.下列哪些属于企业从对称走向差异化的举措?( )

  A.提高战略柔性和运营柔性

  B.提高基层差异化和顶层统一化的辩证统一

C.强化顶层设计

D.释放基层活力

6.在分散化与专业化的相互依赖的组织架构中,所有国家业务都具有感知角色,以发现当地的哪些信息?(　　　)

　　A.政策法律　　　　B.技术趋势　　　C.竞争态势　　　　D.消费潮流

7.在跨国创新的政策建议中,从单一控制到差别化协调,包括对下列哪些内容的协调?(　　　)

　　A.物流　　　　　　B.资金流　　　　C.高管层　　　　　D.信息流

8.由 GE 中国技术中心的管理实践可以认识到,在发展本土团队时,需要考虑到哪些因素?(　　　)

　　A.领导者背景　　　B.文化差异　　　C.教育背景　　　　D.职业经历

三、判断题

1.以松下为例,松下公司每个工程人员随着他们从事的主要项目转移,从一个部门转移到下一个部门,保证了与项目相关的特定知识,能够随人员一起流动。这一举措使得中心创新活动更加富有成效。(　　　)

2.对于欧洲企业来说,将企业家型管理者派驻到海外子公司的做法,对于发展和维持这种母子公司关系至关重要。这种派驻方式对于管理者的管理理念、态度和文化产生重要影响。(　　　)

3.在分散联合型公司里,支持地区型创新模式的重要因素是组织资产和资源的配置和授权。例如,联合利华公司和飞利浦公司,拥有完善的分权化联合治理机制,它们在地区式创新模式上,有着完善的授权机制。(　　　)

4.公司之间的整合机制能够保证相互依存的工作任务产生协同作用而不是业务冲突。(　　　)

5.在对跨国创新的政策建议中,从单一控制到差别化协调包括对产品、资源和知识流动的复杂协调。其中对于信息流需要注重社会化协调方式,构建高效的信息流通机制。(　　　)

6.对于跨国创新而言,不是把控制当作主要工作,而是通过复杂的机制来协调和引导差异化和相互依存的组织单位,使得他们具有共同的愿景、使命和价值观。(　　　)

7.CTC 早期扮演的角色是帮忙解决当地技术问题,给中国市场设计适应性产品。CTC 与本地工程师、销售人员和企业产品经理组建研发团队,确定营销战略以及与当地供应商建立关系。(　　　)

8.CTC 经理 Chen 的地区经理角色包括:第一,双重文化阐释者;第二,地区利益倡导和维护者;第三,公司战略一线实施者。(　　　)

四、名词解释

1.市场感知能力

2.决策执行能力

3.全球中心的创新模式

4.全球纽带式的创新模式

5.地区—地区的创新模式

6.地区杠杆式的创新模式

五、简答题

1.请阐述如何使中心创新活动富有成效。

2.请阐述如何使地区创新活动富有成效。

3.请阐述对跨国创新的认识误区,并说明面对这些认识误区,跨国公司需要采用哪些完全不同的观念和标准来取代。

4.世界是共生的。请阐释企业如何秉承共同体理念,建立起共生的商业生态?

5.请阐述 GE 中国技术中心的管理实践的成功之处。

第 13 章
发展跨国战略执行力

第 1 节　国际人力资源管理

学习导航

　　本节内容包括如下主题：国际人力资源管理的概念、国际企业人员的招聘、国际企业人员的培训、国际企业人员的考评和国际企业人员的薪酬。

　　通过本节学习，希望同学们能够初步了解国际化背景下的人力资源管理系统，从而为企业国际化发展奠定基础。

一、国际人力资源管理的概念

　　国际人力资源管理是企业国际化的重要内容，涉及在全球范围内进行人力资源的招聘管理、培训管理、薪酬管理和晋升管理等。国际人力资源管理需要做到如下几点：第一，制定全球商业战略；第二，使人力资源议题与商业战略相一致；第三，设计和领导组织变革；第四，建立全球企业文化；第五，打造全球性的 HR 组织。国际人力资源管理是决定企业国际化成败的重要因素，甚至是决定性因素。因此，我们需要站在全球一盘棋的战略高度，采用历史的视野和全球的视野，充分审视全球商业价值生态的机会和挑战，以战略为导向，发展战略性人力资源管理系统。

二、国际企业人员的招聘

　　国际企业人员招聘与国内企业人员招聘在本质上是一致的，特殊性在于它是在全球范围内进行人才选拔，以适应公司国际化发展需要。因此，在招聘计划、招聘政策、招聘流程、招聘标准、招聘途径方面会存在差异。国际企业人员招聘,需要站在企业国际化发展战略高度,进行战略性人员招聘,以支持公司国际化战略发展需要;需要高度关注国别文化差异、国别制度差异、国别政策差异、国别习惯差异、国别价值观差异、国别薪酬差异和国别工作方式差异等,在公平就业、人权自由、信息保护等方面尊重当地市场各种硬性和软性规定。

外派人员来源地:第一种,母国国民,即雇员的国籍与母公司所在地一致;第二种,东道国国民,即雇员的国籍与子公司所在地相同;第三种,第三国国民,即雇员的国籍既不是母公司所在国也不是子公司所在国。

外派人员岗位类型:首席执行官(CEO)、职能部门主管、排除技术故障的技术人员和业务操作者。

需要考虑的甄选标准:文化敏感性与适应性、独立性与稳定性、语言能力、年龄、经历与教育、到外国工作的动机、家庭因素、技术、管理与领导能力等。

三、国际企业人员的培训

国际企业人员培训需要立足于公司国际化发展战略需要,在培训计划制订、培训人员选拔、培训内容安排、培训具体事宜等方面,进行全球一盘棋规划,使得人员培训能够适合公司战略发展需要。外派人员培训方面,需要做好预备培训、启程前培训、抵达后培训和进入工作岗位后的培训等,建立全流程和多维度的系统化培训系统,以满足公司国际化发展需要。以启程前培训为例,培训内容涉及:(1)东道国情况,包括政治制度、外交关系、政府机构、驻外使馆、经济体制、历史传统、文化传统、生活条件、民族习惯、健康要求、签证办理等;(2)工作内容,包括工作任务、职责待遇、驻外期限、薪酬休假、岗位职责、工资奖励和补贴等;(3)家属随从制度,安排好家庭事务。

四、国际企业人员的考评

考评既要满足公司发展需要,也要尊重东道国法律制度和文化传统。例如,美国社会、日本社会和欧洲社会在员工绩效考核方面存在差异。因此,中国企业在国际化进程中,在不同国家需要制定不同的、符合当地各项政策规定和文化习俗的业绩考评措施。在采用集团优越型方式的公司中,常在子公司中使用与总公司相同的绩效评估方法,或将评估表翻译成当地语言,或一成不变统一使用母公司的语言。在采用多中心型或地区中心型方式的公司,公司在每个国家或地区发展起一套本土化的评估体系。在采用全球化型方式的公司,则在全球范围内使用相同的评估体系,但这种方法必须具有全球适应性。

五、国际企业人员的薪酬

薪酬是人力资源管理的重要内容。国际企业人员薪酬管理,需要立足于企业国际化发展战略需要,并尊重当地薪酬制度和薪酬文化,使得薪酬制度能够有效激励员工工作积极性,留住优秀员工,合理淘汰不合适员工,使得薪酬制度能够有效支持战略性人力资源管理需要。开发一套国际性薪酬津贴系统需要考虑的因素,首先是可比性,即在内部员工间具有可比性,同时在外部市场上具有竞争力。其次是成本。此外,设定薪酬与津贴水平应考虑的因素,包括当地人才供应状况、通行的工资率、对外派人员的使用以及当地法规要求等。

本节学习了国际人力资源管理的概念、国际企业人员的招聘、国际企业人员的培训、国际企业人员的考评和国际企业人员的薪酬。希望同学们能够结合所关注企业的国际化实践,分析其当前人力资源管理实践,并对其提出政策建议。

企业实践

华为公司员工管理实践

努力奋斗的优秀人才是实现可持续发展的主体力量,是我们保持竞争力和持续领先的重要因素。多年来,华为坚持"积极、多元、开放"的人才观,构建公司与人才同创共赢的人才管理机制;关注员工的职业发展,持续牵引全体员工提升岗位需要的专业能力,并为员工提供多种价值实现通道;注重员工多元化,强化本地人才队伍建设,让本地人才成为公司在当地业务发展的重要力量;坚持不拘一格用人所长、在实战中持续识别、在机会中不断磨炼优秀人才的梯队建设机制,对优秀员工破格提拔,激发员工创造力与组织活力。

1.员工多元化

华为的业务遍及全球 170 多个国家和地区,在海外坚持优先聘用本地员工,持续构建多元化、多样性的员工队伍,无论员工的性别、种族、民族或宗教信仰等,都拥有同样的工作、学习和发展机会。截至 2019 年 12 月 31 日,华为全球员工总数 19.4 万人,其中研发员工约 9.6 万人,占员工总数的 49%。华为的员工来自全球 157 个国家和地区,仅在中国就有来自 43 个民族的员工。华为始终坚持为员工创造一个和谐发展的、包容性的工作环境,给予不同员工足够的发展空间,创造高效轻松的工作氛围,从而让每名员工都可以自由地在组织中发挥出最大潜力。作为一家国际化公司,华为一直以积极的态度推动海外员工本地化进程。员工的本地化有利于公司深入了解各地迥然各异的文化,促进当地人口的就业,为当地经济的发展提供帮助。2019 年,华为在海外聘用的员工总数超过 3.7 万人,海外员工平均本地化率约 67%。

2.员工培训与发展

华为公司重视员工的能力建设和职业发展,在工作中给予员工多样成长机会,并为员工提供差异化的发展通道。2019 年,华为提供的面授课程达 36 000 多门,接受面授集训的总人数超过 12 万,总人次达 30 多万,培训覆盖率约为 48%,参训员工人均参训时长超过 30 小时。除面授课程之外,华为还建立了 iLearning 线上学习平台,员工可以随时随地通过网络接受培训,第一时间掌握最新、最实用的工作技能,提高自身能力。iLearning 平台提供各类高质量培训课程,其互动式的培训方式不仅提高了培训效率,也让员工对学习充满兴趣。华为的线上学习平台提供丰富的学习资源,包括直播课、微课、集训课等,截至 2019 年年底,共有 139 个课程系列,学习资源达到 16 322 项。2019 年全年,华为公司共有 904.7 万人次参加了 iLearning 培训,累计发放 MOOC(Massive Open Online Course)培训证书 53 819 张。围绕业务战略,以全球视野、用世界级课题持续吸纳"顶尖人才"和"天才少年",高度重视本地人才队伍建设,营造开放包容、鼓励试错、尊重专业的氛围,焕发员工的创造力。华为通过清晰的职业发展牵引、良好的平台优势、有竞争力的薪酬吸引优秀人才,实现优秀人才的获取、融入和价值发挥。华为始终秉持"以奋斗者为本"的理念,充分鼓励员工发挥个人专长,帮助员工实现个人价值,同时也注重物质与非物质并行的激励方式,提高员工的幸福感。

3.健康和安全

华为建立了完善的员工健康安全保障体系。2019 年,在进一步整合内外部健康资源,打造一体化平台,为员工提供更快捷有效的医疗应急响应及更多元化健康资源及服务的基础上,更加关注海外艰苦地区员工就医不便问题,寻找和认证当地优质医疗资源,提升员工就医便利性和改善就医体验。在全球安全局势动荡加剧的情况下,公司加强了海外高危地区的安全防护,强化了主动性风险监控和预警系统,指导一线妥善应对外部危机事件,如恐怖袭击、政治动乱、自然灾害等,有力保障了业务连续性和员工人身安全。

在员工保障方面,除了法律规定的社会保障外,华为还提供人身意外伤害险、重大疾病险、寿险及商务旅行险等商业保险,并设置了特殊情况下的医疗救助计划。通过社会保障、商业保险和医疗救助三种不同类别的保障机制紧密结合,有效解决了员工保障问题。2019 年,华为全球员工保障投入超过 139 亿人民币。此外,在办公园区内还建设了健身房、咖啡厅和哺乳室等辅助设施,为不同需求的员工提供高品质的设施与人性化的服务,为多元化的员工营造舒适、健康的工作环境。

4.丰富多彩的员工健康活动

华为始终倡导"高效工作、快乐生活"的理念,为员工创造高效、轻松和关爱的工作氛围,提升员工的幸福感,促进员工工作和生活的平衡。2019 年,在全球持续开展形式多样的活动,如"和时间赛跑"、"We are family"中外团队融合、"燃烧正能量"3+1 健康周、"为爱奔跑"等大型主题活动,通过这些活动推动各级管理者关心、关爱员工的同时,也能让员工相互关爱,拥有健康、阳光的心态,传递正能量。

5.构建健康工作环境

2019 年,公司进一步完善园区内健康安全系统化配置,聘请专业医疗机构的医护人员,在园区内为员工提供健康管理(健康咨询、疾病跟踪和干预等)、急症处理(院前急救、急救培训和演练等)以及健康促进服务(健康宣教、健康活动等),同步打造华为医疗应急响应机制。截至 2019 年年底,华为在国内园区已经建立了 16 个健康中心、30 余个健康服务点,投放近 500 套 AED/急救包;此外,还培训了 10 000 多名员工和安保应急响应团队(ERT)成员,覆盖中国大陆 12 万多名员工,多方位构建了让员工安心的健康工作环境。

6.海外员工健康保障

全球各地突发的自然灾害、重大疾病以及一些地区不断恶化的安全形势等,都可能对员工的健康安全造成重大影响。华为重视全球员工尤其是艰苦地区员工的健康保障工作,持续投入,全力保障所有员工的健康和安全。2019 年,华为与国内优质医疗机构合作,派驻多名资深医疗专家前往拉美、东南亚、中东和非洲等 22 个艰苦国家。医疗专家在这些国家调研了近 200 名员工的就医需求,考察拜访了近 60 家当地优质医疗机构,组织了 50 多场员工健康和保险培训,并为 120 多名员工及其家属提供现场健康咨询服务。通过医疗专家对医院的评估以及与当地医院建立连接,丰富了海外艰苦地区员工就医资源,提升了就医便利性。2019 年 4 月,两名员工在拉美地区出差期间发生严重交通事故,事故发生后第一时间,华为公司紧急协调国际救援机构,并根据员工受伤情况,安排医疗专机将这两名员工安全地转运回中国救治,切实保障了员工的生命安全。

7.健康安全管理体系

华为将健康安全置于公司运营过程的重要位置,在全球推进职业健康安全管理体系建设,当前华为在海外通过 OHSAS18001/ISO45001 认证的代表处有 60 个(实际覆盖 79 个国家),海外代表处覆盖率 83.33%。从安全管理体系、制造安全和研发安全等领域全方位开展安全管理实践,竭尽全力保障员工以及合作伙伴等相关方的健康安全。

8.建立良好的用工环境

建立良好的用工环境,打造和谐的劳动关系是企业可持续发展基础。作为一家业务遍布 170 多个国家和地区的全球化公司,华为在执行人力资源管理政策、制定和实施本地管理制度时,严格遵循当地适用的法律法规、行业规范的要求,并注意尊重本地的习俗和惯例。比如在公司园区内设立了祈祷室,满足不同国度、不同宗教信仰的员工的需求。

华为《关爱员工政策》明确了公司关爱员工的总体原则及要求,海外子公司基于当地的法律法规,制定并发布了本地化的政策。此外,还制定了相关的流程、制度、基线等,致力于持续营造一个开放、包容、尊重、多元的用工环境。

华为规定在招聘、晋升、薪酬等方面不应有种族、宗教、性别、性取向、国籍、年龄、怀孕或残疾等方面的歧视。华为明确禁止使用强迫、抵债或契约劳工,并在企业招聘、用工和离职等重要环节上都做了详细且合理的规定,在具体实践中杜绝使用强迫劳工的现象。华为在运营过程中从未发生过强迫劳工的情况。

华为明确禁止使用童工。在员工招聘、用工等重要环节都制定了相关政策及完善的预防措施,以杜绝使用童工的现象。同时,将这一要求传递给供应商,并定期监督审核,确保其不使用童工。

华为尊重员工依法享有的自由结社和集体谈判的权利,不反对员工在自愿及不违反当地法律的基础上,参加当地合法注册的工会的合法活动。华为建立并保持有效的员工沟通机制,员工可以通过经理人反馈计划(MFP)、组织气氛调查、部门HRBP 等多种方式收集和了解员工的意见及建议;员工还可以通过道德遵从委员会(CEC)投诉热线、人事服务投诉和建议受理热线等进行相关问题投诉。

资料来源:华为公司官方网站。

思考讨论:请结合课堂知识,阐述华为公司如何进行国际化人力资源管理。

研究动态

Seo E., et al. Blending talents for innovation: team composition for cross-border R&D collaboration within multinational corporations[J]. Journal of International Business Studies, 2020, 51(5): 851-885.

Despite the upsurge in cross-border R&D collaboration within multinational corporations(MNCs), firms often fail to realize the full potential of cross-border R&D teams. We examine under what conditions geographic diversity might lead to higher or lower innovation performance by focusing on the moderating roles of team composition. We first demonstrate that the geographic diversity of an MNC's research team has a curvilinear(inverted U-shaped)relationship with the team's innovation performance. Building upon group learning theory, we further claim that this non-linear relationship is strengthened by the technical experience heterogeneity of researchers but weakened by repeated collaboration among researchers. Our analyses on the top 25 multinational pharmaceutical companies and their 59,998 patents registered from 1981 to 2012 provide strong support for our hypotheses. When geographic diversity is relatively low, teams with different levels of technical experience and more fresh collaborators improve performance by amplifying the benefits of sourcing diverse knowledge. With high geographic dispersion, on the other hand, minimal experience heterogeneity and more instances of past collaboration lead to better performance by facilitating the integration of diverse knowledge. The results shed light on the importance of technical and social relationships among researchers in sourcing and integrating location-specific knowledge and ultimately enhancing team performance.

Gooderham P. N., et al. National and firm-level drivers of the devolution of HRM decision making to line managers[J].Journal of International Business Studies,2015, 46(6):715-723.

Multinational companies must understand the influences on responsibility for managing people so that they can manage talent consistently thus ensuring that it is transferable across locations. We examine the impact of firm and national level characteristics on the devolution of HRM decision making to line managers. Our analysis draws on data from 2335 indigenous organizations in 21 countries. At the firm level, we found that where the HR function has higher power, devolution is less likely. At the national level, devolution of decision making to line management is more likely in societies with more stringent employment laws and lower power distance.

Sliwa M., M. Johansson.How non-native English-speaking staff are evaluated in linguistically diverse organizations: a sociolinguistic perspective[J].Journal of International Business Studies,2014,45(9):1133-1151.

The aim of this paper is to examine the effects of evaluations of non-native speaking staff's spoken English in international business settings. We adopt a sociolinguistic perspective on power and inequalities in linguistically diverse organizations in an Anglophone environment. The interpretive qualitative study draws on 54 interviews with non-native English-speaking staff in 19 UK business schools. We analyze, along the dimensions of status, solidarity and dynamism, the ways in which non-native speakers, on the basis of their spoken English, are evaluated by themselves and by listeners. We show how such evaluations refer to issues beyond the speaker's linguistic fluency, and have consequences for her or his actions. The study contributes to the literature on language and power in international business through offering fine-grained insights into and elucidating how the interconnected evaluative processes impact the formation and perpetuation of organizational power relations and inequalities. It also puts forward implications for managing the officially monolingual, yet linguistically diverse organizations.

补充阅读

1.Seo E., et al.Blending talents for innovation: team composition for cross-border R&D collaboration within multinational corporations [J]. Journal of International Business Studies,2020,51(5):851-885.

2.Gooderham P. N., et al. National and firm-level drivers of the devolution of HRM decision making to line managers[J].Journal of International Business Studies, 2015,46(6):715-723.

3.Sliwa M., M. Johansson.How non-native English-speaking staff are evaluated in linguistically diverse organizations：a sociolinguistic perspective[J].Journal of International Business Studies,2014,45(9):1133-1151.

思考题

1.请阐述国际人力资源管理的概念。

2.请阐述国际企业人员的招聘、培训、考评和薪酬等特点。

3.请阐述所关注中国跨国公司的人力资源管理实践。

第2节　跨文化的领导力

学习导航

本节内容包括：全球领导者独特沟通能力、公司高层管理者做什么、管理全球团队(SPLIT 模型)、地区经理的压力和约束、地区经理的"帽子"/角色、地区经理的技能、资格和情商激发。

通过本节学习，希望同学们能够理解和掌握跨文化领导力的不同特点，从而为企业国际化的领导力建设奠定基础。

一、全球领导者必须具备独特的沟通能力

全球领导者需要在跨文化背景下，与来自不同国家或地区的利益相关者，进行跨文化沟通，必须具备一些独特的沟通能力。

第一，文化敏感性。了解母国的文化及其偏好，拥有不同国家或地区丰富文化底蕴。

第二，跨文化交际。精通至少一门外语，理解与不同文化的人打交道的复杂性。

第三，跨国主义者。有足够灵活性，能够在不同文化之间进行灵活的沟通协调。

第四，多维度能力。能够与母国、东道国和行业各利益相关者保持沟通协调。

二、公司高层管理者的工作内容

公司高层管理者需要做到如下几点：

第一，提供长期的方向和目标。目标需要具备三个特点，分别是清晰(简明、相关

联以及持续加强)、可持续性(对方向和目的制定承诺)和一致性(全体成员共享)。

第二,提供公司总体绩效。公司总体绩效应该符合如下标准,控制系统是基于管理者支持行为而不是控制、协调不同观点和确保持续创新。

第三,确保外部导向。领导者需要怀有质疑态度、赋予新行动合法化以及包容而不是否认复杂性。

三、地区经理的压力和约束

地区经理面临着来自跨国公司内部动机、东道国利益和全球竞争环境的多维压力和约束。在跨国公司内部动机方面,需要关注公司战略、组织结构与系统、内部规范和价值。在东道国利益方面,需要关注东道国政府目标和政策、国家利益集团(例如雇员、消费者和工会)、当地规范和价值观以及个人价值观。在全球竞争环境方面,需要关注当地竞争行动、全球竞争行动和当地产业与产业机构。

四、地区经理的角色

第一,先锋角色,包括定义区域(例如市场结构和客户需求)和建立基地(例如建立联系和发展关系)。

第二,情报角色,包括分析环境和开发创新的想法和能力作为战略输入。

第三,精英角色,包括建立盈利业务和开发本地资源。

第四,四分卫角色,主要是指与总部协商以取得支持来扩展公司视野,激励团队和保持创业创新精神和创造力。

五、地区经理的技能和资格

第一,创新技能,作为创新者和机会主义者。

第二,战略技能,作为创造性分析师。

第三,管理技能,作为控制者和管理者。

第四,执行技能,作为运营领导者。

在发展的不同阶段,需要有不同优势的国别经理;但在成熟的子公司中,国别经理必须具备这些特征。

六、激发情商

哈佛商业评论出版社 2017 年出版了情绪智能丛书,包括《幸福》《弹性》《正念》《共鸣》《影响力》《真诚》等,认为幸福、弹性、正念、共鸣、影响力和说服力以及真诚是情绪的重要影响因素。

第一,在幸福方面,探索人类幸福的本质,以及如何在职业生涯中实现。作者们探讨了幸福是如何衡量的,个人行为框架,工作中建立幸福的管理技巧,以及强调幸福炒作的警告。

第二,在弹性方面,一些人如何从日常挫折、职业危机甚至强烈的个人创伤中恢复力量?作者们揭示了那些从挑战中脱颖而出的人的关键特征,帮助你训练你的大脑以承受日常生活的压力,并提出一种有效的职业重新启动的方法。例如,华为公司掌门人任正非如何带领公司在逆境中勇往直前。

第三,在正念方面,正念的好处包括更好的表现、更高的创造力、更深的自我意识和更多的魅力,更大的心灵平静。需要在日常工作中建立存在感,并明白正念背后的科学及其工作原理。

第四,在共情方面,设身处地,换位思考,将心比心,共情被认为是改善关系和产品开发的重要因素,当然理解他人的动机和情绪是一种难以捉摸的技能。我们需要了解,共情是什么?为什么它很重要?如何克服那些让你不那么同情的障碍?

第五,在影响力和说服力方面,改变心灵是改变思想的重要组成部分。研究表明,吸引人的情绪有助于提升你的领导权威。需要理解如何采取行动来发展影响力和说服力。

第六,在真诚方面,在工作中做自己意味着什么?需要理解,作为一名领导者,如何在脆弱性和权威之间取得正确平衡?真实性在领导中的作用?

七、跨国公司治理

跨国公司治理是重要的研究问题和实践问题。Aguilera、Marano 和 Haxhi (2019)考察了三种主流的跨国公司治理理论,在此基础上提出未来研究领域。其中,第一种类型是跨国公司的公司治理,延续了主流公司治理理论分析框架并将其运用于跨国情境,主要是采用委托代理理论进行研究。第二种类型强调官僚控制,跨国公司能够用来有效管理其海外业务,其治理概念主要包括全资或者合资、战略联盟和资源外包的战略运作方式,与狭义上的公司治理中的治理概念不同。第三种类型强调比较公司治理,考察跨国公司对不同国家制度环境的嵌入性如何影响其治理绩效,其理论视角涉及比较制度理论等。

柳建华(2015)以 2005—2012 年的沪深股市的 A 股上市公司为初始样本,实证检验公司章程中董事会对外投资权限设置对企业投资效率的影响情况。研究表明,降低公司董事会对外投资权限可以抑制公司过度投资倾向,这种抑制作用在国有控股上市公司中表现更为明显,但过低投资权限设置也会导致投资不足。

本节学习了全球领导者独特沟通能力、公司高层管理者做什么、管理全球团队(SPLIT 模型)、地区经理的压力和约束、地区经理的角色、地区经理的技能和资格和激发情商。希望同学们能够结合所关注企业的国际化实践,分析其过去和当前的企业领导力特点,并对其未来领导力培养战略,提出政策建议。

企业实践　　　　　　　　　　　　　　　　　　　　　　　　　**华为公司的董事会**

董事会是公司战略、经营管理和客户满意度的最高责任机构,承担带领公司前进的使命,行使公司战略与经营管理决策权,确保客户与股东的利益得到维护。

董事会的主要职责为:

- 制订公司治理方案;
- 审议公司注册资本增加或减少方案、利润分配方案及弥补亏损方案;
- 审议公司股权激励计划、非股权的长期激励计划;
- 审议或批准公司进入或退出产业领域,批准公司战略规划;
- 批准重大的组织变革与调整、管理机制建设和业务变革;
- 批准重大的财经政策、财务规划与商业交易;
- 批准公司年度预算方案、年度经营报告及年度审计报告;
- 批准公司高级管理人员的任免、薪酬、长期激励;
- 批准公司层面的重大人力资源政策及规划;
- 批准事关公司的重大风险和重大危机的管理方案,管理重大突发事件;
- 批准内控与合规体系的建设。

董事会成员共 17 名,由持股员工代表会选举产生并经股东会表决通过。目前董事会成员包括:

- 董事长:梁华
- 副董事长:郭平、徐直军、胡厚崑、孟晚舟
- 常务董事:丁耘、余承东、汪涛
- 董事:徐文伟、陈黎芳、彭中阳、何庭波、李英涛、任正非、姚福海、陶景文、阎力大
- 董事缺位时,由候补董事依次递补。2020 年 11 月赵明辞任候补董事职务,目前,候补董事包括李建国、彭博。

董事会运作:2020 年,董事会共举行了 10 次现场会议,就公司中长期战略规划、年度商业计划、审计报告、利润分配、增资、荣耀业务出售方案等事项进行了审议和决策。

董事会设常务委员会,常务委员会是董事会的常设执行机构,受董事会委托对重大事项进行研究酝酿,就董事会授权的事项进行决策并监督执行。2020 年,董事会常务委员会共举行了 18 次会议。

董事会常务委员会成员包括:郭平、徐直军、胡厚崑、孟晚舟、丁耘、余承东、汪涛。

公司董事会及董事会常务委员会由轮值董事长主持,轮值董事长在当值期间是公

司最高领袖。轮值董事长的轮值期为六个月,依次循环当值(详见华为公司官方网站)。

资料来源:华为公司官方网站。

企业实践

华为公司的监事会

按照中国公司法的要求,公司设立监事会。监事会主要职责包括董事/高级管理人员履职监督、公司经营和财务状况监督、合规监督。监事列席董事会会议和 EMT 会议。

2020 年,监事会共举行了 11 次会议,对公司年度财务报告进行了审议,针对重点风险领域开展了巡视和检查,对子公司监督董事的工作进行了指导和管理。监事会成员列席了全部董事会会议,对董事会决策事项及运作规范性进行了监督,对董事高管履职进行了监督,并对 2019 年度董事履职情况进行了评价。

监事会成员由持股员工代表会选举产生并经股东会表决通过。2020 年 4 月周代琪辞任常务监事和监事职务。现有监事会成员 9 人,包括:监事会主席李杰,常务监事任树录、尹绪全、李今歌、李大丰,监事宋柳平、田峰、易翔、李健。

监事会设常务委员会,常务委员会在监事会授权下开展工作。监事会常务委员会成员包括:李杰、任树录、尹绪全、李今歌、李大丰。

资料来源:华为公司官方网站。

企业实践

股东会和持股员工代表会

股东会是公司权力机构,由工会和任正非两名股东组成。工会履行股东职责、行使股东权利的机构是持股员工代表会。持股员工代表会由 115 名持股员工代表组成,代表全体持股员工行使有关权利。2020 年,持股员工代表会举行了 2 次会议,审议通过了董事会关于公司财务及经营情况的报告、监事会工作报告、年度利润分配方案、年度增资方案、荣耀业务出售方案等。持股员工代表和候补持股员工代表由享有选举权的持股员工选举产生,任期五年。持股员工代表缺位时,由候补持股员工代表依次递补。享有选举权的持股员工一股一票选举产生持股员工代表会,持股员工代表会一人一票选举产生公司董事会、监事会。持股员工代表会及其选举产生的公司董事会、监事会对公司重大事项进行决策、管理和监督。

资料来源:华为公司官方网站。

企业实践

独立审计师和内部控制

独立审计师。审计师负责审计年度财务报表,根据会计准则和审计程序,评估财务报表是否真实和公允,对财务报表发表审计意见。审计范围和年度审计报告需由审计委员会审视。任何潜在影响外部审计师客观性和独立性的关系或服务,都要与审计委员会讨论。此外,独立审计师还与审计委员会共同商讨审计中可能遇到的问题、困难以及管理层的支持情况。自 2000 年起,华为聘用毕马威作为独立审计师。

内部控制。华为基于组织架构和运作模式设计并实施了内部控制(简称"内控")体系,发布的内控管理制度及内控框架适用于公司所有流程(包括业务和财务)、子公司以及业务单元。该内控体系基于 COSO 模型而设计,包括控制环境、风险评估、控制活动、信息与沟通、监督五大部分,同时涵盖了财务报告内控体系,以确保财务报告的真实、完整、准确。

(1)控制环境。控制环境是内控体系的基础。华为致力于倡导及维护公司诚信文化,高度重视职业道德,严格遵守企业公民道德相关的法律法规。公司制定了员工商业行为准则(BCG),明确全体员工(包括高管)在公司商业行为中必须遵守的基本业务行为标准,并例行组织全员培训与签署,确保其阅读、了解并遵从 BCG。华为建立了完善的治理架构,包括董事会、董事会下属专业委员会、职能部门以及各级管理团队等,各机构均有清晰的授权与明确的问责机制。在组织架构方面,华为对各组织明确了其权力和职责的分离,以相互监控与制衡。公司 CFO 负责全公司内控管理,业务控制部门向公司 CFO 汇报内控缺陷和改进情况,协助 CFO 建设内控环境。内部审计部门对公司所有经营活动的控制状况进行独立的监督评价。

(2)风险评估。华为设立了专门的内控与风险管理部门,定期开展针对全球所有业务流程的风险评估,对公司面临的重要风险进行识别、管理与监控,预测外部和内部环境变化对公司造成的潜在风险,并就公司整体的风险管理策略及应对方案提交公司决策。各流程责任人负责识别、评估与管理相关的业务风险并采取相应的内控措施。公司已建立内控与风险问题的改进机制,能够有效管理重大风险。

(3)控制活动。华为建立了全球流程与业务变革管理体系,发布了全球统一的业务流程架构,并基于业务流程架构任命了全球流程责任人负责流程和内控的建设。全球流程责任人针对每个流程识别业务关键控制点和职责分离矩阵,并应用于所有区域、子公司和业务单元;例行组织实施针对关键控制点的月度遵从性测试并发布测试报告,从而持续监督内控的有效性;围绕经营痛点、财务报告关键要求等进行流程和内控优化,提升运营效率和效益,支撑财报准确、可靠及合规经营,帮助业务目标达成;每年进行年度控制评估,对流程整体设计和各业务单元流程执行的有效性进行全面评估,向审计委员会报告评估结果。

(4)信息与沟通。公司设立多维度的信息与沟通渠道,及时获取来自客户、供应商等的外部信息,并建立公司内部信息的正式传递渠道,同时在内部网站上建立了所有员工可以自由沟通的心声社区。公司管理层通过日常会议与各级部门定期沟通,以有效传递管理导向,保证管理层的决策有效落实。同时,公司在内部网站上发布所有业务政策和流程,并定期由各级管理者/流程责任人组织业务流程和内控培训,确保所有员工能及时掌握信息。公司亦建立了各级流程责任人之间的定期沟通机制,回顾内控执行状况,跟进和落实内控问题改进计划。

（5）监督。公司设立了内部投诉渠道、调查机制、防腐机制与问责制度，并在与供应商签订的《诚信廉洁合作协议》中明确相关规则，供应商能根据协议内提供的渠道，举报员工的不当行为，以协助公司对员工的诚信廉洁进行监查。内部审计部门对公司整体控制状况进行独立和客观的评价，并对违反商业行为准则的经济责任行为进行调查，审计和调查结果报告给公司高级管理层和审计委员会。此外，华为建立了对各级流程责任人、区域管理者的内控考核、问责及弹劾机制，并例行运作。审计委员会和公司 CFO 定期审视公司内控状况，听取内控问题改进计划与执行进展的汇报，并有权要求内控状况不满意的流程责任人和业务管理者汇报原因及改进计划。

资料来源：华为公司官方网站。

思考题：请阐述华为公司的公司治理的特点，并对其加以评价。

研究动态

Watts L. L., et al. Uncertainty avoidance moderates the relationship between transformational leadership and innovation: a meta-analysis [J]. Journal of International Business Studies, 2020, 51(1): 138-145.

Transformational leadership is commonly assumed to facilitate employee innovation in all cultures. Drawing upon field studies from 17 countries, this meta-analysis revealed that supervisor transformational leadership is positively related to individual- and team-level innovation regardless of national boundaries. However, the relationship trended somewhat more strongly in countries with higher levels of uncertainty avoidance. These findings suggest that employee innovation in most countries can be enhanced by investing in supervisor transformational leadership, but organizations operating in countries with higher levels of uncertainty avoidance may benefit more from this strategy.

Reiche B. S., et al. Contextualizing leadership: a typology of global leadership roles[J]. Journal of International Business Studies, 2017, 48(5): 552-572.

While the global leadership literature has grown rapidly over recent years, the context in which global leadership occurs remains ill-defined and under-conceptualized. This lack of contextualization risks equating global leadership roles that are qualitatively very different and prevents sufficient clarity for empirical sampling. To foster more cohesive theoretical and empirical work, we develop a typology of global leadership roles that considers context as a critical contingency factor. Drawing on role and complexity leadership theories, we propose four ideal-typical global leadership roles (incremental, operational, connective, and integrative global leadership) that differ in their (1) task complexity-characterizing the variety and flux within the task context, and (2) relationship complexity-reflecting the boundaries and interdependencies within the relationship context. We further delineate how these contextual demands relate to specific sets of behaviors and actions that allow global leaders to fulfill the requirements of their corresponding ideal-typical global leadership roles. Our article concludes with a discussion of implications the typology presents for global leadership research and practice, contextualization of the leadership construct more broadly, and the field of international business.

Koch P. T., et al. Cultural friction in leadership beliefs and foreign-invested enterprise survival[J]. Journal of International Business Studies, 2016, 47(4): 453-470.

Cultural friction posits that cultural differences may be either synergistic or disruptive, but does not specify when or how synergies or disruptions emerge. We theorize that synergies will emerge in foreign-invested enterprises (FIEs) when cultural differences in leadership beliefs are less central to the host nation's cultural identity; while disruption will occur when differences are in more culturally central leadership beliefs. Analyzing survival data from 274 FIEs in China, we found support for these hypotheses with five of the six GLOBE leadership dimensions. As predicted, differences in the Participative and Team Oriented dimensions were associated with higher firm death, while differences in the Charismatic, Autonomous and Self-Protective dimensions were associated with firm survival. Our results indicate that while there are areas where differences may indeed need to be accepted or minimized, there are other areas where differences can be beneficial. This requires that managers identify more central aspects of local culture to determine whether to minimize differences or to leverage their synergistic potential.

Levy O., et al. Perceived senior leadership opportunities in MNCs: the effect of social hierarchy and capital[J]. Journal of International Business Studies, 2015, 46(3): 285-307.

Drawing on the structural perspective in organizational theory, this study develops a conceptual framework of the social hierarchy within the multinational corporation(MNC). We suggest that parent country nationals(PCNs), host country nationals(HCNs), and third country nationals(TCNs) occupy distinctively different positions in the social hierarchy, which are anchored in their differential control or access to various forms of capital or strategically valuable organizational resources. We further suggest that these positions affect employees' perceptions of senior leadership opportunities, defined as the assessment of the extent to which nationality and location influence access to senior leadership opportunities. Using multilevel analysis of survey data from 2039 employees in seven MNCs, the study reveals two significant findings. First, HCNs and TCNs perceive that nationality and location influence access to senior leadership opportunities more than PCNs. Second, three moderating factors gender, tenure, and education increase the perception gaps between PCNs on the one hand and HCNs and TCNs on the other, although these results are inconsistent. These findings indicate that the structural position of PCNs, HCNs, and TCNs in the social hierarchy affect sense-making and perceptions of access to senior leadership opportunities.

Lakshman C. Biculturalism and attributional complexity: cross-cultural leadership effectiveness[J]. Journal of International Business Studies, 2013, 44(9): 922-940.

Although biculturals represent a growing demographic, the nascent literature on biculturals has not addressed their cross-cultural leadership capabilities or effectiveness. Attributional patterns and variations across cultures are crucial, and call for higher attributional complexity(AC) and attributional knowledge to reduce cultural distance. This study provides a systematic theoretical connection between biculturals and their higher levels of AC and attributional knowledge, which account for their cross-cultural competence. This connection is then linked to attributional processes, drawing from recent literature on attributional models of leadership. The proposed theoretical model posits that biculturals have higher levels of AC and attributional knowledge, which helps them make more accurate attributions, which are also less culturally biased. Managerial behaviors resulting from these attributions lead to cross-cultural leadership effectiveness, because they absorb uncertainty on the part of subordinates. The proposed model addresses both cognitive and emotional competency elements of cross-cultural leadership. We contribute to the international business literature by providing a theoretical model for examining factors critical to the cross-cultural leadership effectiveness of leaders who have more than one cultural profile. Managerial implications for selection and training of international executives are discussed in the context of culture-specific and culture-general capabilities. Contributions, limitations, and boundary conditions are also discussed.

Huang X. W., et al. Organizational structure and continuous improvement and learning: Moderating effects of cultural endorsement of participative leadership[J]. Journal of International Business Studies, 2011, 42(9): 1103-1120.

Building upon the culturally endorsed implicit theory of leadership, we investigated the moderating effects of national culture on the relationship between organizational structure and continuous improvement and learning. We propose that the relationship between organic organizations(characterized by flat, decentralized structures with a wide use of multifunctional employees)and continuous improvement and learning will be stronger when national cultural endorsement for participative leadership is high. We further propose that organizational group culture will moderate the relationship between organizational structure and continuous improvement and learning, but that these moderation effects will be stronger in national cultures with low endorsement of participative leadership. Empirical analysis of secondary survey data collected from 266 manufacturing plants operating in three industries and located in nine countries representing a diverse set of geographical regions provided support for the hypotheses. Overall, our findings indicate that, to fully realize the relationship between organic structures and continuous improvement and learning, managers must actively assess the extent to which the national culture endorses participative leadership. In cases where this endorsement is weak, managers should consider the extent to which the organizational culture will provide alternative support for the relationship.

补充阅读

1. Gaur A. S., et al. Home country supportiveness/unfavorableness and outward foreign direct investment from China[J]. Journal of International Business Studies, 2018, 49(3): 324-345.

2. Watts L. L., et al. Uncertainty avoidance moderates the relationship between transformational leadership and innovation: a meta-analysis [J]. Journal of International Business Studies, 2020, 51(1): 138-145.

3. Reiche B. S., et al. Contextualizing leadership: a typology of global leadership roles[J]. Journal of International Business Studies, 2017, 48(5): 552-572.

4. Koch P. T., et al. Cultural friction in leadership beliefs and foreign-invested enterprise survival[J]. Journal of International Business Studies, 2016, 47(4): 453-470.

5. Levy O., et al. Perceived senior leadership opportunities in MNCs: the effect of social hierarchy and capital[J]. Journal of International Business Studies, 2015, 46(3): 285-307.

6. Lakshman C. Biculturalism and attributional complexity: cross-cultural leadership effectiveness[J]. Journal of International Business Studies, 2013, 44(9): 922-940.

7. Huang X. W., et al. Organizational structure and continuous improvement and learning: moderating effects of cultural endorsement of participative leadership[J]. Journal of International Business Studies, 2011, 42(9): 1103-1120.

思考题

1. 请阐述管理全球团队（SPLIT 模型）的主要内容。
2. 请阐述地区经理的压力和约束。

3.请阐述地区经理的不同角色和所需技能与资格。

4.请分享所关注中国跨国公司的领导力实践。

第3节 跨国公司管理者业务

学习导航

本节内容包括:全球业务管理者,包括全球业务战略制定者、全球资产和资源结构的设计师和跨国界的协调者;全球职能管理者,包括全球情报的搜寻者、最佳实践的传播者和跨国创新的拥护者;地区子公司管理者,包括双重文化的阐释者、地区利益的倡导者和维护者和公司战略的一线实施者。

通过本节学习,希望同学们对三种类型的跨国公司管理者的工作内容有着清晰认识,从而为企业国际化的战略执行奠定基础。

跨国公司管理者包括三种类型:(1)全球业务管理者;(2)全球职能管理者;(3)地区子公司管理者。

一、全球业务管理者

全球业务管理者包括全球业务战略制定者、全球资产和资源结构的设计师、跨国界协调者。

(1)全球业务战略制定者。在全球一盘棋格局下,全球业务战略制定者需要在国别边界基础上,在全球范围内整合资源。为此,需要处理好如下三个方面的协调管理。①整合地区主管和职能经理的观点。地区主管与职能经理所代表利益可能存在差异,作为全球业务战略制定者,就必须对两者的观点进行协调整合。②业务战略与企业战略保持一致。业务战略必须与企业战略相一致,才能够推动企业战略发展。必须清晰指出公司将来的发展远景,以及如何达成这些使命相关的清晰的价值观。③综合不同观点,协调各方利益,制定综合性战略。需要为公司如何在某个特定业务中竞争制定一个综合性战略。对于全球业务战略制定者而言,一个良好的职业生涯路径是在一个国家或地区担任过总经理。子公司总经理经历能够为整体业务战略制定提供很好的训练机会。

(2)全球资产和资源结构的设计师。根据战略目标进行关键资产和资源的分配,并承担协调责任;或者改变现有资产和能力,确定未来的资产与资源结构;或者将资源与能力连接(形成)资源整合网络,确定未来的资产和资源结构。

（3）跨国界的协调者。需要确定价值流模式,使跨国公司在全球范围内进行专业化生产,在最合适的国家从事经营活动,在最具有战略意义的地方进行投资。可以建立内部市场机制,为公司内部价值环节建立内部市场机制。

二、全球职能管理者

全球职能管理者包括全球情报搜寻者、最佳实践传播者和跨国创新拥护者。

（1）全球情报搜寻者。主要工作内容是捕获和传输跨越国界的前沿信息,以跟踪、开发并做出适当调整;建立专门的信息通道,将所在国的技术人员、市场营销人员、生产专家以及懂得自己的需要并愿意分享其观点的人连接在一起。

（2）最佳实践的传播者。海外子公司不仅是战略情报的来源,而且是能力、专业知识和创新的源泉,这些技能和创新可以为组织内部其他单位所共享。通过非正式接触、正式评估或者跨部门参观和人员调动等方式,能够促进卓越中心最佳实践在公司内进行全球共享。

（3）跨国创新拥护者。一是发挥本土杠杆效应,建立一种能促进不同创新进程之间相互依存的机制,取代传统的在全球范围内各部门间独立或相互依靠的关系。二是发挥全球整合效应,利用情报资源将其与公司内部优势连接在一起,公司能够充分利用其在全球范围内获取信息的能力。

三、地区子公司管理者

地区子公司的传统角色是销售和利润来源、获得当地市场要素以及利用母公司的资产和资源。新的角色是双重文化阐释者、地区利益倡导者和维护者,以及公司战略一线实施者。

（1）双重文化的阐释者,包括为总部解释东道国市场环境、向当地员工传达总部战略。其失败原因在于,在向上沟通方面,总部管理能力比较差、总部通信渠道被封锁、对于总部的敏感性或理解有限。在向下沟通方面,总部联系和支持薄弱、对公司战略的理解有限、在子公司内部缺乏可信度。

（2）地区利益的倡导者与维护者:第一,捍卫地区的响应能力;第二,在全球业务范围内倡导子公司的地位。其失败原因在于:第一,国别经理不愿意或不能够作为子公司利益的有力支持者或捍卫者;第二,组织结构或者文化障碍阻止了国别经理。

（3）公司战略的一线实施者,其任务是将战略计划转变为子公司的行动。失败原因在于:第一,组织或管理的灵活性阻碍了子公司的多样性和可转换性。第二,无法进行复杂的权衡和妥协。第三,不适当的制度或不灵活的管理者导致子公司的狭隘主义。

本节学习了全球业务管理者,包括全球业务战略制定者、全球资产和资源结构的设计师和跨国界的协调者。全球职能管理者,包括全球情报的搜寻者、最佳实践的传播者和跨国创新的拥护者。地区子公司管理者,包括双重文化的阐释者、地区利益的倡导者和维护者和公司战略的一线实施者。希望同学们能够结合所关注企业的国际化实践,分析其过去和当前的组织设计特点,并对其未来组织设计创新,提出政策建议。

研究动态

Distel A. P.,et al.Dynamic capabilities for hire-How former host-country entrepreneurs as MNC subsidiary managers affect performance[J].Journal of International Business Studies,2019.

MNC subsidiaries benefit from managers with entrepreneurial skills for finding superior combinations of MNC and host-country resources. However,such management skills are scarce. We reason that subsidiaries can improve their performance by hiring host-country entrepreneurs as managers since they develop similar skills in start-ups. Our theoretical model integrates mechanisms from entrepreneurial experience into theory on the microfoundations of dynamic capabilities. We test and support our prediction using longitudinal employer-employee data for 5587 foreign MNC subsidiaries in Portugal. Further,we show that performance effects are weaker when a subsidiary's management is internationally diverse and stronger in dynamic host-country environments.

Tsui-Auch L. S. and G. Mollering.Wary managers:Unfavorable environments, perceived vulnerability,and the development of trust in foreign enterprises in China [J].Journal of International Business Studies,2010,41(6):1016-1035.

Vulnerability is salient among international managers,who tend to be wary when operating in transition economies like China. Systematic research is lacking,though, on how the local environment influences foreign managers' perception of vulnerability,and how foreign managers can develop trust even when their perceived vulnerability is high. We conducted in-depth case studies of two foreign-controlled enterprises in China,and developed a theoretical model that links perceptions of the macro-level environment to micro-level management. Our results illustrate the antecedents and consequences of perceived vulnerability and the processes of trust building in unfavorable environments. Through comparative analysis of the two cases,we found that the foreign managers' perceived vulnerability was shaped by the institutional,technological,and market conditions of the local environment,and we learned how this perceived vulnerability influenced their trust in the local workforce and the joint investment in formal and social control they used in building trust. The effect of perceived vulnerability on trust was moderated over time when the implementation of control was combined with active investments in trust，which led to behavioral changes on the part of the local employees，which in turn increased their trustworthiness. The implications of these findings are discussed.

Buckley P. J.，et al.Do managers behave the way theory suggests? A choice-theoretic examination of foreign direct investment location decision-making[J].Journal of International Business Studies，2007，38(7)：1069-1094.

Many empirical examinations of foreign direct investment location choice have relied on the use of secondary data and surveys on the choices made by firms about the form and location of overseas investment. These studies have two inherent and related problems. First，they rely solely on the location choices made by different firms，and assume that the domains of possible options considered were the same. Second，there is an assumption about the rules used by firms to make these decisions，yet the decisions are made by boundedly rational managers. After reviewing the literature，this study examines managers' choices about foreign investment location through the use of structured experimentation. The results show that in creating sets of investments to 'consider'，managers appear to follow fairly rational rules. However，the choice of actual 'investments' appears less aligned to traditional models.

补充阅读

1.Distel A. P.，et al.Dynamic capabilities for hire-how former host-country entrepreneurs as MNC subsidiary managers affect performance[J].Journal of International Business Studies，2019.

2.Tsui-Auch L. S.，G. Mollering.Wary managers：unfavorable environments，perceived vulnerability，and the development of trust in foreign enterprises in China[J]. Journal of International Business Studies，2010，41(6)：1016-1035.

3.Buckley P. J.，et al.Do managers behave the way theory suggests? A choice-theoretic examination of foreign direct investment location decision-making [J]. Journal of International Business Studies，2007，38(7)：1069-1094.

思考题

1.请阐述全球业务管理者的工作业务。

2.请阐述全球职能管理者的工作业务。

3.请阐述地区子公司管理者的工作业务。

作业与测试

一、单选题

1.下列关于国际人力资源管理的说法,不正确的是(   )。

  A.需要本着全球一盘棋的战略思想,支持和引领企业国际化发展。

  B.需要制定全球商业战略。

  C.需要使人力资源议题与商业战略相一致。

  D.是决定企业国际化成败的首要因素和决定性因素。

2.下列关于国际企业人员招聘的说法,不正确的是(   )。

  A.与国内企业人员招聘在本质上是不同的。

  B.与国内企业人员招聘在招聘的计划、政策、流程、标准和途径方面会存在差异。

  C.需要站在企业国际化发展战略高度,进行战略性人员招聘以支持公司国际化战略发展需要。

  D.在公平就业、人权自由、信息保护等方面尊重当地市场各种硬性和软性规定。

3.下列关于国际企业人员培训的说法,不正确的是(   )。

  A.需要立足于公司国际化发展战略需要,在培训计划制订、培训人员选拔、培训内容安排、培训具体事宜等方面,进行全球一盘棋规划,使得人员培训能够适合公司战略发展需要。

  B.在外派人员培训方面,需要做好预备培训、启程前培训、抵达后培训和进入工作岗位后的培训等,建立起全流程和多维度的系统化培训系统,以满足公司国际化发展需要。

  C.以启程前培训为例,培训内容不需要了解家属随从制度。

  D.外派人员在启程前需要了解工作内容,包括工作任务、职责待遇、驻外期限和工资奖励等。

4.下列关于国际企业人员薪酬的说法,不正确的是(   )。

  A.需要立足于企业国际化发展战略需要,并尊重当地薪酬制度和薪酬文化。

  B.需要使得薪酬制度能够有效激励员工工作积极性,留住优秀员工,合理淘汰不合适员工,使得薪酬制度能够有效支持战略性人力资源管理需要。

  C.开发一套国际性薪酬津贴系统考虑的因素包括可比性(即在内部员工间具有可比性,同时高于外部市场上的薪资水平)和成本。

  D.设定薪酬与津贴水平应考虑的因素,包括当地人才供应状况、通行的工资率、对外派人员的使用以及当地法规要求等因素。

5.下列关于国际企业人员考评的说法,不正确的是( )。

A.既要满足公司发展需要,也要尊重东道国法律制度和文化传统。

B.采用集团优越型方式的公司常在子公司中使用与总公司不相同的绩效评估方法。

C.采用多中心型或地区中心型方式的公司在每个国家或地区发展起一套本土化评估体系。

D.采用全球化型方式的公司在全球范围内使用相同的评估体系。

6.下列关于全球领导者独特沟通能力的说法,不正确的是( )。

A.全球领导者需要在跨文化背景下,与来自不同国家或地区的利益相关者,进行跨文化沟通。

B.文化敏感性是指有足够灵活性,能够在不同文化之间进行灵活的沟通协调。

C.跨文化交际是指精通至少一门外语,理解与不同文化的人打交道的复杂性。

D.公司高层管理者需要提供公司总体绩效。

7.太阳微系统公司管理案例展现了跨国公司全球人力资源管理的复杂性,可以归纳总结出 SPLIT 模型,其中 S、P、L、I、T 分别指的是( )。

A.过程、结构、语言、身份、技术 　　　B.结构、语言、过程、身份、技术

C.结构、过程、语言、技术、身份 　　　D.结构、过程、语言、身份、技术

8.下列关于地区经理的压力和约束的说法,不正确的是( )。

A.地区经理面临着来自跨国公司内部动机、东道国利益和全球竞争环境的多维压力和约束。

B.在跨国公司内部动机方面,需要关注组织结构与系统、内部规范和价值等内容。

C.在东道国利益方面,需要关注公司战略、东道国政府目标和政策、国家利益集团(例如雇员、消费者和工会)、当地规范和价值观以及个人价值观。

D.在全球竞争环境方面,需要关注当地竞争行动、全球竞争行动和当地产业与产业机构。

9.下列关于地区经理的角色、技能和资格的说法,不正确的是( )。

A.先锋角色包括定义区域和建立基地。

B.情报角色包括分析环境和开发创新的想法和能力。

C.作为运营领导者,在发展不同阶段采用相同能力。

D.地区经理的技能包括其作为创新者和机会主义者的创新技能。

10.下列关于激发情商这一来自哈佛商学院的研究发现的说法,不正确的是( )。

A.幸福、弹性、正念、共鸣、影响力和说服力以及真诚是情绪的重要影响因素。

B.共情被认为是改善关系和产品开发的重要因素,理解他人的动机和情绪是一种易于研究与学习的技能。

C.在影响力和说服力方面,改变心灵是改变思想的重要组成部分。

D.吸引人的情绪可以帮助你提升你的领导权威。

11.下列关于全球业务战略制定者的说法,不正确的是( )。

A.在全球一盘棋格局下,在国别基础上在全球范围内整合资源。

B.地区主管与职能经理所代表利益可能存在差异,作为全球业务战略制定者,就必须对两者观点进行协调整合。

C.全球业务战略制定与母国业务战略制定是一样的。

D.对于全球业务战略制定者而言,良好的职业生涯是在一个国家或地区担任过总经理。

12.下列哪项不属于全球资产和资源结构的设计师的内容和要求?( )

A.根据战略目标进行关键资产和资源的分配,并承担协调责任。

B.改变现有资产和能力,确定未来的资产与资源结构。

C.将资源与能力连接形成资源整合网络,确定未来的资产和资源结构。

D.综合不同观点,协调各方利益,制定综合性战略。

13.下列哪项不属于全球情报搜寻者的主要工作内容?( )

A.捕获和传输跨越国界的前沿信息。

B.根据前沿信息以跟踪、开发并做出适当调整。

C.通过非正式接触、正式评估或者跨部门参观和人员调动等方式,能够促进卓越中心最佳实践在公司内进行全球共享。

D.建立专门的信息通道,将所在国的技术人员、市场营销人员、生产专家以及懂得自己的需要并愿意分享其观点的人连接在一起。

14.下列哪项不属于地区子公司管理者新的角色?( )

A.双重文化的阐释者　　　　　　　　B.销售和利润来源

C.地区利益的倡导者和维护者　　　　D.公司战略的一线实施者

二、多选题

1.国际人力资源管理是企业国际化的重要内容,涉及在全球范围内进行人力资源的( )。

A.招聘管理　　　　B.培训管理　　　　C.薪酬管理　　　　D.晋升管理

2.外派人员岗位类型包括( )。

A.首席执行官　　　　　　　　　　　B.职能部门主管

C.排除技术故障的技术人员　　　　　D.业务操作者

3.国际企业人员的招聘需要考虑的甄选标准包括( )。

A.文化敏感性与适应性　　　　　　　B.语言能力

C.经历与教育　　　　　　　　　　　D.家庭因素

4.全球领导者独特沟通能力包括( )。

A.文化敏感性　　　　B.跨文化交际　　　　C.跨国主义者　　　　D.多维度能力

5.在国际企业人员的招聘中,公司高层管理者在确保外部导向需要做什么?(　　　)

  A.怀有质疑态度   B.赋予新行动合法化

  C.包容   D.否认复杂性

6.正念的好处包括(　　　)。

  A.更好的表现和更多的魅力 B.更高的创造力

  C.更深的自我意识   D.更大的心灵平静

7.跨国公司管理者类型包括(　　　)。

  A.母公司管理者   B.地区子公司管理者

  C.全球职能管理者   D.全球业务管理者

8.全球业务管理包括(　　　)。

  A.全球业务战略制定者   B.全球资产和资源结构的设计师

  C.全球情报搜集者   D.跨国界协调者

三、判断题

1.国际人力资源管理是决定企业国际化成败的重要因素。我们需要站在全球一盘棋的战略高度,采用历史的视野和全球的视野,充分审视全球商业价值生态的机会和挑战,以战略为导向,发展战略性人力资源管理系统。(　　　)

2.国际企业人员招聘需要高度关注国别文化差异、国别制度差异、国别政策差异、国别习惯差异、国别价值观差异、国别薪酬差异和国别工作方式差异等。(　　　)

3.国际企业人员培训需要立足于公司国际化发展战略需要,在外派人员培训方面,需要建立起全流程和多维度的系统化培训系统。(　　　)

4.在国际企业人员的招聘中,公司高层管理者需要提供长期的方向和目标。目标需要具备三个特点,分别是清晰(简明、相关联以及持续加强)、可持续性(对方向和目的制定承诺)和一致性(全体成员共享)。(　　　)

5.地区经理面临着来自跨国公司内部动机、东道国利益和全球竞争环境的多维压力和约束。在全球竞争环境方面,需要关注当地竞争行动、全球竞争行动和当地产业与产业机构。(　　　)

6.在跨国界的协调者方面,需要确定价值流模式,使跨国公司在全球范围内进行专业化生产,在最合适国家从事经营活动,在最具有战略意义地方进行投资。(　　　)

7.在跨国创新拥护者方面需要发挥本土杠杆效应,建立一种能促进不同创新进程之间相互依存的机制,取代传统的在全球范围内各部门间独立或相互依靠的关系。(　　　)

8.地区子公司管理者作为双重文化的阐释者这一角色的失败原因可能在于,在向上沟通方面,总部管理能力比较差、总部通信渠道被封锁、对于总部的敏感性或理解有限。在向下沟通方面,总部联系和支持薄弱、对公司战略的理解有限、在子公司内部缺乏可信度。(　　　)

四、名词解释

1.国际人力资源管理

2.第三国国民

3.先锋角色

4.四分卫角色

5.全球资产和资源结构的设计师

6.最佳实践的传播者

五、简答题

1.请阐释国际企业人员应如何培训？

2.请阐释国际企业人员应如何考评？

3.地区经理具有哪些角色？其需要具备什么技能和资格？

4.全球职能管理包括哪些方面？请阐述其具体内容。

5.地区子公司管理者具有哪些新角色？其不同角色的任务及可能的失败原因分别是什么？

第 **14** 章
国际化风险、同国籍集群与经营业绩

第 1 节　新时代中国企业国际化风险管理研究

学习导航

　　本节基于马克思主义哲学视角,阐述了新时代内涵及其历史必然,分析了新时代背景下加强中国企业国际化风险管理理论研究的重要性。结合新时代历史方位、指导思想和基本方略,以及全球风险管理权威机构 COSO 颁布的《企业风险管理》指南,阐述了企业如何从组织生态、公司治理和战略管理三个方面加强国际化风险管理,以促进中国企业国际化健康发展。

一、中国企业国际化风险管理研究的时代背景

1.新时代历史方位判断

　　中国特色社会主义进入新时代,这是对中国发展进入新的历史方位作出的科学判断。习近平总书记"7.26"重要讲话,开辟了马克思主义中国化、时代化和大众化的新境界[①];习近平新时代中国特色社会主义思想和基本方略,对于包括企业国际化在内的中国发展实践,具有纲领性引领作用。我们需要站在人类社会发展的历史高度,来理解新时代的内涵、思想和方略。传承与发展,是人类社会历史潮流的主旋律。人类在其漫长的发展历程中,历经了以狩猎和农业为生存基础的群体时代、以竞争和对

---

　　①　王伟光.开辟 21 世纪当代中国马克思主义哲学发展新境界[J].世界社会主义研究动态,2017,103(8).

抗为时代特征的个体时代,正在走向以合作和共赢为发展内涵的共体时代。这是不以人的意志为转移的人类历史发展客观规律。马克思指出,"人的依赖关系"是人的最初形态;"以物的依赖性为基础的人的独立性"是人的第二大形态;"建立在个人全面发展和他们共同的社会生产能力成为他们的社会财富这一基础上的自由个性"则是人的第三阶段[①]。当今世界正处于历史转型时期,人类社会正在走向新的未来,中国发展正步入新时代的历史方位,这不仅是现实选择,更是历史要求。

2.新时代理论创新要求

时代是思想之母,实践是理论之源。企业是人类发展的实践载体,企业国际化是人类发展的历史要求。我们需要站在历史传承与发展的战略高度,立足新时代的历史方位,以新时代的指导思想和基本方略为指引,打开新时代国际化视野,探索出有别于西方传统理论的新时代国际化理论,提高新时代国际化风险管理能力,推动中国企业国际化健康发展。新时代背景下,共商共建共享原则和人类命运共同体理念被写进联合国决议,"一带一路"倡议成为全球经济发展重要平台,互联网+、共享经济、人工智能和大数据等科技革命将推动人类发展进入新阶段。如何使第三次科技革命更好地服务于人类发展,成为各国人民共同思考的问题。中国政府坚持以人民为中心,坚持全面深化改革,坚持新发展理念,坚持社会主义核心价值体系,坚持推动构建人类命运共同体,坚持从严治党,继续营造合作共赢的国际经济关系,大力支持中国企业"走出去"发展,为中国企业国际化发展营造新时代的国际关系和全球氛围。

党的十九大报告确立的指导思想和提出的基本方略,阐述了包括企业国际化在内的新时代中国发展实践的历史方位和战略空间,意味着中国企业国际化面临着历史性的机遇和挑战。这就要求中国企业在国际化进程中,扎实立足新时代历史方位,深刻领会新时代指导思想,全面洞察新时代基本方略,加强理论创新,完善风险管理,更好地融入新时代中国特色社会主义伟大事业。中国企业在国际化进程中,不仅要面临传统西方企业在国际化进程中面临的经营压力,比如新进者劣势、外来者劣势和合法性挑战等,还将面临来自新时代世界科技革命、全球治理变革、制度文化变迁、经济发展转型和自身战略转型等战略机遇和严峻挑战。这就要求中国企业在国际化进程中,不能简单采用传统西方企业国际化理论来指导实践,而是需要深深扎根于新时代中国特色社会主义建设伟大事业土壤中来,在新时代指导思想和基本方略指引下,探索适合于新时代要求的中国企业国际化的理论和实践。

3.新时代风险管理体系

风险管理是现代经济核心,具有时代性、战略性、系统性和紧迫性。当前,组织发展处于变动性、复杂性和模糊性不断增强的世界环境当中(《全球风险报告》,2016),

---

① 马克思恩格斯全集[M].第 46 卷(上卷).北京:人民出版社,1980:104.

面临着全球治理、科技人文、社会生态等多领域的系统性变革,要求具有更高的系统性、灵活性和透明度,能够对时代主题变化作出灵活反应,对领导者把握机会和管理风险的能力提出更高要求。近年来,企业国际化经营战略研究日益增多,涉及区位选择、进入模式和成长路径等。例如,《中国企业境外投资理论研究前沿》(陈福添,2013)一书,较为系统地归纳了近些年来国际投资主要研究主题,所综述观点主要源于 AMJ、AMR、JIBS、SMJ、ASQ 和 JWB 等管理学界和国际商务学界国际顶尖学术期刊,以及《经济研究》《管理世界》和《中国工业经济》等国内刊发国际商务研究论文的重要期刊;并基于中国情景阐述中国企业在国际化进程中面临的独特情景(特别是制度背景)及其应对策略。但正如该书中所阐述的,这些研究文献以风险偏好(risk appetite)为潜在因素来考察战略选择,但是没有系统深入全面分析风险轮廓(risk profile)及其根源和应对策略,从而未能对企业国际化战略选择的根本缘由进行深入考察。

自从中国提出"一带一路"倡议以来,学者们开始关注中国企业境外投资风险问题。例如,中国社会科学院世界经济与政治研究所国际投资研究室发布了《中国海外投资国家风险评级报告(2017)》,构建了包含经济基础、偿债能力、社会弹性、政治风险与对华关系的五大指标体系、41 项子指标,对 57 个国家的整体投资风险进行了衡量,为中国企业海外投资提供了全面衡量海外投资风险的有益参考。但是,这些研究主要还是集中在风险识别方面,而且仅仅局限于国家风险,尚未对包含企业内部的治理风险、文化风险、战略风险、运营风险和业绩评估与报告风险等在内的企业经营风险进行全面综合剖析,也尚未考察如何应对这些风险。为了更好地促进中国企业国际化发展,我们需要系统全面剖析风险构成及其应对策略,从而更好地指导中国企业国际化实践。风险管理不应孤立于组织生态,不应局限于风险识别,应该立足于时代脉搏,以浓缩时代精神精华的哲学①精神为引领,以价值管理为导向,将风险识别和风险对策融入组织的生态分析、成长阶段、公司治理和战略管理的全过程,从而优化组织行为,提升组织价值,促进人类发展。

风险管理既是科学也是艺术,我们需要基于哲学、科学、技术和人文等视角,综合考察事物多面属性,辩证把握事物发展态势,以此来探索企业国际化及其风险管理的理论和实践。哲学是自己时代精神的精华,企业作为人类发展实践载体,必须顺应历史潮流,遵循时代精神,响应时代呼唤,以哲学理论指导具体实践,置身于内涵丰富、内容多样的时代背景当中。新时代历史方位下,中国需要培育更多具有国际竞争实力的跨国公司,以促进实现"两个一百年"奋斗目标。这就要求中国企业在进行国际化风险管理时,全面融入新时代中国特色社会主义建设事业中来;坚持马克思主义哲学立场,坚持习近平新时代中国特色社会主义思想;坚持以人民为中心的发展思想,坚持新发展理念,坚持四个自信,深刻领会全面深化改革重大部署;坚持共商共建共

---

① 　马克思在 1842 年写的《〈科隆日报〉第 179 号的社论》一文中提出,"任何真正的哲学都是自己时代的精神上的精华"。转引自:高清海,胡海波,贺来.人的类生命与类哲学:走向未来的当代哲学精神[M].吉林人民出版社,1998.

享原则,坚持构建人类命运共同体理念,推动落实"一带一路"倡议,谋求同世界各国人民共同发展。只有这样,研究结论才能够有助于建立起中国企业国际化风险管理体系,促进中国企业国际化健康持续发展。

二、新时代中国企业国际化风险管理研究的主要内容

本书基于新时代的历史方位、指导思想和基本方略,结合全球风险管理权威机构COSO 于 2017 年 9 月 6 日发布的更新版《企业风险管理框架——融入战略和绩效》(以下简称为 COSO-ERM(2017)),研究中国企业国际化风险管理问题。一方面,新时代的历史方位、指导思想和基本方略,要求中国企业在国际化进程中必须考虑组织生态,并将这种考虑融入企业后续的公司治理和战略管理当中。另一方面,COSO-ERM(2017)顺应时代变革特点而产生,有着清晰的概念、要素和原则,其目的在于将风险管理融入公司战略和业绩管理,从而更好地促进公司成长。它包含五个框架要素,共计 20 条基本原则。本课题研究主要立足于考察中国企业国际化战略制定及其前置因素,所以将包含 COSO-ERM(2017)五个框架要素中的公司治理和战略转型两个要素。具体而言,我们应该基于新时代的历史方位、指导思想和基本方略对中国企业国际化提出的历史性要求,结合 COSO-ERM(2017)分析框架所包含的风险管理关键点,从组织生态、公司治理和战略转型三个方面,系统研究中国企业国际化风险管理问题,深入探索新时代中国企业国际化风险管理理论,为系统深入考察和指导新时代中国企业国际化风险管理实践提供决策支持。

1.组织生态与风险管理

组织生态可以从不同维度来加以衡量,可以划分为国际环境、国别环境、行业环境和技术环境,划分为全球治理、议会沟通、政党交流和民间往来,或者划分为人文历史、政党哲学、政治制度和执政水平等。新时代背景下,我们需要密切关注来自技术、社会和商业等领域颠覆性革命所带来的机遇和挑战。在企业国际化风险管理领域,已有研究较多关注国别风险(特别是政治风险)的衡量和后果。Holburn 和 Zelner(2010)在美国《战略管理杂志》发表了《政治能力、政策风险和国际投资战略》一文,发现企业国际化风险偏好受到其自身风险管理能力的影响,这表明企业在国际化进程中需要考虑自身风险承担能力和外在风险水平。Boubakri、Mansi 和 Saffar(2013)在JIBS 杂志发表了《政治制度、政治联系和公司风险承担》一文,阐述了政治制度对公司风险承担的影响情况,发现好的政治制度能够有效促进公司承担风险,这种关系在存在"政府掠夺"情景下更加显著。Giambona、Graham 和 Harvey(2016)在 JIBS 杂志发表了《政治风险管理》一文,从行为视角和代理视角相结合的角度,考察了经理人风险感知对其投资行为的影响情况,发现经理人风险感知对其投资行为影响显著。Shi 等(2017)在 JIBS 杂志发表了《制度脆弱性和中国 OFDI》一文,发现中国制度背景下,母

国制度脆弱性将会诱发母国企业寻求对外直接投资。已有文献开始关注全球化对公司风险承担行为的影响作用,发现金融全球化制度将带来公司风险承担同步化(Bruno and Shin,2014)。许晖、万益迁和裴德贵(2008)在《管理世界》发表了《高新技术企业国际化风险感知与防范研究——以华为公司为例》一文,以华为公司国际化进程为研究主线,将其国际化进程分为艰难探索、横向拓展和纵横延伸三个阶段,从宏观环境、行业环境和企业内部三个方面,阐述了风险感知和风险防范,但是缺乏全面剖析风险感知和风险管理。正如作者在文章中所指出的,该研究存在单案例局限性和阶段划分局限性,以及仅限于以华为公司历史经验进行分析,缺乏分析企业未来发展风险。综上所述,企业国际化风险承担行为与其组织生态密切相关。然而已有研究主要侧重于制度风险识别,缺乏更加系统全面深入考察企业国际化面临的风险轮廓和风险承担。

新时代背景下,我们需要站在哲学高度来充分认识组织生态变革及其对中国企业国际化发展提出的要求。哲学与管理密不可分,Joullie(2016)研究认为,管理概念、管理观点和理论体系等与哲学精神有着极其密切且非常重要的直接或者间接的关联性。Lynch 和 Dicker(1988)在系列文章中阐述了管理思想与哲学思想相结合的观点。Chia 和 Morgan(1996)评论了管理研究的哲学根基,指出任何知识创新都无法超脱哲学范畴。Small(2006)研究认为,哲学有助于发展管理智慧,深化对管理生活复杂性的理解,以及提高创造性和批判性思考技能。时代是思想之母,实践是理论之源。习近平总书记(2017)在《中国日报》(英文版)指出,要加强马克思主义研究,使理论发展跟上时代步伐[①]。管理学者应该关注管理概念、观点及其理论体系的哲学根基,以深入全面把握管理理论的内涵和精髓,更好地认识管理理论分歧的哲学根源,从而更好地运用管理理论来指导管理实践。新时代历史方位下,中国企业组织生态将会发生根本性变革,马克思主义哲学和习近平新时代中国特色社会主义思想将成为中国发展的指导思想,新的发展理念、共商共建共享原则、人类命运共同体、“一带一路”倡议、互联网＋、共享经济、大数据和人工智能等将深刻影响组织生态的内涵和影响力。变化了的组织生态,要求中国企业站在哲学高度,立足新时代历史方位,深刻洞察组织生态变化所带来的发展机遇和风险挑战,加强理论研究和实践调查,从而提高国际化风险管理水平。

2.公司治理与风险管理

公司治理是影响战略制定和战略实施的重要因素。广义上的公司治理包括治理结构和治理机制,涉及股东大会、董事会和经理层。董事会负有风险监督责任,通过积极的风险管理来帮助组织实现价值创造,防止价值下滑。基于 LLSV(1998)在美国

---

① President Xi Jinping, Adapting Marxism called crucial, by Zhang Yubin at the CHINADAILY, September 30-October 1,2017. http://www.chinadaily.com.cn/china/2017-09/30/content_32668217.htm.

《政治经济学》杂志上发表的奠基性文献《法与金融》以及后续学者们在投资者保护领域的研究积累,John、Litov 和 Yeung(2008)在美国《金融杂志》上发表了《公司治理和风险承担》一文,研究了投资者保护与风险承担之间的关系,发现完善投资者保护将有助于引导公司进行风险较大但价值增值的投资。但是,该文献仅仅关注投资者保护,风险承担是以企业收益波动性(事后)和产业风险特征(估算)来衡量,存在局限性。国内学者鲁桐和党印(2014)在《经济研究》发表了《公司治理与技术创新》一文,认为公司治理应与行业特点相匹配,以发挥其对创新的促进作用。石晓军和王骜然(2017)在《经济研究》发表了《独特公司治理机制对企业创新的影响》一文,考察了全球范围内互联网公司双层股权制对企业创新的影响情况,发现双股制显著促进企业创新,该促进作用还取决于外部投资者的短期业绩敏感性。顾露露、蔡良和雷悦(2017)在《管理科学》杂志上发表了《家族治理、所有权变更与企业创新》一文,发现家族企业治理模式能够有助于提高企业创新水平。综上所述,公司治理将会影响到战略选择和创新实践,但是已有研究没有深入探索公司治理与隐含在战略管理和创新实践背后的风险管理之间的关系。

公司治理具有战略功能和监督功能,董事会和管理层需要保证战略与风险相一致,以促进组织目标设定和资源有效配置。管理层对风险管理负有全局责任,但同时需要在战略选择、精炼和实施过程中,通过风险管理来加强与董事会和股东进行对话,从而提高竞争优势和经营绩效(COSO-ERM,2017)。风险管理有助于管理层更加辩证(全面、系统、动态)地看待外部潜在的机会威胁和内部自身的优势劣势,使战略制定与使命愿景和核心价值观更加一致。风险管理有助于董事会识别风险变化,提高战略柔性。董事会应当关注如下事项,包括提出战略建议和设定风险红线,使组织战略和经营目标与组织使命、愿景和核心价值观相一致,参与包括兼并收购、资本配置、融资决策和股利政策等重大经营决策,在组织出现重大业绩波动和风险波动时做出回应,在核心价值出现偏离时做出回应,以及参与到投资者和利益相关者的关系治理中来等等。中国企业在国际化进程中,应该立足于新时代的历史方位、指导思想和基本方略,完善公司治理,使之发挥战略功能和监督功能,奠定发展基调,把握战略方向,把控经营风险,促进永续发展。中国企业在国际化进程中,如何完善公司治理使之实现上述功能。

3.战略转型与风险管理

战略转型意味着发展路径和风险轮廓的变革。已有研究倾向于借助潜在风险来分析不同国际化战略选择,但是没有深入考察国际化战略风险本身。例如,Herrmann 和 Datta(2002)基于高层梯队理论(upper echelons theory),考察了 126 个 CEO 更替和 271 次海外市场进入事项样本中 CEO 继任者特征对于企业海外市场进入模式选择的影响作用,发现 CEO 职位任期、职业背景和国际经验与全控制(full-control)进入模式相关。具有国际化经验的管理者在预估与海外投资相关的风险和收益时更有把握,他们更容易积极地投入企业资源,同时希望对海外业务有更高控制权。国际业务经验有助于管理者发展全球思维;他们在选择对外直接投资模式时,极有可能选择那些所有权和控制权较高的模式。Baden(2015)研究指出,商学院需要加强对目标和手段的区分,需要更正纯粹以财务指标来衡量企业成功的商学院教学体系。商学要取得合法性地位从而得到持续广泛认可,需要将利润视为商业可持续发展的手段而不是目标。商学院需要从价值观和使命愿景上完善核心价值定位和商学教育体系,需要更加关注亲社会理论并将社会福利目标融入商学价值精神和教育体系当中。许晖和余娟(2007)在对国际风险分类与识别进行理论推导的基础上,对企业在采取不同国际市场进入模式时所面临的各类风险加以识别,并对关键风险进行聚焦探析。许晖、邹慧敏和王建明(2009)研究了跨国公司国际化经营战略转型背景下的风险分类识别。许晖和邹慧敏(2010)研究了企业的国际化感知风险对国际化绩效的影响作用。此外,段志蓉、邱海鹰和朱玉杰(2008)研究认为,风险态度将会影响企业国际化决策。组织在战略转型过程中,需要考察自身所处成长阶段。组织在不同成长阶段将会面临不同的机遇和挑战。王性玉、姚海霞、王开阳(2016)基于生命周期理论,研究了企业处于不同生命周期时的风险承担,并考察了投资者情绪对这两者关系的调节作用。组织虽然可以通过人员更替来摆脱创始人自然生命周期的限制,可以通过战略变革来摆脱制度约束从而实现永续经营,但是诸如文化和认同感等关键性指标需要长期培育。国际化战略转型风险管理,首先需要考察战略转型风险管理,其次需要考察全球化情景对其战略转型风险管理的影响作用,具有更大系统性、复杂性和挑战性。已有研究主要将风险作为潜在因素,考察其对国际化战略选择的影响作用,缺乏直接研究国际化战略风险,缺乏从价值提升和风险规避相综合角度深入研究企业国际化战略风险。

新时代背景下,全球发展范式将转型升级,从竞争掠夺发展为合作共赢,市场化、国际化、法治化、创新化、共享化、大数据化将成为时代特征,国际友好交往将成为重要软实力。当前,国家正在贯彻新发展理念,以"一带一路"倡议为契机,落实《中国制造 2025》规划,实施创新驱动发展战略,推动供给侧结构性改革,提倡工匠精神和企业家精神,从国家和产业层面来考虑企业发展问题,将对中国企业发展产生深远影响,亦将给企业战略转型升级带来机遇和挑战。新时代带来了新的组织生态,意味着新的发展机遇和风险挑战。新的组织生态要求中国企业进行战略转型,站准历史方位,把握时代脉搏,勇于创新变革,始终坚持以人民为中心的发展思想,将新发展理念贯穿进企业国际化发展实践当中;把人民对美好生活的向往作为企业追求伟大梦想、践行历史使命、获取卓越发展、实现永续经营的实践指引,使之始终贯穿在企业国际化发展的使命、愿景、战略、治理和组织当中。风险管理将不再仅仅关注风险规避,而是应该在风险管理过程中同时考察风险和机会,立足战略发展和价值提升。我们应该立足新时代的历史方位、指导思想和基本方略,系统深入全面考察企业国际化进程中在投资动机、区位选择、发展路径和进入模式等重大战略问题上的风险轮廓和风险策略,把风险管理融入于企业战略转型实践当中。

三、研究的理论创新意义、业界认同意义和实践指导意义

1.理论创新意义

立足新时代历史方位,以马克思主义哲学为引领,从哲学智慧求索、科学理性探索和文学美好思索相结合角度,深入全面分析中国企业在国际化进程中面临的机遇和挑战,这有别于传统西方企业国际化风险管理研究。在新时代历史方位下,我们倡导共体思维和共生理念,亦即合作共赢的命运共同体理念。共生理念不是纯粹竞争,亦不是简单合作,而是把竞争和合作视为手段,其目的是致力于人类共同发展。共生理念与命运共同体、利益共同体和共商共建共享倡议相一致,包含了中国传统哲学智慧和马克思主义哲学精神。时代是思想之母,实践是理论之源。站在新时代历史方位,研究新时代中国企业国际化实践,决定了本书研究将具有重要的理论创新意义。

2.业界认同意义

本书采用2017年COSO更新版《企业风险管理框架》(COSO-ERM(2017))来分析中国企业国际化风险管理问题,在全球风险管理业界具有传承性、专业性、权威性、系统性和合宜性,能够为全球范围内学术界、企业界、监管层、第三方机构和国际社会所认可和采纳,提高其对中国企业国际化合法性的认同,从而降低中国企业国际化进程中所面临的外来者劣势,提高中国企业国际化的合宜性、战略性和价值性。这将有助于研究结论更好地用于指导中国企业国际化风险管理实践活动。

3.实践指导意义

中国企业国际化是适应新时代的必然要求,探索适合于新时代历史要求的风险管理理论,将有助于更好地指导中国企业国际化实践。本书立足于新时代的历史方位,以新时代的指导思想和基本方略为指引,研究新时代背景下中国企业在国际化进程中面临的风险挑战及其应对策略,涉及组织生态、公司治理和战略管理三个层面,这对于中国企业国际化发展将具有重要的实践指导意义,对于中国政府如何完善政策制定从而促进中国企业国际化健康发展,亦将具有重要的政策指导意义。

补充阅读

1.高清海,胡海波,贺来.人的类生命与类哲学:走向未来的当代哲学精神[M].吉林人民出版社,1998.

2.中国社会科学院世界经济与政治研究所.中国海外投资国家风险评级报告·2017[M].中国社会科学出版社,2017.

思考题

1.请阐述风险管理的主要内容。

2.请阐述新时代中国企业国际化风险管理的主要内容。

第 2 节　中国企业 OFDI 区位选择的同国籍集群效应研究[①]

学习导航

中国企业在 OFDI 区位选择过程中如何发挥同国籍集群(COA)效应,已成为中国企业国际化发展的重要决策问题。本书结合组织生态学理论、区位选择理论以及国际化阶段理论进行理论分析并提出相关假设,实证研究了同国籍集群对中国 OFDI 区位选择的影响机理。结果显示:(1)同国籍集群对 OFDI 进入可能性具有显著的倒 U 形影响;(2)相同行业同国籍集群对 OFDI 进入可能性具有更强的倒 U 形影响;(3)国际化经验和东道国市场特征调节同国籍集群与 OFDI 进入可能性间的倒 U 形关系。本节对中国企业同国籍集群的共生性、合法性和竞争性进行研究,为中国企业 OFDI 区位选择提供理论指导和经验借鉴。

中国企业在国际化进程中常常采取抱团行为,发挥同国籍集群效应,以应对外来者劣势。同国籍集群效应包含合法性效应和竞争性效应。在合法性效应方面,抱团取暖有助于提高投资合法性,已经走出去并积累多年经验的先行跨国公司,对缺乏国际化经验的后发企业在进入其他国家时降低潜在风险、少走弯路错路具有重要借鉴意义。然而,除了东道国的政策与法律风险、市场与财务风险以及文化风险外,企业常常还面临国内企业之间的恶性竞争,也就是竞争性效应。在海外投资项目投标竞标过程中,中国企业时常竞相压价,其他国家企业从中"坐收其利"。这种拥挤效应加上缺乏创新和相互效仿,导致同国籍集群内部容易产生模仿和同质化的现象,最终导致出现企业间恶性竞争。

中国政府高度重视海外产业园区建设,将其作为重要的国际投资促进模式。境外产业园区能够带来技术知识溢出效应,产生规模经济效应,形成产业链上优势以及共享配套设施等,在海外集群互动中带来了经济效益。但是,由于企业所掌握园区信息存在偏差,导致入驻成本上涨,影响海外战略计划有效实施。此外,企业与园区产

---

① 本节内容由研究生崔雪梅和导师陈福添共同完成。

业定位不匹配。一些渴望向海外扩张的企业被当地园区内低成本工厂所吸引,盲目投资。特别地,在鼓励政策推动下,相同行业同国籍集群虽然吸引了许多中国企业进行投资,但随着集群程度提高,潜在问题日益凸显,从而降低相同行业同国籍集群对中国企业对外投资的正面效应。

与此同时,同国籍集群效应受到诸多因素的影响制约。中国企业国际化离不开自身国际化经验;企业在再次投资时不仅会受到同国籍集群的影响,还会受到自身积累的国际化经验的影响;且相对于同国籍集群效应,自身积累的东道国国际化经验作为隐性知识,能够替代同国籍集群发挥效应。此外,地理位置也是影响跨国公司区位选择的重要因素。东道国市场异质性亦将带来不确定性,这就需要中国企业在 OFDI 区位选择过程中,充分考察东道国市场特点对于其 OFDI 区位选择的影响作用。

一、国际化集群效应分析

1.国际化集群效应

Gimeno 等(2015)研究指出,当先行者在同一国内市场都占有大量份额时,更有可能引发市场进入模仿行为。同国籍集群能够提供有效渠道用来分享当地的敏感信息和隐性信息,缺乏当地知识的企业将更加倾向于依赖同国籍集群。颜银根(2014)研究发现,中国企业 OFDI 区位选择不仅受到市场潜能的影响,而且受地理集聚、地区工资水平和地区政策的影响。王疆(2004)认为中国移民网络是解释中国对美直接投资区位选择的重要因素,中国企业往往投资于中国移民网络发达的国家,企业会参考与自己相似企业的过往决策。由此可见,有必要从同国籍集群角度研究中国企业国际化抱团取暖现象,以弥补现有研究的不足。

2.同国籍集群的合法性和竞争性

同国籍企业通过多种方式帮助建立信任机制。Miller 等(2008)指出,族群纽带和共同社会文化背景促进了同国籍外国直接投资公司之间信任机制的发展。从社会情感属性来看,人们更可能与那些与自己相似之人保持紧密联系以减少不确定性。同国籍外国直接投资公司既发展正式关系网络,也发展非正式社会网络。这种社会交往不仅为外籍人士提供了重要的个人社会支持,而且也是了解东道国环境的重要信息来源,还可以创造新的商业机会。同国籍集群可以帮助新进入者建立其对当地环境知识的了解,减少外来者劣势。但是,同国籍集群也可能带来竞争性影响。在合法性效应和竞争性效应的共同作用下,种群密度与组织设立率之间形成倒 U 形关系。文化差异使得外国进入者很难通过与本土企业同构来获得当地合法性,企业可以向同国籍企业学习如何有效应对合法性要求。当同国籍集群内企业数量已经达到最大值,集群内企业之间相互依赖程度渐弱,同国籍企业间出现竞争大于合作的局面,导致依赖同国籍集群进入东道国企业可能会选择退出。现有集群理论主要研究东道国产业集群对企业 OFDI 区位选择的影响作用,缺乏研究同国籍集群对区位选择的综合影响机理。本章将基于组织生态学理论,从企业种群概念切入,对中国企业同国籍集群的合法性和竞争性展开综合研究,弥补现有文献研究的不足。

二、国际化集群对投资区位选择的影响机理

组织生态学提出了企业种群概念,组织群内个体间存在着共生关系,是合法性与竞争性的有机统一体。中国企业在国际化进程中,需要以命运共同体思想为指引,来理顺利益相关者间关系,同国籍就是一个重要的组织载体。Stallkamp 等(2017)将同国籍集群定义为来自同一国家的企业在某一特定区域空间内的集合,企业种群概念可以将东道国同国籍集群视为企业种群的一种来分析其特性。本章以组织生态学为主要的理论基础,以中国企业 OFDI 过程中面临相同的海外背景、地域因素以及来源国文化背景为标准,提出并界定跨国公司种群,在此基础上研究同国籍集群的合法性效应和竞争性效应。

1.同国籍集群与区位选择的关系以及行业差异的影响作用

Hannan 和 Freeman(1977)在密度依赖理论中,提出了组织的发展速率与死亡速率两个概念。研究认为,现有组织数量会影响新成立组织数量,两阶段密度依赖性效应在每个阶段对组织设立具有相反影响,密度依赖性效应具有非线性倒 U 形特征。在营利性组织研究中,这种关系得到了实证支持,包括新汽车制造公司的成立率、信用合作社和电话服务提供商等实证研究。在"合法性效应"和"竞争性效应"的共同作用下,种群密度与进入可能性间形成倒 U 形关系。Johanson 和 Vahlne[18]认为,同国籍集群可以帮助新进入者建立其对当地环境的认知,减少其作为局外人的责任。然而,当集群程度超过一定临界值时,区域内企业数量急剧增加,集群内部企业间依赖越来越弱,彼此间竞争超过合作,并超过当地经济和环境的最佳承载能力,造成争夺要素资源、特定行业资源和基础设施资源。本章提出以下假设:

假设 1a:中国企业在 OFDI 区位选择时,同国籍集群对企业在某一国家/地区设立海外子公司的可能性具有倒 U 形的影响作用。

跨国公司跟随同国籍企业在某东道国/地区进行海外区位选址时,同国籍企业行业类型及其集群程度的差异,将因为信息溢出效应和集群外部性效应而影响企业投资决策。企业在对外直接投资时,可能趋向于参考相同行业企业决策行为。行业相关知识外溢将会影响企业对东道国的区位选择,即东道国相同行业企业越多,跨国公司越倾向于出口到该国。然而,对外直接投资相同行业同国籍集群可能导致更高成本,相互间竞争性亦带来更强拥挤效应。当同行业同国籍集群程度超过临界值时,集群内部企业间依赖性渐弱,竞争性渐强,降低了同行业同国籍集群对于跨国公司进入

东道国的吸引力。

不同行业同国籍企业面临着各不相同的目标客户和产品市场,这些差异导致企业间信息溢出参考性下降,不同行业同国籍企业提供的相关投资经验对于降低风险和不确定性发挥作用有限,减少了不同行业同国籍集群对于进入东道国特定市场的吸引力效应。不同行业企业可以在不同产品市场开展经营活动,其同国籍集群的合法性效应和竞争性效应相对较弱。

假设 1b:中国企业在 OFDI 区位选择时,相同行业同国籍集群和不同行业同国籍集群都会对选择某一国家/地区设立海外子公司的可能性有倒 U 形影响,但相同行业同国籍集群对进入可能性的影响程度强于不同行业同国籍集群对进入可能性的影响程度。

2.国际化经验的调节作用

Johanson 和 Vahlne(1977)在提出乌普萨拉模型时,指出自身知识积累效应导致国际化进程呈现阶段性特征,公司通过国际化经验获得市场知识,从而日益渐进式扩展到遥远国际市场。研究指出,企业先前经验可能会降低其局外人责任,该企业了解如何与当地各类机构等建立联系,并通过长期经验累积获得了市场知识与合法性。与此同时,除了成功范式导致的"锁定效应"外,跨国公司东道国国际化经验积累有效降低了进入成本。在合法性主导阶段,东道国国际化经验减少了同国籍集群吸引力。在竞争性主导阶段,东道国国际化经验积累使其在东道国建立了商业联系以及组织合法性,导致即使东道国市场同国籍企业存在激烈竞争现象,企业也愿意继续投资于该东道国市场。因此,本文提出如下研究假设:

假设 2a:东道国国际化经验在同国籍集群和市场进入可能性的关系中起调节作用。中国企业在东道国国际化经验越丰富,同国籍集群对区位选择的倒 U 形关系影响越小,无论是合法性效应起主导作用阶段还是竞争性效应起主导作用阶段。

先前投资经验是通过自身国际化经验积累而获得。经验丰富企业通过以往商业行为建立了相关行业的市场与顾客基础,从而获得合法性。当竞争性起主导作用时,随着同国籍企业中相同行业企业数量的增加,企业进入该地区产业集群区域可能性将降低。对于相同行业企业而言,虽然相同行业同国籍集群内竞争激烈,且存在相互模仿的行为,但是"领头羊"企业早已掌握了东道国产业市场的相关知识与要素资源,具有应对各种风险实力。对于不同行业企业而言,当一家公司投资于一个国家时,局外人特性需要其要付出额外成本。企业先前经验可能会降低其对东道国的局外人责任。在合法性起主导作用时,具有经验累积企业由于其较强的历史经验和惯例,会更多遵从对内部经验知识的利用,减少对外部合法性的追求,因而受不同行业同国籍企业集群影响较小。综上所述,提出如下研究假设:

假设 2b:东道国国际化经验在相同行业同国籍集群和区位选择可能性倒 U 形关系中起调节作用。中国企业在东道国国际化经验越丰富,相同行业同国籍集群对进入市场可能性的影响越小。

假设 2c:东道国国际化经验在不同行业同国籍集群和区位选择可能性倒 U 形关系中起调节作用。中国企业在东道国国际化经验越丰富,不同行业同国籍集群对进入市场可能性的影响越小。

假设 2d:东道国国际化经验在相同行业和不同行业中的同国籍集群和进入可能性的倒 U 形关系中都起到调节作用,但是在相同行业比在不同行业所起的调节作用更为明显。

3.东道国市场特征的调节作用

中国企业 OFDI 区位选择倾向于选择市场规模大、劳动力成本低以及资源要素禀赋高的国家和地区。发达国家政策和法律制度较为完善,投资于发达国家企业受同国籍集群影响较少。反之,面对东道国制度缺陷,关系信任网络和发展中国家经营经验更容易在该环境中被转移用来应对制度不完善环境,使得企业继续在发展中国家投资。在竞争性层面上,相比于发达国家,发展中国家(中国除外)制度与法律不完善。中国制造业企业将劳动密集型产业链转移至要素成本较低的发展中国家,导致这些传统企业在发展中国家争取获得有限的基础设施、市场资源以及劳动力资源,再加上这些中国企业缺乏技术优势和国际先进的管理经验,容易被同种族企业模仿和同构,导致恶性竞争。对发达国家进行投资主要是为了获得其技术溢出与战略资产,向发达国家投资可以使企业有效利用发达国家先进技术溢出和专业人才资源,从而提高本国技术和管理水平。本章提出如下假设:

H3a:东道国市场特征在同国籍集群和市场进入可能性的关系中起调节作用。与进入发达国家时相比,进入发展中国家时同国籍集群与进入可能性间倒 U 形关系更为明显。

相较于发达国家,发展中国家相同行业与不同行业同国籍集群对进入可能性影响较大。中国企业 OFDI 受东道国自然资源丰富程度所影响,其资源寻求动机往往集中于制度环境较差发展中国家。中国企业往往以收购方式进入发达国家进而获得其战略性资产,转化、吸收并转移其特有的知识和技术,全面提升跨国公司竞争力。跨国公司通过专业人才流动、社会平台交流以及相互模仿来获得 OFDI 知识和技术的溢出。投资发达国家会削弱其对相同行业与不同行业同国籍集群造成的正向影响。从竞争性层面来看,中国企业向发展中国家投资具有明显的自然资源和市场拓展寻求型特征,趋向于在自然资源丰富或者消费水平与我国相当的发展中国家进行投资。发展中国家基础设施资源与自然环境资源有限,自然资源过度开采和利用以及基础设施不完善可能会导致中国企业间展开竞争。东道国发达程度会削弱企业同国籍集群效应影响效果,这种调节效应在相同行业企业间更加显著。本章提出如下假设:

H3b:东道国市场特征在相同行业同国籍集群和市场进入可能性的关系中起调

节作用。相较于进入发达国家,进入发展中国家相同行业同国籍集群对进入可能性的倒 U 形影响更明显。

H3c:东道国市场特征在不同行业同国籍集群和市场进入可能性的关系中起调节作用。相较于进入发达国家,进入发展中国家不同行业同国籍集群对进入可能性的倒 U 形影响更明显。

H3d:东道国市场特征在相同行业和不同行业的同国籍集群和进入可能性的倒 U 形关系中都起到调节作用,但在相同行业比在不同行业所起调节作用更强。

综上所述,理论模型如图 14-1 所示。

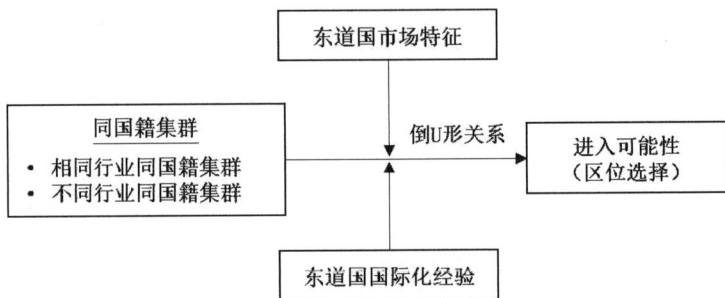

图 14-1　理论模型

资料来源:作者整理。

三、研究结论与政策建议

本研究以中国 524 家上市公司 2002—2015 年期间 1253 起海外投资事件为样本,基于组织生态学视角研究得出"同国籍集群如何影响企业对外直接投资区位选择"的系列研究结论:中国企业海外投资的同国籍集群(以及相同行业同国籍集群与不同行业同国籍集群)对 OFDI 进入可能性(区位选择)具有显著的倒 U 形的影响作用;相较于不同行业同国籍集群,相同行业同国籍集群对 OFDI 进入可能性具有更强的倒 U 形的影响作用。进一步研究结果显示,东道国国际化经验调节同国籍集群与 OFDI 进入可能性的倒 U 形关系;东道国市场特征调节同国籍集群与 OFDI 进入可能性的倒 U 形关系,相较于投资于发达国家,投资于发展中国家受到更强的同国籍集群效应的影响。本专题研究填补了该领域研究不足,为中国政府政策制定和中国企业国际化发展战略提供了指导依据。

在政府层面,有如下几点研究建议。第一,提升境外产业园区建设水平,增加相同行业同国籍集群吸引力。为此,需要合理布局产业,避免盲目集群,加强政企合作,建立投资信息服务平台。第二,提升不同行业同国籍集群资源互补效应。为此,需要加强对中国企业"全球一盘棋"业务布局的宏观指导,推动各行业创新与协同发展,发挥同国籍集群正面效应,共同致力于中国企业国际发展。第三,中国政府在制定中国企业国际化相关促进政策时应保持"适当"原则。由于同国籍集群对于海外市场进入具有倒 U 形的影响作用,中国政府在制定投资促进政策时需要密切关注同国籍集群的合法性效应和竞争性效应,动态调整促进政策以帮助企业趋利避害。第四,鼓励第三方机构"走出去"服务于中国企业国际化发展。同国籍集群发挥合法性效应和避免竞争性效应,关键在于信息沟通和平台搭建。中国政府需要积极推动金融行业"走出去"发展,为中国企业国际业务资金管理保驾护航;需要积极推动新媒体国际化,促进政府、企业和个人的信息沟通,推动有效信息市场的建立与完善。第五,政府在指导引导政策时,需要评估全球各个市场营商环境情况。在这方面,中国商务部及其下属投资促进局一直以来不断努力探索,取得显著成效。希望未来能够细化各东道国市场营商环境介绍,更好发挥宏观指导和投资促进的作用。

在企业层面,有如下几点研究建议:

第一,推动同国籍集群影响市场进入倾向的倒 U 形曲线临界点向右侧移动,充分发挥合法性效应,努力缓解竞争性效应。为此,需要结合当地产业基础和劳动力,着力融入地方特色产业,大力吸引当地配套上下游产业,积极促进商业生态创新发展,以充分发挥合法性效应。同时,企业国际化发展应坚持走创新驱动发展战略,搭建专业性企业交流平台,促进企业间相互沟通学习,创新协同发展,推动模仿效应向创新效应转变;发展新兴产业,跨越行业边界进行创新发展,致力于促进产业生态群建设,以克服或缓解竞争性效应。进一步分析认为,相同产业企业在发挥合法性效应同时需要更加重视避免竞争性效应,不同行业企业需要在关注竞争性效应同时更加重视挖掘合法性效应。

第二,中国企业海外抱团取暖要实现抱紧和抱到位。中国企业在对外直接投资进程中,所谓的抱团取暖并不是同国籍企业画地为牢,不是远离乃至拒绝与外界沟通合作,中国企业应当积极倡导共建人类命运共同体思想,倡导合作共赢理念,加强与东道国企业和相关单位开展经贸合作,在产业链、关联产业和产业生态中实现互利共赢。在合适抱团取暖方面,抱团取暖也并非只是要求先行企业一味去帮助后行企业,而是应当加强双方合作,促进共同进步,实现合作共赢。

第三,注意积累国际化经验,避免过度依赖同国籍集群效应。由于同国籍集群在具有合法性效应的同时也具有竞争性效应,而且在超出临界点之后,竞争性效应还有超过合法性效应,因此企业需要注重国际化经验积累,尽可能避免或弱化同国籍集群竞争性效应的影响。首次投资于东道国时应避免出现"羊群效应",后发企业要根据自身条件借鉴该领域中其他企业的经验,提高企业海外投资成功可能性,通过相同行业同国籍集群获得行业的知识技术溢出与规模经济,通过不同行业同国籍集群获得当地多样化的市场知识以及合法化进程。

第四,中国企业在 OFDI 区位选择时要关注东道国的市场特征和市场环境,对当地营商环境进行深入分析,加强对当地的投资环境、投资项目、商务信息以及政治、文化、风俗、宗教等因素进行全面调查。企业需要充分了解每个东道国市场的市场特征及其对企业国际化的利弊影响,从而结合企业国际化发展战略动因和全球一盘棋规划进行区位选择。

补充阅读

1.葛顺奇,罗伟.中国制造业企业对外直接投资和母公司竞争优势[J].管理世界.2013(6):34-48.

2.蒋冠宏,蒋殿春.中国对外投资的区位选择:基于投资引力模型的面板数据检验[J].世界经济.2012(9):21-40.

3.揭水晶,吉生保,温晓慧.OFDI逆向技术溢出与我国技术进步——研究动态及展望[J].国际贸易问题.2013(8):161-9.

4.王永钦,杜巨澜,王凯.中国对外直接投资区位选择的决定因素:制度、税负和资源禀赋[J].经济研究.2014(12).

5.宗芳宇,路江涌,武常岐.双边投资协定、制度环境和企业对外直接投资区位选择[J].经济研究.2012(5):72-83,147.

思考题

1.请阐述同国籍集群的内涵及其对进入可能性的影响作用。

2.请阐述行业差异对于同国籍集群与进入可能性之间关系的影响作用。

3.请阐述国际化经验和东道国市场特征如何调节同国籍集群与进入可能性间的关系。

第3节　跨国公司境外投资经营业绩研究

学习导航

本节首先阐述了企业境外投资业绩评估指标体系的建立,涉及业绩评估复杂性、业绩评估系统性和业绩评估科学性。在企业国际化经营业绩的影响因素方面,分别阐述了国际化程度对于国际化经营业绩的直接影响,以及地区因素和区域范围对于国际化程度与经营业绩之间关系的调节作用。本节最后分析了企业能力、家族领导和社会网络对于国际化程度与经营业绩之间关系的调节作用。

一、跨国公司境外投资业绩评估指标体系

1.业绩评估复杂性

企业经营的终极目标是取得可持续性的显著业绩,企业跨国投资也不例外。如何科学有效地衡量业绩是学术界和实践界共同关注的管理问题,也是一直以来没有得到有效解决的管理问题。跨国公司边界存在多维性,公司业务活动跨越不同国家或地区、法律规范和社会文化,在适用会计准则等方面存在地区差异,从而决定了其业绩评价存在复杂性,要客观科学有效地评估其经营业绩存在相当难度(Arino,2003)。在《信息处理、知识发展和战略性供应链业绩》一文中,Hult、Ketchen 和 Slater(2004)考察了跨国企业供应链,研究发现供应链聚焦于知识获取的程度与主观评定的周期时间业绩呈正相关,但是与客观存在的周期时间业绩不相关。也就是说,供应链参与方认为掌握更多知识能够减少周期时间,但是公司记录显示两者之间不存在关系。同一项研究存在如此不同的业绩表现,表明学术研究应该重视业绩多维性和从多方获取业绩数据。Assaf 等(2012)采用贝叶斯动态模型(Bayesian Dynamic Model)研究了零售企业的国际化水平与经营业绩之间的关系,并基于组织学习理论分析了四个变量的调节效应。研究发现,国际化与经营业绩之间的关系呈现倒 U 形特征,并且受到并购、企业进入国际市场时的年龄和来源国。

2.业绩评估系统性

Verkatraman 和 Ramanujam(1996)在《战略研究中经营业绩评估》一文中,指出应该从多指标(multiple indicators)和多来源(multiple data sources)两个维度来研究业绩评估体系(performance-measurement framework)。Hult 等(2008)遵从了 Hitt、Boyd 和 Li(2004)的研究主张,拓展了 Verkatraman 和 Ramanujam(1996)两维度业绩分析框架,提出应该增加分析层次(level of analysis)作为业绩评估的第三个维度。在 Hult 等(2008)的研究中,业绩指标多维度涉及财务业绩、运作业绩和整体业绩三个方面,研究层次涉及企业、策略经营单位和组织间单位,数据来源包括一手数据和二手数据。Geringer 和 Hebert(1991)考察了国际合资企业中的业绩测量问题,特别是客观指标和主观指标的可靠性及其可比较性;认为纯粹的财务指标和客观性指标无法准确衡量合资企业的经营业绩,原因在于财务指标和客观指标无法充分反映出合资企业实现其长期目标和短期目标。合资企业或许是为了技术转移和联合研发以获取新材料和进入新市场。一些研发导向的合资企业在短期内是无法通过财务指标来衡量其经营业绩的。Beamish(1984)等使用母公司对合资企业经营情况的单一直觉评价来度量业绩,例如"国际合资企业在多大程度上实现了母公司对它的业绩预期",该定义能够度量出国际合资企业实现去整体目标的程度,但是存在问题在于它是主观

性指标因而可能会导致偏见和不客观性。Geringer 和 Hebert(1991)研究认为,国别文化对于业绩评价存在影响作用,来自不同文化背景的人员对于业绩存在不同看法,这在国际商务活动的业绩评价问题上更加值得重视。

3.业绩评估科学性

Hult 等(2008)提出了国际商务研究领域业绩评估的行动计划,指出好的业绩评价体系应该满足如下五个方面要求:

第一,一手数据和二手数据的整体可靠性问题。Hult 等(2008)强调在出现如下情况时采用一手数据:一是,财务指标不可获取或者不可靠;二是,研究对象为私营企业而且二手数据无法获得;三是,由于企业间存在差异性导致不同类型企业的业绩比较存在难度时;四是,特定研究问题难以从公开渠道获得二手数据;五是,管理者出于竞争考虑而不愿意提供二手数据等。

第二,通过测量多类型业绩来改善国际商务研究。Hult 等(2008)强调,为了考察业绩的多维度和多层次属性,需要采用能够综合评价财务业绩、运作业绩和整体业绩的业绩指标体系,并且从不同分析层次考察业绩情况。

第三,采用合适的纵向业绩指标来有效推断因果关系。Hult 等(2008)认为如果无法获取面板数据,则应该通过滞后项来收集一手业绩数据。

第四,根据分析层次提高研究推论针对性。Hult 等(2008)认为如果所研究对象与已有文献属于同一分析层次,则应该借鉴已有研究文献中的业绩评估指标体系。

第五,解决选择性偏差和内生性问题。Hult 等(2008)认为如果回归方程中因变量与残差之间存在相关则应该采用两阶段最小二乘法(2SLS),如果因变量和解释变量是非随机的则应该采用 Heckit 模型。

Hult 等(2008)的研究对于我们提高业绩评估科学性具有重要的借鉴意义。由于业绩评估科学性直接决定了研究的客观性和实用价值,因此我们需要基于 Hult 等(2008)的研究建议提高业绩评估科学性,从而提高研究价值。

二、国际化程度、区域因素与企业国际化经营业绩

1.国际化程度与经营业绩

国际化与经营业绩之间的关系,一直是国际商务研究的重要议题。之所以需要进行国际商务研究,是因为我们认为国际化能够提高经营业绩。Vernon(1971)断言,诸如投资回报率或销售回报率等经营业绩与多国化程度之间存在正相关关系。国际扩张有助于企业获得规模经济,获取廉价要素,改善生产效率和提高技术水平等,从而有助于企业业绩提升。Dunning(1993)声称,跨国公司通过在海外市场充分利用其现有所有权优势而提高经营业绩,拥有交易所有权优势企业能够通过国际化规避无

效市场、贸易壁垒、道德风险和合约破产,从而取得国际化收益等。虽然学者们尝试建立起两者之间关系的综合模型(Contractor,Kundu,and Hsu,2003;Lu and Beamish,2004),但这些研究发现存在矛盾之处,并且受制于跨国公司母国来源的影响。国际化与经营业绩之间的关系错综复杂,早期研究发现两者之间的关系是正相关的,后来发现两者之间的关系是负相关的;一些学者认为两者之间存在曲线关系,包括倒 U 形关系、U 形关系以及三阶段模型关系(Contractor,Kundu and Hsu,2003;Lu and Beamish,2004)。这就表明,不应脱离情景仅仅考察国际化与经营业绩之间的关系,而是应该将情景因素纳入国际化程度与经营业绩之间关系的考察。也就是说,需要考察国际化程度与经营业绩之间关系的调节变量。特别地,对于中国企业而言,中国独特的制度背景决定了中国企业在国际化进程中更加需要考察制度环境因素对国际化程度与经营业绩之间关系的调节效应。杨忠、张骁(2009)通过 30 家企业调研,构建了国际化程度测量指标体系,利用该测量体系研究了 142 家制造业企业国际化扩张与企业绩效的关系。研究表明,对于现阶段中国制造业企业来说,国际化广度提高有利于企业成长,国际化深度提高对企业绩效提升不产生促进作用。

2.地区因素对于国际化程度与经营业绩之间关系的调节作用

国际化程度与经营业绩之间之所以存在不稳定的相关关系,是因为东道国差异会影响经营业绩。Rugman 及其同事(2008,2006,2004)研究认为,全球领先跨国公司在境外投资区位选择上存在不同偏好;其他一些学者则研究地区战略如何影响到经营业绩(Li,2005;Qian,et al.,2008)。中国企业处于非同寻常的经济环境、政治环境和社会环境之中,这种独特的经营环境将会影响到中国企业的国际化战略(Child and Rodriguez,2005)。已有研究开始关注新兴经济体或者新工业化经济体的国际化问题,比如印度(Contractor,Kumar and Kundu,2007)和中国大陆(Chen and Tan,2012)。Chen 和 Tan(2012)则对中国大陆企业国际化区位选择对经营业绩影响加以研究。

在地理范围与经营业绩之间关系方面,学术界存在两种观点。一方面,国际化有助于提高企业优势,包括规模经济、范围经济和学习效应。Yip(2001)研究认为,低 HRF(home-region focus,低母国地区关注)使得企业拥有足够弹性来建立和配置国际能力,同时能够接触到来自全球市场的巨大知识池,这些知识池有助于企业提高学习机会从而提高竞争优势。全球战略还有助于提高企业效率,降低风险,从而有助于企业在动荡的全球市场环境里取得生存与发展。Elango(2004)研究发现,低 HRF 与业绩之间存在正相关关系。另一方面,近来研究对于增加地区范围能够带来无限收益的看法提出质疑(Goerzen and Beamish,2003;Rugman and Verbeke,2004)。Goerzen 和 Beamish(2003)研究认为,过分多样性具有危害性,企业在国际化过程中保持一定的市场相似性是有利的。Li(2005)认为,由于对当地文化和商业规则缺乏了解,地区间协调成本高昂,企业要成功进入全球市场存在一定难度。低 HRF 将会引致更高的合法性问题、顾客期待和契约难度,从而对企业跨国经营不利。相反,高 HRF 将有助于企业减少面临的外来者劣势从而减少交易费用。例如,Rugman 和 Verbeke (2004)研究发现,财富全球 500 强公司的销售收入大部分来自母国地区,而不是全球市场。Dunning、Fujita 和 Yakova(2007)采用宏观层面数据,同样发现对外直接投资具有地区集中现象。

跨国公司所在母国或者母国所在地区是影响国际化程度与经营业绩关系的重要因素。Contractor、Kumar 和 Kundu(2007)研究发现,印度企业国际化与经营业绩之间的关系,不同于对发达国家企业国际化与经营业绩之间的关系。发达国家与欠发达国家的企业存在差异,这些差异表现在要素成本、生产效率、行业竞争力、制度完善性以及经济稳定性和政治稳定性等。早期对于东亚地区(中国台湾地区、韩国和新加坡)企业国际化动机研究认为,这些国家或地区企业国际化是为了获取战略性资产而非利用优势能力(Mathew,2002)。这些国家或地区的企业需要借此来赶上发达国家的技术水平。Luo 和 Tung(2007)研究认为,新兴经济体公司借助国际扩张作为跳板(springboard)来取得关键资源,以提高其在母国和海外的竞争优势以及抵消来自国内的制度劣势和市场局限。中国企业似乎遵循着这种跳板战略,Boisot 和 Meyer (2008)研究认为,不同于传统国际商务理论解释,中国企业通过国际化来避免来自完全在国内市场经营所面临的竞争劣势。以上研究表明,中国企业通过国际化能够取得关键资源或者克服国内劣势,从而提高经营绩效。

一些研究表明东道国及其所在地区对于企业跨国经营业绩具有影响作用。有理由相信,企业国际化程度与经营业绩之间的关系将会受到跨国公司所进入东道国市场环境的影响。即使那些最为国际化的跨国公司仍然倾向于在母公司所在地区进行经营,这是由于在母公司所在地区经营拥有地理优势。制度理论学家同样指出,经营环境的巨大差异将会影响到企业在特定市场的竞争优势(Griffiths and Zammuto, 2005)。Fortanier 和 vanTulder(2009)研究认为,中国领先企业也倾向于这种区位选择偏好,倾向于投资在自己所熟悉的区域。基于此,Chen 和 Tan(2012)研究认为,中国企业在亚洲地区的投资将会比在其他区域的投资拥有更好的经营业绩。除了经济因素和制度因素以外,心理距离也是影响跨国业绩的重要因素。Johanson 和 Vahlne (1977)所提出的乌普萨拉模型(Uppsala model)认为,企业将遵循渐进国际化进程模式,开始在心理距离比较接近的国别进行投资,然后在心理距离比较疏远的国别进行投资。

基于心理距离的理论视角,Chen 和 Tan(2012)以中国境内 887 家上市公司历时 9 年的面板数据为研究样本,探索其国际化程度与经营绩效之间的关系,以及东道国区位因素如何对经营绩效产生影响,发现投资到大中华区(包括中国台湾、香港和澳门地区)、亚洲地区、亚洲以外地区的中国企业在经营业绩方面存在差异;在控制了反向因果影响之后,仍然发现投资到大中华区的中国跨境公司的经营业绩显著高于投资到其他地区的中国跨境公司的经营业绩。这一研究对于中国境内企业而言具有重要意义。作为对外直接投资的新生力量,中国企业境外投资成为全球对外直接投资的重要组成部分。但是,由于后来者劣势和新生者劣势,中国企业在国际化进程中将面临诸多外来者劣势,这必将影响到其经营业绩。因此,如果正确看待和选择某一特定投资区域,是中国企业国际化进程中必须考虑的重要问题。

3.区域范围对于国际化程度与经营业绩之间关系的调节作用

跨国公司是全球化的主要推动力量,它们创造了国别市场之间的经济相互依赖性。一项针对 500 强最大跨国公司的实证研究表明,这些企业当中很少取得了经营成果。在北美自由贸易区、欧盟和亚洲等全球三大区域市场里,在所能够获得数据的 380 家企业中,有 320 家企业仅仅投资于所在的区域市场。这表明就市场覆盖的广度和深度而言,全球 500 强跨国公司当中大部分企业是地区导向而非全球导向(Rugman and Verbeke,2004)。500 强跨国公司之所以专注于三大区域市场之一而非全球市场,原因在于如果将战略范围扩展到全球市场而非三大主流区域市场,那么企业将难以取得国际化成功。因此,可以认为企业战略范围将会影响到国际化与经营业绩之间的关系。实际上,这种关系也可以从制度情景加以解释。由于三大区域市场之间存在较大的制度差异,而三大区域市场内部的制度差异相对较为薄弱,这就使得跨国公司为了规避制度差异引致的外来者劣势,将倾向于将投资局限于所在区域市场,以取得更高的投资绩效。

先前研究强调了产业、母公司和国别等对于海外企业经营业绩的影响作用,但是缺乏从东道国下属地区角度来理解其对海外企业经营业绩的影响作用。Ma、Tong 和 Fitza(2013)以及 Chan、Makino 和 Isobe(2010)考察了国家内下属地区(subnational region)对于海外企业经营业绩的影响作用,对于我们深入认识地区因素如何影响跨国公司海外企业经营业绩提供了新的视角。Peng(2004)研究认为,国际商务的核心问题是"什么因素决定了企业国际化的成功与失败"。已有研究从产业视角、资源视角和制度视角等角度,考察了产业、母公司和国别环境对于跨国公司及其海外企业经营业绩的影响机制。例如,Christmann、Day 和 Yip(1999)研究了两家美国企业和两家欧洲企业在 37 个东道国投资的 99 家海外企业,发现东道国情景是影响海外企业经营业绩的最为重要的影响因素。Makino、Isobe 和 Chan(2004 SMJ)研究发现,在解释海外企业经营业绩方面,东道国与产业有着同等重要性,其次是海外企业自身和跨国公司母公司。

但是,东道国对于海外企业经营业绩的影响机制是否会受到"国别内下属地区"(subnational region)的影响,则研究甚少。Chan、Makino 和 Isobe(2010)考察了 1996—2005 年间投资于美国 34 个州和中国 21 个省份的 1 842 家日本企业的 45 000 份海外企业年份观测值,发现东道国国家内下属地区(美国各州和中国各省)对于海外企业经营业绩影响显著。这种现象在中国将特别显著,这是由于中国国内省份间差异大于美国国内州与州之间差异。Chan、Makino 和 Isobe(2010)的研究不足在于,仅仅考察了东道国下属地区差异对于海外企业经营业绩的影响作用,而忽视了其与母国因素、产业因素和母公司因素之间的交叉互动关系;其次,该研究仅仅研究日本企业在美国市场和中国市场的经营业绩,忽视了母国因素对于海外企业经营业绩的影响情况。

Ma、Tong 和 Fitza(2013)的研究考虑到了 Chan、Makino 和 Isobe(2010)的研究不足,具体研究了东道国国别内下属地区因素对于跨国公司海外企业经营业绩的直接影响和互动影响。Ma、Tong 和 Fitza(2013)研究认为,国别内下属地区情景对于海外企业经营业绩的影响作用,源于其嵌入于东道国情景;在给定海外企业嵌入多维性以及东道国市场内部不同地区存在情景差异的情况下,产业、母公司和国别环境对于海外企业经营业绩的影响作用将会受到海外企业所在国别内下属地区情景的调节影响。Ma、Tong 和 Fitza(2013)的研究具有诸多学术贡献:一是,将权变理论与具体理论相结合,能够更好地解释企业国际化经营业绩的影响因素,有助于我们更加深入地认识和把握地区因素对于海外企业经营业绩的影响机制;二是,拓展了区域空间的战略意义,为我们更加深入地认识东道国地区投资环境,选择东道国内部区域市场提供了决策支持。

就中国企业境外投资借鉴意义而言,中国企业在国际化进程中应该分析特定国别范围内投资目的地而不是投资目标国的特征,从而才能更好地发挥区位优势作用,提高国际化经营业绩水平。

三、企业能力、制度因素与企业国际化经营业绩

1.企业能力对于国际化程度与经营业绩之间关系的调节作用

根据资源基础观,企业是资源和能力的集合(Barney,1991)。如果企业所拥有的资源和能力是有价值的、稀缺的、不可模仿的和不可替代的,那么企业对其拥有的这类资源的利用将有助于其取得可持续竞争优势。Hitt、Hoskisson 以及 Kim(1997)和 Tallman 和 Li(1996)采用资源基础理论来解释企业国际化扩张收益。他们认为,企业国际化扩张动机将可能源于其资源基础。也就是说,具有独特能力的企业将在国际市场上运用这些能力来增加利润率,包括取得规模经济和范围经济、优化生产和投资以及取得更好的组织学习。

Kotable、Srinivasan 和 Aulakh(2002)研究了研发能力和营销能力对于企业多国化和经营业绩之间关系的调节作用。基于对 12 个不同行业为期 7 年的面板数据的分析,发现企业的研发能力和营销能力将会对多国化和经营业绩之间的关系产生调节作用。已有研究表明,新企业在进入前的知识和经验将会影响到企业的生存概率。演化经济学认为,企业进入前的资源和能力将会影响到其适应能力,能够更好地适应、更新和建立知识资源的企业将拥有更高的成功概率。种群生态学理论认为,企业

适应能力存在惰性,因此具有更加适合于环境的知识的企业将更加可能取得成功。

Dencker、Gruber 和 Shah(2009)考察了进入前知识和学习对于新创企业生存能力的影响。该项研究认为,新创企业基于其创立者人力资本而富有知识和经验。具体而言,他们研究了创办者进入前的业务知识和管理经验对于后续学习活动(包括早期阶段的商业计划和产品线变革等)效果的影响情况。研究发现,进入前的业务知识和管理经验通过调节后续学习活动效应来提高生存概率;学习活动并非总是能够带来正面收益,早期阶段的商业计划将会降低生存概率,而产品线变化将会增加企业生存概率。

2.家族领导对于国际化程度与经营业绩之间关系的调节作用

一些研究表明,相对于非家族企业而言,家族企业国际化意愿较弱。在《家族企业多元化战略》一文中,Gomez-Mejia、Makri 和 Larraza-Kintana(2010)研究认为,由于担心国际化将会带来更强的信息需求要求和信息不对称从而威胁家族对于企业的控制权,家族企业倾向于逃避国际化。家族企业一旦进行了国际化,那么将倾向于停留在与母国文化相似性高的国家或者地区以最小化投资风险,这表明家族企业青睐于 Rugman 和 Verbeke(2008)所提出的高母国—地区关注(HRF,home-region focus)。Gomez-Mejia、Makri 和 Larraza-Kintana(2010)对此现象进行进一步分析,考察家族企业领导者是否因为经验有限和抵制变革而逃避国际化,并从委托代理理论角度对此加以分析,认为企业对于控制权的青睐和对于风险的规避使得它们倾向于逃避国际化,这是因为国际化将会削弱家族成员对于家族企业的控制权。但是,也存在知名家族企业(例如韩国三星等)从国际化经营中取得巨大成功。

Zahra(2003)在《美国家族制造企业的国际扩张》一文中运用管家理论对此进行分析,研究认为家族领导者将会加强国外销售,理由是他们在家族企业国际化进程中扮演着好管家角色。与代理理论不同,管家理论将家族成员视为值得信赖的家庭代表,他们将寻求与利益相关者建立起持久关系并为下一代而发展家族企业。

基于代理理论和管家理论,Banalieva 和 Eddleston(2011)考察了在什么情况下家族领导和非家族领导将促进(或者阻碍)家族企业地区战略业绩和全球战略业绩。Banalieva 和 Eddleston(2011)认为采取地区战略的家族企业追求高母国地区关注(high HRF),而采取全球战略的家族企业追求低母公司地区关注(low HRF)。在此,家族企业是指那些家族占有最大股份的企业,至少掌握了 20% 以上股权,无论其掌门人是家族经理人或者非家族经理人(La Porta,Lopes-De-Silanes and Vishny,1999;Villalonga and Amit,2006)。管家理论高度重视家族经理人所拥有的社会资本、信任和声誉资产等(Le Breton-Miller and Miller,2009;Zahra,2003);与管家理论不同,代理理论强调非家族经理人对于家族企业成功的重要性,因为家族领导将会诱发特有的代理成本,比如裙带关系和逆向选择(Chrisman 等 2007;Schulze,Lubatkin 等 2001)以及由于对于家族控制和家族财富的偏见而对企业成长造成威胁(Lim,

Lubatkin and Wiseman，2010）。Verbeke 和 Kano（2010）针对这种看似矛盾的研究观点，认为家族拥有稳定的人力资源池从有助于形成社会资本和持久声誉，但是这种稳定的人力资源池在特定的复杂环境下将会是次优的。他们采用有限理性的行为概念和有限可靠性的行为概念来解释何种情况下家族领导将会有助于提升竞争优势或者引致竞争劣势。

针对代理理论和管家理论在"家族领导如何影响国际化"问题上看似相左的研究解释，Banalieva 和 Eddleston（2011）考察了有限理性和有限可靠性，深入考察了家族领导和非家族领导对于家族企业成功的影响作用，从而试图调和代理理论和管家理论之间存在的认识分歧。代理理论与管家理论的根本性区别在于，管家理论认为家族领导值得信赖，他们将利用其特有影响力来造福于利益相关者，并支持和帮助企业实施国际化战略。家族领导拥有共同的价值观念，注重长期任期，从而有助于企业保持稳定性，并进而有助于该家族企业与外界利益相关者建立持久关系。基于这种人际间社会资本，家族领导在资源投资问题上倾向于采取握手原则，以维系人际间的商业网络。外界行动者也将视家族领导为稳定的和有影响力的组织代表并且有权进行资源配置决策。

与此同时，国际环境下社会资本和商业网络具有地区集聚现象。来自相同地区的跨国企业面对更为相似的地区文化和商业规则，有助于它们之间建立起更为长久的理解和信赖，它们之间搭建起的商业网络将更加牢固。在此情况下，投资于母国所在地区将有助于家族企业充分发挥其家族领导的商业网络所具有的关系优势，这有助于其减少外来者劣势，降低合法性缺失威胁，从而提高经营业绩。另外，从有限理性角度来看，家族领导相对于职业经理人而言在面对外界挑战方面较为欠缺专业知识，对于信息不对称导致的经营风险承受力较低。因此，他们倾向投资于在文化上和制度上较为相似的邻近地区，以减少外来者劣势威胁。基于以上缘由，Banalieva 和 Eddleston（2011）提出了如下研究观点：在低 HRF 地区，非家族领导的家族企业比家族领导的家族企业具有更好的经营业绩；在高 HRF 地区，家族领导的家族企业比非家族领导的家族企业具有更好的经营业绩。

3.社会网络对于国际化程度与经营业绩之间关系的调节作用

社会网络被认为是影响组织经营业绩的重要因素之一，Zhou、Wu 和 Luo（2007）基于社会网络视角考察了天生中小企业的国际化与经营业绩之间的关系。研究认为，基于母国的社会网络中介了内向国际化和外向国际化与经营业绩之间的相关关系。对于天生全球化企业而言，国际化给这些企业带来了成功机会，有关快速国际化业绩内涵的理论研究成为新兴国际创业领域的核心研究主题（Zahra，2005）。在过去的三十多年里，学者们对于国际商务所带来的业绩效应进行了诸多研究，也出现了诸多用于解释业绩效应的理论视角和分析框架，但是其研究发现往往存在相左现象。这些研究发现包括认为国际化程度与经营业绩之间存在正向相关关系、U 形关系、倒

U 形关系和 S 形关系等。

虽然这些研究大多以大型跨国公司为研究样本,国际化程度与经营业绩之间关系的复杂性对于中小企业而言一样存在,特别是出于早期阶段的国际化中小企业(Lu and Beamish,2001；Moen and Servais,2002)。对于这种业绩效应复杂性现象,Zhou、Wu 和 Luo(2007)认为主要的问题在于以往研究文献主要考察国际化程度与经营业绩之间的直接关系,而忽视了其潜在的中介变量对其关系的中介作用。Welch 和 Luostrinen(1993)和 Ellis(2000)研究认为,国际化过程具有动态性,企业通过国际化嵌入于不同范围的跨界关系和交换网络。基于 Welch 和 Luostrinen(1993)和 Ellis(2000)的研究观点,Zhou、Wu 和 Luo(2007)研究认为,基于母国的社会网络将会中介国际化程度对于经营业绩的影响作用。

本书认为,与其说社会网络会中介国际化程度与经营业绩之间的相关关系,不如认为社会网络会调节国际化程度与经营业绩之间的相关关系。也就是,社会网络对于国际化程度与经营业绩之间的相关关系具有正向的调节效应。社会网络之所以具有调节作用,原因在于天生全球化中小企业一般既是新创办企业,同时又将战略视角定位于全球市场,因此将同时面临外来者劣势和新生者劣势两种威胁。如果这类天生国际化中小企业具有较好的基于母国的社会网络,那么他们将会利用该社会网络来克服外来者劣势和新生者劣势,从而更好地融入全球市场。当然,这种网络关系也是一把双刃剑。如果天生全球化中小企业所嵌入的社会网络对于国际化发展而言具有正面影响作用,那么这种社会网络将给天生全球化中小企业带来经营优势,从而提高其国际化的经营业绩;相反,如果天生全球化中小企业所嵌入的社会网络对于国际化而言具有负面作用,或者开始之初具有正面作用而在后期因为各种原因演变成负面作用,那么与之相关联的这些天生全球化中小企业也将一损俱损,受其牵连而负面影响到国际化的经营业绩。

此外,Luo(1998)考察了企业海外市场进入时机选择对于其海外扩张业绩的影响情况,研究发现,就市场扩张和资金周转而言,首动者业绩高于后动者;就海外扩张早期的风险规避和会计收益而言,后动者业绩高于先动者;进入时机选择与内部化优势、所有权优势和区位优势同等重要。

思考题

1.请阐述业绩评估复杂性、系统性和科学性的内涵。

2.请阐述国际化程度对于国际化经营业绩的直接影响。

3.请阐述地区因素和区域范围对于国际化程度与经营业绩之间关系的调节作用。

4.请阐述企业能力、家族领导和社会网络对于国际化程度与经营业绩之间关系的调节作用。

第15章
合法性、投资行为与投资权限

第1节　跨国公司境外投资合法性管理研究

学习导航

　　本节首先阐述了合法性的内涵和分类,然后阐述了合法性的管理(包括合法性获取、维持和修补),最后阐述了合法性与国际化,包括跨国公司独特性与合法性、合法性与企业成长、合法性与股权结构。

　　合法性(legitimacy)一词在政治学中通常用来指政府与法律的权威为民众所认可的程度。合法性概念也被应用于与权威问题有关的非政治领域,诸如雇主权威和行为正当性等。广义的合法性概念涉及广泛的社会领域,比法律和政治有着更加广泛的范围,并且含有社会适用性内涵。合法性是指符合某些规则,法律只是一种特殊规则,社会规则还有规章、标准、原则、典范以及价值观和逻辑等。因此,合法性基础可以是法律程序,也可以是社会价值先例。合法性必须拥有共同认可基础,这种认可可以是神秘的或是世俗的力量。对合法性基础的认识最经典的是马克思·韦伯的概括,他将之分为传统型、法理型和魅力型。在国际商务研究领域,合法性内涵源于社会学领域,但被运用于企业国际化战略中,是指企业在国际化进程中为其组织领域所认可和接纳的程度。合法性意味着社会民众和政府组织对于企业行为的认可和接纳程度,从而决定了企业能否有效进入并融入东道国环境。合法性不足将意味着企业面临外来者劣势威胁且难以得到认同,因而其国际化进程将面临更大的经营困难。

一、合法性的内涵与分类

1.合法性的内涵

合法性是组织研究的核心构念。早期管理学家将组织视为理性系统（rational systems），20 世纪 60 年代末管理学者逐渐将组织视为"开放系统"（open system）。Powell 和 DiMaggio（1991）等制度理论学者强调，组织环境的动态性不仅源于技术因素而且源于文化、信仰和礼节等。在这场对于组织的认识转变中，合法性起着重要作用，Parsons（1960）和 Weber（1978）的研究成果成为合法性研究的奠基性文献。在合法性定义方面，诸多学者给出了其独立见解，早期学者强调从评价角度或认知角度来加以定义。Maurer（1971）从评价角度，将合法性定义为组织向其同僚或者上级组织证明其生存权利的一种过程。Dowling 和 Pfeffer（1975）、Pfeffer 和 Salancik（1978）、Pfeffer（1981）保留了 Maurer（1971）从评价视角来定义合法性的研究观点，但是强调合法性是一种文化遵从而非自我辩解，是组织行为所隐含的社会价值与更大范围社会系统所秉持的可接受行为准则之间的一致性。Meyer 和 Scott（1983）、Scott（1991）则从认知角度，将合法性定义为已经形成的文化制度能够用于解释组织存在的程度。Suchman（1995）基于对以上学者观点的归纳性总结，结合从评价角度和认知角度来定义合法性的方法，对合法性做出如下定义：合法性是一种共同认识或者共同假定，认为组织行为在社会结构化的规范体系、价值体系、信仰体系和规章制度中是受人欢迎的、正当的和恰当的。[①] 组织合法性依赖于群体评价而非个人观点，有助于提高组织行为的稳定性和可理解性。合法性有助于组织的持久性发展，这是源于社会大众对于合法性组织更加信赖，愿意提供更多支持性资源来促进组织生存与发展；行为缺乏合法性的组织，更加容易受到非议从而显得更加脆弱。合法性有助于组织的生存与发展，但是不同情境下组织对合法性的需要存在差异。如果组织行为仅仅是为了保持其已有状态，则只需要较低程度的合法性支持，其行为只要有意义即可（an organization need only"make sense"）。如果组织行为是为了突破已有状态，则需要较高程度的合法性支持，其行为必须能够增加价值（it must also"have value"）。

2.合法性的分类

在《组织合法性：战略视角和制度视角》一文中，Suchman（1995）整合了组织合法性的大量研究文献，指出组织合法性研究存在两大阵营，分别是战略视角和制度视

---

① 原文如下：Legitimacy is a generalized perception of assumption that the actions of an entity are desirable，proper，or appropriate with some socially constructed systems of norms，values，beliefs，and definitions. 参见 Suchman，Mark. Managing legitimacy：strategic and institutional approaches[J]. Academy of Management Review，1995（3）：571-610，P574.

角。战略视角主要源于 Jeffrey Pfeffer 及其同事(1981)的研究文献,认为"社会组织的竞争与冲突涉及参与方的信仰和观点"。在该视角下,战略合法性相关文献视合法性为运作资源(operational resource),认为组织将从其文化环境中萃取出这种资源以用于实现其组织目标(Dowling and Pfeffer,1975);认为组织将对其合法化过程保持高度的管理控制,将象征和礼仪等与销售、利润和预算等区分开来,认为管理者倾向于象征主义的柔性和经济性,而选民倾向于实质性回应(Ashforth and Gibbs,1990)。因此,战略视角下的组织合法化过程被认为是有预谋的、算计的和相互攻击的。与战略视角不同,制度视角将合法性认为是一种结构信仰(constitutive beliefs),认为组织并非仅仅关注从其外在环境中萃取合法性,而是外在制度从多个维度渗透进组织中,认为合法化近乎等同于制度化。与战略视角学者强调考察特定核心组织的战略性合法化努力不同,制度视角学者强调组织生活的集体结构化。然而,由于现实中面临战略性运作资源挑战(strategic operational challenges)和制度性结构压力(institutional constitutive pressures),因此有必要将两种视角整合起来,以更加真实地反映合法性在组织变革中的作用。基于前人对于组织合法性研究的诸多文献,Suchman(1995)将合法化归纳为三种形式,分别是实用型的(pragmatic)、道德型的(moral)和认知型的(cognitive),考察了每种形式合法化的取得、维持和修正的战略方法,并分析了每种战略方法的优缺点。实用型的、道德型的和认知型的合法性都强调组织行为在既定社会结构化行为体系中应该是受欢迎的、合适的和适当的,但他们在行为动力(behavioral dynamic)方面存在不同观点。

二、合法性的管理

组织面临来自多方利益相关者的利益诉求,难以完全满足不同参与方对其合法性提出的各种期待和挑战,但组织仍然应该通过其自身努力来满足既定情境下各参与方对受欢迎的、适合的和适当的组织行为的诉求,合法性挑战及其管理成为组织管理者必须正视的重要问题。与文化过程类似,合法化过程需要组织与其外在环境保持密切沟通。由于合法性是个动态累积结果,因此有必要从合法性获取、合法性维持和合法性修补三个角度来系统考察合法性挑战及其管理策略。这也是 Suchman(1995)所秉持的研究观点。在《组织合法性:战略视角和制度视角》一文中,Suchman(1995)归纳整理了组织合法化战略类型,从合法性获取、合法性保持和合法性修复三个方面,分别阐释了实用型合法性、道德型合法性和认知合法性的战略选择。

1.合法性获取的挑战与管理

组织在踏上新业务线征程中,特别是那些在社会环境中没有先验可供借鉴的新业务线,经常面临着各利益相关者对该业务线可行性的质疑压力,面临着新来者劣势的挑战。当新进入者面临技术难题和制度空白的情景时,他们需要足够的资源来支持建立新业务线,建立起客观性和外在性,以证实该新业务线与旧业务线之间是相互独立的。新业务既需要植根于已有业务线,但同时也必须证实其独立性,从而造成了新来者劣势。例如,和平利用核能来促进社会发展是核能利用的重要形式,但是这必须与战争核武器开发区别开来以保证其合法性,民用核设施既源于军用核技术但是又必须与军用核设施区别开来。面对这种新来者挑战,Suchman(1995)提出可以采取三种战略来应对,这三种战略分别是遵从合法性战略、选择合法性战略和操纵合法性战略。遵从合法性战略强调组织同构策略,组织通过改变自身和采取社会认可的形式和做法来获得实用的、道德的和认知的合法性;选择合法性战略强调组织在其现有环境中选择能够并愿意支持其行为的外在参与者;操纵合法性策略强调组织通过创造支持其行为的参与者和新合法性信仰来操纵其环境结构。

2.合法性维持的挑战和管理

与合法性获取和修补相比,合法性维持相对较为容易,但是也不能忽视其重要性和面临的各种挑战,包括受众差异性大导致难以在创新问题上达成一致、稳定性导致组织刚性不利于创新和制度化引发反对声音等问题。这些问题在组织面临变革需求时将特别突出,因为组织变革需要打破既有习俗等合法性基础,这就要求组织需要对其合法性进行调整以保持其存在的合理性。组织合法性是个动态发展过程,组织需要采取包括预测未来变化和保护已有成果等各种行为来维持合法性(Suchman,1995)。在预测未来变化方面,组织需要提高对公众反应的识别能力和预测未来即将出现的各种挑战的能力,亦即需要构建危机预警机制,从而能够对突发事件做出及时反应并采取有效措施来应对各种突发事件。在保护已有成果方面,组织需要将其各种合法性单一事件整合成合法性连续体,从而巩固其合法性。这就要求组织审查其内部运作以避免误判、注重细节和发展支持性的信仰和态度等。

3.合法性修补的挑战和管理

当组织预见性能力不足时,组织合法性可能受到损害,这就要求组织采取各种措施来修补其合法性。特别地,面对各种危机情景,组织合法性常常更加容易流失,过去成功动因在危机情境下可能转变为其进一步前进的阻碍。合法性危机不仅削弱了管理层的操纵能力,而且还将因为其自我强化循环机制而影响到其原先值得信赖的外部盟友。当组织出现合法性危机时,外部盟友将可能通过各种方式撇清其与该组织的盟友关系,从而进一步加剧组织合法性危机所带来的负面影响程度。面对组织合法性修补存在的各种挑战,Suchman(1995)提出三种策略来加以应对,分别是建立规范化制度、重组和冷静应对。

三、合法性与国际化

如何在多维、复杂的全球环境中建立并维持其合法性,是跨国公司面临的重要研究课题。Singh、Tucker 和 House(1986)在《组织合法性与新来者劣势》一文中,考察了外在合法性和内在协调机制是否对新来者劣势产生影响。研究发现,合法性缺失将会提高新来者劣势,以及提高新进者死亡率。鉴于合法性是跨国公司国际化进程中面临的重要问题,以下将从三个方面阐述跨国公司如何影响到合法性以及如何利用合法性促进生存与发展。一是,跨国公司独特性质对合法性带来的管理挑战;二是,合法性能否以及如何提高企业成长;三是,企业在国际化进程中,如何通过股权结构安排来应对合法性挑战。

1.跨国公司独特性质与合法性

随着经济全球化的不断深入与发展,跨国公司在经济全球化过程中扮演着重要角色,同时也是经济全球化的结果。随着跨国公司的不断发展,社会对于跨国公司的声音存在两种极端。一种是高度鼓吹跨国公司在经济发展中的重要性,另一种是完全否定跨国公司对于社会发展的贡献所在。在此情况下,跨国公司境外投资合法性问题引起学术界和实业界的关注,全球每年都会发生一些影响力较大的反对跨国公司的游行示威。那么跨国公司复杂性是否会影响到其面临的合法性问题?跨国公司又是如何排解这些合法性压力?这是跨国公司学术界和实业界所必须共同关注的重要问题。Kostova 和 Zaheer(1999)在《复杂性情境下组织合法性研究——以跨国公司为例》一文中,考察了跨国公司面临的三种复杂性,分别是环境复杂性、组织复杂性和合法化过程复杂性;在此基础上考察跨国公司整体及其构成合法性差异,提出相应命题来阐释内在合法性和外在合法性以及正负合法性溢出问题。Kostova 和 Zaheer(1999)关于跨国公司所面临的复杂性问题及其对于合法性的影响情况汇总如表 15-1 所示。

整体而言,由于跨国公司嵌入于多层次和多维度的组织领域,面临着来自不同层次和不同维度的合法性主体对其提出的合法性诉求与挑战,包括规制合法性、规范合法性和认知合法性等方面。特别地,中国企业在国际化进程中,面临着独特的外来者劣势,特别是在投资于发达国家经济体时将面临更为严峻的外来者劣势威胁。因此,中国企业在境外投资过程中,需要更加重视合法性取得、维护和发展,以更好地得到东道国合法性评价主体的认可,从而取得更好的发展。在此,中国企业可以通过合资方式,借助东道国企业取得合法性,或者借由第三方中介机构来提升自身,从而为东道国合法性评价主体所认可。中国企业要重视品牌建设,走一条"走出去、走进去、走上去"的国际化发展路径。

表 15-1　跨国公司面临的与合法性相关的复杂性

影响合法性的因素	复杂性来源	复杂性描述	对合法性的影响
外部制度环境	制度环境的多领域属性	制度环境包括三种类型：规制性制度、规范性制度和认知性制度，它们都将对合法性造成影响	认知领域和规范领域的隐性制度将对跨国公司在其合法性寻求过程中提出特殊挑战
	许多存在差异的国别制度环境	由于制度环境存在国别差异，因此跨国公司将面临来自多个国家的制度环境	跨国公司涉及国别越多，其所面临的合法性要求差异性就越大。但是，跨国公司涉及国别越多，该跨国公司更有可能建立起能力来处理不同的制度环境所提出的合法性要求
	母国与东道国之间的制度距离差异	企业的母国与东道国在规制性制度、规范性制度和认知性制度等方面存在的差异性程度或者相似性程度	制度距离越大，跨国公司越加难以理解东道国环境及其对于跨国公司的合法性要求。而且，制度距离越大，组织需要采纳更多实践来满足东道国合法性要求
内部组织环境	跨国公司面临两种制度环境，一是外部东道国环境，二是跨国公司内部的环境	由于跨国公司生存得益于来自母公司和东道国市场的照顾，因此合法性应该同时满足外部制度环境和内部组织环境	内部合法性要求与外部合法性要求之间的矛盾使得跨国公司海外企业在获取外部合法性方面存在诸多困难
合法性过程	有限理性和外来者劣势	由于社会化过程中社会和认知的本质，跨国公司海外企业被接受程度受到东道国环境对于海外企业的知觉和态度的影响	外来者劣势对合法性带来了诸多挑战，这是因为：第一，缺乏跨国公司相关信息；第二，判断海外企业时存在刻板效应和采取不同标准；第三，东道国利益群体借由跨国公司作为攻击对象
	合法性在组织内部和组织外部的溢出问题	由于合法性过程中存在有限理性，跨国公司特定海外企业合法性并非独立于与其存在认知相关性的其他企业	有限理性情境下，跨国公司合法性与其他类似企业的合法性之间存在相关关系

资料来源：Kostova T., Zaheer, S. Organizational legitimacy under conditions of complexity: the case of the multinational enterprises[J]. Academy of Management Review, 1999, 24(1).

2.合法性与企业成长

Zimmerman 和 Zeitz(2002)在《超越生存：合法性构建与新创企业成长》一文中，认为合法性是企业获取资源的重要资源基础，这种资源对于新创企业成长至关重要，并认为合法性可以通过战略性行为来获取。Zimmerman 和 Zeitz(2002)考察了合法性对于新创企业的影响以及新创企业合法性来源，提出新创企业取得合法性的战略性行为,分析了新创企业合法性构建过程以及考察了合法性门槛概念内涵等。该研究对于我们认识合法性如何影响企业成长特别是新创企业成长,具有重要的借鉴意义。

第一,合法性对于新创企业资源获取的影响。合法性是企业行为被社会认同和接受的程度,对于企业资源获取具有重要的影响作用,企业只有得到合法性才能够获取所需资源。在获取资源方面,合法性对新创企业的重要性要大于对成熟企业的重要性,因为社会可以根据成熟企业历史业绩来评判其未来前景,但新创企业往往缺乏足够的经营业绩数据,甚至在业务开展之初经营不善,但并不等同于该业务没有发展前景,在这种情况下,新创企业只能通过向社会展示自身行为合法性来获取认同并获得资源。合法性是企业生存和发展所需重要资源,能帮助新创企业克服"新进者劣势"从而使新创企业能够更易获得生存与发展所需的资源。基于此,Zimmerman 和 Zeitz(2002)提出如下研究命题:新创企业合法性程度越高,就能够获得更多资源;以及新创企业获得资源越多,就能够取得更大成长。合法性对于力求二次创业的企业而言尤为重要。二次创业意味着企业需要打破既有的商业逻辑,追求商业模式创新,力求通过突破现有制度障碍来取得更大发展。这就需要企业能够有勇气和能力来打破既有合法性评价主体对其二次创业行为的合法性评价,并取得他们的认可和支持。特别地,对于中国企业而言,其境外投资尚处于发展阶段,因此需要打破已有商业逻辑,构建新的业务平台,搭建新的竞争规则。这些对中国企业商业行为合法性管理提出了挑战。

第二,新创企业合法性来源。合法性是个抽象概念,无法直接观察到。它源于社会行动者内心理解,但这些社会行动者在其思考和决策时并不一定会对合法性产生条件反射。研究者们试图对合法性加以测量,他们采用一系列与合法性来源密切相关的非直接或者代理测量指标。Hunt 和 Aldrich(1996)提出了分类框架用于分析合法性类型,包括社会政治规制合法性、社会政治规范合法性和认知合法性三个方面。对比制度类型,我们可以发现,Hunt 和 Aldrich(1996)对于合法性的划分与学术界对于制度类型的划分(规则制度、规范制度和认知制度)极为相似。一是,在社会政治规制合法性方面,社会政治规制合法性也简称为规制合法性,源于政府、资格认证协会、专业团体甚至权势组织所提出来的规制、规则、标准和期望等。合法性并非仅仅对制裁作出反应,而是包含着对于新创企业的普遍认可,亦即该企业遵循法律和规章的条文和法的精神,从而认为该新创企业是个社会好公民。社会政治规制合法性可以通过遵循法的精神和取得专业资格认证等方式来实现。这些合法性对于企业成长特别是新创企业成长具有极其重要的作用。

基于此,Zimmerman 和 Zeitz(2002)提出如下研究命题:一是,新创企业获取合法性的途径包括遵循由政府、资格审查协会、专业团体和权威组织所提出来的规章、规则、标准和期望等。二是,在社会政治规范合法性方面,Zimmerman 和 Zeitz(2002)提出如下研究命题:新创企业获取合法性的途径包括核准和实施在其业务领域中被广泛认可的价值观和行为准则。三是,在认知合法性方面,Zimmerman 和 Zeitz(2002)提出如下研究命题:新创企业获取合法性的途径包括拥护和实施所在活动领域广泛认同的信仰和假定。

对于中国企业境外投资实践而言,我们需要了解并尊重东道国法律法规制度,提高规制合法性认可程度;需要尊重东道国的社会文化习俗,参与其社会文化交流活动,提高规范合法性认可程度;需要重视多层次对外交流与合资,提高其对中国企业品牌的认知度和认可度。当然,这些需要中国企业自身拥有足以引起东道国乃至第三方国家的企业和消费者的兴趣和青睐。

3.合法性与股权结构

股权结构是企业行为的重要影响因素。对于中国企业而言,股权结构不仅意味着大小股东的股权体系,而且意味着国有股比重及其对于企业决策的影响。所有权结构是中国企业区别于国外企业的重要企业层面因素之一。在国际化背景下,海外企业股权结构选择是国际管理研究的重要议题,该议题试图研究跨国公司在进入东道国市场时是采取合资方式还是全资方式。已有研究主要从以下几个视角来定义海外企业股权结构。一是,将所有权等同于对海外企业战略决策和运作决策的控制权;二是,将所有权等同于跨国公司母公司对于海外企业的资源承诺;三是,将所有权视为一种治理机制用以保护跨国公司使其企业独特能力不至于扩散到其合作伙伴;四是,将所有权视为合资企业合作伙伴的互补性资产和能力能够得以联合和交换的一种资源渠道;五是,将所有权视为跨国公司与东道国政府或者东道国企业之间的一种谈判协商结果,它反映出合作双方的相对讨价还价能力。

Chan 和 Makino(2007)在《合法性与多层次制度环境:对海外企业所有权结构的意涵》一文中,基于制度视角考察了合法性对跨国公司海外企业股权结构的影响作用,指出以上五种视角共同假定认为,跨国公司海外企业股权结构选择是基于对相对股权结构的成本和收益进行分析的结果。这种成本收益分析主要考虑经济因素,比如最小化投资风险和交易费用、增加资源准入机会和确保对海外企业的更大控制权。虽然海外企业股权结构选择受到经济意愿的影响,但是在制度贫瘠的环境里,股权结构选择难以单独由经济意愿来决定,它还将受到合法性等制度因素的影响(Kostova and Roth,2002)。他们基于制度视角考察了东道国国别、东道国本土行业和母公司等对于合法性要求对跨国公司海外企业股权结构的影响作用,为我们理解如何借助股权结构安排来适应合法性要求提供了决策借鉴和研究支持。

4.合法性与跨国并购

程聪(2017)基于动态演化的视角,通过对吉利并购沃尔沃的纵向单案例研究,构建了一个跨国并购过程中企业组织合法性聚焦、企业能力整合模式与组织惯例之间关系演变的统合性理论框架。研究表明:跨国并购过程中企业合法性聚焦,主要经历了由内部组织情境导向过渡到关注外部组织情境,并最终发展到内外部组织情境并重的演变过程,是一种由"排他型"聚焦到"共生型"聚焦的转变。在这种组织合法性聚焦转变过程中,涌现出了低阶能力整合模式、中阶能力整合模式和高阶能力整合模式等三种企业动态能力运用模式。研究还发现,跨国并购过程中低阶能力整合模式更容易导致企业形成弱组织惯例,而高阶能力整合模式促进企业形成强组织惯例的可能性更高。研究结论对企业国际化中的组织合法性相关研究做出了理论贡献,同时也对"一带一路"背景下中国企业如何更好地"走出去"具有启发意义。

魏江等(2020)突破现有文献关于"来自相同国家的企业面临相似来源国劣势"这一"同质化假定",把来源国劣势构念化为制度维和产品维。通过归纳式案例研究发现,对于产品维的来源国劣势,新兴经济体企业倾向于通过组织制度设计、资源协同和声誉重构等合法性修复战略进行应对。对于制度维的来源国劣势,新兴经济体企业倾向于采用制度遵从、组织制度设计、资源协同等合法性获取战略来应对。当面临产品维和制度维双重劣势时,新兴经济体企业综合运用制度遵从、组织制度设计、资源协同、声誉重构等合法性获取和合法性修复战略,重点强调沟通协调这一合法性维持战略来应对。这些发现贡献于新兴经济体企业在跨国并购,乃至于更广意义国际化的文献,并对中国企业跨国并购过程有的启示意义。

近来研究开始关注从组织合法性角度来研究进入模式选择(Chan and Makino,2007)。Chan和Makino(2007)基于制度视角,考察了海外企业股权结构选择,将股权结构视为一种社会身份,其目的是遵从内外制度压力从而获得合法性。该文献的核心命题是,海外企业股权结构选择反映了跨国公司试图通过所有权交换以获得东道国市场对其合法性认定和试图保持其内在合法性。具体而言,由其他跨国公司所形成的具有不同股权结构的海外企业表征了该东道国市场海外企业合法性程度,而跨国公司内部其他子公司表征了该跨国公司内部合法性,并进而影响到跨国公司对其后续子公司股权结构选择。

Chan和Makino(2007)的研究从如下三个方面拓展了已有研究工作。第一,该文献考察了跨国公司试图通过海外企业所有权与合法性交换来顺从制度压力。已有研究考察了跨国公司在进入模式选择上具有模仿倾向性(Lu,2002;Yiu and Makina,2002),但是缺乏深入考察合资模式下具体差异,比如是少数股权参与、对等股权参与还是多数股权参与。第二,该文献从东道国国别、东道国产业和母公司等多个层面考察海外企业股权结构选择。Lu(2002)考察了发达国家制造业的进入模式选择,而Yiu和Makino(2002)则考察了大型汽车类和电子类跨国公司,而忽视其他产业中的小型跨国公司。由于跨国公司所必须遵从的制度压力来自东道国国别、东道国产业和母公司等多层次因素,因此有必要从多个层面来综合考察其对跨国公司海外企业股权结构选择的影响。第三,已有研究缺乏考察股权结构与合法性之间的关系,特别是在政治不稳定的投资情境下。已有研究认为,政治不稳定性是跨国公司投资行为的重要影响因素(Delios and Henisz,2000),但是缺乏考察跨国公司在政治不稳定性国家和政治稳定性国家上是否具有相同的合法性获取倾向。

根据 Suchman(1995)的研究观点,合法性是指社会主体在规则、价值、信仰和定义等社会结构化系统中的行为的惬意性、合适性和合理性,反映了合法性评价主体与合法性被评价客体之间的耦合程度。合法性评价主体基于其自己的制度逻辑,对合法性被评价客体提出同构化要求,要求他们能够遵从已有的合法性规范。

在不确定性环境下,企业为了取得合法性经常会遵从甚至屈服于其他成功企业的结构与实践(Lu,2002;Yiu and Makino,2002)。Chan 和 Makino(2007)认为,模仿仅仅是取得合法性的一种方式,企业还可以通过所有权与合法性交换来取得合法性。合法性管理需要合法性评价主体与合法性被评价客体之间进行充分的沟通合作(Suchman,1995),但是对于跨国公司而言,他们在国际化初期对于东道国制度环境下合法性评价主体对于企业投资行为合法性的要求缺乏充分信息,因而难以明确如何获得合法性评价主体支持,而合法性评价主体也因信息不充分而难以对合法性被评价客体的行为合法性作出判断。跨国公司为了博得东道国合法性评价主体的社会支持,可以通过合资方式寻求东道国本土企业支持,以提高其投资行为合法性从而博得东道国市场青睐(Xu and Shenkar,2002)。

虽然合资方式能够提高跨国公司投资行为合法性,但是到底合资比例与合法性之间的关系程度如何? Chan 和 Makino(2007)研究认为,跨国公司运用所有权来交换合法性的程度,依赖于东道国合法性评价主体所认为的海外企业所应该拥有的合法性大小。他们认为,跨国公司处于多维组织领地,包括东道国国别、东道国产业和母公司等,因此其海外投资行为应该得到这些领地成员对其合法性的认可。

第一,东道国国别对海外企业合法性的需求。无论是发达国家还是发展中国家,作为东道国都存在各类合法性评价主体,跨国公司在进入这些国家或者地区时必须取得这些合法性评价主体的认可(Kostova 和 Zaheer,1999)。在一些东道国,政府是最为重要的合法性评价主体,它们对国内企业的外资比例有着严格的法律规定(Contractor,1990);而在其他一些东道国,虽然政府的法律约束比较低,但是来自国家贸易联盟、产业同盟和社会民众等的合法性要求则很高(Kostova and Zaheer,1999)。由于合法性本身难以得到有效的充分度量,跨国公司为了能够准确把握东道国合法性评价主体对于其投资行为合法性的要求,就需要借助于东道国合法性评价主体在历史上对该跨国公司母公司内其他跨国公司在该东道国的海外企业的合法性要求,来作为东道国合法性评价主体对其投资行为的合法性要求。

如果所研究跨国公司母国的其他跨国公司在该东道国或者地区的海外企业的所有权比例很低,就意味着该东道国对来自该跨国公司母国的企业的合法性要求比较高,该跨国公司在该东道国市场所面临的制度压力较大;在该情景下,该跨国公司应该采取较低股权比例方式进入该东道国市场,以表征其行为与东道国环境同构化程度较高,从而取得东道国合法化评价主体的社会认可。相反,如果所研究跨国公司母国的其他跨国公司在该东道国或者地区的海外企业的所有权比例很高,就意味着东道国对来自该跨国公司母国的企业的合法性要求比较低,该跨国公司在该东道国市场所面临的制度压力较小;在该情境下,该跨国公司可以采取较高股权比例甚至独资方式进入该东道国市场。

第二,东道国本土产业对海外企业合法性的要求。由于东道国内部不同产业对于合法性要求不同,因此跨国公司需要根据行业特征来考虑其所有权安排,以满足其合法性需要。例如,在国家政策方面,东道国政府出于产业发展战略考虑,对于不同产业会制定不同的扶持政策和管制政策,这将影响到作为合法性评价主体的东道国政府对于跨国公司在该国的海外企业的合法性要求。因此,跨国公司必须根据不同产业特点,满足东道国政府等合法性评价主体对于该具体产业内合法性的具体要求。因此,股权结构与合法性需求之间的关系在行业层面比在国别层面将更加显著。

此外,政治不稳定性是一个重要的制度调节变量,它对于不同行业对于合法性的需求有着重要影响。Chan 和 Makino(2007)研究认为,东道国制度不确定性对于跨国公司海外企业所有权比例有着负面影响,亦即东道国制度不确定性越高,跨国公司对于该东道国海外企业的所有权比例将越低。不仅如此,政治不稳定性还将对股权结构与合法性要求之间关系产生调节作用。

第三,母公司对海外企业合法性要求。跨国公司海外企业所有权决策不仅受到东道国国别和行业对其合法性要求的影响,而且还将受到来自母公司对其合法性要求的影响。跨国公司形成了其内部制度环境,其下属企业将嵌入并遵从该制度环境(Kostova and Zaheer,1999)。已有研究表明,如果跨国公司海外企业对于母公司依赖度很高,跨国公司将对其海外企业施加压力以迫使其遵从母公司行为准则和行为规范;但是如果海外企业被授权拥有战略自主权,则跨国公司相对较少对其海外企业施加同构化压力(Davis,Desai and Francis,2000),这就要求跨国公司考量其海外企业股权结构以适应跨国公司对其同构化要求。组织理论学者认为,组织实践一旦形成就将形成某种行为规范,从而成为组织成员行为的合法性标准,并要求组织成员遵从该合法性标准。

因此,如果组织成员已有行为倾向于采取独资或者高股权比例的股权结构,那么意味着组织对其成员的合法性要求比较高,从而也要求其组织成员后续行为也采取独资或者高股权比例的股权结构以满足组织对其合法性的要求。相反,如果组织成员已有行为倾向于采取低股权比例的股权结构,那么意味着组织成员对其成员的合法性要求比较低,从而也允许其组织成员后续行为也采取低股权比例的股权结构以满足组织对其的合法性要求。

以上研究对于中国企业境外投资具有重要的借鉴意义。中国企业尚处于国际化成长阶段,如何取得东道国对其国际化行为的支持是其面临的重要问题之一。研究表明,中国境外投资企业的数量虽很多,但投资数额集中于国有企业,也就是说国有企业境外投资占有中国企业境外投资总额的大多数。而国有企业在国际化进程中,相对于民营企业而言面临着更为严峻的合法性挑战。面对这种情况,中国企业需要从优化自身股权结构入手,提高市场机制在公司决策中的支配地位。需要充分认识所面临的合法性挑战,在国际化进程中主动采取各种措施来提高外界对其国际化行为的合法性认定,取得对其国际化行为支持。

📖 研究动态

Andrews T. G.,et al.MNC response to superstitious practice in Myanmar IJVs：Understanding contested legitimacy,formal-informal legitimacy thresholds,and institutional disguise[J].Journal of International Business Studies,2020.

Superstition is a pervasive informal institution affecting the decision-making of organizational actors yet remains under-studied and ill-understood in international business research. We address this lacuna through examining how Western MNCs affect-and are affected by-the use of superstition among local subsidiary managers in an emerging Asian economy. Based on interviews,archival documents,and observation,our inductive investigation reveals a complex,changing,and surreptitious relationship between MNC practice and an informal institution which,while widely practiced,remains forbidden according to its formal institutional counterpart(Buddhism)and illegal according to Myanmar state law. Initial findings showed how MNCs endorsed,acquiesced,or rejected superstitious practice based on a configuration of construed reputational risk,corporate values adherence,degree of formal institution approval,and perceived local performance impact. Subsequent MNC engagement then shifted from accommodation to resistance to mani pulation in response to local managers' disguising their 's uperstitious' practices as Buddhism,'blurring' the formal-informal institution divide in the process to secure MNC public approval. Together,our findings serve to refine and deepen existing theory into how the MNC subunit can manage its legitimacy through balancing the incompatible demands of formal and informal constituents within a contested institutional dyad.

Balogun J.,et al. The interplay between HQ legitimation and subsidiary legitimacy judgments in HQ relocation:A social psychological approach[J].Journal of International Business Studies,2019,50(2):223-249.

This paper marks a departure from the focus on external stakeholders in much research on legitimacy and multinational corporations,adopting a social psychological approach to study how MNCs build internal legitimacy for controversial decisions with their subsidiaries. We explore this through a longitudinal,real-time qualitative case study of a regional office relocation,since office relocations represent rare yet significant strategic decisions. We analyze the interplay between the legitimation strategies of senior managers and subsidiary legitimacy judgments,based in instrumental, relational, and moral considerations, and how the relationship between the two develops over time. From this analysis, we derive inductively a process model that reveals the dynamics of building internal legitimacy with subsidiaries, and how an MNC moves on even in the absence of full legitimacy, when dealing with controversial MNC decisions. The model highlights two important dynamics. The first is a dynamic between legitimation strategies and legitimacy judgments and how this is influenced by local subsidiary contexts. The second is a temporal dynamic in how both the legitimation strategies and legitimacy judgments evolve over time. Our model contributes to research on legitimacy in MNCs, what we know about tensions that characterize MNC-subunit relationships, and research on headquarters relocation.

Chan C. M. and S. Makino. Legitimacy and multi-level institutional environments: implications for foreign subsidiary ownership structure[J]. Journal of International Business Studies, 2007, 38(4):621-638.

In this study, we examine from an institutional perspective the legitimacy rationale behind the choice of subsidiary ownership structure among multinational corporations(MNCs). We suggest that, when under a strong pressure to conform at the host country and local industry levels of their institutional environment, MNCs are likely to take a lower ownership stake in exchange for external legitimacy in the host country or local industry that their foreign subsidiaries are entering. We also suggest that MNCs are likely to take a higher ownership stake in response to strong internal pressure to sustain their internal legitimacy at the corporate level of their institutional environment. We also propose that MNCs are more likely to exchange ownership for legitimacy in local industries than in host countries, and in local markets with a high level of political instability than in those with a low level of political instability. These propositions are generally supported by our analysis of 4451 subsidiaries established by 898 Japanese MNCs that operated in 39 countries across 52 industries(two-digit SIC)between 1988 and 1999.

补充阅读

1. Andrews T.G., et al. MNC response to superstitious practice in Myanmar IJVs: understanding contested legitimacy, formal-informal legitimacy thresholds, and institutional disguise[J]. Journal of International Business Studies, 2020.

2. Balogun J., et al. The interplay between HQ legitimation and subsidiary legitimacy judgments in HQ relocation: a social psychological approach[J]. Journal of International Business Studies, 2019, 50(2):223-249.

3. Chan C. M., S. Makino. Legitimacy and multi-level institutional environments:

implications for foreign subsidiary ownership structure[J].Journal of International Business Studies,2007,38(4):621-638.

思考题

1.请阐述合法性的内涵、分类和管理。

2.请阐述合法性对企业国际化行为的影响作用。

第 2 节　跨国公司对外投资腐败问题分析与警示

学习导航

本节讨论了腐败的两种假说,分别是腐败的便利假说和腐败的税负假说,阐述了腐败如何影响对外直接投资的来源构成,以及东道国腐败对 FDI 进入战略选择的影响。最后,阐述了《反海外腐败法》与对外直接投资。

腐败问题是企业国际化面临的重要问题。东道国腐败对于企业国际化的影响情况,源于邓宁提出的 OLI 范式中对于区位优势的重视。东道国腐败作为东道国区位特征,将极大影响到跨国公司在该地区的投资行为。与此同时,跨国公司行贿动机及其母国是否实施《反海外腐败法》,亦将对企业国际化经营产生重要影响。可以说,东道国腐败形成了国际投资腐败需求方,跨国公司行贿意愿形成了国际投资腐败供给方,而《反海外腐败法》则试图制止跨国公司对东道国政府官员提供贿赂,从而规范国际投资秩序。因此,只有将跨国公司行贿行为与东道国索贿行为和跨国公司母国《反海外腐败法》结合起来,才能切实有效解决企业国际化进程中面临的腐败问题。

一、腐败影响对外直接投资的两种假说

腐败意味着滥用公权以谋取私利,聚焦于公职人员如何利用其政府职位来谋取私利。腐败行为意味着腐败参与者无视经济交易的各项管制,通过额外非经常性支付来促使经济交易得以进行(Kaufman,Kraay and Mastruzzi,2003)。从腐败需求方来看,公职人员在如下两种情况下将具有索贿动机,一是当他们拥有资源分配的自由裁量权时,二是当索贿带来的私利增加大于成本支出时(Shleifer and Vishny,1993)。从腐败供给方来看,企业将有动机通过行贿来取得某种经营特权或者经营便利。全球化背景下,企业在国际化进程中将面临东道国腐败问题,成为腐败现象的行凶者、

受害者或者参与者。已有研究倾向于考察腐败供给层面,而忽视腐败需求层面。Beets(2005)从国际腐败需求角度,考察了政府、经济和贫穷、教育、地理和文化等对于腐败需求的影响情况,并采用透明国际(TI)公布的腐败感知指数(CPI)和其他数据来源,对上述因素进行分析。在腐败问题认识上,存在"商业车轮润滑剂"(grease in the wheels of commerce)和"商业车轮阻碍物"(sand in the wheel of commerce)两种观点,亦即腐败的便利假说和腐败的税负假说。

1.腐败的便利假说

持有"商业车轮润滑剂"观点的学者认为,腐败行为有利于促进经济交易和加速交易程序;如果不采取腐败行为,这些经济交易将难以进行。持有该观点的学者支持腐败的"便利假说",认为东道国腐败将会便利企业与规制过分国家进行交易,从而对对外直接投资规模产生正面影响。一些实证研究表明,东道国腐败与对外直接投资规模之间不存在负相关关系,甚至存在正相关关系(Wheeler and Mody,1992)。例如,印度是腐败程度相对较高的国家,但却是对外直接投资主要流入国。

Egger 和 Winner(2005)基于 1995—1999 年间的 73 个发达国家和欠发达国家的研究样本,考察了腐败对内向 FDI 的影响情况,研究发现腐败成为内向 FDI 激励因素,提高了内向 FDI 水平。这就引发我们思考,东道国腐败到底如何影响对外直接投资?

Habib 和 Zurawicki(2002)在《腐败与对外直接投资》一文中,基于国际货币基金组织(IMF)公布的对外直接投资数据和透明国际(TI,transparency international)公布的腐败感知指数(CPI,corruption perception index),考察了腐败对对外直接投资的影响情况。该文首先分析了东道国腐败水平对对外直接投资的影响情况,其次考察了东道国和母国两国之间腐败水平的绝对差异对对外直接投资的影响情况。实证分析结果表明,东道国腐败水平以及东道国和母国两国之间腐败水平的绝对差异,都会对 FDI 产生负面影响。腐败有助于将市场程序和竞争机制引入管制过严甚至错误的充满垄断的经营环境。腐败有助于将自由竞争市场机制引入自由竞争受限的经营环境。

Wheeler 和 Mody(1992)研究发现,包含腐败因素的风险指标与美国海外投资之间并不存在关系。

Hines(1995)对美国 FDI 的研究发现,东道国腐败并没有影响到其整体的内向 FDI;虽然在 1977 年实施 FCPA 后,东道国腐败对 FDI 增长具有负面影响。

以上研究表明,腐败在一定程度上不仅不会阻碍招商引资,而且还促进了招商引资。对于这种反常的研究结果,本书认为,问题在于这些东道国或地区的腐败程度已经超出了资本自由流动的门槛。这些东道国或地区的当权者掌控着资源配置权限,他们借助公权来谋取私利,背离了自由市场竞争精神。跨国公司如果没有采取行贿行为,就无法渗透到这些国家或地区当中。跨国公司不得不屈服于东道国或地区的强大的索贿压力,从而造成如上研究结果。

2.腐败的税负假说

持有"商业车轮阻碍物"观点的学者认为,从资源利用效率来看,腐败将降低资源利用效率(Kaufmann,1997)。持有该观点的学者支持腐败的"税负假说",认为东道国腐败增加营运成本不确定性,东道国腐败如同税收负担,增加成本负担,扭曲投资激励(Shleifer and Vishny,1993),从而对对外直接投资规模产生负面影响,该假说得到实证研究支持(Habit and Zurawicki,2002)。由于行贿是非法的,所以行贿者未必能够实现预期目的,在法庭上也将难以控告受贿者。即使行贿实现了预期目的,行贿也将导致成本增加(Shleifer and Vishny,1993)。更有甚者,公职人员可能会通过强化额外管制来创造索贿机会,腐败会导致将经济资源无效地分配到易受行贿影响的经济领域。

大量的研究表明,东道国腐败将对 FDI 产生负面影响。Mauro(1995)对 67 个国家的制度特征进行分析,发现腐败降低了对该国的整体投资。Wei(2000a)分析了 12 个发达国家和 45 个投资目的国之间的双向投资,发现腐败将会对 FDI 产生负面影响。Wei(2000b)在考虑了政府政策因素后,进一步证实了东道国腐败与 FDI 之间具有负相关关系。Habit 和 Zurawicki(2002)分析了 7 个发达国家和 89 个投资目的国之间的双向投资,发现东道国腐败程度以及东道国与母国腐败程度的绝对差异对 FDI 具有负面影响。Voyer 和 Beamish(2004)对日本 FDI 的研究发现,腐败与人均 FDI 之间存在负相关关系,特别是在发展中国家中更是如此。腐败税负假说得到更多的研究支持,也更能够从理论上予以解释。

二、腐败影响对外直接投资来源构成

Cuervo-Cazurra(2006)在《谁在乎腐败?》一文中,认为东道国腐败不仅对对外直接投资规模有负面影响,而且亦将改变对外直接投资来源国的构成,指出并非所有海外投资者都在乎这种由腐败所引致的额外不确定性和营运成本道国腐败,讨论了对外直接投资的两类来源,分别是"签订 OECD 反海外贿赂公约成员国"和"高腐败国家"。虽然东道国腐败将带来额外不确定性和营运成本,从而对对外直接投资产生负面影响;但是,在不同对外直接投资来源国之间存在差异。

基于此,Cuervo-Cazurra(2006)提出如下两个研究假设:一是,与来自其他国别的 FDI 相比,东道国腐败与来自签订"反海外贿赂公约"成员国的 FDI 规模之间具有负相关关系;二是,与来自其他国别的 FDI 相比,东道国腐败与来自高腐败国家的 FDI 规模之间具有正相关关系。Cuervo-Cazurra(2006)采用来自 183 个经济体对 106 个经济体的双边 FDI 流入数据,对其研究假设进行实证检验;数据来源于 UNCTAD 国家概况数据(UNCTAD,2005),并采用 OECD(2004)FDI 数据作为补充。实证分析结果表明,东道国腐败降低了对外直接投资中来自签订"OECD 反海外贿赂公约"成员国的比例,这表明反海外贿赂法将阻止企业参与东道国腐败;东道国腐败提高了对外直接投资中来自高腐败程度国家的比例,这表明高腐败国家企业将不会被东道国腐败所威慑,相反会选择高腐败国家作为投资对象。Cuervo-Cazurra(2006)认为,投资者在东道国腐败问题方面态度不同,对于东道国腐败敏感性存在差异。该文献考察了 FDI 来源国的两大特征(是否签署反海外行贿法和是否具有高度腐败)如何影响跨国公司行贿成本、行贿动机以及对东道国腐败敏感性。

1.低腐败国家对于东道国腐败的反应行为

Cuervo-Cazurra(2006)考察了《反海外腐败法》签约国对外直接投资对东道国腐败的敏感性。诸如美国等对外直接投资来源国签有《反海外腐败法》以阻止其本国企业在海外行贿。《反海外腐败法》将提高对外直接投资来源国企业的行贿成本,这些成本不仅包括行贿物品的成本,而且还包括惩罚成本和形象受损成本等。这些成本将可能达到足以改变企业对行贿的收益成本分析,从而可能最终改变其行贿与否决策。与此同时,企业可以将《反海外腐败法》作为挡箭牌,应对东道国索贿压力。

美国是全球最早实施《反海外腐败法》的国家,于 1977 年颁布了《反海外腐败法》,并于 2012 年 11 月 14 日颁布了《反海外腐败法实施指南》,由美国司法部刑事庭和美国证券交易委员会执法部联合负责督查实施。该部法案要求美国企业在境外投资时,对每笔支付进行详尽记录,从而确保能够对在海外行贿的企业或者个人进行起诉。《反海外腐败法》具有三类主要条款,分别是准确计量、有效的内部控制和禁止对海外官员、政客和政治候选人进行行贿。《反海外腐败法实施指南》对行贿主体、行贿客体、行贿内容、起诉条件和免责条款等具有详细分析。那么,《反海外腐败法》到底能否有效威慑海外行贿?

Hines(1995)的研究支持"《反海外腐败法》能够威慑海外行贿"的观点,其依据是美国企业在颁布该法案之后减少了对高度腐败国家的投资增长、资本—劳动比例与合资活动。但是也有学者的研究发现与此相反,认为高腐败并不一定阻碍外资引进。Tanzi(1998)对此结果冲突提出两种可能解释。一是,美国企业有动机忽视《反海外腐败法》以避免在海外合同方面输给来自其他国家的竞争对手;二是,美国政府对《反海外腐败法》执行不力,特别是对在"友好国家"投资的美国企业。这种状况在 20 世界 90 年代中期得到改变,一是由于冷战使得对友好国家腐败的无视变得不再必要;二是诸如透明国际(Transparency International)等非政府组织在削弱腐败方面发挥积极作用;三是诸如世界银行(Word Bank)和国际货币基金组织(IMF,International Monetary Fund)要求加强投资项目治理;四是 OECD 等国际组织在抵抗腐败方面发挥积极作用。

1997 年 11 月 21 日,30 个 OECD 成员国和 5 个非成员国共同签订了国际商务交易中反海外腐败公约。该公约于 1999 年 2 月 15 日生效,构建了惩罚海外行贿的综合框架。该公约禁止向海外政府职员和公共性国际组织职员行贿,要求签约国修改法律以将海外贿赂列为非法行为、在调查方面相互提供法律援助,以及允许将犯罪人员引渡回国。该公约还要求执行更为严格的会计准则、外部审计和内部控制。伙伴协议规定不可将贿赂列为可免税支出。该公约建立起了一套系统性机制来监督签约国对公约标准的执行力度。OECD 反海外腐败工作组周期性地评价和发表各个国家对公约标准的采纳进程和执行情况。这套相互监督机制弥补了《反海外腐败法》的局限性,建立起了海外投资共同行为准则,创造了公平竞争环境;对公约采纳情况的周期性评价将有助于公约执行,对公约标准执行不力的国家将面临来自严格执行公约标准国家的制裁压力。

基于此,东道国腐败将会削弱来自 OECD 反腐败公约国的对外直接投资,反腐败公约不仅通过惩罚机制提高海外行贿成本,而且还通过相互监督机制提高行贿侦查能力。这将有力促使 OECD 反海外腐败签约国企业正确评估东道国腐败所带来的投资风险和投资成本,从而可能降低对具有腐败行为的东道国的对外直接投资。基于此,Cuervo-Cazurra(2006)提出如下研究假设:与来自其他国别的对外直接投资相比,东道国腐败与来自签订"反海外腐败公约"成员国的对外直接投资规模之间具有负相关关系。

2.高腐败国家对于东道国腐败的反应行为

Cuervo-Cazurra(2006)考察了 FDI 来源国高度腐败的对外直接投资对东道国腐败的敏感性。来自高度腐败国别的企业具有处理腐败需求的经验和能力,它们在国际化进程中对东道国腐败敏感性较弱,甚至可能会更加愿意到腐败程度比较高的国别进行投资,以发挥其处理腐败需求的能力优势。国际化要求企业处理海外经营的额外成本(Hymer,1976)或者外来者劣势(liability of foreignness)(Zaheer,1995),这些成本包含了东道国腐败处理成本(Calhoun,2002)。Cuervo-Cazurra(2006)将这类成本分为两种。

一是海外行贿的态度转变成本。海外行贿要求经理人改变原先对业务交易方式的态度,接受"通过非法支付以促成业务"的经营规则。然而,要改变经理人根深蒂固的经营态度是非常困难的,特别是当企业进行海外扩张时(Johanson and Vahlne,1977;Eriksson,et al.,1997)。

二是海外行贿的具体知识成本。由于缺乏操作指南或者咨询公司提供海外行贿帮助,企业要了解海外行贿专业知识需要支付高昂成本。由于海外行贿具有非法性,海外行贿需要了解行贿背后所蕴含的精妙之处。很多情况下,要区分海外行贿与礼物交换是极其困难的(Donaldson,1996)。跨国公司经常采取合资方式或者聘用具备海外行贿经验的经理人,这虽然有利于部分减少海外行贿成本,但是仍然要面临行贿态度转变成本以及寻找和监督当地合作伙伴或者经理人,以免他们在行贿时损害公司利益。

来自高腐败国家的跨国公司更加谙于行贿世故,在态度上更加理解海外行贿,在知识上更加了解海外行贿。结果是,当这些来自高腐败国家的跨国公司进入高腐败国家进行投资时,它们的海外行贿成本相对较低。对于跨国公司而言,如果其经理人已经具备了行贿经验,那么其国际化成本将较低(Eriksson,et al,1997)。这些跨国公司在国内已经习惯于通过行贿来取得合约和获得保障,因此它们受行贿的非法性、不透明性和不确定性影响的程度降低。来自高腐败国家的跨国公司,不仅不会恐惧东道国腐败,甚至会主动进入高腐败东道国。两国之间制度环境的相似性促使来自高腐败国家的跨国公司更加倾向于将资金投放到腐败程度相当的国家。

该观点得益于国际化渐进理论(亦即乌普萨拉模型,Uppsala model)(Johanson and Vahle,1977),该模型试图基于母国和东道国之间的心理距离来解释投资国别选择。心理距离表征了语言、文化、教育、商业实践、产业发展和管制等方面的国别差异,这些差异将降低企业及其经理人海外信息的获取能力。企业首先进入心理距离比较低的国家进行投资,随着心理距离处理能力的增强,逐渐进入心理距离较高的国家进行投资。基于此,Cuervo-Cazurra(2006)提出如下研究假设:与来自其他国别对外直接投资相比,东道国腐败与来自高腐败国家对外直接投资规模之间有正相关关系。Cuervo-Cazurra(2006)的研究所运用到数据来源包括 UNCTAD(2005)、OECD反海外行贿公约成员国(OECD,2005)、综合治理指标数据库(Kaufman,Kraay and Mastruzzi,2003)、世界发展指标数据库(WDI)(WB,2005)、中央情报局地理坐标数据(CIA,2005)、Encyclopedia Britannica(2005)和 Heritage Foundation(遗产基金会 2005)等。这些公开数据来源值得后续研究借鉴。

三、东道国腐败与进入战略选择

制度理论认为,组织通过与制度环境协同发展来获取外部合法性。腐败行为影响到了正式制度和非正式制度的有效性,进而影响到组织合法性。Rodriguez、Uhlenbruck 和 Eden(2005)在提出(普遍性—恣意性)分析框架的基础上,基于制度理论分析了政府腐败对跨国公司组织合法性的影响,进而提出系列研究命题,用于解释腐败是如何通过组织合法性来影响跨国公司海外市场进入模式的选择。海外市场进入模式选择是跨国公司的重要战略决策,决定了企业的资源承诺、投资风险、控制程度和利润分享等。

跨国公司在东道国经营时经常遭遇政府腐败威胁。东道国政府官员在诉求国别利益的同时,也会诉求自身私利。政府腐败意味着政府官员兜售政府财产而谋其私利(Shleifer and Vishny,1993)。Rodriguez、Uhlenbruck 和 Eden(2005)在《政府腐败与跨国公司进入战略》一文中,基于制度理论视角,他们考察了腐败普遍性和恣意性对跨国公司组织合法性以及战略决策制定的影响,并将该框架运用于分析企业海外市场进入模式选择。Uhlenbruck 等(2006)考察了腐败对于进入战略的影响情况,基于 64 个发展中经济体的 220 个电信开发项目,发现企业通过短期合约与合资方式来应对腐败压力。研究还发现,腐败恣意性对于企业决策有着重大影响,跨国公司会采用非股权进入模式或者合资方式作为适应性战略参与进东道国市场,而不管其是否存在腐败现象。

政府是商业游戏规则的制定者和监督者,通过法律、管制和舆论等制度安排来影响甚至主导经济行为。但是,政府的各项制度安排通常并非仅仅局限于服务普通大众,而是会通过腐败行为来追求其合法目的。腐败行为扭曲了商业游戏规则,为了获得贿赂向低效率企业提供便利,最终损害高效率企业和创新型企业。腐败行为如同糟糕的货币政策和财政破产一样,对企业成长和经济发展产生负面影响。应对腐败行为是国际商务领域的固有活动,它将有助于增强企业优势。腐败行为不仅无处不在,而且形态各异。腐败行为如同劳工成本和公司税收一样,在各个国家之间存在差异。仅仅根据腐败程度来认识腐败行为是不足的,腐败环境下企业不仅需要考虑腐败大小,而且还应该考虑腐败的不确定性。为了能够在新的环境中取得高效率,企业必须能够理解和鉴赏腐败特征。

对于跨国公司而言,如何理解特定国家腐败本质并将其与其他国家的腐败区分开来,是进入决策和扩张决策的核心问题。在管理学研究文献和国际商务研究文献中,学者们倾向于假定政府及其代理机构遵从公共利益最大化原则(Zahra,et al.,2000),但实际并非如此简单。

Rodriguez、Uhlenbruck 和 Eden(2005)提出了腐败分析框架,亦即"普遍性—恣意性"分析框架。普遍性独立于腐败交易自身特性,衡量了企业在与政府官员的正常沟通中面临腐败的可能性,亦即对整体交易中腐败交易所占比例的预期。普遍性反映了企业被迫参与腐败交易的预期水平,它可能源于短期的或者长期的腐败交易,反映了腐败在某特定国家中成为商业活动所不可缺少的组成部分的程度。简言之,普遍性维度衡量的是公司主动处理腐败带来的机会和威胁的必要性,描绘了腐败的价值中立性。恣意性产生于不确定性,对于可知结果存在大量风险,亦即无法获知事件潜在概率分布。如果腐败具有该恣意性,那么与政府官员交易将会出现持续不断的不确定性,这些不确定性涉及行贿额度、行贿目标和行贿数目等。相反,低恣意性意味着行贿者能够明确索贿者意图,从而"更好地"满足索贿者要求。在高恣意性情境下,行贿者难以通过行贿有效取得政府官员的合法性支持,从而面临着更为严重的外来者劣势。

基于以上分析,Rodriguez、Uhlenbruck 和 Eden(2005)提出如下研究命题:东道国腐败越加恣意,跨国公司越加倾向于与当地企业合资而非全资投资;东道国腐败越加普遍,跨国公司越加倾向于全资投资而非与当地企业合资;东道国腐败越加普遍,来自具有反腐败立法国家的跨国公司越加倾向于采取非股权投资方式;东道国腐败普遍性与全资投资模式之间的正相关关系,将会随着跨国公司处理腐败普遍性能力的提高加强;东道国腐败普遍性与全资模式之间的正相关关系,将会随着腐败恣意性提高而减弱。由此看来,东道国腐败对于企业境外投资产生重要影响,这种影响不仅表现在对外直接投资的规模上,也表现在来源上和进入模式上等。发展中国家企业正处于国际化发展阶段,对于东道国腐败现象缺乏深刻了解,在国际化进程中将面临更加严重的外来者劣势。基于此,发展中国家企业需要在国际化进程中正确认识东道国国别或地区腐败程度及其表现,以此作为投资决策和进入决策依据。

四、《反海外腐败法》与国际直接投资

《反海外腐败法》(FCPA,Foreign Corrupt Practices Act)是一部美国联邦法律,根据1934年证券交易法和其他有关外国官员行贿受贿行为来解决账目透明度要求。《反海外腐败法》适用于与美国有一定程度关系但同时又参与了国外腐败行为的任何个人。该法案也适用于任何美国公司或在美国进行证券交易的国外公司,以及任何促进国外腐败行为的美国国民、公民及居民,而不论他(她)们是否身在美国。对于国外的自然人和法人,如果他(她)们的腐败行为发生时其人身在美国,则该法案也适用。此法案不仅限制了给国外官员、候选人或政党的不当支付,也限制了给其他任何人的支付,如果这笔支付最终形成了对官员的贿赂。这些所谓支付,不仅包括货币形式,也包括任何有价值之物。美国国会试图通过海外反腐败法案来阻止类似的对国外政府的贿赂,并使公众重拾对美国商业体系诚信度的信心。该法案由总统Jimmy Carter于1977年12月19日签署并生效,并于1998年根据国际反贿赂法(1998)修改,其目的是履行经济合作及发展组织的针对反贿赂的相关规定。

2012年11月,零售业巨头沃尔玛被指控为了快速获得开店许可,经常对墨西哥官员行贿。然而,过去几年,被指控涉嫌商业贿赂的美国公司,不止沃尔玛一家。美国《反海外腐败法》规定,在其他国家行贿将在美国受到处罚。越来越多的公司开始在财务文件中披露,虽然公司尽了最大努力阻止行贿行为,但仍可能存在员工违反美国反海外商业贿赂法规的情况。如果没有美国法律的限制,有些公司也许会对行贿的做法举双手赞成。比如,纽约长岛一家工业防护服制造商雷克兰工业公司(Lakeland Industries)近期表示,由于公司遵守美国法律,没有像其他竞争对手一样行贿,结果导致公司销量下降。当然,迫使公司有意申报比实际更低的利润,会计法的存在也是原因之一。目前,因涉嫌行贿而成为美国政府调查对象的公司包括惠普公司(Hewlett-Packard)、电信公司高通(Qualcomm)、农业设备制造商美国迪尔公司(Deere & Co.)、化妆品公司雅芳(Avon)、博彩公司拉斯维加斯金莎集团(Las Vegas Sands),以及共和党捐款大户查尔斯·科赫与大卫·科赫旗下的德州科氏工业集团(Koch Industries)。此外,美国证监会正在调查,美国电影制作公司是否通过贿赂手段打入东道国娱乐市场。

从以上简短的案例可以看出,《反海外腐败法》对于跨国公司行贿行为将有着深刻影响,将越加严格审查跨国公司国际投资行为。随着《反海外腐败法》在全球日益

为大多数国家所支持,跨国公司需要认真审视其行为是否遵循《反海外腐败法》,以免陷入行贿门事件。

研究动态

Li C. G.,J. J. Reuer.The impact of corruption on market reactions to international strategic alliances[J].Journal of International Business Studies,2021.

Drawing on institutional theory,we argue that the level of corruption in an alliance partner's country negatively affects the market reaction to a focal firm's international strategic alliance announcement,as corruption creates uncertainty regarding the behavior of the partner firm. We further propose that anti-bribery laws in the focal firm's home country strengthen the negative relation between corruption and market reactions,while the focal firm's experiences in challenging institutional environments potentially attenuate the relationship. Our empirical analysis covers more than 1,000 international strategic alliance announcements involving firms from 30 countries. The findings indicate the importance of corruption as a facet of the institutional environment that shapes firms' value creation opportunities and risks in international alliances.

Rabbiosi L.,G. D. Santangelo.Host country corruption and the organization of HQ-subsidiary relationships[J].Journal of International Business Studies,2019,50 (1):111-124.

Multinational enterprises(MNEs) operating in more corrupt host(than home) countries face actual costs related to processing information for decision-making,and lack of local legitimacy,and potential reputation and legal costs in case of corruption scandals. Drawing on the organizational perspective of corruption,we argue that greater subsidiary autonomy helps minimize these costs. However,headquarter(HQ)-subsidiary communication weakens the autonomy-based advantages for minimizing legitimacy costs,and MNEs' experience in relatively corrupt countries weakens the advantages for minimizing information-processing costs. Our analysis of 261 Italian foreign subsidiaries in 25 host countries confirms most of our arguments except the moderating effect of MNE experience. Our findings contribute to research on corruption and FDI,weak institutional contexts and MNE strategies as well as the literature on HQ-subsidiary relationship.

Jensen N. M.,et al. Understanding corruption and firm responses in cross-national firm-level surveys[J].Journal of International Business Studies,2010,41(9):1481-1504.

The issue of corruption is important to politicians,citizens,and firms Since the early 1990s,a large number of studies have sought to understand the causes and consequences of corruption employing firm level survey data from various countries While insightful, these analyses have largely ignored two important potential problems nonresponse and potential false response by the firms We argue that in politically repressive environments, firms use nonresponse and potential false response as self-protection mechanisms Corruption is likely understated in such countries We test our argument using the World Bank enterprise survey data of more than 44,000 firms in 72 countries for the period 2000—2005 We find that firms in countries with less press freedom are more likely to provide nonresponse and false response on the issue of corruption Therefore ignoring these systematic biases in firms' responses could result in serious underestimation of the severity of corruption in politically repressive countries More important, these biases are a rich and underutilized source of information on the political constraints faced by the firms. Firm managers can better evaluate levels of corruption, not only by truthful answers to corruption questions, but also by nonresponses and false responses to such questions.

Cuervo-Cazurra A. Who cares about corruption? [J]. Journal of International Business Studies,2006,37(6):807-822.

This paper examines the impact of corruption on foreign direct investment(FDI). It argues that corruption results not only in a reduction in FDI, but also in a change in the composition of country of origin of FDI. It presents two key findings. First, corruption results in relatively lower FDI from countries that have signed the Organization for Economic Cooperation and Development Convention on Combating Bribery of Foreign Public Officials in International Business Transactions. This suggests that laws against bribery abroad may act as a deterrent against engaging in corruption in foreign countries. Second, corruption results in relatively higher FDI from countries with high levels of corruption. This suggests that investors who have been exposed to bribery at home may not be deterred by corruption abroad, but instead seek countries where corruption is prevalent.

Luo, Y. D. Political behavior, social responsibility, and perceived corruption: a structuration perspective[J].Journal of International Business Studies,2006,37(6): 747-766.

This study unites the three lenses-political behavior, corporate social responsibility, and corruption-and evaluates the way in which multinational enterprises (MNEs) manage political and social forces in a foreign emerging market. Using the theory of structuration as the conceptual foundation, we propose that an MNE's propensity to cooperate with the host government is positively related to its philanthropic contribution and resource accommodation, whereas its propensity to be assertive with the host government is positively associated with its emphasis on ethics and organizational credibility. We argue that when perceived corruption in the business segment increases, an MNE's propensity to cooperate and be assertive with the government decreases, its focus on ethics heightens, and its philanthropic contribution diminishes. As to the three-way interactions, when perceived corruption in the business segment increases, MNEs that focus more on ethics have a greater propensity to use arm's length bargaining to deal with the government, whereas those focusing less on ethics have a greater propensity to use social connections to deal with the government. Our analysis of sample MNEs in China generally supports these propositions.

补充阅读

1. Li C. G.,J. J. Reuer. The impact of corruption on market reactions to international strategic alliances[J]. Journal of International Business Studies,2021.

2. Rabbiosi L.,G. D. Santangelo. Host country corruption and the organization of HQ-subsidiary relationships[J]. Journal of International Business Studies,2019,50 (1):111-124.

3. Jensen N. M.,et al. Understanding corruption and firm responses in cross-national firm-level surveys[J]. Journal of International Business Studies,2010,41(9): 1481-1504.

4. Cuervo-Cazurra A. Who cares about corruption? [J]. Journal of International Business Studies,2006,37(6):807-822.

5. Luo Y. D. Political behavior, social responsibility, and perceived corruption: a structuration perspective[J]. Journal of International Business Studies,2006,37(6): 747-766.

思考题

1. 请阐述腐败的便利假说和税负假说。
2. 请阐述《反海外腐败法》与国际直接投资。

第3节　跨国公司境外投资权限管理研究

学习导航

本节阐述了总部委派模式、当地自治模式、价值网络模式、投资权限内涵、投资权限影响因素和演化路径。

通过本节学习，希望同学们对于跨国公司不同业务单元的战略角色有清晰的认识，从而更好地制定公司国际化战略。

跨国公司如何完善下属企业投资权限管理机制，以避免下属企业争夺投资权限和盲目投资，是跨国管理研究的重要议题。实践表明，伴随着跨国公司的海外扩张，下属海外企业争夺投资权限和盲目投资行为时有发生。如何完善海外企业投资权限管理机制，避免海外企业盲目投资和争夺投资权限，从而更好地促进跨国公司的全球发展，成为跨国管理的重要议题。例如，在权限争夺方面，金融海啸使全球广告业竞争愈加激烈，WPP集团旗下的尚扬媒介（Mediaedge）和奥美广告（Ogilvy & Mather）两大公司，为争夺互联网广告，不惜展开了投资权限争夺战（《华尔街日报》，2009年2月23日）。在投资风险控制方面，面对全球金融危机，中国大型商业银行面临的"金融集团风险管理机制挑战"日益严峻。中国工商银行积极探索将全资子公司、控股子公司和境外子、分行纳入该行的风险管理体系，对上述机构的自主投资的范围和限额加以控制（《财经》，2009年1月9日）。

一、跨国公司海外企业定位范式转型

跨国公司研究文献众多，如果从海外企业定位范式转型角度来看，则主要体现在从科层范式向网络范式的转型。其中，科层范式包括总部委派模式和海外企业当地自治模式。跨国公司海外企业定位范式的转型，既是企业实践的需要，也是理论运用于企业实践的结果。不同定位范式都有其深刻的理论根基，是企业实践和理论研究共同促进的产物。定位范式不同，表明海外企业在跨国公司内部的战略性功能定位不同，从而决定了其投资权限不同。因此，要研究跨国公司海外企业投资权限，首先需要分析跨国公司海外企业定位范式转型。

1.总部委派模式

总部委派模式的理论根基涉及 Hymer（1976）的垄断优势理论（MA）、Vernon

(1966)的产品生命周期理论（PLC）、Buckley 和 Casson（1976）的内部化优势理论（IA）、Johanson 和 Vahlne（1977）的国际化进程理论（IP）以及 Dunning（1980）的国际生产折中理论（OLI）等。垄断优势理论解释了公司规模扩张的原因，但无法解释企业为什么需要通过国际化来实现垄断优势。产品生命周期理论解释了技术转移接受型子公司的产生和发展问题，但无法解释非技术转移子公司的产生与发展。内部化理论从交易成本角度解释跨国公司的产生，认为跨国公司的产生是为了减少交易成本并将企业行为的外部性进行内部化，在一定程度上解释了跨国公司的产生，但是不能解释跨国公司非全资子公司的产生与发展等。国际化进程理论试图从认知行为理论角度来解释企业的跨国行为，认为子公司发展是跨国公司市场知识与市场承诺之间动态螺旋发展过程。国际化进程理论适合用于解释跨国公司子公司的发展，而对于子公司的衰退现象缺乏解释力。国际生产折中理论是 Dunning 综合垄断优势理论、内部化理论优势和区位优势理论后提出来的，较好地解释子公司的产生，但仍然存在科层范式的局限性。

在总部委派模式视角下，学者们将跨国公司母公司视为委托人，而将其海外子公司视为代理人，用以研究如何解决其潜在的代理问题。这样，有关跨国公司母子公司关系的研究，就主要采用委托代理理论来加以展开。总部委派模式认为跨国公司海外企业不仅在产权上而且在经营上应该从属于跨国公司总部，是跨国公司组织边界在国外的延伸，是跨国公司经营范围在国外的拓展。海外企业没有独立的决策权，没有自由的投资权限，而是完全根据总部指令采取行动，因而缺乏自主性和创新性。在总部委派模式下，跨国公司以总部为中心指派海外企业战略定位与任务，海外企业的战略定位是以总部委派为基础的，是服从于跨国公司整体发展的战略需要。在这种模式下，各个海外企业更像是企业内部的业务单位，理应听命于总部的战略决策，缺乏自主创新权力和活力。总部委派模式适合于解释海外企业发展的早期阶段，专业分工模式适合于解释海外企业发展的较为高级的阶段，但忽视了海外企业创业创新精神的重要性，从长期来看会导致跨国公司专有知识丧失，使其失去持续竞争优势。

2.海外企业当地自治模式

海外企业当地自治模式的理论根基在于资源与能力理论（Teece，PisanoandShuen，1997）。该模式强调从海外企业自身角度出发，研究海外企业演化进程；强调海外企业拥有跨国公司所依赖的特质资源，从而也就具有讨价还价能力并拥有自主决策的资源基础。海外企业当地自治模式要求充分审视东道国环境特征和海外企业创业创新精神（Birkinshaw and Hood，1998）。Birkinshaw 和 Hood（1998）从能力和许可变化角度定义了子公司演化，提出了五种海外企业演化类型，分别是母公司推动的投资扩张（PDI）、子公司推动的许可扩张（SDE）、子公司推动的许可巩固（SDR）、母公司推动的撤资（PDD）和子公司能力衰竭（ASN）。该模式充分考虑了子公司的能动性和创新性，但忽视了进行全球资源整合的重要性。

　　海外企业当地自治模式的提出，源于海外企业所具有的能动性和特质性。前者强调海外企业具有创业创新精神，能够主动吸收、开发和利用当地知识，以更有效地规避当地商业风险和把握发展机会；后者强调海外企业拥有总部和其他海外企业所没有的独特资源。导致海外企业当地自治模式出现的另外一个缘由，是东道国政府对跨国公司的压力，总部必须考虑来自东道国法律和社会团体等机构的各种现实的和可能的约束。海外企业自治模式认为，总部支持是海外企业发展的必要但非充分条件，海外企业的自治行为、创业创新精神和资源特质性能够成为跨国公司发展的一种潜在力量；所有权优势并非一定源于母国，而是可以通过海外企业自身来获取和发展。海外企业演化是其独特且有价值资源的成长或枯竭的有机过程，它受到资源增长的影响和总部对其资源配置的影响。随着海外企业独特资源存量的增加，其对于总部和其他海外企业的依赖程度就会随之降低，从而对自己的发展拥有更大的管理自主权。

　　海外企业当地自治模式假定各个国别市场是不同的，因此最好的组织战略和组织形式，是让分布在不同国别市场上的各个海外企业进行运作自治化。资源配置和决策制定是在地区内的附属企业间进行的，而各个分散的运作之间缺乏交流。有关海外企业自治模式的实证研究主要源于加拿大，同时还包括瑞典、爱尔兰和英国等。加拿大产业拥有高度的海外企业比例，是海外企业研究的理想选择。在海外企业研发方面，学者们的研究得出了同样的研究结论，也就是海外企业通过自己的首创精神来建立和发展研发实验室，并逐渐向高附加值环节发展。研究表明，海外企业自治行为是海外企业发展的重要影响因素，因为它使得海外企业的资源和能力的发展是有计划的而不是偶然的；并表明总部的支持对于海外企业的发展是必要的但不是充分的。海外企业当地自治模式有助于发挥其拥有的创业创新精神，从而进一步影响到其自主性和对其他姐妹公司的影响力。Ambos、Anderson 和 Birkinshaw（2010）考察了跨国公司下属企业的首创精神的后果，基于位于澳大利亚、加拿大和英国的 257 家海外企业的样本数据，研究发现海外企业如果没有得到总部支持，将难以提高其影响力；海外企业首创精神对其自主性有着直接影响，但同时也将引起总部监督关注，而总部监督关注却会降低海外企业的自主性。这表明，海外企业首创精神对于海外企业自主性具有重要作用，但是还是需要得到总部的制度支持和认可。

　　海外企业当地自治模式强调海外企业要从自身发展需要出发，主动发挥战略能动性而不是仅仅听命于总部的任务委派，其角色从调整母公司开发的技术以适应当地市场环境，转变为主动吸收和开发当地知识和技术。海外企业当地自治模式强调海外企业具有创业创新精神，并且拥有跨国公司所需的异质性资源和能力，从而能够为跨国公司发展作出独特贡献。与此同时，该模式还强调海外企业能够对当地压力作出更为有效的反映，以把握当地商业机会和避免当地商业风险，从而提高跨国公司的战略柔性并改善跨国公司与当地政府的关系。从海外企业自身发展来看，海外企业自治模式无疑是非常优越的；但是如果从跨国公司整体来看，则可能导致由于缺乏对海外企业进行协调而无法发挥资源整合效益，甚至会在海外企业之间引发利益冲突。这就使得跨国公司必须重新重视其总部在协调跨国公司网络中的重要性，从而导致全球价值网络模式的出现。

3.网络范式

网络范式的理论根基在于网络组织理论。Barney(1991)和 Wernerfelt(1984)从资源与能力角度，研究了动态环境下企业竞争优势来源，认为有价值的、稀缺的、不可转移的和不可模仿的资源与能力能够给企业带来持续竞争优势。然而，子公司的资源和能力优势需要通过网络组织来实现，单一资源无法获得持续竞争优势，企业竞争优势来源于对不同资源的整合能力。模块化时代下，跨国公司要提高资源整合能力从而取得持续竞争优势，就需要发展子公司间网络关系，培育企业关系资源以及提高对关系资源的治理能力(O'Donnell and Watson,2000)。特别是在当前高度不确定的和复杂的全球竞争环境下，跨国公司更像一个由彼此套牢的准市场交易关系所形成的联合体，更加需要通过搭建关系网络来提高战略柔性。

20 世纪 70 年代和 80 年代，学者们将研究焦点转向跨国公司战略和组织问题，并建立了跨国公司网络模型。Malnight(1996)从演化角度出发，研究了跨国公司结构从分权化向网络化转变的过程，指出跨国公司发展的每个阶段是对特定机会与挑战的战略性反应。跨国公司早期关注的是如何在分散的经营单位中建立组织联系并调整资源数量和种类，后来逐渐转向跨越经营单位进行资源与角色的重新配置。一些学者声称，对于全球性组织的战略实施而言，企业内和单位间关系与总部控制同等重要，O'Donnell(2000)的实证研究证实了该观点。基于跨国公司的网络属性，学者们侧重于从网络组织视角研究跨国公司治理机制，日益重视运用组织机制来研究各分散运作单位间的联系，包括合作协调机制、知识治理机制、子公司创新治理、跨国公司与东道国政府关系、程序公正性和组织惯例转移等。网络范式下，企业追求的不再是企业间纯粹的竞争关系和交易关系以及企业内纯粹的科层关系，而是追求企业间的合作竞争和网络关系，强调通过在全球范围内进行资源的有机配置来提升企业竞争力。Jarillo 和 Martinez(1990)提出了活跃型子公司概念，这种子公司具有全球整合和当地响应特征。Roth 和 Morrison(1992)提出了分散化集权概念，即全球化战略需要总部给予子公司在全球范围内管理某特定产品的权限，并对各子公司活动进行协调，以实现资源的全球整合与配置。Malnight(1996)研究了跨国公司从分权模式向网络模式的演化，认为随着产业全球化的发展，在全球范围内配置资源是跨国公司的演变趋势。网络范式下，子公司之间的知识共享极其重要，其目的是打造全球卓越中心体系(Frost,Birkinshaw and Ensign,2002)。网络范式越发成为当前和未来企业竞争的重要模式，它将子公司视为跨国公司全球价值网络节点，强调在全球范围内进行资源整合，通过联盟、合作与外包等方式与其他企业建立网络关系，发挥企业间资源协同效应，以此提升企业的运作柔性和竞争优势。

从全球商业运作的发展趋势来看，随着全球化的加剧和网络组织的发展，跨国公司传统的战略模式逐渐受到挑战,一种新的基于价值网络的战略模式正在逐渐盛行。网络环境下,企业追求的不再是企业间纯粹的竞争关系和交易关系以及企业内纯粹的科层关系,而是追求企业间的合作竞争和网络关系,强调通过在全球范围内进行资源的有机配置来提升企业竞争力。跨国公司是(或者应该是)一种异质性企业间全球价值网络,它是由地理分散和目标不同的企业和总部组成的,并嵌入于外部环境之中。对于跨国公司这种复杂的分散化异质性组织而言,传统的组织内理论无法提供非常有效的研究基础。运用企业间网络理论能够更好地分析,跨国企业作为异质性企业间全球价值网络所具有的内涵差异性。现有的企业间网络理论及其实证研究,大多没有考虑到所有权关系。因此,在将企业间网络理论运用于跨国企业研究时,需要先分析跨国企业内部的所有权归属关系,是否会对其企业间网络关系性质产生影响。从跨国公司跨国经营的目标来看,跨国公司的协同关系应该是第一位的,产权关系应该让位于协同关系。也就是说,在跨国公司当中,拥有产权并不代表拥有命令权力,日常经营活动的权力来源于资源特质性而不是产权拥有。

以上这些学者的研究表明,全球资源整合模式越发成为当前和未来企业竞争的重要模式。网络环境下,跨国公司是(或者应该成为)一种异质性企业间的全球价值网络,而其海外企业则是全球价值网络中的各个节点;它不仅强调海外企业资源能力的重要性,而且更加强调海外企业之间以及海外企业与总部之间的资源协同的重要性。全球价值网络模式强调,应该在全球范围内对跨国公司关系资源进行有机整合,通过联盟、合作与外包等方式与其他企业建立网络关系,充分发挥企业间的资源协同效应,以此提升企业的运作柔性和竞争优势。全球价值网络模式是对当地自治模式的继承与发展,强调应该同时进行当地自治和全球整合,也就是在追求海外企业创业创新的同时,努力挖掘海外企业之间资源与能力的协同效应。

海外企业定位范式从科层范式向网络范式的转型,带来了各种管理创新挑战。但其核心问题是:随着海外企业自治权力的提升和角色地位的转变,跨国公司如何规范其海外企业投资权限,以防范海外企业争夺投资权限和盲目投资行为。这是完善海外企业治理机制的重要问题。虽然学者们日益关注海外子公司定位范式的转型(陈福添,2006),但是很少有学者系统、深入地研究海外子公司的投资权限及其管理机制。本书后续内容将阐述投资权限的内涵、形式和影响因素,以及投资权限的演化路径等。

二、投资权限的内涵、形式和影响因素

1.投资权限的内涵

投资权限意味着投资范围和投资自由度。Rugman 和 Douglas(1986)在《多国公司的战略管理和世界产品权限》一文中,指出世界产品全线(WPM,world product mandate)可以被定义为跨国公司下属企业中新生产线的开发、生产和营销的全价值链业务权限。Birkinshaw(1996)考察了跨国公司海外企业权限的取得和流失,根据如下标准将海外企业投资权限分为不同类别。一是,根据权限涉及地区范围差异,将权限范围划分为北美地区、北美地区附加少量出口和全球地区;二是,根据职能范围差异,将权限范围划分为制造权限、产品管理权限、制造和开发权限、除了国际销售以外的所有权限以及包含国际销售的所有权限;三是,根据主要推动者差异,将权限范围划分为子公司管理推动的权限演化、母公司推动的权限演化和两者同时推动的权限演化;第四,根据权限动机差异,将投资权限划分为市场开拓型权限、资源获取型权限、效率提升型权限和战略性资产获取型权限等。

2.投资权限的形式

虽然跨国公司下属企业同属于该跨国公司,但是他们在投资权限方面存在巨大差异。传统上,海外企业扮演着"能力利用"角色,是一种基于母国的能力利用。随着海外企业日益嵌入跨国公司全球价值网络体系,海外企业越发扮演着能力开发型角色,根据所在地区的比较创新优势开发新技术。海外企业拥有"能力开发权限"抑或"能力利用权限",取决于其在母公司全球价值网络中所扮演角色。在拥有"能力创造权限"的海外企业中,这种角色转型将引致研发水平的提高,并且本土研发的动机和推动因素也在不断发生变化。随着成立年限的不断提高,跨国公司有着更加充足的全球扩张,从而形成跨国公司内部企业网络。这些下属企业除了关注所在东道国市场以外,其影响力也将渗透到跨国公司地区业务甚至全球业务。这样,海外企业所扮演角色将逐渐从本土导向逐渐发展到出口导向甚至全球业务整合导向。虽然有些海外企业仍然扮演着能力利用型角色,其他海外企业开始逐渐扮演着技术创新角色,从而导致研发水平更高、复杂性更大。海外企业"能力开发"活动与"能力利用"活动的区别,如同组织学习理论中的知识开发与知识利用的区别。竞争能力更强的跨国公司更倾向于追求本土研发战略,倾向于将研发资源配置到研发基础条件更好的国家。

Cantwell 和 Mudambi(2005)研究认为,海外企业演化有其自身逻辑,管理层首创精神和自由裁量权将会影响到子公司对区位优势的发挥。Birkinshaw 和 Fry(1998)研究认为,海外企业首创精神表现为两种形式,分别是聚焦于外部的首创精神(external focused)和聚焦于内部的首创精神(internal focused)。前者主要是通过与外在利益相关者互动从而识别新机会或者提高商业机会。后者主要是通过与内部利益相关者互动来提高海外企业在跨国公司现有组织边界范围内的投资权限。Morrison 和 Roth(1993)考察了全球子公司权限,认为子公司能够承担一些对于跨国公司整体而言极其重要的业务,通过全球子公司权限来实施全球战略能够有助于形成一体化组织从而实现规模经济、范围经济和比较优势。

郝瑾等人(2017)对跨国公司海外子公司投资权限的研究,具有重要的参考意义。他们将定性比较分析(QCA)方法用于跨案例比较分析中,对跨国企业海外子公司角色及其与管控方式的匹配关系进行研究。首先借鉴"MOA"(动机—能力—机会)框架从海外子公司设立动机、学习能力与当地环境机会三维度结合的角度,构建了用以系统分析子公司角色的整合性研究框架,区分出"执行者""当地调适者""业务重组者""能力重构者""停滞者""观察者""引领者"和"创新平台"8种角色类型;在海外子公司角色普遍性分类的基础上,以主导性和合作性两种行为结果为被解释变量,通过企业内部和跨企业两层的多子公司案例比较,以QCA条件构型具体解释了不同类型角色与管控方式的适配效应。研究表明,子公司角色与分权程度不同的管控方式之间存在差异化匹配关系,并且管控模式界定越细致,越利于子公司实现稳定的行为结果。

3.投资权限的影响因素

海外企业处于特定的经营环境当中,其投资权限影响因素也是多方面的。根据组织领地理论,海外企业嵌入于东道国环境和跨国公司,因此其投资权限必将受到东道国环境和跨国公司战略的影响,此外,海外企业自身的资源和能力,也将影响到其投资权限的获取和保留。Cantwell 和 Mudambi(2005)在《跨国公司海外企业能力创造型权限》一文中指出,跨国公司内部不同下属企业其研发密集度决定因素存在差异。已有研究认为,跨国公司海外企业能否获得能力创造型权限依赖于其所处东道国市场的质量情况。跨国公司情境下,能力创造型海外企业研发战略是供给导向的,而纯粹能力利用型海外企业则是需求导向的。基于非英国跨国公司在英国海外企业的经营数据,Cantwell 和 Mudambi(2005)研究发现,海外企业研发水平取决于跨国公司母公司特征、海外企业特征和东道国因素。具有研发权限海外企业的研发水平随着并购而提升,但是不具有研发权限海外企业的研发水平将随着并购而下降;通过并购取得成长的跨国公司,其下属企业间研发具有更大的多样性。因此,我们需要从多方面来认识海外企业投资权限的影响情况。

第一,东道国层面因素与海外企业投资权限。Cantwell 和 Mudambi(2005)研究认为,海外企业能力创造型权限受到其所处东道国的影响。东道国如果拥有更好的科研平台和基础设施,那么在该国家或地区的海外企业将更有可能获得能力创造型投资权限。因此,东道国环境越加丰富,拥有能力创造型权限的海外企业将有着更高的研发密集度,但是非能力创造型海外企业则不会受到东道国环境丰富度的影响。

第二,跨国公司层面因素与海外企业投资权限。海外企业投资权限既是由跨国公司根据公司发展需要而赋予海外企业的,也是海外企业在已有公司资源配置框架内经过努力所获取的。因此,考察海外企业投资权限的影响因素,就必然要分析跨国公司层面因素和海外企业层面因素。整体而言,跨国公司战略性资源配置决定了其下属企业在公司内部的功能和定位,从而也就决定了其对于跨国公司整体而言的战略性功能和战略重要性,处于公司核心环节和未来发展潜力点的海外企业,将获得更好的资源支持,从而拥有更加优越的投资权限。此外,不同海外企业由于所扮演角色的差异,其所拥有的投资权限也存在差异。Almeida 和 Phene(2004)考察了跨国公司下属企业创新能力的影响因素,基于美国半导体产业海外企业的专利引文数据,研究发现跨国公司技术丰富度、海外企业与东道国企业的知识联系以及东道国的技术多样性等对海外企业创新能力有着正面影响。Ambos 和 Birkinshaw(2010)考察了总部注意力及其对于子公司业绩的影响作用,研究发现如果子公司拥有较高层次的战略选择并且获得总部注意将有助于其业绩跑赢其同类企业,子公司自治、企业间权力和首创精神产生交互影响,共同提高了子公司经营业绩。

第三,海外企业层面因素与海外企业投资权限。母公司是决定海外企业投资权限的重要因素,Rugman 和 Douglas(1986)认为,大部分跨国公司都不愿意将其新产品的全范围权限授权给一家海外企业,他们对在加跨国公司进行分析发现,大部分在加跨国公司都缺乏足够的管理自主性,特别是在国际营销能力方面。这表明,跨国公司母公司对于海外企业投资权限具有决定性作用。Feinberg(2000)在《世界产品权限真的重要么?》一文中,基于 445 家在加拿大的美资企业进行实证分析发现,在贸易自由化背景下,拥有较高程度研发能力和人力资本的海外企业能够发展得更好;世界产品权限能够降低海外企业脆弱性,而研发能力和人力资本开发对于世界产品权限而言具有平等的重要性。Cantwell 和 Mudambi(2005)研究认为,海外企业拥有更大的战略自主性,其拥有能力创造型投资权限的机会就更高。Bouquet 和 Birkinshaw(2008)考察了海外企业如何获得总部注意,基于对 233 家海外企业的详尽的问卷调查,研究取得如下发现:一是,海外企业可以通过其在跨国公司体系中的结构性位置重要性来获得总部注意;二是,海外企业可以通过话语权来取得总部注意;三是,海外企业话语权与总部注意力之间的关系,受到地区距离和下游能力的调节影响。这表明,海外企业自身拥有的资源和能力等,将影响到其投资权限的获取和保持。

三、投资权限的演化路径

海外企业投资权限的演化过程,实际上也是海外企业自治能力与跨国公司许可之间的互动过程。Birkinshaw 和 Hood(1998)将资源定义为海外企业所拥有或控制的可获得要素的存量,而将能力定义为海外企业对于其所拥有资源进行有效利用的程度。海外企业能力可能是某个领域的(如柔性生产和物流管理等),也可能是较为广泛的(如全面质量管理等)。这样,海外企业演进过程就可以被视为随着时间推移其能力不断积累或枯竭的过程[①]。根据企业动态能力理论的观点,能力是能够积累和储存的,其过程受到海外企业、总部和当地环境的影响(Birkinshaw and Hood,1998)。但是,有必要指出的是,海外企业能力与母公司能力和其他海外企业能力之间是存在差异的。也就是说,不同的地理环境和发展历史形成了各个海外企业特殊的发展路

---

① 在此,有必要对能力积累和资源积累作出严格的区分。资源积累型企业可能是"臃肿"型的,而能力积累型企业则将富有创造性地利用其新资源。

径,从而形成了其独特能力。当然,各个海外企业之间可以建立各种机制来共享其能力。能力转移是极其重要的,它不仅受到能力可编码性的影响,而且还受到接受者和大量情景变量的影响。由于能力具有黏滞性,其转移具有一定的难度。海外企业能力具有黏滞性的主要原因在于其路径依赖,能力是不容易转移和扩散的,它是长期历史经验的结果并被用于新的领域。各海外企业之间竞争的重要性可以从波特的竞争优势理论中得以说明。Birkinshaw 和 Hood(1998)进一步认为,对于海外企业而言,内部竞争和外部竞争都会对其许可产生重要影响,而内部竞争(也就是海外企业之间的竞争)则对于海外企业能力发展具有极其关键的作用。在一些不存在内部竞争的情景下,跨国公司将会引入内部市场机制来培养竞争动力。

海外企业的战略角色可以通过其所拥有的许可来衡量。所谓许可,是指海外企业负有责任并且有权经营的业务,包括所服务的市场、所生产的产品、所掌握的技术、所覆盖的功能及其组合等。许可是海外企业与总部之间就海外企业责任范围的共同理解。海外企业许可和能力之间的关系是极其复杂的,海外企业的演化历程是许可和能力交互作用的过程。许可和能力之间并非同步变化的,这就导致了海外企业存在各种形式的演化模式。另外一个需注意的是,跨国企业内部各海外企业之间常常是许可竞争者,包括对现有许可的竞争和对新许可的竞争。大部分许可之间存在竞争,特别是那些资源具有高度流动性的许可。但是,并非所有许可都具有竞争性,一些许可由于内在异质性和特定环境而无法转移给其他企业,从而不具有竞争性。海外企业演进是其能力和许可交互作用的过程。海外企业发展包括能力提升和许可获取,海外企业衰退包括能力枯竭和许可撤销。能力变化可能领先于也可能滞后于许可变化,但海外企业演进最终要求许可与能力保持一致。按照 Birkinshaw 和 Hood(1998)观点,总部在将许可授权给海外企业时,必须先对海外企业能力进行明确评估。如果能力没有达到要求,就不会授予相应许可,从而就不会导致海外企业演进。

总之,在全球金融危机背景下,中国跨国公司如何化危机为契机,积极完善海外企业投资权限管理机制,从而在绿地投资或跨国并购的过程中,避免海外企业盲目投资,防范其恶性争夺投资权限,培育海外企业成为卓越中心,促进跨国公司进行战略性结构升级,从而打造全球卓越中心体系,使之更好地参与全球竞争,是学术界和实业界共同面临的研究课题。具体而言,由于各个海外企业是相对独立的利益体,海外企业存在权限争夺动机和盲目扩张动机。投资权限管理包括两个方面,从投资总量平衡方面来看,要求跨国公司站在战略高度配置下属企业间投资项目,以防止投资权限的恶性争夺;从投资风险控制方面来看,要求跨国公司密切监督下属企业投资行为,以加强海外投资的风险控制。理论研究和实践经验表明,海外企业在跨国公司成长中,经历了从属者、自治者、贡献者的角色演化历程。基于海外企业角度,研究其创新能力、技术转移、知识共享、卓越中心、程序公正性、母子公司关系以及跨国公司与东道国政府关系等,是当前和未来跨国管理的研究重点。但是,海外企业投资权限管理问题,则始终贯穿在以上各研究主题当中,是跨国管理研究的重要问题。

![research]

研究动态

Feinberg S. E.Do world product mandates really matter? [J].Journal of International Business Studies,2000,31(1):155-167.

This paper examines whether MNC subsidiaries with world product mandates fared better than nonspecialized subsidiaries in the face of Canada-U.S. trade liberalization. Using confidential affiliate-level panel data on 445 Canadian subsidiaries of U. S. MNCs,empirical analysis finds that affiliates with higher levels of R&D and human capital resources grew relatively more when trade was liberalized. However, R&D-and human-capital-intensive affiliates experienced systematically different granth patterns. The findings imply that world product mandates do reduce affiliates' vulnerability to downsizing,and that human capital development and R&D may be equally important in building world product mandates.

Birkinshaw J. How multinational subsidiary mandates are gained and lost[J]. Journal of International Business Studies,1996,27(3):467-495.

Asubsidiary mandate is a business,or element of a business,in which the subsidiary participates and for which it has responsibilities beyond its national market,This research studied thirty-one mandates in six Canadian subsidiaries of U.S.-owned multinational corporations,A life-cycle framework was proposed,and used to explore the factors associated with the gain,development and loss of mandates by subsidiaries, Two key findings emerged,First,it was shown that there is a risk in having a full-scope world product mandate,because it is possible to become marginal to the corporate strategy,Second,it was observed that the engine of subsidiary growth is its distinctive capabilities,and that for a mandate to be effective it must be built on those capabilities,Implications for mandate sustainability are proposed on the basis of these two insights.

Roth K.,A. J. Morrison.Implementing Global Strategy-Characteristics of Global Subsidiary Mandates[J].Journal of International Business Studies,1992,23(4):715-735.

Implementing a global strategy requires coordinating subsidiary activities across country locations. The assumption often made is that such coordination must be managed at headquarters. However,an alternate approach is decentralized-centralized responsibilities in which different subsidiaries within the multi-national are given worldwide mandates to manage specific products or product lines. This study identifies subsidiary characteristics that are associated with receiving a global mandate by examining foreign subsidiaries located in France,Germany,Japan,U. K.,U. S.,and Canada.

补充阅读

1.Feinberg S. E.Do world product mandates really matter? [J].Journal of International Business Studies,2000,31(1):155-167.

2.Birkinshaw J.How multinational subsidiary mandates are gained and lost[J]. Journal of International Business Studies,1996,27(3):467-495.

3. Roth K.,A. J. Morrison. Implementing Global Strategy-Characteristics of Global Subsidiary Mandates[J].Journal of International Business Studies,1992,23 (4):715-735.

思考题

1.请阐述对外直接投资的总部委派模式。

2.请阐述对外直接投资的当地自治模式。

3.请阐述投资权限的内涵、影响因素和演化路径。

附录 **1**
将新时代马克思主义哲学思想
融入商学课堂教学

学习导航

　　管理活动作为人类社会实践活动,其思想演化过程蕴含着深刻的哲学思想。本节首先阐述了英雄主义、理性主义和实证主义等哲学思想对西方管理思想的影响情况,以及当前西方管理哲学研究进展情况。然后,从人的"类本质"和"类哲学"角度出发,分析新时代马克思主义哲学的深刻内涵和构建人类命运共同体的历史必然。最后,分析新时代马克思主义哲学对新时代商业管理思想和实践的启示意义。

　　古人云:师者,传道授业解惑也! 然而,传什么道,怎么传道? 授什么业,怎么授业? 解什么惑,怎么解惑? 则是随着时代发展而不断发展的。中国古代帝王时期的社会传承之路,传播的是帝王之道,讲授的是治国伟业,解开的是存在困惑。苏格拉底强调了思考重要性。纵观人类社会发展历史,神学和科学一直在争吵着,有些时候还达到白炽化境地。但是,从哲学角度来分析,他们都是人类发展必然出现的自我认识方式。人类社会从群体时代历经个体时代朝向共体时代发展,人类个体从虚假自我历经虚幻自我朝向真实自我发展,是历史发展必然。我们现在所处时代,就是初见端倪的共体时代,人们已经在追求真实自我。因此,参与、融入、体验、思考、反思,成为人类存在与发展的重要特征。传统传道授业解惑的教学模式,已经不适合于当下时代发展的需要。新时代呼唤参与、融入、体验、思考和反思的教育方式。

一、西方哲学思想对主流管理思想的影响

　　哲学(Philosophy)按其词源有"爱智慧"之意,是一门古老而又充满神奇魅力的学科。哲学的奥妙在于人,它伴随着人的成长、与人一起度过了悠悠岁月,成为人类文明史上最富有生命力的学科之一。哲学具有时代性,马克思早在 1842 年就指出,任

何真正的哲学都是自己时代精神的精华①。哲学的时代性决定了其无定性和发展性，其内容范围是无限广阔的，面对的是人和人类的生活世界，体现的是对人自身生存意义的理解和价值理想的追求。哲学的根本任务和功能，在于为人们提供适合于人和世界存在本性的对待生活及其世界的思维方式、价值理想和精神意境。人的奥妙在于哲学，哲学的奥妙在于人②。这是哲学和人之间关系的生动写照。管理活动作为人类社会的一项重要实践活动，其思想演变过程镌刻着深深的哲学烙印。因此，我们需要立足于哲学视角，深刻剖析隐藏在管理思想背后的哲学根基，才能够真正认识和把握管理思想精髓，从而更好地指导管理实践活动。

哲学与管理的内在关联性，已经得到西方学术界的研究重视。Joullie(2016)在由美国管理学会创办的《学习和教育》(AMLE)期刊上发表了《管理思想的哲学基础》一文，较为深刻地剖析了西方哲学发展史及其对管理思想的影响情况；认为无论是管理概念、管理观点和理论体系，都与哲学有着极其密切且重要的直接或者间接的关联性③。Lynch 和 Dicker(1988)在系列文章中阐述了管理思想与哲学思想相结合的观点。Chia(1996)评论了管理研究的哲学根基，指出任何知识创新都无法超脱哲学范畴。Laurie 和 Cherry(2001)鼓励管理评论员基于哲学视角来分析管理意识和管理语言，从而探索管理理论与管理实践的要义所在。他们于 2001 年所创办的杂志现已命名为《管理哲学杂志》(*Philosophy of Management Journal*)。另外一份基于同样目的而创办的学术刊物是《管理概念和哲学国际杂志》(*International Journal of Management Concepts and Philosophy*)。哲学有助于发展管理智慧，深化对管理生活复杂性的理解，以及提高创造性和批判性思考技能(Small,2004④,2006⑤)。管理学者应该关注管理概念、管理观点及其理论体系的哲学根基，这有助于他们更加深入和全面地把握管理理论的内涵和精髓，更好地认识管理理论分歧的哲学根源，更好地透过实践现象来发现实践本质，从而更好地运用管理理论来指导管理实践。

1.英雄主义与管理思想

源于荷马史诗(Homer's poems)的英雄主义(后文称为荷马式英雄主义)，是西方英雄主义的重要起源。《伊利亚特》和《奥德赛》两部史诗，展示了三千多年前西方人对自我和世界的认识。这种认识并非局限于古希腊和西方世界，而是广泛流传到

① 马克思.马克思恩格斯全集[M].第 1 卷.北京：人民出版社,1956.

② 高清海,胡海波,贺来：人的"类生命"与"类哲学"——走向未来的当代哲学精神[M].吉林人民出版社,1998 年第 1 版。

③ Joullie,Jean-etienne. The philosophical foundations of management thought [J]. Academy of Management Learning and Education,2016,15：1157-179.

④ Small,M. W. Philosophy in management：a new trend in management development [J]. Journal of Management Development,2004,23：183-196.

⑤ Small,M.W. A case for including business ethics and the humanities in management programs [J]. Journal of Business Ethics,2006,64：194-211.

世界各地,形成了日本武道士(Bushido Japan)、北欧海盗(Viking-Age)和斯堪的纳维亚(Scandinavia)等文化传统。荷马式英雄主义崇尚传统,个人凭借角色和业绩在社会立足,社会不关心个人的意图和感情,仅仅在乎行为结果,体现了通过行动来展示力量的哲学思想。荷马式英雄主义倡导,个人要么业绩卓越,要么将被屠戮。在这种哲学思想下,个人业绩好坏、表现是否卓越,决定了其社会地位,是一种典型的狼性主义的结果导向文化。

荷马式英雄主义这种"只在乎结果"的哲学思想,对后代管理思想产生了深远影响。德鲁克的目标管理法就是一个例子。目标管理法折射出荷马式英雄主义;在这种管理模式下,管理者关注工作要求,而非人的需要。为了提高工作成效,组织需要建立共同语言。德鲁克认为,这必须通过清晰的目标管理才有可能得以实现。没有目标管理,管理的计划、授权、业绩管理、决策制定和雇员发展等各项工作都将无法实现。德鲁克指出,业绩管理至关重要,管理者要么业绩卓越,要么被淘汰。德鲁克这种目标管理方法与组织创新发展存在矛盾冲突。德鲁克虽然也强调创新,但是创新在目标管理法中无法实现。创新意味着接受风险,从而意味着接受潜在失败,后者与目标管理是无法相容的。目标管理法将导致组织更加重视效率而非效果,导致无法获得在效率和效果之间取得协调发展。与德鲁克的目标管理法相一致,关键业绩指标法(KPI)也折射出荷马式英雄主义哲学思想。荷马式英雄主义哲学思想对包括科学管理原理在内的以结果为导向的管理思想产生了深远影响。

2.理性主义与管理思想

古希腊哲学家泰勒斯创立了朴素唯物主义,认为世界是由水分构成的。虽然该观点在现代人看来是幼稚的,但是其所体现的"探究世界本源"的哲学气概,深刻影响着后人。推理(reason)是理性主义的核心概念,强调通过推理探究世界本源,是理性主义的核心思想。苏格拉底和柏拉图对荷马式英雄主义提出质疑:人们为什么需要遵守那些给定的社会法则?什么是公正?什么是善良?理想王国是什么样的?该如何建立起理想王国?柏拉图认为,唯有推理(reason)而非知觉(perception)才能够带来知识并回答上述问题。在柏拉图看来,好人(good man)不再是武力斗士,而是智慧之人,能够通过对话、逻辑和争辩来达到真理(truth)。柏拉图认为,存在两个世界,一个是感官世界,即表象世界;一个是真实世界,即本源世界;真实世界隐匿于感官世界背后,只有通过推理,才可以认识和把握真实世界。在柏拉图理想王国里,只有那些探寻世界的真理、公正和知识的智慧之人,才可以主宰这个世界。柏拉图倡议,应该根据个性来选拔人员和晋升人员,并建立起了西方首个管理学院(Academy),作为数学、历史和政治的研究和讲学场所和"哲学家—国王"的正规学校,其课程设置一直影响着后来管理学院的发展。作为柏拉图学生,亚里士多德在这所学院里学习并试图取代柏拉图的院长职位。柏拉图哲学思想是后来众多管理理念的开端。法国哲学家笛卡尔意识到神学和科学之间的紧张关系。人类循环系统和呼吸系统的科学发现,促使笛卡尔认为人与世界存在相通之处,认为可以通过因果法则来解释和预测人的行为。笛卡尔那句"我思故我在"的哲学名言,折射出其深邃的哲学洞察力。作为虔诚的宗教徒和闻名于世的数学家,笛卡尔开始探索科学与神学之间的矛盾。笛卡尔所倡导的演绎分析(deductive analysis),对科学发展产生了重大影响。演绎分析法与综合推理法相结合,形成了严格推理和寻求真理的方法。按照笛卡尔分析逻辑,只要将复杂问题进行分解直至能够科学处理,思维就会是绝对可靠的和万能的,从而能够解释世间万物并揭示真理。

笛卡尔哲学思想对管理思想产生重要影响。根据笛卡尔哲学思想,管理者在为解决问题、规划项目和满足市场而采取行动前,需要采用演绎逻辑法来分析问题。与此同时,笛卡尔认为,既然思维可以从身体感觉分离出来而独立存在,人就可以是理性的,能够超乎直接语境限制而制定决策。与此同时,在笛卡尔看来,心智(psychic)或者思维(mind)是一种非物质性的、虚无的存在,而不是物质性客体,是科学无法企及的。只有上帝才可以解释人们的心智或者思维,决定人们在天堂中的命运。笛卡尔唯心主义固然有其历史局限性,但也蕴含着"经济人"(Homo economics)思想,进而推广为理性人假设。这种思想对于亚当·斯密在《国富论》中提出"看不见的手"以及后人对市场经济的研究和实践,产生了深远影响。市场经济吸收了笛卡尔"经济人"思想精髓,认为人是理性的和自利的,市场经济中存在"无形之手"在调配市场资源流动。市场经济核心在于机制设计,使得"无形之手"能够得以充分有效发挥。产业分析是一典型例子。迈克尔·波特追随笛卡尔哲学思想,在其竞争三部曲《国家竞争优势》《竞争战略》《竞争优势》中,分析了三个重要模型,分别是钻石模型、五力模型和价值链模型。产业分析或者战略分析,就是试图通过科学理性方法,找出经济现象背后的内在逻辑和本质,从而不仅理解以往经济行为,而且预测未来经济行为。根据笛卡尔哲学思想,管理者在分析和采纳管理决策时需要采用演绎推理,企业经营成功源于经理人内在的神秘世界。管理成功实践案例对其他组织而言是有用的,但不是充分的。每个企业有其自身特点,管理者洞察力是企业成功的关键所在。当然,虽然笛卡尔极力倡导内在洞察力的影响作用,内在洞察力只有在实践中才得以挖掘和提升。笛卡尔忽视了实践活动的重要性,使得其哲学思想具有唯心主义内涵,这只有在马克思主义那里才得到了修正。

3.实证主义与管理思想

作为主观唯心主义,笛卡尔哲学思想受到了约翰·洛克等哲学家的挑战。约翰·洛克指出,理念并非来自天生,如果没有逻辑概念和处理过程,思维是无法掌握理念的。大卫·休谟和奥古斯特·孔德是实证主义学派的代表性人物。实证主义产生于19世纪30—40年代的法国和英国,由法国哲学家、社会学始祖奥古斯特·孔德等提出。孔德的6卷本《实证哲学教程》是实证主义形成的标志。实证主义反对"不证自明"真理观,认为真理无法从个人内在去获取,只能够通过对个人外在自然的认识来把握；倡导摈弃演绎推理逻辑方法，从经验事实收集和归纳推理方法角度去认识和把握。实证主义认为，事实必须是透过观察或感觉经验，去认识每个人身处的客观环境和外在事物。虽然每个人背景和教育不同，但他们在用来验证感觉经验的原则方面，并无太大差异。实证主义的目的在于建立起知识的客观性。孔德指出，人类并非生而知道万事万物，必须经由学习过程，从不同的情境中获得知识。通过直接或间接的感觉、推知或体认经验，并且在学习过程中进一步推论还没有经验过的知识。超越经验或不是经验可以观察到的知识，不是真的知识。

实证主义对管理思想演化产生深远影响。在实证主义哲学思想下，西方对实证研究方法给予厚遇。我们现在所看到的诸多学术型期刊，普遍推崇实证研究方法，基于大数据的统计分析和经济计量分析，其背后的哲学根基即为实证主义。这种哲学思想强调事实，希望借用实证科学的研究方法，通过对事实的把握和统计推断来理解人的行为，进而预测人的行为。然而，这种管理思想本身亦存在缺陷，它采用自然科学研究方法来研究人的行为，忽视了人与自然的本质差别，忽视了人的自然生命属性和价值生命属性，忽视了哲学与科学的本质差别和功能差别，因而是无法真正、深刻、全面把握人的本质，在解释人的行为方面具有局限性。这种局限性只有在马克思主义那里才能够得到修正。

4.西方管理哲学的研究进展

纵观西方管理哲学发展史，我们可以发现，不同时代管理哲学是与其时代背景相一致的。这再次印证了"哲学是自己时代精神的精华"这一著名论断。1958 年，美国俄亥俄州立大学拉尔夫·戴维斯（Ralph C. Davis）在 AMJ 发表了《管理哲学》一文①，指出管理哲学是为特定管理问题提供解决方案，管理者如果缺乏哲学思维，就无法进行创造性思考。管理哲学不仅是学术研究使然，同时也是实践要求使然；认为管理哲学是建立在私有产权和市场经济从而分权制度之上，与私有资本和私有资本主义相一致，与社会主义哲学有着本质区别。Rich（1959）在 AMJ 发表了《商人管理哲学》一文②，阐述了 20 世纪 20 年代至 50 年代美国经济情况，认为在商业世界里任何人都无法脱离自身的管理哲学，并认为大部分人的管理哲学是利润至上。Jones（1960）在 AMJ 发表了《商业哲学演化》一文③，认为商人在决策中有意或者无意地发挥了其思想深处的哲学思维。Litzinger 和 Schaefer（1966）在 AMJ 发表了《管理哲学之谜》一

①　Davis R C.A Philosophy of management [J]. Academy of Management Journal,1958,25(3):1-7.

②　Rich F. M. A Businessman's management philosophy [J]. Academy of Management Journal, 1959,2(2):89-96.

③　Jone M.H.Evolving a business philosophy [J].Academy of Management Journal,1960,3(2):93-98.

文①,认为商学院里存在的管理哲学有五个维度,分别是形而上学、逻辑学、伦理学、美学和认识论。Krishnan(1973)在 AMJ 发表了《商业哲学和经理人责任》一文②,阐述了商业哲学以及经理人对所有者、雇员、顾客和公众的责任意识,发现经理人逐渐承担起对顾客、责任、责任和股东的责任,是商业哲学发展趋势。Auken 和 Ireland(1978)在 AMP 发表了《管理哲学的历史评论》一文③,较为系统地阐述了不同管理哲学流派的核心观点,阐述了效率学派、内部学派、外部学派、功能主义、团队学派、整合学派、自我实现主义、理性主义、变革主义和环境主义等管理哲学。Behling(1978)在 AMR 发表了《组织中科学哲学问题》一文④,阐述了组织中运用科学哲学时存在的认识误区,并指出了组织研究中辩证整合个体、群体、组织和社会四个层次的关键。Motamedi(1978)在 AMR 发表了《组织行为中的哲学导向》一文⑤,阐述了行为主义和人文主义在现实、知识和价值等哲学认知方面的差异。Seo 和 Creed(2002)在 AMR 发表了《制度矛盾、实践和制度变化:辩证视角》一文⑥,采用辩证方法建立起了分析框架,用于考察制度变化和人的实践之间的辩证关系。Kilduff、Mehra 和 Dunn(2011)在 AMR 发表了《从蓝天研究到问题解决——新知识创造的科学哲学》一文⑦,考察了新知识创造的科学哲学内涵,从本体论(ontology)和认识论(epistemology)两个维度,将科学哲学及其行动逻辑分为四种,分别是理性主义和纯科学逻辑、强范式主义和开发逻辑、根本主义和归纳逻辑以及工具主义和问题解决逻辑。

西方管理哲学发展历程,刻上了时代哲学精神的深深烙印。自从古希腊哲学家苏格拉底、柏拉图和亚里士多德开始,西方哲学思想结合时代背景,对管理思想产生了重要影响。例如,1911 年,泰罗发表了《科学管理原理》一书,其哲学根基在于理性思维,其时代背景是机械化大生产,两者决定了效率至上和理性至上的管理哲学。在大变革时代背景下,成功模式不可复制,企业唯有深谙哲学精神,结合时代背景去探索发展出路,才可能在激烈变革中推陈出新,持续生存与发展。因此,新时代背景下,

① Litzingerwd S.Perspective:management philosophy enigma [J]. Academy of Management Journal,1966,9(4):337-343.

② Krishnan R.Business philosophy and executive responsibility [J].Academy of Management Journal,1973,16(4):658-669.

③ P. M. Van Auken,R. D. Ireland. An historical review of management philosophy [J],Academy of Management Proceedings,1978,(1):7-11.

④ Be hling O.Some problems in the philosophy of science of organizations [J].Academy of Management Review,1978,3(2):193-201.

⑤ Motamedi K.K. Toward explicating philosophical orientations in organizational behavior(OB) [J].Academy of Management Review,1978,3(2):354-360.

⑥ SEO M.G., Creed W.E.D. Institutional contradictions,praxis,and institutional change:a dialectical perspective [J].Academy of Management Review,2002 27(2):222-247.

⑦ Kilduff M.,Mehra A.,Dunn M.B.From blue sky research to problem solving:a philosophy of science theory of new knowledge production [J].Academy of Management Review,2011,36(2):297-317.

我们需要基于新时代马克思主义哲学,结合新时代历史背景,把握机遇,迎接挑战,开拓创新,才能够在激烈的变革中立于不败之地。

二、新时代马克思主义哲学的深刻内涵

1."类属性"是人类的本质特征

哲学的奥妙在于人,人的奥妙在于哲学,哲学与人密不可分。哲学与人的共通之处在于,它们都是随着人的实践活动而不断向前发展的。人具有类本质特征,人的发展过程遵循"否定之否定"规律,成为"什么都是,什么都不是"的宇宙精华结晶(高清海,1995)[①]。人的本质是个奇特的存在,不同时代的哲学家都试图去捕捉人的本质,却一次次以失败而告终。马克思主义哲学从实践角度出发,捕捉到了人的本质——类本质。所谓"人的类本质",是相对于"物的种本质"而言的。传统哲学将人简单等同于物,用物的种逻辑来定义和分析人,忽视了人的类本质,没有按照类逻辑来分析人的本质,从而只看到了人的自然生命而忽视了人的价值生命,只看到了物的种逻辑而忽视了人的类逻辑,只看到物的归宿性而忽视了人的发展性,从而导致对人的片面、僵化、抽象的理解,而不是全面、发展和具体的理解。

高清海先生在《哲学研究》(1996)[②]发表文章,在谈到人与哲学的关系时指出,"人"只能按照人的方式去理解。他基于马克思主义哲学,指出人作为人的生存活动,是一种"自由性质"的活动;人作为人的存在本性,是一种"自我规定"的本性,这同自然物种的存在方式和规定方式根本不同。高清海指出,"类"作为人性原则的理念规定,具有如下特点:第一,类体现的是物种规定的超越本性,代表着一种更高的统一性,体现着不同物之间的本质性的一体关系。人同物的关系、人同人的关系、人同自我的关系,就属于这样的既有确定区别、在本质上又是一体性的"类"关系。第二,与种的自在本性不同,类属于存在的自为本性;这种最高本质性的一体关系,不可能自发地形成,只能在目的性活动中去自为地建立。这就阐明了人具有主观能动性的特性。第三,与物种规定不同,类的统一体是以个体的独立性为前提,内含自由个性差异的多样化、多元性的统一,这就奠定了文明互鉴、包容发展的人类命运共同体的哲学根基。第四,类本质具有发展性和历史性特点,这也是人类所独有的本质特征,这与"劳动创造人本身"的著名哲学论断相互一致。人的类本性源于其发展性和实践性,源于其自然生命和价值生命的辩证统一,源于其对于历史和未来的辩证统一,源于其对于外在和内在的辩证统一,源于其尊重客观规律和发挥主观能动性的辩证统一。

[①]　高清海.人与哲学[J].求是学刊,1995(6)3.

[②]　高清海."人"只能按照人的方式去把握[J].哲学研究,1996(6):1-8.

2."类哲学"是马克思主义哲学的本质特征

哲学是自己时代精神的精华,其发展过程经历了"否定之否定"辩证历程,形成了不断发展的理论体系。人类源于自然又高于自然,关乎自然又超乎自然。不能简单采用形式逻辑方式去把握人的本质,而应当以人的方式来理解和把握人的本质。把人作为类的存在物去考察,并以类的意识去把握当代的人和反映当代的精神,是"类哲学"所承担的理性使命。"类哲学"是以人的方式去关照人的一种新的哲学思维方式与思想境界。类哲学是基于辩证唯物主义和历史唯物主义的哲学精髓,综合考察农牧时代的群体(氏族)逻辑、工商时代的个体(市场)逻辑和互联时代的类的(共同体)逻辑,探究人的"类生命""类活动""类思维"的"类本质"特征及其发展规律,分析"类本质"在人的劳动实践和管理实践中的具体体现。就其实践价值来说,类哲学是揭示人的现代化发展趋势所应有的新哲学形态,是把握当代人类生存意义所依据的新价值坐标,也是指导我国人的现代化实践并实现"类人格"的自觉意识(高清海、余潇枫,1999)[①]。类哲学有助于我们深刻把握"人的发展"的本质及其规律,深刻理解组织是人的实践活动载体的本质,从而更好地把握管理实践。

3."构建人类命运共同体"是人类发展的历史必然

遵循马克思主义哲学的历史性、发展性和实践性的理论特征,多元、开放、包容、共享是人类社会发展趋势,构建命运共同体是人类社会发展的历史必然。贺来(2016)[②]在《哲学研究》第8期发表了《马克思哲学的"类"概念与"人类命运共同体"》一文,解释了"人类命运共同体"的深层思想根据,为促进人们对于"人类命运共同体"的自觉提供思想力量。贺来指出,马克思通过赋予"类"概念以全新的内涵,表达对"人类命运共同体"深切的价值关怀,为理解"人类命运共同体"奠定了重要的思想基础,并为"人类命运共同体"的生成提示了现实的道路。倪培民(2017)[③]在《哲学分析》第1期刊发了《作为哲学理念的"命运共同体"与"合作共赢"》一文,指出"一带一路"倡议不仅仅是一个经济发展规划或者地缘政治的角逐,其背后的"命运共同体"和"合作共赢"的理念,既深植于中国传统思想,也更加切近马克思共产主义理想本意,有望导致与个体主义哲学理念主导下冲突不断的世界秩序截然不同的世界秩序。zeng(2016)[④]在《中国国际法杂志》(CJIL)发文,对通向地区命运共同体的"一带一路"倡议进行概念分析。陈忠(2017)[⑤]从文明多样性和命运共同体角度考察了城市社会,认为

① 高清海、余潇枫."类哲学"与人的现代化[J].中国社会科学,1999(1):70-79.

② 贺来.马克思哲学的"类"概念与人类命运共同体[J].哲学研究,2016(8):3-9.

③ 倪培民.作为哲学理念的"命运共同体"与"合作共赢"[J].哲学分析,2017(1):98-111.

④ Zeng liangliang.Conceptual analysis of China's belt and road initiative:a road towards a regional community of common destiny [J].China Journal of International Law,2016(6):517-541.

⑤ 陈忠.城市社会:文明多样性与命运共同体[J].中国社会科学,2017(1):46-42.

宿命共同体、命运共同体、自由共同体,是共同体的主要类型。命运共同体是一种区域性和全球性的空间共同体、风险社会压力下的利益共同体、多样认识与价值共存的意义共同体。人类命运共同体这一全球价值观包含相互依存的国际权力观、共同利益观、可持续发展观和全球治理观,是指在追求本国利益时兼顾他国合理关切,在谋求本国发展中促进各国共同发展。人类只有一个地球,各国共处一个世界,要倡导"人类命运共同体"意识。2017 年 10 月 18 日,习近平总书记在十九大报告中提出,坚持和平发展道路,推动构建人类命运共同体,体现了中国领导人站在哲学高度来推动全球治理向前发展的高远智慧。

构建人类命运共同体,是新时代中国特色社会主义伟大事业的重要组成部分。中国特色社会主义进入新时代,这是对中国发展进入新的历史方位作出的科学判断。时代是思想之母,实践是理论之源。企业是人类发展的实践载体,企业国际化是人类发展的历史要求。习近平新时代中国特色社会主义思想是中国化、时代化和大众化的马克思主义哲学。党的十九大报告确立的指导思想和提出的基本方略,阐述了新时代中国发展实践的历史方位和战略空间,意味着中国发展实践面临着历史性的机遇和挑战。这就要求中国企业在发展实践中,扎实立足新时代历史方位,深刻领会新时代指导思想,全面洞察新时代基本方略,加强理论创新,提高趋势判断和引领能力,更好地融入新时代中国特色社会主义伟大事业。

三、新时代马克思主义哲学视野下管理思想的创新与发展

有西方学者认为,主流管理思想源于西方血统,管理学院所教授的管理理论需要溯源于西方哲学(Joullie,2016)。这种观点以偏概全,只看到了西方哲学与管理的发展和影响,忽视了东方管理智慧及其蕴含的哲学思想;只从管理科学本身来阐述管理理论与实践,混淆了哲学与科学的辩证关系,缺乏基于辩证唯物主义和历史唯物主义来审视哲学与管理。近代以来,中国科学发展落后于西方发达国家,但这并不表明中国哲学研究亦落后于西方发达国家。西方国家基于强大的科技基础与工业实力,主导了市场经济条件下商业领域的管理理论与实践的发展,但其自身固有的管理问题亦随之呈现和不断恶化。面对这些问题,只有站在哲学高度,才有望予以解决。资本主义与社会主义、市场与计划的本质差异,一直是讨论的焦点。市场和计划都是资源调配方式,它们既可以为资本主义所利用,也可以为社会主义所利用;市场和计划不是资本主义和社会主义的本质区别,资本主义与社会主义的本质区别,在于生产资料是公有制还是私有制,在于劳动成果是全民共享还是部分独占,在于发展理念是以人民为中心还是以资本为中心。资本主义也有计划经济,但那是建立在以资本为中心的计划经济,与社会主义计划经济有着本质差别;社会主义也有市场经济,但那是建立在以人民为中心的市场经济,与资本主义市场经济有着本质区别。我们需要吸收市场经济在资源配置方面的优越性,重视和发挥资本要素在人类发展中的重要作用,

但是我们的发展实践不是拜金主义的发展实践，是以人民为导向而不是以资本为导向的发展实践。

学哲学，爱哲学，是一种学习习惯、一种学习态度。新的历史条件下，中国智慧和中国方案日益成为解决全球治理问题新选择。在此背景下，中国共商共建共享和构建人类命运共同体的哲学智慧，将日益成为全球商业哲学新选择，成为推动人类社会进步的共同治理准则。我们有必要基于中国的哲学智慧和管理思想来重新审视和丰富已有基于西方哲学精神的管理理论。管理实践者需要与哲学家和政治家进行对话沟通，以此来增进哲学视野下管理实践的认知水平，提高对动态化复杂性营商环境的理解和把握。新时代背景下，习近平新时代中国特色社会主义思想，是中国化、时代化和大众化的马克思主义，将引领中国发展实践走向新的胜利。组织是人类实践的载体，需要从人的本质出发来认识组织本质。人是不断向前发展的，我们所采取的各种具体的发展手段，也是为了更好地满足人的发展需要。发展是解决一切问题的总钥匙。人的所有关切，都是为了更好地满足人的自我发展。我们需要从"人的发展"的角度出发，充分认识到物质和意识、客观和主观、存在与发展、必然和应然、封闭与开放、孤立与共同、个体与群体、竞争与合作、自然生命与价值生命等矛盾体内在的辩证关系，从而更好地认识世界、利用世界和改造世界，实现人的全面自由发展。

为此，我们需要正确把握好如下内容，以构建适合于新时代历史要求的管理理论体系。

第一，深刻理解新时代历史内涵。需要将"以人民为中心"的发展思想融于管理实践当中，在公司战略制定和运营管理中始终坚持以人民为中心的发展思想。人民是历史的缔造者，我们需要始终将人民发展作为首要目标，才能够真正站在人类历史发展的正确轨道上。我们要善于利用市场经济体制，发挥资本在市场经济中的积极作用；但是我们始终需要坚持"以人民为中心"的发展思想，使得市场经济和资本要素服务于人的发展需要。

第二，坚持共商共建共享，构建人类命运共同体。这是人类社会发展趋势，也是当下处理各种复杂关系的历史性要求。我们需要把这种"开放、包容、合作、共赢"的共同体精神融入管理全过程，融入重大战略决策当中，融入日常管理行为当中。

第三，处理好哲学与科学的关系。要使科学更好地服务于人的发展需要，使得人工智能、大数据和数字化等科学技术更好地服务于人类社会发展需要，更好地满足人民群众日益增长的美好生活需要。科学技术发展历经机械化、自动化、信息化和智能化，未来必将朝着情感化方向发展。情感科技或者说科技情感化，是人类驾驭人化自然以实现人的类本质的必然性和应然性的结晶。科技可以造福人类，也可能给人类带来毁灭性灾难，我们需要站在人类发展的哲学高度，紧紧把握住科学技术这批黑马，使之驰骋于人类进步疆场。

第四，重视组织多样化和民主化发展趋势。人类发展趋势是从必然王国走向自由王国，个体能动性将得到不断加强，这就必然导致个人对自由民主的向往和追求。

组织管理只有深谙这一历史发展趋势,尊重员工个性化、民主化发展的需要,才能够激发个体创造激情,提升个体创造力。

第五,重视趋势,重视平台,重视跨界。管理作为人类一种实践活动,必须深深扎根于历史脉搏和时代背景,重视人类发展趋势提出来的机遇和挑战;必须重视平台化发展,将自身发展置身于更为广阔的生态平台当中;必须重视跨界变革和创新,以开放包容的心态和视野去拥抱创新变革。

第六,坚持创新导向,推动社会进步。人类发展薪火生生不息,唯有创新变革才能够顺应历史发展潮流。我们需要在管理过程中时刻坚持创新导向,把创新精神和创新实践融入管理实践当中。

第七,警惕制度陷阱。莫把遵循制度变成创新发展的绊脚石,莫把制度漏洞作为利益来源,莫把虚幻虚假做成公司行为,而忘却组织存在和追求的真实性。

第八,各个层面组织都需要重新思考其本质特征和存在意义,树立正确的价值观,并重塑组织的愿景、使命和战略。

总之,哲学强调求索灵性智慧,把握生命真谛;科学强调探索理性逻辑,挖掘内在规律;艺术强调思索感性体验,品味生活内涵。人类发展是追求诗和远方的过程,是价值追求、理性思考和感性体验的整体性提升过程。人类发展历经虚假存在和虚幻存在,正在朝真实存在发展。我们要重视哲学思想,将新时代马克思主义哲学思想融入商学课堂教学当中。

附录 2
陈嘉庚先生全球创业实践分析*

学习导航

本附录首先介绍了事件系统理论(EST),包括事件的定义和特点、事件的属性(强度属性、空间属性和时间属性)和事件系统理论的重要意义,然后基于事件系统理论对陈嘉庚先生的创业实践进行事件分析,包括顺安米店事件、黄梨(菠萝)厂事件、航海业事件、橡胶业事件和公司收盘事件,最后基于国际化管理的四要素模型对陈嘉庚先生全球创业实践进行管理分析,包括投资区位选择分析、进入模式分析、业务布局分析和组织管理分析。

本附录将课程重要内容框架与厦门大学管理学院思政课程《嘉庚精神进课堂》结合起来,指导学生检索陈嘉庚先生国际创业实践资料,指导学生采用课程专业分析框架进行资料分析,形成了《陈嘉庚先生全球创业实践分析》研究报告;在知识点的讲解和分析举例时,把学生熟悉的陈嘉庚爱国事迹、创业事迹搬上讲台;邀请学生走上讲台分享心得体会和研究成果,既使案例与知识点无缝衔接,又避免文化上的隔阂造成理论掌握的偏差,使得课程教学能够更好地实现教书育人的教学目的。该教学改革实践得到厦门大学的充分肯定,并由厦门大学推送发布在全国高校思想政治工作网(见 2020 年 1 月 13 日新闻报道)。②

被誉为"华侨旗帜、民族光辉"的陈嘉庚先生,其全球创业实践蕴含着极其宝贵的商学精神。这种商学精神在现代商业社会中仍然具有重要的启示意义。为了更好梳理、诠释陈嘉庚先生的全球创业实践,我们通过搜集整理众多历史资料,从中挖掘出与全球创业实践相关的历史资料,应用事件系统理论(EST),从事件的三个基本属性(时间、空间、强度)来分析陈嘉庚先生的全球创业实践,以经典理论解释事件并提供经验借鉴。之后,我们从国际化管理的四要素模型(区位选择、进入模式、业务布局、组织管理)来分析陈嘉庚先生全球创业具体实践,归纳相关经验启示。希望通过这样

---

* 本节由史湘敏、陈一凡、苏桂莹、王静和郑心怡五位同学在陈福添老师指导下完成。

② 【聚焦|课程思政】嘉庚精神进课堂:照亮学生前行的路(https://news.xmu.edu.cn/info/1020/1094.htm)和厦门大学:嘉庚精神进课堂(https://www.sizhengwang.cn/a/gzdt_zxlb/200113/542689.shtml)。

分析,能够给想要了解陈嘉庚先生全球创业实践的学者和读者,以及从事全球创业和国际管理的实践者,提供系统化、理论化的经验借鉴。

一、事件系统理论

我们的生活经历可以用事件来描述,这一点自古以来就得到了承认。事件随着时间的推移而发生,在形成思想、情感和行为方面扮演着重要的角色。事实上,当人们描述他们的生活时,经常把种种事件当作他们个人发展、性格养成、环境影响的关键。特征导向理论关注的是完全不同的现象,关注的是个人、团队和组织相对突出、持久和稳定的代表性特征。特性运行部分是通过归纳日常经验来实现的,这些经验反映了个人、团体或组织的特定变量的总体稳定量。毫无疑问,特征是至关重要的。同样清楚的是,组织现象并不仅仅局限于特征。事件与特征有许多不同之处,但也许最大的不同在于事件是离散的,在空间和时间上是有界限的。此外,事件可能变得强大到在行为或特性中产生更改或可变性,并可能导致后续事件。通过这种方式,事件可以形成更大的事件链,跨时间地影响组织。①

1.事件的定义和特点

事件系统理论强调,事件是实体的外在动态经历。具体来讲,事件包括多个实体间的相互作用。根据这个定义,实体内部特征不是事件。事件有很强时空属性,存在于特定时空之下。事件是动态的,具有情境性,可以用时间(time)、空间(space)、强度(strength)属性来定义。

事件系统理论以组织为中心,具有以下三个特点。首先,为了将事件从实体对事件的响应中分离出来,可以将事件定义为感知者外部环境组成部分。事件可能起源于组织内部或外部,但它们构成可观察的行动或情况。其次,事件在空间和时间上是有界的(即离散的),有一个可识别的时间起点和终点,并在特定的环境中得以不断发展。事件也代表了一些不连贯的本质,具有非常规的特征。再次,事件可以由一个实体在另一个实体上的行为引起,也可以在多个不同实体的行为聚合时发生。不管具体的交互形式如何,事件都有一个明确的实体之间的字符(作为对实体内部构成的操作)。因此,一个事件发生在实体之间,以它们的相互作用为代表。定义了事件之后,可以描述事件如何以及为什么会影响组织实体的行为和特性,并触发后续事件。

---

① 参考资料:

Morgeson Frederick P,Mitchell Terence R,Liu Dong.Event system theory:An event oriented approach to the organizational sciences[J].Academy of Management Review,2015,40,(4):515-537.

刘东、刘军.事件系统理论原理及其在管理科研与实践中的应用分析[J].管理学季刊,2017(2).

2.事件的属性：强度、空间和时间

人们可以用时间、空间、强度属性来定义事件。事件系统理论指出，事件强度属性、事件时间属性、事件空间属性，共同决定了事件对相关实体的影响程度。在进行事件研究中，想要衡量事件的作用或冲击力，应考虑事件强度、事件时间、事件空间三个主要因素。

（1）事件强度

实体每天都会遇到许多事件，但只有重要事件会促进受控信息处理和实体行动。在以往研究基础上，事件系统理论关注新颖性、分散性和临界性等关键事件特征，这些特征提供了有关事件强度的特别重要信息。

第一，事件新颖性。新颖性反映了一个事件区别于当前和过去的行为、特征和事件的程度，越新颖、越意料的事件，越容易引起实体对事件的深入信息加工，从而促进行为、特征和事件的创新和变革。事件新颖性表征新的或意想不到的现象，有助于事件脱颖而出并引发深入的解释。

第二，事件颠覆性。事件颠覆性反映了环境的不连续性，其中环境的外部情况发生了某种变化。因此，它关系到日常活动的变化数量或程度，并反映了所经历的可感知的威胁。破坏性和剧变被用来描述这些事件。为了应对和适应破坏性事件，实体需要对信息进行更深层次的加工，调整或改变现有的行为模式或特征。

第三，事件关键性。事件关键性反映了一个事件对一个实体"重要、必要或优先的程度"及应对该事件需要调配的资源，并触发额外分析和变化。事件越关键，就越有可能被视为突出事件，需要不同寻常的关注和行动，新行为、新特征和新事件发生的可能性也就越高。虽然我们已经分别讨论了每个事件的特征，但是很明显这三个特征在每个事件中都以不同的数量出现。因此，关键在于它们如何结合起来影响行为、特征和事件。通过叠加方式结合起来，事件特征的合流决定了一个事件的总体"强度"，就像"情境强度"反映了情境约束行为的程度一样。

事件强度关注的是一般影响事件对行为、特征和后续事件的影响。然而，在事件发生和实体动作之间存在一个解释过程。这包括分析意义、理解重要问题、沟通并就正在发生的事情和如何继续下去达成一致。因此，事件系统理论进行如下思考：什么决定事件强度？事件如何影响跨越空间和时间的组织实体？

（2）事件空间

事件空间反映了特定事件发生的地点及其影响如何通过组织来传播。事件发生在特定的地点、位置或层次级别，并可能向下、向上或在同层级内产生影响。通过描述这些空间方面，可以将事件置于更大的组织和环境的背景中，从而在前文关于事件影响的讨论的基础上更进一步。

第一，事件的空间方向（扩散范围）。事件及其影响可以在所有组织级别内部或跨越所有组织级别。简单来说，事件可以对行为、特性或后续事件产生单一的层次结构的影响,它能够通过许多不同的方式影响行为、特性和后续事件。一种是自上而下和自下而上的直接影响。事件可以对较低级别的行为、特性和后续事件产生自上而下的直接影响。通常来说,这种直接效应涉及较高级别的事件应变或启用较低级别的过程。事件也可以对更高层次的现象产生自下而上的直接影响。这些直接影响反映了低层次事件如何能够引起行为变化。它是集体现象的主要方式,个人和集体相互作用,创造更大的集体结构。另一种是自上而下和自下而上的调节作用。事件可以对底层行为、特征和事件之间的关系产生自上而下的调节作用。这种效应发生在两个较低层次的行为、特征之间的关系被较高层次的事件塑造、改变或调节时,也叫跨级调节。事件也可以对高层次行为、特征和事件之间的关系产生自下而上的调节作用。当两个较高级别的行为、特征或事件之间的关系被较低级别的事件塑造、改变或改变时,就会发生这种效应。

第二,事件起源。事件可能起源于组织内部或外部,并对联络组织内的实体产生直接或间接的影响。事件可能发生在任何一个层面,事件强度相等时,发生在较高层面的事件可能比发生在较低层面的事件产生更大的组织影响。自上而下的影响可以在短时间内表现出来,而紧急的、自下而上的联系需要更长的时间框架。因此,事件强度对事件结果的影响可能依赖于事件的起源。

第三,与实体的距离。无论它们起源于何种等级水平,事件在其影响分散到整个组织层次结构的程度上可能有很大的差异。因此,事件强度可能与事件的空间分散性相互作用从而影响事件结果,事件影响更多的组织层次,能够创造更大的变化。

第四,事件空间近似度。空间距离会削弱事件强度对事件结果的影响,当实体接近事件发生的位置时,它们能更直接和更有效地接收发现和回顾事件,也将更强烈地受到这一事件的影响。

(3)事件时间

事件可以是短暂的,其影响在时间或范围上是有限的;也可以是持久的,当然其影响也会相应更大。在一个实体的发展史中,事件发生的时间在决定一个事件的影响方面起着重要的作用。

第一,活动持续时间。虽然事件在时间上是有限制的,但它们持续的时间可能不同。有些事情只持续很短的一段时间,而另一些会随着时间的推移,产生更大的影响。持续时间可能会降低事件强度对事件结果的影响。

第二,活动时期。研究表明,实体(如组织、团队和个人)经历了不同的发展阶段,在不同的阶段有不同的需求。例如,Quinn 和 Cameron(1983)确定了组织生命周期中的四个不同阶段:创业、集体、形式化和精化。每个阶段都与独特的需求相关联。

第三,活动强度变化。事件是动态的和进化的。也就是说,当它们在开始时展开并与环境和实体交互时,事件或多或少会变得新奇,具有破坏性和批判性。因此,他们的整体实力会随着时间而改变。随着时间的推移,事件强度的变化(即过去和现在的演变趋势以及事件强度的未来展望)可能会改变事件平均强度对事件结果的影响。

具体来说,当一个事件的强度显示出更快的增长轨迹时,事件的平均强度更有可能影响事件的结果。反之,该事件的平均强度将不太可能影响事件的结果。

3.事件系统理论的重要意义

作为一个在面向变化理论和面向过程理论之间架起一座综合桥梁的理论,事件系统理论具有许多重要的理论含义。

首先,帮助理解和预测组织变更。也许面向特性的研究占据主导地位的一个主要原因是特性确实对组织产生了强大的影响。思维和习惯反映了一种惯例,这种惯例一直保持到被某一事件打断。事件通常是实体评估、更改或以其他方式中断其历程或常规行为的方法。为了更全面地解释事件的角色,事件系统理论展示了事件如何在组织中跨组织级别和时间演进,以及事件空间和时间因素如何与事件强度相互作用,从而改变或创建行为、特性和事件。

其次,带来新的研究机会。科学技术的理论重点不是关注特性固有稳定性,而是随着时间的推移和跨组织层次的事件而发生的变化。理论家可以根据文献调查那些可能导致个人、团队或组织发生变化的事件,这种参照系的转变带来的关于变化的一般性问题,突出了事件的重要性及其与特征的对比。因此,运用事件系统理论来梳理、归纳、思考陈嘉庚先生全球创业实践史料,具有创新性和合宜性。

再次,从动态视角理解事物演化。组织理论被批评过于静态,事实上,许多组织现象本质上是动态的。对此批评的一种解释是,大多数理论关注的是稳定的特征、个人或他们的组织环境,这往往会导致对稳定结果的关注。当关注事件时,与变化相关的结果也会关联起来,并可能帮助我们开发新的不同类型的因变量。一是,事件可以引发行为变化或创建新的行为。这种变化或创造可能发生得很快,且成为重点,部分原因是事件可以破坏稳定的状态,并产生费力的、受控的信息处理。二是,即使有些事件只发生了很短一段时间,它们也可能永久改变工作环境中的现有特性,或者生成新的特性。在不同的组织级别上发生的一组不同的事件会对现有特性的级别产生显著的影响。除了更改现有特性之外,事件还可以生成新特性。随着时间的推移,应对事件的新政策或新程序可能会逐渐被接受并成为惯例。三是,随着时间推移,事件可能引起后续事件的发生。例如,2020年全球暴发的新冠肺炎疫情,随着时间推移将对后续全球经济和社会产生重要影响。因此,尽管一些初始事件可能不会直接影响实体,但它们仍然可能触发后续事件,这些事件需要实体做出更直接的反应。

总之,事件系统理论为组织研究提供了一个新的研究视角。大多数已发表研究集中于我们所称的特性(个人、团队、组织和环境的稳定属性),并探索实体特性如何导致后续实体特性。有时实体在同层次上,有时实体在跨层次上。基于事件系统理论,关注事件将会改变当前的行为和特性,并产生新的行为和特性,甚至跨越时间和层次。事件系统理论具体命题描述了事件如何变得具有影响力,以及它们产生结果的空间和时间过程。事件系统理论有助于组织研究朝着更加面向事件的科学方向迈出,该理论的核心内涵及其所带来科研与实践机遇将对管理学科的发展带来重要影响,对于认识、理解和把握组织历史具有重要意义。通过追踪、探查那些深刻影响中国人和组织的事件,去发展本土管理理论,事件系统理论在中国以及世界上其他地方都有着强大生命力。该理论将事件作为全新的研究单元,指明了事件研究的基本框架、方法与方向,将对管理学的发展与实践有着重要指导意义。正是因为事件系统理论具有上述属性,本文将其用于分析陈嘉庚先生全球创业实践史料,具有理论上的合宜性和实践上的指导性。

二、基于事件系统理论的创业事件分析

陈嘉庚先生早年跟随父亲学习经商并从父亲手中接手家业,经营新加坡顺安米业。1903 年核查账款后发现苏氏(陈嘉庚父亲的小妾)母子贪污舞弊而导致米店破产。米业破产后,陈嘉庚毅然承担起父亲的债务,展示了负责任的商业精神。1904 年起,他以种植菠萝起家,逐渐扩大自己产业,同时继续经营米业;不久之后还开办了罐头厂、饼干厂等等。1906 年,在陈齐贤介绍下,陈嘉庚开始橡胶种植,后来又逐渐从橡胶种植业务转向橡胶制品业务。第一次世界大战爆发后,他冒险涉足航运业,先租船、买船再租船;后来国际形势发生变化,两艘船被击沉,但获得了大笔保险费。借着航运业的东风,他开始拓展国际市场的征途,不断扩张,公司一时到达鼎盛时期,他也被称为"橡胶大王"。后来由于外国人打压公司,而公司大部分收益都被陈嘉庚先生用来办学校,公司经营举步维艰。1934 年,陈嘉庚正式宣告收盘,企业经营也就到此结束。

通过对事件系统理论的运用分析,可以知道,一个可以确定为"事件"的事,可以从时间、空间、强度三个维度对它进行分析,从而深入了解事件的影响因素、影响力等,有利于指导我们的现实生活。本文从众多史料中,整理挖掘出几个重要的经营事件,用于分析和展现陈嘉庚先生全球创业实践,从中可以折射出陈嘉庚先生商业精神。根据事件系统理论,这些事件具体史料被归纳梳理到如下表格当中,以便清晰展示和对比不同事件。这些事件包括顺安米店事件(见表附 2-1)、黄梨(菠萝)厂事件(见表附 2-2)、航海业事件(见表附 2-3)、橡胶业事件(见表附 2-4)和收盘事件(见表附 2-5)。

表附 2-1　顺安米店事件

时间	时机	陈嘉庚先生于 1890 年到新加坡后,被其父安排在顺安米店学商,一年后开始协助其族叔管账,兼任书记(文书)。两年后,族叔回国,陈嘉庚接任顺安米店经理兼财务。
	时长	起:1892 年接手顺安米店。 止:1904 年春,顺安米店停业。
空间	事件起源	顺安米店从暹罗(今泰国)、安南(今越南)、缅甸购买大米,然后售予本埠的零售米店和外水散商的批发商行。陈嘉庚接手后"终日仆仆于事业",一向"守职俭,未尝妄费一文钱"[①]。他利用经手业务的机会,不断学习,积累知识,把米店经营得井井有条。
	扩散范围	横向:陈嘉庚在经营顺安米店期间,学习和积累了很多企业经营与管理的经验,累积了丰富人脉,为日后创业、经营管理打下了坚实基础。 纵向:(1)陈嘉庚在顺安米店学商,后来接任顺安米店经理兼财务。他拓展了米店经营,创办菠萝罐头厂,进军其他各产业。所营各业利路畅通,房地产业尤为显著。(2)后被苏氏母子舞弊 10 万元不止,遂做出调整——保留顺安米号但范围缩小。但冬季之后,米业减作,再无法维持。1904 年顺安米店宣告停业。
	与实体的距离	涉及主要实体:陈嘉庚本人,顺安号,其他实业。 (1)"顺安号"一直都是由陈嘉庚协助或直接管理的,顺安经营对于陈嘉庚影响深远。陈嘉庚与"顺安号"的发展也是直接联系的。(2)顺安号主营大米,对其他实业虽有涉及但并不深入,顺安经营对其他实业的影响次于对大米产业的影响。
强度	新颖性	(1)1895 年在柔佛办起菠萝罐头厂,经营菠萝园数片区,共几百英亩。(2)1899 年,把柔佛菠萝罐头厂出顶(旧指把自己租到的房屋转租给别人)得款 1 万余元,在新加坡的菠萝罐头厂招人合伙,改称"日新公司";还押欠款外,尚余 5 万余元。(3)1900 年又加开两店,实存资产约 35 万元。 上述事件正是由于其新颖性,才为陈嘉庚经营带来竞争优势。
	颠覆性	1903 年发现被苏氏母子舞弊十余万元,加上多重利债及房产跌价,亏损 25 万元。经清理和对抵,尚负债款二十余万元。这件事给顺安经营带来了致命的打击。
	关键性	(1)1895 年顺安规模不断扩大,效益不断提高。(2)1900 年顺安号所营各业,特别房产业,经营颇起色,于是又加开两店。(3)1903 年经查核各项账款,发现被苏氏母子舞弊,亏损 25 万元。按当地习俗儿子不必承担债务,但陈嘉庚却担起了父亲欠下的债务。这些事都对企业发展有着至关重要的作用,直接关系到了资金流的分配问题。

资料来源:作者根据历史资料结合事件系统理论,整理而成。

[①]　雷克啸.陈嘉庚精神[M].福州:福建人民出版社,2017:4-5.

表附 2-2　黄梨(菠萝)厂事件

<table>
<tr><td rowspan="2">时间</td><td>时机</td><td>1904 年米店破产,陈嘉庚身负债务,开始艰苦创业,黄梨(菠萝)当时销路很好。</td></tr>
<tr><td>时长</td><td>起:1904 年陈嘉庚独资创办经营新利川和日新黄梨罐头厂、福山黄梨园等实业。
止:至 1933 年,陈嘉庚有限公司成立后,黄梨罐头厂无力经营。</td></tr>
<tr><td rowspan="4">空间</td><td>事件起源</td><td>1904 年独自创业的陈嘉庚发现,菠萝罐头销路旺盛,且周期短、所需资金少;有多年此类产业经营经验,符合自身情况,于是决定建立菠萝罐头厂。</td></tr>
<tr><td>扩散范围</td><td>横向:(1)扩展产业经营范围,为其他产业经营提供经济支持和经验指导。(2)陈嘉庚渴望复兴祖国,想通过振兴实业和兴办教育来复兴祖国,菠萝罐头厂经营最成功、获利也最多,工厂生产的"苏丹"牌菠萝罐头成为当时的世界名牌,陈嘉庚名字、陈嘉庚工厂产品都成了人们信赖的品牌。
　　纵向:(1)1904 年陈嘉庚接手衰败的家业后开始创业,创办了新利川和日新黄梨罐头厂、福山黄梨园等产业,从调查研究菠萝市场买方市场入手,逐一摸清菠萝罐头业底细,制定经营策略。(2)陈嘉庚进一步深入考察,改革了盲目采购方法——企业经营管理革新给他带来了"初出茅庐"的巨大成功。短短三个月,"日新"所得净利近 3 万元,连同"新利川"在内,总共获利 4 万元。(3)1905 年,他用 2500 元在罐头厂附近数英里处购地 500 英亩,取名"福山园",种植菠萝,为自己工厂提供必要原材料。同年,创办"日春"菠萝罐头厂,兼营制罐头所需冰糖。(4)1906 年夏季,菠萝罐头行市大跌,陈嘉庚只能勉强维持 1 万元的赢利。(5)1911 年,他又在泰国创办谦泰黄梨厂。因为战争关系,欧美市场对于菠萝罐头的需求急剧减少,菠萝买卖乏利可图,陈嘉庚又因利趁便,将战前订购用来制作罐头的白铁皮转手卖出,反而转危为安,获利三十多万元。</td></tr>
<tr><td>与实体的距离</td><td>此事件所涉及实体包括陈嘉庚本人、黄梨产业和其他实业。(1)陈嘉庚成为赫赫有名的"千万富翁",从一个普通的小业主,一跃拥有名震海内外的"菠萝苏丹"(苏丹最开始的意思是"力量""权威",后来被当作国家统治者的称号使用;当时陈嘉庚先生的菠萝罐头品牌商标定名为"苏丹",旨在夺取菠萝罐头之王的宝座①。在新加坡菠萝罐头制造业站稳了脚跟,原因在于他的诚实经商,为顾客负责,严把产品质量关。(2)黄梨产业不断壮大,自身实力不断增强,同时为经营提供了经验和经济基础,二者相辅相成。</td></tr>
<tr><td rowspan="3">强度</td><td>新颖性</td><td>(1)初营菠萝罐头厂时,陈嘉庚与新加坡同业相比实力较弱,他没有硬碰硬地展开竞争,而是进行市场摸底寻找缺口;(2)陈嘉庚经营实业过程坚持不断扩大再生产,走发展多业与产供销一条龙的联合企业道路。</td></tr>
<tr><td>颠覆性</td><td>(1)凡属重大问题,陈嘉庚一律亲手操作,从不假手他人;(2)面对客户对罐头的口味、包装等特殊要求,陈嘉庚都尽量满足,主动与经营菠萝生意的洋行搞好关系;(3)人弃我为,订售新加坡内诸洋行订购的大部分杂装菠萝罐头来进行改造生产。</td></tr>
<tr><td>关键性</td><td>早期黄梨产业的盈利,是陈嘉庚初出茅庐掘得的第一桶金,有了良好开端,为日后发展提供了可取经验。</td></tr>
</table>

资料来源:作者根据历史资料结合事件系统理论,整理而成。

---

① 　杨国桢.陈嘉庚[M].北京:人民出版社,1987:12.

表附 2-3　航海业事件

时间	时机	1914 年 8 月,第一次世界大战爆发,商船被政府大量征用,造成航运紧张,极大地影响了新加坡的出口业和制造业。为了缓解这一局面,陈嘉庚先生当机立断,转营航运业。
	时长	起:1915 年年初陈嘉庚先生租用两艘货轮。 止:1918 年陈嘉庚先生自购的两艘货轮前后被德国舰艇击沉。
空间	事件起源	第一次世界大战爆发,航运业掌握在帝国主义及外商手里,南洋航运受到限制,尤其是德舰在印度洋袭击商船,运输更加恐慌。为了解决原料、产品运输的困难,迅速打开运输困难的局面,陈嘉庚果断地决定"兼营"航运业。
	扩大范围	横向:陈嘉庚认识到航运对国家经济发展的极端重要性,开启了他创办航海学校、培养航海人才的历程,为国家做出了重要贡献。 纵向:(1)陈嘉庚先租入两艘货船开始主要运输米谷,后又租进两艘货轮,不但运输本公司的原料与产品,还为英国政府承运枋木片到波斯湾;(2)自购货轮,先自己经营,后承租于法国政府;(3)两艘货轮先后被击沉,海运事业宣告结束。
	与实体距离	涉及主要实体:陈嘉庚本人、航海业和其他实业。(1)陈嘉庚具风险竞争意识,突出表现在航运事业上,敢想人之不敢想,敢为人之不敢为,实现成为一个航海家的愿望。(2)租用船后,米厂等各项业务运转顺利,又为英政府运送枋木到波斯湾且兼运其他货物,一年盈利达 20 余万元。连同其他企业收入,全年净利 40 万余元之巨。后他又把两艘船租给法国政府。这年航运业务获利 50 余万元。后两船被击沉,收到保险赔偿 120 万元。从租船到买船的发展航运业的措施,既摆脱了运输商的窘境,又将产品直接运销欧美,加速了企业的发展。在经营航运期间,所营各业获利约 450 万元,是各业之首,四年 160 万元,占同期总收入的 35%。
强度	新颖性	(1)海上航运风险大,陈嘉庚审时度势,进入航运业。(2)1918 年,陈嘉庚自购的两艘船先后被击沉。
	颠覆性	(1)一战期间海上运输异常危险,一般商家多退避三舍,但陈嘉庚敢为人之不敢为,大胆涉足航运。(2)两艘货轮于春秋间先后被击沉,他的海运事业宣告结束,但也因此获得赔款 120 万。
	关键性	(1)涉足航运收入达 160 万元,是公司资金原始积累过程的重要一步。(2)在一定程度上解决了原料和产品运输的困难,促进了海丝之路中的区域经济发展。(3)涉足航运业开启了陈嘉庚创办航海学校、培养航海人才的历程,也扩大了企业的知名度,加速了企业的迅猛发展。(4)"一战"后,陈嘉庚意识到航海业的不稳定性,为专注于投身于橡胶业作好准备。

资料来源:作者根据历史资料结合事件系统理论,整理而成。

表附 2-4　橡胶业事件

时间	时机	1914 年第一次世界大战爆发,在战争年代,菠萝罐头成为一种奢侈品,很多人买不起,但是对橡胶的需求却大大增加。陈嘉庚看出工业的重要,于是专职经营橡胶,开拓国际市场。
	时长	起:"一战"爆发后 1915 年开始专注橡胶业发展,开拓国际市场。 止:到 1933 年陈嘉庚有限公司成立后,股东们议决一概关闭公司在马来亚内地各厂,外地所有分店也全部结束,国际化业务就此结束。
空间	事件起源	陈嘉庚将菠萝罐头厂和熟米厂改为橡胶制品厂,专职经营橡胶,开办橡胶制品厂,生产胶鞋、轮胎和日用品。先后在国内各城市、南洋和各国大埠设立分销店 100 多处,直接代理商遍及五大洲①。
	扩大范围	横向:(1)有计划有组织地开辟了橡胶制品和其他制品直接输出的国际市场,打破了英国垄断资本的局面。(2)培养众多的企业家和技术人才(例如,著名实业家李光前和陈六使),造就了侨居地经济的接班人。 纵向:(1)1916 年以后,陈嘉庚将菠萝罐头厂的一部分和碾米厂逐渐改造为橡胶制造厂。(2)1921 年又建立了橡胶制品厂并逐渐扩充设备,生产出轮胎、胶靴和雨衣等,不仅在南洋、中国国内销售,甚至远销到加拿大②。(3)自 1922 年开始至 1927 年,先后在南洋各大埠和国内大中城市设立分行店一百多处,直接代理商遍布四十个国家和地区,组成了世界性的贸易市场,业务范围遍及五大洲。(4)1933 年陈嘉庚有限公司成立后,营业缩小,股东们议决一概停闭公司在马来亚内地各厂,外地所有分店也全部结束。
	与实体的距离	涉及主要实体:陈嘉庚本人,橡胶产业、其他实业。(1)陈嘉庚作为一名福建人,具有海洋的开阔性、包容性与多样性,具有开阔的国际化视野。他一开始就以国际化作为企业经营之道。(2)陈嘉庚从树胶熟品生产发展初期在当地经销与代销的状况分析,认为推销最有效、最根本的办法是设立自营商店进行销售。自 1922 年开始至 1927 年,先后在南洋各大埠和国内大中城市设立分行店一百多处,直接代理商遍布四十个国家和地区,组成了世界性的贸易市场,业务范围遍及五大洲,产品可与欧美、日本竞争。(3)同时,国际市场的开拓带动了其他产业的快速发展,二者共同进退。
强度	新颖性	由于橡胶制品的性能和优点一时尚未为人们所认识和熟知,因此商业资本家不愿承担代销业务,销售市场有限。陈嘉庚为了打开产品销路,决定在马来亚、印尼等重要城市设立分行或办事机构,直接推销产品,扩大宣传和影响。他亲自到雅加达、万隆、泗水等城市,登门拜访当地华侨巨商,了解市场动态,不久,便在马来亚和荷属印度开设了十几个分店,进行直销。这样,所制产品从托人代销发展到直接经销,形成供产销一体化及自销为主、请人代理为辅的营销网络③。
	颠覆性	(1)当时,新加坡经营橡胶进出口贸易的华侨企业有四五十家,只有陈嘉庚公司的经营独树一帜,他同时经营橡胶种植、生胶加工和熟胶成品的制造;(2)而且不通过洋行直接与欧美商家交易,从原材料种植、产品生产到商品销售,打破英国垄断资本在橡胶业上的垄断,实现了产供销一条龙,陈嘉庚因而被誉为"橡胶大王"。
	关键性	(1)不仅扩大产品销路和原料来源,又减少中间环节、降低成本,扩大产品的宣传和影响。(2)建立跨国和跨洲销售网络,陈嘉庚完成了企业经营的又一次飞跃,集橡胶原料种植、产品生产、商品销售于一体,实现产供销一条龙。首创橡胶制品大规模生产,促进了侨居地民族工业的发展。(3)有计划有组织地开辟了橡胶制品和其他制品直接输出的国际市场,打破了英国垄断资本的局面。(4)培养众多企业家和技术人才(如李光前、陈六使),造就了侨居地经济的接班人。

资料来源:作者根据历史资料结合事件系统理论,整理而成。

---

① 曾昭铎.陈嘉庚:华侨旗帜民族光辉[M].北京:中央文献出版社,1999:124.
② 郭梁.日本人论陈嘉庚[J].南洋问题,1985:38-46.
③ 林畅.传奇陈嘉庚[M].北京:新世界出版社,2014:107.

表附 2-5　公司收盘事件

	时机	(1)"一战"后,西方经济逐步复苏,西方财团看到市场橡胶制品利厚,便竞相投资设厂制造,胶品供过于求,胶价猛跌。(2)东邻日本大力推行"南进攻策",制造廉价胶品,在东南亚市场压价倾销。
时间	时长	起:1926 年以后,橡胶价格跌落,陈嘉庚在经济上开始走下坡路。 止:1929—1930 年世界经济危机加速了陈氏企业的衰落。
空间	事件起源	公司有十几位职员相继离开与人另组公司,使陈嘉庚公司难以招架。由于橡胶业激烈竞争,价格暴跌,从橡胶压制品获得的收入已明显下降。
	扩大范围	横向:(1)橡胶的价格下滑到每担六元,工人收入很差,一天很少能超过二十分,城镇冷落,橡胶工业陷入崩溃的边缘①。(2)许多中国工人当时被遣送回国,殖民地政府只发给很少旅费。(3)陈嘉庚公司还担负厦大和集美的校费,利息沉重。 纵向:(1)1926 年以后,橡胶价格跌落,陈嘉庚在经济上有衰退趋势。1927 年各胶厂由于同业竞争激烈,橡胶制品销售量继续下降。1928 年资产损失过半,1929 年公司各工厂、各分行分店的原料和产品大量积压,营业一蹶不振。菠萝罐头厂最后破产。橡胶工业陷入崩溃边缘。(2)1931 年陈嘉庚负债金额已大大超过其资产总额,10 月被迫将其独资企业改组为股份有限公司,陈嘉庚大权旁落。1932 年各业毫无转机,连利息也无法偿付。(3)1933 年 5 月,英国政府召开经济会议,公司被迫丢掉其他订货单。陈嘉庚有限公司成立后,营业缩小,米厂已停闭,种植园和黄梨罐头厂也无力经营,而橡胶制造厂却受银行团监督,陈嘉庚个人资产实际上已转入他人之手。6 月,营业似有转机的希望,但股东们却议决一概关闭公司在马来亚内地各厂,外地所有分店也全部结束。
	与实体的距离	本案例涉及的事件主要实体:陈嘉庚本人、企业本身和其他实业。(1)陈嘉庚是公司领导者,公司衰落影响了他的财产,以及实业救国、毁家兴学的理想本案例,公司衰落对他的影响极为深远。(2)公司衰落直接联系着公司上上下下的员工、业务、合作者等等,组织陷入困境,因此与之直接相关的各事物均受到重创。(3)其他实业包含在公司内部,公司的衰落导致其他实业难以运营和盈利,有些甚至被迫停止。
强度	新颖性	(1)第一次世界大战结束,西方财团看到市场橡胶制品利厚,竞相投资设厂制造,导致胶制品供过于求。(2)日本采取税收优惠和出口津贴等国家手段,制造廉价胶制品,在东南亚市场压价倾销②;后来更是不断打压华商。(3)1929 年经济危机爆发,美国是新加坡和马来西亚橡胶的最大买主,影响所到之处橡胶价格猛跌。
	颠覆性	(1)公司有十几位职员相继离开,另组公司,使得陈嘉庚公司难以招架。(2)1931 年他多方筹措经费以维持集美大学和厦门大学办学所需经费。此时,陈嘉庚负债金额已大大超过其资产总额。10 月被迫接受当地银行集团建议,将其独资企业改组为股份有限公司。(3)1933 年,从伦敦来了一位怪客,声称他要执行陈嘉庚有限公司在海外市场所有产品由他的公司全部包销这一任务。银行方面很快同意,陈嘉庚不同意,事后却在这一荒谬的协议上签了字。
	关键性	(1)1927 年由于橡胶经营者激烈竞争,橡胶价格暴跌,以橡胶制品为主要收入来源的情况已明显下降。(2)1929 年世界经济危机爆发,这加速了陈氏企业的衰落。(3)1930 年日商及奸商放火烧毁陈嘉庚最大胶品厂。(4)1932 年银行业者坚持要关闭在马来亚的八个工厂并出租出去。在另一次董事会上,银行方面又决定要关闭东南亚、中国香港、中国内地数以八十处的销售分行③。(5)1933 年 7 月 1 日起所有外国货物进口到联合王国和大英帝国,都要增加进口税率。这一贸易保护主义政策,对殖民地制造商有利,也对陈嘉庚的企业有利。但此时的陈嘉庚已然无法力挽狂澜。

资料来源:作者根据历史资料结合事件系统理论,整理而成。

———————————

①　刘惠生.在陈嘉庚故乡五十年[M].香港:天马图书有限公司,2002:59.

②　庄敏琦.嘉庚精神[M].北京:北京航空航天大学出版社,2011:13.

③　陈国庆.回忆我的父亲陈嘉庚[M].北京:中央文献出版社,2001:17.

三、基于"四要素模型"的创业实践分析

自改革开放以来,我国一直坚持"引进来和走出去"作为重要的发展战略决策之一,而企业国际化行为是"走出去"的重要表现形式之一。在"嘉庚精神与国际化经营管理"项目研究过程中,陈嘉庚先生在企业国际化经营中的雄才大略让人不禁感叹其不愧为商业奇才。通过对陈嘉庚先生企业国际化行为的分析,能够为相关企业提供借鉴经验。本文借鉴哈佛商学院柯林斯教授提出来的四要素模型,从区位选择、进入模式、业务布局和组织管理四个指标来分析陈嘉庚先生的全球创业实践。区位选择对于企业发展以及实现国际化的重要性不言而喻。区位选择主要考虑所选区域的政治经济环境,比如政策服务、自然环境、人才资源等因素。进入模式是指公司在进入目标市场时所使用的方式,主要有以下四种方式:兼并收购、合资经营和绿地投资,或者是综合使用这三种方式。在国际化理论研究中,一般把进入国外市场的模式归纳为出口模式、契约模式和投资模式三大类。业务布局主要包括在国外市场打算开展什么业务以及怎么安排业务布局,指的是在目标市场范围内业务的空间分布和组合的经济现象。在静态上看是指各业务部门、各要素、各链环在空间上的分布态势和地域上的组合。在动态上,则表现为各种资源、各生产要素甚至各业务和各企业为选择最佳区位而形成的在空间地域上的流动、转移或重新组合的配置与再配置过程。组织管理是在管理中建立健全管理机构,合理配备人员,制订各项规章制度等工作。具体地说,有效地配置企业内部有限资源以实现组织目标的一种责权结构安排和人事安排。在组织管理这一指标中,我们主要对陈嘉庚先生如何对国外企业进行经营管理进行分析。

下面以四要素模型为框架,以陈嘉庚先生经营橡胶制品厂为例子,分析其具体创业实践。整体而言,公司在国际化进程中采取厂家直销模式,建立商业国际销售网络,先后在中国、东南亚和世界各地设立多处分销店,直接代理商遍布世界。有计划、有组织地开辟了橡胶制品和其他制品直接输出的国际市场,在华侨中第一个成功打破英国资本的垄断局面,实现了产供销产业链一条龙。

1.区位选择

陈嘉庚为了打开橡胶制品销路,决定在马来西亚、印尼等重要城市设立分行或办事机构,直接推销产品,扩大宣传和影响。这样既能进一步扩大产品销路和原料来源,又能减少中间环节、降低成本。为此,他亲自到雅加达、万隆、泗水等城市,登门拜访当地华侨巨商,了解市场动态。不久,便在马来西亚和荷属印度开设了十几个分店,进行直销。这样,所制产品从托人代销发展到直接经销,形成供产销一体化及自

销为主、请人代理为辅的营销网络①。次年,陈嘉庚又向香港、上海等大城市进军,在华北、华中、华南各通商大城市开设分店。在上海、天津、汉口、郑州、南昌五地,他和当地人力车公会订约给予优惠条件,大力推销人力车胎,还向各省公路局推销试用汽车轮胎。接着,又先后在其他亚洲国家和欧美等地设立多处分销店,在全世界范围遍布直接代理商,有效扩展橡胶制品市场。从中可以看出,当时的陈嘉庚作为一位在东南亚具有一定经商经验的管理者,在进行国际化管理与经营扩张的过程中,他的商业版图扩充首先是以他所熟悉的、适宜橡胶种植的东南亚地区为中心呈放射状辐射开来的,首先是东南亚和荷属印度,其次是陈嘉庚的家乡——他拥有深厚感情且人口众多、市场潜力巨大的中国,再之后是其他亚洲地区和经济更加发达,竞争也更加激烈的欧美地区。陈嘉庚一步一步稳中有序地描绘着公司的商业蓝图。

2.进入模式

橡胶制品在当时的南洋还是新工业品,它的性能和用途的优点尚未为人们所认识。陈嘉庚由此认为橡胶制品尚有很大发展前途和市场前景,决定涉足橡胶制品加工业。在深思远虑后,陈嘉庚于1920年将新加坡土桥头第一生胶厂改作为树胶熟品制造厂,生产熟胶制品。此后,又不断增资,充实设备,扩大规模,1922年至1923年,由于资本主义自由竞争过度引起市场萧条,胶市萎靡不振,橡胶市价连续三年下滑,马来西亚各埠许多小规模的胶园和胶厂被迫关闭,还有一些小型胶厂不是紧缩便是停产,大都脱手。陈嘉庚不但没有被表面现象所迷惑,他经过谨慎思考后断定橡胶制造业前景看好。因此,他采取人弃我取的方针,出资三十多万元收购了9处胶厂栈房及机器设备,又投资十余万元,加以修整、改造与拓展,使之大量增产。此外,他还动用数万元恢复和扩充已停闭两年的"槟城橡胶",是年内即可运转,每月生产胶布的能力增至三万余担。陈嘉庚从生胶生产转为橡胶制品加工时,就显示出其优秀的前瞻性和洞察力。在创业过程中,他能够在复杂的市场环境中看到橡胶制造业的大好前景,采取人弃我取的方针,进行扩充与增产,无疑是很有魄力和远见的。企业在国际化管理中,正需要像陈嘉庚先生一样,对市场动向及时掌握,深入分析市场环境,抓住市场的增长点,认清形势,走好发展的每一步。

3.业务布局

1920年陈嘉庚将新加坡土桥头第一生胶厂改作为树胶熟品制造厂,1921年又建立橡胶制品厂,不断增资扩充,达到面积四十万方尺,资本约一千万元,男女华侨工人六千多人的盛况。公司大量生产各种轮胎、胶靴胶鞋、医疗用具、日用品等橡胶制品,远销世界各地,并采取厂家直销的方式,建立商业国际销售网络。陈嘉庚公司拥有80处销售分行,分布在新加坡、马来西亚、荷属东印度、缅甸、暹罗、菲律宾群岛和中国等

---

① 陈天绶,蔡春龙.陈嘉庚之路[M].武汉:湖北人民出版社,2005:66.

42个国家和地区,并在英国、美国、欧洲和加拿大都有代销商。陈嘉庚在国际化管理中的主要业务是经营橡胶制品。这种在世界各地设置分销店和代理商,自销为主、代理为辅的营销模式,在当时是非常先进且具有优势的。由于橡胶制品的性能和优点一时尚未为人们所认识和熟知,商业资本家不愿承担代销业务,销售市场有限。陈嘉庚独辟蹊径,在中国、东南亚和世界各地设立多处分销店,在全世界范围遍布直接代理商,这样既能进一步扩大产品销路和原料来源,又能减少中间环节、降低成本。优化销售渠道,更加有利于公司的市场扩张和战略发展。

4.组织管理

陈嘉庚订立公司分行章程,规定员工行为规范,明确职责,赏罚分明,实行管理制度科学化。1929年,当时的新加坡总督克利福勋爵巡视他的橡胶制品厂时曾赞赏其"企业及组织之能力"卓越[①]。陈嘉庚还重视产品质检,他的工厂生产的熟胶品,出厂前须经过化学房、试验房、药房部等多道检验,完全合格才能出厂销售。同时,他意识到广告营销的作用,在《集美周刊》《厦大周刊》等报纸上连续刊登广告,吸引顾客。陈嘉庚公司的经营可称得上独树一帜。他同时经营橡胶种植、生胶加工和热胶成品的制造,而且不通过洋行直接与欧美商家交易,从原材料种植、产品生产到商品销售,有计划有组织地开辟了橡胶制品和其他制品直接输出的国际市场,在华侨中第一个打破英国资本的垄断局面,实现了产供销一条龙。此外,陈嘉庚还独具慧眼、知人善任,起用身边有管理能力和专业技术的可靠人才,充实各级管理岗位。同时,广招人才,聘请欧洲技师,研发和生产出质量过硬的橡胶轮胎,以及款式新颖、质量一流的箱包、鞋帽、雨衣等新产品,实现了橡胶经营从单一的农业种植到兼有工业和制造业的进步,为广大华侨的生存与发展开辟了广阔天地,培养了大量民族企业家和技术人才,在树胶界的发展迈开了第一步。从中可以看到,陈嘉庚先生在橡胶制品厂的组织管理上展现出惊人才干。首先,健全企业管理制度是必不可少的。公司规章一经定出,陈嘉庚便要求一概严守,做到有章必循,违章必究,即使是自己的亲人也不例外。其次,加强产品质检与丰富营销手段也很重要,严把产品质量关,善于通过报刊等大众媒体进行广告营销。企业管理者还要具有善于捕捉信息和与时俱进的能力,陈嘉庚正是因此在华侨中第一个打破英国资本的垄断局面,使企业发展引领行业。最后,要能够不拘一格起用人才,懂得培养人才,知人善任,重视从经营实践中考察发现人才。在陈嘉庚公司,职员中精明能干、公忠职守、思维敏锐者,一经发现,破格提拔、委以重任、信任不疑。

通过对陈嘉庚先生经营管理事件国际化行为的分析和思考,我们总结和提炼出可供指导和借鉴的经验启示,见表附2-6所示。

---

① 朱立文.在缅怀陈嘉庚先生的日子里[M].厦门:厦门大学出版社,2011:49.

表附 2-6　四要素模型的经验启示

四要素模型	经验启示
区位选择	陈嘉庚先生在橡胶业发展上展示的是"从发达到发展中"的区位选择路径,即先选择发达地区、大中型城市或者是周边的国际市场。企业首先要考虑的便是公司的战略目标,在尽量不影响股东利益的情况下,根据公司自身的目标进行区位选择。之后便是考虑市场需求、原材料获取的便利性、运输销售成本、劳动力的成本、竞争者的威胁,除此之外,也需要大胆探索,勇于尝试;同时也需要缜密的思考与防患于未然的谨慎,脚踏实地,切忌好高骛远,想一口吞下大象也要考虑自己能不能消化。
进入模式	在选择进入模式时,一些方法与区位选择有重合的地方,毕竟国际化的这四个方面本身就不是独立存在的,反而相辅相成,共同决定着国际化的成败。一般进入模式分为兼并收购、合资经营和绿地投资等。在考虑如何进入国际市场时,首先需要对当地的市场状况进行详细的了解和分析,预估相关的成本及风险,结合公司目标与现状以及产品的特征。这在很大程度上取决于领导者的战略眼光和经商能力。
业务布局	业务布局的安排受到地域因素的影响,因各个地区的文化、市场需求等不尽相同,相关的业务安排,比如销售方式、运输方式、渠道选择、订单管理以及存货管理等,也要随之发生变化。同时也要关注资金的运行状况、生产线的运作情况。也要时刻关注国际格局,其中蕴藏着诸多机遇和危险,把握时机,管理风险。除此之外,扩大规模的时机选择也是很重要的,过早或者过晚都会给企业带来损失。
组织管理	在组织管理方面,企业要注重生产销售等方面的创新,勇于尝试,为企业争取更多的竞争优势,以此拉开和其他企业的距离。要注重多产业相结合,注重开辟销售渠道;也要注重产品宣传,把客户需求放在第一位。当代企业更是要严把质量关,才能做出自己的品牌。其次便是勇于承担社会责任,注意自身财务状况;把握机会,看准商机;规定各种行为规范,实行管理制度科学化并恰当地激励员工;关注成本管理,考虑当地的发展,注意文化差异。管理者也需要有开放与包容的思想和超前的意识,审时度势,取舍果断,认真踏实,不要贪得无厌;重视人才的开发与管理,为公司的长远发展奠定坚实的基础。

　　本研究运用事件系统理论,对陈嘉庚先生的全球创业史料进行分析,提炼出陈嘉庚先生在国际化经营管理方面的一些经验教训,引发新的思考。全球创业和国际化管理涉及多个维度内容,基于国际化管理的经典分析框架(四要素模型),以橡胶行业创业事件为例,从区位选择、进入模式、业务布局、组织管理等四个方面详细分析了陈嘉庚先生的国际化管理行为,以及从中得到的相关经验教训。

补充阅读

　　1. Morgeson Frederick P, Mitchell Terence R, Liu Dong. Event system theory: an event oriented approach to the organizational sciences[J]. Academy of Management Review, 2015, 40(4): 515-537.

　　2. 刘东, 刘军. 事件系统理论原理及其在管理科研与实践中的应用分析[J]. 管理学季刊, 2017(2).

名词解释和思考题

1.掌握事件系统理论(时间属性、空间属性、强度属性)。

2.掌握国际化四要素模型(区位选择、进入模式、业务布局、组织管理)。

3.了解陈嘉庚先生全球创业实践(顺安米店事件、黄梨厂事件、航海业事件、橡胶业事件、收盘事件)。

附录 3
课堂讨论案例目录

案例来源：摘选自中国管理案例共享中心和 IVEY Publishing。

基于尊重知识产权需要，具体内容请参见中国管理案例共享中心和 IVEY Publishing。

第 1 章　全球 FDI 和中国 OFDI 的总体概况

表附 3-1

案例编号	STR-1221
案例名称	振华重工：全球疫情影响下，海外运营何以坚持？
案例作者	李清海
作者单位	同济大学
案例涉及的职能领域	生产运营部门
案例类型	描述型
中文关键词	振华重工、港口机械、新冠肺炎疫情、国际运营、组织韧性、2020 百优案例
中文摘要	振华重工从创业伊始就瞄准国际市场，近 20 年来，一直占据全球港口机械市场 75% 以上的份额。振华重工强调"不受制于人"，重视核心资源和能力建设。面对国际运营例如运输、交机（卸船、调试）的风险，振华为每次交机建立预案，由此积累了较为丰富的经验。2013 以来，振华通过海外子公司的建设和运营培养了国际化人才。2020 年 2 月以来，新冠肺炎疫情在全球蔓延，振华重工的国际运营置于疫情危机之中。巴西是新冠肺炎疫情最严重的国家之一，又是人口众多的发展中国家。疫情期间，振华南美子公司正好有两批卸船和交机的任务，但国内的工程师和工人无法正常派出。振华的组织韧性发挥了作用，振华南美子公司采取措施、做出适应和调整，完成了交机任务，维持了业务的基本运营。
适用对象	经营管理人员、工商管理硕士（MBA）
案例年代	2020 年
适用课程	战略管理、国际商务

思考题

1.振华的全球运营有何特点？

2.在新冠肺炎疫情限制下,振华及其南美子公司遇到哪些问题？ 做了哪些适应和调整？

3.为何振华及其南美子公司能够做出应对新冠肺炎疫情限制的适应和调整？ 请从组织韧性的视角分析。

4.振华及其南美子公司如何积累适应和调整(组织韧性)所需的资源和能力？

5.通过这次疫情,你认为振华未来需要完善哪些资源和能力,以继续提高组织韧性？

6.振华的做法对于对其他走出国门的中国装备制造企业有何启示？

第2章　国际商务理论研究进展回顾

表附 3-2

案例编号	STR-0651
案例名称	万向集团创新全球化(1984—2016 年)
案例作者	魏江、王丁、王诗翔、吴琳
作者单位	浙江大学
案例涉及的职能领域	规划计划部门
案例类型	决策型
中文关键词	国际化战略、并购、整合、2017 百优案例
中文摘要	浙江万向集团自 1984 年施行国际化战略以来,历经三十余载,以集成整车底盘系统为核心,逐步实现了各个关键零部件产品的开发,其间收购了舍勒、洛克福特等多家知名零部件企业,成功将企业打造成为汽车零部件生产巨头。随后,董事局主席鲁冠球又将目光锁定在新能源汽车领域,先后收购了 A123 系统公司和菲斯科公司——由于它们与其传统零部件业务不同,万向集团因此在新能源汽车领域面临着:如何克服困难完成对顶尖技术企业的收购,收购后如何整合被收购的企业进行协同、发挥并购的最大价值,以及如何设计创新治理体系实现集团内不同产业之间的联动等一系列问题。
适用对象	经营管理人员、本科生、硕士生、工商管理硕士(MBA)
案例年代	2016 年
适用课程	战略管理

思考题

1.试总结万向集团 30 多年国际化历程的总体路径、战略动因的演变过程。

2.万向国际化发展不同阶段的经营环境有何特征？经营环境变化是如何影响万向国际化战略选择的？

3.万向集团国际化战略的进入方式如何变迁,不同阶段选择国际化进入模式的理由是什么？

4.万向在国际化发展进程中,其组织结构与治理体系如何演化？这种演化的内在原因是什么？

5.你认为万向收购 A123 和菲斯科成功了吗？在电动汽车产业发展过程中,如何对集团内不同产业进行战略布局？

第 3 章　跨国界管理:定义、动因、方式和意识

表附 3-3

案例编号	STR-0799
案例名称	"借船出海"定能一帆风顺吗？锦江集团国际化的"步步惊心"
案例作者	谢佩洪,霍伟伟,焦豪,卢佩融
作者单位	上海对外经贸大学
案例涉及的职能领域	营销部门/资本运营部门
案例类型	决策型
中文关键词	国际化战略、品牌输出战略、战略环境、战略制定原则、战略执行、2018 百优案例
中文摘要	全球酒店业权威媒体《HOTELS》公布的 2016 年全球酒店最新榜单中,锦江国际集团排名第五,位列中国酒店之首。自 2005 年首次提出产业国际化的战略目标以来,锦江从"借船出海"到"全球经营和跨国布局",十多年的国际化之路可谓步步惊心。本案例围绕锦江集团国际化过程中遇到的困境及解决之道展开深度剖析,引导学生分析中国服务型企业在国际化过程中可能遇到的战略制定与执行、品牌国际化、跨文化管理等问题,进而探讨克服困难的对策。锦江集团从战略制定的"三向"原则到战略执行"三驾马车",采取品牌国际化整合、管理属地化、人才国际化的三大组合策略不断加速国际化进程。案例不仅有利于学生理解"中国酒店服务企业国际化现状与竞争态势",更对深入探究中国企业如何克服"走出去"的品牌、人力资源、跨文化等方面的难题具有重要的借鉴作用。
适用对象	经营管理人员、工商管理硕士(MBA)
案例年代	2017 年
适用课程	国际商务、国际企业管理、战略品牌管理、国际市场营销

思考题

1.锦江集团国际化发展的主要目的和动因是什么？

2.锦江集团在品牌国际化扩张过程中,在亚洲市场和欧洲市场的进入路径和模式有何差异？为什么要采取不同的模式和策略？

3.锦江集团如何克服国际化进程中的困难？有哪些成功的经验或原则？

4.中国酒店服务企业加速国际化进程中需要克服的主要障碍有哪些？

5.中国酒店企业应如何借鉴锦江国际化经验,从而提高跨文化管理能力？

第4章 环境分析综合模型

表附 3-4

案例编号	STR-0973
案例名称	走出去、留下来到融进去:鹏飞集团的国际化赶超之路
案例作者	李健、黄昀、解应贵、张建军、刘圣林、唐闯、赖海金、钱瑛、袁萌晗、刘世洁
作者单位	南京师范大学
案例涉及的职能领域	规划计划部门
案例类型	决策型
中文关键词	海外社会责任、利益相关者、国际化赶超、鹏飞集团、2019 百优案例
中文摘要	本案例以"鹏飞集团国际化发展 25 周年会议"中海外公益项目的争论为引子,穿插回顾了鹏飞集团国际化"走出去""留下来"阶段历程后,进一步揭示了履行海外社会责任在鹏飞集团国际化"融进去"阶段中的战略意义。引导学习者结合企业、行业、"一带一路"国家战略信息,分析鹏飞集团海外社会责任履行的原因、过程、内容及如何将企业经济效益和社会效益相结合等问题。本案例对于中国其他"走出去"企业通过海外战略性社会责任履行,进一步促进国际化赶超战略的实施提供了借鉴参考。
适用对象	经营管理人员、工商管理硕士(MBA)
案例年代	2018 年
适用课程	企业社会责任、国际化战略

思考题

1.剖析鹏飞国际化追赶战略实施的不同阶段,对各个阶段鹏飞集团面临的主要问题和核心能力等进行梳理,为何在新的发展阶段海外社会责任履行开始变得格外重要？

2.结合"鹏飞集团国际化发展 25 周年会议"讨论与鹏飞集团随后开展的海外社会责任履行内容,回答鹏飞集团履行的海外社会责任是否具有战略属性?

3.在鹏飞集团国际化战略实施中,辨析哪些是鹏飞集团国际化战略的主要利益相关者?鹏飞集团履行战略性海外社会责任时,你认为各个利益相关者的期望诉求究竟是什么?

4.根据案例正文中"鹏飞集团国际化发展 25 周年会议"中的讨论,分析鹏飞集团履行战略性海外社会责任的过程和内容。

5.鹏飞集团履行海外社会责任对该企业国际化战略有何影响?结合问题 4,总结鹏飞集团海外社会责任履行对企业国际化战略影响的作用机制。

6.在"一带一路"的政策支持下,如果你是鹏飞集团的董事长,你将如何继续落实战略性社会责任?

第5章　文化差异与跨文化管理

表附 3-5

案例编号	OB-0202
案例名称	文化碰撞——AZ 安哥拉公司的跨文化管理实践
案例作者	王文周、雷雨、张雁遥、陈晓萱
作者单位	北京师范大学
案例涉及的职能领域	生产运营部门
案例类型	决策型
中文关键词	AZ 安哥拉公司、跨文化管理、属地化管理、冲突管理
中文摘要	随着国家"走出去"、"一带一路"倡议的提出,越来越多的中国企业开始拓展海外市场。中非贸易关系愈发紧密,进入非洲国家的中国企业越来越多。AZ 安哥拉公司是一家从事基础设施项目建设、经营实体工厂的民营企业。中国外派员工人力成本太高,安哥拉政府也提出解决国内就业的政策要求,因此 AZ 安哥拉公司大量聘用了当地的员工。但与此同时,公司在工作理念、生活方式、语言沟通、宗教信仰等方面产生了众多管理问题。于是王经理被委派到安哥拉去解决公司与当地员工的矛盾冲突,展开了一系列的跨文化管理实践。
适用对象	本科生、硕士生、工商管理硕士(MBA)
案例年代	2016 年
适用课程	人力资源管理

思考题

1.AZ 安哥拉公司在管理非洲员工时遇到了哪些问题？

2.对于这些问题，管理层分别采取了什么措施？有何效果？

3.在跨文化管理中应该遵循什么样的原则？

4.假设你是小王，面对这样的跨文化冲突，你有什么解决方案？

第6章　环境压力的冲突和对策

表附 3-6

案例编号	STR-1144
案例名称	电商大佬布局十五载，亚马逊缘何折戟中国？
案例作者	梁嘉隽、李定清
作者单位	重庆工商大学
案例涉及的职能领域	综合管理部门/总经理办公室
案例类型	描述型
中文关键词	亚马逊、国际化经营、本土化战略
中文摘要	2019 年 4 月，亚马逊宣布将在 7 月终止中国境内的第三方卖家平台服务。消息一出，舆论哗然。作为全球电商的头号大佬，亚马逊此次停止在华的第三方卖家平台业务，意味着它在中国 B2C 市场的彻底失败。为何亚马逊会在进军中国的第 15 个年头宣布退出？本案例通过介绍亚马逊进军中国的前因后果，以及它 15 年在华运营中，分别与当当网和淘宝网的竞争过程，力图找出亚马逊在中国 B2C 市场失败的原因，并从中获得关于企业在进行海外扩张时应该如何顺利"本土化"，成功赢得海外市场的相关经验。
适用对象	本科生、硕士生、工商管理硕士（MBA）
案例年代	2020 年
适用课程	公司战略与风险管理、企业战略管理

思考题

1.请结合国际市场进入模式的相关知识，以及亚马逊之前的并购历史和并购卓越网的相关信息，谈一谈与设立全资子公司相比，亚马逊"先并购再发展"的战略有何优势？

2.请结合国际化经营战略的相关知识，谈一谈亚马逊并购卓越后选择的国际经营战略是何种类型，以及它在图书业务板块"碾压"当当网的原因。

3.亚马逊为何会在 B2C 平台竞争上屡屡落败于淘宝？请结合本土企业战略选择的相关知识和案例内容,谈一谈你的认识。

4.请结合本土化战略的相关知识,谈一谈亚马逊在全球购业务上再次输给淘宝的原因,并结合全文,谈一谈你认为亚马逊在中国市场上失利的根本原因。

第7章　发展跨国战略:建立梯级的竞争优势

表附 3-7

案例编号	STR-0905
案例名称	三一重工:迈向世界高端制造前列的国际化之路
案例作者	郭名媛、叶长松、张岁婕
作者单位	天津大学
案例涉及的职能领域	营销部门/资本运营部门
案例类型	描述型
中文关键词	三一重工、国际化战略、战略合作、海外并购、二手资料撰写
中文摘要	纵观三一重工的发展历程,国际化是贯穿其历程的重要内容。在三一重工面临行业周期波动,国内市场"断崖式"下跌时,三一重工的新国际化战略很好地起到了分散风险的作用。在出口海外市场,海外新建投资,逐步实现本土化生产,而后通过海外并购、依托"一带一路"大环境,使得海外市场成为三一重工的主战场。三一重工实现了全球范围内的扩张,优质的产品与服务得到了国际社会的认可。本案例分析了三一重工的国际化历程,以期给国内其他制造业公司"走出去"提供建议与思路。
适用对象	经营管理人员、本科生、硕士生、工商管理硕士(MBA)
编写方式	采编
案例年代	2018 年
适用课程	战略管理、企业管理

思考题

1.分析三一重工的国际化进程分为哪几个阶段,每个阶段分别采取了怎样的国际化战略与模式?

2.根据双向国际化理论,三一重工在国际化进程中经历了哪几个国际化阶段? 其进入国际市场模式做出了怎样的调整?

3.三一重工并购普茨迈斯特属于哪种类型的并购? 并购普茨迈斯特之后,三一重工采取什么整合措施?

4.三一重工在国际化进程中,实现本土化的具体措施有哪些?

5.三一重工成功"走出去"对我国企业的国际化之路有哪些借鉴意义?

第 8 章　扩张模式选择战略

表附 3-8

案例编号	OB-0121
案例名称	TCL 国际化:复盘一个完整的故事
案例作者	井润田、薄连明
作者单位	上海交通大学
案例涉及的职能领域	综合管理部门
案例类型	描述型
中文关键词	国际化、TCL 公司、组织变革、海外收购、2014 百优案例
中文摘要	本案例回顾了 TCL 集团国际化战略的发展历程,以期为当前面临深度国际化挑战的中国企业提供一些借鉴和启示。首先,案例对 TCL 国际化战略实施之前在国内市场上的快速发展进行了描述,并从系统思维的角度上展示出这个时期的发展与接下来国际化战略选择间的内在联系;其次,案例对 2004—2006 年期间 TCL 国际化战略的酝酿、实施以及陷入困境的过程进行了描述,展示出国际化问题从"完美计划"到"几乎完全失控"的发展过程;最后,案例描述了 2006 年 6 月开始的 TCL 组织重生计划,包括文化变革、结构调整、战略转型等方面,进而对 TCL 国际化问题的深度影响及其变革思路进行了阐述。此外,案例还呈现了中国家电企业的竞争环境与彩电产业的转型升级等信息,以使读者借此思考和分析,理解 TCL 国际化问题的复杂性背景。本案例值得讨论的关键问题是:除了文化冲突或收购时机等问题外,TCL 国际化遭遇失败的实质性原因主要是什么?如何评价 TCL 的国际化战略?
适用对象	本科生、硕士生、工商管理硕士(MBA)
案例年代	2013 年
适用课程	组织行为学、国际商务

思考题

1.什么原因促使 TCL 公司在 2004 年国际化之前的快速发展? 这样的快速发展对 TCL 组织能力带来了怎样的影响?

2.什么样的内外部原因(特别是内部原因)导致了 TCL 公司在国际化过程中受挫? 这点对于其他企业有怎样的借鉴价值?

3.国际化研究中有两种不同的解释国际化过程的理论观点,即乌普萨拉模型(The Uppsala Model)和蛙跳模型(The Leapfrogging Model)。TCL 公司等中国企业作为全球市场的"后来者",采用蛙跳模型实现跨越式发展的条件和基础是怎样的?

4.从 2006 年的国际化受挫到如今成为一家真正意义上的国际化企业,TCL 是如何实现以上变化的?

5.如何评价 TCL 公司的国际化战略?

第9章 投资区位选择战略

主题:《华为技术有限公司国际化之路》

文献阅读:

Schaefer Kerstin J. Article catching up by hiring:The case of Huawei[J].Journal of International Business Studies,2020,51:1500-1515.

请阅读上面文献,并结合其他补充资料,阐述华为技术有限公司国际化进程中的投资区位选择及其原因。

第10章 进入模式选择战略

表附 3-9

案例编号	STR-0948
案例名称	借"机"出海:Ameco 公司的国际化战略联盟之路
案例作者	李晨溪、陈婧、李宗阳、周宁、韩小汀
作者单位	北京航空航天大学
案例涉及的职能领域	生产运营部门
案例类型	描述型
中文关键词	国际化战略、战略联盟、联盟结构、联盟管理、航空业、2019 百优案例
中文摘要	近年来,国内外经济形势稳中向好,公务飞机航空市场随之呈现出井喷式发展,同时也为公务机改装市场带来了发展机遇。作为我国规模最大的民用飞机综合维修企业,Ameco 公司为扩大公务机改装业务市场规模,将目光投向国际市场,积极探索国际化战略道路。本案例通过描述 Ameco 公司的公务机改装业务识别竞争机会,实施国际化战略联盟开拓国际市场的过程,重点探讨了国际化战略的相关概念和适用条件,并进一步探讨了企业在实施国际化战略联盟的过程中,应当如何选择合作伙伴和战略联盟模式,最终实现企业的国际化战略目标。该案例对探讨国际化战略、战略联盟管理、合作伙伴选择等方面都有借鉴意义。
适用对象	本科生、硕士生、工商管理硕士(MBA)
案例年代	2019 年
适用课程	全球化战略、战略管理

📖 **思考题**

1. Ameco 公务机改装业务为什么要采取国际化战略？
2. Ameco 尝试过的国际化战略模式有哪些？最终选择了哪种模式？为什么？
3. Ameco 在选择了确定的国际化战略后,是如何选择战略合作伙伴的？
4. Ameco 与战略合作伙伴共同选择了怎样的国际化战略联盟模式？
5. Ameco 与联盟伙伴在合作过程中,面临哪些问题？又是怎样解决的？

第 11 章　发展跨国组织:管理整合、响应机制和灵活性

表附 3-10

案例编号	OM-0222
案例名称	流程再造促组织脱胎换骨,危机意识保企业长远发展——华为 IPD 管理变革
案例作者	张和平、徐小娟、林伟博、李俊武、何孝丹
作者单位	南昌大学
案例涉及的职能领域	研发部门
案例类型	描述型
中文关键词	IPD 变革、业务流程重组、产品开发、华为
中文摘要	随着商业社会发展的日新月异,市场竞争异常激烈,客户需求日益苛刻,业务流程重组的思想应运而生。华为经过三十几年的发展,在长期投资和不断优化的研发管理下,储备了强大的技术能力,占据了通信领域的技术制高点。尤其是华为 IPD 管理变革,对产品开发进行流程重组,其成功经验已经成为众多国内外企业学习管理的范本,极具代表性。本案例通过梳理华为的研发管理变革历程,回顾华为二十年前的 IPD 管理变革,描述华为如何对产品开发流程进行重塑,完成研发管理变革,从而使华为较好地应对了内部危机和外部机遇,以期对国内外企业的管理变革有所启示和借鉴。
适用对象	本科生、硕士生、工商管理硕士(MBA)
案例年代	2020 年
适用课程	运营管理

📖 **思考题**

1. 华为初期高速发展后面临的最大问题是什么？
2. 任正非为什么要引入 IBM 的 IPD 项目,对华为进行业务流程再造？
3. 华为怎样进行 IPD 管理变革,在变革过程中遇到哪些障碍？如何克服？

4.华为 IPD 变革成功的关键因素是什么？变革后的成效有哪些？

5.结合当下华为面对美方不断打压的背景,从研发管理角度试分析华为应如何应对。

第 12 章　进行全球性的创新和学习：跨边界的知识管理

GE 中国技术中心：全球创新中角色的演变
By Haiyang Li and Rebecca Chung
NO. 9B15MC099 IVEY Publishing
Version：2015-10-21

第 13 章　发展跨国战略执行力

表附 3-11

案例编号	HRM-0318
案例名称	"巨人背后的功臣"：华为的人力资源管理之路
案例作者	毛志玲、张红娟、郭佳
作者单位	天津大学
案例涉及的职能领域	人力资源部门
案例类型	描述型
中文关键词	人力资源管理、人力资源管理的发展阶段、华为、二手资料撰写
中文摘要	人力资源管理是任何一个企业都必须着力建设的,每一个成功企业的背后都有一套适用于该公司的完善的人力资源管理体系。华为作为全球领先的信息与通信技术(ICT)解决方案供应商,在过去三十年中取得了巨大的成就。对华为而言,人力资源管理是其取得如今成就的坚实保障,而随着华为三十年的发展,其人力资源管理体系也在不断完善。本案例通过对华为三十余年人力资源管理发展历程的描述分析,将其人力资源管理进程分为四个阶段,探究随着华为在人力资源管理不同阶段中采取的重要举措,找到其动态变化中人力资源管理制胜的关键,发现人力资源管理推动企业走向成功的奥秘,为其他企业建设人力资源管理体系提供借鉴。
适用对象	本科生、硕士生、工商管理硕士(MBA)
案例年代	2018 年
适用课程	人力资源管理

思考题

1.华为在过去三十年的发展历程中不断审视自身人力资源管理的建设并不断作出相应的变革,试分析华为为何如此重视人力资源管理。

2.华为人力资源管理的各个发展阶段有什么特点?

3.华为在战略性人力资源管理发展阶段中是如何建设的?

4.根据华为在人力资源管理发展各阶段的建设历程,思考企业人力资源管理中每个发展阶段应重点关注哪些方面的建设?

5.针对华为目前人力资源管理存在的问题,你认为下一步华为应该如何应对?

参考文献

［1］AGARWAL S，RAMASWAMI S N.Choice of foreign market entry mode：impact of ownership，location and internalization factors［J］.Journal of International Business Studies，1992，23（1）：1-27.

［2］AMIGHINI A A，RABELLOTTI R，SANFILIPPO M.Do Chinese state-owned and private enterprises differ in their internationalization strategies？［J］.China Economic Review，2013，27：312-325.

［3］AMIT R，SCHOEMAKER P.Strategic assets and organizational rent［J］.Strategic Management Journal，1993，14.

［4］ARIÑO A.Measures of strategic alliance performance：an analysis of construct validity［J］.Journal of international Business studies，2003，34（1）：66-79.

［5］ASSAF A G，JOSIASSEN A，RATCHFORD B T，et al.Internationalization and performance of retail firms：a bayesian dynamic model［J］.Journal of Retailing，2012，88（2）：191-205.

［6］BANALIEVA E R，EDDLESTON K A.Home-region focus and performance of family firms：the role of family VS non-family leaders［J］.Journal of International Business Studies，2011，42（8）：1060-1072.

［7］BARKEMA H G，BELL J H，PENNINGS J M.Foreign entry，cultural barriers，and learning［J］.Strategic Management Journal，1996，17（2）：151-166.

［8］BARKEMA H G，DROGENDIJK R.Internationalising in small，incremental or larger steps？［J］.Journal of International Business Studies，2007，38（7）：1132-1148.

［9］BARNETT W P，CARROLL G R.Competition and mutualism among early telephone companies［J］.Administrative Science Quarterly，1987：400-421.

［10］BARNEY J.Firm resources and sustained competitive advantage［J］.Journal of Management，1991，17（1）：99-120.

［11］BARRON D N，WEST E，HANNAN M T.A time to grow and a time to die：growth and mortality of credit unions in New York City，1914-1990［J］.American Journal of Sociology，1994，100（2）：381-421.

［12］BARTLETT C,BEAMISH P. Transnational management:text,cases & readings in cross-border［M］.Illinois,McGraw-Hill Education,2010.

［13］BERRY H,GUILLÉN M F,ZHOU N.An institutional approach to cross-national distance［J］.Journal of International Business Studies,2010,41(9):1460-1480.

［14］BIRKINSHAW J.How multinational subsidiary mandates are gained and lost［J］.Journal of International Business Studies,1996,27(3):467-495.

［15］BIRKINSHAW J,BRANNEN M Y,TUNG R L.From a distance and generalizable to up close and grounded:reclaiming a place for qualitative methods in international business research［M］.Springer,2011.

［16］BIRKINSHAW J,HOOD N.Multinational subsidiary evolution:capability and charter change in foreign-owned subsidiary companies［J］.Academy of Management Review,1998,23(4):773-795.

［17］BLUMENTRITT T P,NIGH D.The integration of subsidiary political activities in multinational corporations［J］.Journal of International Business Studies,2002,33(1):57-77.

［18］BODDEWYN J J,BREWER T L.International-business political behavior:new theoretical directions［J］.Academy of Management Review,1994,19(1):119-143.

［19］BOISOT M,MEYER M W.Which way through the open door? Reflections on the internationalization of Chinese firms［J］. Management and Organization Review,2008,4(3):349-365.

［20］BOUQUET C,BIRKINSHAW J.Weight versus voice:how foreign subsidiaries gain attention from corporate headquarters［J］.Academy of Management Journal,2008,51(3):577-601.

［21］BUCKLEY P J.Is the international business research agenda running out of steam? ［J］.Journal of international business studies,2002,33(2):365-373.

［22］BUCKLEY P J,CLEGG L J,CROSS A R,et al.The determinants of Chinese outward foreign direct investment［J］.Journal of International Business Studies,2007,38(4):499-518.

［23］BUCKLEY P J,GHAURI P N.Globalisation,economic geography and the strategy of multinational enterprises［J］.Journal of International Business Studies,2004,35(2):81-98.

［24］BUCKLEY P J,LESSARD D R.Regaining the edge for international business research［J］.Journal of International Business Studies,2005,36(6):595-599.

［25］CAI K G.Outward foreign direct investment:a novel dimension of China's integration into the regional and global economy［J］.The China Quarterly,1999,160:856-880.

[26]CAMPOS J E,LIEN D,PRADHAN S.The impact of corruption on investment:predictability matters[J].World Development,1999,27(6):1059-1067.

[27]CANTWELL J,MUDAMBI R.MNE competence-creating subsidiary mandates[J].Strategic Management Journal,2005,26(12):1109-1128.

[28]CHAN C M,MAKINO S.Legitimacy and multi-level institutional environments:implications for foreign subsidiary ownership structure[J].Journal of International Business Studies,2007,38(4):621-638.

[29]CHAN C M, MAKINO S, ISOBE T. Does subnational region matter? Foreign affiliate performance in the United States and China [J]. Strategic Management Journal,2010,31(11):1226-1243.

[30]CHANDY P,WILLIAMS T G.The impact of journals and authors on international business research:a citational analysis of JIBS articles[J].Journal of International Business Studies,1994,25(4):715-728.

[31]CHANG S-J,RHEE J H.Rapid FDI expansion and firm performance[J]. Journal of International Business Studies,2011,42(8):979-994.

[32]CHEN S,TAN H.Region effects in the internationalization-performance relationship in Chinese firms[J].Journal of World Business,2012,47(1):73-80.

[33]CHENG L K,MA Z.China's outward foreign direct investment[J].China's Growing Role in World Trade:545.

[34]CHILD J,RODRIGUES S B. The internationalization of Chinese firms:a case for theoretical extension? [J]. Management and Organization Review,2005,1 (3):381-410.

[35]CHRISTMANN P,DAY D,YIP G S.The relative influence of country conditions,industry structure,and business strategy on multinational corporation subsidiary performance[J].Journal of International Management,1999,5(4):241-265.

[36]COHEN W M,LEVINTHAL D A.Absorptive capacity:a new perspective on learning and innovation[J].Administrative Science Quarterly,1990:128-152.

[37]COLLINSON S,RUGMAN A M.The regional nature of Japanese multinational business[J].Journal of International Business Studies,2008,39(2):215-230.

[38]CONTRACTOR F J,KUMAR V,KUNDU S K.Nature of the relationship between international expansion and performance:the case of emerging market firms [J].Journal of World Business,2007,42(4):401-417.

[39]CONTRACTOR F J,KUNDU S K,HSU C-C.A three-stage theory of international expansion:the link between multinationality and performance in the service sector[J].Journal of International Business Studies,2003,34(1):5-18.

[40]CUERVO-CAZURRA A.Who cares about corruption? [J].Journal of In-

ternational Business Studies,2006,37(6):807-822.

[41]CZINKOTA M R,RONKAINEN I A.A forecast of globalization,international business and trade:report from a Delphi study[J].Journal of World Business,2005,40(2):111-123.

[42]DENG P.Foreign investment by multinationals from emerging countries:the case of China[J]. Journal of Leadership & Organizational Studies,2003,10(2):113-124.

[43]DENG P.Outward investment by Chinese MNCs:motivations and implications[J].Business horizons,2004,47(3):8-16.

[44]DENG P.Investing for strategic resources and its rationale:the case of outward FDI from Chinese companies[J].Business Horizons,2007,50(1):71-81.

[45]DENG P.Why do Chinese firms tend to acquire strategic assets in international expansion? [J].Journal of World Business,2009,44(1):74-84.

[46]DIKOVA D,VAN WITTELOOSTUIJN A.Foreign direct investment mode choice:entry and establishment modes in transition economies[J].Journal of International Business Studies,2007,38(6):1013-1033.

[47]DJANKOV S,LA PORTA R,LOPEZ-DE-SILANES F,et al.The law and economics of self-dealing[J].Journal of Financial Economics,2008,88(3):430-465.

[48] DOH J P, RODRIGUEZ P, UHLENBRUCK K, et al. Coping with corruption in foreign markets[J]. Academy of Management Perspectives, 2003, 17(3):114-127.

[49]DOZ Y.Qualitative research for international business[J].Journal of International Business Studies,2011,42(5):582-590.

[50] DOZ Y L, PRAHALAD C K. Managing DMNCs:a search for a new paradigm[J].Strategic Management Journal,1991,12(S1):145-164.

[51]DUANMU J-L.Firm heterogeneity and location choice of Chinese multinational enterprises (MNEs)[J].Journal of World Business,2012,47(1):64-72.

[52]DUBOIS F L,REEB D.Ranking the international business journals[J].Journal of International Business Studies,2000,31(4):689-704.

[53]DUBOIS F L,REEB D M.Ranking the international business journals:a reply[J].Journal of International Business Studies,2001:197-199.

[54]DUNNING J H.Toward an eclectic theory of international production:some empirical tests[J].Journal of International Business Studies,1980,11(1):9-31.

[55] DUNNING J H. Location and the multinational enterprise:a neglected factor? [J].Journal of International Business Studies,1998,29(1):45-66.

[56]DUNNING J H,FUJITA M,YAKOVA N.Some macro-data on the region-

alisation/globalisation debate: a comment on the Rugman/Verbeke analysis [J]. Journal of International Business Studies,2007,38(1):177-199.

[57]DUNNING J H,LUNDAN S M.Institutions and the OLI paradigm of the multinational enterprise [J]. Asia Pacific Journal of Management, 2008, 25 (4): 573-593.

[58]EISENHARDT K M,MARTIN J A.Dynamic capabilities: what are they? [J].Strategic Management Journal,2000,21(10-11):1105-1121.

[59]ELENKOV D S,JUDGE W,WRIGHT P.Strategic leadership and executive innovation influence: an international multi-cluster comparative study[J]. Strategic Management Journal,2005,26(7):665-682.

[60]ELLIS P.Social ties and foreign market entry[J].Journal of International Business Studies,2000,31(3):443-469.

[61]ERRAMILLI M K, AGARWAL S, KIM S-S. Are firm-specific advantages location-specific too? [J].Journal of International Business Studies, 1997, 28 (4): 735-757.

[62]FILATOTCHEV I,STRANGE R,PIESSE J,et al.FDI by firms from newly industrialised economies in emerging markets: corporate governance, entry mode and location[J].Journal of International Business Studies,2007,38(4):556-572.

[63]FROST T S, BIRKINSHAW J M, ENSIGN P C.Centers of excellence in multinational corporations[J].Strategic Management Journal,2002,23(11):997-1018.

[64]GAO G Y,PAN Y.The pace of MNEs' sequential entries: cumulative entry experience and the dynamic process[J].Journal of International Business Studies, 2010,41(9):1572-1580.

[65]GERINGER J M, HEBERT L.Control and performance of international joint ventures[J].Journal of International Business Studies,1989,20(2):235-254.

[66]GIMENO J,HOSKISSON R E,BEAL B D,et al.Explaining the clustering of international expansion moves: a critical test in the US telecommunications industry[J].Academy of Management Journal,2005,48(2):297-319.

[67]GOMEZ-MEJIA L R,MAKRI M,KINTANA M L.Diversification decisions in family-controlled firms[J].Journal of Management Studies,2010,47(2):223-252.

[68]GRIFFITH D A,CAVUSGIL S T,XU S.Emerging themes in international business research [J]. Journal of International Business Studies, 2008, 39 (7): 1220-1235.

[69]GRIFFITHS A,ZAMMUTO R F.Institutional governance systems and variations in national competitive advantage: an integrative framework[J]. Academy of Management Review,2005,30(4):823-842.

[70]GULER I,GUILLEN M F.Home country networks and foreign expansion: evidence from the venture capital industry[J]. Academy of Management Journal, 2010,53(2):390-410.

[71]GULER I,GUILLÉN M F.Institutions and the internationalization of US venture capital firms[J]. Journal of International Business Studies, 2010, 41 (2): 185-205.

[72]HABIB M,ZURAWICKI L.Corruption and foreign direct investment[J]. Journal of International Business Studies,2002,33(2):291-307.

[73]HANNAN M T,CARROLL G R,DUNDON E A,et al.Organizational evolution in a multinational context:entries of automobile manufacturers in Belgium, Britain,France,Germany,and Italy[J].American Sociological Review,1995:509-528.

[74]HANNAN M T,FREEMAN J.The population ecology of organizations[J]. American Journal of Sociology,1977,82(5):929-964.

[75]HANNAN M T,FREEMAN J.The ecology of organizational founding:American labor unions,1836—1985[J].American Journal of Sociology,1987,92(4): 910-943.

[76]HE W,LYLES M A.China's outward foreign direct investment[J].Business Horizons,2008,51(6):485-491.

[77]HENISZ W,SWAMINATHAN A.Institutions and international business [M].Springer,2008.

[78] HENISZ W J, DELIOS A. Uncertainty, imitation, and plant location: Japanese multinational corporations, 1990—1996 [J]. Administrative Science Quarterly,2001,46(3):443-475.

[79]HERRMANN P,DATTA D K.CEO successor characteristics and the choice of foreign market entry mode:an empirical study[J].Journal of International Business Studies,2002,33(3):551-569.

[80]HILL C W,HWANG P,KIM W C.An eclectic theory of the choice of international entry mode[J].Strategic Management Journal,1990,11(2):117-128.

[81]HILLMAN A,KEIM G.International variation in the business-government interface:institutional and organizational considerations[J].Academy of Management Review,1995,20(1):193-214.

[82]HILLMAN A J,KEIM G D,SCHULER D.Corporate political activity:a review and research agenda[J].Journal of Management,2004,30(6):837-857.

[83]HITT M A,BOYD B K,LI D.The state of strategic management research and a vision of the future,research methodology in strategy and management[M]. Emerald Group Publishing Limited,2004.

[84]HULT G T M,KETCHEN D J,GRIFFITH D A,et al.An assessment of the measurement of performance in international business research[J].Journal of International Business Studies,2008,39(6):1064-1080.

[85]HUSTED B W.Wealth,culture,and corruption[J].Journal of International Business Studies,1999,30(2):339-359.

[86]INKPEN A C.A note on ranking the international business journals[J].Journal of International Business Studies,2001:193-196.

[87]JOHANSON J,VAHLNE J-E.The internationalization process of the firm—a model of knowledge development and increasing foreign market commitments[J].Journal of International Business Studies,1977,8(1):23-32.

[88]JOHANSON J, VAHLNE J-E. The Uppsala internationalization process model revisited:from liability of foreignness to liability of outsidership[J].Journal of International Business Studies,2009,40(9):1411-1431.

[89]JONES C,HESTERLY W S,BORGATTI S P.A general theory of network governance:exchange conditions and social mechanisms[J].Academy of Management Review,1997,22(4):911-945.

[90]KANG Y,JIANG F.FDI location choice of Chinese multinationals in East and Southeast Asia:traditional economic factors and institutional perspective[J].Journal of World Business,2012,47(1):45-53.

[91]KLOSSEK A,LINKE B M,NIPPA M.Chinese enterprises in Germany:establishment modes and strategies to mitigate the liability of foreignness[J].Journal of World Business,2012,47(1):35-44.

[92]KOGUT B,SINGH H.The effect of national culture on the choice of entry mode[J].Journal of International Business Studies,1988,19(3):411-432.

[93]KOLSTAD I,WIIG A.What determines Chinese outward FDI? [J].Journal of World Business,2012,47(1):26-34.

[94]KOSTOVA T,ROTH K,DACIN M T.Institutional theory in the study of multinational corporations:a critique and new directions[J].Academy of Management Review,2008,33(4):994-1006.

[95]KOSTOVA T,ZAHEER S.Organizational legitimacy under conditions of complexity:the case of the multinational enterprise[J].Academy of Management Review,1999,24(1):64-81.

[96]KOTABE M,SRINIVASAN S S,AULAKH P S.Multinationality and firm performance:the moderating role of R&D and marketing capabilities[J].Journal of International Business Studies,2002,33(1):79-97.

[97] LA PORTA R, LOPEZ-DE-SILANES F, SHLEIFER A. Corporate

ownership around the world[J].The Journal of Finance,1999,54(2):471-517.

[98]LAWLER J J,CHEN S-J,WU P-C,et al.High-performance work systems in foreign subsidiaries of American multinationals:an institutional model[J].Journal of International Business Studies,2011,42(2):202-220.

[99]LE BRETON-MILLER I,MILLER D.Agency vs. stewardship in public family firms:a social embeddedness reconciliation[J].Entrepreneurship Theory and Practice,2009,33(6):1169-1191.

[100]LIANG X,LU X,WANG L.Outward internationalization of private enterprises in China:the effect of competitive advantages and disadvantages compared to home market rivals[J].Journal of World Business,2012,47(1):134-144.

[101]LIU H,LI K.Strategic implications of emerging Chinese multinationals:the Haier case study[J].European Management Journal,2002,20(6):699-706.

[102]LU J,LIU X,WRIGHT M,et al.International experience and FDI location choices of Chinese firms:the moderating effects of home country government support and host country institutions[J].Journal of International Business Studies,2014,45(4):428-449.

[103]LU J W,BEAMISH P W.International diversification and firm performance:the S-curve hypothesis[J].Academy of Management Journal,2004,47(4):598-609.

[104]LU J W,BEAMISH P W.Partnering strategies and performance of SMEs' international joint ventures[J].Journal of Business Venturing,2006,21(4):461-486.

[105]LUO Y,TUNG R L.International expansion of emerging market enterprises:a springboard perspective[M].Springer,2007.

[106]LUO Y,XUE Q,HAN B.How emerging market governments promote outward FDI:experience from China[J].Journal of World Business,2010,45(1):68-79.

[107]MA X,TONG T W,FITZA M.How much does subnational region matter to foreign subsidiary performance? Evidence from Fortune Global 500 Corporations' investment in China[J].Journal of International Business Studies,2013,44(1):66-87.

[108]MAITLAND E,SAMMARTINO A.Managerial cognition and internationalization[J].Journal of International Business Studies,2015,46(7):733-760.

[109]MAKINO S,ISOBE T,CHAN C M.Does country matter? [J].Strategic Management Journal,2004,25(10):1027-1043.

[110]MANEV I M,STEVENSON W B.Nationality,cultural distance,and expatriate status:effects on the managerial network in a multinational enterprise[J].Journal of International Business Studies,2001,32(2):285-303.

[111]MARTINEZ J I,JARILLO J C.Coordination demands of international strategies[J].Journal of International Business Studies,1991,22(3):429-444.

[112]MATHEWS J A.Competitive advantages of the latecomer firm:a resource-based account of industrial catch-up strategies [J]. Asia Pacific Journal of Management,2002,19(4):467-488.

[113]MAURO P.Corruption and growth[J].The quarterly journal of economics, 1995,110(3):681-712.

[114]MCKINLEY W,MONE M A,MOON G.Determinants and development of schools in organization theory[J].Academy of Management Review,1999,24(4): 634-648.

[115]MILLER S R,THOMAS D E,EDEN L,et al.Knee deep in the big muddy: the survival of emerging market firms in developed markets[J].Management International Review,2008,48(6):645-666.

[116]MORCK R,YEUNG B,ZHAO M.Perspectives on China's outward foreign direct investment[J].Journal of International Business Studies,2008,39(3):337-350.

[117]NADOLSKA A,BARKEMA H G.Learning to internationalise:the pace and success of foreign acquisitions[J].Journal of International Business Studies,2007, 38(7):1170-1186.

[118]PAN Y,DAVID K T.The hierarchical model of market entry modes[J]. Journal of International Business Studies,2000,31(4):535-554.

[119]PENG M W.Institutional transitions and strategic choices[J].Academy of Management Review,2003,28(2):275-296.

[120]PENG M W.Identifying the big question in international business research [J].Journal of International Business Studies,2004,35(2):99-108.

[121]PENROSE E,PENROSE E T.The theory of the growth of the firm[M]. Oxford University Press,2009.

[122]PFEFFER J,SALANCIK G R.The external control of organizations:a resource dependence perspective[M].Stanford University Press,2003.

[123]PUCK J F,HOLTBRÜGGE D,MOHR A T.Beyond entry mode choice: explaining the conversion of joint ventures into wholly owned subsidiaries in the People's Republic of China[J].Journal of International Business Studies,2009,40(3): 388-404.

[124]QIAN G,LI L,LI J,et al.Regional diversification and firm performance[J]. Journal of International Business Studies,2008,39(2):197-214.

[125]RAMASAMY B,YEUNG M,LAFORET S.China's outward foreign direct investment:location choice and firm ownership[J].Journal of World Business,2012,

47(1):17-25.

[126]ROBERTSON C J,WATSON A.Corruption and change:the impact of foreign direct investment[J].Strategic Management Journal,2004,25(4):385-396.

[127]RODRIGUEZ P,SIEGEL D S,HILLMAN A,et al.Three lenses on the multinational enterprise:politics,corruption,and corporate social responsibility[M]. Springer,2006.

[128]RODRIGUEZ P,UHLENBRUCK K,EDEN L.Government corruption and the entry strategies of multinationals[J].Academy of Management Review,2005,30 (2):383-396.

[129]RUGMAN A M,VERBEKE A.Extending the theory of the multinational enterprise:internalization and strategic management perspectives[J].Journal of International Business Studies,2003,34(2):125-137.

[130]RUGMAN A M,VERBEKE A.A perspective on regional and global strategies of multinational enterprises[J].Journal of international business studies,2004, 35(1):3-18.

[131]RUI H,YIP G S.Foreign acquisitions by Chinese firms:a strategic intent perspective[J].Journal of World Business,2008,43(2):213-226.

[132]SALOMON R,MARTIN X.Learning,knowledge transfer,and technology implementation performance:a study of time-to-build in the global semiconductor industry[J].Management Science,2008,54(7):1266-1280.

[133]SHAFFER B.Firm-level responses to government regulation:theoretical and research approaches[J].Journal of Management,1995,21(3):495-514.

[134]SHLEIFER A,VISHNY R W.Corruption[J].The Quarterly Journal of Economics,1993,108(3):599-617.

[135]SHRADER R C,OVIATT B M,MCDOUGALL P P.How new ventures exploit trade-offs among international risk factors:lessons for the accelerated internationization of the 21st century[J].Academy of Management journal,2000,43(6): 1227-1247.

[136] SIEDSCHLAG I,SMITH D,TURCU C,et al.What determines the location choice of R&D activities by multinational firms?[J].Research Policy,2013, 42(8):1420-1430.

[137]STALLKAMP M,PINKHAM B C,Schotter A P,et al.Core or periphery? The effects of country-of-origin agglomerations on the within-country expansion of MNEs[J].Journal of International Business Studies,2018,49(8):942-966.

[138]SUCHMAN M C.Managing legitimacy:strategic and institutional approaches[J].Academy of Management Review,1995,20(3):571-610.

[139]SUN S L,PENG M W,REN B,et al.A comparative ownership advantage framework for cross-border M & As:the rise of Chinese and Indian MNEs[J].Journal of World Business,2012,47(1):4-16.

[140]TAN D,MEYER K E.Country-of-origin and industry FDI agglomeration of foreign investors in an emerging economy[J].Journal of International Business Studies,2011,42(4):504-520.

[141]TAYLOR R.Globalization strategies of Chinese companies:current developments and future prospects[J]. Asian Business & Management, 2002, 1 (2): 209-225.

[142]TEECE D J,PISANO G,SHUEN A.Dynamic capabilities and strategic management[J].Strategic Management Journal,1997,18(7):509-533.

[143]TINA DACIN M,GOODSTEIN J,RICHARD SCOTT W.Institutional theory and institutional change:introduction to the special research forum [J]. Academy of Management Journal,2002,45(1):45-56.

[144]TSUI A S,SCHOONHOVEN C B,MEYER M W,et al.Organization and management in the midst of societal transformation:the People's Republic of China [J].Organization Science,2004,15(2):133-144.

[145]TUNG R L.American expatriates abroad:from neophytes to cosmopolitans[J]. Journal of World Business,1998,33(2):125-144.

[146] UHLENBRUCK K, RODRIGUEZ P, DOH J, et al. The impact of corruption on entry strategy:evidence from telecommunication projects in emerging economies[J].Organization Science,2006,17(3):402-414.

[147]VAN ALSTYNE M.The state of network organization:a survey in three frameworks[J]. Journal of Organizational Computing and Electronic Commerce, 1997,7(2-3):83-151.

[148]VENKATRAMAN N,RAMANUJAM V.Measurement of business performance in strategy research:a comparison of approaches[J].Academy of Management Review,1986,11(4):801-814.

[149]VERBEKE A,KANO L.Transaction cost economics (TCE) and the family firm[J].Entrepreneurship Theory and Practice,2010,34(6):1173-1182.

[150] VERMEULEN F, BARKEMA H.Pace,rhythm,and scope:process dependence in building a profitable multinational corporation[J].Strategic Management Journal,2002,23(7):637-653.

[151]VILLALONGA B,AMIT R.How do family ownership,control and management affect firm value? [J].Journal of Financial Economics,2006,80(2):385-417.

[152]WANG X,KANUNGO R N.Nationality,social network and psychological

well-being:expatriates in China[J].The International Journal of Human Resource Management,2004,15(4-5):775-793.

[153]WARNER M,SEK HONG N,XIAOJUN X.'Late development'experience and the evolution of transnational firms in the People's Republic of China[J].Asia Pacific Business Review,2004,10(3-4):324-345.

[154]WEI S-J.How taxing is corruption on international investors? [J].Review of Economics and Statistics,2000,82(1):1-11.

[155]WELCH C,PIEKKARI R,PLAKOYIANNAKI E,et al.Theorising from case studies:towards a pluralist future for international business research[J].Journal of international business studies,2011,42(5):740-762.

[156]WELCH D E,WELCH L S,YOUNG L C,et al.The importance of networks in export promotion:policy issues[J].Journal of International Marketing,1998,6(4):66-82.

[157]WERNER S,BROUTHERS L E.How international is management? [J].Journal of International Business Studies,2002,33(3):583-591.

[158]WERNERFELT B.A resource-based view of the firm[J].Strategic Management Journal,1984,5(2):171-180.

[159]WESTNEY D E,ZAHEER S.The multinational enterprise as an organization:the Oxford Handbook of International Business (2 ed.)[M].Oxford University Press,2009.

[160]WITT M A.De-globalization:Theories,predictions,and opportunities for international business research[J].Journal of International Business Studies,2019,50(7):1053-1077.

[161]WITT M A,LEWIN A Y.Outward foreign direct investment as escape response to home country institutional constraints[J].Journal of International Business Studies,2007,38(4):579-594.

[162]WRIGHT R W.Trends in international business research[J].Journal of International Business Studies,1970:109-123.

[163]WRIGHT R W,RICKS D A.Trends in international business research:twenty-five years later[J].Journal of International Business Studies,1994,25(4):687-701.

[164]YIU D W,LAU C,BRUTON G D.International venturing by emerging economy firms:the effects of firm capabilities,home country networks,and corporate entrepreneurship[J].Journal of International Business Studies,2007,38(4):519-540.

[165]ZHOU L,WU W-P,LUO X.Internationalization and the performance of born-global SMEs:the mediating role of social networks[J].Journal of International

Business Studies,2007,38(4):673-690.

[166]ZIMMERMAN M A,ZEITZ G J.Beyond survival:achieving new venture growth by building legitimacy[J].Academy of Management Review,2002,27(3):414-431.

[167]蔡翠红.高科技跨国公司的全球影响力探究[J].人民论坛,2019,34.

[168]陈福添.跨国公司子公司定位研究——从科层范式到网络范式的演化[J].中国工业经济,2006(1):64-71.

[169]程聪,谢洪明,池仁勇.中国企业跨国并购的组织合法性聚焦:内部,外部,还是内部＋外部?[J].管理世界,2017(4).

[170]程时雄,刘丹.企业异质性,东道国特征与对外直接投资进入模式选择[J].经济经纬,2018,35(4):50-58.

[171]葛顺奇,罗伟.中国制造业企业对外直接投资和母公司竞争优势[J].管理世界,2013(6):28-42.

[172]宫倩,张士军.OFDI企业区位选择组织间模仿效应研究[J].经济研究导刊,2018(24):16-18.

[173]顾露露,Reed R.中国企业海外并购失败了吗?[J].经济研究,2011(7):117-130.

[174]国家商务部、国家统计局、国家外汇管理局.对外直接投资统计制度[Z].对外经贸统计,2005(1):3-12.

[175]郝瑾,王凤彬,王璁.海外子公司角色分类及其与管控方式的匹配效应——一项双层多案例定性比较分析[J].管理世界,2017(10):150-171.

[176]黄速建,刘建丽.中国企业海外市场进入模式选择研究[J].中国工业经济,2009(1):108-117.

[177]蒋冠宏,蒋殿春.中国对外投资的区位选择:基于投资引力模型的面板数据检验[J].世界经济,2012(9):21-40.

[178]揭水晶,吉生保,温晓慧.OFDI逆向技术溢出与我国技术进步——研究动态及展望[J].国际贸易问题,2013(8):161-169.

[179]君合律师事务所.中国投资者海外投资指南[M].北京:北京大学出版社,2013.

[180]李桂芳.中央企业对外直接投资报告2011[M].北京:中国经济出版社,2011.

[181]李梅,余天骄.研发国际化是否促进了企业创新——基于中国信息技术企业的经验研究[J].管理世界,2016(11):125-140.

[182]刘云,叶选挺,杨芳娟,等.中国国家创新体系国际化政策概念,分类及演进特征——基于政策文本的量化分析[J].管理世界,2014(12):62-69.

[183]柳建华,卢锐,孙亮.公司章程中董事会对外投资权限的设置与企业投资效

率——基于公司章程自治的视角[J].管理世界,2015(7):130-142,157.

[184]毛蕴诗,袁静,周燕.中国企业海外 R&D 活动研究——以广东企业为例[J].中山大学学报(社会科学版),2005,45(2):1-7.

[185]裴长洪,郑文.国家特定优势:国际投资理论的补充解释[J].经济研究,2011(11):21-35.

[186]谭伟强,彭维刚,孙黎.规模竞争还是范围竞争?——来自中国企业国际化战略的证据[J].管理世界,2008(2):126-135.

[187]王海.中国企业海外并购经济后果研究——基于联想并购 IBMPC 业务的案例分析[J].管理世界,2007(2):94-106,119.

[188]王疆,陈俊甫.移民网络,组织间模仿与中国企业对美国直接投资区位选择[J].当代财经,2014(11):69-78.

[189]王文.10 个亲历故事透析"一带一路"[N].人民日报海外版,2017-05-10.

[190]王永贵,王娜.逆向创新有助于提升子公司权力和跨国公司的当地公民行为吗?——基于大型跨国公司在华子公司的实证研究[J].管理世界,2019(4):145-159.

[191]王永钦,杜巨澜,王凯.中国对外直接投资区位选择的决定因素:制度、税负和资源禀赋[J].经济研究,2014(12):126-142.

[192]魏江,王丁,刘洋.来源国劣势与合法化战略——新兴经济企业跨国并购的案例研究[J].管理世界,2020,36(03):116-135.

[193]温忠麟,侯杰泰,张雷.调节效应与中介效应的比较和应用[J].心理学报,2005(2).

[194]吴冰,阎海峰,杜子琳.外来者劣势:理论拓展与实证分析[J].管理世界,2018(6):110-126.

[195]吴先明,苏志文.将跨国并购作为技术追赶的杠杆:动态能力视角[J].管理世界,2014(4):146-164.

[196]谢洪明,章俨,刘洋.新兴经济体企业连续跨国并购中的价值创造:均胜集团的案例[J].管理世界,2019,35(5):161-178.

[197]许晖,王琳,张阳.国际新创企业创业知识溢出及知识整合机制研究——基于天士力国际公司海外员工成长及企业国际化案例[J].管理世界,2015(6):141-153.

[198]薛求知,韩冰洁.东道国腐败对跨国公司进入模式的影响研究[J].经济研究,2008(4):88-98.

[199]颜光华.中国海外企业治理与组织控制[M].上海:上海交通大学出版社,2008.

[200]颜银根.FDI 区位选择:市场潜能、地理集聚与同源国效应[J].财贸经济,2014,35(9):103-113.

[201]杨忠,张骁.企业国际化程度与绩效关系研究[J].经济研究,2009(2):32-42.

[202]张建红,卫新江,海柯·艾伯斯.决定中国企业海外收购成败的因素分析

[J].管理世界,2010(3):97-107.

[203]张建红,周朝鸿.中国企业走出去的制度障碍研究——以海外收购为例[J].经济研究,2010(6):80-91.

[204]周茂,陆毅,陈丽丽.企业生产率与企业对外直接投资进入模式选择——来自中国企业的证据[J].管理世界,2015(11):70-86.

[205]周楠,朱玉杰,孙慧.密度制约模型中的合法化:公司以及地域异质性在海外扩张中的调节作用[J].管理世界,2009(3):111-120.

[206]周煊.中国国有企业境外资产监管问题研究——基于内部控制整体框架的视角[J].中国工业经济,2012(1):131-140.

[207]宗芳宇,路江涌,武常岐.双边投资协定,制度环境和企业对外直接投资区位选择[J].经济研究,2012(5):71-82.